国家出版基金项目
NATIONAL PUBLICATION FOUNDATION

法治政府要论丛书

法治政府要论
——责任法治

On the Rule of Law Government
— Law-Based Liability

江国华　著

WUHAN UNIVERSITY PRESS
武汉大学出版社

图书在版编目(CIP)数据

法治政府要论:责任法治/江国华著.—武汉:武汉大学出版社,
2020.12
法治政府要论丛书
ISBN 978-7-307-21734-8

Ⅰ.法…　Ⅱ.江…　Ⅲ.社会主义法治—建设—研究—中国
Ⅳ.D920.0

中国版本图书馆 CIP 数据核字(2020)第 156272 号

责任编辑:林　莉　沈继侠　　责任校对:李孟潇　　版式设计:韩闻锦

出版发行:**武汉大学出版社**　(430072　武昌　珞珈山)
(电子邮箱:cbs22@ whu.edu.cn　网址:www.wdp.com.cn)
印刷:湖北金港彩印有限公司
开本:720×1000　1/16　印张:46.25　字数:728 千字　插页:2
版次:2020 年 12 月第 1 版　　2020 年 12 月第 1 次印刷
ISBN 978-7-307-21734-8　定价:138.00 元

总　序

　　根据党的十八大精神要求，2020 年，是中国法治政府建设的收官之年，经过不懈努力，我国已经基本建成了职能科学、权责法定、执法严明、公开公正、廉洁高效、守法诚信的法治政府。

　　法治政府的内涵丰富，以马克思列宁主义、毛泽东思想、邓小平理论、"三个代表"重要思想、科学发展观、习近平新时代中国特色社会主义思想为指导，根据全面建成小康社会、全面深化改革、全面依法治国、全面从严治党的战略布局，围绕建设中国特色社会主义法治体系、建设社会主义法治国家的全面推进依法治国总目标，坚持依法治国、依法执政、依法行政共同推进，坚持法治国家、法治政府、法治社会一体建设，深入推进依法行政，建成法治政府，培育和践行社会主义核心价值观，弘扬社会主义法治精神，推进国家治理体系和治理能力现代化，为实现"两个一百年"奋斗目标、实现中华民族伟大复兴的中国梦提供有力法治保障。坚持中国共产党的领导，坚持人民主体地位，坚持法律面前人人平等，坚持依法治国和以德治国相结合，坚持从中国实际出发，坚持依宪施政、依法行政、简政放权，把政府工作全面纳入法治轨道，实行法治政府建设与创新政府、廉洁政府、服务型政府建设相结合。

　　随着法治的基本建成，政府职能依法全面履行，依法行政制度体系完备，行政决策科学民主合法，宪法法律严格公正实施，行政权力规范透明运行，人民权益切实有效保障，依法行政能力普遍提高，其意义重大、影响深远。本套《法治政府要论丛书》是对法治政府之原理、渊源、制度、现状的全面总结，共分为六本，分别是《法治政府要论——基本原理》《法治政府要论——组织法治》《法治政府要论——行为法治》《法治政府要论——程序法治》《法治政府要论——救济法治》和《法治政府要论——责任法治》，从行政法学的理论出发，结合中国实际国情，展开系统论述。

一、法治政府建设的十大成就

经过改革开放以来的数次行政体制改革，特别是十八大以来的行政体制改革，中国法治政府建设取得了令人瞩目的成就，圆满完成了《法治政府建设实施纲要（2015—2020 年）》（以下简称《纲要》）所设定的各项基本任务，取得了伟大的成就。

其一，完善了行政机关坚持党的领导制度体系。法治政府建设是一项全面系统的工程，党的领导是建成法治政府最根本的保证。十九大确立了习近平新时代中国特色社会主义思想，明确了中国特色社会主义最本质的特征是中国共产党的领导。在实践中，由党总揽全局、协调各方，发挥各级党委领导核心作用，党的领导贯彻到了法治政府建设各方面。各级政府在党委统一领导下，谋划和落实法治政府建设的各项任务，结合本地区本部门实际，发挥牵引和突破作用，使得建设法治政府的工作全面深入开展。坚持党的领导下建成的法治政府，落实了第一责任人责任，领导干部作为"关键少数"做好表率，把好方向，带动了法治政府建设各项工作的全面深入开展，并且在党的领导下强化了考核评价和督促检查，各级党委将建设法治政府纳入了政绩考核指标体系，督促了法治政府的建设。除此之外，在党的领导下加强理论研究、典型示范和宣传引导，凝聚社会共识，营造全社会关心、支持和参与法治政府建设的良好社会氛围。这些都为法治政府的建成提供了坚实的保障。

其二，构建了法治政府建设目标体系，总体目标是基本建成职能科学、权责法定、执法严明、公开公正、廉洁高效、守法诚信的法治政府。在总体目标的指引下，针对突出问题，依次提出了依法全面履行政府职能，完善依法行政制度体系，推进行政决策科学化、民主化、法治化，坚持严格规范公正文明执法，强化对行政权力的制约和监督，依法有效化解社会矛盾纠纷，全面提高政府工作人员法治思维和依法行政能力这七个方面的主要任务，对于每方面任务都规定了更具体的目标，总目标和七个具体目标指引着法治政府建设的方向。

其三，构建了法治政府建设标准体系。法治政府有没有建成，如何评估，这非某个人说了算，而是需要有明确的标准。法治政府建成的标准要求政府职能依法全面履行、依法行政制度体系完备、行政决策科学民主合法、宪法法律严格公正实施、行政权力规范透明运行、人民权益切实有效保障、依法行政能力普遍提高。这样的标准体系涵盖了政府依法行政的方方面面，使得法治政府的建成有据可依，形成了完备的制度体系。

其四，依法全面履行了政府职能。牢固树立创新、协调、绿色、开放、共享的发展理念，坚持政企分开、政资分开、政事分开、政社分开，简政放权、放管结合、优化服务，政府与市场、政府与社会的关系基本理顺，政府职能切实转变，宏观调控、市场监管、社会管理、公共服务、环境保护等职责依法全面履行。措施是深化行政审批制度改革，大力推行权力清单、责任清单、负面清单制度并实行动态管理；优化政府组织结构；完善宏观调控；加强市场监督管理；创新社会治理；优化公共服务；强化生态环境保护。

其五，完善了依法行政制度体系。提高了政府立法质量，构建成系统完备、科学规范、运行有效的依法行政制度体系，使政府管理各方面制度更加成熟更趋向定型，为建设社会主义市场经济、民主政治、先进文化、和谐社会、生态文明，促进人的全面发展，提供有力制度保障。措施是完善政府立法体制机制；加强重点领域政府立法；提高政府立法公众参与度；加强规范性文件监督管理；建立行政法规规章和规范性文件清理长效机制。

其六，行政决策科学化、民主化、法治化。行政决策制度科学、程序正当、过程公开、责任明确，决策法定程序严格落实，决策质量显著提高，决策效率切实保证，违法决策、不当决策、拖延决策明显减少并得到及时纠正，行政决策公信力和执行力大幅提升。措施是健全依法决策机制；增强公众参与实效；提高专家论证和风险评估质量；加强合法性审查；坚持集体讨论决定；严格决策责任追究。

其七，严格规范公正文明执法。权责统一、权威高效的行政执法体制建立健全，法律法规规章得到严格实施，各类违法行为得到及时查处和制裁，公民、法人和其他组织的合法权益得到切实保障，经济社会秩序得到有效维护，行政违法或不当行为明显减少，对行政执法的社会满意度显著提高。措施是改革行政执法体制；完善行政执法程序；创新行政执法方式；全面落实行政执法责任制；健全行政执法人员管理制度；加强行政执法保障。

其八，强化了对行政权力的制约和监督。科学有效的行政权力运行制约和监督体系基本形成，惩治和预防腐败体系进一步健全，各方面监督形成合力，人民群众的知情权、参与权、表达权、监督权得到切实保障，损害公民、法人和其他组织合法权益的违法行政行为得到及时纠正，违法行政责任人依法依纪受到严肃追究。措施是健全行政权力运行制约和监督体系，自觉接受党内监督、人大监督、民主监督、司法监督，加强行政监督和审计监督；完善社会监督和舆论监督机制；全面推进政务公开；完善纠错问责机制。

其九，依法有效化解社会矛盾纠纷。公民、法人和其他组织的合法权益得到切实维护，公正、高效、便捷、成本低廉的多元化矛盾纠纷解决机制全面形成，行政机关在预防、解决行政争议和民事纠纷中的作用充分发挥，通过法定渠道解决矛盾纠纷的比率大幅提升。措施是健全依法化解纠纷机制；加强行政复议工作；完善行政调解、行政裁决、仲裁制度；加强人民调解工作；改革信访工作制度。

其十，政府工作人员法治思维和依法行政能力全面提高。政府工作人员特别是领导干部牢固树立宪法法律至上、法律面前人人平等、权由法定、权依法使等基本法治理念，恪守合法行政、合理行政、程序正当、高效便民、诚实守信、权责统一等依法行政基本要求，做尊法学法守法用法的模范，法治思维和依法行政能力明显提高，在法治轨道上全面推进政府各项工作。措施是树立重视法治素养和法治能力的用人导向；加强对政府工作人员的法治教育培训；完善政府工作人员法治能力考查测试制度；注重通过法治实践提高政府工作人员法治思维和依法行政能力。

二、中国法治政府发展趋向

目前我国的法治政府已经基本建设完成，而这远远不是终点，司法部公布的《全面深化司法行政改革纲要（2018—2022 年）》中明确规定，到 2022 年，法治政府建设取得显著成效，行政立法的引领、规范、保障和推动作用有效发挥，行政执法体制机制改革创新不断推进，严格规范公正文明执法水平显著提高。由此可见，法治政府的基本建成只是一个开始，在基本建成后必然要面对时代的检验，也会向更高的目标迈进，支撑、推动着"基本实现社会主义现代化"这个更宏伟目标的实现。

回顾三十余年来中国行政法治路程，可以看到我们已经取得了举世瞩目的成就。而当今世界正经历百年未有之大变局，我国正处于实现"两个一百年"奋斗目标的历史交汇期，随着经济发展和社会转型，社会矛盾急剧增多，公民意识的觉醒，价值观多元，矛盾的表现形式也呈现多样化态势，这对法治政府建设提出了新的挑战。

未来，法治政府建设必须适应不断发展变化的社会对政府行政提出的新要求，在已有成绩的基础上让法治政府"更上一层楼"。要求从行政行为的源头上进一步推行行政决策科学化、民主化、法治化；进一步理顺行政立法体制；加强重点领域行政立法；确保行政立法与改革相衔接，进一步提高行政立法质量和效率；提高行政立法公众参与度；继续健全全面清理和专项清理相结合的清理机制；全面落实行政执法责任制；完善行政执法程序；加强行政执法人员资格和证件管理；加强行政执法指导监督；深化行政复议体制机制改革。

同时，法治政府建设不只是跨越了行政立法、行政执法以及行政救济与监督之间的系列问题，更是涵盖面广泛，跨越了政治、经济、社会、管理等专业学科领域背景的系列复合型问题。因此，未来进一步推进法治政府发展，也要求政府更加了解其在社会的政治、经济、社会、文化、生态等方面的职能及其定位。

法治政府基本建成后，其内涵在未来将越来越丰富。法治国家、法治政府、法治社会建设本是一体，相互促进，法治政府的建成和发展将有利于法治国家、法治社会的发展，使中国特色社会主义法治体系日益完善，全社会法治观念逐步增强，这也是全面建成小康社会的重要标志，为中国未来基本实现现代化、全面建成社会主义现代化强国的目标保驾护航，继续向实现中华民族伟大复兴的中国梦而奋勇前进。

三、本套丛书的学术志趣

古今中外政府的权力，堪称一柄锋利而危险的双刃剑，是人类社会中一种"必要的恶"。运用得当，权力可以成为促进人民福祉、推动社会进步的强大力量；任意滥用，则会成为侵犯民众利益、阻碍社会发展的恐怖工具。如果缺乏必要的约束和监督，权力势必趋向滥用和腐败。这是由人性和权力的本性所决定的，是适用任何一种政治制度的一条普遍规律。法治政府的建成绝不仅仅是让行政更有效率，而是将行政权力关进笼子里，让其在规范下妥善运行。

历史上的中国，或为家族之国，或为诸侯之国，或为一王专制之国。今日之中国，是人民的中国，在短短数十年间，科技日新月异，经济迅猛腾飞，举世震惊。外在的物质水平固然重要，内在的制度建设亦不可放松，在中华民族伟大复兴的历史长河中，法治政府的基本建成是重大而关键的一步。本套《法治政府要论》丛书着眼于大局，承历史进程之重，扬时代发展之声，深刻总结行政权力的特点，博采众言，开拓创新，究法治之理，纳社会之变，成一家之言，系统展现了法治政府的面貌。受光于庭户见一堂，受光于天下照四方，本丛书分为"基本原理、组织法治、行为法治、程序法治、救济法治、责任法治"之六本，力求从多方面展现建成法治政府的要点。

法治政府建设的理论基础是法治，强调行政权力运行中法律对政府而非公民的规制。在过去很长一段时间里，我们的政府仅仅是法制政府，而非法治政府。法制是"rule by law"，法律是治理的工具，本质上是人利用法律进行统治。而法治则是"rule of law"，法律成为了主格，任何部门、任何人都要接受法律的规范。政府工作需要全面纳入法治轨道，让政府用法治思维和法治方式履行职责，确保行政权在法治框架内运行。这也是推进国家治理体系和治理能力现代化的必然要求，行政权力的运行需要在法律框架下制度化、规范化。

组织法治是行政法基本原则在政府组织领域的具体化体现，须遵循法治原则、精简高效原则、分工协作原则以及民主集中制原则。广义的政府组织是对国家行政机关及其组成部门、派出机构等组织体系的统称，行政组织的法治化是依法行政、建成法治政府的基础，通过行政组织法对行政机构、人员、职权、财政、公产公物等的规范，从而实现我国行政组织的法治化和体系化，从统一行政组织法典的角度出发，进一步促进和保障我国法治政府和法治国家建设。

行为法治要求政府行政行为必须遵循法治。这要求行政机关"法无授权不可为、法定职责必须为"。传统的行政法体系中，行政行为在行政法和行政法学中的核心地位始终没有动摇过，但随着社会的发展，以"行政行为中心论"构建的行政法学体系面临新的挑战。大量新型行政手段，比如行政契约、行政指导、行政协商等，被广泛频繁地适用。传统上的"非行政行为"也确确实实会给公民个人或社会组织的合法权益造成事实上的损害。这对法治政府建成提出了更高的要求，将行政行为的意涵进一步扩大，让行政权力不能僭越法治框架运行。

程序法治是法治对行政程序的要求。过去我们的法治政府建设存在着重内部机制、轻外部机制，重实体设定机制、轻程序规范机制的问题。程序法治是对行政权的有力制约，规范权力的行使过程。目前我国并没有统一的程序立法，关于行政程序的规定分布在法律、法规中，正在逐步健全。一些省份和城市也出台了地方性的程序立法，相信程序法治在将来会进一步完善。

救济法治是指，相对人的权益受到行政机关损害时，法治赋予其畅通的救济途径，包括行政诉讼的救济和非行政诉讼的救济。建成法治政府，并不意味着所有行政行为就完美无缺，实践中会遇到各种各样的复杂情况，难免会有一些瑕疵，给行政相对人的权益带来损害。健全救济法治，意味着行政相对人可以通过法定渠道解决这些矛盾和纠纷，通过复议、调解、裁决、信访等多种渠道，保障相对人的正当权益，让法治政府更平稳、公正地运行。

责任法治要求政府必须依法承担责任。根据权责一致原则，我国政府是行使国家权力的机关，掌握着公共权力，理应承担政府责任。有权必有责，有责要担当，失责必追究，责任法治通过法律明确我国政府责任建设的要求，不断建立和完善我国政府责任的实现机制，强化我国的问责机制，在法治框架下通过制度建成了负责任的政府。

导　论

　　德国学者魏德士曾指出："在借助语言描述事实或问题的时候，明确的定义是科学研究成功的前提。只有语言表达方式统一才能使科学交流成为可能。"① 从语言学的角度审视，政府责任由"政府"和"责任"二者构成。然而，无论是"政府"一词或是"责任"一词，都受到人类自身认识的局限、学科的限制和其本身的多样性、多义性和复杂性的影响，致使它们的内涵和外延具有不确定性。这也直接丰富了二者的含义，导致在不同的时代、不同的国家和不同学科，它们都有着不同的内涵和外延。（1）就"政府"的概念而言，存在广义和狭义的内涵区分。广义上的政府泛指享有国家权力的所有权力机关，在我国，即包括立法机关、行政机关、监察机关、检察机关、审判机关；狭义上的政府仅指的是行政机关，在我国是指实质意义上行使行政权的主体，既包括形式意义上的行政机关，即宪法规定的享有行政权的组织机构，也包括法律、法规授权的组织，还包括具体行使行政权的公务人员。（2）就"责任"的概念而言，有关其语义上的内涵一般包括两个方面的内容：一则意指义务和职责；二则意指违反义务和职责所承担的后果。② 在法学上，通常对政府概念采纳的是狭义上的政府内涵，即指的是享有行政权的行政机关，而责任概念的

---

　　① ［德］伯恩·魏德士著：《法理学》，丁晓春、吴越译，法律出版社2005年版，第9页。

　　② 参考导论对"责任释义"部分的内容。

1

内涵即可作一般理解。因此，从语义上来看，"政府责任"是指行政机关的责任，既包括行政机关的义务和职责也包括行政机关违反其义务和职责所承担的后果。在这个意义上，政府责任通常被认为是一种法律责任，但迄今为止，"在中国法学界乃至世界法学界尚没有一个能被所有人接受并能适用于一切场合的法律责任的定义。"① 因此，政府责任呈现出不同的面相和本质的认知路径。

第一节　政府责任的四个要素

在法学论域中，政府责任就是以政府为主体的法律责任。但在不同国家，政府责任的称谓也有所不同。譬如，在美国的行政法学领域，政府责任被称为"政府侵权责任"，在英国则称其为"国家责任"，而在德国称其为"公务责任"，日本则与我国相同，将其称为"行政责任"或"行政法律责任"② ——但在其现实意义上，不宜简单地等同于行政责任。在逻辑上，政府责任与行政责任具有属种关系，其中，行政责任属于政府责任体系中的最重要的表现形式之一，但不是全部。鉴于"责任"③ 一词在不同的语境和不同的领域中都存在不同的含义，因而有关法律责任的内涵也存在一定的争议。从"责任"一词的中文词意进行考究可知，其内涵盖"义务""职责""后果"④ 的基本含义。在我国法学语境中，"法律责任"一般是指因违反法律规定的义务而引起的法律上的否定性的后果，由此可知，虽然其也同时包含"义务"与"后果"两重含义，但其中的"义务"更多的是指引起"后果"的逻辑前提，而"法律责任"的核心含义落在"后果"之上。据此而言，政府责任也侧重于指"责

---

① 张文显主编：《法理学》，高等教育出版社、北京大学出版社 1999 年版，第 120 页。

② 参见胡肖华著：《走向责任政府——行政责任问题研究》，法律出版社 2006 年版，第 16 页。

③ 参考导论部分的"责任释义"。

④ 本书在此处用"后果"一词涵盖"责任"所包含的"处罚""诘斥"或是"做不好分内应尽之事而应承担的过失"的含义。

任"当中的"后果"之意，也即政府在其行政过程中因违反法律规范所规定的义务而引起的否定性的法律后果。其中，法律规范所规定的义务是引起政府责任的逻辑前提，行政过程则是政府责任产生之场域，而由法律规范所规定的后果是政府责任的逻辑结果，也是政府责任的最终表现形式。

一、政府责任主体的恒定性

政府责任的主体具有恒定性，仅限于依法享有行政权力的主体。在我国，一般情况下，依法享有行政权力的主体是指行政主体，而行政主体是指依法取得行政职权，能以自己名义独立进行行政管理活动，作出影响相对人权利、义务的行政行为，并承担由此产生的法律后果的社会组织。[①] 它包括行政机关和法律、法规授权的组织。但当谈到政府责任主体的话题时，却将具体行使行政职权的公务人员也纳入其范围之内。这是因为，在实践当中，行政主体必须通过其公务人员才能行使权力，根据责任自负原则，由此行政行为导致的行政责任也必然应当落实到行为者——行政公务人员身上。然而，行政公务人员在行使职权时是以行政主体的名义所行使的，代表着行政主体履行法定职责，其公务行为本质上属于行政主体的职权行为。因此，由公务人员的职权行为所引起的对外政府责任通常由其代表的行政主体承担。而从理论上来看，公务人员作为行政主体的代表应当具有理性，并依法行政，但在实践中，公务人员身为自然人难免受到内心意志的影响，出现过错心理而实施违法的行为。故此，尽管公务人员的职权行为对外由行政主体承担相关的法律责任，但对内依然保留行政主体向公务人员进行追责的权力——公务人员的个人过错责任。

二、政府责任体系的完整性

政府责任是一个完整的责任体系。[②] 它是内部责任与外部责任的统一，也是违法责任与部分合法行政行为责任（包括一定的行政不当行为和合法行政行

[①]　参见叶必丰著：《行政法学》，武汉大学出版社2003年版，第128页。

[②]　参见胡肖华著：《走向责任政府——政府责任问题研究》，法律出版社2006年版，第20页。

个社会就是一个'大场域'，而高度分化的社会世界里具有相对自主性的'社会小世界'就是'子场域'。"① 所谓政府责任的场域，指的是这项责任的产生与发展所依托的具体社会关系。粗略而言，依据政府责任所依托的社会关系可以将其分为两个场域，一是行政内部责任，二是行政外部责任。二者统一于政府责任的大框架之下，但仍然存有其各自的特性，分属于不同的场域之中。

一、政府责任之内部场域

行政内部责任一般是指"行政系统内部的各个主体，就自己的行政行为，在行政系统内部，向行政系统承担的行政责任，包括行政法律责任、行政纪律责任"。② 从行为的角度而言，行政内部责任涉及的是内部行政行为——内部行政行为的显著特征是其法律效果只及于行政系统内部。③ 因此，可以说，行政内部责任的追责属于内部行政行为。它主要表现为对责任人权力的限制、剥夺或负担的增加，施加于公务人员与行政主体之间基于内部关系所产生的权利义务事项。从责任效力发生的场域而言，行政内部责任所依托的社会关系是行政系统的内部事务，这主要限于行政主体对本系统内部各机构之间权力的分配及人员的管理等事项，包括组织、人事、决策、文书档案及日常工作、后勤等各方面的管理内容。④ 从担责的情况而言，行政内部责任存在两种情形：一是下级行政机关向上级行政机关担责，或者行政机关向审计机关等行政内部监督机关担责；二是公务人员对所在行政主体承担行政内部责任。其中，公务人员的政府责任属于行政内部责任的核心，它所依托的社会关系是公务人员与行政主体之间的人事关系——但并非全部的人事关系，仅限于人事关系中的基本劳动关系、职务关系和岗位关系，即公务人员、国家干部等具有公职身份的劳动

---

① 参见周冬霞：《论布迪厄理论的三个概念工具——对实践、惯习、场域概念的解析》，载《改革与开放》2010 年第 1 期。

② 高志雪：《内部行政责任研究》，吉林大学 2012 年博士学位论文，第 26 页。

③ 参见胡建淼著：《行政法学》，法律出版社 2003 年版，第 198 页。

④ 参见闫尔宝：《论内部行政行为的几个问题》，载《行政法学研究》1994 年第 4 期。

者与所在单位（指国家机关、事业单位）之间的劳动力使用关系。①

（一）基本劳动关系

所谓基本劳动关系，即是公民一旦被行政机关通过法定程序录用，那么在两者之间所形成的以公务人员提供劳动、行政机关给予报酬为主要内容的权利义务关系。有学者认为，人事关系与劳动关系为并列的关系，"公务人员、聘任制公务人员和事业单位工作人员与所在单位之间的权利义务关系称为人事关系，而机关工勤人员与所在单位之间的权利义务关系属于劳动关系"。② 我们认为，一方面，人事关系中包含着基本劳动关系，即人事关系包含行政机关与公务人员之间以录用、劳动保护、劳动条件、劳动报酬和福利待遇、劳动培训为内容的基本劳动关系，这些关系"受一般劳动基本法的调整"；③ 另一方面，在人事关系中，劳动关系具有基础性的地位，它是职务关系、岗位关系得以发生的前提，公民只有被行政机关录用为公务人员、具备公务人员身份后，才可能被行政机关委任以一定的职务，基于这样的职务，也才可以在一定的工作岗位上工作。基于劳动关系而形成的政府责任具有较强的实用性，它是因公务人员违背行政机关基本的劳动管理规则而导致的责任，主要表现为对公务人员工资待遇的降低处分或是开除、辞退等解除劳动关系的形式。

（二）职务关系

职务关系是指行政机关公务人员基于一定的行政职务在任职期间与国家行政机关之间所形成的权利和义务关系。④ 职务关系的内容包括：国家赋予公务

---

① 郑尚元：《略论人事争议仲裁制度的定位与价值取向》，载《行政法学研究》2007年第3期。

② 张国华：《公职人员劳动人事关系的法律框架》，载《黑龙江社会科学》2008年第2期。

③ 参见刘霞：《"人事关系"探析》，载《中国人才》2008年第1期。

④ 参见应松年主编：《行政法与行政诉讼法》（第二版），中国政法大学出版社2011年版，第81页。

人员一定的职权，其得以对外以国家的名义行使行政权力；而在享有权力的同时，国家也对公务人员赋予了相应的职责，其必须依法履行职责，并基于该身份关系而享有一定的优益权。① 古人云，"在其位而谋其政"。权力与责任相伴而生，职权与职责也如同一对并蒂莲一般如影随形，国家在授予公务人员一定职权的同时，必然给其施加了相应的职责，而公务人员基于该身份在享有权力的同时必定要肩负其应有的责任，否则便要承担相应的政府责任。倘若公务人员实施违背职责的行为，国家可基于职务关系对其进行内部问责，甚至将其开除，以收回被赋予的职权而剥夺其再犯的能力。依据《公务员法》第 62 条的规定与第 87 条②的规定可知，职务关系具体分为领导职务关系和行政职务关系（即非领导职务关系），因此，基于职务关系而形成的政府责任也可划分为领导职务责任和行政职务责任。其中，领导职务责任既包括间接责任也包括直接责任，而行政职务责任只能是直接责任。

（三）岗位关系

岗位关系一般是指组织内由工作流程所确定的相互间的关系。③ 行政岗位关系是公务人员与行政机关之间通过行政内部的工作流程所确立的以公务人员担任一定工作任务为内容的权利义务关系。从学理的层面来看，岗位关系一般是指公务人员在行政内部基于一定的工作岗位所担任的特定任务——履行岗位职责。从规范的层面来看，《公务员法》第 10 条规定："公务员依法履行职责的行为，受法律保护。"可知，公务人员合法履行职责的行为受法律保护，不

---

① 参见寇春燕：《浅议行政职务关系》，载《中国商界》2008 年第 5 期。

② 《公务员法》第 62 条规定："处分分为：警告、记过、记大过、降级、撤职、开除。"第 87 条规定："担任领导职务的公务员，因工作变动依照法律规定需要辞去现任职务的，应当履行辞职手续。担任领导职务的公务员，因个人或者其他原因，可以自愿提出辞去领导职务。领导成员因工作严重失误、失职造成重大损失或者恶劣社会影响的，或者对重大事故负有领导责任的，应当引咎辞去领导职务。领导成员因其他原因不再适合担任现任领导职务的，或者应当引咎辞职本人不提出辞职的，应当责令其辞去领导职务。"

③ 参见朱勇国主编：《组织设计与岗位管理》，首都经济贸易大学出版社 2015 年版，第 189 页。

能被随意干涉，也只有当公务人员依法履行其职责才能享有与其岗位相应的优益权；当公务人员违背其岗位职责时，则可对其追究政府责任，主要表现为岗位的调动或是行政权力的剥夺。具体而言，基于岗位关系所形成的政府责任，譬如，依据《湖北省行政执法责任追究暂行办法》规定，对行政执法工作人员追究责任的方式有"停职离岗培训或调离工作岗位"；依据《上海市行政执法过错责任追究办法》的规定，对行政执法工作人员追究责任的方式有离岗培训、调离执法岗位、取消执法资格等几种方式；依据《工商行政管理机关行政执法过错责任追究办法》的规定，对应当承担行政执法过错责任的工商行政管理机关工作人员的责任承担方式有责令离岗培训、调离执法岗位、取消执法资格等行政处理方式。在这些基于岗位关系而形成的政府责任当中，以离岗培训、调离执法岗位、取消执法资格的方式适用最为灵活，它们具有临时性的特征，适用这些责任承担方式的公务人员只要在认识错误后通过一段时间的考察和检验则仍可回归原职务。

二、政府责任之外部场域

基于行政内部关系产生的政府责任并不能完全涵盖政府责任的全部内容，除此之外，政府责任更加常见的形式为行政外部责任。外部责任与内部责任有着逻辑上的关联，政府责任往往先通过外部责任的承担方式进行追责，尔后，才进行内部责任的追究，即根据违法、违纪的情况对直接责任人和行政机关、机构追究相关法律责任。① 以行政机关为场域进行划分，政府的外部责任是指在行政机关人事组织关系以外所承担的行政责任，具体而言主要包括基于职权关系和监督关系而产生的政府责任。

（一）职权关系

行政职权是指行政主体依法享有管理国家的权力和资格，是抽象行政权力

---

① 参见廖原著：《法治视野下行政内部监督研究》，中国政法大学出版社 2015 年版，第 363 页。

的具体化，而行政职权关系指的是行政主体依法行使特定行政职权的过程中与公民形成的权力—权利关系。权力对于行政主体而言，同时也是一种责任——行政主体不能放弃行政权力的行使，否则须承担相应的法律责任。因此，在行政职权的关系中，还存在另一对法律关系——权力与责任。就权力与权利的关系而言，权利是权力的根源和目的，权力是权利的手段和保障方式。在我国，一切权力属于人民，行政权力作为国家权力的组成部分，它来源于公民权利的授予，因而，行政权力的行使必须以公民权利的实现为目的。基于权力的扩张属性，为保障公民权利和公共利益，行政权力必须依法行使。即，行政主体在行使权力的过程中必须依法进行，否则便违背了法律对公民权利和公共利益保障的目的，为此，其应当承担相应的法律上的否定性的后果——行政外部责任，通常表现为行政赔偿（补偿）责任。就权力与责任的关系而言，责任是权力的存在基础和约束机制，权力是责任的实现手段和外化形式。基于权力的来源可知，权力不是目的而是手段，行政权力因其担负的责任而存在——保障公民权利、维护公共利益。因此，对于行政主体而言，责任具有第一性，权力具有第二性。行政主体因责任而被赋予相应的权力，这种权力不同于权利，它既是权力也是责任，因而不能放弃。行政主体在行使职权的同时必须以责任为框架，受到责任的约束，当其违背职责时，便要承担相应的否定性的法律后果，以此保障行政职责的履行。

（二）监督关系

此外，行政外部责任所依托的社会关系还表现为有权主体对行政主体及其公务人员的监督关系。继《监察法》颁布之后，我国对行政主体及其公务人员的外部监督主要包括以下几种方式：其一，人大监督，主要是通过听取政府专项报告，行使质询、罢免权进行的监督；其二，司法监督，主要是通过被动引起的行政诉讼审理工作进行的个案监督。其三，监察机关监督，主要是通过专职监察所有公职人员的职务违法和职务犯罪行为进行的合力监督。通过外部的监督方式，监督主体与行政职权主体之间形成监督与被监督的关系，从而建构行政系统场域外部的责任追究机制，一旦监督主体发现行政主体及其公务人员存在违法犯罪情形，则可依法对其进行外部责任的追究。就三种监督方式所追究的责任形式而言，依据人大的监督关系，主要形成政府的政治责任；依据司法的监督关系，主要形成政府的国家赔偿责任；依据监察机关的监督关系，主要形成政府的法律责任。

三、内部场域与外部场域之关系

内部场域的政府责任是基于行政组织机构的内部关系而引起的责任承担，其存在的基础更多侧重于组织内部的管理秩序和监督制约；而外部场域的政府责任是基于行政权的内在"恶性成分"所产生的监督制约机制，侧重于对行政权的规制，从而保障公民的权利。两种责任无论是在责任主体、责任方式还是追责程序以及追责主体和救济程序上都存在不同之处，但两种责任又统一于政府责任的概念之下，共同构建起政府责任的体系框架。就此而言，内部场域的政府责任与外部场域的政府责任既对立又统一，两者既存在不同之处，也存在相同之处。

（一）内外场域政府责任之区别

就政府责任的运行要素而言，内部场域与外部场域责任的区别主要体现在责任主体、责任方式、追责程序以及追责主体和救济程序之上。在责任主体之上，内部场域的政府责任是由行政机关、被授权组织及其公务人员就自身的违法、不当行政行为承担的责任，属于自负责任的范畴；外部场域的政府责任是政府对外承担由行政机关、被授权组织及其公务人员的违法、不当及特定合法行政行为所引起的责任，更多属于代位责任的范畴。在追责程序、追责主体和责任方式上，内部场域的政府责任是通过行政系统内部的追责程序进行，由上级行政机关或是审计机关等行政系统内部特定机构作为追责主体进行追责，通常表现为行政处分、通报批评、纠正错误等的责任承担方式；外部场域的政府责任是由特定有权机关通过行政系统之外的法定程序进行追责，在实践中通常表现为行政复议或行政诉讼的方式，并主要以行政赔偿或行政补偿为责任的承担方式。在责任的救济上，内部场域的政府责任针对行政机关和公务人员产生不同的救济方式，行政机关作为责任主体可以通过申请复核以及对责任结果提出质疑的方式进行救济，而行政公务人员则可以通过申诉、申请复核、申请复审的方式进行救济；外部场域的政府责任一般可以通过申请复议和上诉的方式进行救济。

（二）内外场域政府责任之共同

从目的上来看，内外场域的政府责任的目的在于监督行政权的行使，防止行政主体对行政权的违法、不当行使，从而规范行政行为，保障人民的权利，形成良好的行政秩序。从功能上来看，两种责任都对行政主体起着一定的威慑作用，它们通过施加责任的方式给行政主体施压，让其在行使行政权力的过程中提高了警惕和防备意识，从而规范行政行为，由此在行政相对人与行政主体、行政机关与行政公务人员、行政机关和行政机关之间形成一定的制约，促使着各方主体之间保持着一种平衡、和谐关系。从特征上来看，两种政府责任都具有一定的强制性和惩罚性特征。就强制性而言，内部场域的政府责任主要是通过行政系统内部的人事管理关系而形成的内部强制力量，即责任主体必须为其违法或不当的行政行为负责；外部场域的政府责任则直接表现为以国家暴力为武器的强制执行力，它通常是由上级行政机关或法院强制执行，当责任主体逃避该责任时，会受到一定的惩戒处罚，甚至严重的要追究刑事责任。就惩罚性而言，从内部场域的政府责任的表现形式来看，其主要表现为身份罚、财产罚、名誉罚的形式，对责任主体形成一定的惩罚性色彩；从外部场域的政府责任的表现形式来看，其主要表现为行政赔偿的方式，同样具有经济惩罚的性质。从价值意义上来看，两种政府责任皆属于政府责任的范畴，并成为政府责任的两大支柱，构建起整个政府责任的体系框架，为法治政府责任的建设和发展提供有效的手段和途径。同时，两种政府责任也是依法治国、依法行政的必然要求，两者在法治理念的引领下起着相互补充的作用，共同形成对行政行为的制约和监督，由此加强对人民利益的保护和良好行政秩序的维持，从而为社会的稳定和国家的发展扫清障碍，提供助力。

第三节 政府责任之两个法域

公法与私法的划分，最早由古罗马法学家乌尔比安提出来，在大陆法系国家这是一项基本的法律分类，而在英美法系国家则主要以普通法与衡平法为划分依据，对公法与私法不做严格区分。迄今为止，在法学理论中有关公法与私法的划分也未形成统一的标准。在我国，起初，由于计划经济体制的实行，政府的干预几乎遍布经济活动的每一个角落，"一切经济活动和关系都自然带有公的痕迹"。[①] 因此，国内学者大多不承认私法的存在。随着我国经济体制的转变，市场经济得到发展，社会强调经济要自由发展，政府由原来的"管理者"变成了"守夜人"，其活动的领域开始受到限制，公权力逐渐被束缚。随着改革的深入，社会开始重视个人利益的发展，人们崇尚"私人"之间的自由经济往来，反对政府公权力的过分干预，由此导致公众对"私法"的渴求度提升，希望通过私法来保障自己的权益，以便更好地展开自由经济来往，公法与私法的划分也逐渐获得了肯定。在我国法理学界，徐显明教授主编的《法理学教程》[②] 较早肯定了公法与私法的划分，孙国华教授主编的《法理学》[③] 也专门对公法与私法的问题进行了阐述。

所谓政府责任即是对人民承担的责任，其最终目的是为了保障人民的利益，做到为人民服务，否则，政府便要承担一定的后果。依据公法与私法划分的法律体系，政府承担的责任也具有不同的形式和特征。一般而言，"公法是指所有涉及公共权力、公共关系、公共利益和上下服从关系、管理关系、强制关系的法"，"私法是涉及个人利益、个人权利、自由选择、平等关系的法

---

① 王玉国、钱凯主编：《法理学》，吉林大学出版社 2014 年版，第 160 页。
② 参见徐显明主编：《法理学教程》，中国政法大学出版社 1994 年版，第 65 页。
③ 孙国华主编：《法理学》，法律出版社 1995 年版，第 296~300 页。

律"。① 公法 "重权力干预, 其纠纷必须经由国家机关来解决"②, 侧重于维护秩序和公平; 私法 "重意思自治, 其纠纷要求采用平等、自愿地协商、调解的方式, 尽可能减少权力的纵向干预"③, 侧重于维护自由和平等。具体而言, 基于不同的法域, 政府责任也可划分为公法域的政府责任与私法域的政府责任。

一、公法域中的政府责任

根据公法的特征可知, 通常情况下属于公法域的法律涉及宪法、行政法、刑法、刑事诉讼法、行政诉讼法、组织法等法律。在这些法律关系中, 其中至少一方法律主体为国家公权力主体, 因而 "较少采用意思自治原则, 而是较多采用或完全采用纵向权力干预, 即强制性的干预较普遍"。④ 政府责任是行政主体对法律规范义务违反所引起的法律后果, 那么, 公法域中的政府责任是指行政主体违反公法域中的法律义务所引起的否定性的法律后果。具体而言, 在我国, 公法域中的政府责任主要是指宪法、行政法和刑法领域中的政府责任。

(一) 行政违宪责任

在宪法领域, 政府责任是指行政主体在行使职权过程中的行为违背宪法内容、原则和精神所承担的相应的否定性的法律后果, 指的是一种行政违宪责任。行政违宪责任产生于宪法法律关系之中, 涉及行政主体、行政权力与公民、基本权利之间的法律关系, 是由权力与权利关系的冲突而导致。一般而言, 违宪责任指的是一种政治责任、领导责任, 表现形式主要为弹劾、宣告无效、拒绝适用、撤销等。⑤ 而 "违宪责任主体仅限于享有公共权力的机关和个

---

① 李清伟主编:《法理学》, 上海人民出版社 2013 年版, 第 95 页。
② 李清伟主编:《法理学》, 上海人民出版社 2013 年版, 第 95 页。
③ 徐显明主编:《法理学教程》, 中国政法大学出版社 1994 年版, 第 65 页。
④ 徐显明主编:《法理学教程》, 中国政法大学出版社 1994 年版, 第 65 页。
⑤ 参见胡肖华著:《走向责任政府——行政责任问题研究》, 法律出版社 2006 年版, 第 250 页。

人以及被法律授予公共权力的社会组织和团体"①，即包括立法机关、行政机关、司法机关、军事机关、享有国家权力的企事业组织和某些社会团体（主要指的是政党）、国家领导人。② 行政违宪责任作为违宪责任中的一种特殊法律责任，其不仅具有一般违宪责任的特征，更具有本身的独特属性。就责任主体而言，行政违宪责任的主体既是行政责任主体又是违宪责任主体——两者重合的部分，即行政机关以及法律、法规授权的企事业组织。就责任行为而言，引起行政违宪责任的行为既符合行政责任行为的条件，又符合违宪责任的行为条件。其中，行政责任的行为包括不当行政行为、违法行政行为或某些特定情况下的合法行政行为。违宪责任的行为指的是"违反宪法规范、原则、精神或直接侵害公民基本权利且后者得不到合理救济的行为"。③ 由于"违宪"的含义可分为广义上间接对宪法规范、原则、精神的违背和狭义上直接对宪法规范、原则、精神的违背④，那么，便需明确"违宪责任"中涉及的"违宪"行为的具体含义。宪法作为国家的根本大法，也称"母法"，是一切法律制定所遵循的依据和准则，任何违法的行为从广义上讲都间接违背了宪法的规范或是原则、精神，这样一来便导致所有的违法行为都被纳入违宪行为当中，显然使得"违宪"的概念过于宽泛，而丧失了其存在的独特性。因此，对"违宪"的解释应当从狭义上进行理解，才更有利于区别于一般的违法行为，即违宪责任中涉及的违宪行为是指直接违背宪法规范、原则和精神之义的行为。故此，行政违宪责任中涉及的违宪行为即为直接违背宪法规范、原则和精神的行为，即仅限于违法行政行为而排除不当行政行为（有可能间接违宪）和特定合法行政行为（不可能构成违宪）。就行政违宪责任的承担方式而言，同样具有典型的

---

①　胡肖华著：《走向责任政府——行政责任问题研究》，法律出版社 2006 年版，第 248 页。

②　参见胡肖华著：《走向责任政府——行政责任问题研究》，法律出版社 2006 年版，第 252 页。

③　胡肖华著：《宪法诉讼原论》，法律出版社 2002 年版，第 54 页。

④　参见胡肖华著：《走向责任政府——行政责任问题研究》，法律出版社 2006 年版，第 252~253 页。

政治色彩。例如，对行政违宪行为以撤销、宣告无效的方式进行追责，并同时追究直接责任人和领导人的政治责任。

（二）行政法律责任

在行政法领域，政府责任指的是行政机关及其公务人员在实施行政行为的过程中因违反行政法律规范或不履行行政法律义务而依法应承担的行政法律后果，也称为行政法律责任。行政法律责任产生于行政关系之中，是行政主体在行使行政权力的过程中与行政相对人所形成的法律关系。一般而言，行政法律关系涉及的主体包括行政主体与行政相对人两方，由此也产生行政法律责任的主体争议。依据"控权论""管理论""平衡论"三种理论学说的观点①，分别认为行政法律责任的主体应当是行政主体、行政相对人、行政主体和行政相对人。其中，"管理论"侧重于约制和管理行政相对人，因而强调对行政相对人负担的责任和义务，从而保障行政效率；"控权论"侧重于约束和控制行政主体，因而强调对行政主体负担的责任，从而保障公民的权利；"平衡论"侧重于行政秩序的稳定和维持，企图在"管理论"和"控权论"之间寻求一个平衡点，因而强调对行政主体和行政相对人双方所负担的责任，从而在双方主体之间形成相互的制约，以维持双方主体关系的平衡与和谐。可见，三种理论观点各有侧重。但，"管理论"与当今时代要求的民主、法治理念相背离而逐渐被抛弃，"平衡论"则因其过于"完美"的理想蓝图，与当前我国尚待发展的法治现状无法契合，容易造成双方主体关系的失衡而不可取。相比之下，"控权论"虽在一定程度上对行政相对人的约束有所忽略，但其对行政主体控权的思想与我国传统的行政集权主义相抗衡，可谓比较现实且具有可行性的学说理论。因此，本书认为，为契合我国当前的民主、法治发展现状，行政法律责任主体的理论应当采纳"控权论"的观点，即行政法律责任是行政主体在行政法律规范领域中所招致的法律责任。它依托的社会关系是行政权力享有

---

① 参见导论第二部分"政府责任"当中第三部分内容"政府责任主体"的阐述。

者——行政主体在履行行政职责的过程中与权利享有者——公民之间所形成的法律关系。这种法律关系不同于行政主体基于意思自治与公民形成的平等、协商关系，它要求行政主体必须以行政权力为依托而存在，即相对而言，行政主体处于强势的地位，公民处于弱势的地位。基于此社会关系，可将行政法律责任理解为行政主体因实施违法行政行为或严重不当行政行为及特定合法行政行为侵害到公民合法权益，依据行政法律规范所应承担的否定性的法律后果。在实践中，行政法律责任往往涉及多方法律主体——引起责任的行为主体与承担责任的名义主体和履行责任的义务主体之间存在三方不重合的现象。就行政赔偿法律责任而言，引起该责任的行为主体往往表现为行政主体的公务人员，而对外承担责任名义上的主体实际上是国家，最终履行该责任的义务主体却是其所代表的行政机关或被授权组织。

（三）行政刑事责任

在刑法领域，政府责任指的是行政公务人员在行使行政权力的过程中因其违法行政行为而导致的刑事责任，也称为行政刑事责任。行政刑事责任本质上属于一种刑事责任，因而也具有刑事责任的特性。就刑事责任而言，它作为一般法律责任的"补充性"责任，只有当行为人实施了具有严重社会危害性的行为才会被引起。因此，依据刑事责任的特性，行政刑事责任可理解为：行政公务人员在行使职权的过程中因实施违反行政法律规范行为且具备严重社会危害性从而触犯刑法规定，构成犯罪而承担的刑事处罚责任。它本质上是由行政公务人员的犯罪行为引起的法律责任，也称为行政犯罪责任。行政刑事责任兼具刑事责任和政府责任的双重属性，两相结合形成其独有的特征，具体而言，主要体现在主体、行为、法律依据、责任追究程序与承担、执行方式等方面。就责任主体而言，刑事责任的主体包括自然人和单位，但根据现行《刑法》的规定，行政刑事责任的主体仅限于行政公务人员而不可能是行政主体单位。尽管单位可以构成特殊犯罪的主体，但在行政活动中，以单位为主体构成的犯罪并不存在。一般而言，在履行行政职权的活动中，行政主体单位是作为犯罪所侵害的对象而存在，即"作为被管理者实施的妨害行政管理秩序的犯罪"对象。① 例如，私分国有资产罪与私分罚没财物罪看似属于行政机关实施的单位犯罪，但实质上该两种罪名是规定在《刑法》第八章贪污贿赂罪类中的具体罪名，即其侵害的法益是国家公务人员的职务廉洁性，而非行政机关的职务廉洁性，因此该两种罪名本质上是针对行政公务人员的犯罪。就责任行为而言，引起行政刑事责任的行为不仅仅是一般的违法行政行为，而是达到严重危害社会程度的构成犯罪的行为，而判断违法行为的社会危害程度则不仅要从违法行为的量上进行考量还要从其质上进行考量。② 就法律依据而言，引起行政刑事责任的行为不仅违反了行政法律规范，即违背了行政公务人员法定职权或职责的义务规定，同时还触犯了刑法规范，具有双重法律规范的属性。就追责方式而言，行政刑事责任的追究应当启动刑事诉讼程序，即经监察机关立案侦查、检察院提起公诉、法院审判、监狱或相关有权机关执行刑罚这一系列法定程序才能最终落实责任的承担。并且这些程序必须严格遵守相关法律规定，一旦程序违法便可启动非法证据排除程序，对检察院提起的公诉活动进行抗辩以排除刑事责任的适用。可见，行政刑事责任的追究程序带有明显的法治性色彩。就责任的承担方式而言，行政刑事责任包括刑事处罚和非刑罚处罚两种责任承担方式。其中，刑事处罚指的是主刑和附加刑，主刑包括管制、拘役、有期徒刑、无期徒刑、死刑，附加刑包括罚金、剥夺政治权利、没收财产；非刑罚处罚主要包括训诫、具结悔过、赔礼道歉、行政处分、民事赔偿。就责任的执行而言，认定刑事责任的主体仅限审判机关，而执行主体也只能是法定的机关，一般由监狱执行有期徒刑、无期徒刑和死刑缓期执行的刑事责任，由公安机关执行剥夺政治权利、管制、拘役的刑事责任，由法院执行罚金、没收财产、死刑立即执行的刑事责任，而非刑罚处罚则一般由法院当庭作出并执行，但其中的行政处分仍然依据行政法律

---

① 胡肖华著：《走向责任政府——行政责任问题研究》，法律出版社 2006 年版，第271 页。

② 参见张明楷主编：《行政刑法概论》，中国政法大学出版社 1991 年版，第 160 页。

责任的程序执行。

二、私法域中的政府责任

根据私法的特征可知，通常情况下属于私法域的法律涉及民法、商法、民事诉讼法等法律。在这些法律关系中，双方主体基于意思自治的前提处于平等的法律地位，因而注重对个人权利的保障，当权利受到侵害时并非必须通过国家机关来解决，只需双方达成合意即可"私下"协商解决纠纷。政府责任作为行政主体承担责任的重要方式之一，并非意味着其恒定具有"公法"的特性，相反，它只不过是权力在行政语境下的概念。随着服务政府理念的深入，政府作为公共行政的管理者，在行使权力的过程中逐渐走向温和行政和契约行政，诸如行政合同①、行政允诺等具有私法域属性的行政行为越来越得到社会大众的推崇。在这些私法域中，行政主体不是以行政权力为依托的身份出现而是以平等民商事主体的身份出现，由此引起的责任属于私法域中的责任。例如，某行政机关在某商店购买该行政机关办公用具时，其因触犯民商事规定或是违反约定义务而导致的责任，便属于私法域中的政府责任。因此，行政主体也存在私法领域的政府责任。

（一）私法域中政府责任之内涵

所谓私法域中的政府责任，通俗地讲，是指在私法领域的政府责任，它是随着契约行政和温和行政在公共管理领域的引入而产生的。行政主体在行使管理权力的过程中，与相对人的地位并非如传统行政法律关系中的"强弱对比明

---

① 关于行政合同的概念存在不同的认识，有的学者认为行政合同是行政主体之间的协定，有的学者认为行政合同是行政主体与行政相对人之间的协定，有的学者认为私人之间订立的合同也可能是公法上的契约，参见尹磊：《行政约定义务与责任研究》，载杨解君主编：《行政责任问题研究》，北京大学出版社2005年版，第102页。本书所指的行政合同是指行政主体以实施行政管理为目的，与行政相对人经协商，在双方意思表示一致的基础上签订的协议。

显"，而是逐渐趋向于民商事领域中基于意识合意的平等协商，典型的如行政合同。基于此，行政主体与行政相对人所形成的关系不是依托行政权力，而是依据民商事法律规定所形成的平等、协商关系，涉及权利与权利之间的关系。在这种社会关系中，当行政主体违反民商事法律规定或是违背约定义务时，所招致的责任即是私法域中的政府责任，其本质上属于一种民商事法律责任。所谓民商事法律责任是指行为人基于违反约定的义务或是民商事法律的规定而承担的否定性的法律后果。它是基于双方主体地位的公平关系而导致的责任，"当主体间的平等民事法律关系被破坏时，法律为维护公平正义，就必须迫使加害人对受害人承担同样的不利后果，以使受害人的平等地位得以恢复"。① 因此，该责任侧重的是一种财产责任，即以受损害人的财产性损失利益为"修补"对象，主要是对受害人进行补偿性的责任承担。私法域中的政府责任作为一种民商事法律责任，同样具备该特性。

（二）私法域中政府责任之基本类型

在我国，"立法方针上系采民商合一的立法体制，因而所谓的私法，实质上就是指民法"。② 因此，私法域的政府责任是指政府所承担的民事责任，具体包括合同责任与非合同责任。其中，合同责任是指"因违反合同约定的义务或者合同法规定的义务而产生的民事责任：违约责任、缔约责任和后合同责任"。③ 非合同责任是指由合同以外的原因导致的责任，包括侵权责任、不当得利返还责任、无因管理关系中受益人对管理人损失的补偿责任。④ 就合同责

---

① 胡肖华著：《走向责任政府——行政责任问题研究》，法律出版社 2006 年版，第271 页。

② 陈华彬著：《民法总则》，中国政法大学出版社 2017 年版，第 10 页。

③ 刘金霞、温惠卿编著：《新编民法原理与实务》，北京理工大学出版社 2017 年版，第 91 页。

④ 参见刘金霞、温惠卿编著：《新编民法原理与实务》，北京理工大学出版社 2017 年版，第 91 页。

任而言，根据《行政诉讼法》第 12 条第 10、第 11 项的规定①可知，行政合同与行政允诺导致的合同责任属于行政诉讼的受案范围，即属于公法域的责任。尽管学理界对行政合同责任的属性存有争议，但从法律规定来看，由行政机关违反行政合同约定义务或违法变更、解除特定协议而导致的责任属于公法域的政府责任。因此，私法域中的政府合同责任是指非行政合同或特定行政协议的行政主体以民事主体身份依据民事法律规定，与公民、法人或其他组织基于平等协商、意思自治而订立的合同所引起的责任，包括违约责任、缔约责任和后合同责任。其中，政府的违约责任是指存在有效合同的前提下，政府因违反合同约定义务所承担的否定性后果，既可以是合同双方事先约定的责任，也可以是依据法律规定所承担的责任。政府的缔约过失责任是指，"在合同订立过程中，一方因违背诚实信用原则而致另一方信赖利益遭受损失而应承担的赔偿责任"②，即政府因违背诚实信用原则所承担的赔偿责任。政府的后合同责任是指"合同关系消灭以后，合同一方未履行基于诚实信用原则所应承担的保密、协助、保护、通知（告知）等义务，给对方当事人造成损失时，所应承担的一种民事责任"③，即政府因在合同消灭后未遵守相关的信用规则而承担的赔偿损失、赔礼道歉等民事责任。就非合同责任而言，根据《行政诉讼法》第 12 条第 12 项的规定④可知，行政侵权属于行政诉讼的受案范围，即由行政主体对相对人实施的侵权行为而导致的责任属于公法域的政府责任，而不属于私法域的政府责任。因此，私法域中的非合同责任指的是政府因不当得利或无因

---

① 《行政诉讼法》第 12 条规定："人民法院受理公民、法人或者其他组织提起的下列诉讼：……（十）认为行政机关没有依法支付抚恤金、最低生活保障待遇或者社会保险待遇的；（十一）认为行政机关不依法履行、未按照约定履行或者违法变更、解除政府特许经营协议、土地房屋征收补偿协议等协议的……"

② 刘金霞、温惠卿编著：《新编民法原理与实务》，北京理工大学出版社 2017 年版，第 91 页。

③ 刘金霞、温惠卿编著：《新编民法原理与实务》，北京理工大学出版社 2017 年版，第 91 页。

④ 《行政诉讼法》第 12 条规定："人民法院受理公民、法人或者其他组织提起的下列诉讼：……（十二）认为行政机关侵犯其他人身权、财产权等合法权益的。"

管理所负的法律责任。其中，不当得利是指"得利人没有法律根据取得不当利益的，受损失的人可以请求得利人返还取得的利益"①，即政府的不当得利返还责任是指其没有根据取得他人利益时，应当承担的返还该不当得利的责任。无因管理是指"管理人没有法定的或者约定的义务，为避免他人利益受损失而管理他人事务的，可以请求受益人偿还因管理事务而支出的必要费用；管理人因管理事务受到损失的，可以请求受益人给予适当补偿"②。就此而言，政府的无因管理责任应当视情况而定，当政府作为无因管理的行为主体时，即实施了无因管理的行为一方，其非但没有损害他方的利益，反而保护了他方的利益，一般不涉及政府责任承担的问题；而当政府作为无因管理中利益被管理的对象时，其作为受益方，应当对管理者因管理行为支出的必要费用承担补偿责任，并对管理者因管理行为造成的损失承担相应的赔偿责任。

（三）私法域中政府责任之承担方式

根据《民法典》第 179 条的规定可知，私法域中政府责任的承担方式主要有 11 种，即包括：停止侵害；排除妨碍；消除危险；返还财产；恢复原状；修理、重作、更换；继续履行；赔偿损失；支付违约金；消除影响、恢复名誉；赔礼道歉。一般情况下，就私法域中的政府合同责任而言，即政府在与公民、法人或其他组织形成的合同关系中，实施了违反合同约定义务或是违反合同法规定的行为而承担的违约责任、缔约责任和后合同责任，其承担责任的方式主要包括继续履行、支付违约金、赔偿损失等。就私法域中的政府非合同责任而言，即当政府存在不当得利的情形时，其承担的责任方式主要包括返还不当得利、赔偿损失；或是存在被实施无因管理行为的情形时，其承担的责任方式主要包括补偿必要费用，以及赔偿必要损失的责任。此外，就私法域中政府责任的实现方式而言，不同于公法域中政府责任的实现方式，它并非必须通过司法诉讼的程序或行政复议的程序，而是具有一定的弹性空间，可以选择通过协商、调解、仲裁、民事诉讼等多种民事纠纷解

① 《民法典》第 985 条。
② 《民法典》第 979 条。

决方式来实现。

三、公私法域政府责任的关系

"公法和私法的划分起源于古罗马法并在欧洲大陆法系国家得以继承和发展。"① 从现实起源来看，公私法的划分是因市民社会的发展，逐渐与政治国家相分离的产物，因而促成理论上的公法与私法之分，正如罗马法学家乌尔比安所言："公法涉及罗马帝国的政体，私法涉及私人利益。"② 因而可以说，"公法与私法的关系取决于政治国家与市民社会的关系"；"有什么样的政治国家与市民社会的关系，就有什么样的公法与私法的关系"。③ 就此而言，我国公私两个法域的关系同样取决于现实政治国家与市民社会的关系。从理论上来说，公法的本质在于对公权力的控制，涉及的法律关系主体一定有国家公权力主体的存在，譬如宪法、行政法和刑法即属于典型公法；而私法的本质在于保障权利，涉及的法律关系主体一定是有具有意思自治的私权利主体存在，譬如民法则属于典型的私法。由此可见，公法与私法的不同也是显而易见的。然而，两者却并非理论上看似的泾渭分明。随着自由经济的发展，政治国家与市民社会的划分逐渐走向交叉与融合，既存在政府对市民社会的干预，也存在市民社会对国家政治责任的承担；而在理论界，由于法律价值观的变化形成了新的法学理论，使得大陆法系国家公私法的分类在 20 世纪发生危机，逐渐模糊了公法与私法的界限，出现两种法域的交融。④ 因而，公法与私法的关系其实是在对立中逐渐走向融合的关系，而这种对立又统一的关系在政府责任的话题上表现得尤为深刻。

---

① 杨寅：《公私法的汇合与行政法演进》，载《中国法学》2004 年第 2 期。

② ［罗马］查士丁尼著：《法学阶梯》，张企泰译，商务印书馆 1989 年版，第 5～6 页。

③ 王继军著：《公法与私法的现代诠释》，法律出版社 2008 年版，序言第 3 页。

④ 参见武宇红：《公私法的划分与嬗变》，载何勤华主编：《公法与私法的互动》，法律出版社 2012 年版，第 9 页。

（一）公私法域政府责任的区别

对于公法与私法的本质区别，乌尔比安曾经指出，公法是有关罗马国家稳定的法，私法是涉及个人利益的法。事实上，它们有的造福于公共利益，有的则造福于私人利益，即公法与私法的本质区别在于，公法是涉及公权力并服务于公共利益的法，而私法是涉及私权利并服务于个人利益的法。因此，分属于公、私法域中的政府责任也存在诸多差异。就公法域中的政府责任而言，它是因控制权力以服务于公共利益的需求而存在。权力天然具有滥用和扩张的趋势，这是一条亘古不变的真理，如同孟德斯鸠所说："一切有权力的人都容易滥用权力，这是万古不易的一种经验。有权力的人们使用权力一直遇到有界限的地方才休止。"① 而权力最终必须通过人来行使，人性中存有贪婪和欲望等恶性成分，由此造就权力天然的腐败特性。在公法域中，一方面因公权力主体与私权利主体的法律地位强弱对比明显，加剧了公权力腐败和扩张的趋势，另一方面因公共利益保障的目的需求，必须对权力形成有效的控制机制，因此，形成以权力—责任为基本法律关系的格局。权力必须与责任相挂钩，受到责任的约束。而政府责任的存在却不仅仅是为了制约行政权力，更重要的目的在于规范行政权力的行使，从而保障公共利益。就私法域中的政府责任而言，它是在意思自治的基础上因违背权利主体双方所形成的平等、协商法律关系而招致的否定性后果，根本目的在于对私权利的保障，并服务于私人利益。在私法域中，私主体处于平等的法律地位，任何一方都享有权利并应承担相应的义务，因此，权利—义务是为基本的法律关系。而政府作为私主体的身份存在于私法域中，不具备公主体的特权和优先性，它在享有权利的同时应承担相应的义务。当政府违背私主体之间的平等协商关系，破坏意思自治所形成的自由约束机制，则需承担相应的否定性后果。这种否定性的后果即是政府责任，它存在的目的在于约束政府的私主体行为，以保障其在私法域中的义务履行，从而维

---

① 孟德斯鸠著：《论法的精神》，商务印书馆 1987 年版，第 154 页。

护与其存在法律关系的私主体权益。

（二）公私法域政府责任的联系

"从事物本身的性质来讲，公法与私法同为一个国家法律体系的两极，不可能没有相互联系的地方，这是任何事物都具有的基本特性。"① 因此，两个法域内的政府责任也同样存在相互联系的地方。从政府的特性来看，其天然与权力相联系，由此也决定其一般的身份是出现在公法域中。但随着民主、法治理念的深入发展，政府职责的扩大，服务行政和温和行政的现象逐渐增多，并成为当今行政管理的大势所趋。而表现尤为显著的则体现在行政规制的手段方面，命令和控权等强权式的行政手段逐渐淡化甚至是退出，以合同为核心的平等协商的方式得到更多的推崇和应用，甚至在立法阶段引入民主协商的理念和机制，出现"协商立法"，行政法由原来的单方强权式法律转变为"行政合作法"。② 由此，也带来了两个法域中政府责任的变化。从政府责任的原始逻辑来看，它是国家与公民关系的均衡制约机制③，即通过控制国家公权力来保障公共利益，因而政府责任带有明显的公法属性。但随着公法与私法之间的融合，行政管理手段的私法化，政府责任也产生了一定的异化——公私法域中的政府责任出现交融的现象，即在行政管理的过程中，政府可以多重身份存在，既可以是公主体的身份也可以是私主体的身份。当政府以公主体身份出现时则涉及公法域中的政府责任问题，当政府以私主体身份出现时则涉及私法域中的政府责任问题，两法域的政府责任在同一行政管理过程中并行存在，并非如传统法域中的泾渭分明。而私法域中的政府责任在一定程度上也弥补了公法域中政府责任的不足——内涵权力与权利的不平等关系，它使得政府责任的法律关系回归到权利与权利的平等关系，更加有利于对权利的保障。从另一个角度来

---

① 王继军著：《公法与私法的现代诠释》，法律出版社 2008 年版，第 61 页。

② 参见杨寅：《公私法的汇合与行政法演进》，载《中国法学》2004 年第 2 期。

③ 参见田文利、张艳丽：《行政法律责任的概念新探》，载《上海行政学院学报》2008 年第 9 卷第 1 期。

看，两法域中政府责任的最终的目的都具有一致性，可谓殊途同归。如果说"没有救济就没有权利"是一条法治的公理的话，那么，"没有责任就不可能有权利的真正实现"。① 从表面上来看，公法域中的政府责任是为了控制公权力，深入分析可知，其本质是通过约束权力防止对权利产生侵害，由此形成对权利的间接保障——正契合了私法域中政府责任的目的所在。

第四节　政府责任的多重面相

在其一般意义上，法律责任是指有责主体因法律义务违反之事实而应当承受的由专门国家机关依法确认并强制或承受的一种否定性的法律后果。据此而言，政府责任是指政府因法律义务违反之事实而应当承受的由专门国家机关依法确认并强制或承受的一种否定性的法律后果。但基于不同的认知路径，其所呈现之面相大有不同。

一、后果说

后果说，即政府责任是一种不利后果，其直接源自于法理学上法律责任的"后果说"。（1）法理学上的"后果说"认为，法律责任是一种不利后果，即行为人如果不遵循法律的指引去追求自身利益，那么，他的预期利益和现实利益就得不到法律的承认和保护，甚至要为此付出代价。比如林仁栋教授认为："法律责任是指一切违法者，因其违法行为，必须对国家和其他受到危害者承担相应的后果。"② 该说从利益的角度揭示了法律责任与行为的联系，体现了责任的强制性。（2）据此逻辑，作为一种法律责任，政府责任是指政府因行为违法所产生的不利后果。在行政法学界，学者多将"政府责任"视为"行

---

① 参见田文利、张艳丽：《行政法律责任的概念新探》，载《上海行政学院学报》2008 年第 9 卷第 1 期。

② 林仁栋著：《马克思主义法学的一般理论》，南京大学出版社 1990 年版，第 186 页。

政责任"，就其所致的不利后果而言，主要包括两种观点：一则认为行政责任引起的法律后果是指一般意义上的法律后果，包括宪法、法律、法规、规章等法律规范性文件所规定的法律后果。比如罗豪才先生认为："行政侵权责任（即是行政责任）是指国家为其行政机关和行政机关工作人员执行职务过程中的侵犯公民、法人合法权益的行为所承担的法律责任。"[1] 皮纯协先生和胡锦光先生也认为："行政责任是行政主体及其执行公务的人员因行政违法或行政不当，违反其法定职责和义务而应依法承担的否定性的法律后果。"[2] 马怀德教授同样认为："行政责任是指行政机关及其工作人员由于不履行法定职责和义务依法应当承担的法律责任，是行政违法或行政不当的法律后果。"[3] 二则认为行政责任引起的法律后果是指行政法律规范所规定的法律后果，即行政法律后果。比如，应松年教授认为："行政责任是指行为人由于违反行政法律规范的规定，所承担的一种强制性的行政法律后果。"[4] 喻志瑶先生认为："行政责任即行政法所规定的法律责任，是行政主体由于行政违法或部分行政不当所应当依法承担的否定性法律后果。"[5] 方世荣先生也认为："行政法律责任是指行政法律关系主体由于违反行政法的规定而应承担的法律后果"。[6]

二、处罚说

处罚说，它认为法律责任是一种惩罚、制裁。（1）处罚说将法律责任定义为违法行为的处罚。如哈特认为："当法律规则要求人们作出一定的行为或抑制一定的行为时，（根据另一些规则）违法者因其行为应受到惩罚，或强迫

---

① 罗豪才主编：《行政法论》，光明日报出版社1988年版，第301~303页。

② 皮纯协、胡锦光编著：《行政法与行政诉讼法教程》，中央广播电视大学出版社1996年版，第221页。

③ 马怀德主编：《中国行政法》，中国政法大学出版社1997年版，第200页。

④ 应松年主编：《行政法和行政诉讼法词典》，中国政法大学出版社1992年版，第209页。

⑤ 喻志瑶等编：《行政法与行政诉讼法》，警官教育出版社1994年版，第209页。

⑥ 方世荣主编：《行政法和行政诉讼法》，中国政法大学出版社1999年版，第200页。

对受害人赔偿。"① 持同样观点的还有大名鼎鼎的学者凯尔森。可见，处罚说看到了法律责任与违法行为的必然联系，主要是站在一个"立法者"或者"执法者"的角度来看待法律责任。（2）据此逻辑，作为一种法律责任，政府责任是指政府因违法行为所承担的惩罚和制裁。诚然，政府违法行为必然应当受到政府责任的追究，而该责任通常也表现为由国家权力机关强制实施的处罚，但这并不意味着政府责任就是一种法律处罚。实际上，政府责任还存在其他的表现形式，譬如确认行政行为无效并采取补救措施，或者撤销违法行政行为并重新作出等，并不都具有惩罚性。关于将法律责任定性为一种处罚，胡肖华教授和刘作翔、龚向和教授也直面指出，该观点存在一个重大的缺陷——它只说明法律责任的必为性，却没有说明法律责任的当为性。② 这样一来，极容易使人走向"法律工具主义"，使法律成为惩治违法者的工具和手段，而忽略法律的教育、警示、指引意义。同理，将政府责任定性为一种处罚也存在这样的弊端。而就政府责任在当今法治政府建设中的作用来看，不仅仅在于其表征的惩罚性质而显示出的威慑效果，更在于其内涵的警示、指引价值而起到的预防效应，从而达到约束政府权力以保障公民权利的目的。

三、义务说

义务说，它认为法律责任是一种第二性义务。（1）义务说将法律责任定义为因违反法律规定的第一性义务而引起的第二性义务。例如，《布莱克法律词典》对法律责任的解释便是如此："因某种行为而产生的受惩罚的义务及对引起的损害予以赔偿或用别的方法予以补偿的义务。"③ 同样持该学说观点的还有张文显教授，他认为："一般意义上的义务又称第一性义务，即人们通常

---

① 哈特：《责任》，载 J. 费因伯格，H. 格拉斯编：《法律哲学》（英文版），维兹沃思出版社 1980 年版，第 397 页。

② 参见胡肖华著：《走向责任政府——行政责任问题研究》，法律出版社 2006 年版，第 11 页。刘作翔、龚向和：《法律责任的概念分析》，载《法学》1997 年第 10 期。

③ 《布莱克法律词典》（英文版），美国西部出版公司 1983 版，第 1197 页。转引自刘作翔、龚向和：《法律责任的概念分析》，载《法学》1997 年第 10 期。

所说的法律义务，包括法定的作为或不作为的义务以及合法约定的作为或不作为义务；特殊意义上的义务又称第二性义务，通常是指由于违反了法定义务或约定义务而引起的新的特定义务。"① 该学说揭示了法律责任与义务之间的内在逻辑，具有一定的合理性。（2）据此逻辑，作为一种法律责任，政府责任是指政府因违法行为所引起的第二性义务。就法律义务与政府责任的关系来看，法律义务是政府责任生发的前提条件，政府违反法律义务会招致政府责任，政府责任本身包含义务的要素。但这并不意味着政府责任就可定性为义务。正如刘作翔、龚向和教授所言："义务只是责任产生的一个客观要素，不能涵盖责任的丰富内涵，况且，责任和义务的不分不仅导致理论上的混乱，而且容易引起法律实践中公权力的任意干预。"② 政府责任的内涵远远不只义务这么简单，它所囊括的东西更加丰富且具有内在的逻辑层次——政府责任不仅指政府因违反法律规范义务所引起的否定性法律后果，还包括因违背行政法律规范的精神、基本原则和价值理念而承担的否定性的法律后果。因此，政府责任的生发条件不仅仅指的是（违反法律规定义务的）违法行政行为，还包括行政不当行为和特定的行政合法行为。

四、否定性评价说

否定性评价说，它认为法律责任是一种否定性评价③，也可称之为"否定性法律后果说"。（1）否定性法律后果说将法律责任定义为一种法律上所作出的否定评价的后果。该观点从法律价值标准的角度出发，揭示了法律责任总是与法律所不希望发生或明确反对的行为相联系，彰显了法律的预测、指引功能。（2）据此逻辑，政府责任是指政府因违法行为所引起的法律否定性评价的后果。在我们的认知当中，否定是肯定的反面，直接确定否定的范围存在很

---

① 张文显主编：《法理学》，高等教育出版社、北京大学出版社1999年版，第121页。

② 刘作翔、龚向和：《法律责任的概念分析》，载《法学》1997年第10期。

③ 参见张文显主编：《法理学》，高等教育出版社、北京大学出版社1999年版，第121页。

大的难度，往往借鉴肯定的范围，用"非此即彼"的方式进行排除划定否定的范围，因而只要是依据法律规定未进行肯定的行为都会招致法律责任。据此，否定性评价的法律后果既包含与法律明文规定相违背而产生的否定性后果，也包括与法律规范的精神、价值理念相冲突而产生的否定性的后果，而这种后果的具体表现形式既可以是处罚性质的，也可以是义务性质的，辐射的范围较为广泛。正是基于此，张文显教授认为该学说的缺点在于——将法律责任范围扩大化，并指出："法律的否定性评价并不一定就是法律责任。"①

五、法律地位及责任能力说

法律地位说及责任能力说认为法律责任是一种应负法律责任的地位及责任能力。（1）该学说将法律责任定性为一种主观上的责任，认为责任是"一种对自己行为负责、辨认自己的行为、认识自己行为的意义，把它看作是自己的义务的能力"。② 因而，法律责任是指一种法律所要求应负的法律地位及责任能力——把守法的义务当作自己的能力，认识到行为的法律意义，一旦实施违法行为要为此负担法律责任。可见，该学说从违法者自身入手，阐明法律责任的道义内容，从而使法律责任跳出结果责任的窠臼，为法律责任注入了法治文明的色彩。（2）据此逻辑，政府责任是指政府因违法的行政行为而应负的一种法律地位和责任能力——政府应当认识到其所处的法律地位，并依据法律规定行使行政权力，把这种依法行政的义务作为自己的能力，一旦实施违法的行为要为此负担法律上的责任。可见，该定义以政府自身的视角来考察政府责任，揭示了法律对政府合法行为的应然要求以及政府自身所应具备的责任能力。然而，政府责任不仅仅是指其应然的合法状态和法律对政府行为进行的价值判断，还包括违反法律义务的实然前提要素，是应然与实然的统一。因此，以该学说的逻辑定义政府责任存在一定的偏颇，未揭示出政府责任的本

---

① 张文显主编：《法理学》，高等教育出版社、北京大学出版社 1999 年版，第 121 页。

② 参见［苏］L. B. 巴格里-沙赫马托夫著：《刑事责任与刑罚》（中译本），韦政强、关文学、王爱儒译，法律出版社 1984 年版，第 2 页。

质内涵。

六、"三位一体"说

"三位一体"说认为法律责任应当吸收义务说、后果说及法律地位说的合理因素，确立一个三位一体的法律责任概念。（1）该说的典型观点即认为"法律责任是有责任主体因法律义务违反之事实而应当承受的由专门国家机关依法确认并强制或承受的合理的负担"。① 可见，"三位一体"说是在分析前面几种学说的利弊基础上权衡得出的观点。它将法律责任内涵的全部构成要素纳入法律责任概念的界定范围，可谓最为翔实和全面。（2）据此逻辑，政府责任是指政府因违反法律义务的事实而应当承受的由国家专门机关依法确认并强制实施的合理负担。从界定的深度来看，该学说综合了前面几种学说对法律责任内涵要素的阐述，将涉及的构成要素有序地重组了起来，形成了"责任主体（政府）—责任原因（违反法律义务）—责任后果（合理负担）"这一逻辑链条。"为专门国家机关确认、归结法律责任提供了行为模式，即解决一个人的法律责任问题首先应确认是否存在违反法律义务的事实，然后再考虑这一事实的发生是否具有可归责性，只有在此基础上最后才能强制责任主体承担相应法律上的负担。"② 可见，"三位一体"说对法律责任定义的精细程度，具有明显的实践操作功能。然而，"三位一体"说对法律责任定义的落脚点阐释为"（合理）负担"，这是否合理，论者并未给出说明。从界定的范围广度来看，在这些学说中，"否定性法律后果说"的范围最广，它能将其他学说对法律责任定义的最终表现形式都囊括进去，而这也是其被诟病的地方——导致法律责任的范围过于宽泛。事实上，法律责任的表现形式既可表现为单纯的法律否定性评价③，也可表现为限制、剥夺违法者权利的不利后果④，还可表现为

---

① 刘作翔、龚向和：《法律责任的概念分析》，载《法学》1997 年第 10 期。
② 刘作翔、龚向和：《法律责任的概念分析》，载《法学》1997 年第 10 期。
③ 譬如，法院对违法行政行为确认违法或是无效认定的裁判。
④ 譬如，原授权行政机关剥夺其赋予违法行政主体的某项行政权力。

对违法者设定第二性义务——往往表现为一种负担①。换言之，法律责任作为一种法律后果，它的表现形式具有多样性，而"否定性法律后果"的表述最为全面，其他学说的表述都存在偏颇。因此，本书认为对法律责任的释义应当落脚于"否定性法律后果"的表述。基于"三位一体"说释义的精密和周延，同时结合"否定性法律后果说"的合理界定，本书认为法律责任是有责任主体因法律义务违反之事实而应当承受的由专门国家相关依法确认并强制或承受的否定性的法律后果。据此，政府责任是指政府因违反法律义务的事实而应当承受的由国家专门机关依法确认并强制实施的否定性的法律后果。其中，法律义务的违反是政府责任产生的前提条件，而该条件也同时起到限定政府责任的作用——把与法定义务违反不相关的否定性后果排除在政府责任的范围之外，从而修正"否定性法律后果说"有过大扩充法律责任边界的缺陷。

第五节　政府责任的哲学本质

本质是事物内在必然的联系，是隐藏于现象之后而仅靠直观方式无从把握的事物的内在联系，是人们对可感知的外部现象的抽象理性思考的结果。政府责任作为一种法律责任的现象存在，对其本质的探讨绕不开"法律责任本质"这一话题。"自近代以来，对法律责任本质的理解，法学理论界形成了三大流派：自然法学派、社会法学派、规范法学派。相应的，关于法律责任的本质也形成了三种比较流行的学说，即道义责任论、社会责任论和规范责任论。"②在此基础之上，政府责任的本质也存在多种学说理论。

一、道义责任说

道义责任说源自于古典自然法学派，是以哲学上的非决定论（意志自由）

---

① 譬如，因行政侵权而引起的行政赔偿义务，或因行政不当而引起的行政补偿义务。
② 胡肖华著：《走向责任政府——政府责任问题研究》，法律出版社 2006 年版，第24 页。

为理论基础而形成的学说。（1）它认为法律和道德具有一元性，法律责任的本质是道德上的非难。而之所以产生道德上的非难是因为，行为人作为一个理性存在者，具有意志上的自由，在本能够选择符合道德的正当行为的情况下，却选择了实施违法的不正当行为，这是其基于自身过错而选择的"恶"。过错与责任存在必然的联系，基于过错的不正当行为应当受到道德上的谴责和非难，承担其相应的责任。正如黑格尔所说："行为只有作为意志的过错才能归责于我。"① 道义责任说认为人是具有意志自由的，能掌控自己的行为，在具有选择权的情况下行为人仍然选择不符合道德的不正当行为，代表着其存在主观过错，应当为此负责。法律与道德具有一元性，违反法律的行为即是违背道德的不正当行为，而法律责任的归责也应当以过错为核心要件。（2）政府责任作为一种法律责任，依据该学说的观点，其本质在于政府基于过错而实施了违法的行政行为，应当承担法律上的谴责和非难。因此，过错也成为政府责任归责的根本要素。就政府的外部责任而言，其不同于自然人的法律责任，它的过错责任不是因主观上的过错而导致，而是因客观上的过错而导致——政府责任的归责原则是客观过错责任原则。政府是代表国家以一个公法人的形象而存在，它的产生源自于公民的理性决定——授权，因此，政府存在的目的在于对公民权利的维护和保障，其对权力的享有也源自于为达成此目的而担负的责任。基于此，政府一旦（客观上）实施违背法律的行为，则应受到法律责任的追究，以法律上的谴责和非难方式来彰显道德上的善与正义。就政府公务人员的责任而言，其在行政活动中是以政府的人格所存在的，自然人的身份被政府公法人的身份所吸收，一般情况下，其实施的违法行为应当归属于对外代表的政府，但当其同时存在个人主观上的过错时，还应当对其追究内部的行政责任，以惩罚其表征出的个人过错，彰显责任的道义和公正。

二、社会责任说

社会责任说源自于社会法学派，是以哲学上的决定论为理论基础而形成的

---

① 黑格尔著：《法哲学原理》（中译本），商务印书馆 1982 年版，第 119 页。

学说。（1）它"反对（否定）自由意志，并且从个人应为社会共同体而存在的社会本位的立场来看责任问题"①，即认为法律责任应当排除自由意志和道义非难，强调人不具有意志自由，人的行为由其所处的社会环境和外在条件所决定，因此，法律责任也应当依据外在的社会环境和客观条件来考察。正如社会学家迪尔凯姆所认为的，个人在社会面前的意志自由微不足道②，个人的行为由社会经验的客观规律所决定，因此，责任的评价机制在于行为对社会的危害性及由此表征出行为人的反社会人格。就此而言，从社会学的角度来看，法律责任产生的原因实际上在于行为人的反社会人格，从而实施危害社会的行为，为了维护社会的利益便设定了法律责任，以此来惩治违法行为人并对受害人进行救助，达到纠错的效果，即法律责任的本质"是以对受侵权利的救济来否定侵权行为，以对受到侵害的利益的加强来限制侵权者的任性，是对合法社会利益系统的保护"。③（2）政府责任作为一种法律责任，依据该学说的观点，其本质在于通过对相对人权益的赔偿和补救等纠错机制来否定政府违法行为，控制行政权力，从而保障行政活动的良好秩序，达到保障社会公共利益的目的。基于社会公共利益的考虑，在政府责任的认定当中，除了以过错责任为基本归责原则外，在一些涉及高度危险和公民重大利益的行政活动中，采用了无过错责任原则的归责标准，以及在一些存在严重不当的行政活动当中，采用以行政不当为依据的归责认定。就无过错责任原则的适用而言，其理论基础源自于宪政模式下的利益均衡论——个人社会负担平等原则，即政府出于公共利益的目的而产生的侵权行为，基于利益平衡的考虑，应当承担对被侵权人的行政赔偿（补偿）责任，该责任由国家统一财政支出，即该政府责任最终分担给了全体公民，从而实现个人与社会之间的利益平衡。就行政不当行为的归责原则而言，尽管行政不当行为属于形式上的合法行为，但严重的不当行政行为实质上仍然会对社会造成危害，为了保障社会公共利益，有必要对该类行为追

---

① 王成栋著：《政府责任论》，中国政法大学出版社1999年版，第12页。

② ［法］迪尔凯姆：《社会学研究方法论》，胡伟译，华夏出版社1988年版，第5页。

③ 张文显著：《二十世纪西方法哲学思潮研究》，法律出版社2006年版，第394页。

究法律责任。

三、规范责任说

规范责任说源自于规范法学派，是基于法律规范所具有的行为评价功能所形成的学说。（1）它主张从规范的角度对法律责任进行阐述，认为法律规范内含着社会的特定价值观念，具有指引和评价法律关系主体的功能。对于合乎法律规范的行为，法律作出肯定的评价，予以承认和保护；对于违反法律规范的行为，法律作出否定的评价，并给予相应的惩罚。① 因此，法律责任的本质是法律规范对行为的评价结果②，并由此带来的行为指引效应。实际上，作为法律规范的评价标准难以与社会价值观和道德上的正义脱离关系，因而规范责任说也被认为是"一种以道义责任论为基础，谋求与社会责任论相调和的学说"。③ 而"法律责任是与法律义务相关的概念"④，即"义务是法律规则要求履行的义务，该行为之未履行即偏离规则，构成批评性反应（要求纠正、赔偿或处罚、制裁等）的充足理由"⑤，因此，法律责任产生的前提条件在于法律义务的违反行为。（2）政府责任作为一种法律责任，依据该学说的观点，其本质在于政府对法律规范义务的违反，从而依据法律规范所需承担的否定性的评价后果。由此可知，政府责任的本质不仅仅在于法律规范对政府违法行为所作出的否定性评价，还隐含着法律义务对政府行为的规范和指引作用——法无授权即禁止。同时，法律义务也起到限定政府责任范围的作用，即政府责任的有无与法律义务的规定相关——决定是否构成违法，政府责任的轻重与法律义务的违反程度相关——区分实质违法（不当行政）与形式违法（违法行政）。

---

① 参见胡肖华著：《走向责任政府——政府责任问题研究》，法律出版社2006年版，第26页。

② 参见沈宗灵著：《现代西方法理学》，北京大学出版社1992年版，第143~225页。

③ 王成栋著：《政府责任论》，中国政法大学出版社1999年版，第12页。

④ ［奥］凯尔森：《法与国家的一般理论》，沈宗灵译，中国大百科全书出版社1996年版，第73页。

⑤ ［英］哈特：《法律的概念》，张文显等译，中国大百科全书出版社1996年版，第373页。

第一章　概念与类型

　　概念是我们认知事物的基本前提，它反映了事物的本质属性。学界对法治政府的概念和框架体系的认知经历了一个较为漫长的发展过程。2004 年国务院在其印发的《全面推进依法行政实施纲要》中明确提到"全面依法行政，建设法治政府"；此后，在 2014 年党的十八届四中全会上通过《中共中央关于全面推进依法治国若干重大问题的决定》，对法治政府的建设提出了深入、细致的建设理念，指出"加快建设职能科学、权责法定、执法严明、公开公正、廉洁高效、守法诚信的法治政府"；为切实推进法治政府的建设，实现真正的法治政府，2015 年中共中央、国务院印发了《法治政府建设实施纲要（2015—2020 年）》，以《中共中央关于全面推进依法治国若干重大问题的决定》对法治政府建设的理念为总体目标，并进一步细化建设的任务和要求，而政府的责任体制建设便成为法治政府建设的重要内容。"政府责任法治是政府用好权力的绝对保障。加强政府责任法治建设是确保政府行政有法可依的基本前提。"①法治政府要求权责法定、权责统一，政府在享有权力的同时应当承担相应的责任，没有责任约束的权力容易产生滥用和越权的现象，而依法行政没有责任的落实便形同虚设。因此，可以说法治政府的建设必然要求政府责任的法治化。

　　就政府责任法治理论的研究而言，政府责任的概念厘定便成为该研

---

　　① 李燕凌、贺林波著：《公共服务视野下的政府责任法治》，人民出版社 2015 年版，前言第 7 页。

究的逻辑起点。顾名思义，所谓政府责任，即政府所应承担的责任，而围绕"责任"与"政府"展开研究的话题还涉及责任政府。因此，为厘清政府责任的具体内涵，有必要在对"责任"概念的分析基础之上，展开探讨"政府责任"与"责任政府"两者概念的区别。然而，通过概念所表达的含义仍然过于抽象，对此，在社会科学研究中常常采用类型化的思维，将概念存在的现象进行归纳、总结，细化概念对象的理解。因此，对于政府责任法治理论的研究而言，仅仅探讨政府责任的概念内涵是不够的，还需深入探讨政府责任存在的具体类型，将抽象概念具象化，丰富整个研究的层次和内容。

第一节　相关概念释义

在现代法治政府理论体系中，政府责任法治居于兜底性地位，其兜底性意义有二：一则框定责与非责之界限，确保有责必究，无责豁免。二则为法治政府的其他制度提供"武器"，为制度的落地提供强制性和有效性保障。

在其一般意义上，概念或范畴乃人文社会科学研究的逻辑起点。研究政府责任法治理论，亦需从基本概念入手。其中，责任、政府责任、责任政府等概念，贯穿于整个研究的全过程，因而，也是整个研究的逻辑起点。

一、责任

就其概念而言，"责任"一词的历史可谓源远流长。"责任概念的悠久历史决定了其理论研究的深度与广度。"[1] 迄今为止，"责任"一词被广泛运用于伦理学、政治学、法学和日常用语中，但在不同的语境中，"责任"一词的意涵却不尽相同。尽管如此，我们仍可以从不同语境中抽象出"责任"一词

---

[1] 荀明俐著：《从责任的漂浮到责任的重构：哲学视角的责任反思》，中国社会科学出版社 2016 年版，第 12 页。

的"共相"。那就是不管是在中国语境之中，还是在西方语境之中；不管是在学术语境中，还是在日常生活语境中，"责任"均与"义务"存在着直接或者间接之关联性。

（一）"责任"词源考

在中国古汉语中，"责"有"zé"和"zhài"两种读音。根据《说文解字》，因古无"债"字，假借"责（zhài）"为"债"，故"责（zhài）"之本义为"债款""债务"。"责，求也，从贝，束声。"引申为"责任""诛责"等。在古代典籍中，"责"（zé）兼具动名双性。

作为动词，"责"（zé）有"索取""责备""责罚""责令"等意思。如《吕氏春秋·慎行论》之所谓"往责于东邑"、《聊斋志异·促织》之所云"责之里正"，其中之"责"即为"索取（钱财）"之意。《尚书·秦誓》之所云"责人斯无难，惟受责俾如流，是惟艰哉"、《史记·项羽本纪》之所谓"尚不觉悟而不自责，过矣"，其中之"责"即为"责备"之意。《聊斋志异·促织》之有云"当其为里正，受扑责时，岂意其至此哉"、《新五代史·梁家人传》之有曰"崇患太祖慵惰不作业，数加笞责"，其中之"责"有"责罚""惩罚"之意。《盐铁论·本议》之有载"今释其所有，责其所无"、《论语·卫灵公》之有论"躬自厚而薄责于人"，其中之"责"有"责令""要求"等意。

作为名词，"责"（zé）有"责任""差使"等义。如《史记·项羽本纪》之所云"亦恐二世诛之，故欲以法诛将军以塞责"、《韩非子》之所谓"主道者，使人臣有必言之责，又有不言之责"、梁启超《谭嗣同传》之所载"救护之责"，其中之"责"即"责任""差使"之意。顾炎武在其《日知录》卷十三《正始》中有云："有亡国，有亡天下……亡国与亡天下奚辨？曰：易姓改号，谓之亡国；仁义充塞，而至于率兽食人，人将相食，谓之亡天下……是故知保天下，然后知保其国。保国者，其君其臣肉食者谋之；保天下者，匹夫之贱与有责焉耳矣。"后梁启超先生将其概括为"天下兴亡，匹夫有责"，其中之"责"亦为责任之意味。又如，叶梦珠《阅世编·科举五》有云，"以公阅反有推委之弊，不若仍旧分房，倘有情弊，可以专责"，其中"专责"即"独负责任"之意；《魏书·刑罚志》有曰，"弗究悖理之浅深，不详损化之多少……殊乖任寄，深合罪责"，其中"罪责"即"罪行责任"之意。

在词源上，"责任"最早出现在《新唐书·王珪薛收等传赞》，其中有云："观太宗之责任也，谋斯从，言斯听，才斯奋，洞然不疑。"语中"责任"意指"人所该做和不该做之事情"。其后，古文献中的"责任"基本沿袭《新唐书》中"责任"之本意，即"做该做或不该做之事情"。如《元史·武宗纪一》有云："是以责任股肱耳目大臣，思所以尽瘁赞襄嘉犹，朝夕入告，朕命惟允，庶事克谐。"《续资治通鉴·宋英宗治平三年》有曰："陛下能责任将帅，令疆场无事，即天下幸甚。"其中"责任"均取其本意。后经演变，"责任"的内涵有所发展。根据《汉语大词典》的解释，"责任"一词主要有三种含义：（1）使人担当起某种职务和职责。（2）分内应做的事。（3）做不好分内应做的事，因而应该承担的过失。

在西方语境中，"责任"在拉丁语中的表达为"Respondeo"，意思是"许诺发给一物，作为对别物的回报或归还他物的替代品"。[1]　随后，"Respondeo"一词的内涵在西方得到不断的发展和延伸。在西方宗教领域，"Respondeo"转换成"回答"之意，指的是对神召唤的回应；逐渐地，其变形成"Responsum"一词，意指祭司等诸神的代言人，他们用诺言作为对牺牲的报答，用保险作为对礼物的报答。[2]　之后，"责任"一词的概念从宗教扩展到法庭辩论与日常的生活交往中。在法庭辩论中意指发表意见或提出自己的建议观点，或是指在被传唤出庭时作出的回应，倾向于指一种义务；在日常生活中则意指在经济交往或法律事务当中，对他人的亏欠，有"正义之债"的含义，倾向于指一种负担。根据欧根尼·拉尔修记载："芝诺是第一个使用'责任'（Kathekon）这个概念的人，从词源上说，责任从 Kata Tinas Hekin 派生出来

---

[1]　参见荀明俐著：《从责任的漂浮到责任的重构：哲学视角的责任反思》，中国社会科学出版社 2016 年版，第 14~15 页。

[2]　［法］德里达：《信仰和知识——单纯理性限制内的宗教的两个来源》，杜小真译，载《道风：基督教文化评论》2004 年第 20 期。

的。它是一种其自身与自然的安排相一致的行为。"① 而 "Kathekon" 意指适当的、合乎自然和理性的行为。换言之，责任的概念在古希腊用语中指的是一种适当的行为，而这种行为是合乎自然和理性的、符合德性的行为，即倾向于指一种义务。可见，在古希腊文化中，侧重 "从善、德性的目的来揭示责任的含义与价值"。②时至今日，"责任" 一词并没有专门对应的词汇，而是由多个词汇的意思集合而成，大体上包含着德语中的 "Verantwortung" "Schuld" "Haftung"，以及英语中的 "Responsibility" "Culpability" "Liability" 这些词汇全部的含义，涵摄 "义务" "谴责" "处罚" 等意思。③

（二）日常语境中之 "责任"

在日常用语中，"责任" 通常有两层意思：（1）应尽的义务，不仅包括对自己还包括对他人和对社会所应尽的一切义务。"人生而为人，就有一种人的天职，他就要在自己的能力范围内，为这个世界、为其他人做些什么。"④ 如陈登科在其《风雷》第一部第五九章有云："俺黄泥乡，戴上这么一顶落后的帽子，你们全没有责任哪？" 又如在《韬奋文集》中收录邹韬奋曾说过的一句话："自己无论怎样进步，不能使周围的人们随着进步，这个人对社会的贡献是极其有限的，绝不以'孤独'、'进步'为满足，必须负担责任，使大家都进步，至少使周围的人都进步。" 此外，"责任" 也内含着 "应尽之义务" 之意思，在这个层面上的 "责任" 强调 "公于私之上"。就此而言，马克思曾在《资本论》当中说过："世界上有许多事情必须做，但你不一定喜欢做，这就是责任的涵义。"⑤（2）应承担的过失。比如作家陆琪在其《潜伏在办公室》

---

① 苗力田主编：《古希腊哲学》，中国人民大学出版社 1989 年版，第 617 页。

② 荀明俐著：《从责任的漂浮到责任的重构：哲学视角的责任反思》，中国社会科学出版社 2016 年版，第 14~15 页。

③ 参见冯军著：《刑事责任论》，社会科学文献出版社 2015 年版，第 11~12 页。

④ 王啸著：《全球化时代的中国公民教育》，福建教育出版社 2006 年版，第 44 页。

⑤ 马克思著：《资本论》，上海三联书店 2009 年版，第 256 页。

有言："失败者的三大问题是奴性、惰性和推卸责任。自己没有独立思考，什么都听上司的，是为奴性。上司拨一下你动一下，不知道该主动做什么，是为惰性。混不好怪上司、怪职场、怪社会，是为推卸责任。"其中"推卸责任"即推诿应当承担之过失。

从实践层面看，责任被认为是一个系统。比如唐渊在其《责任决定一切》中指出：作为一个完整的体系，责任包含五个方面内涵：（1）责任意识，是"想干事"。（2）责任能力，是"能干事"。（3）责任行为，是"真干事"。（4）责任制度，是"可干事"。（5）责任成果，是"干成事"。

相应地，责任的实现则被认为是一个系统的过程。比如网络作家冯伟雄归纳出企业管理者责任"十责定律"。（1）审责，意指在达成目标之前，对目标结果所涉责任之大小、时间及承担对象作出预判。（2）切责，意指责任人切实了解所承担责任之内容。（3）归责，意指责任人自觉或者受强制接受责任。（4）尽责，即责任人在承担责任的过程中，尽心驾驭责任方向，全心应对各种风险，高效完成责任。（5）责难，即主体责任人为完成责任，责任或者督促任务参与各司其职，各尽其责。（6）受责，即责任人接受教育和惩戒。（7）惩责，即对完成责任过程中出现失误施以惩罚性追责。（8）悔责，即对所施追责措施之反思和自省。（9）免责，即对不当追责，或者容错范围内之责任，施以矫正或豁免。（10）偿责，即对错误追责予以物质和精神补偿。

冯军教授曾对《法制日报》一段时间内刊发文章中所适用的"责任"一词进行了考证，认为纸媒报刊主要在义务、过错·谴责、处罚·后果三个层面运用"责任"一词。[1]

可见，作为日常生活中的常用词汇，"责任"一词的基本含义仍偏向于义务或职责，或者是因过错违反义务或职责应承担的后果。此内涵大体上为古代汉语中的"责"字所涵摄。

---

[1]　参见冯军著：《刑事责任论》，社会科学文献出版社 2015 年版，第 12~13 页。

（三）法学语境中的"责任"

在法学语境当中，"责任"一词一般包含三种含义①：（1）职责，这种职责实质上是一种角色义务，譬如岗位责任、生产责任等。（2）义务，指的是特定的人对特定事项的发生、发展、变化及其成果负有积极的助长义务，譬如担保责任、举证责任等。（3）法律责任，指的是因不履行法律义务而应承担的某种不利的法律后果或是强制性义务，譬如违约责任、侵权责任、赔偿责任等。对此，张文显教授认为，前两种责任可称为"积极责任"，后一种责任可称为"消极责任"。② 其中，积极责任是指负有积极作为的义务，而消极责任是指违背积极作为义务所应承担的法律后果。

就其性质而言，法学语境中的"责任"大多情形下所指涉的就是法律责任，意指由特定法律事实所引起的对损害予以补偿、强制履行或接受惩罚的特殊义务，亦即由于违反第一性义务而引起的第二性义务。其要义有四：（1）法律责任以法律义务的存在为前提，并表征为因违反法律上的义务而形成的责任关系。（2）法律责任以承担不利后果为落脚点，并表征为赔偿、强制履行或者接受惩罚等特定责任方式。（3）法律责任有其自身逻辑，违法事实与法律责任具有因果关系。（4）法律责任通常由国家强制力保证实现。

在学理上，基于不同的标准，法律责任可以划分为不同的类型。其中，最典型的类分方法是根据行为所违反的法律性质，将法律责任划分为违宪责任、民事责任、行政责任、刑事责任、经济法责任和国家赔偿责任。（1）违宪责任意指有关国家机关制定的某种法律和法规、规章与宪法规定相抵触，或有关国家领导人从事的活动与宪法规定相抵触而产生的法律责任。（2）民事责任意指公民法人或其他社会组织因违反民事法律规定之义务，或者合同约定之义务而产生的法律责任、违约或者由于民法规定所应承担的一种法律责任，其实

---

① 参见张文显著：《法学基本范畴研究》，中国政法大学出版社1993年版，第184页；周亚越著：《行政问责制研究》，中国检察出版社2006年版，第2页。

② 参见张文显著：《法学基本范畴研究》，中国政法大学出版社1993年版，第184页。

现方式包括停止侵害，排除妨碍，消除危险，返还财产，恢复原状，修理、重作、更换，赔偿损失，支付违约金，消除影响、恢复名誉，赔礼道歉十种。(3) 行政责任是指因违反行政法规定或因行政法规定而应承担的法律责任，其实现方式包括行政处分和行政处罚两种。(4) 刑事责任是指因触犯刑法所必须承受的，由司法机关代表国家所确定的否定性法律后果，其实现方式包括主刑和附加刑。其中，主刑包括管制、拘役、有期徒刑、无期徒刑、死刑；附加刑包括罚金、剥夺政治权利、没收财产和驱逐出境。(5) 国家赔偿责任是指国家机关及其工作人员因违法行使职权所引起的由国家作为承担主体的赔偿责任。国家赔偿责任，是指国家机关或国家公职人员在执行职务中侵犯了公民法人和其他社会组织合法权利造成损害时，依法由国家承担的侵权赔偿责任。其特点有三：一是产生国家赔偿责任的原因是国家机关及其工作人员在执行职务过程中的不法侵害行为；二则国家赔偿责任的主体是国家；三则国家赔偿责任的范围包括行政赔偿与刑事赔偿两种形式。

二、政府责任

顾名思义，政府责任就是政府所应当承担的责任。其要义有三：(1) 政府责任之主体是"政府"。(2) 政府责任本质上是一种法律责任。(3) 基于不同的视角和维度，政府责任既可能表征为法律规定的职权性责任，也可能表现为违反法律的惩罚性责任；既可能表现为侵权性责任，也可能表征为违约性责任。

(一) 政府责任之意涵

从语言学的角度来看，"政府责任"是由两个名词组合而成的"定中式"结构短语，其中"政府"作为"责任"的定语，限定责任的承担主体，而"责任"作为中心语属于中心词汇。据此，"政府责任"之基本含义就是"政府的责任"，即政府承担的责任。基于"责任"的基本含义，"政府责任"之意涵可有三重解读。

其一，"政府责任"即政府职责。在其一般意义上，政府职责，即政府基于法律所授予的职权所形成的法律责任。它通常表现为政府组织职能、工作任务以及为完成这些职能或任务所作出的决策、采取的措施等。在这个意义上，政府责任有三重意义：（1）积极责任，即政府有积极履行法律所赋予职责之义务。所谓法定职责必须为，讲的就是这个意思。法定职责是权力与责任的合体，积极履行职责的过程，既是权力运行的过程，也是责任实现的过程。（2）消极责任，即恪守权限之责任。法定权力是有边界的，所谓法无授权不可为，强调的就是政府恪守权力边界之责任。对于公民而言，法不禁止即自由。政府要干预甚至限制这种自由，就必须具备充分的法律和事实依据。没有法律的明文规定，政府不能对公民财产、人身和其他合法权益做任何不利益处置。（3）发展责任，即政府有为社会和个人的发展创设条件之义务。现代政府的职责不唯在于守成，更在于发展。政府负有创新基本公共服务之责任，保证其所治理之下的每一个人基本生存和发展之权利。

其二，政府责任，即政府违法的不利后果。这个意义上的政府责任本质上是一种行为责任，其要义有三：（1）政府行为是承担责任的基础。无行为，即无责任。基于现代行政法学理论，政府行为大体上可以有作为和不作为两分。因此，政府的行为责任包括政府作为之责任和政府不作为之责任。（2）违法性是政府责任的必要条件。不违法，不担责。基于政府行为所触犯之法律性质不同，政府行为责任可划分为违宪责任、行政法律责任、民事法律责任、刑事法律责任以及行政赔偿责任。（3）"不利后果"是政府责任的表现形式。在实践中，政府违法行为所承担的不利后果，包括违法行政法规或规章被撤销、违法的具体行政行为经复议或诉讼程序被撤销、因违法行为给公民法人社会组织造成认识和财产权利损害而承担行政赔偿责任等形式。

其三，违约责任。随着合作行政的兴起，现代政府运用契约等私法手段履行职责、达成行政目标的几率剧增。尽管行政契约有其特殊性，但仍受契约精神和契约原则之拘束——契约必须信守，违约必须赔偿。政府违背行政契约所产生的责任即政府违约责任。基于政府违背契约的动因不同，政府违约责任大体可划分为两类：（1）因情势变更，政府单方面更改或者终止行政契约的，基于信赖利益保护原则，政府应当在与缔约方充分沟通的基础上，给予充分补偿。（2）没有法定事由，政府违背契约所约定义务的，依照合同约定，或者相关法律规定，政府应当赔偿对方损失，并支付违约金。

（二）政府责任之性质

就政府责任之性质而言，西方学者由主观责任说和客观责任说。其中：（1）主观责任意指政府工作人员基于职业认同、职业良心和职业忠诚所产生的之于其所从事事业的责任自觉，因此，主观责任说直接源自于政府工作人员的伦理自主性（Ethical Automation）——政府公务人员基于其伦理自主性之行为，即"在政治团体的价值与个人良知范围内行为"，其所产生的责任本质上就是基于职业道德而积极承担的责任。（2）客观责任意指政府公职人员基于外在的"客观命令"而被动承担的责任，这种"客观命令"或表现为国家法律法规的明确要求，或表现为上级政府的决策、指示或者命令，在这个意义上，客观上的责任行为意味着"在现有规则及伦理、法律内的行为"[1]，是基于行政人员所处的特定职位而被赋予的职责和任务。

但不管是主观责任，抑或是客观责任，在其价值层面，政府责任均涵摄如下基本要素：（1）回应（Responsiveness），即政府应当对公民的正当诉求作出积极回应，并采取有效应对措施。（2）弹性（Flexibility），即在公共政策的形成和执行中，政府不能忽略不同群体、不同地域对政策目标达成的情景差异（Situational Difference）。（3）能力（Competence），即公共政策的制定和执行应当受到恰当的、人民认可的目标标准（Objective Standards）所指引，并且政府的行为应当谨慎、高效。（4）正当程序（Due Process），即政府责任意味着政府的行为应当符合法定的程序，非经法定程序不得侵害公民利益。（5）责任（Accountability），即政府机关及工作人员应当为其工作上的失误或者错误承担相应的法律后果。（6）诚实（Honesty），即政府及其公职人员必须遵循职业伦理规范，恪守职业道德。[2]

---

[1] 张成福：《责任政府论》，载《中国人民大学学报》2000 年第 2 期。

[2] Graver Straling, *Managing the Public Sector*, The Dorsey Press, 1986, pp. 115-125.

在国内，学者一般将"政府责任"定性为"行政责任"。比如：（1）王成栋教授在其《政府责任论》中指出，"政府责任"即是"行政责任"，这属于习惯用语，因而直接遵循了该用语之间的等同关系。他认为，行政责任至少包含行政法律责任、行政政治责任、行政违宪责任三重意义。其中，行政法律责任指的是"行政法律关系主体因违反行政法义务的行为或行政不当行为所引起的法律责任"；行政政治责任指的是"行政机关及其工作人员因违反特定的政治义务而导致的政治上的后果"①，政治义务是基于民主政治而承担的为人民利益服务的义务，政治后果则是因为违反了这种义务受到的来自社会各界施加的政治上的压力。行政违宪责任指的是"行政机关的重大行政行为直接违反宪法所应承担的责任"②。（2）张成福教授在其《责任政府论》中，将"责任政府"中的"责任"直接诠释为"行政责任"。他认为，政府责任，即行政责任，包括狭义与广义两个层面。在狭义层面，"政府责任意味着政府机关及其工作人员违反法律规定的义务，违法行使职权时，所承担的否定性的法律后果，即法律责任"③；在其广义层面，"政府责任意味着政府组织及其公职人员履行其在整个社会中的职能和义务，即法律和社会所要求的义务"，包括道德责任、政治责任、行政责任、诉讼责任和侵权赔偿责任。其中，道德责任指的是行政机关及其官员的生活与行为须符合人民，即社会所要求的道德标准和规范，否则将失去其统治的正当性。政治责任指的是政府及其官员的一切行为须合乎人民的意志和利益，即履行基于民主政治而建立的政治制度上的义务。行政责任④指的是在政府体系内部，基于行政组织关系而承担的责任和义务。诉讼责任指的是政府因其违法行为而承担司法审查带来的诉讼追究责任。侵权赔偿责任指的是政府机关的行为侵害人民权利时应当承担对其侵权赔偿的责任。（3）陈国权教授在其《责任政府：从权力本位到责任本位》一书对"责任政

---

① 王成栋著：《政府责任论》，中国政法大学出版社 1999 年版，第 27 页。
② 王成栋著：《政府责任论》，中国政法大学出版社 1999 年版，第 27 页。
③ 参见张成福：《责任政府论》，载《中国人民大学学报》2000 年第 2 期。
④ 此处的"行政责任"与本书所讲的行政责任不是同一个概念，可称其为最狭义上的行政责任。

府"中的"责任"同样采用的是"行政责任"的解释。他认为，行政责任是"政府及其公务人员因其公权地位和公职身份而对授权者和法律以及行政法规所承担的责任"，具有"广泛的政治、社会、道德内涵，是包括积极责任和消极责任的完整的责任体系"。① 其中，政治责任指的是基于主权在民的原则，政府须对其权力来源的人民承担政治上的责任。法律责任指的是政府及其官员应当遵守宪法、法律和行政法规的责任，否则须承担相应的法律责任。道德责任指的是政府及其官员须遵守普遍的道德规范而承担的职业道德和社会道德的责任。

有"一般"就有"例外"。比如，蒋劲松教授认为政府责任不可以简单地解释为行政责任。在其《责任政府新论》一书中，蒋劲松教授将责任政府区分为行政制度意义上的责任政府和宪法制度意义上的责任政府。其中，行政制度上的责任指的是基于行政机关内部的权责关系而承担的责任，宪法制度上的责任指的政府基于主权在民的原则而维护选民利益、政府民主性质的责任。②

笔者认为，西方学者试图从主观责任和客观责任等视角，来探寻政府责任之属性，是符合理论研究之内在逻辑的。而在中国学界，政府责任即行政责任之观点，则显得过于简单。作为法律责任，政府责任固然具有行政责任之属性，但行政责任显然无法涵摄全部政府责任。除了行政责任之外，政府责任还经常地表现为民事责任和刑事责任等。

（三）政府责任之主体

顾名思义，政府责任就是以政府为主体的责任——政府就是政府责任当然的主体。所以，在某种意义上说，政府责任的主体是个伪命题。但由于"政府"本身有广义和狭义之分，而且，政府责任的承担主体也有"名实"之别。

---

① 陈国权等著：《责任政府：从权力本位到责任本位》，浙江大学出版社2009年版，第45页。

② 参见蒋劲松著：《责任政府新论》，社会科学文献出版社2005年版，第36~37页。

所以，这个命题还是有其研究的必要性的。

其一，政府责任的主体仅限狭义的"政府"，即国家机构体系中，掌控行政职能的分支。在我国，仅指国务院及其各部委、地方各级人民政府及其职能部门，即行政主体中的"行政机关"。在这个意义上，政府责任就是行政机关因违反法律规定的义务，违法行使职权，所应承担的法律责任。

其二，政府责任的主体确立的标准不仅在于是否"有其名"，更在于是否"有其实"。这就意味着：（1）政府责任之主体并不限于"有其名"之政府，即行政机关，还包括"无其名"之政府，即实际行使行政职权，履行公共职能的法律法规授权组织、社会团体和其他组织。在这个意义上，政府责任就是行政主体和行使公权力的公共组织因违反法定职责和义务所应当承担的不利后果。（2）不管是"有其名"之政府，还是"无其名"之政府，其职能均由其公职人员所行使，即"政府"公职人员才是其职能真正的具体行使者，但所有公职人员均是以"政府"名义行使职权，履行职责，因此，其行为后果均由"政府"对外承担责任。

其三，政府责任是在行政过程中产生的责任，这就意味着，"政府"这个主体在其他领域中所产生的法律后果，不属于"政府责任"之范畴。在这个意义上，政府责任，即政府及其公职人员在行使职权，履行职责过程中所产生的否定性法律后果。正是基于其与行政过程的内在关联性，"政府责任"往往被简单地定性为行政责任。但随着合作行政的兴起，行政过程中的私法手段日益纷呈，因此，行政过程中所产生的民事责任也当然地属于"政府责任"之范畴。同理，如果在政府及其公职人员违法行使职权，触犯刑法的，应当承担刑事责任，因此，行政过程中所产生的形式责任也属于"政府责任"之范畴。

三、责任政府

责任政府既是一种政治理念——政府对其行为后果负责，被设定为现代政治合法性的一个基本维度，同时，责任政府又是现代政府的一个面相——正如同"民主政府""法治政府"等概念一样，他们在不同维度，展示出政府的不同面相。

（一）责任政府之基本意涵

在其一般意义上，"责任政府"的基本意涵有二：（1）在政府哲学层面，"对人民负责"乃"责任政府"之核心要义，它有两重意义：一是"对人民负责"是政府之所以存在的正当性根据；二是"对人民负责"政府职能配置及其运行的逻辑起点和终极价值。（2）在政府制度层面，"对行为负责"乃"责任政府"之精髓——它有两重意义：①权责相统一。政府行为乃其职权与责任之共同载体。政府行为过程既是政府职权的实现过程，也是政府责任的履行过程。②违法必担责。政府违法或者不当行使职权，应当依法承担法律责任；若政府违法或者不当行为给相对人造成人身或财产上的损失，依法须赔偿。

在其学术意义上，基于不同学科自身之逻辑和范式，对"责任政府"形成不同的概念或者观点。比如，（1）在政治学领域，责任政府被认为是现代民主政治时代对政府治理的一种基本理念，它内在地包含两层意思[1]：一是积极层面的意思，即责任政府意味着在任何情况下，回应人民需求和积极履行职责都应当成为政府的责任自觉——政府必须回应社会和民众的基本要求并积极采取行动加以满足，同时，必须积极履行社会义务和职责，承担道义上的、政治上的、法律上的责任，接受来自内部和外部的控制以保证责任的实现。[2] 二是消极层面的意思，即责任政府意味着在任何情形下，政府都不应当"推卸责任"——若政府未能有效履行其积极责任，则应承担相应的谴责和制裁。（2）在行政学领域，责任政府被解释为理念和制度两层意思：一是作为现代民主政治的一种基本理念，责任政府意味着宪法和法律是政府及其官员施政的准绳；公民的权利与义务受政府切实的保障；政府因渎职、失职与违法行为必须承担

---

[1] 参见张贤明著：《论政治责任——民主理论的一个视角》，吉林大学出版社2000年版，第22页。

[2] 参见张成福：《责任政府论》，载《中国人民大学学报》2000年第2期。

法律责任；受政府及其官员公务行为损害的公民，有权提出诉讼并获得赔偿。① 二是作为政府公共行政的民主性制度安排②，则意味着"存在一套行之有效的保证政府责任得以落实的责任控制机制"乃责任政府的标配——这种控制机制包括内部的控制和外部的控制机制。其中，内部的控制机制主要指的是政府内部伦理道德责任机制的建设；外部的控制机制则主要指的是政府体系之外的监督机制，包括立法监督、司法监督等。

在行政法学上，责任政府最通俗的解释就是"遵循法治理念依法行政的政府"，它强调政府的责任与担当，强调政府的法定职责和义务，以及违反法律规定所应承担的不利法律后果。其要义有三：（1）责任政府既是现代政府的行政理念和价值结点，也是现代现代政府的制度安排。（2）责任政府乃民主政治之产物，因此，顺应人民意愿，回应人民诉求，保障人民权利，乃责任政府的本质。（3）责任政府的内核在于对政府权力的约束和控制，使其承担起应有的责任。

（二）作为理论的"责任政府"

作为一种理论，责任政府理论乃民主政治理论发展的必然产物。作为现代民主政治之母国，英国被认为是责任政府理论诞生地。英国学者和政治家率先概括出责任政府理论的六大要素：（1）政府必须对议会负责。（2）内阁接受议会的监督，定期向议会报告工作。（3）议会信任乃政府执政资格之必要条件。（4）政府一旦丧失议会信任，即应总辞职，或提请国王解散议会，选举产生新的议会选举；若新议会再次通过不信任投票，政府必须总辞职。（5）政府成员之间相互承担连带责任，若政府首长辞职，则政府必须总辞职；若议会对政府首长或者任何部长的不信任，则意味着对整个政府的不信任。（6）政府集体负责制和个人负责制相结合——集体负责制意在确保政府成员相互信

---

① 陈国权：《论责任政府及其实现过程中的监督作用》，载《浙江大学学报（人文社会科学版）》2001年第2期。

② 张成福：《责任政府论》，载《中国人民大学学报》2000年第2期。

任和全体一致，其要求有二：一是任何政府成员均明确表示支持政府所作出的所有决策，既不能以"默示"的方式表达支持，更不能以公开言论或投票表示反对，否则，其必须辞职或被解职；二是所有的政府决策均代表政府集体意志，因此，每个政府成员都必须为任何政府政策承担连带政治责任。个人负责制意指各部主管大臣对本部门的一切工作和活动都负有不可推卸的责任，如果文官在执行大臣的政策中擅自行动而出现严重失误，主管大臣不论事先知道与否，都要负责。

随着民主政治在世界范围内的确立，英国学者基于议会内阁制度所抽象出来的责任政府理论，逐渐超越"议会内阁制度"样本局限，发展成为政府理论中的一项普遍的不可或缺的板块——是否"负责任"，是近现代政府理论与其前各类专制政府理论分殊之界标。比如，在内阁制政府体制中，责任政府理论之要义有三：（1）政府必须对产生它的议会负责，并接受向其报告工作。（2）政府必须接受议会的监督，并获得政府信任。（3）政府一旦失去议会信任，议会享有的"倒阁"之权力；在总统制政府体制中，尽管作为行政机构首脑的总统不对议会负责，但总统及其所领导的政府必须对选民负责。美国是典型的总统制国家，其联邦宪法体制最重要的缔造者之一——汉密尔顿曾经指出，美国总统可以受弹劾、受审判，而且如果被判明犯有叛国、接受贿赂或其他重罪时，还得予以撤职；事后还会受到普通法律的控告和处罚。这种责任政府理论之要义有三：（1）政府必须获得足够比例的选民信赖，否则，选民有权罢免包括总统在内的任何民选政府官员。（2）政府权力受议会制约，议会享有弹劾总统之权力。（3）政府权力受司法制约，联邦最高法院对总统及政府行为享有司法审查之权力。

概而言之，在其现代意义上，责任政府理论以责任政治为基本内核，强调"负责任"在政府合法性判断中的基础性地位——政府只有在其能够保障社会利益，促进实现社会意志所提出的目的，真正履行其责任时，才是合理合法的。作为现代民主政治的一个基本特征，责任政治有广义和狭义两种解释，其中：（1）狭义的责任政治通常被解释为责任内阁制政府体制，即行政机关由代议机关产生，并对代议机关负责的政权组织形式。（2）广义责任政治是以人民主权为逻辑原点，直接或间接地对人民负责的政治形式，它强调政府由人民产生，其职权的行使必须以人民的意志和利益为旨归。在这个层面上，政府责任兼具法律责任和政治责任双重属性——政府因违法所承担的法律后果就属于法律责任之范畴；政府因违反政治约定与纪律所应承担的责任就属于政治责任之范畴。

在其更宽泛意义上，除了政治责任与法律责任之外，现代责任政府理论当然地涵盖道德责任。政府基于其道德责任：（1）应当尊奉以公共利益为依归的社会正义原则，并通过制定公共政策致力于实现社会公平。（2）应当恪守平等、自由、社会正义等基本价值取向，并在社会公共生活中发挥必要的启动和引导作用。（3）应当致力于建设良好的公共生活和培养高尚的道德情操创造必要的条件，从而为推进个人和公共道德的完善创造条件。

（三）作为制度的"责任政府"

作为一种制度，责任政府源于英国早期的议会弹劾制度。其具体做法是：由下议院充当原告，对渎职官员提出控告；由上议院充当裁判者，对所指控官员进行审判和裁决。历史上，1308 年的加维斯顿案是最早的议会弹劾大臣案。该案起因是贵族们对爱德华二世执政不满，他们通过其所掌控的议会以人民的名义对国王宠臣加维斯顿实行弹劾。议会在列举加维斯顿的罪行时，公开指称，由于国王违背国民意志千方百计地袒护他……所以他未能按法律诉讼程序受到审判并被剥夺公民权利，因此只好由人民来执行审判。人民请求国王像他在加冕宣誓时所说的那样，维护人民有权选择的法律，接受人民的这一裁决，并予以执行。其后，经由 1336 年"贤明议会"的拉蒂狱和尼维尔弹劾案，1346 年的萨福克伯爵弹劾案，以及 1388 年的德拉波尔弹劾案，议会通过弹劾等方式监督政府逐渐演变成为一项宪法惯例，它意味着法办政府君臣的权力属于议会，而非国王及其政府。

随着君主立宪制的发展，议会主权得到进一步巩固，英国特色的议会内阁制逐渐形成——以 1742 年内阁首相渥尔波因得不到议会多数人的信任被迫辞职为标志，政府向议会承担政治责任的宪法惯例业已确立。受其拘束，政府的组成需经议会同意，政府的重大政策需由议会通过，政府成员施政不当或行为违法需承担责任，首相或政府内阁成员若无法得到议会信任则需总辞职。

责任政府制度在英国的确立和演变的历史表明，责任政府制度在相当程度上乃代议民主制的衍生之物。唯其如此，随着代仪民主制度的发展，责任政府制度形式逐渐由英国的责任内阁制发展为不同政体下的责任政府体制，其中，最具典型意义的是以美国为代表的总统制下的责任政府制度。由此，在西方政府体制中，形成了责任内阁制和总统制下的责任政府制度两种基本的责任政府制度。

在现代西方责任政府理论中，美国式的总统制下的政府责任与英国式的责任内阁制下的政府责任具有同样重要的意义。① 但是，这两种责任政府制度仍有诸多分殊：（1）在英国式的责任内阁制中，政府是在由选民选举产生的议会中产生，政府内设若干职能部门，实行部长责任制。在威斯敏斯特制度中，公务员通过等级制向部长负责，部长则向内阁及议会并且最终向人民负责。这种部门等级制的结构保证了贯穿各等级正常的责任机制的实施。（2）在美国式的总统制下，行政权属于总统，总统由享有选举权的公民定期地间接选举产生。他既是国家元首，又是政府首脑，掌握行政实权；内阁部长和其他成员由总统任命，并对总统负责，并通过总统最终对选民负责。美国总统虽不对议会负责，但其权力需接受议会制约，总统任命部长和缔约时，须经参议院2/3的议员同意，国会两院对总统和部长的违法失职行为有弹劾之权力。联邦法院的法官由总统任命，国会批准，但联邦法院对总统行为享有司法审查之权力。

第二节　政府责任之基本类型

当抽象的一般概念及其逻辑体系不足以掌握生活现象或意义脉络的多样表

---

① 李军鹏：《当代西方责任政府理论研究述评》，载《公共管理高层论坛》2008年第1期。

现形态时，人们首先会想到的补助思考形式是"类型"。① 分类是社会科学研究中的重要方式，分类研究是人类对法律现象认识的一个深化。分类对于法学研究和法律实务具有重要意义，但同时任何法学分类都具有一定的局限性。②对政府责任进行分类，有助于我们准确厘清政府责任的基本含义。根据不同的标准，政府责任大致可以划分为以下几类。

一、责任原因标准

依据引起政府责任的原因为标准进行划分，政府责任可分为政府侵权责任、政府违约责任、政府失职与政府渎职责任。

（一）政府侵权责任

政府侵权责任是由政府侵权行为所引起的否定性的法律后果，它产生于行政过程中，是由行政主体及其公务人员对行政相对方所实施的侵害行为而引起的责任承担。政府侵权行为属于事实行为，并不直接产生法律上的效果，因此，一般情况下，引起政府侵权责任的关键不在于政府侵权行为是否合法，而在于该侵权行为是否造成行政相对方合法权益的损害——造成了损害则引起政府侵权责任，否则不引起政府侵权责任。因政府侵权行为的损害性，导致政府侵权责任一般都带有惩罚性色彩。就公务人员的侵权行为而言，由其所属的行政主体承担被引起的政府侵权责任，一般表现为行政赔偿的方式，但行政主体保留对侵权人的内部责任追偿权。这是政府责任的特有属性，但并非所有公务人员的侵权行为都必然引起政府侵权责任，只有当公务人员以行政职权的身份行使侵权行为时才会招致政府侵权责任。就行政主体的侵权行为而言，一般情况下会引起政府侵权责任，但存在例外情况，譬如抽象的立法行为和国事行为则排除在外。

---

① 参见［德］卡尔·拉伦茨著：《法学方法论》，陈爱娥译，商务印书馆 2003 年版，第 3 页。
② 参见王长发：《法学分类方法的局限性及其克服》，载《黑龙江社会科学》2007 年第 4 期。

（二）政府违约责任

政府违约责任指的是行政主体与行政相对人之间所形成的约定关系而未履行约定义务导致的政府责任。政府违约责任成立的前提是行政主体与行政相对人之间形成合同关系，行政主体具有合同上的义务。此处的合同不同于一般的民事合同，而是以行政目标为目的并吸收了民事合同中自主协商的特征，并具有行政属性的行政合同。因此，由行政合同引起的政府违约责任并非依据于民事法律规范，而是依据于行政法律规范。详言之，政府违约责任是指，在行政合同关系中，行政主体担负着一定的合同义务，当其出现不履行合同约定义务或不完全履行合同约定义务或是履行合同约定义务有瑕疵的情况，为维护行政合同的目的利益以及对方当事人的合同利益，行政主体应承担相应的法律后果。但并非所有违背行政合同义务的行为都必然引起政府违约责任。在行政合同中，因维护公共利益的需要，行政主体享有优益权，具有单方修改合同内容或者单方终止合同权利义务关系的权力，对此，政府需要承担一定的行政补偿责任，但不属于政府违约责任的范畴。

（三）政府失职责任

政府失职责任是指行政主体及其公务人员因违反积极作为义务而引起的否定性的法律后果。其产生的逻辑前提是政府失职行为的存在。而政府失职是指行政主体及其公务人员负有法定的行政职责，由于其存在的过失而导致的未履行或未完全履行职责的行为，包括完全不作为的行政违法行为和部分作为或未正确作为的行政违法行为。对于政府而言，其存在的基础在于人民利益的需求，因而其与生俱来便担负着为人民负责、为人民服务的天然使命和义务，可以说，行政职责是其存在的根基，当其未履行行政职责所要求的义务时便需承担一定的惩戒责任。因此，政府责任的成立要求行政义务的存在，而行政义务产生的根据主要缘起于这几个方面：一是法律规定的义务，二是行政合同中约定的义务，三是行政先行行为而导致的义务。由此可见，政府失职责任是行政主体及其公务人员针对具体的行政事项而产生的，其设定的目的主要在于保护合法正常的行政关系，从而督促行政主体及其公务人员尽忠职守，履行好自己的职责和义务。

（四）政府渎职责任

政府渎职责任是指行政主体及其公务人员因玩忽职守、滥用职权或者徇私舞弊等亵渎职权或职责的行为，致使公、私利益遭受较为严重损失而引起的否定性的法律后果。政府渎职责任产生的逻辑前提在于政府渎职行为的存在，并因此造成了公、私利益严重损失的情况，而政府渎职行为是指行政主体及其公务人员未妥善行使其享有的行政职权或未勤恳承担行政职责的行为。对于行政主体及其公务人员来说，职权和职责犹如左膀右臂般不可或缺，但行政职权与行政职责并非一一对应的关系。一般而言，任何一项行政职权必然有与之相对应的行政职责存在，但每项行政职责并不都有相对应的行政职权存在。实际上，行政职责的范围要大于行政职权的范围。因此，政府渎职的行为不仅仅是指未妥善行使行政职权的行为，还包括未正确履行行政职责义务的行为。此外，政府渎职责任的成立还要求行政主体或其公务人员存在严重的公务过错，既可能是因严重的过失未尽到客观上应尽到的一般公务人员都应当尽到的义务而导致的渎职行为，也可能是故意实施渎职行为。需注意的是，政府渎职责任应当区别于行政人员因渎职犯罪所招致的刑事责任。渎职犯罪的刑事责任是指国家机关工作人员或有关部门的工作人员在行使行政权力的过程中违背其法定职责触犯刑法导致的刑事责任[1]，如滥用职权罪，玩忽职守罪，徇私舞弊不移交刑事案件罪，徇私舞弊不征、少征税款罪，违法提供退税罪等罪名中所涉及的行政违法行为而引起的刑事责任。引起渎职犯罪刑事责任的行为是渎职犯罪行为，而政府渎职行为只是一般的违法行为，并未达到渎职犯罪的严重社会危害程度，从这个意义上说，政府渎职责任是指还未达到刑事犯罪的、一般政府渎职违法行为所引起的法律责任。

---

[1]　参见《中华人民共和国刑法》第九章"渎职罪"的相关内容。

二、合法性标准

以行政行为是否具有合法性为标准，政府责任可以分为行政违法责任和行政不当责任以及特定的行政合法责任。

（一）行政违法责任

行政违法责任是指行政主体及其公务人员违反行政法律规范之规定所引起的否定性的法律后果。引起行政违法责任的逻辑前提在于行政违法行为的存在，而行政违法行为是指行政主体及其公务人员违反行政法律规范的行政行为，其中，行政法律规范的违反一般是指对行政法律或行政法规所规定的义务的违反，而行政规章等其他规范性法律文件则作为参考，并非属于必然的法律依据。就行政违法行为的损害性而言，其既可导致公民个人合法权益的损害，也可导致社会公共利益的损害，因而，由此引起的行政违法责任一般带有惩罚性，以起到威慑的效果。但行政违法责任不同于刑事责任，两者虽都具有惩罚性，但产生的危害程度却不相同。引起行政违法责任的原因行为属于一般违法行为，仅具有一般的社会危害性，而引起刑事责任的原因行为则属于刑事犯罪行为，具有严重的社会危害性。因此，可以说，行政违法责任是指行政主体及其公务人员实施了一般的违法行为，还未构成犯罪所引起的法律责任。

（二）行政不当责任

行政不当责任是指行政主体及其公务人员的行政行为虽未违反行政法律规范，但其行政行为存在严重不合理之处，并给相对人造成一定损害而应承担的否定性的法律后果。通常而言，政府责任是因违法行为而引起的法律责任，但严重的不当行政行为同样会招致政府责任，这称之为行政不当责任。行政不当责任是由严重行政不当行为所引起的，行政不当行为虽然形式上合法，但严重的不当行政行为从实质上来说已经违背法律精神、原则或目的的要求。因此，有必要对严重不当行政行为进行法律上的否定，施以相应的后果承担来保障公民的权益。

（三）特定行政合法责任

特定行政合法责任是指行政主体及其公务人员实施的行政行为合乎法律的要求，但却牺牲了个体公民的权益，基于公平原则的考虑，将这种个人的牺牲转化为社会整体的共同分担——由行政主体承担一定的补偿责任。这种责任，虽形式上表现为行政主体对外承担一定的补偿责任，但实质上却由国家的财政负担，从而最终转化为社会全体公民的共同分担。

三、责任主体标准

根据责任主体的差异性，政府责任可以划分为行政主体责任和行政公务人员责任。其中，行政主体是指行政机关和法律法规授权的组织，而行政公务人员是指依法履行行政公职并归属于行政组织系统内部人事关系的工作人员。

（一）行政主体责任

行政主体责任是指因行政主体及其行政公务人员违反行政法律规范而导致的以其职权单位为责任主体所承担的否定性的法律后果。在我国，根据学界对国家赔偿责任的通说观点——自己责任说的观点①，公务员属于行政主体的代理人，代理其实施行政行为，当公务人员在实施行政权力的过程中侵害了相对方的合法权益时，其法律后果由国家作为责任主体承担，而其所属的行政主体则为具体的赔偿义务机关。因而，一般情况下，虽然现实生活中对行政相对方造成损害的主体是行政公务人员，但却由其所属的行政机关或者是法律、法规授权的组织作为实际的赔偿义务机关对受损的行政相对方进行赔偿，本书将其统称为行政主体责任。具体而言，行政主体责任可细分为内部行政主体责任和外部行政主体责任。② 内部行政主体责任是行政主体针对违法行政行为而受到

---

① 参见沈岿：《国家赔偿：代位责任还是自己责任》，载《中国法学》2008 年第 1 期。

② 参见薛刚凌主编：《行政主体的理论与实践：以公共行政改革为视角》，中国方正出版社 2009 年版，第 172 页。

国家机关内部追责所承担的责任，主要表现为政治责任或是纪律责任；外部行政主体责任是行政主体针对被侵害的行政相对方所应当承担的责任，主要表现为具有财产属性的赔偿或补偿责任。

（二）行政公务人员责任

一般而言，行政公务人员是以行政主体的名义代表国家实施行政管理权，从事行政行为，其与行政主体之间是一种职务委托关系，行为效果归属于行政主体，只有在本人具有故意或重大过失的情况下才对其进行内部追责。因此，就行政公务人员而言，也存在政府责任的承担问题。一方面，从功利主义的立场出发，若将行政公务人员实施的一切行为都视为国家的行为，由国家承担该行为的一切后果，则会助长权力的滥用和腐败，反而不利于行政权力的正确行使；另一方面，出于保障公务人员行使权力的积极性考量，不能让其承担公务行为所引起的一切后果。多方利弊权衡，就公务人员的政府责任承担问题，在自己责任说的基础上保留国家对行政公务人员的追责权——对外由国家承担公务行为所引起的责任，而对内则保留对存在过错公务人员的内部追责权。根据行政编制的不同，行政公务人员责任可分为国家公务员责任和受委托人员责任。其中，国家公务员责任是指属于国家正式公务员编制的人员所应承担的内部行政责任，而受委托人员责任是指非国家公务员编制内的、临时受相关权力主体的委托而行使权力人员所应承担的内部行政责任。

四、责任范围标准

根据政府责任的承担范围，可以把政府责任分为内部政府责任和外部政府责任。将政府责任进行该类型的区分意义主要在于明确追责的途径。一般而言，内部政府责任的追究不能诉诸——司法诉讼途径或行政复议途径，只能通过行政内部责任机制予以追责；而外部政府责任的追责途径则较为广泛，主要包括行政复议和行政诉讼或外部的行政问责程序。

（一）内部政府责任

内部政府责任是指因行政主体及其公务人员实施了违反行政法律规范的行为而进行的在行政系统内部的法律后果的承担。内部政府责任是基于行政系统的组织关系而进行的责任追究，一般由违法行政公务人员的主管机关或者上级主管机关作为追责主体，依据法律规定的程序，采用问责的方式对相关人员进行的责任追究。其涉及的责任形态包括直接责任和间接责任，直接责任指的是由有过错的行政主体及其公务人员所应承担的内部追偿责任及相关的行政处分责任，间接责任指的是由具有领导职能的行政干部所承担的政治上的或者纪律上的责任。

（二）外部政府责任

外部政府责任是指因行政主体及其公务人员实施了违反行政法律规范的行为而承担的于行政系统之外的法律后果的承担。外部政府责任是基于行政相对方的权益受损而引起的由遭受损害的行政相对方启动的责任追究，一般是由司法机关和违法行政主体的上级主管机以及监察机关作为追责主体，并分别依据行政诉讼和行政复议程序以及行政监察方式进行的责任追究。其涉及的责任形态仅包括直接责任，主要表现为针对遭受损害的行政相对方而承担的行政赔偿责任。

五、责任目的标准

根据责任目的的不同，政府责任可以分为惩罚性政府责任和补救性政府责任。但此种分类标准并非导致两种政府责任的绝对分化，在某些情况下，它们是相互重合的。从一定程度上讲，以行政相对人的角度来看，惩罚性政府责任也是为了弥补给其造成的损害而存在的，因而其也具有补救性政府责任的功能。

（一）惩罚性政府责任

惩罚性政府责任是指对实施违法行为的具体公务人员所实施的具有惩戒性色彩的责任，具体表现为通报批评、行政处分、政务处分或赔偿一定金额等形式，目的在于起到威慑和教育的作用，防止再次出现同样或类似的行政违法行为。譬如，依据《行政诉讼法》第 96 条的规定可知，当行政机关拒绝履行判决、裁定、调解书的，第一审人民法院可以采取强制划拨、超期罚款、公告通报甚至构成犯罪的依法追究刑事责任等惩罚性措施。

（二）补救性政府责任

补救性政府责任是指行政机关、法律法规授权的组织及其公务人员因其实施的违法行政行为或不当行政行为或特殊情况下的合法行政行为而导致行政相对人的合法权益遭受损害之时，所应承担的给予行政相对人各种有效补救措施的责任。该类政府责任主要的目的在于对行政相对人利益的弥补和挽回，侧重对人民利益的保障。譬如，依据《行政诉讼法》第 76 条规定可知，对行政行为违法但因社会公共利益所需或轻微违法对相对人权利影响不大的行为，人民法院判决确认违法或无效的同时，可以责令行政违法主体采取补救措施。

六、责任内容标准

根据政府责任承担的具体内容为标准划分，政府责任也可分为财产性政府责任和非财产性政府责任。

（一）财产性政府责任

财产性政府责任是指行政主体及其公务人员因违反行政法律规范所承担的以一定数量的金钱和财物为内容的法律责任。引起该责任的逻辑前提在于，违法行政行为造成行政相对方一定财产权益的损害，因而其具体的表现方式也主要为返还原物、恢复原状、给付赔偿金等。

（二）非财产性政府责任

非财产性政府责任是指行政主体及其公务人员承担政府责任的内容不带有钱财属性，主要可分为精神方面的政府责任和权能方面的政府责任。前者指的是对政主体及其公务人员施以精神方面的惩戒，如责令其恢复名誉、消除影响、赔礼道歉等政府责任；后者指的是限制或剥夺违法政行主体及其公务人员某一方面的行政权力能力，以限制或剥夺其行政行为的行使，如委托机关收回其所委托的某一特定行政权力。

七、表现形式标准

根据行政行为的表现形式的差异性，政府责任可以分为作为政府责任和不作为政府责任。此类政府责任的划分意义在于督促行政主体及其公务人员及时、有效地履行其所承担的法定职责，应当作为时及时作为、不应当不作为时坚决不作为。

（一）作为政府责任

作为政府责任是指行政主体及其公务人员依据行政法律规范及其精神和原则，为实现行政目的应当以谨慎的态度行使职权，履行好对某些事项不作为的义务，其却以过分作为的方式行使权力，导致公、私利益受损而应当承担的法律后果。一般情况下，引起作为政府责任的原因行为在现实生活中主要表现为行政违法侵权、行政越权、滥用行政权的行为等。对于行政主体及其公务人员而言，其享有的职权由法律所规定，而其职权的行使也必定内涵相应的行政目的，其便只能在法律规定的范围内且依据法律规定的目的行使职权。由此也可看出，作为政府责任的目的主要在于遏制行政权力的扩张，防止其侵害到人民自由的生活空间，损害人民的利益。

（二）不作为政府责任

不作为政府责任是指行政主体及其公务人员应当履行其法定职责的义务而

没有履行，导致公私利益受损产生的法律后果，如政府失职责任等。产生不作为政府责任的逻辑前提在于行政主体及其公务人员有应当作为的义务，而该作为的义务主要由以下几种情形产生：一是法律规定的义务，二是行政合同约定的义务，三是先前行政行为引起的义务。当行政主体及其公务人员不履行其应当履行的作为义务时，造成公共利益或是他人合法权益的损害便要承担相应的政府责任。该责任的目的在于督促行政主体及其公务人员积极行使行政权力，履行应尽的义务。

八、责任依据标准

根据责任的依据标准，政府责任可划分为政府的法律责任、政府的政治责任和政府的伦理责任。

（一）政府的法律责任

政府的法律责任是指行政主体及其公务人员违反法律法规、规章等法律规范性文件所规定的义务而产生的否定性的法律后果。在我国，宪法是国家的根本大法，也是所有法律的"母法"，依据《宪法》第 41 条第 3 款的规定①可知，政府法律责任的存在具有宪法上的正当基础。由于法律本身的强制性，给政府法律责任也带来了同样的强制属性。它不同于伦理道德责任，而是以国家武力为后盾，强制责任主体承担的一种责任。通常情况下，当责任主体不主动履行政府法律责任时，国家可强制其承担，并对该行为给予一定的惩罚，严重者还可追究其刑事责任。正因如此，政府法律责任涉及责任主体的权益利害关系，不能任意追责，故也需法律的严格规制。因此，从政府法律责任的成立认定到确证再到执行落实，即从其"出生到终结"都受到法律的明确规定，否则，容易造成权利的侵害和权力的再次滥用。一般而言，政府的法律责任主要是指政府因违反行政法律规范所应承担的行政法律规范上的否定性后果，但也

---

① 《宪法》第 41 条第 3 款规定："由于国家机关和国家工作人员侵犯公民权利而受到损失的人，有依照法律规定取得赔偿的权利。"

并非全是如此。而政府法律责任的法律规范依据主要是指《行政诉讼法》《监察法》《公务员法》《国家赔偿法》《行政许可法》《行政复议法》《行政机关公务员处分条例》等相关法律规范。

（二）政治责任

政府的政治责任是指行政主体及其公务人员违反特定政治义务所承担的政治上的后果。① 政府政治责任的存在是为了彰显政治义务对于行政主体及其公务人员的重要性，而政治义务主要来源于人民利益的需求。在我国，一切权力属于人民，行政权是人民委托给行政主体及其公务人员行使的，并非是其本来享有的权力。正所谓"受人之托，忠人之事"，那么，行政主体及其公务人员就应该好好行使行政权以保障和维护人民的利益。当其违背此目的时，除了承担相应的法律责任外，还应承担一定的政治责任。由此可知，政府的政治责任起源于政府权力的政治根源，它具有一定的独特性。政府的政治责任不同于政府的法律责任，它是因政府违背其政治义务而招致的责任，这种违背政治义务的行为既可能是违法行政行为，也可能是不当行政行为。从这个意义上说，政府政治责任的成立范围要广于政府法律责任的成立范围。一般而言，政府的政治责任是通过各级人民代表大会或其常务委员会对政府官员以质询、罢免的方式来实现。但这种追责机制在实践中还处于"沉睡"当中，并未完全激活，因而导致政府政治责任所发挥的效用十分有限，这也是其存在的一大不足之处。

（三）伦理责任

政府的伦理责任是指行政主体及其公务人员在行使行政权的过程中，因违反行政道德伦理而产生的客观责任和主观责任。其中，客观责任是指基于社会

---

① 参见王成栋著：《政府责任论》，中国政法大学出版社1999年版，第23页。

角色、行政岗位等客观环境因素而承担的义务和职责①，即指的是人们对于担任行政管理职位的人员所附加的一系列期望和约束。它包括"对法律负责，也即任何组织和个人都要在法律管辖范围内活动"②和基于行政组织机构关系而产生的"对上级负责和为下级的行为承担责任"③，还包括对公民负责，也即"服务于公共利益的义务"④。主观责任是指基于社会普遍所形成的伦理价值观念，行政公务人员所应当具备的道德品质，它是"我们自己内心的情感和信仰赋予我们的主观责任"，也是"根植于我们自己对忠诚、良知、认同的信仰"，因而也称为行政公务职业道德责任。⑤政府的伦理责任有其独特的道德伦理属性，它既不同于法律责任那样具有外在的强制特征，也不同于政治责任那样带有典型的政治色彩，而是一种自我约束、自我完善的责任机制。它主要通过社会舆论的监督方式来实现，因而对社会民众的民主、法治和政治参与意识具有较强的依赖性。正因如此，就我国当前的民主政治水平而言，政府伦理责任的实现具有一定的难度。

第三节　政府法律责任、政治责任与伦理责任之分殊

政府责任体现了"人民主权"的思想，是现代政府的标志之一，在责任内容构成上，普遍认为政府责任包含法律责任、政治责任、伦理责任三部

---

① 参见［美］特里·L. 库珀著：《行政伦理学：实现行政责任的途径》，张秀琴译，中国人民大学出版社 2010 年版，第 77 页。

② ［美］特里·L. 库珀著：《行政伦理学：实现行政责任的途径》，张秀琴译，中国人民大学出版社 2010 年版，第 77 页。

③ ［美］特里·L. 库珀著：《行政伦理学：实现行政责任的途径》，张秀琴译，中国人民大学出版社 2010 年版，第 78 页。

④ ［美］特里·L. 库珀著：《行政伦理学：实现行政责任的途径》，张秀琴译，中国人民大学出版社 2010 年版，第 82 页。

⑤ ［美］特里·L. 库珀著：《行政伦理学：实现行政责任的途径》，张秀琴译，中国人民大学出版社 2010 年版，第 84 页。

分。① 政府的三种责任是现代政府目的实现的基础要素之一。"任何简单的政府形式都找不到防止权力滥用的必要保障"② 的这一特质,在民主政体下的政府职能表现中尤为明显:政府形式取决于最高权力机构的性质,即立法权的归属。③ 因此,政府的责任形式依赖于最高权力机构的性质。我国最高权力机关是全国人民代表大会,政府应当对全国人民代表大会负责,实现《宪法》所规定的各项目标和事务。宪法的目标既有法律层面的,亦有政治层面的,同时也有反映社会良好道德风尚的内容,故此政府是对社会秩序协调的重要一环,其责任形式除了法律责任以外,还应当包含政治责任与伦理责任,这是由我国的最高权力机关决定的。政府责任在横向与纵向上通过法律责任对法治底线的坚守,通过政治责任对政治目标的建构,以及通过伦理责任对政府善治的追求,以实现现代政府治理。本书对三种责任的分殊比较,将正本溯源,厘清三种政府责任的内涵和外延,此举意在探究政府治理过程中它们所各自发挥的作用。

一、法理上的分殊

法理是由人的理性认识所凝练、证成法实践的正当性理由。④ 政府三种责任的法理分殊是认识政府责任,以及政府责任实践运用的基础,是研究政府归责原则、责任构成、责任方式之伊始。政府责任的法理分殊主要包括语词含义、价值功能、理论根据、权责关系及价值规范四个方面,其中理论根据又可分为责任必要性与充分性两个层面。

其一,语义内涵分殊。尽管政府的法律责任、政治责任、伦理责任的上位概念同为政府责任,但从语词结构上看,三种责任的限定词的语义范畴有所不同而致使责任内涵产生差异。具言之,三种政府责任的语言结构皆为"N+责

---

① 参见周叶中、朱道坤著:《选举七论》,武汉大学出版社 2012 年版,第 117 页。

② [英]詹姆斯·密尔著:《论政府》,朱含译,商务印书馆 2018 年版,第 6 页。

③ [英]约翰·洛克著:《政府论》(下篇),丰俊功、张玉梅译,北京大学出版社 2014 年版,第 115 页。

④ 郭晔:《法理:法实践的正当理由》,载《中国法学》2020 年第 2 期。

任"的模式,作为限定词"N"的"法律""政治""伦理"既可解释为责任产生的范畴领域,又可以理解为责任的性质。因此,三种责任的语义分殊表现为概念性质和概念应用范畴差异。(1)从概念性质看,三种责任概念的性质是其内涵差异的表现所在。法律责任属于法律概念,有广义狭义之分,广义的法律责任通常是指组织和个人所负有的遵守法律,自觉维护法律尊严的义务;狭义的法律责任是指违法者对违法行为所应承担的具有强制性的法律上的责任。此外,根据法律规范,法律责任又可下分为刑事法律责任、民事法律责任、行政法律责任。而政治责任与伦理责任由于未在法律规范中明确,尚属于非法律概念。(2)从学术观点看,三种责任概念各自的学说分异是政府责任内涵不定的原因所在。政府法律责任的概念争议源自学者对"责任"的理解差异,主流学说如"处罚说""义务说""否定性评价说"等。政府政治责任的学术概念争议产生于政府学说的分野,因契约主义、政府工具主义、政府负外部性、有限政府说中对政府的定位不同,导致政府政治责任的概念各不相同。政府伦理责任的学术概念分殊缘于学者对其公共范畴的确定存有差异,包括公共伦理秩序中的政府责任、政府伦理中的责任规则、政府责任规则中的伦理向度。

其二,价值功能分殊。宪治的最终目的是使人的尊严和价值得以实现的政治生活。① 政府是保障该种理想政治生活的重要主体。其中,法律责任、政治责任、伦理责任从不同角度反映了政府与政治生活中其他主体的关系,这主要是由三种责任的价值功能分殊所致,包括社会价值、工具价值、道德意义三个方面。(1)在社会价值方面。法律责任是实现法治政府的基础保障,政府的法律责任确定其行为合法性边界,保护公众的生活空间以及确定政府的活动范畴,使政府行为决策具有可预期性。政治责任是维系民主政府的重要手段,政府的政治责任具有规范其合目的性的社会意义,确保其短期、中期、长期的组织目的(公共目的)实现。伦理责任是维护公共伦理关系的关键要素,政府伦理责任有助于其提高为人民服务的道德自主性,符合人民的道德期待与道德

---

① 陈寿灿著:《宪治的伦理之维》,中国社会科学出版社2016年版,第2页。

利益。（2）在工具价值方面。政府法律责任的主要社会功能在于对政府及其公务人员违法行为的惩罚制裁；对行政相对人的救济；对政府违法的预防。政府政治责任的主要社会功能是在政治活动中，以政治问责、行政问责、选举、罢免等政治手段确保政府组织的各项具体目标完成，最终实现政治社会的总体建设目标。政府伦理责任的社会功能主要包括外部制度约束与内心道德认同两种途径，规范政府组织及其公务人员行为，建立诚信、廉洁、高效的人民政府。（3）道德属性方面。社会治理方式分为自治、法治、德治三个类别。① 不同社会治理方式对应不同的社会形态。传统中国社会治理是以自治为基础，社会伦理关系依靠私德维系，政治的最高目标是德治。现代西方社会治理是以法治为根本，社会伦理关系依靠法律规范确立的公共道德维系。现代中国社会是东西政治思想结合的产物，理想的社会治理不能单纯依靠某一社会的治理方式，应有机结合不同社会治理手段，扬长避短。政府作为社会治理的重要主题，对其行为约束应采取多元治理手段。三种责任作为政府治理手段，反映了社会不同的道德需求：政府的法律责任展现了社会的基本道德，政治责任反映了政府的公共伦理目标，伦理责任是在法律责任与政治责任之余，对社会道德体系完整性的补充，最终以实现善治。

其三，责任存在之必要性的理论根据分殊。责任理论根据包括责任存在之必要性根据，以及责任实现之可能性（充分性）根据。前者反映了社会对责任的需求，后者揭示了责任实现的条件基础。（1）法律责任存在之必要性根据源自法律责任的规范理论与功利主义理论。在规范理论中，法律责任存在之必然是法律规则逻辑自洽的要求，法律责任是法律规则的构成要素之一，在"三要素说"中，法律责任即制裁，在"二要素说"中，法律责任即法律后果。② 在功利主义理论中，法律责任存在之必要的理论根据可概述为"公法之债说"，它将政府的法律责任作为政府与社会公众之间的行政给付之债，政府

---

① 参见邓大才：《走向善治之路：自治、法治与德治的选择与组合——以乡村治理体系为研究对象》，载《社会科学研究》2018年第4期。

② 参见赵树坤，张晗：《法律规则逻辑结构理论的变迁及反思》，载《法治与社会发展》2020年第1期。

法律责任因此具有惩罚性和补偿性双重特征。①（2）政治责任存在之必要性基于马克思主义认识论，包括客观世界改造与主观能动性，以及社会实践理论（群众路线）。前者是政府的目标责任、决策责任与政治责任考核的实践根据，后者是政府问责、承担政治责任的原因根据。（3）伦理责任存在之必要性的根据为"现代性"理论，主要为新自由主义学说与风险理论的断裂。新自由主义下的选择自由，与风险社会理论所描述的客观环境不自由存在冲突，传统法律责任的底层逻辑——分配正义，无法得到保证，以命运共同体为逻辑的普遍正义观为"为人民服务"的公共伦理责任诞生奠定了基础。

其四，责任实现之充分性的理论根据分殊。责任实现经由权力监督主体通过一定程序实现，因此对责任实现之充分性的理论根据包括权力理论和程序独立价值理论两个部分。首先是权力理论根据。（1）法律责任实现的理论根据是权力外部之约理论。西方的三权分立学说为政府的行政权戴上了"枷锁"，在中国权力制衡结构虽不同于西方三权分立，但宪法的公权力构造仍以相互配合之约为逻辑。从实践看，政府的法律责任是监察权、检察权，以及司法权从外部监督政府行政权的结果。②（2）确保政府政治责任实现的权力理论根据为权力内部制约理论③和权责一致理论，政府领导权和领导责任应当保持一致，上级对下级具有领导指挥权力，下级对上级具有执行责任，组织内部权力对权力的管理，即组织内部责任对责任的执行。（3）伦理责任实现的权力理论根据为权力运行配置理论，政府权力运行需要有相关配套措施，以保证其顺利实施，例如职业培训、职业保障、考核评价制度等，这些制度都催生出了政府的伦理责任。其次是程序独立价值理论④。法律责任的实现须经严格的司法程

---

① 参见孙笑侠：《公、私责任分析——论功利性与道义性惩罚》，载《法学研究》1994 年第 6 期。

② 参见［日］原田上彦著：《诉的利益》，中国政法大学出版社 2014 年版，第 76 页。

③ 参见方世荣：《论行政权力的要素及其制约》，载《法商研究（中南政法学院学报）》2001 年第 2 期。

④ 参见黄松有：《程序独立价值理论与中国民事审判实践》，载《法学评论》2000 年第 5 期。

序，程序合法性是法律对政府课责的正当性保障；政治责任的问责程序严格程度略逊于法律责任，是因其侧重的是程序参与性，使政府能够充分吸纳政治活动中各方主体的意见建议；伦理责任注重程序的道义价值，使政府通过履行对社会良善、生态文明、社会进步的自然责任，确保其伦理合法性。

其五，价值规范分殊。规范是价值的客观化，体现了普遍的价值期待。[1]政府的三种责任的价值功能实现都需要适用规范，但其所指的规范类型有所差异。（1）法律责任适用的规范为法律、法规等法律规范性文件。法律责任的相关规范的合法性侧重于其权威性，主要表现为规范制定主体的权威性与规范执行的强制性。（2）政治责任适用的规范为法律规范性文件和政府纪律性规范，规范的合法性侧重于纪律规范的可执行性，如果政治责任规范无法执行将形同虚设。同时，规范的权威性缘于组织内部的领导权、指挥权。（3）伦理责任适用伦理性规范，如道德原则、民族风俗习惯等，规范的合法性侧重于规范内容本身的道德正当性。

二、责任构成上的分殊

责任构成分析，即责任解构成各类要素，再由各责任要素组合的认识过程。责任构成要件是判断政府是否应当承担责任的依据。因此，不同的责任构成要件在政府治理过程中具有政府行为识别，以及对政府负面行为依性质分流处理的作用。其中需要注意的是，首先，在构成要件的识别顺位上，根据政府的价值功能，应当先识别政府行为的合法性，尔后识别其合目的性和道德性。因此，政府的三种责任构成要件在适用顺位上的关系表现为：法律责任优先于政治责任，政治责任优先于伦理责任。其次，这种识别顺位上的优先性不等同于效力优先性，政府承担法律责任的同时不影响其担负其他类型的责任。最后，适用顺位的差异是因政府责任构成要件本身具有明显的分殊。其中客观要件（主体、行为、结果、因果关系等）在具体内容上存在差异。具体分析如下。

---

[1] 参见陈晓庆：《论事实、价值与法律规范》，载《社会科学论坛》2019 年第 5 期。

其一，政府责任的主体要件分殊。政府活动中，行为主体与责任主体并不具有一致性，在政府的三种责任类型中可见一斑。（1）在法律责任中，责任主体有刑事、民事、行政之分，且在政府违法活动中，责任主体既可以是政府也可以是直接负责人。例如，政府机关作为单位犯罪主体通常实行"双罚制"，责任主体通常有二，判处罚金的单位，以及被判处刑罚的直接负责人和其他直接责任人员。①（2）在政治责任中，责任主体的判断有中西界分：在西方，政治责任主体通常是指经由投票选举或政治任命的非常任高级官员;② 中国实施首长责任制，政治责任主体为政府组织、首长以及事件主要负责人。但中西方政治责任主体存在共同特征——政府内的一般公务人员不能成为政治责任主体。（3）在伦理责任中，责任主体一般为自然人，组织作为例外。实践中，关于政府伦理责任的规范中，责任主体通常为政府内部的公务人员。如《公务员法》《监察法》《党政领导干部选拔任用工作条例》多是关于公务人员的道德品行规范。

其二，政府责任的行为要件分殊。政府是由各部门以及部门内的公务人员组成，常言的政府行为属于抽象集合概念，在不同的责任构成要件中对政府行为要件的界定不同。（1）在法律责任中，行为要件须具备客观具体、有意识和违法性特征。政府违法行为的客观性是指政府创设的法律责任关系是由其直接责任人员具体行为所致；有意识是指政府公务人员的行为具有意识，身体无意识等反射举动等排除在行为之外；违法性是指政府行为侵害了具体的法益。（2）在政治责任中，根据权责一致原则，政府责任中的行为要件被权力要件替代。因为政府的政治责任为目标责任，基于其综合性、复杂性、抽象性和非终局性特征，以及政治责任主体因政治权力而承担政治责任，并不以具体侵害行为为责任构成要件。（3）在伦理责任中，政府行为须满足公共性和道德性的特征，即政府的行为应当与公共伦理秩序相一致，当政府作出一定行为导致

---

① 《刑法》第 31 条："单位犯罪的，对单位判处罚金，并对直接负责的主管人员和其他直接责任人员判处刑罚。本法则和其他法律另有规定的，依照规定。"

② 参见朱立言、龙宁丽：《美国高级文官制度与政府回应性》，载《中国人民大学学报》2010 年第 1 期。

公共伦理秩序紧张，政府的公共信誉降低，甚至影响其正当性时，才能够适用伦理责任。一般情况下，政府人员的私德不能成为课责政府的理由，除非涉及私德的行为对公共造成重大影响。

其三，政府责任的结果要件分殊。根据事务的发展过程总结：行为产生的影响通常有实害结果和危险结果之分，前者是造成了具体实在的损害结果，后者是虽未造成具体的损害后果，但濒于这种后果发生的危险状态。在政府的三种责任构成要件中，对于行为结果是否达到可谴责性的设限各有不同。（1）在法律责任中，结果要件法定，即行为造成法律上的否定性评价的后果，才能受到法律的制裁。这一特质导致两种特殊情况产生，一是行为发生即违法，不需要行为产生具体影响，就需要政府承担法律责任；二是行为产生了具体后果，但因法律上造成的影响极其微小而免去法律责任。由此可见，法律责任中的结果要件，不能以生活认知作为判断行为结果是否承担法律责任的标准，而应根据法律规定确定，即罪刑法定原则的具体体现。（2）在政治责任中，对其结果要件认定有三种途径或标准：客观事实、达到法律明确规定的某类标准、法律授权考核主体认定。客观事实是指凭常识即可判断的公共利益损害发生。达到法律明确规定的标准是指政府的权力行使达到某一法定标准的负外部性，被认定为公共利益损害。法律授权考核主体认定是指在客观上虽然没有达到前两项判断标准的损害结果，但根据法律授权监督主体的综合考核，科学系统的评分标准等，最终认为被考核主体的执政能力无法实现公共利益目标或可能因能力不足造成风险。（3）在伦理责任中，结果要件的判定以公共性和道德期待为准，即政府行为是否符合公众道德期待、道德需求等。因此，伦理责任中的结果判断因道德期待的非恒定特征而具有不确定性，须因时因地因人而异。这是体现政府人文关怀的重要所在，实践中，它弥补了法律责任与政治责任的严谨性导致的不变通情形，使政府灵活应对基层执法所面临的挑战。

其四，政府责任的因果关系分殊。政府责任中，因果关系的价值体现为一种双向需求：为受侵害主体找到真正的施害主体，并为施害主体确定与其行为相当的责任。简言之，因果关系在责任判定中起到二者之间的风险分配作用。但在三种政府责任中由于责任的严厉性、实现可能性，以及责任目的不同，导致因果关系存在分殊。（1）在法律责任中，因果关系非哲学式的"刨根问底"，而是建立在普通因果观念之上的概率性因果观，目前通说采用"相当因果关系"。① 这种因果关系不是纯粹的事实判断，它附有法政策判断。② 因为，法律责任的严厉性和强制性决定其适用时应保持审慎态度，责任实现的可能性决定因果关系认定应考虑技术、成本、伦理等限制，责任的目的性凸显了法政策倡导的社会价值对因果关系的影响。（2）在政治责任中，其因果关系属于一种符合政治实践和政治语境的"权责因果关系"，即以权力内容与公共利益内容之间的相当性关联，权力大小决定其政治责任大小。这种因果关系的特殊之处在于不要求存在客观事实上的"行为—结果"发生学上的关联，仅需符合"权力—利益"内容上的相一致即可。主要表现为政府权力事项、效力时空范围等与公共利益内容、时空范畴的一致。（3）在伦理责任中，其因果关系为一种符合政府组织和公务人员行政特征，以及公共伦理关系的"双线因果关系"。顾名思义，"双线"是指存在两条因果关系脉络，其中一条是"客观因果关系"认定，它是在承认组织无意识但有责任的前提下，排除社会规范对行为—结果关系认定的干扰，全面继承科学领域的因果关系推演，认为有损害便有救济。这种因果关系具有直观、稳定的优点，但其适用空间局限于个案中的具体损害结果发生过程的描述，不能体现伦理责任之特殊性，解释伦理道德评价为何产生。此时需要辅以另一条因果关系："主观因果关系"。该因果关系是主观的"道德期待"与"政府角色"的关联，在没有客观直接因果支撑，或法律明确规定时，政府仍然会因普遍的道德期待，而负有伦理道义上的担当。

三、归责原则上的分殊

归责原则是指基于一定归责事由而确定责任成立的基本准则，直接影响责任的构成要件、免责条件、举证责任的负担以及承担责任的程度，减轻责任的

---

① 参见刘锐：《相当因果关系的价值定位》，载《学术交流》2006 年第 4 期。
② 参见叶金强：《相当因果关系理论的展开》，载《中国法学》2008 年第 1 期。

根据等。归责原则含有两项要素：归责事由和责任承担主体。① 考虑到责任的实现可能性，通常责任主体性质决定了归责事由，而归责事由又决定了责任最重认定。政府的法律责任、政治责任、伦理责任的归责原则也因归责事由和责任承担主体的差异而各不相同。这些归责原则分殊体现了其背后所赖以存在的哲学基础的迥异，对政府的三种责任的归责原则的比较，使得政府归责体系初见端倪。

　　首先，法律责任的归责原则自成一完整体系适用于司法实践之中。根据责任风险分配规则不同，法律责任的归责原则包括违法责任原则、过错责任原则、危险责任原则、公平责任原则几类。政府法律责任的归责原则以违法责任原则为主、以过错责任原则为辅的违法行政归责原则体系。（1）违法责任原则作为一种客观归责原则，是国家赔偿责任的主要归责原则。② 该归责原则是以行政侵权行为客观上违法为承担行政侵权责任的基本条件，即行政主体或执行职权的公务员违法行使职权侵犯了行政相对人的合法权益并造成损失，国家即为之承担行政侵权责任，而无论行为人是否存在主观上的过错。③简言之，就是不论过错，强调行政行为是否违法，以确定其责任。所谓"违法"是对行为不符合法律要求所作的"客观评价"，这一评价机制在行政法上主要发挥着对行政行为的效力评价功能。④（2）过错责任原则是以过错作为责任判断的标准。在政府责任中，过错原则有"主观过错说"和"公务过错说"之别，前者在英美德日国家占主流，它是指国家对公务员不法行为承担侵权责任的理论依据是民法中雇佣人对受雇佣人或代理人的义务，只有在受雇佣人或代理人执行职务行为有过错构成侵权行为时，国家才负有责任；后者是以法国为代表，指公务活动欠缺正常的标准，它与违法性概念的主要区别在于：公务过错

---

① 参见崔建远：《归责原则与侵权责任的方式》，载《中国法学》2010 年第 2 期。
② 参见陈红主编：《国家赔偿法学》，厦门大学出版社 2015 年版，第 81 页。
③ 北京大学法学自科全书编委会、肖蔚云、姜明安编：《北京大学法学百科全书：宪法学·行政法学》，北京大学出版社 1999 年版，第 471~472 页。
④ 余军：《行政法上的"违法"与"不法"概念——我国行政法研究中若干错误观点之澄清》，载《行政法学研究》2011 年第 1 期。

的目的在于保护当事人的主观权利，而违法则是对行为的合法性评价。① （3）我国政府的法律责任归责原则采取的是以违法责任原则为主，过错责任原则为辅的归责体系。其背后理念为保护公众的主观权利，将责任风险更多偏斜至政府，以减轻公众举证责任等负担，同时促进政府提升法治理念。

其次，政治责任的归责原则采取区别于法律责任的归责原则，全面适用客观归责原则。该归责原则以是否制造法所不容许的风险作为命题，并且在判断风险时，要求考虑规范的保护目的与构成要件的效力范围等，清楚地表现出规范论色彩。② 在政府政治责任领域，采取客观归责原则是政治责任目的、性质和政治责任规范的特殊性所致。（1）政府政治责任的合法性、合目的性、有限性特征，排除过错要素，以主体、权力、公共利益风险等客观要件构成确定政治责任。具而言之，政府的政治责任属于宪法、法律规定的目标责任，该责任以公共利益为核心，当公共利益存在的风险或实害结果属于管理范畴时，不论政府是否具有过错，都应当承担政治责任。该责任是以客观结果归责，而非过错归责。其目的是对政府政治能力的否定性评价和明确责任分配，它区别于法律责任以救济为核心。（2）政府相关的政治责任规范通常包括宪法、法律，以及政府内部的纪律规范。这些规范价值在于保障公共利益实现，因此以对政府的政治能力考查为重。传统的过错归责原则中，"过错"可能成为行为主体责任豁免的条件，这属于法律对行为主体的一种道德评价保留。但政府的政治责任是对政府政治能力的考查，公共利益保护是其唯一道德来源，"过错"归责的存在意义微弱，政府不能以无过错为由转嫁政治风险。

最后，伦理责任的归责原则采取"主客观相统一原则"，针对政府组织的伦理责任采取客观归责原则，而对于政府内部公务人员的伦理责任则采取主观归责原则。伦理责任中的主客观相统一原则与法律责任中的以违法责任原则为主，过错责任原则为辅的归责原则相似，但政府法律责任中的过错责任原则属

---

① 北京大学法学自科全书编委会、肖蔚云、姜明安编：《北京大学法学百科全书：宪法学·行政法学》，北京大学出版社 1999 年版，第 207 页。

② 劳东燕：《风险分配与刑法归责：因果关系理论的反思》，载《政法论坛》2010 年第 6 期。

于法律明确规定的例外适用，而政府伦理责任中的主观责任原则属于政府内部公务人员归责的常用准则。政府伦理责任采取主客观原则相统一原则归因于组织伦理责任与个人伦理责任的哲学基础有别。（1）主观责任原则强调只有出于人的意志的行为才可以归责，并以此区分行为人自己的行为和意外事实。①相关哲学思想可追溯到德国自然法哲学家普芬道夫，他将世界划分为自然世界和道德世界，其中道德世界则涉及行为的价值评价，只有那些以人的自由意志为根据并可以按照道德世界的标准进行评价的行为才可以是归责的。② 可以说人类意志自由是其道德责任的根源。政府内部的公务人员作为有意志的主体，只有存在违反道德规范的主观过错时，才能承担伦理责任，否则不具有道德评价的意义。（2）客观责任原则主张只有行为在结果中实现其创设的风险，该结果才能归责于行为。它是新康德主义哲学中归因与归责分离后的产物，强调客观结果为归责首要。在新康德主义哲学的基础上创造了一种事实与价值分离和共融的状态，事实世界代表了存在，价值世界代表了当为。③ 归责实际上是对行为结果的价值评价。政府组织承担的伦理责任的归责采取客观归责原则，是出于政府作为一组织，不具备个人伦理中的意志自由之说，但政府存在组织目的，且客观归责主张归责的结果必须具有客观目的性④，这是政府伦理责任归责所能实现的。

四、责任方式上的分殊

在政府责任方式的分数比较中，其所指责任方式即责任形式，应是责任主体承担的一种后果型责任，它是责任违反后的终局呈现。法律责任、政治责任、伦理责任的形式特征由责任的功能和目的决定，亦受到法律规范的制约。

---

① 参见朱兴著：《刑事归责研究》，中国政法大学出版社 2018 年版，第 5 页。
② 参见朱兴著：《刑事归责研究》，中国政法大学出版社 2018 年版，第 4 页。
③ 参见庄劲著：《从客观到主观：刑罚结果归责的路径研究》，中山大学出版社 2019 年版，第 26 页。
④ 参见庄劲著：《从客观到主观：刑罚结果归责的路径研究》，中山大学出版社 2019 年版，第 35 页。

经分析，三种政府责任在责任形式的种类、严格程度、划分标准上有明显区别。

首先，在法律责任中，法律责任形式有民事法律责任、刑事法律责任、行政法律责任之分，其中以刑事责任最为严厉。民事法律责任以人身关系和财产关系为主要内容，包括：停止侵害，排除妨碍，消除危险，返还财产，恢复原状，修理、重做、更换，赔偿损失，支付违约金，消除影响，恢复名誉，赔礼道歉等。行政法律责任是不履行行政上的义务而产生的责任，包括行政处罚和行政处分两大类。刑事法律责任形式一般分为主刑和附加刑，主刑包括：管制、拘役、有期徒刑、无期徒刑、死刑。附加刑有：罚金、没收财产、剥夺政治权利等。对上述法律责任总结，其类型主要涉及内容分为如下几类：财产、荣誉、资格、自由、生命等责任形式。法律责任形式多样，且兼具救济和制裁双重功能，可以依据行为的危害性程度单独或合并适用。值得强调的是涉及自由、生命的内容是法律绝对保留的事项，因此属于法律责任特有内容。政府组织常适用的法律责任形式是行政赔偿，政府公务人员常适用的法律责任形式为行政处分，如果涉及犯罪的则依照相关刑法适用相应的刑罚。

其次，在政治责任中，政治责任形式以主体的政治身份为核心，排除涉及自由、生命等司法保留的责任形式，主要以政治主体的政治前途、政治荣誉、政治身份、政治身份相关福利等为主要内容的责任形式。限定责任内容的原因有二：一是保障人权的宪法基本原则限制，政治责任因政治权力产生，而政治权力寓于政治身份之中，对政治权力本身的约束是其根本目的，超越政治权力约束目的的责任形式是对基本人权保障的违反，例如对生命、自由、合法财产的剥夺是对基本人权的侵害。二是出于责任有效性考量，政治责任形式应区别于法律责任形式，它是政治权力组织内部给予相关政治主体的身份资格评价，以"对症下药"之逻辑，只有涉及政治资格、政治身份的责任形式才能对政治主体的行为抉择产生影响。以自由、生命、纯粹财产为内容的责任并不能从根本上解决政治主体的政治能力欠缺之虞。政府的政治责任形式由宪法、法律，以及内部纪律规范确定，常适用的责任形式包括：罢免、弹劾、责令辞职等。

最后，在伦理责任中，伦理责任形式以伦理关系恢复，以及道德期待满足为核心。政府的伦理责任亦是以为人民服务为宗旨，当政府违反社会伦理规范，应当以恢复公共伦理秩序，回应公众的道德期待为目的，灵活采取多种责任形式。例如，对于公共伦理关系的恢复可以经由商议等过程，双方交涉进行确定责任内容，但不能违反法律基本原则和无限度损害原则。或者，政府单方面对于违反公序良俗，造成公众或行政相对人损害的，应当采取行政道歉、引咎辞职等方式，以承认其违反伦理规范，开启公共伦理秩序恢复之责。

第二章 原理与法理

政府与人类社会相伴产生，自人类社会存在之日起便存在"政府"的概念。在人类漫长的历史长河中，可以说，政府的理论从古至今源远流长。其中，法治政府理论的影响最为深远，并在实践中不断得到发展和演变，最终形成现代法治政府的制度体系。从法治政府的理论渊源来看，其肇始于古希腊时期，经历了中世纪的黑暗时期逐步发展到近代启蒙思想时期，到现代形成较为完善、系统的法治政府理论。它具有相当清晰的思想理路和历史演进逻辑，且伴随着各个时期的发展和演变，法治政府的理论基础也发生了不同的改变，而始终不变的是法治的思想与其内涵的责任理念。众所周知，政府即意味着权力，政府与权力具有天然的牵连关系，而法治政府理论的产生也正是奠基于此。所谓法治，即"依法而治"，这里隐含着两层含义：其一，服从和遵守法律，其二，违背法律应受到相应的惩罚。由此可见，法治思想中蕴含着责任的因素，法治政府理论也必然与责任相关。

尽管政府的概念及相关法治理论历史悠久，并逐步发展趋向完善，然而，仔细考究却发现，政府责任的概念却是近代民主政治发展所形成的产物。尽管如此，政府责任仍然有其形成的理论基础和发展路径。从政府的起源来看，政府理论当中隐含的责任因素为政府责任的形成埋下伏笔。而随着民主政治的建立和发展，责任主体逐渐公法化，国家责任得以确立，由此形成无责任政府到责任政府的历史性转变，从而奠定了政府责任理论的现实基础。民主政治与法治理念相伴而生，作为民主政治所形成的产物——政府责任理论同样具有其内在的法理根基。从法治思想的历史路径来看，法治思想中蕴含着一定的责任观，而责任观念中也内含着一定的法治理念，两种理论交相融合于民主政治之中，催生出政府责任的理论。

第一节　政府责任之原理

政府产生于社会的实践发展，自人类社会存在之日起便产生了"政府"的概念，而政府向来为众人所知的是其享有的权力，政府责任却非古来有之。尽管如此，这并非意味政府的产生全无责任的影子。从政府概念的理论起源来看，其内含着一定的责任因素，并由最初的私责任主体逐渐演变为公责任主体。其中，国家责任的确立为政府责任的形成奠定了现实基础和理论渊源。由此，政府责任的概念得以确立，并经实践的发展，在政府的理论当中责任理论逐渐占据了重要的地位。

一、政府起源论及其责任逻辑

在当今社会的生活中，政府与我们的生活非常密切，"人从摇篮到坟墓都要接受政府的管理，甚至人出生以前就接受着政府的管理"[1]，看似政府与我们如此之熟悉，然而，认真考究起来，"政府"从何而来，其内涵之意又是什么？诸如此类有关"政府"的问题，我们却无从回答，如此看来又觉得我们对"政府"非常之陌生。事实上，政府的概念在人类社会早期便已经存在，然而关于"政府如何起源"的问题，却没有统一的看法。从古至今，不同的学者对于该问题都进行过探索，但因各自所处的时代背景以及所代表的利益诉求不同而产生不同的理论观点，譬如神创论、自然发生论、家长制论、暴力论、契约论、阶级论等。在所有这些观点中，其本质分歧就在于"谁创造了政

---

[1]　乔耀章著:《政府理论》，苏州大学出版社 2003 年版，第 1 页。

府"，但其共同的逻辑在于"谁创造了政府，政府就应当对谁负责任"——
"有机论"认为政府由于自然的需求而产生，"神创论"认为政府由上帝授权
在世俗世界中执行神的意志而产生，"契约论"中认为政府产生于人民之间缔
结的契约，马克思主义"阶级论"认为政府是阶级矛盾不可调和的产物，尽
管这些观点未直接表明政府伴随着一定的责任基因而产生，但均从不同的维度
揭示了"责任"与其"正当性"之间的内在关联性。

（一）有机论：政府应当对城邦公民全体负责

这种理论也称为"自然需要论"或"自然需要说"，其认为政府与国家是
统一的概念，即在此国家与政府的概念不作区分，政府产生于社会生活的自然
需求，是自然的起源。典型的代表人物是古希腊思想家亚里士多德，他认为
"人类的社会本性以及人类需要秩序和管理，因此，政府始终和人类并存"。[①]
人类从开始的家庭到村坊再到城邦的建立都是因人类为满足其日常生活需要而
建立的，是人类社会发展的自然需求，也是社会发展的必然趋势。刚开始，人
类基于血缘和地缘的关系建立了最基本的社会形式——家庭，之后为了适应更
大的生活需求，由若干家庭逐渐组成村坊，村坊继续发展扩大再形成了城邦。
"在这种社会团体内，人类的生活可以获得完全的自给自足；我们也可以这样
说：城邦的成长出于人类'生活'的发展，而其实际的存在却是为了'优良
的生活'。"[②] 在这里，亚里士多德认为城邦的形成是为了满足人类对优良生活
的需求，而有关城邦的理解，其进一步提出："我们看到，所有城邦都是某种
共同体，所有共同体都是为着某种善而建立的（因为人的一切行动都是为着他
们所公认的善），很显然，由于所有的共同体旨在追求某种善，因而，所有共
同体中最崇高、最有权威，并且包含了一切其他共同体的共同体，所追求的一
定是至善。这种共同体就是所谓的城邦或政治共同体。"[③] 由此可见，在亚里

[①]　乔耀章著：《政府理论》，苏州大学出版社 2003 年版，第 11 页。
[②]　[古希腊] 亚里士多德著：《政治学》，商务印书馆 1981 年版，第 7 页。
[③]　[古希腊] 亚里士多德著：《政治学》，载《亚里士多德选集——政治学卷》，颜
一、秦典华译，中国人民大学出版社 2003 年版，第 3 页。

士多德这里，城邦是政府的雏形，它的存在是为了满足人类对优良生活的需求，而这种优良的生活即是人类所共同追求的善。换言之，在古希腊学者的理论观点中，城邦作为政府的雏形而存在，其一方面产生于人类的自然需求，也将为实现这样的需求而服务，也即为建立城邦的公民实现其所追求的善而服务，即在此，政府的存在担负着为满足其公民需求的使命和责任。这一点从亚里士多德设想的共同体所包含的因子中也可以看出，即其"包括五个因子：善、公正、规则、公民共同的利益、妥协"①，其中"公民的共同利益"则体现了城邦的存在在于为公民的共同利益服务，即其必须对全体城邦公民负责。

(二) 神创论：政府应当对上帝负责

该理论也称为"神权说"，它没有严格区分国家和政府，认为国家和政府起源于"天意"或"神的安排"，是"试图通过超尘世力量的世俗介入来解释政治权力并使其合法化的学说"②。典型的代表人物是 13 世纪经院哲学家托马斯·阿奎那，他与亚里士多德在某些观点上相同，"认为人天然是个社会的和政治的动物，注定比其他一切动物要过更多的合群生活"③。因此，人的本性是群居的动物，注定要聚集在一起过上集体和社会的生活，但人同时有其自私的一面，即只懂得顾及自己的利益。那么，为了维护人们共同的利益，就需要共同的治理原则和公共的管理机构，由此便产生了政权机关。④ 阿奎那认为，在民主政体、贵族政体和君主政体中，最好的政体是君主政体，而君主政体是指由君主一人掌握政府的权力对国家进行统治。但是，他也认为，上帝高于一切，是一切的来源，君主的权力同样来源于上帝的授予，"国王是上帝的一个

---

① 颜德如：《政府是什么？——建设公共服务型政府的前提追问》，载周光辉主编：《社会公正与政府责任学术论文集》，吉林人民出版社 2009 年版，第 137 页。
② ［法］莱昂·狄骥著：《宪法学教程》，王文利等译，辽海出版社 1999 年版，前言第 15 页。
③ ［意］托马斯·阿奎那著：《阿奎那政治著作选》，商务印书馆 1991 年版，第 44 页。
④ 赵洁著：《政府的社会责任》，山西人民出版社 2015 年版，第 3 页。

仆人，上帝在世上的工作有两件，创造世界和统治世界"①，因而君主必须服务于上帝并对其负责，由君主统治的政府和国家其实是上帝意志的产物。

与有机论相比，神创论具有明显的神权色彩，而其关于政府起源于君权神授的观点不是时代的进步，相反是时代倒退的体现，其目的在于维护封建制度的统治，与此同时也加强了对人们思想的束缚。

（三）契约论：政府应当对缔约者负责

契约论是新兴资产阶级在反抗封建主义和神权的斗争中所产生的理论，以17、18世纪西方学者为典型代表，他们主要从自然权利和社会契约论的角度来思考国家和政府的起源。其中，以三位代表人物，即英国著名哲学家托马斯·霍布斯、英国政治思想家约翰·洛克和法国启蒙思想家让·雅克·卢梭最为突出，并分别代表着三种不同阶段的社会契约论观点。

在霍布斯的社会契约论当中，人类最初的原始状态是处于人人平等的自然状态之下，每个人具有完全的自由，但由于人性中的恶，譬如竞争求利、疑忌求安、贪慕虚荣等而不断产生争斗，导致战争连绵。在这样的自然状态之下，人与人之间就像狼的世界一样，没有道德、法律和私有财产观念的存在，只有私欲与私欲的碰撞和冲突，因而产生"每一个人对每个人的战争""人们处于暴力死亡的恐惧和危险中，人的生活孤独、贫困、卑污、残忍而短寿"。② 在理性的引导下，为了获得和平和安宁，人们之间需要一个共同的权力以威慑大家，从而维持和平的秩序以求共同生存，由此便需要在人们之间签订一个社会契约。这个社会契约是人们通过自愿放弃各自的自然权利缔结而来，而缔结契约的直接目的是建立国家，以把人们让渡的权利委托给一个统治者或主权者，由这个主权者负责在桀骜不驯的人群中创造出和平的秩序。当一群人确实达成协议，并且每一个人都与每一个其他人订立信约，不论大多数人把代表全体的人格的权利授予任何个人或一群人组成的集体（即使之成为其代表者）

---

① 赵洁著：《政府的社会责任》，山西人民出版社2015年版，第3页。
② ［英］霍布斯著：《利维坦》，商务印书馆1985年版，第94~95页。

时……这时国家就按约建立了。① 由此可见，霍布斯认为政府是人们之间通过订立社会契约的方式而成立的，政府权力来源于人民权利的让渡，其存在的目的是为了维持社会和平、安宁的秩序，以保障人们和谐共处下去。

在洛克的社会契约论当中，比起霍布斯的人性观点来，洛克对人性抱有更为乐观的态度，他认为自然状态是政府产生之前的一个历史阶段，是真实的存在而不是虚构和假设的理论。在自然状态之下，人类并不处于一种战争状态，而是一种"和平、善意、互相帮助和共同生存"的状态，这样的自然状态虽然美好，但实际上是"一种尽管自由却是充满着恐惧和经常危险的状况"。人民为了克服自然状态的欠缺，更好地保护他们的人身和财产安全，便相互订立契约，自愿放弃自己惩罚他人的权利，把它们交给他们中被指定的人或少数人的集体，按照社会全体成员或他们授权的代表所一致同意的规定来行使。② 这里的集体指的便是最初的政府，而政府的产生是为了"尽可能地保护这个社会的所有成员的财产"，这是政府的基本职能，也是人们建立国家置身于政府的管理之下最为重要的原因和目的。由此可见，洛克与霍布斯一样认为政府与生俱来便担负着保护人民利益的职责，不同的是，洛克没有像霍布斯那样认为人们将所有的自然权利让渡给了国家，而是认为签订契约后人们仍然保留了在自然状态下的自然权利，他反对霍布斯的君主专制政体，主张有限权力的政府。

在卢梭的社会契约论当中，他是"西方近代政治思想史上第一个将国家和政府区分开并完整论述两者关系的思想家"③，但是在政府和国家的起源问题上，他依然没有进行明确的区分。卢梭所描述的自然状态比洛克描述的更加美好和平等，他"把自爱、自保与怜悯心作为自然状态中的基本原理，认为人类原始状态的平静是自然人的无知无欲使然"④，自然状态固然是好的，但它却存在一些重要的缺陷而无法保护私有财产。因此，他认为应该"寻找出一种结合的形式，使它能以全部共同的力量来护卫和保障每个结合者的人身和财富，

---

① ［英］霍布斯著：《利维坦》，商务印书馆1985年版，第100页、第133页。
② ［英］洛克著：《政府论》（下篇），商务印书馆1964年版，第5~6页。
③ 赵洁著：《政府的社会责任》，山西人民出版社2015年版，第5页。
④ 徐凌著：《契约式责任政府论》，社会科学文献出版社2015年版，第100页。

并且由于这一结合而使每一个与全体相联合的个人只不过是在服从他本人，并且仍然像以往一样地自由"。① 这种结合的方式即是个人与个人之间通过缔结契约的方式组成一个政治体——国家，由国家来维护个人之间的自由、平等、财产和生存等自然权利，特别是对私有财产的保护。由此可见，卢梭认为国家是人们订立契约的产物，而政府作为契约的内容之一是国家与人民之间所建立的一个中间体，是基于人民的意志和委托而组织起来的管理国家事务的代理人，目的是为了协调国家与人民之间的关系。②

（四）阶级论：政府对统治阶级负责

尽管在马克思相关的论著中，他并没有直接论述政府的起源，但是，从马克思的思想中我们可以看出，他认为政府作为国家意志的执行机构，是与国家同时产生的。从这个意义上来说，国家的起源即是政府的起源，因而我们可以从国家的起源入手探析政府的起源问题。

在《德意志意识形态》一书中，马克思从市民社会出发揭示了国家的起源。他认为，经济基础决定上层建筑，国家及其机构的产生根源于私有制的形成和阶级的产生，而私有制和阶级的出现又是由经济发展状况决定的。在生产力发展的一定状况下，就会有一定的交换和消费形式。在生产、交换和消费发展的一定阶段上，就会有相应的社会制度，相应的家庭、等级或阶级组织，最后，就会有相应的市民社会。有一定的市民社会，就会有不过是市民社会正式表现的相应的政治国家。③ 与此同时，政府作为国家权力的政治主体也相伴产生。换言之，在马克思看来，国家不是伴随人类社会自然形成的，而是社会发展到一定阶段上的产物，即当社会中的阶级矛盾达到不可调和的状况时才得以形成。政府作为国家内部的机构，与国家同时产生，因而其也是阶级矛盾不可调和的产物。正如马克思所说，国家绝不是从外部强加于社会的一种力

---

① ［法］卢梭著：《社会契约论》，商务印书馆 1980 年版，第 23 页。
② 参见赵洁著：《政府的社会责任》，山西人民出版社 2015 年版，第 5 页。
③ 《马克思恩格斯选集》（第 4 卷），人民出版社 1995 年版，第 320 页。

量。……国家是社会在一定发展阶段上的产物；国家是表示：这个社会陷入了不可解决的自我矛盾，分裂为不可调和的对立面而又无力摆脱这些对立面。而为了使这些对立面，这些经济利益互相冲突的阶级，不致在无谓的斗争中把自己和社会消灭，就需要有一种表面上凌驾于社会之上的力量，这种力量应当缓和冲突，把冲突保持在"秩序"的范围以内。这种从社会中产生但又自居于社会之上并且日益同社会脱离的力量，就是国家。① 由此可见，国家产生的目的是为了调和阶级矛盾、缓和冲突以维持社会秩序，那么政府则是实际维护公共权力进行国家治理的执行机构，因而马克思认为，"政府的最初形式因国家产生的途径的具体不同而多种多样，具体组建什么性质的政府决定于该国产生的历史条件以及经济基础和统治阶级利益的需要"。② 因此，也可以说，政府的产生是为阶级利益所服务的，它与生俱来担负着维护阶级利益的使命和责任。在当代民主政治的社会主义国家中，人民是国家的主人，一切权力属于人民，政府的产生也是为人民服务的，其存在的目的即是为人民的利益而奋斗和努力。

二、政府责任的历史逻辑

在西方政治制度漫长的发展历程中，政府责任制度与政府制度同时序变迁，并随着政府制度的民主化成功转型变得完善。现代意义上的"政府责任制"发轫于古希腊罗马时期的原始民主城邦制度，并在历经漫长的中世纪之后，随着议会内阁制政府的建立而逐渐成长，最终于近代民主政体中成功转型，在西方立宪政体中确立了"政府责任制"。

（一）原始民主城邦制中的"政府责任制"

"在希腊哲学的多种多样的形式中，几乎可以发现以后的所有观点的胚胎、

---

① 《马克思恩格斯选集》（第4卷），人民出版社1995年版，第166页。
② 赵洁著：《政府的社会责任》，山西人民出版社2015年版，第7页。

萌芽。"① "政府责任制"亦可从古希腊和古罗马城邦政制中探寻其胚芽。

众所周知，由于古希腊特殊的地理环境、宗教、政治与历史因素，产生了独特的文明形态——城邦文化。城邦土地面积狭小，人口规模较小，便于全体公民讨论城邦事务，这些地理因素直接促使了古希腊民主政体的形成——直接民主。全体公民享有城邦权力，故当权者的权力来源必须采用直接选举的方式确定。这种直接选举的方式成为政府责任制形成的根源，即城邦的行政官员由全体公民选举产生，其必须对全体公民负责。如，行政官员在任职期间要接受每位公民的监督，任职结束后也需接受审查，经递交任职期间的简历并审查后才可按其所愿卖掉财产或离开所在的地方。此外，城邦政体的分权制约机制同样内含政府责任制的思想。城邦政体主要由三个要素组成——议事、行政和审判职能。其中，行政权由执政官员掌握，为确保执政官员对公民负责，城邦政体设置了诸多制衡行政权力的制度。议事权由公民大会享有，因而，公民大会是最高的权力机关，同时也对行政官员享有监督权，即"每个执政官在短短1年任期内都要经过公民大会的信任投票，评定其是否称职。如果多数公民对某一执政官投不信任投票，他必须去法庭受审。……如果没有问题，则官复原职"。② 这种信任程序的设定，使得行政官员受到公民大会的约束，并对公民大会负责，由此，行政官员成为最初的政府责任主体。审判职能由陪审法院承担，即由陪审法院享有司法权，而这种司法审判也对行政官员形成一定的制约。如被委任的官员在任职前必须接受陪审法庭举行的"认可听证会程序"，经多数陪审员同意后方可履职。可见，古希腊的直接民主和政治制度本身内含着责任政府的思想，并呈现出"政府责任制"的早期形态。

古罗马承袭了古希腊"混合政体"的理想，并将混合政体落实在其政治制度之中，被波里比乌斯称赞为有史以来最好的政治体系。而这种混合政体的实践，在政治领域设计成多元政治机构的相互对抗和制衡，某种意义上也体现了责任政府的思想。罗马共和国整合了各种政体的各种优点，设立了元老院、

---

① 《马克思恩格斯选集》（第4卷），人民出版社1995年版，第287页。
② 应克复等著：《西方民主史》，中国社会科学出版社1997年版，第53页。

行政官员和公民大会作为主要的政治机构。公民大会是立法机构，享有宣布战争、制定法律、选举行政官员等权力，成为民主政治的直接体现。元老院则由贵族把持，承担外交、财政以及对外省控制的职能，分享了一部分原本属于行政官员的权力。执政官由 2 名人员组成，是最高的行政官员，每年由公民大会选举产生，2 名执政官相互制约，任意 1 名执政官都可否决对方的决策，从而形成"君主政治"的内部制约机制。此外，还设有 10 位保命官，由公民大会每年选举产生，享有否决行政官员惩罚权的权力，甚至有权否决有违平民利益的公民大会的法案和元老院的法令。这些机构在同一政治体系中平等共存，相互制衡，形成权力之间的制衡机制，即"国家的每一部分的权力不是牵制其他的部门就是与它们相互合作"①。表面看来，其目的在于防止权力的专断，究其本质，仍然根源于城邦的民主政治——权力应当服务于城邦公民，官员应当对城邦公民负责。

（二）议会制度的发展与英国的"责任内阁制"

如果说古希腊、罗马时期的直接民主、混合政体是责任政府的启蒙和基奠，那么中世纪议会制度的发展和英国责任内阁制的确立则直接催生了责任政府。

中世纪的教会被认为是上帝在人间的代表，有着比国王权力更高的道德权威，形成了国王主管世俗事务，教会主管属灵事务的二元社会结构，即"上帝的归上帝，恺撒的归恺撒"。直至 16 世纪的宗教改革，王权与教权始终此消彼长、相互抗衡，并在一定程度上抵制了君权专制的兴起。在这个时期，整个社会信奉上帝，认为人类法只是对代表着神的理性和正义的自然法的发现，而非"制定"的法律，任何违背公平正义的人类法都将失去效力，不具备法律的资格。"在这种无处不在的理性中，法的'命令'的一面被减少到最低限度，这

---

① ［美］斯科特·戈登著：《控制国家——从古代雅典到今天的宪政史》，应奇等译，江苏人民出版社 2005 年版，第 133 页。

种理性必然建议一种宪政的而不是独裁的秩序。"① 因此，主张建立议会制度，设立议会行使立法权力，以防止国王权力的行使超出正义的范围，让国王在上帝和法律之下受到约束，以最大限度地代表上帝的旨意去行使权力。以英国为例，其在一定程度上延续了古希腊罗马的民主传统。"由国王主持，高级教士、世俗贵族、宫廷近臣等显贵参加，保留了集体表决、多数认可的原则。"② 刚开始，议会被国王所利用，成为其笼络人心和决策咨询的统治工具。但后来随着内外战争的频繁爆发，国王由于战争开支的巨大，不得不通过议会向国民征税，社会各界的力量趁此机会进入议会争权夺势，直接导致议会权力的扩大和发展。各界力量逐渐摆脱了国王的控制，成为公意的渊源和限制国王权力的重要因素。经光荣革命后，议会至上的理念在英国得以确立，西方产生了第一个责任政府，即责任内阁制。1721 年，英王乔治一世在位时，议会任命罗伯特·沃尔波尔爵士为内阁首相，由此，历史上第一个对议会负责的内阁宣告诞生。致 18 世纪末，英国的责任内阁制逐步形成一套完整的制度，并陆续被其他资本主义国家所采用。就其性质而言，肇始于英国的责任内阁制是一种由议会产生并对议会负责的政府组织形式。其要义有四：（1）议会既是立法机关，又是最高权力机关，英王虽是国家元首，但遵循"统而不治""不能为非"等宪法惯例。（2）内阁即政府，由获得议会（在两院制议会体制中，一般是下议院或称众议院）多数席位的政党或获得多数席位的几个政党联合组成，其成员由内阁首相提名，由国家元首任命。（3）内阁成员通常都是议会议员，因此他们既做政府行政工作，又在议会参加立法工作，议会的重要法律提案多来自内阁，即立法工作是在内阁指导下进行的。（4）内阁首相及其成员应定期向议会报告工作，并附署国家元首颁布的法律和命令，以表示内阁对议会负责，接受议会监督。如果议会通过对内阁的不信任案或否决内阁的信任案，内阁须总辞职，或者内阁首相提请国王解散议会，重新进行议会选举。

---

① ［德］卡尔·J. 弗里德里希著：《超验正义——宪政的宗教之维》，周勇等译，三联书店 1997 年版，第 28 页。

② 陈国权等著：《责任政府：从权力本位到责任本位》，浙江大学出版社 2009 年版，第 33 页。

（三）近代国家民主化转型与"政府责任制"的确立

根据著名史学家昆·廷斯金纳在《近代政治思想的基础》一书中的介绍，13 世纪后期到 16 世纪末这一时期，"国家的权力，而不是统治者的权力开始被设想为政府的基础，从而使国家在独特的近代术语中得以概念化"。① 这一转变对责任政府具有重要意义，"它或明或暗地点出了基础性的责任指向问题，也即谁对谁负责的问题"。②在封建王朝时期，国王往往被赋予神秘的光环，成为最高的统治者，政府和公民都须对国王负责。到了近代时期，尤其是社会契约论的提出，揭示了政府权力的来源和合理性基础——人民主权的授予，因而，公民权利的保障是政府运行的目的和根本，政府必须对公民负责。此时，"人格化的统治者与客观的'国家秩序'开始分离"③，政府被世俗化，并越来越表现为某种功能性的机械装置。这种功能性主要体现在政府的职能之上，即维护国家良好的秩序，由此产生衡量政府绩效的必要性，而这种绩效的衡量即是对政府履行责任的评估。在此背景下，责任政府的理念越发深入人心，并随着现代立宪政体的确立，逐渐搭建起"政府责任"的制度架构。

三、政府责任论的内在逻辑：从无责任政府到责任政府

就其实证意义而言，在迄今为止的人类历史发展史中，存在着一个相当长的"无责任政府"时期。在专制政府时代，君主国王兼具国家主权拥有者和国家最高的管理者之双重地位；国家权力掌握在君王手中，各级官吏的权力也是君王赋予的，君王意志支配下的权力运行即使失误，君王及听命于君王的各级官吏也无须承担任何责任。随着代议民主制度的确立和发展，"主权在民"

---

① ［英］昆廷·斯金纳著：《近代政治思想的基础》，奚瑞森等译，商务印书馆 2002 年版，前言第 2 页。

② 陈国权著：《责任政府：从权力本位到责任本位》，浙江大学出版社 2009 年版，第 35 页。

③ 陈国权等著：《责任政府：从权力本位到责任本位》，浙江大学出版社 2009 年版，第 35 页。

的思想深入人心，政府责任的概念也逐渐得到肯定和确立。由此，责任政府体制开始形成，责任理论在政府理论当中的地位也越来越重要。责任政府作为一种理念和制度，要求政府对其政治行为后果负责，即责任政府乃"主权在民"思想和代议民主制发展之产物。根据《布莱克法律辞典》的解释，所谓责任政府，通常用来指这样的政府体制，在这种政府体制里，政府必须对其公共政策和国家行为负责，当议会对其投不信任票或他们提出的重要政策遭到失败，表明其大政方针不能令人满意时，他们必须辞职。

（一）"无责任"政府论

大约在欧陆启蒙时代直至民主法治国家建立之前，人类上千年的政治发展史，都实行的是绝对君权的政体，统治者无须对其所统治的臣民承担法律上的责任。无论是我国的"普天之下莫非王土，率土之滨莫非王臣"观念，还是英国的"国王不为非"的主张，或是法国的"朕即天下"以及美国的"主权免责"理念，都属于"无责任政府"理论之范畴。其中，最为极端的表现有如林纪东教授所言，国家有绝对主权，不服从外部使其负担之义务。……国家与人民之关系，为权力服从关系……统治者与被统治者之间，不生损害赔偿之问题。……执行行政职务之公务员，纵因故意过失有违法侵害他人权利之行为，亦因其立于国家机关之地位，与私人身份不同之故，不适用民法上侵权行为之规定，而使其负损害赔偿之责任。[①]

"无责任政府"理论将政府权力行为或公权行为排除在司法审判的范围之外，并将公务人员的违法侵权行为归咎于个人行为，让公务人员自行承担赔偿责任。比如，在德国，截至1871年德意志帝国君主立宪政体建立之前，历来认为公务员虽然是经国家的授权而实施行政行为，但其也仅限于授权范围内实施合法的职务行为，该效果归属于国家，而当其实施违法行为时则超出了国家的授权范围。因此，公务员实施的违法行为应当属于其个人的行为，而非国家的行为，相应的也应该由公务员自行负责。其弊端有三：（1）就法律的构成

---

① 林纪东著：《行政法原论》（下），台湾国立编译馆1966年版，第584页。

要件而言，公务员的行为究竟是私人行为还是执行职务的行为，在个案中难以进行判断。（2）公务员可能因害怕产生赔偿责任的风险，而谨慎行使行政行为甚至是不作为，导致行政事务难以进行、行政效率低下。（3）公务员因个人的赔偿能力有限，对于受侵害的相对人而言，未必能做到对其权益的有效保障。由于这种理论观点存在的种种弊端，其早已经被现代社会所抛弃，而事实上公务员作为国家公法人手足的延伸，与私法人相同，都应对其手足的侵权行为承担责任。①

（二）"代位责任"政府

鉴于"无责任政府"论之弊病，基于政府本身不能实施违法行为的逻辑暗设，为避免政府在公务员实施违法行为侵害人民的利益时而置身事外，大约于 19 世纪末，产生了代位责任政府理论。该理论认为，政府（国家）应先代替违法行为的公务员对遭受损害的人民负赔偿责任，再依据具体情况对公务员进行求偿。由于政府是代替公务员对人民承担赔偿责任，因而公务员适用的减免或限制责任的情况同样也适用于政府（国家）。譬如，德国于 1910 年制定的《帝国公务员责任法》第 1 条第 1 项即规定，国家公务员或其他受委托行使公权力之人，因故意或过失违反第三人之职务上义务时，国家应代其负担民法第 839 条之责任。② 1919 年的《魏玛宪法》则将代位责任政府（国家）上升为宪法原则。根据《魏玛宪法》第 131 条第 1 项之规定，公务员行使受托付之公权力，违反对第三人之职务上义务者，原则上由国家或公务员任职之公法人负其责任。对公务员保留追偿权。一般法律途径不得排除。第二次世界大战结束之后，德国《基本法》继承了"代为责任政府"理论之内核，根据其第 34 条之规定，公务员行使受托付之公权力，违反对第三人之职务上义务者，原则上由国家或公务员任职之公法人负其责任。在故意或重大过失之情形，保留追

---

① 林明锵著：《行政法讲义》，台北新学林出版股份有限公司 2018 年版，第 508 页。
② 参见陈敏著：《行政法总论》，台北新学林出版股份有限公司 2009 年版，第 1147 页。

偿权。对损害赔偿请求权及追偿权，不得排除一般之途径。继德国之后，代位责任政府（国家）理论逐渐演变成为现代政府的一项基本制度。比如，1947年《意大利宪法》规定，内阁总理指导政府之总政策并对其负责①，奥地利1920年的《联邦宪法》第 23 条也作了类似规定。

就其性质而言，"代位责任政府（国家）"理论承袭了"无责任政府（国家）"中有关"国家不实施违法行为"的思想，公务人员实施的违法侵权行为本应当由其自己承担，只是出于行政效率的考虑和人民利益保障的需求，由财力雄厚的国家代位公务人员承担赔偿责任，同时这种"代位"理论也为政府向公务人员进行内部追偿提供了正当的根据。在"代位责任政府"理论中，政府是代替公务人员承担赔偿责任，因而完全以公务人员成立赔偿责任的要件为基准，即要求公务人员对人民利益的侵害具有故意或重大过失的情形时才可归责。因此，"代位责任政府"理论也称为"附条件国家有责任论"，"系指人民因国家作用之结果受有损害，于国家本身或公务员有故意或过失之条件下，予该当人们以适当赔偿之责任"②。

（三）"自负责任"政府

20 世纪以来，随着职能的不断扩大，政府为增进公共利益而从事公务活动或设置公共设施日益增多，因公务员不法执行职务，或因公共设施之设置或管理的欠缺导致侵害人民利益的可能性相对增强。那么，由此行为导致的损害，应当由政府（国家）来承担赔偿责任，而承担责任的方式其实是社会大众通过纳税的方式共同分担。就公务员执行职务的行为而言，由于公务员是代表国家执行公务，其行使公权力的行为即是国家的行为，由此产生的行为效果无论利弊都应归属于政府。因此，公务员在执行职务时对人民实施的不法行为，其后果也应由政府来承担，而非公务员个人的责任。基于此逻辑，政府（国家）之所以对公务员的违法侵权行为承担责任，是因为公务活动或公共设

---

① 张国庆主编：《公共行政学》，北京大学出版社 2007 年版，第 443 页。

② 城仲模著：《行政法之基础理论》，台北三民书局 1994 年版，第 662 页。

施本身即带有损害人民利益的风险，政府（国家）是自负其责而非代替公务员承担责任，因而无论公务员在执行职务的过程中是否存在过错，政府（国家）都不应当对其进行追偿。因此，"自负责任"政府论也称之为"国家自己责任论"，或"国家无过失（过错）责任论"或"国家危险责任论"。在实践中，各国于"二战"后陆续确立了国家赔偿制度，正是"自负责任"政府论的制度典范。譬如，美国1946年的《联邦侵权求偿法》、英国1947年的《王权诉讼法》、奥地利1948年的《国家赔偿法》和《公职责任法》。①

　　"自负责任"政府论是现代行政理念的主流②，该理论确立了政府（国家）权力与责任的一致性，强调公务人员是代表国家在执行公务，因而其行为的一切效果理应归属于国家，无论公务员是否存有过失（过错），只要其在执行公务的过程中侵害了人民的利益，政府（国家）就应当承担相应的责任。但这并不意味着公务员就可以置身事外，王泽鉴先生便认为，"公务员代表'国家'执行职务之际，侵害人民利益时，应负担惩戒责任、民事责任与刑事责任等三种法定责任"③，即当公务人员对人民利益的侵害存有故意或重大过失的情形时，国家承担赔偿责任的同时可依法对其进行惩戒，而若同时需承担其他诸如民事、刑事责任的则仍由相关的公务人员承担。④ 该观点契合了我国当前对于行政赔偿相关法律规定的情况。依据当前我国《国家赔偿法》第16条的规定："赔偿义务机关赔偿损失后，应当责令有故意或者重大过失的工作人员或者受委托的组织或者个人承担部分或者全部赔偿费用。对有故意或者重大过失的责任人员，有关机关应当依法给予处分；构成犯罪的，应当依法追究刑事责任。"可知，我国当前的国家赔偿制度并非单纯采纳一种理论观点，而是兼具代位责任政府论和自负责任政府论双重性质，属于折中立法。⑤

---

　　① 胡肖华著：《走向责任政府——行政责任问题研究》，法律出版社2006年版，第55页。

　　② 参见沈开举、王珏著：《行政责任研究》，郑州大学出版社2004年版，第156页。

　　③ 转沈开举、王珏著：《行政责任研究》，郑州大学出版社2004年版，第156页。

　　④ 参见陈新民著：《中国行政法学原理》，中国政法大学出版社2002年版，第247~249页。

　　⑤ 参见陈敏著：《行政法总论》，台北新学林出版股份有限公司2009年版，第1151页。

　　基于自负责任政府理论的内在逻辑，在行政事务当中，责任主体由最初的公务员个人责任逐渐演变为国家责任，在这个过程当中也彰显了人民地位的提升，人民利益的保障不断得到加强。如今，随着民主法治理念的深入，国家由"权力本位"转向"责任本位"。权力服务于人民，权责应当一致，没有无权力的责任，也没有无责任的权力，政府在享有权力的同时应承担相应的责任。

第二节　政府责任之法理

　　在传统的观念中，政府作为国家的组成机构，是公共权力的行使者，掌管国家的行政大权，似乎总是将政府与权力相挂钩。然而，随着时代的发展，封建制度的崩塌，世界各国纷纷建立起资本主义制度、社会主义制度的国家。人民成为国家真正的权力享有者，而政府只是代理人民行使主权，管理国家事务的组织机构，其并非与生俱来享有权力。相反，政府与生俱来便担负着责任，因为责任的存在才产生其相应的权力，所以我们提倡政府的责任，强调政府要承担起其应有的责任。但由于权力天然具有扩张的倾向，仅有责任观念不足以遏制政府权力的扩张，甚至很有可能重蹈覆辙，导致政府再次走向专制和集权。因此，在当代法治政府的建设中，政府责任的法治化成为关键环节，而政府责任本位观念的确立也成为法治政府建设的价值指引。

一、法治中的责任

　　法治，即依法而治，一方面意味着对法律规定的服从和遵守，另一方面意味着违背法律需受到法律强制力的惩罚，这本身与责任的内涵不谋而合。从法治思想的源流可以窥探出，法治中蕴含着责任的因素，两者息息相关。

（一）古代法治思想中的责任

　　古希腊是西方政治哲学与政治制度的发源地，同样也孕育了法治的思想与观念。如同雪莱所说："我们全是希腊人的；我们的法律，我们的文学，我们的宗教，我们的艺术，根源都在希腊。"① 以柏拉图为代表，他指出 "如果当一个国家的法律处于从属地位，没有任何权威，我敢说，这个国家一定要覆灭；然而，我们认为一个国家如果在官吏之上，而这些官吏服从法律，这个国家就会获得诸神的保佑和赐福"。② 在此，柏拉图提出 "法律至上、法律统治"的政治观念，很明显地揭示了 "法律统治"意味着官吏服从法律——执法之责，这也可以说是古代法治思想中初见责任因素的典型代表。随后，亚里士多德继承并发展了柏拉图的法治思想，鲜明地指出 "法律是最优良的统治者"③ "法治应当优于一人之治"。④ 并进一步阐明，"邦国虽有良法，要是人民不能全都遵做，仍然不能实现……法律所以能见成效，全靠公民的服从"⑤，即法治效果的实现依赖于公民对法律的服从——守法之责。古罗马作为古希腊文化的继承和发展者，同样吸收并发展了其中的法治思想。以西塞罗为代表，他提出 "法律是根据与自然——万物中首要的最古老的——一致而制定的有关事务正义和不正义的区别；在符合自然的标准下，构筑了这样的一些人的法律，它对邪恶者以惩罚，而保卫和保护善者"。⑥ 在此，一方面，他解释了为什么服从法律是公民的责任，是因为良法作为国家中最高的善，这获得了公民的一致赞同，因而人们遵从法律即是遵从正义和善，这是人的天生追求与责任；另一方面，他解释了为什么服从法律同样是官吏的责任，是因为国家作为公民为保障自身权益以法律为纽带而建立的集合体，那么国家的正义就只能源自于法律的正义，国家的行为只有符合法律才能是正当的，因而国家机关及其

---

① ［美］爱德华·麦克诺尔·伯恩斯、菲利普·李·拉尔夫著：《世界文明史》（第1卷），罗经国等译，商务印书馆第 1987 年版，第 258 页。

② 转引自《西方法律思想史资料选编》，北京大学出版社 1983 年版，第 25 页。

③ ［古希腊］亚里士多德著：《政治学》，吴寿彭译，商务印书馆 1997 年版，第 171 页。

④ ［古希腊］亚里士多德著：《政治学》，吴寿彭译，商务印书馆 1997 年版，第 167 页。

⑤ ［古希腊］亚里士多德著：《政治学》，吴寿彭译，商务印书馆 1997 年版，第 276 页。

⑥ 西塞罗著：《国家篇法律篇》，沈叔平、苏力译，商务印书馆 1999 年版，第 182 页。

人员天然地包含着服从法律的责任。由此可见，在西塞罗的法治思想中，责任从来都是法治与生俱来的一部分，具体而言，他的法治思想内含着双重责任观——公民的守法之责与官吏的执法之责。到了中世纪，经院哲学家们用一种不同的视角来审视法治。以阿奎那为代表，他从法律的目的入手来考察法治，认为"法律的制定不应只是为了某种个别利益，而是应当以公民的普遍利益为着眼点……法律的目的是公共福利"。① 由此，阿奎那揭示了法治的目的在于公共利益的维护，并进一步细化法律责任——立法者的责任是制定正当的法律、统治者的责任是使其统治行为符合法律、公民的责任是普遍地遵守法律，以此保障整个社会过着一种有德行的秩序生活，这便是法治的应然状态。

（二）古典法治思想中的责任

从 17 世纪开始，政治哲学家们转而从人的理性出发推论法治的应然模式。以斯宾诺莎为代表，率先突破了以神为中心的政治理论构建，以人的理性为中心推演出法治理论的形成。他提出了"自然状态"② 与"社会契约"的假定，认为在自然状态下人们通过理性利益的驱使，寻求建立和平、平等、互助的关系，从而订立社会契约建立了国家，而为了使契约始终有效，光靠个人的理性是不够的，因此，必须建立法治国家。并进一步指出，法治的实现取决于法律责任的承担是否得到有效的落实，而这里的法律责任即是指服从法律。对于个人而言，只有法律责任的有效落实才能保全自身的利益；对于国家而言，只有法律责任的有效落实才能带来国家的和平与安全。因此，可以说，法治意味着法律有约束一切的力量，而这种力量集中体现于法律责任之上。哈灵顿在总结历史经验的基础上，提出了不同的法治思想，而该法治思想的核心便在于"法

---

①　《阿奎那政治著作选》，马清槐译，商务印书馆 1997 年版，第 118 页。

②　斯宾诺莎的自然状态是一种蒙昧的状态，在这种状态下的人没有共同的善恶，人只受自己的欲望和利益支配，"并且除了服从自己外，并不受任何法律约束，服从任何人"。自然状态下的每一个人都想获得更大利益并且自我保存，往往适得其反，因此人类基于理性开始寻求订立社会契约，以建立和平、平等、互助的关系。

治政府"概念的提出。他认为，法治政府是指对人民负责的政府，而要实现该目的只能通过法律——政府对法律负责的途径来实现。对此，他解释道："行政机构的数目和职能，在各国有所不同，但有一个条件是一切行政机构必然相同的；缺乏这个条件，共和国就会解体。也就是说，行政官员的手既是执行法律的力量，那么行政官员的心就必须向人民负责，保证他施政时是按照法律行事的。"①

（三）近代法治思想中的责任

18世纪，启蒙运动在西方世界广泛展开，法治思想也在这场运动中以新的姿态出现。其中，以洛克和孟德斯鸠的法治思想最为引人注目。洛克认为法治是指"国家法的统治"，而法治的目的在于人民权利的维护。人们订立契约让渡单独行使惩罚的权力，交由专门的主体行使，从而建立了国家和政府。因此，契约成为制约政府权力的手段，而此处的契约即是指法律。在此，洛克构建的政府是一种法治政府，也是有限政府、责任政府，政府受到其被创设的目的制约，即政府的权力并非来自于人民的权利让渡，而是对其责任的坚守——保护人民的权利和自由。而制约政府权力的手段则是法律，一旦政府权力违背法律的要求，其权力就会失去制约从而偏离创设它的目的，暴政就会产生②，此时，人民有权推翻政府。孟德斯鸠则认为法治的实现首先依赖于人民遵守法律的责任，这种责任的本质并非是对法律负责，而是对个人自由的价值追求负责。除此之外，他也认为法治意味着国家权力的制衡，并精细地将国家权力划分为立法权、行政权与司法权，且应分别交由不同的机关行使，以此达到权力的相互制衡，从而实现保障公民权利、自由的目的。由此可以看出，在近代的法治思想中，已经初具责任政府制度的构建模型，政府责任得到了细化，而不是笼统地将其归结为"服从法律"。

---

① [美]詹姆士·哈林顿著：《大洋国》，何新译，商务印书馆1996年版，第26页。
② 洛克著：《政府论》（下篇），叶启芳、瞿菊农译，商务印书馆1996年版，第122页。

（四）现代法治中的责任

20 世纪以来，政治哲学家与法学家们的法治思想更加精细，并从法治的价值追求、法治的道德基础、法治的生成模式、法治的驱动模式、法治的要素、法治的类型等多方面对法治进行不同视角的解读。"像自由民主这些被人们泛用和滥用的名词一样，法治也是一个多义化的对抗性概念。"① 但不变的是，法治思想中始终蕴含着责任的因素，尤其是现代法治思想中的责任地位越发得到彰显。随着国家现代化的发展，社会关系与社会事务逐渐增长与复杂化，行政权力的扩张成为了必然的趋势，并出现诸如行政立法权、行政司法权等现象。其危害有二：其一，在国家权力内部，行政权威胁到立法权与司法权，导致近代法治理论中建构起来的权力制衡制度失效；其二，在国家权力外部，行政权的扩张压缩了公民的基本权利。因此，无论是在学术界还是实践当中，责任政府的建设都成为当今法治政府的核心要求。在学术界，从宪法与宪治的角度来看，国家赋予了公民不可侵犯的人权，并由国家提供保障。然而，对公民自由最大的威胁正是来自于国家的公权力。法治的思想与实践正是为了缓和国家与公民之间内在的紧张冲突，而方法即是通过法律对政府进行约束以限制公权力。正如乌尔里希·卡本在《"法治国家"产生效应的条件——尤其对发展中国家和新工业化国家而言》中所认为的那样，现代"法治国家"应当是"一个受宪法限制的政府"，即有限政府和责任政府。在实践中，法治政府的现代化建设更是突出责任制度的重要性，并形成两个基本的责任制度：其一，在公法领域建立有限政府制度，通过监督和法律责任的追究方式来约束政府权力；其二，在私法领域确立法人制度，将政府责任扩张至私法领域，形成对政府全方位的约束，以增强对公民权利的保障。

二、责任中的法治

虽然早期的责任观并不明显表现出法治的思想，但从责任观的历史梳理

---

① 周天玮著：《法治理想国——苏格拉底与孟子的虚拟对话》，商务印书馆 1999 年版，第 77～78 页。

中，我们可以发现，责任的产生或多或少与法律具有内在的联系，并随着时代的发展逐渐显现出当代法治所具有的内涵。

（一）契约责任观中的法治

苏格拉底认为契约责任是指城邦的社会责任，即个人遵守城邦法律的责任，而这种守法责任本质上也是个人德性的要求。对于个人而言，责任是一种德性，属于道德行为的范畴；对于社会而言，责任源自于个人与城邦所订立的契约，遵守契约便是履行社会责任，而城邦法律是个人与城邦之间契约的载体，因而契约责任是指对城邦法律的遵守。当个人利益与社会责任产生冲突时，苏格拉底认为应当以社会责任为先，履行对城邦守法的承诺，而这种契约责任也是个人德性的体现。因此，在苏格拉底看来，个人责任与社会责任具有内在的一致性，并集中体现于守法责任之上。柏拉图作为苏格拉底的学生，也深受其思想的影响，不同的是，柏拉图的契约责任观更加细致化。柏拉图认为契约责任是一种角色责任，即城邦成员依据契约——城邦法律所赋予的岗位而履行其应尽之责。在柏拉图看来，城邦中各个成员的性格、天赋和需求等的差异，导致其适合的工作也各不相同，因此，他将城邦成员分为三个等级：第一等级是统治者，其职责在于用理智管理国家；第二等级是武士，其职责在于保卫国家；第三等级是劳动者，其职责在于生产社会财富。这三个等级的成员各司其职，履行好属于自己的角色义务，便是契约责任的要求。在此，柏拉图将契约责任细化为每个城邦成员应尽的角色义务，当其违背角色义务的要求时应受到城邦法律的追责。由此，契约责任不再是个人德性的"软性"要求，而是受到城邦法律强制保障的"刚性"要求。

（二）理性主义责任观中的法治

相比苏格拉底和柏拉图强调城邦的社会责任，亚里士多德则更侧重于从个人自身的角度来阐述责任的话题。他认为责任是个人理性的结果——自负其责，而个人是否需要负责应该从一个理性人的自由角度出发进行考察。其中，人的自由包括两个因素：一是理性的自觉；二是欲望或意志的自愿。"一个人是不是选择合乎中道德行为，即是为善或为恶，是由自身自愿选定的"①，正是因为人的行为是由其意志自由决定的，便应当对其行为负责，接受因其行为所引起的赞扬或是谴责和惩罚；只有当人们的行为不是自愿选择或是出于"无知"而作出的情况下才可摆脱责任的承担。在此，亚里士多德揭示了人们承担责任需满足的条件，"什么样的行为或是品格是故意的或者违背意图的，换句话说，即我们在什么条件下需要对自己的行为和品格负责任，在什么条件下不需要对它们负责任"。②

换言之，亚里士多德所认为的责任是基于一个自由且理性的人的角度而生发的。尽管亚氏的责任观并没有直接与法治相挂钩，但其揭露的责任条件——自由意志和认知却成为法律责任认定的核心要素。康德同样从人的角度出发对责任进行探讨，认为责任"就是由于尊重规律而产生的行为必要性"③"为了使理性的人在道德上成为善良的，就要求人在行为必须为了责任而责任，来实现人的自由和提升人的尊严"。④ 由此可见，康德所认为的责任是服从道德法则或道德规律的行为必要性，它包含两个条件：一是尊重规律，二是为尊重规律而遵行规律。对于个人的内在而言，责任体现的是人之为人的理性并基于该理性所应遵循的道德法则；对于个人之外而言，责任具有普遍性，适用于一切作为理性存在意义上的人。因此，道德法则也是自律的法则，而责任便是这种自律法则的集中体现。可以说，责任不仅在于个人被动地必须这样做，更在于其发自内心的意志自律，主动并自觉地立意这样做。此外，康德还认为责任不仅仅表征着道德法则，更是一个理性的存在者作为目的而存在的唯一条件，是人之为人尊严的象征。在现实生活中，道德法则通常以法律和风俗习惯为载体和表现形式，因此，就一个理性的人来说，他的行为应当遵循法律规范，这也是责任的必然要求；而当其行为违背法律规范时，应当承担相应的责任，这是

① 田秀云、白臣著：《当代社会责任伦理》，人民出版社 2008 年版，第 13 页。
② 赵洁著：《政府的社会责任》，山西人民出版社 2015 年版，第 75 页。
③ ［德］康德著：《道德形而上学原理》，苗力田译，上海人民出版社 2002 年版，第 16 页。
④ 赵洁著：《政府的社会责任》，山西人民出版社 2015 年版，第 75 页。

人之为人所具有的尊严体现。

（三）当代责任观中的法治

在西方，德国的社会学家马克斯·韦伯对社会历史和当代人的价值处境进行分析，根据行动的取向把伦理学分为责任伦理和信念伦理，最早提出"责任伦理"的命题，并与"信念伦理"进行了区分。"他认为信念伦理是以终极价值为最高道德信仰的，是指向终极价值的。"① 而责任伦理"是一种以'尽己之责'作为基本道德准则的伦理，从伦理的视角来对人的行为及其后果进行道德评判、价值指引，以此说明人要对其行为及后果担当相应的责任，实现应有的道德价值"。② 两种伦理观承载着不同的价值立场，信念伦理强调道德主体行为的最终目的是善即可，而不去考虑行为的后果以及行为的正当性，而责任伦理强调主体的善在于其"是否尽了自己应尽的责任"，即是否对其行为的后果承担了责任，是则为善，否则为恶。尽管韦伯将两种伦理进行了区分，但却推崇两种伦理观的结合——既重视道德主体内心的善念，同时也注重其行为后果的善。韦伯认为："能够深深打动人心的，是一个成熟的人（无论年龄大小），他意识到了对自己行为后果的责任，真正发自内心地感受着这一责任。然后他遵照责任伦理采取行动，在做到一定的时候，他说：'这就是我的立场，我只能如此。'"③ 因此，他强调追责原则的确立，而该责任的追究必须结合逻辑推理和道德标准进行综合判断。这两种伦理观的结合为当代法律责任提供了重要的思想基础——法律责任制度确立是社会伦理的需求，它通过责任伦理所构建的责任制度来约束行为，从而反向指引行为人选择内心信念伦理所要达到的善。就此而言，法律责任也是社会伦理价值的体现，它有助于构建整个社会积极向善的伦理风尚。在我国，以马克思主义基本原理为理论指导的大背景之下，责任观的形成与发展必定以其为思想基础和方向指引。马克思曾言：

---

① 田秀云、白臣著：《当代社会责任伦理》，人民出版社 2008 年版，第 19 页。

② 赵洁著：《政府的社会责任》，山西人民出版社 2015 年版，第 77 页。

③ ［德］马克斯·韦伯著：《学术与政治》，冯克利译，生活·读书·新知三联书店1998 年版，第 116 页。

"如果不谈谈所谓自由意志、人的责任、必然和自由的关系等问题，就不能很好地讨论道德和法的问题。"① 由此可见责任在马克思观念中的重要性。谈及责任，马克思曾认为："作为确定的人、现实的人，你就有规定，就有使命，就有任务，至于你是否认识到这一点，那都是无所谓的。"② 在此，马克思将责任置于整个社会中来考虑，认为责任是人在社会中所背负的使命和任务，它是客观存在的，是每个人必须承担、不可逃避的。结合马克思辩证唯物主义的方法论对责任进行深入的探析，可知，从正面来看，责任（义务和使命）具有社会客观性，不以人的认识为要件，但责任也不能强人所难，应与其能力相匹配；从反面来看，责任意味着人对其意志自由选择下的行为后果的承担，当其违背自己的义务和使命时便需要承担相应的谴责和惩罚，而这种意志自由并不是绝对的，它同样受到客观规律的制约。③ 这也契合了当代法律责任的内涵，即我们将责任与法治相结合，以法律的形式确立了责任的存在，既明确了责任的正面内涵——法律义务的规定，也明确了责任的反面内涵——法律后果的规定。

三、法治政府与责任政府的融合

法治政府是民主政治的产物，而责任政府是民主政治的内在要求，两者融合于民主政治之下。同时，两者也具有内在的关联——法治政府的核心在于责任，即政府必须依法行政，一旦违法则应追究相应的政府责任，以此来约束政府的权力，规范政府行为；责任政府的前提在于恪守法治，没有法治的保障即没有责任的存在，只有法治的恪守才能保障政府的权力为民所用，为民负责，才能实现责任政府。换言之，法治政府也是责任政府，责任政府内嵌于法治政府之中，两者相互融合。

---

① 《马克思恩格斯选集》（第 3 卷），人民出版社 1995 年版，第 454 页。
② 《马克思恩格斯选集》（第 3 卷），人民出版社 1960 年版，第 329 页。
③ 参见田秀云、白臣著：《当代社会责任伦理》，人民出版社 2008 年版，第 42 页。

（一）法治政府的核心是责任

法治政府的基础在于责权统一，即强调责任对权力的限制和约束作用，有权必有责，而政府责任地位的突出也是民主政治发展的必然要求。从法治政府的思想渊源来看，在西方，最早可追溯到古希腊时期。亚里士多德曾在其《政治学》一书中提出了一个重要的思想，那就是一个秩序良好的共和国，应该由法律而不是人来统治。随后，古罗马的西塞罗也把共和国视为一种法人团体，要求共和国依法而治。① 18 世纪末期，德国的宪政运动促使法治政府的观念正式形成。在这场运动中，康德的国家学说被发展成为德国"法治国"理论，其意思是国家权力，特别是行政权力必须依法行使，也就是说，国家依法实行统治，所以也称"法治行政""法治政府"。② 此时，作为民主政治之产物的法治政府与以往政府的最大区别在于政府责任地位的突出。在传统集权体制之下，国王及其代表的国家以"权力为本位"，不承担任何实体法的责任，即"国王不为非（The King Can Do No Wrong）"——国王无责也不能被控告，享有绝对的主权豁免。作为国王领导下且属于其权力延伸的政府，除了对国王负责之外同样实行责任的豁免，不对其他主体承担责任。在这样的政治架构中，政府权力的目的在于维护封建君主专制统治，而这样的权力形成于对权利的剥夺和压榨之上，政府缺乏法治意识和责任观念。随着资产阶级民主、法治思想的启蒙和发展，各国纷纷建立起民主政治，国家推行法治理念，依法而治，政府作为治理国家的权力机关同样应当实行法治，依法行政。在民主政治的权力架构中，政府的权力不是来自于君主的授予，而是来自于人民的授予，政府应当为人民负责。而法律作为人民意志的集中体现，政府依法行政即是依据人民的意志行政，因此，法治政府也成为民主政治的必然要求。在法治政府之下，政府责任的地位得到彰显，权责应当一致，有权必有责，违法必担责。

---

① 程燎原：《"法律人"之治："法治政府"的主体性诠释》，载《西南民族学院学报（哲学社会科学版）》2001 年第 12 期。

② 孙笑侠：《法治国家及其政治构造》，载《法学研究》1998 年第 1 期。

(二) 责任政府的前提是法治

责任政府在其一般意义上是指对人民负责的政府，即政府应当以责任政治为基本内核，"政府所担负的全部责任的范围、政府在承担各种责任过程中所分别具有的行政权限以及履行对应义务的法治运作状态"。① 责任政府的前提在于恪守法治，它不仅包含理论层面上的责任法治，同时也包含制度层面上的法定责任追究制度。（1）就理论层面而言，责任政府有其存在的法理根据，即政府的权力来源于人民的授予，政府应当对人民负责，而这也成为政府责任设置的逻辑起点和终极目的。法律代表着人民的利益，政府必须依法行政，责任政府的前提也在于法治的恪守。法治不仅意味着有法可依，更意味着有法必依、违法必究，这对于责任政府而言，即一方面意味着政府责任须法定，政府应当依法履行职责；另一方面意味着政府违背其法定职责必然应当承担相应的违法责任。（2）就制度层面而言，实现责任政府的前提在于政府法律责任制度体系的建立和完善，其突出表现为：其一，国家赔偿制度的确立成为开辟责任政府时代的标志性事件。在过去传统的政府理论当中，因深受"君权神授"观念的影响，形成了"朕即是天下"或"普天之下莫非王土"的绝对君权理论。在这样的理论背景之下，政府无需对人民负责，属于"无责任政府"时期。直至近代以来，"公共负担平等""国家无过失责任"等责任理论的形成和确立，凡是代表国家权力的公务人员，在执行职务的过程中，实施了违法行为、侵害到人民利益的，国家与公务人员没有任何特权可言，其行为与法律上的私法人主体一样，应当受到法律的制裁。由此，确立了国家赔偿责任制度，从而确立了政府的责任主体地位。其二，违法行政责任的追究制度保障了责任政府的实现。一方面，法律明确规定行政职责和义务，设定了行政权力的行使边界，规范着行政行为的行使；另一方面，法律也规定对违法行政行为应当进行追责，并设定相应的惩罚措施，以剥夺和限制行政公务人员再犯的能力，避

---

① 杨鸿台：《论法治政府、责任政府、服务政府及政府职能转变》，载《毛泽东邓小平理论研究》2004 年第 7 期。

免其重蹈覆辙，同时也起着警示和威慑其他公务人员的作用，预防其他人员再犯。

（三）法治政府内涵责任政府

没有无责任的法治，也没有无法治的责任，法治政府也是责任政府，但法治政府不等于责任政府。"法治政府是有限政府、服务政府、阳光政府、诚信政府、依法治理的政府和责任政府的有机统一。"① 可见，法治政府是一个综合性的概念，责任政府内嵌于其中。（1）"无法律则无行政"，法治政府意味着政府依法行政，涉及政府一切权力的运行和所有政府行为的实施都应当受到法律的规制和约束。它不仅包含整个政府体系，也包含个体政府机关、机构和公务人员的所有权力行为都应当置于法律的规范之下，实现政府的合法化和规范化。② 在法治政府之下，政府应当依法行政，违法必担责，即以法律的形式强调责任对权力的约束——这正契合了责任政府的内涵。责任政府要求政府以"责任本位"，政府必须以其责任——对人民负责为权力的逻辑起点和终极目的，有权必有责，用权受监督——责任框定了权力的边界和范围，违反行政职责的行为必须承担相应的法律责任。（2）法治与责任具有天然的关联性。从法治思想的渊源来看，法治之中内含责任的因素，而从责任观的发展历程来看，责任之中融合法治的内容。脱离责任讲法治，法治则如同无源之水、无本之木，而脱离法治讲责任，责任便如同空中楼阁般不切实际。法治之中内含责任，而责任的实现也仰仗于法治的保障。因此，可以说，一方面，法治政府包含责任政府的内涵和要求，另一方面，责任政府也是法治政府建设中的必要环节，它内嵌于法治政府之中。

---

① 刘旺洪：《法治政府的基本理念》，载《南京师范大学学报（社会科学版）》2006年第4期。

② 参见孙聚高：《法治政府论》，载《广东行政学院学报》2001年第4期。

第三章　法源与机理

　　长期以来，学界对政府责任的探讨集中于伦理、政治、经济、法律四大场域，且各自形成一套相对独立的话语体系。尽管如此，它们也存在共同之处，即政治责任、技术责任（经济责任）和道德责任的探讨都以法律责任为基础而展开。本书所研究的法治政府责任同样奠基于法律责任的话题之上。在我国，长期以来都存在制定统一政府责任法的主张①，但政府责任的法典化却一直未能实现。因此，我们所言之政府责任并非源自于某部法典的称谓，而是政府所涉之责任的一个规范概念。尽管政府责任没有直接的法典依据，但仍有其存在的法律渊源。所谓法律渊源，通俗地讲，即是法律的外部表现形式。② 一般而言，提及法律的表现形式，制定法是古今中外普遍所共有的法律存在形式，但其也并非唯一的法律渊源。就我国政府责任的法律渊源而言，通常包括宪法、法律、法规、规章、法律解释和行政规范性文件等正式渊源，以及判例、惯例和法理等非正式渊源。

　　理论联系实践，深入探讨政府责任的运作机理，同样可窥探出其内含的法律逻辑。从实践出发，政府责任的运行已经形成一套完整的机制体系。责任法定作为政府责任形成所遵循的基本原则，要求政府责任的产生必须符合法律规定的事由，换言之，政府责任以法定事由的存在为其生发的起因条件。随后，进入到政府责任的追责程序。而政府责任的

---

① 参见王金彪：《论国家政府责任立法》，载《中国法学》1994 年第 2 期。
② 参见吕世伦著：《理论法学课堂》，黑龙江美术出版社 2018 年版，第 13 页。

追究同样需在法律规定的范围内运行，即需遵循正当程序原则，否则，便是不当甚至是违法的追责，如此不利于政府责任的实现。由此可见，政府责任的概念虽未有法律明文界定，但却有着深厚的法治积淀，并蕴含着法治运行的机理。因此，可以说，政府责任法治是政府法治化建设下的必然产物。

第一节　政府责任之法律渊源

法律渊源是裁判规范的集合体，法官从中发现裁决案件所需要的裁判依据和裁判理由。[①] 在现代法治国家，尽管制定法是最主要的法律渊源，但并不是也不应该成为唯一的法律来源。从司法立场出发理解政府责任的法律渊源，我们认为其不仅应包含宪法、法律、法规、规章、法律解释和行政规范性文件等正式渊源，还应包含判例、惯例和法理等非正式渊源。

一、宪法

宪法是一国之根本大法，具有最高的法律效力。"构建责任政府，最重要的基础性工作就是建立健全责任政府的宪法基础，即政府应按照宪法法律的规定来确定政府的行政范围。"[②] 当今世界许多国家都在宪法上宣布了国家有责原则，并规定了政府责任制度。

在我国，《宪法》第 5 条第 3 款规定："一切国家机关和武装力量、各政党和各社会团体、各企业事业组织都必须遵守宪法和法律。一切违反宪法和法律的行为，必须予以追究。"这里的所说的"一切国家机关"，当然也包括了行政机关。就此而言，《宪法》这一条文的规定实际上奠定了政府责任的宪法基础。另外，《宪法》第 41 条第 1 款规定："中华人民共和国公民对于任何国

---

① 参见彭中礼：《论法律形式与法律渊源的界分》，载《北方法学》2013 年第 1 期。
② 王和平、陈家刚：《论责任政府的宪政基础》，载《中国行政管理》2011 年第 9 期。

家机关和国家工作人员，有提出批评和建议的权利；对于任何国家机关和国家工作人员的违法失职行为，有向有关国家机关提出申诉、控告或者检举的权利，但是不得捏造或者歪曲事实进行诬告陷害。"其中，第 3 款规定："由于国家机关和国家机关工作人员侵犯公民权利而受到损失的人，有依照法律规定取得赔偿的权利。"由此可知，这一条文确定了公民对国家机关及其工作人员享有提出批评、建议和进行申诉、控告、检举，以及要求国家赔偿的权利。而与公民的这些权利相对应的，则是行政主体因其违法行为而应当承担的否定性法律后果。

二、法律

在中国，行政法最基本的法律规范渊源便是法律，而法律同样也是规定政府责任的主要形式。这里所说的"法律"是指由全国人民代表大会制定的基本法和全国人民代表大会常务委员会制定的普遍适用的法律规范。其中，涉及行政管理的归属于公法领域的法律广泛地规定了政府责任，而其他法域的法律也有相关政府责任的规定。

（一）公法域规定

在公法领域涉及的政府责任规定相对较多。譬如，《行政许可法》第 77 条规定："行政机关不依法履行监督职责或者监督不力，造成严重后果的，由其上级行政机关或者监察机关责令改正，对直接负责的主管人员和其他直接责任人员依法给予行政处分；构成犯罪的，依法追究刑事责任。"《行政处罚法》第 61 条规定："行政机关为牟取本单位私利，对应当依法移交司法机关追究刑事责任的不移交，以行政处罚代替刑罚，由上级行政机关或者有关部门责令纠正；拒不纠正的，对直接负责的主管人员给予行政处分；徇私舞弊、包庇纵容违法行为的，比照刑法第一百八十八条的规定追究刑事责任。"而其中第 62 条也规定："执法人员玩忽职守，对应当予以制止和处罚的违法行为不予制止、处罚，致使公民、法人或者其他组织的合法权益、公共利益和社会秩序遭受损害的，对直接负责的主管人员和其他直接责任人员依法给予行政处分；情节严重构成犯罪的，依法追究刑事责任。"此外，《监察法》中也有相关政府责任的规定，其第11条第3项规定："对违法的公职人员依法作出政务处分决定；对履行职责不力、失职失责的领导人员进行问责；对涉嫌职务犯罪的，将调查结果移送人民检察院依法审查、提起公诉；向监察对象所在单位提出监察建议。"根据《国家赔偿法》第3条的规定可知，行政机关及其工作人员在行使行政职权时有违法拘留或者违法采取限制公民人身自由的行政强制措施、非法拘禁或者以其他方法非法剥夺公民人身自由以及以殴打、虐待等行为或者唆使、放纵他人以殴打、虐待等行为造成公民身体伤害或者死亡等行为的，受害人有取得赔偿的权利。诸如此类的条文都涉及了政府责任的明确规定。

（二）其他法域规定

此外，在其他法域也存在涉及政府责任的相关规定。譬如，在民事私法领域当中，《民法通则》第121条便规定："国家机关或者国家机关工作人员在执行职务中侵犯公民、法人的合法权益造成损害的，应当承担民事责任。"在《专利法》中，其第73条规定："管理专利工作的部门不得参与向社会推荐专利产品等经营活动。管理专利工作的部门违反前款规定的，由其上级机关或者监察机关责令改正，消除影响，有违法收入的予以没收；情节严重的，对直接负责的主管人员和其他直接责任人员依法给予行政处分。"同法第74条也规定："从事专利管理工作的国家机关工作人员以及其他有关国家机关工作人员玩忽职守、滥用职权、徇私舞弊，构成犯罪的，依法追究刑事责任；尚不构成犯罪的，依法给予行政处分。"

三、行政法规

行政法规是国务院为领导和管理国家各项行政工作，根据宪法和法律，并且按照《行政法规制定程序条例》的规定而制定的各类法规的总称。行政法规是行政主体进行行政活动和作出行政行为的最主要的依据之一，同时，行政法规也为行政主体设定了广泛的法律责任。依据行政主体的级别，在规制中央机关及其公务人员与地方机关及其公务人员的行政法规中，都存在相关涉及政府责任的规范。

（一）中央行政法规

在规范中央机构及其公务人员的行政法规中，以《国务院行政机构设置和编制管理条例》较为典型。譬如依据其第 23 条规定可知，国务院行政机构违反该条例规定，有擅自设立司级内设机构、擅自扩大职能、擅自变更机构名称以及擅自超过核定的编制使用工作人员等行为的，由国务院机构编制管理机关责令限期纠正，逾期不纠正的，由国务院机构编制管理机关建议国务院或者国务院有关部门对负有直接责任的主管人员和其他直接责任人员依法给予行政处分。

（二）地方行政法规

在管理地方机构及其公务人员的行政法规当中，以《地方各级人民政府机构设置和编制管理条例》为典型代表。譬如，该法第 27 条规定："机构编制管理机关工作人员在机构编制管理工作中滥用职权、玩忽职守、徇私舞弊，构成犯罪的，依法追究刑事责任；尚不构成犯罪的，依法给予处分。"

此外，涉及政府责任的行政法规还包括《生产安全事故应急条例》《食品安全法实施条例》《优化营商环境条例》等法律规范。

四、地方法规

地方法规是指"由特定地方的国家权力机关所制定的规范性文件"。[1]地方法规既是我国法律规范的重要组成部分，同时也是政府责任的重要法律渊源。我国诸多地方法规均对政府责任作出了规定。而关于地方法规，依据地方分权的民族区域性特征，可分为地方性法规及民族自治法规两大体系。[2]

---

[1]　江国华著：《中国行政法（总论）》，武汉大学出版社 2012 年版，第 30 页。
[2]　参见陈新民著：《中国行政法学原理》，中国政法大学出版社 2002 年版，第 51 页。

(一) 地方性法规

地方性法规,即由省级人大及其常委会、省人民政府所在地的市人大及其常委会、经国务院批准的较大的市的人大及其常委以及经济特区所在地的人大及其常委会所制定的规范性文件。依据地方性法规的内容性质,主要包括三种形式的规范,即为执行法律和行政法规的规范、管理地方性事务的规范、规制国家尚未制定法律或行政法规的事项的规范。① 其中,涉及政府责任的具体规范也较为常见。譬如,属于执行性规范的有《武汉市实施〈中华人民共和国环境保护法〉办法》,该办法第3条第2款即规定:"市、区人民政府主要负责人是辖区生态环境保护第一行政责任人,其他有关负责人在职责范围内承担相应责任。"此外,该条的第3款也规定:"本市按照国家和省的规定实行领导干部自然资源资产离任审计制和生态环境损害责任终身追究制。"属于地方性事务的规范,譬如《湖北省药品管理条例》,其第56条规定,药品监督管理部门和其他有关部门及其工作人员有违法办理行政许可或者违法进行抽查检验、不履行或者未严格履行监督检查职责,造成药品安全事故、利用职权推荐药品或者在药品招标采购中牟取私利以及参与药品经营活动等行为的,由主管部门或者监察机关责令限期改正,对直接负责的主管人员和其他直接责任人员依法给予行政处分,造成严重后果的,其主要负责人应当引咎辞职。此外,《湖北省就业促进条例》也有关于政府责任的规定,如该法第60规定,各级人民政府、有关部门和单位及其工作人员违反本条例规定,有不履行促进就业工作职责或者不落实就业扶持政策措施,虚报促进就业考核指标,截留、侵占、挪用就业专项资金,对劳动者实施就业歧视,对投诉举报故意推诿、拖延或者对侵犯劳动者就业权益的违法行为不予查处,以及其他滥用职权、玩忽职守、徇私舞弊的行为的,由其所在单位或者上级主管机关责令改正;情节严重的,对直接负责的主管人员和其他直接责任人员依法给予行政处分;构成犯罪的,依法追究刑事责任。

---

① 参见江国华著:《中国行政法 (总论)》武汉大学出版社 2012 年版,第 30 页。

（二）民族自治法规

依据我国《立法法》第 75 条规定可知，"民族自治地方的人民代表大会有权依照当地民族的政治、经济和文化的特点，制定自治条例和单行条例"。因此，在少数民族聚集的自治区，其人大及其常委可以在不违背法律或行政法规基本原则的情况下制定变通性规定，该规范性法律文件也属于我国地方法规的组成部分。其中，也有不少规范涉及政府责任的规定，譬如《广西壮族自治区专利保护条例》第 29 条便规定："凡侵占专利申请权的，应当予以归还，并应当协助被侵权人办理著录项目变更手续；造成被侵权人损失的，应当予以赔偿。侵夺发明人或者设计人非职务发明创造专利申请权的，由侵权人所在单位或者上级主管机关对直接责任人予以行政处分，并依法承担民事责任。"同法第 30 条规定："明知是职务发明而同意将其作为非职务发明申请专利，给国家、单位造成损失的，由上级主管部门追究直接责任人的行政责任；构成犯罪的，依法追究刑事责任。"第 31 条规定："对不依法支付职务发明人或者设计人奖酬的单位，该单位的上级主管机关应当责令限期支付，并对直接责任人给予行政处分。"第 32 条规定："违反本条例第十一条、第十二条规定，造成国有专利资产和其他财产损失的，由上级主管部门给予直接责任人行政处分；构成犯罪的，依法追究刑事责任。"此外，《新疆维吾尔自治区环境保护条例》也涉及政府责任的规定，其中第 52 条规定："环境保护行政主管部门或者其他依法行使环境保护监督管理职责的部门及其工作人员，违反本条例规定，有下列行为之一的，对直接负责的主管人员和其他直接责任人员依法给予行政处分；构成犯罪的，依法追究刑事责任……"

五、行政规章

依据我国《行政诉讼法》第 63 条的规定，人民法院审理行政案件参照规章。可知，行政规章对行政行为具有约束力，属于行政法的法律渊源之一，同样地，其也涉及政府责任的规定。具体而言，行政规章包括由中央政府各部门制定的部门规章和由特定地方人民政府制定的地方政府规章。

（一）部门规章

部门规章是指国务院各部门依据其权限制定的法律规范。涉及政府责任的规定，譬如司法部制定的《律师事务所管理办法》，其第62条规定："司法行政机关工作人员在律师事务所设立许可和实施监督管理活动中，滥用职权、玩忽职守，构成犯罪的，依法追究刑事责任；尚不构成犯罪的，依法给予行政处分。"又如建设部制定的《建设领域安全生产行政责任规定》，其中第5条第1款涉及建设主管部门在防范和处理安全事故中的政府责任规定，即规定："建设行政主管部门在行政管理中应当建立防范和处理安全事故的责任制度。建设行政主管部门正职负责人是涉及安全的行政管理事项和安全事故防范第一责任人。"而其第2款则明确了执法监督部门及其公务人员在防范、处理安全事故中涉及行政责任的规范依据。此外，该法第23条也作出了有关政府责任的规定，即规定："安全生产管理工作评价结果分为合格和不合格。安全生产管理工作评价结果不合格的，应当责令改正，追究有关人员的行政责任，并取消该部门参加评选建设领域先进单位的资格。"

（二）地方政府规章

地方政府规章是指由省级人民政府、省及自治区人民政府所在地的市人民政府、经济特区所在地人民政府以及经国务院批准的较大的市的人民政府所制定的法律规范。其中也不乏有关政府责任的规范性文件，譬如湖南省人民政府制定的《湖南省规范行政裁量权办法》，其第69条规定，行政机关违法行使行政裁量权，有行政裁量行为被撤销、不制定行政裁量权基准以及不发布典型案例等行为的，对行政机关及其工作人员按照有关法律、法规、规章和《湖南省行政程序规定》给予行政处理和处分。又如山西省人民政府通过的《关于责任事故行政责任追究案件调查处理程序的暂行规定》，该文件详细规定了山西省各级人民政府及其工作人员在责任事故当中行政责任追究的调查处理程序，相对而言属于较为完善的政府责任规范性法律文件。此外还有其他诸多地方规章也涉及了政府责任的规定，如《宁夏回族自治区行政责任追究办法》

《云南省违反城乡规划行政责任追究办法》《四川省环境污染事故行政责任追究办法》等规范性法律文件。

六、法律解释

法律解释是指享有解释权的国家机关按照法定程序对抽象性法律法规所蕴含内容进行的阐释、说明。作为政府责任的法律渊源，此处的法律解释是指有权机关依法对法律规范中涉及政府责任内容进行的阐释和说明。在法律规范适用的过程中，由于法律规范本身具有高度的概括性和凝练性，而现实生活又处于不断的变化之中，因而必然需要有权主体对相关法律规范的具体适用进行详细、清晰的说明，否则法律规范便难以适用。那么，涉及政府责任的法律规范同样也存在这样的情况，因而法律解释必然也成为了政府责任的法律渊源之一。依据解释的主体进行划分，法律解释大概包含四种类型，即立法解释、司法解释、行政解释、地方解释。

（一）立法解释

立法解释是指由全国人大及其常委会对法律条文本身所作的解释，即依据《立法法》第 45 条①规定可知，全国人大常委对法律条文本身享有法定的解释权，且其对法律条文的解释被视为"准法律"，具有与法律条文本身同等的效力。譬如在《全国人大常委会法制工作委员会答复（对非法批准占用土地，分别按土地管理法处理）》以及《全国人大常委会法制工作委员会关于对〈土地管理法〉第四十八条有关法律问题的答复》这两份文件中，全国人大常委就《土地管理法》第 48 条规定中涉及非法批准占用土地的行政公务人员的政府责任适用情况进行了进一步的解释，并具有普遍的适用效力。

---

① 《立法法》第 45 条规定："法律解释权属于全国人民代表大会常务委员会。法律有以下情况之一的，由全国人民代表大会常务委员会解释：（一）法律的规定需要进一步明确具体含义的；（二）法律制定后出现新的情况，需要明确适用法律依据的。"

（二）其他法律解释

1981 年 6 月，我国第五届全国人民代表大会常务委员会第十九次会议通过《关于加强法律解释工作的决议》。其中明确指出，最高法院、最高检察院对法律、法令的具体应用问题享有解释权，"不属于审判和检察工作中的其他法律、法令如何具体应用的问题"则由国务院及主管部门进行解释，而地方性法规的解释主体则为地方人大常委和地方人民政府。① 由此可知，除立法解释外，法律解释当中还存在司法解释、行政解释和地方解释，而这些法律解释的效力均低于立法解释。在此，司法解释作为政府责任的法律渊源之一，是指最高人民法院和最高人民检察院对相关法律涉及的政府责任规范适用所作出的解释，通常是以"解释""规定""批复"等形式作出。尽管我国宪法、法律并未明确规定司法解释属于行政法的法律渊源，但就"目前中国的制度，承认最高人民法院可以公告司法解释，并且该解释具有法律效力，其中涉及行政法的解释，即有法源的地位"。② 行政解释作为政府责任的渊源之一，是指国务院及其有关权力部门对相关法律、法规涉及政府责任的规定进行的解释。地方解释作为政府责任的渊源之一，是指有关地方人大及其常委会及人民政府对地方性法规和规章涉及政府责任的规定所作的解释，其中对于地方性法规、规章中涉及政府责任规定的具体应用问题属于当地政府部门解释的范畴。

譬如《最高人民法院关于适用〈中华人民共和国行政诉讼法〉的解释》第 46 条规定了行政机关的举证责任，即："原告或者第三人确有证据证明被告持有的证据对原告或者第三人有利的，可以在开庭审理前书面申请人民法院责令行政机关提交。申请理由成立的，人民法院应当责令行政机关提交，因提交证据所产生的费用，由申请人预付。行政机关无正当理由拒不提交的，人民法院可以推定原告或者第三人基于该证据主张的事实成立。"同法第 98 条还规定

---

① 参见《全国人民代表大会常务委员会关于加强法律解释工作的决议》的具体规定。

② 陈新民著：《中国行政法学原理》，中国政法大学出版社 2002 年版，第 53 页。

了行政机关的赔偿责任，即："因行政机关不履行、拖延履行法定职责，致使公民、法人或者其他组织的合法权益遭受损害的，人民法院应当判决行政机关承担行政赔偿责任。"

七、行政规范性文件

政府责任的法律渊源，除了宪法、法律、行政法规、地方法规、行政规章、法律解释这些属于通常广义上的法律之外，还包括产生于行政管理领域并由行政机关制定的其他规范性文件，尽管这些规范性文件的法律效力不及上述广义上的法律所具有的效力，但它们在日常生活中对于行政行为的规制同样具有重要的地位。

（一）作为政府责任的法源

《国务院办公厅关于加强行政规范性文件制定和监督管理工作的通知》对"行政规范性文件"的定义为："除国务院的行政法规、决定、命令以及部门规章和地方政府规章外，由行政机关或者经法律、法规授权的具有管理公共事务职能的组织（以下统称行政机关）依照法定权限、程序制定并公开发布，涉及公民、法人和其他组织权利义务，具有普遍约束力，在一定期限内反复适用的公文。"可知，行政规范性文件作为政府责任的渊源之一是指，除国务院的行政法规、决定、命令以及部门规章和地方政府规章以外，由行政机关依照法定权限和法定程序制定的涉及政府责任的具有普遍效力，且在一定时期内可反复适用的规范性文件。

（二）实践运用

由于制发行政规范性文件是行政机关依法履行职能的重要方式，直接关系到群众的切身利益，且近年来因行政规范性文件法律效力不清引发的纠纷日益增加，司法实践中开始出现直接援引行政规范性文件作为裁判依据的情况，逐渐明确了其作为行政法法律渊源的地位。譬如，在最高人民法院公布的典型案例"钟某诉北京市工商行政管理局某分局行政不作为案"① 中，一审法院依据国务院食品安全办、国家工商总局、国家质检总局、国家食品药品监管总局的食安办〔2013〕13 号《关于进一步做好机构改革期间食品和化妆品监管工作的通知》以及《北京市人民政府办公厅关于印发北京市食品药品监督管理局主要职责内设机构和人员编制规定的通知》等文件确认了有权办理该案所涉事件的职责机关；同时依据《工商行政管理机关行政处罚程序规定》第 15 条规定，确认了被告通州工商分局对于不属于其办案职责事项应当移送有权机关办理的法定职责。通过该案件，进一步明确了在行政管理领域，行政机关的法定职责来源既可能是行政法律、法规、规章，也可能是行政规范性文件，可见，行政规范性文件对于政府责任而言同样具有法源的地位。

八、其他非正式渊源

政府责任除了以上七种在我国法律体系中具有正式效力的法律渊源之外，还存在着以下几类非正式法律渊源。

（一）判例

判例是"可以作为先例据以决案的法院判决"。② 此种法律渊源主要盛行于英美法系国家，一般不为大陆法系国家所承认，这主要是源于两种法系不同的法律信仰。当然，这种区分并不存在天然的界限，也有例外情况，如法国通过行政法院判例建立了行政赔偿责任体系，而美国除了行政判例之外，还以成文法形式规定了行政主体的政府责任。在我国，一般不承认判例的效力渊源，但是这并不能否认判例尤其是具有广泛影响力的判例，在政府责任的体系构成中具有不可忽视的作用。

---

① 参见中国法院网，https：//www.chinacourt.org/article/detail/2015/01/id/1534636.shtml，2019 年 7 月 1 日访问。

② 参见《中国大百科全书·法学》，中国大百科全书出版社 1984 年版，第 449 页。

（二）惯例

作为政府责任渊源的惯例主要为行政惯例，行政惯例不同于民间惯例，行政惯例的形成条件是成文法没有明确规定，且存在着一个持续相当时间的行政"做法"，并获得了一定范围内民众的普遍确信和为法院生效判决所确认。① 行政惯例广泛存在于行政和司法实务之中，是政府责任非正式渊源的重要一员。

（三）法理

在公法特别是宪法与行政法的发展历程中，权威的公法学理论和学说在推动法治进程中有着举足轻重的地位和作用。即使是西方发达资本主义国家，在法院审判宪法与行政法类案件时，权威的公法学理论和学说也时常被直接引用，这些理论和学说通过引用被转换成了判例的一部分而使之具有了法律效力。在目前我国政府责任体系不完善之时，政府责任方面的法理作为一种基础性成果，对政府责任的规制与处理、政府责任法典的制定具有导向性作用。因此，法理也是政府责任不可忽视的非正式渊源。

典型案例 3-1：钟某诉北京市工商行政管理局某分局行政不作为案 ②
【裁判摘要】

在行政管理领域，行政机关的职责既有分工也有交叉，法定职责来源既可能是本行政领域的法律、法规、规章和规范性文件，也可能是其他行政管理领域的法律规范，甚至可能是行政管理需要和行政惯例。有关食品生产、流通环节的监督管理职责由工商机关改由食品药品监督管理部门承担，但职责调整的初始阶段，人民群众未必都很清楚，工商机关发现群众对于食品安全问题的举

---

① 参见章剑生：《论"行政惯例"在现代行政法法源中的地位》，载《政治与法律》2010 年第 6 期。

② 本案裁判文书参见附录 1。

报事项属于其他行政机关管辖的，应当移送相关主管机关，不能一推了之。积极移送也是一种法定职责。

【相关法条】

《工商行政管理机关行政处罚程序规定》第 15 条

《中华人民共和国行政诉讼法》第 54 条、第 61 条

《最高人民法院关于执行〈中华人民共和国行政诉讼法〉若干问题的解释》第 56 条

【基本案情】

2013 年 12 月 27 日，北京市工商行政管理局某分局（以下简称甲工商分局）接到钟某的申诉（举报）信，称其在通州家乐福购买的"北大荒富硒米"不符合《预包装食品营养标签通则》的规定，属不符合食品安全标准的违法产品，要求甲工商分局责令通州家乐福退还其货款并进行赔偿，依法作出行政处罚。同年 12 月 30 日，甲工商分局作出《答复》，称依据该局调查，钟某反映的食品安全问题目前不属于其职能范围。钟某于 2014 年 1 月 8 日向北京市工商行政管理局提出复议申请，该机关于同年 4 月 2 日作出复议决定书，维持《答复》。钟某不服，以甲工商分局为被告提起行政诉讼，请求确认该分局所属工商局处理举报案件程序违法并责令其履行移送职责。

【裁判结果】

北京市通州区人民法院一审认为，依据国务院食品安全办、国家工商总局、国家质检总局、国家食品药品监管总局的食安办（2013）13 号《关于进一步做好机构改革期间食品和化妆品监管工作的通知》《北京市人民政府办公厅关于印发北京市食品药品监督管理局主要职责内设机构和人员编制规定的通知》等文件规定，目前北京市流通环节的食品安全监管职责由北京市食品药品监督管理局承担，故被告甲工商分局已无职责对流通环节的食品安全进行监管，且其在接到原告钟某举报时应能够确定该案件的主管机关。《工商行政管理机关行政处罚程序规定》第 15 条规定，工商行政管理机关发现所查处的案件属于其他行政机关管辖的，应当依法移送其他有关机关。本案中当被告认为原告所举报事项不属其管辖时，应当移送至有关主管机关，故判决被告在十五

个工作日内就原告举报事项履行移送职责，驳回原告其他诉讼请求。甲工商分局不服，提出上诉，北京市第三中级人民法院二审以相同理由判决驳回上诉、维持原判。

【裁判理由】

法院生效判决认为：食安办13号通知第五项规定，自通知下发之日起，有关食品生产、流通环节和化妆品生产监管方面的投诉、举报、信访等事项由国家食品药品监管总局承担，各省、自治区、直辖市的该类工作，按照各地机构改革进展情况，随职责划转进行交接。同时，《通知》明确，北京市食品药品监督管理局是负责本市食品（含食品添加剂）、药品（含中药、民族药）、医疗器械、保健食品、化妆品监督管理的市政府直属机构，挂北京市食品药品安全委员会办公室牌子。据此，有关食品生产、流通环节的监督管理职责由食品药品监督管理部门承担，甲工商分局作为工商行政管理部门已无上述监管职责。本案中，钟某向甲工商分局申诉（举报）其在通州某超市购买的某牌大米外包装标注的硒含量不符合《预包装食品营养标签通则》规定，属不符合食品安全标准的违法产品。虽然甲工商分局对钟某作出《答复》称依据该局调查，钟某反映的食品安全问题目前不属于该局职能范围，但根据《工商行政管理机关行政处罚程序规定》第15条规定，工商行政管理机关发现所查处的案件属于其他行政机关管辖的，应当依法移送其他有关机关。因此，甲工商分局在发现所查处案件属于其他行政机关管辖时，负有移送其他有关机关的法定职责。本案中甲工商分局没有履行移送的法定职责，故一审法院依据《中华人民共和国行政诉讼法》第54条第（三）项、《最高人民法院关于执行〈中华人民共和国行政诉讼法〉若干问题的解释》第56条第（四）项之规定，判决甲工商分局在15个工作日内就钟某举报事项履行移送职责并驳回钟某的其他诉讼请求正确，本院应予维持。甲工商分局关于案件未进入查处程序，故其没有移送职责以及无法确定案件移送机关的上诉理由缺乏事实根据及法律依据，其上诉请求本院不予支持。

第二节　政府责任之机理

站在实践的角度来看，政府责任有其运行的一套机制。在当前法治政府的建设中，尽管还未制定统一的、专门的政府责任法典，但是，从政府责任的发生到实现再到后续救济，都离不来法律的规制。具体而言，政府的运作过程可从以下几个方面探究：其一，就政府责任的生发机理而言，遵循着法治原则，责任需法定，即必须以法定事由的存在作为政府责任产生的前提条件，否则，政府追责程序根本无法启动。其二，就政府责任的实现机理而言，同样受到法律的规制，即政府责任的追责程序必须经法定主体且依据法定的程序进行，而落实政府责任的担责也必须依法进行。其三，就政府责任的作用机理而言，政府责任不仅仅通过法律否定失范行政行为的方式发生时效，更重要的作用机制在于责任对权力的制约，即通过政府责任框定行政权力的边界，约束行政权力，避免权力的滥用和腐败损害到公民的权益。

一、政府责任之生发机理（责任法定、法定事由）

正如困扰哲学界的三大终极难题之一——"你从哪里来"？在政府责任理论当中，也存在令人困扰难解的问题，其中之一便是——"政府责任从何而来"，政府责任到底是如何从无到有，如何生发产生的？要解决这些问题，就需要借鉴发生学的理论。因此，本书尝试借鉴发生学方面的理论以对政府责任的生发机理进行阐述。所谓发生学，是指"研究事物的发生原理或理路，就是研究事物从没有到存在、从萌芽到生成、从低级到高级之转变过程"。① 换言之，发生学即揭示了一个事物的起源、演变和发展的过程，而根据发生学的原理，一切事物在生发之前都有其生发的前提和基础。据此而言，政府责任的生

---

① 易刚、林伯海：《社会主义核心价值观大众认同的生发机理探析》，载《四川师范大学学报（社会科学版）》2017 年第 2 期。

发机理指的是政府责任在生发之前的前提和基础，主要可以从以下几个方面展开阐释。

(一) 生发之酵母：依法行政之原则

依法行政是现代民主法治国家的基本要求，这一点，从我国宪法的规定中也可窥探出。1999 年宪法修正案将"依法治国，建设社会主义法治国家"正式写入宪法，确立了法治原则。宪法是国家的根本大法，法治原则在宪法中得以确立，也意味着其根本原则地位的确立。行政权作为国家权力中的一环，应当遵循宪法所确立的根本原则，依法行使，即一切行政活动不得违反宪法和法律的规定，否则必须承担相应的否定性后果——政府违法责任。基于此，才有了生发政府责任的契机。可以说，依法行政原则的贯彻和落实是政府责任得以形成的前提性条件。所谓依法行政原则，即是行政的合法性原则。就法与行政的位阶关系而言，法具有优先性，行政居于其下的地位，因而依法行政原则又可称为"法优位性原则"。在此理解下，依法行政原则可以从两个角度揭示其内涵：其一，任何行政行为都不得抵触法律及其上位法的规定；其二，行政行为必须有法律上的依据。据此而言，依法行政原则又可分出两项子原则，即法律优位原则和法律保留原则。其中，法律优位原则也称"行政不得抵触法律原则"，是指一切行政活动不得与法律相抵触的原则，法律保留原则也称"无法律无行政的原则"，即指的是一切行政活动必须有法律依据才能进行的原则。从内涵上来看，法律优位原则禁止行政活动从事违反法律的行为，即要求任何行政行为都必须合乎法律的规定，因此，可以说法律优位原则隐含法律与行政的位阶关系。法律保留原则要求一切行政活动必须有法律上的依据，其中涵盖两个基本问题：一是，立法机关是否必须通过法律对行政行为作何种程度上的控制；二是，立法机关可否将此控制权交由行政机关行使。由此，可以将法律保留原则细分为"基本权保障原则"与"组织及程序法定原则"，前者以人权保障为目的，后者以维护合法秩序为宗旨。

其一，法律优位原则。法律优位原则或称法律优越原则，是指一切行政行为都须符合法律规范的意旨，不得违反法律规定，否则，会引发政府责任。诚如德国的奥托·迈耶所言，以法律形式所表现之国家意志，优先于任何其他国家之意志表示。根据法律优位原则，享有行政权的主体应受法律所赋予任务及权限的拘束，其执行职务的内容、方式及程序都须符合法律的规定，不得逾越法律的范围，因而该原则也称为"消极意义的依法行政原则"。不过，要贯彻法律优位原则往往须辅之以"积极适用法律义务"。换言之，即一切行政行为必须以法律为依据，要积极去寻找可适用的法律，没有可适用的法律则不得实施行政行为。因此，享有行政权力的主体往往应当通晓现行相关法律规定，并能领会其意旨，时刻检视其行政行为的合法性。唯有如此，才能切实贯彻行政行为的合法性原则。从具体的内容来看，法律优位原则既指行政须符合形式意义上的法律规定，即不得抵触成文法的规定，包括宪法、法律、行政法规、地方性法规、行政规章、自治条例和单行条例，遵循法定正当程序，也指行政须符合实质意义上的法律规范，即符合一般法律原则的目的和精神，其中便包括了不成文法所包含的一般法律原则。

其二，法律保留原则。法律保留原则是指行政机关的行为仅于法律授权的情形下才能实施，即一切行政行为必须有法律上的依据，否则，便会引起相应的政府责任。该原则也称为"积极意义的依法行政原则"。从理据上来看，法律保留原则主要承袭了民主原则、法治国原则和权力制衡原则的精神内涵。依据民主原则，对于国家重要事项尤其涉及人民重大利益的事项应当由代表人民的立法机关进行立法，因而法律保留原则中的"法律"一词指的是狭义上的概念，即指立法机关制定的法律。① 依据法治原则的要求，国家与人民之间的关系应当受到法律的规制，为维持这种关系的安定，法律规定通常都具有明确性和可预见性。而法律保留原则要求行政行为必须依法进行，使得行政行为具有可预见性及可估量性。因此，政府责任的产生是可以预见和估量的。依据权力制衡原则，为防范行政权的独大和专断，部分国家事务应当由立法机关决定，以法律作为行政干预人民自由权利的前提（执行名义），产生节制权力的作用，这也体现了宪法保障人民基本权利的机制。但是，这并不意味着法律保

---

① 参见罗豪才主编：《行政法学》，北京大学出版社 2012 年版，第 29 页。

留原则是绝对的，事实上，"除了涉及基本政治经济制度，特别是涉及公民基本权利的，必须由立法机关制定法律予以调整的以外，许多国家立法机关一般都通过法律授予行政机关制定必要规则、调整相应管理和服务活动的权力"。①我国亦是如此。依据我国《立法法》第 8 条、第 9 条②的规定可知，有关犯罪和刑罚、对公民政治权利的剥夺和限制人身自由的强制措施和处罚、司法制度等事项属于法律的绝对保留事项，即只能由法律进行规定，其他法律规范不得对涉及的相关事项进行规定，属于第 8 条规定涉及的事项则属于法律的相对保留事项，在法律未规定的情况下可以授权行政法规予以规定。可见，法律保留原则兼具民主与法治的要素。而为了保障民主，法律保留原则隐含两个方面的要求：一是授权禁止；二是规范密度的要求。前者派生出"授权明确性原则"，即立法者在必要时委任行政机关制定相关法律规范，应当明确其授权的目的、范围和内容；后者衍生出"法明确性原则"，即法律规定本身应具体、明确，避免空泛、笼统，致使行政主体因享有过大的自由裁量空间而滥用权力。

（二）生发之根据：责任法定

"责任法定是一项萌芽于古代、确立于近代、普及于现代，受到一切文明

---

① 罗豪才主编：《行政法学》，北京大学出版社 2012 年版，第 29 页。
② 《立法法》第 8 条规定：下列事项只能制定法律：（一）国家主权的事项；（二）各级人民代表大会、人民政府、人民法院和人民检察院的产生、组织和职权；（三）民族区域自治制度、特别行政区制度、基层群众自治制度；（四）犯罪和刑罚；（五）对公民政治权利的剥夺、限制人身自由的强制措施和处罚；（六）税种的设立、税率的确定和税收征收管理等税收基本制度；（七）对非国有财产的征收、征用；（八）民事基本制度；（九）基本经济制度以及财政、海关、金融和外贸的基本制度；（十）诉讼和仲裁制度；（十一）必须由全国人民代表大会及其常务委员会制定法律的其他事项。
第 9 条：本法第八条规定的事项尚未制定法律的，全国人民代表大会及其常务委员会有权作出决定，授权国务院可以根据实际需要，对其中的部分事项先制定行政法规，但是有关犯罪和刑罚、对公民政治权利的剥夺和限制人身自由的强制措施和处罚、司法制度等事项除外。

民族尊重的法治原则。"① 即责任必须受到法律的规制，"任何脱离法律规定的责罚都是非法的"②，对责任主体实施和追究法律责任的程序都必须依法进行，包括是否追究法律责任、追究何种法律责任以及怎样追究法律责任都必须严格依据法律的规定进行。③ "任何实施和适用责任的主体都无权向任何责任主体实施和追究法律明文规定以外的责任。"④ 正所谓"法无明文规定不为罪""法无明文规定不处罚"，这便是责任法定原则的典型代表。一般而言，政府责任是指法律规范上对行政主体及其公务人员违法行为的否定性的法律后果，主要表现为一定权益的限制和剥夺，涉及责任主体的重大权益。责任法定对于政府责任而言同样是必需的。

具体而言，我们可以从以下几个方面对政府责任法定展开阐述：（1）就理论逻辑而言，政府责任生发于依法行政原则，而责任法定是依法行政原则的内设要求——它"不仅要求行政上的义务人严格按照行政法律规范来履行其应履行的义务，而且要求对违反行政法律规范的义务人追究责任，必须依法进行"。⑤ 对于政府责任来说，责任法定契合依法行政的精神内涵，遵循责任法定原则符合政府责任生发的理论逻辑。（2）就因果逻辑而言，政府责任是法律规范违反所引起的否定性的后果，即法律规范违反是引起政府责任的"因"，而政府责任是被引起的"果"。依据法律规范的逻辑构造，其内部主要由行为模式和后果两个要素组成。其中，行为模式包括作为和不作为的行政义务，而后果是因违反行为模式设定的义务所引起的结果。基于此，法律义务成为法律责任生发的前提条件，违反法律义务所要求的行为模式则成为法律责任生发的前因行为。政府责任作为一种特殊的法律责任，同样依循着该因果逻辑，即政府责任的生发逻辑内含在法律规范之中，而因果关系处于同一进程，既然"因"——行为模式和义务由法律规制，那么"果"——责任也应当由

---

① 张文显著：《法学基本范畴研究》，中国政法大学出版社 1993 年版，第 203 页。
② 张文显著：《法学基本范畴研究》，中国政法大学出版社 1993 年版，第 204 页。
③ 参见杜飞进：《试论法律责任的原则及根据》，载《学习与探索》1991 年第 4 期。
④ 杜飞进：《试论法律责任的原则及根据》，载《学习与探索》1991 年第 4 期。
⑤ 罗豪才主编：《行政法学》，北京大学出版社 2012 年版，第 348 页。

法律进行规制，如此才符合因果逻辑的同一进程。（3）就设定功效而言，责任法定是对法律权威的维护和保障。试想一下，行政行为由法律进行规制，但违法行政行为所引发的后果却排除在法律的范围之外，换言之，即违反法律规定所引发的后果不具有法律强制效力。如此一来，该后果的落实便只能依赖于责任主体的自觉或是公众舆论的软性压力，而不具有强制执行的效力。这样会消解违法后果给行为主体带来的惩戒作用和给其他潜在违法主体带来的警示效果，减弱法律的权威性，甚至导致法律形同虚设，反向冲击依法行政的可行性。政府责任法定则可避免这样的困境，即将政府责任纳入法律的规制范围，赋予其强制执行的效力保障，维护违法行政行为的法律否定性色彩，当行政主体及其公务人员不依法承担政府责任时，可强制其执行，甚至对该行为进行惩戒，巩固法律的权威。据此而言，责任法定不仅有利于保障政府责任的落实，同时也是对法律权威的维护，有助于实现法律对违法行为所带来的惩戒和威慑效果。（4）就利害关系而言，政府责任产生于行政主体与行政相对方的行政法律关系之中，一般情况下是针对行政主体于行政相对方所实施的利益侵害行为的惩戒责任，既涉及行政主体的权益限制或剥夺，也涉及行政相对方的利益保障，事关重大。出于尊重行政主体权力和维护正常行政活动秩序的考量，同时也出于保障公民利益的目的，政府责任理应纳入法律保留的范围当中，由代表人民的立法机关统一制定法律进行规制。（5）就司法实践而言，催生政府责任的必要条件之一便是法律的明文规定，因而责任法定也成为其生发的机理之一。在司法实践中，政府责任必须于法有据，不能恣意妄为。一般情况下，政府责任主要是依据《国家赔偿法》《行政诉讼法》《公务员法》《监察法》等法律规范的规定而产生。而这些法律规范中也包含了政府责任的范围、承担方式、追责主体、追责程序、责任对象以及救济程序等具体的事项规定。可以说，从政府责任的生发到追责再到实现都属于法律的规制范围，即政府责任"从出生到死亡"都须法定。

（三）生发之条件：法定事由

政府责任的产生因循了依法行政和责任法定的原理，而触发政府责任的直接原因在于法定事由的存在。如果说前两项原则是政府责任蓄势待发的理论铺垫，那么，法定事由便是开启政府责任的密码钥匙。

政府责任既不是凭空产生，也不能任意施加，它必须"事出有因"，而此因即是法定事由的存在。一般情况下，引发政府责任的法定事由是指行政主体及其公务人员违反法律规定的义务，实施了违法行政行为或严重不当的行政行为，造成公民利益损害或是公共利益损失的情况。随着社会生活的复杂和多样化，政府责任的法定事由也逐渐增多而不限于此。具体而言，我们将引发政府责任的法定事由归纳总结为以下几类事项：（1）行政违法事由，即行政主体及其公务人员违反法律规范义务但又不构成犯罪的行为，主要包括政府侵权、政府失职以及政府渎职行为。（2）行政不当事由，即行政主体及其公务人员在自由裁量权范围内行使职权，却明显不符合行政法律规范保护目的，并损害行政相对人利益或是公共利益的行为。（3）行政违约事由，即行政主体与公民、法人或其他主体成立合同关系，行政主体作为合同的一方，实施损害另一方合同主体利益的事项。（4）特定行政合法事由，该事由并不因行政主体的行政行为有任何不妥而引发政府责任，而是因为在某些特定行政活动中，基于公共利益的需求而损害到个别私主体的利益，出于公平、正义原则的考虑由行政主体对相应私主体承担一定的补偿责任，以弥补其受到的损失，从而引发了相应的政府责任。

如同刑事责任一般，其形成和确立必须"以犯罪事实为依据""以法律为准绳"，政府责任也是如此，其形成和确立也必须存在相应的法定事由，并依据法律规定进行。可以说，催生政府责任的机理不仅包含一定的理论依据，同时包含了一定的事实基础。其中，法学原理孕育了政府责任的形成，而法定事由则直接催生了政府责任，在两者的交相作用下，政府责任得以形成和确立，缺乏任何一项机理政府责任都无法生成。

二、政府责任之实现机理

从政府责任的实现来看，同样应当遵循依法行政和责任法定的原理，即政府责任必须以法定方式经法定程序落实。详言之，政府责任的实现主要包括以下几个步骤：首先，启动追责，即以法定的追责方式启动政府责任的追责程序；其次，确定追责，即遵循正当程序规则，以法定的追责程序对相关责任主体进行追责；最后，落实责任，即以法定的责任承担方式将政府责任落实到责任主体身上，到此一步，政府责任的实现才得以完成。

（一）法定追责方式

就政府责任的追责方式而言，我们认为，依据追责权力的主动性与被动性进行区分，包含两种法定追责方式：行政问责方式与行政救济方式。其中，行政救济指的是因行政相对人的申请而启动的对行政主体进行司法责任追究的方式，即主要是指行政诉讼的追责方式。这种追责方式并不是由法院主动对行政主体的行政行为进行监督、审查而引起的，而是因行政相对人认为行政主体作出的具体行政行为侵害到其合法权益，出于维护自身权利的目的而被动引起的追责方式。行政问责是问责制中的一个组成部分，而关于问责制，我国法律、法规中并没有统一的概念①，但依据实践中其发挥的功能可知，行政问责是由特定问责主体对政府及其公务人员承担的职责和义务的履行情况进行监督，并要求其对失范行为（包括违法和不当行政行为）承担否定性后果的一种制度。② 一般而言，在我国，"按主体的内涵划分，行政问责一般包括同体问责和异体问责"两种具体的追责方式。③ 所谓同体问责是指行政系统内部的问责，主要分为两个部分，"一是基于权属关系的内部问责，如主管部门的问责、上下级的问责等；二是行政体系内的专门问责"④，如审计机关的问责。异体问责是指行政系统外部的由有权主体对行政机关及其公务人员实施的问责。享有异体问责权的主体包括各级人民代表大会及其常务委员会和各级监察委员会，而

---

① 参见周亚越著：《行政问责制研究》，中国检察出版社 2006 年版，第 33 页。
② 参见周亚越：《行政问责制的内涵及其意义》，载《理论与改革》2004 年第 4 期。
③ 张创新、赵蕾：《从"新制"到"良制"：我国行政问责的制度化》，载《中国人民大学学报》2005 年第 1 期。
④ 周觅：《从"同体问责"到"异体问责"——浅析我国行政问责制的主体》，载《湖北行政学院学报》2007 年第 5 期。

基于《宪法》的规定①，社会公众可以向有权机关申请启动异体问责程序。

在此需注意的是，本书之所以在法定追责方式中，区分出行政问责方式和行政救济方式，其中一个重要的原因在于，行政问责带有积极、主动监督并对行政机关及其公务人员进行责任追究的特征，而行政救济只能是被动、消极地对行政机关及其公务人员进行事后的责任追究，两者之间存在较大的区别。对于行政救济的追责方式而言，其只针对于行政机关及其公务人员的具体行政行为，而无法单独对抽象性的行政行为进行责任追究，且必须以行政相对人的申请为前提和基础。也因此，该责任方式的启动一般以行政相对人的权益受损为要件，具有事后责任追究的特性，在适用上存在一定的局限性。对于行政问责的追责方式而言，它是对行政机关及其公务人员整个行政过程的监督和责任追究机制，其既可以发生于事前也可以发生于事中和事后，只要是在行政过程中出现行政失范行为的情况皆可由有权主体进行问责，而无须以行政相对人的申请为条件，也无须针对于特定的行政行为，甚至可以将行政公务人员的职业道德纳入审查范围。可以说，行政问责不仅具有惩前毖后的功能，更具有全方位监督、审查行政机关及其公务人员是否切实履行行政义务和职能的作用，适用范围较为宽泛。

(二) 法定追责程序

"程序是任何一项健全的法律制度所必备的要素。"② 对于政府责任而言，正当程序是实体正义的必然要求。因此，可以说，法定的追责程序既是政府责任实现的必经之路，也是政府责任实现规范化、制度化，防止其被滥用和擅用的有力保障。

就实现政府责任的追责程序而言，我国目前还未有专门关于政府责任的法

---

① 《宪法》第41条规定："中华人民共和国公民对于任何国家机关和国家工作人员，有提出批评和建议的权利；对于任何国家机关和国家工作人员的违法失职行为，有向有关国家机关提出申诉、控告或者检举的权利，但是不得捏造或者歪曲事实进行诬告陷害。"

② 周亚越：《论我国行政问责制的法律缺失及其重构》，载《行政法学研究》2005年第2期。

律规范，更未有专门的政府责任程序法律规范，多数意义上只能进行一定的借鉴。通常情况下，在行政领域提及程序，典型的代表即是行政程序。将行政程序与政府责任追责程序相比，我们发现两者具有一定的相通之处。政府责任是行政主体及其公务人员在行政过程中所引发的责任，且同时涉及行政主体与行政相对人双方利害关系，这一点与行政程序具有共通之处。此外，在政府责任的追责程序中，行政机关及其公务人员作为被追责的对象，属于权益待定被处分的一方，相对而言居于弱势地位，而追责主体作为"权力机关"属于处分权益的一方，相对而言居于强势地位，这同样与行政程序中行政主体与行政相对人之间的地位关系具有类似的特征。正所谓"触类旁通"，适用于行政程序的基本原则同样也可适用于政府责任追究程序。因此，本书借鉴行政程序的基本原则来适用于政府责任的追责程序。依据行政程序的基本原则可知，行政程序应当遵循正当法律程序原则、行政公开原则、行政公正原则和行政公平原则①，同理，政府责任的追责程序也应当遵循这些原则。其中，正当程序作为行政程序的基本原则之一，源自于其承载的程序正义②，行政程序应符合最低限度的程序公正标准。关于正当程序的要求，以姜明安教授和周佑勇教授两位教授的观点为代表。姜明安教授认为正当法律程序原则应当包含三项子规则：其一，自己不做自己的法官，该规则中涉及回避制度以及裁判者的中立性要求；其二，说明理由，该规则要求行政程序中囊括的行政行为必须有理有据，并在行为之前说明理由；其三，听取称述和申辩，即程序法律结果被决定者享有称述和救济的权利。③ 而周佑勇教授则认为，正当法律程序包含三项基本要求：其一，程序中立，即要求决定程序法律结果的法律主体应当保持中立和公正的地位，不偏不倚地进行裁决；其二，程序参与，即要求受到或可能受到程序法律结果直接影响的法律主体能充分参与到法律程序当中；其三，程序公开，即要求法律程序需具有足够的公开、透明性。④ 两位教授之于正当法律

---

① 参见姜明安：《行政法基本原则新探》，载《湖南社会科学》2005 年第 2 期。
② 参见周佑勇：《行政法的正当程序原则》，载《中国社会科学》2004 年第 4 期。
③ 参见姜明安：《行政法基本原则新探》，载《湖南社会科学》2005 年第 2 期。
④ 参见周佑勇：《行政法的正当程序原则》，载《中国社会科学》2004 年第 4 期。

程序的观点可谓大同小异，即都包含了程序中立、程序公开和公正的要求，以及程序法律结果被决定者所享有的权利保障要求——结果被决定者程序参与和陈述、申辩、救济的权利。由此可见，正当法律程序原则基本可以涵盖其他行政程序原则，即公开、公正、公平原则的内容，因此，我们可以将其他原则整合为正当法律程序原则，作为行政程序的根本原则。基于正当法律程序原则的要求，就政府责任的追责程序而言，我们可以抽象出以下大致的步骤和进程。

（1）第一，需存在引起政府责任的法定事由。法定事由作为启动政府责任程序的前提条件和起因，确保政府责任程序的启动必须事出有因、有理有据。（2）第二，确定责任主体，即根据事实情况初步确定应当承担责任的主体，确保将责任落实到具体的责任主体之上，避免责任的形式化而虚置责任。（3）第三，结合法定事由和责任主体的情况来确定责任追究的权力主体并同时选择相应的追责方式。由于政府责任存在多元的责任种类，因而分置出不同的追责方式，即行政救济和行政问责两种追责方式。不同的追责主体相应所选择的追责方式也有所不同，而不同的追责方式又会引起不同的责任追究程序，因而追责主体的确定对于政府责任追究程序来说可谓是钥匙密码之于机关通道的作用，决定了追责程序具体通往哪条路径。（4）第四，便进入具体事实情况的调查当中，包括相关行政行为的实施情况、造成危害结果的情况，以及行政行为与危害结果之间的因果关系。（5）第五，进入审查与责任确定的环节，即结合行政主体存在的过错以及事实情况综合权衡并确定行政主体所应承担的具体责任。在此需注意的是，为保障责任决定的公平、公正性，应当在调查和审查阶段注重听取相关主体的表述，包括行政主体一方的陈述和申辩以及利害关系——行政相对人对事实情况的描述。（6）第六，应当公开结果及相关情况，保障责任主体及公众的知情权，并为责任主体提供相应的救济途径，以保障其获得救济的权利。简而言之，整个政府责任追究程序大致可以概括为：存在法定事由—确定责任主体—确定追责主体及追责方式—调查—审查—决定—公开—救济。

（三）法定担责方式

在政府责任的理论当中，法定事由的存在是政府责任产生的逻辑起点，而法定的担责方式则是政府责任实现的逻辑终点。从政府责任的实现来看，必须以法律规定的方式来承担，而不能是法外的方式。所谓责任的承担方式是指责任主体怎么承担责任，以何种形式来落实责任的承担，那么，政府责任的承担方式则是指行政主体及其公务人员以何种形式落实责任的承担。一般而言，政府责任得以实现的承担方式主要表现为行政主体承担行政赔偿或行政补偿的方式，同时以过错公务人员承担行政系统内部责任的方式为辅，主要表现为对过错公务人员的经济追偿和基于人事关系的权益处罚，譬如人事关系上的变动以及奖惩、评选上的惩处等。

具体而言，（1）就行政主体的政府责任来看，因行政救济和行政问责的追责方式不同而区分出不同的担责方式。在行政救济当中，行政主体主要以承认错误、赔礼道歉，消除影响、恢复名誉，返还权益、恢复原状，采取补救措施，行政赔偿与行政补偿，履行职务，撤销、变更行政行为，确认行政行为违法，重新作出行政行为，纠正不当行政行为，确认行政行为无效等法定方式来承担政府责任。而在行政问责当中，涉及同体问责和异体问责两个领域不同的责任承担方式。其中，在同体问责中，行政主体承担政府责任的方式主要是接受行政系统内部的监督考察，即主要表现为接受上级行政机关、审计监察等的监督和质询并作出解释，涉及具体失范行为的挽救责任则主要表现为公开道歉、作出书面检查、接受通报批评等其他法定方式；在异体问责中，行政主体承担责任的方式主要表现为人大的质询和罢免。（2）就公务人员的政府责任来看，其承担责任的方式主要表现为就个人过错所承担的过错责任。引起公务人员过错责任的原因在于其因自身的过错，或基于故意或基于过失的心理而导致失范行政行为的实施。一般情况下，依据职位身份可将公务人员的过错责任分为一般公务人员的责任和领导干部的责任。其中，一般公务人员的责任是指公务人员因过错实施失范行政行为而引起的否定性后果，属于直接责任的范畴，其承担责任的方式主要表现为：经济追偿，通报批评，行政处分①，批评教育、责令检查、诫勉、组织调整，政务处分②等方式；领导干部的责任是基于我国行政管理中的政府工作制度——行政首长负责制而引起的间接责任，它是指由于领导职责所承担的对其管理之下的人员实施的过错违法行为而承担的一定连带责任，通常情况下表现为政治责任，即通过罢免、引咎辞职的方式来承担。

三、政府责任之作用机理

正所谓"存在即合理"，政府责任的存在必然有其存在的理由和价值，就此而言，政府责任存在的价值和意义即在于其内含的作用机理。所谓政府责任的作用机理指的是国家设置、运用政府责任可能给社会带来的积极效果，具体而言，可以从三个方面来阐述：民主价值的捍卫、权力制约、人权保障。

（一）民主价值的捍卫

现代政府责任的产生与民主、法治理念的发展息息相关。从政府的发展历史来看，传统的政府责任是一种"对上负责"的责任，而现代政府责任是一

---

① 《中华人民共和国公务员》第62条规定："处分分为：警告、记过、记大过、降级、撤职、开除。"

② 《中华人民共和监察法》第45条规定：监察机关根据监督、调查结果，依法作出如下处置：

（一）对有职务违法行为但情节较轻的公职人员，按照管理权限，直接或者委托有关机关、人员，进行谈话提醒、批评教育、责令检查，或者予以诫勉；

（二）对违法的公职人员依照法定程序作出警告、记过、记大过、降级、撤职、开除等政务处分决定；

（三）对不履行或者不正确履行职责负有责任的领导人员，按照管理权限对其直接作出问责决定，或者向有权作出问责决定的机关提出问责建议；

（四）对涉嫌职务犯罪的，监察机关经调查认为犯罪事实清楚，证据确实、充分的，制作起诉意见书，连同案卷材料、证据一并移送人民检察院依法审查、提起公诉；

（五）对监察对象所在单位廉政建设和履行职责存在的问题等提出监察建议。

监察机关经调查，对没有证据证明被调查人存在违法犯罪行为的，应当撤销案件，并通知被调查人所在单位。

种"对下负责"的责任。而这种变化的同时也带来政府责任价值的转变——从捍卫君主专制向捍卫民主政治转变。

在传统封建专制制度的社会中,君主掌管国家大权,且因"君权神授"思想观念的推崇,人们认为所有的权力都来源于上天,而君主是上天授权掌管国家的主体,为协助君主管理国家,再由君主将其权力授予各级官员组成政府机构。因此,君主作为最高统治者,不受任何其他权力的束缚,"即是最高权力运行失误甚至给社会带来深重的灾难也是不用承担任何责任的"。① 而政府的权力来源于君主的授予,相当于君主权力的延伸,同样不受其他权力的约束,政府只需对君主负责即可——对上负责。在这样的政治逻辑下,政府奉行"权力本位",政府责任存在的价值在于君主权力的维护,从而保障君主专制的统治。随着时代的发展,资本主义开始萌芽,资产阶级的革命率先爆发,尤其在启蒙思想运动之后,人民主权、社会契约论思想蓬勃兴起,人民的主体地位得以确立。此时,主权在民思想深入人心,有关国家权力的来源由"君权神授"向社会契约论和主权在民理论转变。国家的权力来源于人民的授予,政府是受人民委托行使权力来承担治理国家责任的主体。政府因人民利益的需求而产生。人民为求生存和发展,但碍于无法直接行使主权来治理国家,只能通过政府代理行使权力,满足人民对社会秩序稳定和发展的需求——这是政府与生俱来所担负的责任。在这样的政治逻辑下,人民作为国家真正的主人,是权力的原始享有者,政府只不过是代理人民行使权力并以责任为其存在的根本,即政府应当以"责任为本位",权力受到责任的约束,政府享有的权力必须服务于人民,否则,人民有权限制、改变和收回这种权力。如此,政府责任由"对上负责"转变为"对下负责",并带来政府责任价值的转变——从捍卫君主专制向捍卫民主政治转变。

(二) 权力的制约

"权力有作恶和滥用的自然本性:这一原则由西方人士所信奉,最迟同文

---

①　丁德昌著:《农民发展权法治保障研究》,中国政法大学出版社 2015 年版,第 284 页。

字、文明一样古老。"① 政府总是与权力相挂钩，即使是在民主政治的制度之下，也免不了出现权力滥用和作恶的现象。究其根本，是因为人性中的自利。人作为独立的生命个体，天然带有以自我利益为中心的属性，正如黄宗羲在《原君》中写道："有生之初，人各自私，人各自利也。"同时，人的自利性也是人类社会普遍存在的共性，基于此，亚里士多德便指出过："人类倘若由他任性行事，总是难保不施展他内在的恶性。"② 休谟也提出著名的"无赖"理论，他认为在政治生活中"必须把每个人都设想为无赖之徒确实是条正确的政治格言"。③ 天下熙熙皆为利来，天下攘攘皆为利往，政府官员作为"无赖之徒"在享有权力的同时基于人性中的恶，具有滥用权力为己谋利的天然倾向。政府责任的设置与运用便具有制约政府权力，限制其恶性发展的作用。具体而言，主要体现在外在制裁与内在约束两个方面。（1）就政府责任的制裁而言，其作用的方式是通过外在法律的强制得以体现。"'制裁'是法律规则的必备要素，是法律强制性的集中体现"④，政府责任作为一种法律后果，由具体的法律规定，因而也具有法律制裁的强制性。譬如，政府责任通过施加行政主体以一定的行政赔偿、行政处分等惩戒形式，强制行政主体为其违反行政法律规范义务的行政行为付出代价，并以国家的暴力为后盾，对行政主体形成外在的威慑，从而遏制其实施违法行为。（2）就政府责任的约束而言，是通过行政内部的道德伦理形成内心的约束，以规范权力的行使。政府责任作为一种法律责任，其本身具有指引、教育的功能。法律通过事先设定的政府责任，让行政主体对其实施的行政行为可能产生的后果有所预测，进而形成价值上的引导，促使其发自内心地规范自己的行为，合法行使权力。因此，可以说，"责任是

---

① ［美］格尔哈斯·伦斯基著：《权力与特权——社会分层的理论》，关信平等译，浙江人民出版社 1988 年版，第 8 页。

② ［古希腊］亚里士多德著：《政治学》，吴寿彭译，商务印书馆 1965 年版，第 319 页。

③ ［英］休谟著：《休谟政治论文选》，张若衡译，商务印书馆 1993 年版，第 27 页。

④ 胡肖华著：《走向责任政府——政府责任问题研究》，法律出版社 2006 年版，第 98 页。

行政权力运行的必然约束，不受约束的权力会导致腐败，这是政治运行的规律之一"。①

(三) 人权的保障

行政权力作为一种"必要的恶"而存在，它在执行法律意志、实现人民利益的同时，出于天然腐败和扩张的倾向，又极易侵害公民的个人权利，因此，政府责任作为控制行政权力的必要机制得以存在。从表象上来看，政府责任的直接目的在于制约行政权力，以规范行政权力的行使，深入考究则可知，政府责任机制的根本目的其实在于扼制行政权力对公民个人权利的侵犯，以保障人权。尽管人民作为主权享有者的身份而存在，但碍于现实情况无法满足其直接行使权力的需求，只能通过中间机构代为行使权力。在所有的权力机构当中，政府与公民的接触最为深入和广泛，毫不夸张地说，人从出生到死亡都要与政府打交道。而"在当下的国家权力结构体制中，个人与政府相比，始终是弱小的"②，行政权力极易侵害公民的基本权利。可以说，规制行政权力对于人权保障事业而言起着至关重要的作用，而政府责任就如同悬在行政权力之上的"达摩克利斯之剑"，约束着行政权力的行使。具体而言，(1) 从政府责任的预防功能来看，当行政主体及其公务人员实施违法行政行为时，便要承担相应的政府责任，而这种政府责任通常表现为一种惩戒，具有威慑和预防的作用，即一方面政府责任通过对违法行政主体或其公务人员实施一定的惩戒措施，限制或剥夺其再次实施违法行为的权力，达到特殊预防的效果；另一方面通过政府责任的承担警示违法行政行为可能带来的不利后果，威慑其他潜在违法行政主体或公务人员，遏制其产生违法的冲动，达到一般预防的效果。(2) 从政府责任的救济功能来看，政府责任也是对公民的一种救济机制，当公民权利受到行政主体及其公务人员行政行为的侵害时，其可以通过法定的途径对相

---

① 魏星河、许小莲：《行政责任缺失的危害及其控制》，载《广东行政学院学报》2003 年第 1 期。

② 胡肖华著：《走向责任政府——行政责任问题研究》，法律出版社 2006 年版，第 85 页。

关人员启动追责程序，以挽回或弥补自己的损失、保障权益。由此可见，政府责任对于人权保障而言，具有惩前毖后的效用，其既能在事前对行政主体及其公务人员起到警示的作用，以预防其对公民权利的侵害，也能在事后为公民提供救济的途径以尽量修复其损害。

典型案例 3-2：李某某不服交通事故责任重新认定决定案①

【裁判摘要】

道路交通事故责任认定，首先要查明道路交通事故发生时，各方当事人的哪些行为与事故的发生有因果关系，然后认定这些行为是否违章，行为人应当承担什么责任。在本案涉及的事故中，邱森某的无证驾车、违章载人和占道行驶等违章行为，显然是导致事故发生的主要原因。而李某某的占道行驶违章行为，却与事故的发生不存在因果关系，不应因此对交通事故的发生承担责任。乙交警队以李某某占道行驶为由，认定李某某与邱森某在本次事故中均负同等责任，显然不当。

【相关法条】

《中华人民共和国行政诉讼法》第 61 条第（一）项

《道路交通事故处理办法》第 17 条第 2 款

【基本案情】

2000 年 7 月 26 日，第三人邱家某、刘莲某之子邱森某无证驾驶闽 FH2042 号二轮摩托车，后载第三人邱炳某、谢小某之女邱丽某和第三人周丽某、李某等三人，由文亨方向往甲城城区行驶。原告李某某驾驶闽 F60590 号金杯牌小客车，由甲城往文亨方向行驶。双方行至建文线 175km+920m 处交会时发生碰撞，造成邱森某受伤后送医院经抢救无效死亡，邱丽某当场死亡，李某、周丽某受伤，两车损坏的重大交通事故。同年 8 月 25 日，甲城交警队作出的第 20001033 号《道路交通事故责任认定书》认定：邱森某无证驾车、超载三人、占道行驶，应负事故的主要责任；李某某车速过快、疏忽大意、临危采取措施

---

① 本案裁判文书参见附录 2。

不当，应负事故的次要责任。第三人邱家某不服甲城交警队的责任认定，向被告乙交警队申请复议。同年 10 月 12 日，乙交警队以〔2000〕第 343 号《道路交通事故责任重新认定决定书》，撤销了甲城交警队第 20001033 号《道路交通事故责任认定书》，重新认定邱森某无证驾车、违章载人妨碍驾驶、占道行驶，是造成交通事故的原因之一，应负本次事故的同等责任；李某某驾驶车辆占道行驶，是造成事故的原因之一，应负本次事故的同等责任。李某某不服该重新认定，提起诉讼。

【裁判结果】

福建省乙市中级人民法院认为，其查明的事实与一审相同，驳回上诉，维持原判。

【裁判理由】

法院生效判决认为：1991 年 9 月 22 日国务院以第 89 号令发布的《道路交通事故处理办法》第 17 条第 2 款规定："当事人有违章行为，其违章行为与交通事故有因果关系的，应当负交通事故责任。当事人没有违章行为或者虽有违章行为，但违章行为与交通事故无因果关系的，不负交通事故责任。"第 19 条第 2 款规定："两方当事人的违章行为共同造成交通事故的，违章行为在交通事故中作用大的一方负主要责任，另一方负次要责任；违章行为在交通事故中作用基本相当的，两方负同等责任。"

道路交通事故责任认定，首先要查明道路交通事故发生时，各方当事人的哪些行为与事故的发生有因果关系，然后认定这些行为是否违章，行为人应当承担什么责任。上诉人乙交警队提交的现场勘验简图，反映出现场路段有效路宽为 15.1m，半幅路宽 7.55m，路面视线良好。现场勘验简图和现场照片证实，两车碰撞点位于上诉人李某某驾驶的金杯牌小客车行驶的车道内距路中线 0.46m 处，这是道路交通事故发生时两车所处的位置。金杯牌小客车在开始制动时虽然跨越道路中心线 0.5m，但左侧仍留有约 6 米宽的有效路面。即使李某某不向本车道驶回，所余有效路面也足可以使对向邱森某驾驶的二轮摩托车安全通过。另外从金杯牌小客车的制动拖印、证人林钦某、吴某的证言和讯问李某某笔录中还可以看出，金杯牌小客车驶回本车道时，距离邱森某的摩托车尚有 30 余米；从李某某发现险情采取制动措施到两车碰撞时，邱森某的摩托车始终处于占道位置。这些情节都证明，李某某在发现险情前虽有占道行驶的行为，但该行为不会使对向驾驶摩托车的邱森某认为前行无路，从而采取进入逆行车道的避险措施。李某某自发现险情就开始制动同时驶回本车道，此时相距 30m 以外的邱森某如也能进入自己一侧的车道行驶，则两车相撞的事故完全可以避免。而邱森某是无证驾驶，驾驶技术的不熟练影响其作出正确判断；又因摩托车严重超载，邱森某无法把握车辆行驶的正确方向，才使其不能及时驶回自己一侧的车道，而在李某某一侧的车道内与李某某驾驶的金杯牌小客车相撞。在本次事故中，邱森某的无证驾车、违章载人和占道行驶等违章行为，显然是导致事故发生的主要原因。而李某某的占道行驶违章行为，却与事故的发生不存在因果关系，不应因此对交通事故的发生承担责任。乙交警队以李某某占道行驶为由，认定李某某与邱森某在本次事故中均负同等责任，显然不当。一审判决撤销乙交警队作出的《道路交通事故责任重新认定书》，并判决乙交警队对此次交通事故的责任重新作出认定，是正确的。乙交警队的上诉理由不能成立，应予驳回。

第四章　要件与原则

政府责任理论是建设"责任政府"的理论基础，但我国理论界目前对政府责任的研究还不够深入，对于政府责任的基本范畴尚未厘清。对每一个研究领域而言，"如果没有自己的范畴或者范畴的内容模糊不清，就不能引发共识，各门学科就无法正常地、有效地沟通、对话、合作"。① "在我国当前的理论界，政府责任概念主要在行政法学和行政学上通用，而由于各概念本身内涵和外延上的差异，造成了诸多学理上的混论。"② 包括政府责任的概念这样的基础问题，尚存争议。争议的背后，涉及对政府责任范畴的进一步探索，这是我们研究政府责任理论、构建法治政府责任制度的基石。其中，政府责任的构成要件和适用原则则成为深入探索政府责任的基本范畴内容。

通常情况下，政府责任更多属于法律意义上的概念，而作为一种法律概念，它并非天然具有法律效果，必须在满足一定条件的基础上才产生法律上的效果——这便是政府责任构成要件的价值和意义所在，即政府责任的构成要件是政府责任产生法律效果的前提条件，同时，政府责任的构成要件也起到限定政府责任范围的作用，在一定程度上保障了责任人的权利。所谓政府责任的构成要件是指引起政府责任所需具备的条件因素，具体包括主观方面的要件和客观方面的要件，而主观方面的要件又包含主体因素和主观因素，客观方面的要件则包含行为因素、结果

---

① 张文显著：《法哲学范畴研究》，中国政法大学出版社 2001 年版，第 1 页。

② 张创新、韩志明：《行政责任概念的比较分析》，载《行政与法》2004 年第 9 期。

因素和因果关系。在此基础之上，政府责任不再是一个抽象的理论概念，而是一种具象化的存在，然而，政府责任要生法律之效果还依赖于归责原则的适用。归责原则是连接政府责任理论与实践的桥梁，它在最终意义上成为政府责任成立与否的关键，并影响着政府责任实践层面的法律效果，在政府责任体系当中具有重要的地位。

第一节　政府责任之构成要件

一般而言，引起政府责任的原因行为主要表现为违法行政行为，但在实践中，并非只要出现违法行政行为就必然引起政府责任，还需满足政府责任成立的其他构成要件，即是否应当追究政府责任应当考察政府责任成立的构成要件是否满足。所谓构成要件，是指政府责任成立需满足的主观与客观方面相统一的条件，具体而言，包括以下几个方面。

一、主体要件

责任主体，即由谁来承担责任，政府责任的主体范围界定牵涉行政法基础理论采取的是控权论还是管理论抑或是平衡论的问题。以控权论为理论基础的政府责任主体即指的是行政主体，包括行政机关和法律法规授权的组织及公务人员；以管理论为理论基础的政府责任主体即指的是行政相对人；以平衡论为理论基础的政府责任主体即指的是行政法律关系主体，既包括行政主体也包括行政相对人。可见，依据不同的理论观点，政府责任的主体范围存在不同。

（一）主体理论

控权论目的在于控制行政权的行使，以防止行政权的专横，从而保护行政相对人的自由和财产，因此强调行政主体的责任承担。它主要通过行政权的功能来界定行政责任的主体范围，认为实施了带有行政权性质的行为都属于行政行为，而实施者即是行政主体，需要为其行为负责，所以认为政府责任的主体不仅仅指的是行政机关，还包括法律法规授权享有行政权的组织以及具体实施行政行为的公务人员。管理论的目的在于管理国家，它主要侧重于行政效率的提高，强调政府对国家强有力的管理，因而对行政相对人设定的义务和责任较多，对权力享有者政府的限制较少，所以认为政府责任的主体仅仅包括行政相对人。平衡论的目的在于平衡政府与相对人之间的关系，因此注重政府的权力与相对人权利的均衡，对于政府责任承担的主体也认为包括行政主体和行政相对人，任何一方违反行政法律规范都应承担否定性的法律后果。由此可见，基于不同的行政法理论基础，对政府责任的主体会产生不同的理解，即行政法理论基础决定着政府责任的主体范围。从政治价值取向来看，管理论对行政效率的追求是建立在牺牲相对人权利的基础之上，具有浓厚的专制主义色彩，尤其是政府责任的缺失容易使政府的权力逐渐膨胀最后走向独裁专断的地步，与我国当前实行的民主政治体制可谓是背道而驰。平衡论以平衡政府与相对人之间的关系为目的，用同样的衡量标准来追究双方的政府责任，无论是政府还是行政相对人只要违反行政法律规范都要承担相应的政府责任，看似"公平"，实则未关注到政府与相对人本身在地位上的不平等，这种方式反而会让两者之间的关系变得更加失衡。控权论则看到了政府与相对人之间的不平衡性——政府拥有权力处于强势的地位，加之权力天然具有扩张的属性加剧了相对人的弱势地位。因此，该学说强调政府责任的主体在于享有行政权力一方的行政主体，从而实现以责任约束权力的目的，以保障行政相对人的权利，协调双方之间的不平衡性。我们认为，在政府责任主体的界定问题上，控权论更符合我国当前的政治现状和政治目的，即政府责任的主体是指享有行政权力的主体，它包括行政机关和法律、法规授权的组织及其公务人员。

（二）主体范围

在德国行政法理论研究中，职务责任被视为行政相对人行使职务赔偿请求权的首要条件，而职务责任产生于某人（任何人）执行公务时的行为。① 在这里，作为行政责任主体的"任何人"范围很广，"不仅包括严格公务员法上的公务员，公务过程中的职员或者工人，而且包括特别公法职务关系中的人，例如部长、乡镇代表大会的成员、县代表大会的成员或者议员，还可以是长期或者临时被委托执行特定的主权任务的私人"。② 在我国，行政责任的主体范围常常陷于多标准、难界定的尴尬境地，"公务员""国家工作人员""国家机关工作人员"等存在交叉重叠的概念常被混用。随着 2018 年 3 月《中华人民共和国监察法》（以下简称《监察法》）的颁布实施，尤其是《〈中华人民共和国监察法〉释义》的出版发行，行政责任的主体范围终于更加明朗：《监察法》第 15 条兼采列举和兜底的立法技术，规定了六类监察对象③；《〈中华人民共和国监察法〉释义》又对作为监察对象的"公职人员和有关人员"的本质和外延进行了更为详尽的说明④——"判断一个人是不是公职人员，关键看他是不是行使公权力、履行公务，而不是看他是否有公职"。⑤ 由此可见，在中德行政法学界，对于行政责任主体范围的界定问题上所遵循的标准有异曲同工之处——都要求该主体拥有"履行公务"的权力。

---

① 参见［德］哈特穆特·毛雷尔著：《行政法学总论》，高家伟译，法律出版社 2000年版，第 623 页

② ［德］哈特穆特·毛雷尔著：《行政法学总论》，高家伟译，法律出版社 2000 年版，第 624 页。

③ 《监察法》第 15 条规定："监察机关对下列公职人员和有关人员进行监察：（一）中国共产党机关、人民代表大会及其常务委员会机关、人民政府、监察委员会、人民法院、人民检察院、中国人民政治协商会议各级委员会机关、民主党派机关和工商业联合会机关的公务员，以及参照《中华人民共和国公务员法》管理的人员；（二）法律、法规授权或者受国家机关依法委托管理公共事务的组织中从事公务的人员；（三）国有企业管理人员；（四）公办的教育、科研、文化、医疗卫生、体育等单位中从事管理的人员；（五）基层群众性自治组织中从事管理的人员；（六）其他依法履行公职的人员。"

④ 参见《〈中国共和国监察法〉释义》第三章中对《监察法》第 15 条规定的释义。

⑤ 中央纪委国家监委法规室编著：《〈中华人民共和国监察法〉释义》，中国方正出版社 2018 年版，第 30 页。

（三）主体能力

主体能力是指政府责任主体的责任能力，其要义有二：（1）就行政主体（行政机关和法律、法规授权的组织）的责任能力而言，是指对外能以自己独立名义承担行政行为所引起的法律后果的能力，即其不仅享有法定行政职权，还具有独立的法律人格——能以自己的名义对外行使权力，并能充当行政复议或行政诉讼的适格主体。① 在此需注意的是，当行政主体作为政府责任的主体时，其仅仅属于形式意义上的责任主体，最终的责任是由国家来负担，即实质意义上的责任主体是国家。（2）就行政公务人员的责任能力而言，是指具备一名履行公务人员所要求的专业知识和技能，以及尽到合理注意义务的能力，即能够理解其岗位职责所应尽的行为义务，并认识到自己行为的性质、后果和社会政治意义，同时具有控制自己行为的认知能力。一般情况下，公务人员的责任能力是毋庸置疑的，而其在达到政府责任主体所要求的能力时仍然实施违法行政行为，则应当承担相应的法律后果，但也存在例外情形——由于客观条件的限制和阻碍致使其达到一般公务人员所要求的认知能力时仍然无法控制自己的行为而造成损害后果的发生，可阻却政府责任的承担。

实施行政行为的人员是行政机关或法律法规授权组织中的公务人员，他们掌握了专业的知识和较高业务水平，具有辨别和控制其行为的能力，因而其实施的行政行为一旦违反行政法律规范的规定，便需要承担政府责任。

二、主观要件

就理论而言，名义上享有行政权的主体为行政机关和法律、法规授权的组织，它们可以是拟制的"法人"，但非实体上的自然人，因而也不具有主观心理状态可言。然而，实际情况却是，行政机关和法律、法规授权的组织必须通过其内部的公务人员才能行使权力，实施具体的行政行为，因而，在执行公务

---

① 参见江国华著：《中国行政法（总论）》，武汉大学出版社 2012 年版，第 127～128 页。

过程中的公务人员也被认为是相关行政主体的代理,其实施的违法行政行为所造成的后果也由相关的行政主体对外承担责任。因此,行政公务人员的过错即是行政主体的过错,而行政公务人员的过错则要考察其主观的心理状态。具体来说,可以从以下两个方面进行判定。

(一) 公务过错

政府责任的认定问题上,还须考察特定的主观要件。在德国行政法理论中,"职务责任采过错责任原则,以公务人员的故意或者过失为必要条件"。①执行公务的人员通常具有专业的知识和技能,因此在认定其政府责任的主观过错时与一般责任的主观过错认定不同。(1)就其认定标准而言,只需考察执行公务人员实施的行政违法行为或行政不当行为是否达到一般公务人员所要求的客观注意标准即可。当执行公务人员达到了一般公务人员的注意标准时认定为无过错,当其未达到一般公务人员应注意到的客观标准时则认定为有过错。(2)就其认定的原则而言,在认定公务过错时一般采用违法原则。由于行政主体是依法实施公务,在实施公务的过程中只要违反了法律的规定即构成公务过错,此时,便不去考察公务人员个人的主观过错而直接推定其存在过错。换言之,当公务人员实施了违法行为时,推定其存在公务过错,且不存在免除责任的事由,譬如,其既不得以行政主体存在的内部问题如上级(机关首长或者机构领导)的错误来免除其承担的责任,也不得以自身的知识水平缺陷来免除责任。

在此需要注意的是,在认定行政主体存在公务过错的情况下,还需要对其过错形态和程度进行区分,并以此作为判定其责任轻重以及选择相应责任承担方式的依据。一般而言,主观上存在故意的心理所应承担的责任要重于过失心理所应承担的责任,所谓故意是指行为人认识到其行为违反法律规范的义务以及可能导致的危害后果,并积极追求或放任该危害后果的发生;过失是指行为

---

① [德] 哈特穆特·毛雷尔著:《行政法学总论》,高家伟译,法律出版社 2000 年版,第 631 页。

人应当认识到其行为违反法律规范的义务以及可能导致的危害后果，因为疏忽大意或过于自信的过失而没有认识到，并最终导致危害后果的发生。其中，故意又可分为直接故意和间接故意，一般情况下，直接故意的主观过错要重于间接故意的主观过错；而过失又可分为疏忽大意的过失和过于自信的过失，区分两者的区别主要在于行为人是否采取了一定的措施防止危害后果的产生，采取防止措施的过失心理要轻于未采取防止措施的过失心理。

（二）例外情形

一般情况下，政府责任的产生要求存在公务过错或至少是推定存在过错，但也有一些无须过错也会引起一定政府责任的特殊情况存在，即严格责任的情形。在我国政府责任中，严格责任的情形主要是指公平原则的适用情形，即使行政主体实施的是合法的行政行为，不存在公务过错，但基于公平原则而需为行政相对人所造成的损失负担一定的责任，承担补救性行政责任。这种补救性的行政责任对行政相对人的救济以其所造成的损失为上限，不具有惩罚的色彩。从宪法基础来看，严格责任在政府责任中的适用具有宪法上的依据，即我国《宪法》第 10 条第 3 款规定："国家为了公共利益的需要，可以依照法律规定对土地实行征收或者征用并给予补偿"。以及第 13 条第 3 款也规定："国家为了公共利益的需要，可以依照法律规定对公民的私有财产实行征收或者征用并给予补偿。"而在实践活动中，严格责任通常适用于行政征收、征用的过程中，即使这属于合法的行政行为，但行政主体仍应对被征收、被征用的行政相对人承担一定的补偿责任。由此可见，政府责任并非必然要求行政主体存在过错，也存在例外的情形，这得益于严格责任原则的适用。

三、行为要件

行政主体或其公务人员承担政府责任的前提，在于其公务行为违反行政法律规范，或者虽未违反行政法律规范但存在滥用裁量权的情形。同时，造成损害的行为必须在执行公务过程中实施，即不管是从组织关系的内部来看还是对外的行为表现来看，导致行政责任的行为必须是为了执行公务的行为，而不是日常的生活行为或其他与执行公务无关的行为。一般而言，行政违法行为与政府责任具有天然的引起与被引起的关系，但其并非导致政府责任的唯一原因，除此之外，还有行政不当行为及特定情况下的行政合法行为也可能引起政府责任。

（一）行政违法行为

行政违法行为是行政主体及其公务人员违反行政法律规范的行政行为，包括作为行政违法和不作为行政违法两种行为类型。作为行政违法是指，行政主体及其公务人员在行使行政权力的过程中，违反行政法律规范所规定的不作为的义务，积极作为并产生一定法律后果的行为。不作为行政违法是指，行政主体及其公务人员在行使行政权力的过程中，依据行政法律规范或者因其先前的行政行为或是因行政合同而承担的一定积极作为的义务，在其有能力履行该积极作为义务的情况下而未积极履行，并产生一定危害后果的行为。就其表现形式而言，在实践中，行政违法行为主要存在这几种行为方式：行政越权、行政侵权、行政违约、行政滥用职权、违反法定程序、适用法律法规错误等。

（二）行政不当行为及特定行政合法行为

"行政不当行为是指行政机关及其他行政公务组织和行政公务人员所作的虽然合法但不合理的行政行为。"[①] 尽管在形式上，行政不当行为符合法律规定的要求，但究其实质，却有悖于法律精神或法律原则要求，因而属于不合理的行政行为，也需承担一定的政府责任。具体而言，行政不当行为主要存在以下几个特征：其一，行政不当行为是在合法范围内执行不当的行政行为，表现为对社会价值的违背，而这种价值是一种宽泛的、宏观的标准，是一种与伦理、社会需求密切关联的综合体，因而行政不当行为指的是畸轻畸重或是显示公平的行为。其二，行政不当行为只能是具有自由裁量权的行政行为，而不存

---

① 胡肖华著：《走向责任政府——政府责任问题研究》，法律出版社 2006 年版，第 31 页。

在于羁束行政行为中。其三，行政不当行为并不必然引起政府责任，只有当其造成的结果具有一定的危害程度并对该后果的产生具有相当因果关系的情况下才会引起政府责任。其四，行政不当行为并不当然影响所有行政行为的效力，应视情况而定。

行政合法行为其本质上是符合行政法律规范的行为，之所以可能引起政府责任，是基于"危险责任原则"，也称"公平责任原则"，即"基于'对不幸损害的合理分配'的要求，也可以产生责任和责任的归结和承担问题"。① 因而，原则上行政合法行为不引起政府责任的承担问题，但在特殊情况下，基于公平的考虑仍然需承担一定的补偿责任。

四、结果要件

政府责任的产生，应包含两个可能的结果要件：其一是侵害合法权利，意指行政主体的违法行为或不当行为侵害了相对人的合法权益，或者使之处于危险之中；其二是不合行政目的，意指行政主体的行为不符合宪法、法律、法规为其设定行政权的目的。

（一）侵害合法权益

就第一个要件而言，需要明确的是，引起政府责任的结果构成要件限定在相对人的合法权益范围内，即相对人非法权益的损害不会引起政府责任的产生。基于客观归责的视角，政府责任产生的结果要件限定为相对人"合法权益"的损害，但并没有对行政行为作出"合乎法律规定"的限定，换言之，行政违法行为或特定情况下的行政合法行为只要侵害到了相对人的合法权益，并满足其他要件的话，即需要承担政府责任。但不同的是，行政合法行为仅需承担补偿性的政府责任，而行政违法行为则一般以惩罚性的赔偿责任为主。

---

① 张治宇：《行政责任主体与行政责任类型研究》，载杨解君主编：《行政责任问题研究》，北京大学出版社 2005 年版，第 78 页。

借鉴《刑法》对损害的理解，我们可将此处相对人合法权利的损害分为实害结果和危险结果。实害结果是危害行为所造成的现实损害；危险结果则是危害行为产生了足以发生危害结果的危险状态，在该状态下不一定会导致实害结果。① 这里值得关注的问题是，如果行政机关的行为没有造成实际损害，只是产生了一定的危险，是否应当承担相应的责任？在法理上，既然政府责任的目的在于规范政府行为，促使政府从"管理型政府"向"服务型政府""责任型政府"转变，那么引起政府责任的"损害"范围应当较为宽泛一些，即不仅包括客观的、可以量化的实际损害，也包括未客观现实化的、可能带来的危险。

（二）违背行政目的

就第二个要件而言，通常情况下不符合行政目的的行为也会造成相对人合法权利的侵害，但也并非一概如此。这一类行政行为虽未直接导致相对人合法权利的损害，但却会间接造成相对人权益的受损，因而也需要承担相应的政府责任，只不过是通过政治问责的方式进行。譬如某行政机关违规建设办公大楼，此行为虽然未导致相对人直接的利益损害，但它却违背了财政法律制定的目的，并在间接层面侵害了全体纳税人的合法权益，是不符合行政目的的行为。因此，需要对该行政机关的主要领导人或是直接责任人进行问责，以追求其政府责任，而这种问责方式主要是通过行政上的审计、监察等政治上的问责方式进行，难以采用行政复议、诉讼等方式。

五、因果关系

政府责任的产生不仅需要具备行为要件与结果要件，还需在行为与结果之间具有引起与被引起的因果关系，即因果要件。对于因果关系的认定，学界也是众说纷纭，莫衷一是。概括而言，主要包括以下几种学说。

---

① 马克昌主编：《刑法学》，高等教育出版社 2003 年版，第 66~67 页。

（一）条件说

条件说指的是行为与结果之间只要存在"无 A 则无 B"的必要关系，则在 A 与 B 之间存在因果关系。该说由奥地利刑法学家格拉赛于 1858 年首创，它从结果角度出发对原因行为进行考察，但凡是与结果存在"引起与被引起关系"的行为都被纳入原因行为的范畴，而不考察对结果产生的原因力大小和远近程度，容易导致原因行为范围的无限扩大，因而逐渐被予以否定。但其对行为与结果之间的必然性考察逻辑是可取的，也因此常被作为限定原因行为的初步筛选程序，并结合其他学说综合认定因果关系。

（二）相当因果关系说

相当因果关系说，即在条件说的基础上以"相当性"为限定条件，以一般社会设定的标准来考察行为与结果之间引起与被引起关系的相当性程度。该说弥补了条件说无限扩大原因行为的缺陷，以一般社会的评价标准对原因行为作了一定程度的限缩，当原因行为对结果的产生起到相当的作用时，即判定它们之间存在因果关系。关于相当性的判断主要存在三种标准：一是主观说，即以行为人的主观认知为判断标准，当行为人以其实际所具有的能力认识到其行为可能导致的危害后果时，仍然实施该危害行为，则认定行为与结果之间存在因果关系。二是客观说，即以危害结果发生时的客观情况为判断标准，客观实际情况能让行为人认识到其行为可能导致的危害后果，其仍然实施该危害行为并造成危害后果的产生，则认为存在因果关系。三是折中说，即以一般社会的标准进行考察，只要以一个一般人的认知能力即可认识到其行为可能导致的危害后果，行为人仍然实施该危害行为，则认为存在因果关系，而这"一般人"指的是以社会普遍要求标准所抽象出的一般意义上的人。如今采取的通说是折中说，即以一般人的标准对行为人进行考察，同时兼顾其自身的特殊能力，以及当时的客观情况进行综合认定。可见，相当因果关系说的优点在于其能适当调整原因行为的范围圈，同时又能灵活应对错综复杂的社会情况，具有合理性。

（三）直接因果关系说

直接因果关系说，即指的是"行为与结果之间存在逻辑上的直接的关系，其中行为并不要求是结果的必然或根本原因，而仅仅是导致结果发生的一个较近的原因"。① 该说也称"近因因果关系说"，它是以距离结果发生的时间远近作为原因行为的判断标准，存在太过片面和绝对的缺陷，容易导致一些与结果存在一定时间间隔但却对结果影响较大的原因行为被排除出去，如此不利于准确判断真正的原因行为，存在一定的不合理之处。

（四）必然因果关系说

必然因果关系说，即认为因果关系应当是必然的因果关系，行为对结果的引起存在逻辑上的必然性，而必然性的判断一般以行为对结果产生的原因力为标准，要求损害结果的发生完全由原因行为导致。可见，该说在单一因果关系的认定中可以得以适用，但在复杂因果关系，譬如存在多因一果或多因多果的情形中便难有适用的余地。有关必然性的判断，看似明确，但这判断标准却仍然是个问题，需要结合具体情况作出综合的认定。

由于现代风险社会理论的兴起，加之现实情况复杂多变，原因与结果之间并不是简单的单线逻辑，而逐渐出现多因一果、多因多果、一因多果的现象，传统的因果关系理论受到极大的挑战，传统理论所要求的严格因果关系逐渐被弱化，一种因果关系理论也难以应对多变的现实情况。因此，用恒定的唯一的因果关系规则来诠释行政侵权的标准是不现实的，因而有必要构建多元的行政赔偿因果关系认定规则。②

---

① 朱新力、余军：《行政法律责任》，载应松年主编：《当代中国行政法》（第七卷），人民出版社 2018 年版，第 2693 页
② 王世涛著：《行政侵权研究》，中国人民公安大学出版社 2005 年版，第 162 页。

第二节 政府责任之归责原则

政府责任的归责原则，就是解决政府机关基于何种理由对其自身或其公务人员因行使职权致使相对方权益或公共利益受损而承担行政责任的问题。它是确认政府责任的核心和基础，影响着政府责任成立的范围以及追责程序的适用规则，在政府责任理论当中具有重要的地位。

一、政府责任归责原则的类型

政府责任的归责原则是指从理论上归纳、抽象出政府承担行政责任的根本依据或责任的根本要素，重在归责的问题之上。所谓"归责"，从语义分析的角度来看属于一个动词，在法学中，归责是判断法律责任的动态过程，而归责原则是指在此判断过程中应当遵循的基本价值理念和范式结构。在不同的法学学科领域，归责原则存在不同的认识和理解。在法理学上，"归责原则"只是一个抽象的法学术语，无法依据其本身的性质和含义对一个责任作出认定、判断和归结，不具有实践可操作性；在民法上，归责原则则是从规范层面出发，以能解决实际问题为价值追求，具有较强的可操作性；在刑法上，归责的核心要求行为人主观上具有过错，因此不存在多种归责原则而重在因果关系的探讨之上；而在行政法学界，政府责任的归责原则并未引起足够的重视，学者大多是借鉴民法学或是刑法学方面的归责原则来阐释这一理论。

本书认为，归责原则是从法律价值上判断行为人应否承担法律责任的最根本的依据和标准。尽管不同部门法的归责原则各有特点，但它们仍然存在作为归责原则的共性，政府责任的归责原则也是如此。因此，从归责原则的共性出发，可以窥探出政府责任归责原则具有的特性：（1）根本性，它体现了政府责任的根本理念，是判断行政主体是否应当承担责任的最根本依据和标准。（2）概括性，它是政府责任制度的高度浓缩，并体现在各类涉及政府责任的法律规范当中。（3）理念性，它体现了合乎规范的行政行为的理念，这种理念通过法律规范的教育、指引功能根植于人们的内心，从而形成一种法律确念，在认定政府责任之时，人们都会在潜意识中不自觉地按照它所设定的理念来运用。一般而言，政府责任归责原则有过错责任原则、违法责任原则、违法加过错责任原则和危险责任原则等几大种类。① 基于不同归责原则，政府责任的认定标准也会产生不同。

（一）过错责任原则

过错责任原则是民事责任最重要的归责原则，有着悠久的历史。在公元前3世纪颁行的《阿奎利亚法》中就曾明确规定了过错责任的内容。在这部法典中，即使是最轻微的过失也具有考虑的价值，这实际上明确规定了将过失作为归责的依据。此外，这部法典还规定了偶然事件谁也不负责任、受害人的过失否定加害人的过失及以客观标准确定过失。1804 年的《法国民法典》同样将过失责任作为侵权法的重要原则加以规定，此后便为西方各国效仿，使过错责任原则与所有权平等、契约自由原则一起，成为近现代民法的三大支柱。时至今日，过错责任原则仍然是侵权行为法最重要的归责原则。具体而言，过错责任原则要义有三：第一，以过错作为承担责任最重要的构成要件之一。根据过错责任原则确定行为人的法律责任之时，不仅需要考虑行为人的行为与损害结果之间的因果关系，还要考虑行为人在主观上是否存在过错，行为人只有在主观上存在过错时才应承担法律责任；第二，以过错作为归责的根本要件；第三，以过错作为确定责任范围的重要依据。首先，若行为双方对损害结果的发生都存在过错，则应比较双方过错与损害结果之因果联系的强弱，从而决定行为双方各应承担的责任范围；其次，在多人实施的侵权行为中，应根据各侵权人的过错对损害结果的影响程度判断各自应承担的责任大小。

受民法的影响，在行政法领域对政府责任的认定也开始逐渐采纳过错责任

---

① 参见孙隽：《无过错责任原则及其他——建构行政责任归责原则体系的一种思路》，载杨解君主编：《行政责任问题研究》，北京大学出版社 2005 年版，第 245 页。

原则。正如民法中对过错的理解存在主观过错与客观过错之争，政府责任认定当中也存在着主观过错与客观过错（公务过错）两种不同的观点。① （1）主观过错是指违法行为人对其实施的违法行为及其可能导致的后果具有主观上的过错，即存在故意或过失的心理。主观过错的归责依据主要出现在英、美、德、日等国的民法中，其进行归责的理论逻辑主要来源于民法中雇佣人对被雇佣人或代理人所应履行的义务，即"只有在受雇佣人或代理人（即公务人员）执行职务行为构成侵权行为时，国家始负责任"。② 因此，公务人员在执行职务时的主观过错成为其承担政府责任的核心要素。（2）客观过错是指基于对公务人员执行公务的客观评判标准，来衡量其职务行为是否应当进行归责，这种责任的承担主体不在公务员个人而在其所代表的行政主体。客观过错也称公务过错，是在法国行政法中通过判例而形成的独特理论，它不同于民法上的个人过错，而是"将目光投向行政机关整体，以行政机关公务活动是否达到中等公务活动水准为客观标准来衡量公务过错存在与否"。③ 客观过错具有职务性，它虽源于公务人员但却不能归责于公务人员，而是以其所属的行政主体作为最终归宿。以客观过错为归责依据会导致对主观过错的弱化，正如法国学者Benoit 所言，"主观和道德方面的过错在行政法的过错概念中只起到第二层次的作用，这里的过错只意味着不当履行公务，对这种过错进行'拟人的'定义，只会是蹩脚的模仿"。④ 从这个角度来看，客观过错的衡量标准与违法责任原则的衡量标准相近，但两者仍然是不同的两种归责原则。客观过错的目的在于"保护当事人的主观权利"⑤，本质上仍然属于过错责任原则的范畴；而违法责任原则的目的在于"保障法治原则的实现"⑥，主要是通过对公务行为的合法性评判进行归责。

---

① 沈开举、王钰著：《行政责任研究》，郑州大学出版社 2004 年版，第 131 页。
② 皮纯协、冯军主编：《国家赔偿法释论》，中国法制出版社 2010 年版，第 73 页。
③ 皮纯协、冯军主编：《国家赔偿法释论》，中国法制出版社 2010 年版，第 73 页。
④ 周汉华、何峻著：《外国国家赔偿制度比较》，警官教育出版社 1992 年版，第 92 页。
⑤ 王名扬著：《法国行政法》，中国政法大学出版社 1988 年版，第 701 页。
⑥ 王名扬著：《法国行政法》，中国政法大学出版社 1988 年版，第 701 页。

有学者认为，过错责任原则在行政领域主要的适用范围如下：（1）对行政公务人员的行政追偿责任。（2）行政合同行为的侵权责任。（3）滥用职权的行政责任。（4）公有公共设施致损引起的国家赔偿。① 对于该观点，我们持肯定的态度。而就过错责任原则的具体适用而言，一般情况下，由行政主体对外承担政府责任，采纳客观过错的认定标准，而主观过错的认定标准则适用于行政系统内部对公务人员的个人责任认定。这样的原因在于，在行政活动中，行政公务人员代表着行政主体执行公务，其目的是为了公共利益而非个人利益，行为一般不具有个体性，因而其行为后果也应归属于其代表的行政主体，但当行政公务人员存在个人过错的情况下，则应在行政系统内部承担相应的责任。唯有如此，才能在兼顾公平的同时不致挫伤行政公务人员的工作积极性。

（二）违法责任原则

违法责任原则是以职务违法行为作为归责的根本标准，而不问行为人的主观过错。关于"违法"的判断在各国的理论界都存在不同的观点，主要存在两种观点②：一种观点认为违法是指致害行为违反了宪法、法律、法规、规章的明文规定；另一种观点认为违法行为除了指违反严格意义上的立法规范外，还包括违反法律原则或者是欠缺正当性的行为。就第二种观点中的法律原则而言，主要是指行政法律规范中适用的原则，诸如诚信原则、尊重人权原则、权力不得滥用原则、比例原则、高效便民原则等，而所谓欠缺正当性则主要以公序良俗的道德标准来衡量。

采取违法责任原则的国家首推瑞士，譬如瑞士联邦责任法（1959年）第3条规定，联邦对于公务员执行职务时，不法侵害他人权利者，不管该公务员有无过失，应负赔偿责任。而瑞士联邦责任法中所指的违法指的是以下几种情

---

① 胡肖华著：《走向责任政府——政府责任问题研究》，法律出版社2006年版，第149~150页。

② 参见皮纯协、冯军主编：《国家赔偿法释论》，中国法制出版社2010年版，第77~80页。

形：（1）违反法律秩序，明示或默示保护某种法益之法令或禁令。（2）违反为避免执行职务时发生损害而设置的内部业务规定。（3）滥用自由裁量权。在我国，违法责任原则在行政领域的适用范围既包括对实体法律规范的违反，也包括对程序法律规范的违反。但在实践中，违法责任原则普遍存在着操作性不强的弊端，以致追究行政主体违法行政责任的效果不明显。根据我国《行政诉讼法》第 5 条的规定，法院仅对具体行政行为的合法性进行审查，而对规范创制的抽象行政行为、内部行政行为、行政指导、终局行政行为则无权审查合法性。此外，违法责任原则也无法适用于行政事实行为的责任认定——对于行政主体及其工作人员所实施的与职权相关但是并不产生法律规定效果的行为。可见，违法责任原则的适用范围具有一定的局限性，而扩大行政诉讼受案范围已经成为理论界和实务界的共识，由此，违法责任原则的适用范围有望扩大化。

（三）违法加过错责任原则

违法加过错责任原则，主要是指政府责任的成立既要求具备客观上的违法行政行为，还要求行政主体（及其公务人员）存在一定的过错，即采用双重评判标准。该归责原则将一些主观上没有过错，即尽到合理注意义务或达到客观公务标准的违法行为排除在政府责任的范围之外，从而起到限缩政府责任的范围的作用，主要适用于中国台湾、英国、美国、日本等地。

（四）危险责任原则

危险责任原则也称无过错责任原则，它认为政府责任的成立不看行政主体是否存在过错，而是从结果出发考察行政行为的致害性，即只要出现损害结果，即使行为主体没有过错，出于公平原则的考虑其仍然需承担一定的责任。该归责原则产生于 19 世纪下半叶，当时出现一种现象，即随着科学技术的发展以及政府权力的不断扩张，公务活动在过错缺失或合法的情况下仍然可能损害公民的合法权益，并且这种现象急剧增加。此时，过错责任原则根本无法满足现实的需求，危险责任原则应运而生。危险责任原则的思想理论基础是社会连带主义思想与公共负担人人平等原则。① 社会连带主义是在社会分工、协作关系中形成的思想理论，它将人置于社会这个整体中，认为人与人之间存在着某种连带的关系。正如在公法领域，行使公权力的目的在于维护社会公共利益，如果社会公共利益的维护是建立在对私人造成不公平且超过其他社会成员的损害时，基于公平原则就应当给予该私人以适当的补偿，以实现整个社会的平衡。这种归责认定是从结果责任出发，不去考量致害行为的性质内容，而以实际造成的损害为依据进行的归责。其目的主要在于将公务危险造成的风险损失由个人承担转化为社会整体承担，从而实现责任的社会化。从这个意义上说，危险责任原则将责任的认定从主观归责转向客观归责，但在实践适用中，其只是作为过错责任原则的补充。

在法国行政法中，危险责任原则适用于以下五种情形：（1）具有高度危险作业导致了侵权。（2）有一定危险性的行政活动对自愿协助公务的人构成了侵权损害。（3）行政机关拒绝司法判决而对第三者造成了损害侵权。（4）由于行政机关的立法而给公民或法人、公共安全利益等不相关的利益造成了损失。（5）行政机关发动战争的行为或批准游行示威的行为给公民、法人的合法权益造成了损害。② 在英国，1868 年莱兰兹诉弗莱彻案确立了普通法中对涉及异常危险行为人的严格责任；1947 年《王权诉讼法》第 2 条第 1 款第 3 项承认了中央政府对财产所有、占有和控制的危险责任；此外，1965 年《煤气法》《核装置法》、1972 年《毒废气贮存法》、1981 年《自来水法》均规定了危险责任。在美国，学者施瓦茨主张政府责任的基础不是过失，而是补偿，认为严格责任是当代侵权行为最重要的发展趋势之一。③ 在我国，危险责任原则并不是作为主流归责原则适用，但"在公权力日益膨胀

---

① 参见皮纯协、冯军主编：《国家赔偿法释论》，中国法制出版社 2010 年版，第 75 页。

② J. F. Garner, L. N. Brown, *French Administrative Law*, Butterworths, 1983, pp. 120-125.

③ 泽延、姚辉：《美国国家赔偿制度纵横》，载《比较法研究》1988 年第 3 期。

的现代社会，危险原则的建立有利于减少危险，使私人权利得到尊重和保障"。① 它在行政领域中主要适用于公有公共设施致人损害引起的政府责任，它的适用在公权力日益膨胀的现代社会，提高了行政主体及其工作人员在行使职权时所负义务的标准，有利于减少行政相对人的危险责任，使公民权利得到尊重和保障。

二、政府责任归责原则在行政责任法中的地位

政府责任的归责原则上承行政法的基本原则和精神，下启政府责任的认定规则和具体运用，连接着政府责任的理论与实践，可谓政府责任理论当中的重要内容。具体而言，我们可以从以下几个方面来看待政府责任归责原则在政府责任中的地位。

(一) 影响政府责任的认定

归责原则决定了行政责任的基本构成要件。(1) 政府责任认定若采过错责任的归责原则，在认定政府责任是否成立的构成要件中，便围绕过错责任的因素展开。无论是行政主体还是行政公务人员都必须以过错为成立要件，只不过前者以客观过错为衡量标准，后者以主观过错为衡量标准。(2) 若采违法责任的归责原则，则政府责任成立的构成要件中必然要存在违法的要素，在此原则之下便排除了合法行政行为（包括不当行政行为）引起政府责任的可能。(3) 若采危险责任或是公平责任的归责原则，则政府责任的成立主要考察行政行为是否具备引起危害后果产生的现实危险，或者在基于公平、正义的考虑下，即使是合法的行政行为，在一定条件下也可成立政府责任。可见，不同的归责原则会导致政府责任的具体构成要件不同，在一定程度上则必然影响政府责任的认定。

---

① 孙隽：《无过错责任原则及其他——建构行政责任归责原则体系的一种思路》，载杨解君主编：《行政责任问题研究》，北京大学出版社 2005 年版，第 247 页。

（二）影响行政责任的举证程序

在政府责任认定的程序当中，采纳何种归责原则便决定了该程序中的举证程序规则，即涉及举证主体和责任证明的内容与标准。（1）以传统的过错责任归责原则为例，一般而言，在诉讼程序中由提出权利主张的一方担负举证责任，即"谁主张谁举证"，该制度主要适用于民事诉讼当中。而在行政诉讼当中，由于行政主体作为强势一方考虑到公平、正义的需求，实行举证责任倒置，即当相对人作为原告一方提出主张时由行政机关负担举证责任，倘若其不能对相关行政行为作出合法的证明，则推定其具备一定的过错，因此需要承担不利的后果；倘若其能提供合法的证明则可推翻相对人的主张，由相对人承担不利的后果。可见，在适用过错责任归责原则的程序中，实际上也结合了违法责任原则的原理对政府责任进行认定。（2）若采危险责任的归责原则，则在政府责任的程序当中以行政机关承担举证责任为主，但相对人也需合理分担一定的举证责任，即一般情况下，由相对人承担证明其因行政行为遭受损害的责任，而由行政机关承担证明其行为不具有现实危害或者其行政行为与相对人的损害之间不具有因果关系的责任。

（三）影响行政主体的抗辩事由

抗辩事由是指在诉讼程序中，被告方针对原告方的诉讼请求而提出的证明其诉讼请求不成立或不完全成立的对抗事实依据，又称免责或减轻责任的事由。不同的归责原则决定了不同抗辩事由的成立与否。一般而言，抗辩事由分为一般抗辩事由和特殊抗辩事由。（1）在过错责任的归责原则中，不可抗力、受害人故意以及第三人故意等都可成立一般抗辩事由。（2）而在危险责任原则中，譬如公共场所、路边或通道上挖坑、修缮安装地下设施致人损害的案件中，致害方是否尽到足够的注意义务，如设置明显的标志和采取安全措施等，则可成立特殊的抗辩事由。

由上可知，归责原则虽涉及的主要是理论层面的内容，但却对实务起到了细化操作规则的实践推动作用，弥补了行政责任法律规范不足或过于抽象的缺陷。至少可以说，归责原则为实务解决了三个方面的问题：第一，责任主体是谁，即由谁来承担责任的问题；第二，责任主体依据何种标准来承担责任，即为什么承担责任的问题；第三，责任主体在何种程度上来承担责任，即怎么承担责任的问题。针对第一个问题，存在自己责任原则和替代责任原则两种规则可适用，既可由具体实施行政行为的公务人员承担责任，也可由行政机关代替其对外承担责任；针对第二个问题，存在过错责任原则、违法责任原则、危险责任原则、违法加过错责任原则几大类归责原则可适用，不同的归责原则决定了不同的责任依据和标准；针对第三个问题，则存在公平原则等规则可以适用。

三、政府违法行政责任的归责原则

权利和义务相生相随，不存在无权利的义务，也不存在无义务的权利；权力与责任也是如此，二者相互依存，不可割裂。一旦权力的行使范围超出责任的范围，权力也就随之成为违法的、不合理的权力。因而，行政机关拥有多少权力，就要承担多少责任，行政权力必须严格遵守行政责任的界限，做到权责统一。但是行政权内在的张力决定了行政权不会、也不可能始终严守这种平衡，政府责任顺势而生。从法理学的角度解析政府责任，它是行政主体及其工作人员违反法律规定而承担的否定性的法律后果。由此，政府违法行政与不当行政作为政府责任的主要发生原因，厘清违法行政责任和不当行政责任是构建政府责任体系的基础内容。

（一）违法行政责任的内在结构（凸显责任）

违法行政责任是由违法行政行为所引起的政府责任，成立违法行政责任的前提基础在于违法行政行为的认定，因而可以说，违法行政行为的认定对于违法行政责任的成立至关重要，可谓是其成立的核心要素。有关违法行政的问题，我国行政法学理论界也作出了系统研究，研究成果丰硕。① 当前，关于违法行政的基本理论，主要围绕以下几个方面进行：违法行政的概念与构成要件、违法行政的基本特征及其种类划分、违法行政的归责原则等问题。就此而言，本书以违法行政相关的问题为切入点展开对违法行政责任的探讨。

1. 违法行政责任的构成要件

违法行政责任是指由行政主体实施违法行政行为而引起的法律上的责任，而违法行政在不同国家的行政法学理论界具有不同的内涵，由此导致违法行政责任的内涵也不同。就违法行政的内涵而言，在英国，违法行政指的是"越权"行政；在法国，违法行政则是"越权之诉的撤销理由"。② 在我国，通说认为"违法行政是指行政主体所实施的违反行政法律规范、侵害受法律保护的行政关系，但尚未构成犯罪的行政行为"。③ 据此而言，在我国，违法行政责任是指行政主体实施违反行政法律规范、侵害法律保护的行政关系，但尚未构成犯罪的行政行为所引起的法律上的否定后果。关于违法行政责任的具体构成要件，因违法行政构成要件的观点不同而产生不同，主要以下面三种观点为代表：（1）以罗豪才先生为代表认为，违法行政构成必须同时具备主体、客观方面和主观方面三大要件，如此才可对相关行政主体进行政府责任的追究。其中，主体要件是指行政主体及其公务人员作为行为主体；客观方面的要件是指行政行为构成违法；主观方面的要件是指行为主体在执行职务中存在故意或过

---

① 代表性研究成果如杨解君、周佑勇：《行政违法与行政犯罪的相异和衔接关系分析》，载《中国法学》1999 年第 1 期；胡建淼主编：《行政违法问题探究》，法律出版社 2000 年版；应松年、杨解君：《论行政违法的主客观构成》，载《江苏社会科学》2000 年第 2 期；杨解君：《论行政违法的主客体构成》，载《东南大学学报（哲学社会科学版）》2002 年第 3 期，等等。

② 参见胡肖华著：《走向责任政府——行政责任问题研究》，法律出版社 2006 年版，第 128 页。

③ 胡肖华著：《走向责任政府——行政责任问题研究》，法律出版社 2006 年版，第 128 页。

失。① （2）以应松年先生为代表认为，"违法行政的构成要件是行为人具有相关的法定义务，行为人有不履行法定义务的行为，行为是出于行为人的过错"。② 据此而言，违法行政责任的构成要件包含行为人的法定义务以及行为人不履行法定义务的行为和主观上的过错三个要素。（3）以任志宽先生为代表认为，违法行政的构成要件包括违法行政的主体、客体、客观要件和主观要件四个方面。③ 因而，违法行政责任也必然包含主体、客体、客观方面、主观方面这四个要件才可成立。

本书赞同上述第三种观点，认为违法行政责任的构成要件应当包括主体、客体、主观方面与客观方面四个要件。（1）就违法行政责任的主体而言，一般指的是对外能以自己名义独立承担责任的行政机关或法律、法规授权的组织（以下统称为行政主体）。尽管在实践活动中，行政主体享有的行政职权主要是依靠其内部的行政公务人员来执行的，而行政公务人员在执行公务的过程中若实施了违法行政行为，所引起的对外政府责任应当归属于其所属的行政主体而非个人。因此，对外承担违法行政责任的主体只能是行政主体而不能是具体实施违法行政行为的公务人员，而对存在过错的违法公务人员只能进行行政系统内部的追责。如此的原因在于：首先，对于实施公务行为的公务人员来说，其本身即代表的是其所属的行政主体而非个人，在执行公务的过程中所引起的政府责任属于公务责任而非个人责任，理应当归属于行政主体而非个人。其次，考虑到公务人员个人往往没有能力承担相应的政府赔偿责任，而由行政主体承担则更加有利于保护受侵害相对人的利益。对于被委托的组织来说，其接受行政主体的委托，以其名义对外代理委托行政主体进行公务活动，本身没有独立的法律人格，因其实施的违法行政行为在名义上归属于委托行政主体，由此产生相应的政府责任也应由委托行政主体承担。（2）就违法行政责任的客体而言，是指"违法行政所侵害的、为行政法律规范所保护的社会关系或行政

---

① 罗豪才主编：《行政法学》，中国政法大学出版社 1989 年版，第 258~260 页。

② 应松年、朱维究主编：《行政法与行政诉讼法教程》，中国政法大学出版社 1989 年版，第 102 页。

③ 任志宽等著：《行政法律责任概论》，人民出版社 1990 年版，第 30~39 页。

管理秩序"①，也即合法、正常的行政关系，违法行政责任的存在即是为了修复违法行政行为所破坏的行政关系，保障合法、正常的行政秩序。在此需注意区分的是，行政违法客体与行政违法对象不能等同。行政违法对象指的违法行政行为所作用的直接承受对象，通常表现为直接遭受侵害的公民、法人或其他组织的合法权益，但并不意味着所有违法行政行为必然会作用于具体的对象。譬如，行政主体违法免除行政相对人的义务或是违法赋予其某项权利的行为，从形式上看并未有遭受侵害的对象，但实际上却是侵害了国家的合法、正常行政管理秩序，属于违法行政的范畴。由此可知，违法行政若有侵害对象时，必然会有侵害客体的存在，但当违法行政没有侵害对象时，其侵害的客体仍然存在。由此可知，因为违法行政是引起违法行政责任的原因行为，所以在违法行政责任的构成要件中，客体要件是必然存在的，而承载客体的对象要件则不必然存在。（3）就违法行政责任的主观要件而言，由于公务人员在执行公务时代表的是行政主体而非个人，因此，违法行政责任的主观要件不能完全按照刑事犯罪构成的主观要件来分析，应根据行政法的特色，将违法行政责任的主观要件具体划分为公务人员个人的过错以及公务过错两种情形。其中，"'公务过错'是与行政行为不可分割的，是一种轻微过错；而'个人过错'是指'不符合行政传统规范的行为'，与行政行为无关"。② 法国较早划分了这两种类型的过错，并且法国行政法院和权限争议法庭也对这两种过错作了较为详细的解释，并分别列举了存在的情形，即认为公务员的个人过错主要存在以下三种情形：公务人员在执行职务以外与执行职务无关的过错；公务人员的故意行为；重过错。③ 公务人员的公务过错也存在三种情形④：公务实施不良，譬如

---

① 胡肖华著：《走向责任政府——行政责任问题研究》，法律出版社 2006 年版，第130 页。

② 胡肖华著：《走向责任政府——行政责任问题研究》，法律出版社 2006 年版，第132 页。

③ 王名扬著：《法国行政法》，中国政法大学出版社 1988 年版，第 746~747 页。

④ 参见胡肖华著：《走向责任政府——行政责任问题研究》，法律出版社 2006 年版，第 132~133 页。

城管在行政执法中误伤路人；不执行公务，譬如消防队应灭火而不去灭火的行为；公务实施迟延，未及时执行公务。（4）就违法行政责任的客观要件而言，引起违法行政责任的客观情况，即不因人的意志而改变，一般而言，包括违法行政行为和危害结果。但行为与结果通常具有一定的时间间隔，若将两者都囊括进客观要件中，一定程度上会导致违法行政范围的限缩，或导致违法行政成立的时间滞后，如此便不利于及时保障相对人的权益或是及时纠正违法行政行为避免更严重的后果发生。譬如，在一些涉及重大工程项目建设的行政决定中，通常危害后果需要很长的时间才能显现出来，如此便需以行为为节点来认定违法行政的成立，否则等到出现危害后果再去追责则为时已晚。因此，在诸如此类特殊的事件中，违法行政责任的成立可以违法行政行为具备的将来危险可能性为客观方面的要求，而不对结果作必需的要求。

在此，应当注意的是，导致违法行政责任的前因行为——违法行政行为，是指违反行政法律规范，且必须是行政主体及其公务人员在行使行政职权、执行公务的过程中实施的行政行为，即该行为与行政职权具有必然的关联。此外，违法行政行为即使是由行政公务人员实施的，也不代表该行为是单一的个体行为，而应当是行政公务人员所代表的行政主体整体的行政行为，只不过其是以行政公务人员个人的行为为表现形式。

2. 违法行政责任的基本特征

就违法行政责任的基本特征而言，主要包括以下几点。

其一，对外承担违法行政责任的主体是特定的——行政主体。行政主体是享有行政权能，能以自己名义行使行政权并独立承担由此产生的相应法律责任的组织，包括国家行政机关和法律法规授权的组织。违法行政责任是行政主体在行政管理活动的过程中，因行使行政权力的行为违反行政法律规范所引起的责任。在此需注意的是，虽然在实践当中，行政职权的行使主要是依靠行政公务人员来实施的，但行政公务人员从属于行政主体，其公务行为受到行政主体意志的支配，在执行公务时的主观意志并不能简单地等同于个人意志，而应归属于行政主体的意志。尽管当行政公务人员在执行公务之时可能因自身的因素而实施了违法的行政行为，在这之中掺杂了行政公务人员个人的过错，涉及政府责任的内部追责问题，但这并不能否定在整个行政过程中行政主体对外产生的主导性作用和主体地位。因此，对外承担违法行政责任的主体应当是行政主体而非行政公务人员。

　　其二，违法行政责任的产生以违法行政行为的存在为前提，而违法行政行为是指行政主体及其公务人员违反行政法律规范、侵害受法律保护的行政关系的行为。行政主体及其公务人员的违法与公民的违法是不一样的。行政主体及其公务人员违反行政法律规范明文规定的行为当然构成违法行政，而这种违法行政既可以是对强制性规范的违反，也可以是对任意性规范的违反。同时，这里的违法行政不仅仅指的是对行政法律明文规定的违反，还包括在"法无明文"的情况下对法律原则、法律价值和法律精神的违背，该类违法行政行为也会引起违法行政责任。对于行政主体及其公务人员来说，法无明文即禁止，因而在法律无明文规定的情况下，该主体也可能构成违法行为，这一点明显区别于公民的"法无禁止即可为"，即只要法律没有明文禁止都可为。然而，事实上在当代社会的背景下，一方面因为权力分工日益细化与明晰，行政活动具有专业性和易变性的特征，使得立法者难以基于其有限的理性为行政领域制定全面的、完备的行政法律规范；另一方面由于社会矛盾与社会问题层出不穷，一定程度上需要行政主体积极行使行政职权，主动参与社会治理以维持社会的稳定发展。这就在客观上要求行政主体在一定领域内摆脱"法无明文规定不可为"的束缚，即在法律尚未规定或规定不完善的领域内，出于人民利益的需求，行政主体也应当依其专业的行政知识和经验积极地作为。当然，这样的领域应当是极其有限的，即仅限于授益行政行为领域，尽管如此，仍然免不了在法律无明文规定的情况下考察行政行为的合法性。因此，基于社会现实情况的考虑，以及行政权力内在的扩张属性，即使是在"法无明文"的情况下，也应当对行政行为进行一定的限制，对违法行政行为追究相应的违法行政责任。

　　其三，违法行政责任指的是尚未达到犯罪程度的一般违法责任。这一特征主要是将违法行政责任与刑事责任区别开来。违法行政责任与刑事责任既相互区别又相互联系。首先，它们存在本质上的区别，违法行政责任是由违法行政所引起的法律责任，而刑事责任是由犯罪行为引起的法律责任，违法行政行为的社会危害没有达到犯罪行为的严重程度，属于一般违法，两种违法行为所引起的法律责任也分属于不同的法律规范领域，即违法行政责任由行政法律规范规制，而刑事责任由刑法规制。其次，两种责任也存在一定的联系，即当违法行政行为的社会危害足够严重并达到构成犯罪的程度时，则行政主体应当承担的法律责任由行政违法责任转化为刑事责任。

（二）违法行政责任的分类

从违法行政的角度来考察，其作为违法行政责任的原因行为，不同形态的违法行政行为会引起不同形态的违法行政责任。其一，在具体的行政活动中，违法行政行为也总是以各种各样不同的表现形态存在，因此也导致了不同形态的违法行政责任。从我国行政诉讼法角度来考察，违法行政的表现形态主要包括①：（1）证据不足的行政行为。（2）适用法律法规错误的行政行为。（3）违反法定程序的行政行为。（4）超越职权的行政行为。（5）滥用职权的行政行为。（6）不履行或迟延履行法定职责的行政行为。从我国行政复议法的角度来考察违法行政的种类形态，主要包括②：（1）主要事实不清、证据不足的行政行为。（2）适用依据错误的行政行为。（3）违反法定程序的行政行为。（4）超越或者滥用职权的行政行为。（5）侵犯公民、法人或者其他组织已经依法取得的土地、矿藏、水流、森林、山岭、草原、荒地、滩涂、海域等自然资源的所有权或者使用权的行政行为。由此，不同表现形态的违法行政行为而导致的违法行政责任也具有不同的表现形式，即主要包括：（1）违法行政行为被撤销或部分被撤销，并重新作出行政行为。（2）限期履行法定职责和法定义务。（3）采取补救措施，承担赔偿责任。其二，在我国行政法学理论界，学者依据违法行政的分类区分出不同形态的违法行政责任，即主要包括以下几种形态：（1）以行为的方式和状态为标准进行区分，可将违法行政责任分为作为违法行政责任和不作为违法行政责任。（2）以行为性质归属于实体行为

---

① 参见《行政诉讼法》第70条、第74条规定。
② 参见《行政复议法》第28条、第30条规定。

还是程序行为为标准，可将违法行政责任分为实体违法责任与程序违法责任。（3）以行政行为的范围及与相对人的关系为标准，将违法行政责任分为内部违法行政责任与外部违法行政责任。（4）根据抽象行政行为和具体行政行为的划分理论，可将违法行政责任划分为抽象违法行政责任与具体违法行政责任。

（三）违法行政责任的归责原则

在政府责任理论当中，归责原则具有重要的地位，它在一定程度上影响着政府责任的成立条件和责任认定。结合前文所述的归责原则，具体到违法行政责任的归责原则问题之上，违法责任原则当属最主要的归责原则，同时兼采过错责任原则为辅。[①]

就应当适用违法责任原则。违法责任原则较传统过错责任原则有以下明显优势：（1）克服了后者不确定、难操作的缺陷。过错责任原则要求受害者证明行政主体及其公务人员的行为过错，而实践中，行政主体的过错往往难以确定，这不利于公民合法权益的有效保护。违法责任原则的认定较为简捷，它实行举证责任倒置，即当行政主体一方无法证明其行为的合法性时，则由其承担不利的后果——政府责任成立。（2）违法责任原则强调了行为的合法性。在行政活动中，行政主体及其公务人员的行政行为必须依法进行，否则便构成违法行政，应承担相应的政府责任。这就促使行政主体及其公务人员在执法中尽量使自己的行为与法律规范保持一致，自觉约束自身行为，力争始终做到依法行政、合法行政。（3）违法责任原则并不排斥过错责任原则的适用。从违法责任原则在政府责任认定中的推理逻辑来看，违法行政行为本质上是行政主体及其公务人员出现过错的表现形式，从这个意义上说，违法责任原则其实是过错责任原则的延伸，两者可并行适用。一般情况下，对于行政主体的违法行政责任而言，适用违法责任的归责原则，即不考察其是否存在过错而只要存在

[①]　胡肖华著：《走向责任政府——政府责任问题研究》，法律出版社 2006 年版，第154 页。

违法行政行为即为引起违法行政责任；对于行政公务人员的内部政府责任而言，则在行政主体认定违法行政责任的基础上以过错责任原则进行内部责任的归责。

四、政府不当行政责任的归责原则

引起不当行政责任的原因在于行政主体及其公务人员实施了不当行政行为，而不当行政源自于自由裁量的行政权，是行政主体在自由裁量范围内不当行使行政权导致的结果，也称"失当行政"或"不良行政"。从形式上来看，不当行政属于合法行政的范畴，而之所以对其进行追责是因为不当行政的内容缺乏完全的合理性，这种合理性在很大程度上会加剧行政主体与行政相对人之间的矛盾，导致行政权力的滥用，侵害到相对人的正当权益。为了更好地发挥行政权力的效用，维护良好的行政关系，需要对政府的不当行政进行追责，而其关键之所在便是归责原则的明确，如此才能发挥不当行政责任的有效作用。而由于不当行政是针对行政内容合理性所作出的认定，属于合法行政的范畴，既无法采用违法责任原则，也无法根据过错责任原则或是危险责任原则进行衡量。因此，只能以其存在的特殊属性为现实基础，从不当行政的基本理论内涵入手，进而探究其归责原则的具体标准。

（一）不当行政责任的内在结构（突出责任）

由于不当行政责任是由不当行政引起的，没有不当行政行为的存在就不可能引起不当行政责任的产生，因而，不当行政行为的认定对于不当行政责任的成立具有至关重要的地位。据此而言，本书围绕不当行政行为展开对不当行政责任的探讨。在我国，关于不当行政的基本理论主要包括几个话题，即不当行政的概念以及存在形态，不当行政与违法行政的区别。由此可知，在不当行政责任的理论当中也必然涉及这几个问题。

1. 不当行政责任的概念

所谓不当行政责任是指由行政主体及其公务人员实施了不当的行政行为所引起的政府责任。其中，不当行政是指行政主体及其公务人员在自由裁量权范围内，实施了不完全符合法律目的的行政行为。虽然不当行政符合法律的规定，具备合法性，但却不完全符合法律正当性的要求，具有不合理性的成分在里面，因而称为"不当"行政。关于不当行政的具体内涵，即何为不当的衡量标准，不同地区则存在不同的认识。譬如：（1）在日本，学者认为不当行政行为是指行政行为虽不违反法令，但或是违反内则、部规训令、通知等，或是判断有错误，与违法行政行为一道构成有瑕疵的行政行为。① （2）在我国香港地区，依据香港《申诉专员条例》（《法例》第 397 章）的解释，不当行政是指行政欠效率、拙劣和不妥善，并在无损此解释的一般情况下包括②：不合理的行为，包括拖延、无礼及不为受行动影响的人着想的行为；滥用权力（包括酌情决定权）或权能，包括作出不合理、不公平、欺压、歧视或不当的、偏颇的行动，或按照属于或可能属于不合理、不公平、欺压、歧视，或不法的、偏颇的惯例而作出的行动，或完全或部分基于法律上或事实上的错误而作出的行动；不合理、不公平、欺压、歧视或不当的、偏颇的程序。而在实践中，对香港的不当行政的理解不仅仅局限于自由裁量的具体行政行为，更多的是指在行政管理过程中或行政决定的过程中作出的不公平、不合理的行为以及不当的制度设置。（3）在我国澳门地区，依据《澳门特别行政区行政程序法》的理解，不当行政是指行政机关在自由裁量权范围内所作出的错误裁量行为。（4）在我国大陆，不当行政是指行政主体及其工作人员所作的合法但不合理的行政行为。③ "凡是需要采用比较适当的方法之行政行为与行政机关的内部规章不适当之行政行为，以及规定更好地运用裁量权之可能性的行为，都属于不适当之行政行为。"④ 由此可见，有关不当行政的理解都认为其属于瑕疵行政，即并不完全符合行政法律目的的要求，没有做到尽可能地保护行政相对人的利

---

① ［日］南博方著：《日本行政法》，杨建顺、周作彩译，中国人民大学出版社 1998 年版，第 43 页；杨建顺著：《日本行政法通论》，中国法制出版社 1998 年版，第 391 页。

② 参见胡肖华著：《走向责任政府——政府责任问题研究》，法律出版社 2006 年版，第 179 页。

③ 应松年主编：《行政法学新论》，中国方正出版社 1998 年版，第 411～412 页。

④ 胡肖华著：《走向责任政府——政府责任问题研究》，法律出版社 2006 年版，第 178 页。

益，有违行政主体及其公务人员为人民服务的宗旨和原则，必然应当承担相应的政府责任，此即是不当行政责任。

2. 不当行政责任的构成要件

就不当行政责任的构成要件而言，同样需具备主体、客体、客观方面、主观方面四个要件：（1）主体是指享有行政权力的行政主体（及其公务人员），包括行政机关以及法律、法规授权的组织。（2）客体是指对符合行政法律目的的、恰当的行政关系的维护和保障。（3）客观方面是指实施了不当行政行为并对行政相对人的权益造成一定的损害。（4）主观方面是指行政主体对其实施的不当行政行为具备过失或故意的心理。由于不当行政在我国属于合法的行政范畴，并且限于行政主体的自由裁量权之内，因而有关不当行政中的"不当"并不能像违法行政行为那样直接依据法律规范进行判定，那么不当行政该如何判断，怎样才能成立不当行政则成为不当行政责任成立的关键问题。在我国，不当行政中的"不当"主要是依据比例原则为判断的标准，因此，比例原则的判断标准也就理所应当成为不当行政责任成立的关键标准。就行政法中的比例原则而言，是指"行政机关实施行政行为应兼顾行政目标的实现与相对人权益保护，如果为了实现行政目的的可能对相对人的权益造成某种不利影响，应使这种不利影响限制在尽可能小的范围和限度内，使两者处于适度比例"。① 具体而言，行政比例原则包括三个子原则：（1）妥当性原则，即指的是行政措施的采取必须符合能达到行政目的的要求，否则，行政行为便丧失了合法性的基础。（2）必要性原则，即要求行使行政权力时必须选择对公民侵害最小的措施来达到目的。（3）比例性，即要求行政行为所采取的措施与其所达到的目的之间必须合比例。由此可知，比例原则即是要求行政主体在实施行政行为前，必须对行政行为所要达到的目的利益与可能给相对人造成的不利后果之间进行权衡，在所有可实施的行政措施中选择对相对人侵害最小，且必须是行政行为所达到的目的利益大于可能给相对人造成的损害利益的情况下，

---

① 姜明安主编：《行政法与行政诉讼法》，北京大学出版社、高等教育出版社2002年版，第41页。

才可采取相应的行政措施，实施相应的行政行为，否则，行政主体便构成不当行政，应当承担相应的不当行政责任。进一步细分，以比例原则的标准来衡量行政行为是否妥当，是否需要追究相关行政主体的不当行政责任，可以从两个方面进行判断：其一，从实体层面来看，比例原则主要是从价值取向上来规范合法正当的行政行为，即要求行政主体在行使行政权力的过程中不能给相对人造成超过行政目的的利益损害，否则便存在不合比例的不当行政，构成不当行政责任，此标准也称为实体合比例标准。其二，从程序层面来看，比例原则要求行政措施与其所要达到的行政目的之间必须具有合理的对应关系，此标准也称为程序合比例标准。由于实体性的结果都必须经过相应的程序才能得以实现，因此，程序合比例是实体合比例的保障，而实体合比例是程序合比例的最终体现①，两个判断标准相辅相成，缺一不可。

3. 不当行政责任与违法行政责任的区别

不当行政责任与违法行政责任同属于行政主体承担的政府责任，并产生于行政主体及其公务人员行使行政权力的过程中，由特定主体经法定程序才能予以追究的责任，两者之间存在一些共同之处。然而，两者也存在明显的区别，具体而言，存在以下不同之处：（1）原因行为不同。引起不当行政责任的原因行为是不当行政行为，而引起违法行政责任的原因行为是违法行政行为。不当行政行为是合法但不合理的行政行为，而违法行政行为是违反法律规定的行为，两者存在本质上的区别，因此，由这两种行政行为分别引起的两种政府责任也存在一定质的区别。（2）保护的客体不同。不当行政责任保护的是符合法律目的或原则的、合理的行政关系，而违法行政责任保护的是合法、正常的行政法律关系。（3）产生的领域不同。不当行政责任只能产生于行政主体及其公务人员自由裁量权事项的领域内，违法行政责任则既可以产生于行政主体及其公务人员自由裁量权事项的领域内，也可产生于羁束行政行为的领域之中。（4）追责主体、追责程序等具体运用过程不同。不当行政责任一般是由

———————

① 参见黄学贤：《行政法中的比例原则简论》，载《苏州大学学报（哲学社会科学版）》2001 年第 1 期。

同级行政机关的内部追责部门或者上级主管机关通过行政系统的内部程序进行追责，法院只有在严重不当行政的情况下，才有资格成为不当行政责任的追责主体。这样的原因在于，不当行政责任产生于行政主体自由裁量权的范围内，而法律赋予行政主体一定的自由裁量权的目的便在于其属于处理行政事务的专业主体，对于具有一定灵活性和弹性空间的行政事务应当由专业的人士依据实际情况作出专业的应对，即所谓"术业有专攻"。那么，对于此类事项即使行政主体出现一定的错误而实施了带有瑕疵的行政行为，也应当在行政系统内部进行纠正，实现其"自我净化"的能力。这一方面，不仅在于行政系统内部的机关对不当行政的认定具有较为专业且准确的判断，同时，这种追责方式更加有利于维护行政行为的权威性；另一方面，也在于不当行政行为本身对行政关系的侵害并非如违法行政行为那般严重，对于行政行为的合理性通过自我反省、纠正同样能达到修复其损害的行政关系，且相对于行政诉讼的追责程序而言更为节省国家资源，效率也更高。当然，这并不是意味着不当行政责任完全排除在行政诉讼的追责程序之外。依据我国行政诉讼法的规定，对于显失公正的行政处罚，人民法院还是可能通过变更的形式予以纠正的。就违法行政责任而言，一般是由法院作为追责主体通过行政诉讼的方式对行政主体进行的追责，或者是由违法行政主体的上级机关或主管机关通过行政复议的方式对其进行追责，但仍然以行政诉讼为最后的补充方式。由于违法行政责任是因违法行政行为而引起的，该原因行为直接与法律规范的具体规定或法律精神相抵触，作为专司审判职能的司法机关，人民法院对违法行政行为与何种法律相抵触以及抵触之程度如何皆有更为专业的判断，因而违法行政责任基本上都由人民法院作为追责主体进行追责。（5）责任的表现性质不同。不当行政责任表现为行政补偿责任，而违法行政责任以行政赔偿为主，行政补偿为辅。

（二）不当行政责任的分类

依据现实情况，学理界对不当行政作了多种分类，以更加明晰不当行政的具体内涵，依据此分类可将不当行政责任进行以下几种形式的分类：（1）依据所发生的领域为标准进行划分，不当行政责任可以细分为组织管理中的不当行政责任、人事管理的不当行政责任、公安管理中的不当行政责任、民政管理中的不当行政责任、司法管理中的不当行政责任、军事管理中的不当行政责任以及外事管理中的不当行政责任等。（2）依据行政裁量的内容为标准进行划分，不当行政责任可细分为对象不当行政责任、客体不当行政责任、时间不当行政责任和地点不当行政责任。（3）依据裁量行政的性质属性为标准进行划分，不当行政责任可细分为权利赋予不当行政责任和义务科以不当行政责任。

（三）不当行政责任的归责原则

不当行政针对的是行政的合理性而作出的评判，属于合法行政的范畴，因而其不能像违法行政采用违法责任原则的归责原则，也不能简单等同于犯罪行为采用过错责任原则进行归责，反而更倾向于公平责任原则，但又不完全等同于公平责任原则。对不当行政进行追责的目的不仅在于保障相对人的合法权益，维护公平正义，还在于纠正行政机关本身的不足，完善其行政行为，维护行政管理秩序。因而，不当行政也不能采用危险责任原则的归责方式。据此而言，对于不当行政的归责来说，应当结合其独有的特性抽象出一般可适用的原则。

从各国的实务来看，关于自由裁量行为普遍上实行的是有限制的责任豁免，规定在满足一定的条件下才对不当行政进行追责。譬如：（1）在德国，无论滥用自由裁量权还是违法行使自由裁量权，公共机构都须对个人所造成的损害承担赔偿责任。（2）在美国，如果自由裁量权之行使已经形成惯例，一旦偏离这种惯例并造成损害，国家就必须承担赔偿责任。（3）在英国、澳大利亚、新西兰、加拿大等国，法院则将自由裁量权分为决策裁量与执行裁量，分别根据不同标准决定行政机关是否承担侵权责任。① （4）在我国，从现行法律、法规的规定来看，对行政自由裁量明显不当的行为才进行相关责任的追

---

① 参见胡肖华著：《走向责任政府——政府责任问题研究》，法律出版社 2006 年版，第 191 页。

174

究，也即对不当行政同样采取的是有条件性的追责方式。依据我国《行政诉讼法》第 70 条第六项规定可知，对于"明显不当的"行政行为，人民法院判决撤销或部分撤销，并可以判决重新作出行政行为；而依据第 77 条的规定可知，对于"行政处罚明显不当"，人民法院可以判决变更。依据我国《行政复议法》第 28 条第 1 款第三项规定可知，对于"具体行政行为明显不当的"，行政复议机关应决定撤销、变更或者确认该具体行政行为违法，并可以同时责令在一定期限内重新作出具体行政行为。类似的规定在已经失效的《治安管理处罚条例》中也存在，依据原《治安管理处罚条例》第 42 条规定："公安机关对公民给予的治安管理处罚错误的，应当向受处罚人承认错误，退回罚款及没收的财物；对受处罚人的合法权益造成损害的，应当赔偿损失。"其中，"处罚错误"即包括不当行政中的明显不当和显示公正的行政行为。由此可见，国家对于不当行政行为是否应当承担政府责任并不是一概而论的，而采取了有限制的豁免责任原则，对于一般的不当行政不需要承担政府责任，但对于明显不当的行政行为则必须承担相应的政府责任。

通过上文阐述，我们将"明显不当"作为不当行政的归责原则，而何谓"明显不当"则需要更加具体、明确的标准。从明显不当的内涵来看，"明显不当"是指行政主体的行政行为虽然形式上合法，但具体内容却存在明显不合理的成分，导致实质上欠缺了正当性而脱离了合法的要求，构成实质上的违法。在我国，对于不当行政的判断普遍遵循的是比例原则的衡量标准，具体而言，包括以下几种情形，构成需要承担政府责任的不当行政也即明显不当的行政[①]：（1）行政行为畸轻畸重，违反公平对待原则的要求。关于公平原则，"千古以来人们在公平问题上的分歧主要源于如何确立三'同'——同类的人、同样的情况、同样的对待"。[②] 因此，有学者提出"行政规则经由行政惯例与平等原则的适用，产生法律上的外部效力。行政规则经由一贯的适用而建

[①]　参见胡肖华著：《走向责任政府——政府责任问题研究》，法律出版社 2006 年版，第 193-194 页。

[②]　邵诚、刘作翔主编：《法与公平论》，西北大学出版社 1995 年版，第 173 页。

立公平的行政实务处理模式，久而久之，并因此使行政机关本身自我受到约束，就同类的事件，如欠缺合理的理由，即不得为相异的处理"①，否则即违背了公平原则。换言之，公平对待即是在同类情况下对相对人作出同样的裁量行为，否则，对相同情况不同的人的处理畸轻或畸重，便属于明显不当的行政。（2）行政手段违反比例原则中的必要性原则的要求，即没有做到行政适度。所谓必要性原则，即要求行政主体在面临众多可达到目的的手段时应当选择对相对人损害最小的手段行为，尽可能使相对人的利益损失保持在最小范围，适度行使自己的行政权。譬如，对某违法企业作出行政处罚时，能用罚款遏制其违法行为则尽量采用罚款的行政处罚方式，不能伤筋动骨地采取吊销企业执照或是责令停产停业的处罚，否则，便属于不当行政。此外，当行政主体在依法限制相对人合法权益或是给其设定义务时，应当权衡行政目的所能达到的利益与给相对人所造成的损失，以尽量减少相对人损失为原则，采取适度的行政行为。在本可以减少相对人损失的情况下，行政主体实施了导致相对人严重损失的行政行为，则属于明显不当的行政，应当承担相应的政府责任。（3）行政手段与行政目的之间不合比例，违反相称性原则的要求，即指的是行政主体在采取行政措施达到行政目的时，应当注意行政目的所能获得的利益与给相对人造成的损失之间的比例，达到两者间的相称和平衡。即使行政手段为达到行政目的所必要，但其给相对人造成的损害超过其所收获的利益则应当放弃行政目的的实现而保全行政相对人的利益。否则，"以卵击石"的手段行政给相对人造成的损害，行政主体必须承担相应的政府责任。

典型案例 4-1：甲特种材料有限公司与乙市知识产权局、陕西煤业化工集团丙化工有限公司专利侵权纠纷行政处理案②

【裁判摘要】

　　一、已经被明确变更的合议组成员又在被诉行政决定书上署名，实质上等

---

①　翁岳生主编：《行政法》，中国法制出版社 2002 年版，第 136 页。

②　本案裁判文书参见附录 3。

于"审理者未裁决、裁决者未审理",背离依法行政的宗旨,减损社会公众对行政执法主体的信任。此已经构成对法定程序的严重违反,不受行政相对人主观认知的影响,也不因行政相对人不持异议而改变,不属于"行政行为程序轻微违法,无须撤销行政行为"之情形。

二、行政执法人员具备相应的执法资格,是行政主体资格合法的应有之义,也是全面推进依法行政的必然要求。原则上,作出被诉行政决定的合议组应由该行政机关具有专利行政执法资格的工作人员组成。即使异地调配执法人员,也应当履行正式、完备的公文手续。

三、权利要求的内容是划定专利权保护范围的唯一标准,说明书、附图只是用于解释权利要求的内容。在运用说明书和附图解释权利要求时,不能将说明书对具体实施例的具体描述读入权利要求。

【相关法条】

《中华人民共和国行政诉讼法》第 70 条、第 89 条

《最高人民法院关于执行〈中华人民共和国行政诉讼法〉若干问题的解释》第 76 条、第 78 条

【基本案情】

甲特种材料有限公司(以下简称甲公司)以陕西煤业化工集团丙化工有限公司(以下简称丙公司)制造、使用的设备侵犯其"内煤外热式煤物质分解设备"实用新型专利权(即涉案专利)为由,请求乙市知识产权局(以下简称乙局)行政处理。2015 年 9 月 1 日,乙局作出榆知法处字〔2015〕9 号《专利侵权纠纷案件处理决定书》(简称被诉行政决定),认定丙公司不构成对涉案专利的侵权。被诉行政决定合议组成员包括宝鸡市知识产权局工作人员苟某某,但无正式公文决定调其参与涉案纠纷的行政处理,且乙局的口头审理笔录没有记载将苟某某的正式身份及其参与合议组的理由告知甲公司、丙公司。此外,乙局对涉案专利侵权纠纷进行了两次口头审理,在第二次口头审理时告知当事人的合议组成员与被诉行政决定书上署名的合议组成员不同。甲公司不服被诉行政决定,提起行政诉讼。一审法院认为,行政执法人员在系统内调度,属于行政机关内部行为,不违反内部交流制度。鉴于乙局现有工作人员欠

缺，经请示陕西省知识产权局后，抽调宝鸡市知识产权局工作人员参与案件处理并无不当，被诉行政决定的作出并未违反法定程序。被诉行政决定在侵权实体问题的认定上亦无不当，故判决驳回甲公司诉讼请求。甲公司不服，提起上诉。二审法院判决驳回上诉、维持原判。甲公司仍不服，向最高人民法院申请再审。最高人民法院提审本案后认为，被诉行政决定的作出违反法定程序，应予撤销。首先，乙局在处理平等民事主体关于涉案专利的侵权纠纷时，实际上处于居中裁决的地位，本应秉持严谨、规范、公开、平等的程序原则，但是，在合议组成员已经被明确变更的情况下，却又在被诉行政决定书上署名，构成对法定程序的重大且明显违反。其次，作出被诉行政决定的乙局合议组应由该局具有专利行政执法资格的工作人员组成。否则，行政执法程序的规范性和严肃性无从保证，既不利于规范行政执法活动，也不利于强化行政执法责任。乙局提交的陕西省知识产权局协调保护处的所谓答复，实为该处写给该局领导的内部请示，既无文号，更无公章，国家知识产权局专利管理司给陕西省知识产权局的《关于在个案中调度执法人员的复函》晚于被诉行政决定的作出时间，从内容上看与本案无直接关联，均不能作为苟某某参与被诉行政决定合议组的合法、有效依据。再次，乙局虽主张在口头审理时将苟某某的具体身份以及参与合议组的理由告知过当事人，但其提交的证据并不能证明该项主张，当事人是否认可合议组成员身份并不能成为评判被诉行政行为程序是否合法的前提和要件。因此，乙局和丙公司提出的"甲公司对于合议组成员不持异议，故程序合法"的主张不能成立。

【裁判结果】

一、撤销陕西省高级人民法院〔2016〕陕行终 94 号行政判决；

二、撤销陕西省西安市中级人民法院〔2015〕西中行初字第 00267 号行政判决；

三、撤销乙市知识产权局榆知法处字〔2015〕9 号专利侵权纠纷案件处理决定；

四、责令乙市知识产权局重新作出行政决定。

【裁判理由】

法院生效判决认为：本案的争议焦点是：（1）被诉行政决定的作出是否违反法定程序。（2）被诉行政决定及一、二审判决适用法律是否错误。

关于第一个焦点问题，法院生效判决认为，被诉行政决定的作出违反法定程序，应予撤销。具体评述如下：首先，对于甲公司与丙公司两个平等民事主体之间的专利侵权纠纷，乙局根据甲公司的请求判断丙公司是否构成专利侵权，实际上处于居中裁决的地位。对于专利侵权的判断处理，事关专利权权利边界的划定，事关当事人的重大切身利益，事关科技创新和经济社会发展，需要严格、规范的纠纷解决程序予以保障。乙局在处理涉案专利侵权纠纷时，本应秉持严谨、规范、公开、平等的程序原则。但是，合议组成员艾某在已经被明确变更为冯某某的情况下，却又在被诉行政决定书上署名，实质上等于"审理者未裁决、裁决者未审理"。此等情形背离依法行政的宗旨，减损社会公众对行政执法主体的信任。本案历经中、高级法院的审理仍难以案结事了，主要原因亦在于此。对于上述重大的、基本的程序事项，乙局并未给予应有的、足够的审慎和注意，其在该问题上的错误本身即构成对法定程序的重大且明显违反，显然不属于乙局所称"行政行为程序轻微违法，无需撤销行政行为"之情形。其次，本案的被诉行政行为是，乙局对于专利侵权纠纷的行政处理。该行政处理系以乙局的名义作出，并由五人合议组具体实施。行政执法人员具备相应的执法资格，是行政主体资格合法的应有之义，也是全面推进依法行政的必然要求。原则上，作出被诉行政决定的乙局合议组应由该局具有专利行政执法资格的工作人员组成。各方当事人均确认，《专利行政执法证》所载的执法地域是持证人工作单位所在行政区划的范围，此亦可印证上述结论。即使如乙局所称，其成立时间短、执法人员少、经验不足，需要调配其他地区经验丰富的行政执法人员参与案件审理，这也不意味着"审理者未裁决、裁决者未审理"的情况可以被允许，不意味着调配执法人员可以不履行正式、完备的公文手续。否则，行政执法程序的规范性和严肃性无从保证，既不利于规范行政执法活动，也不利于强化行政执法责任。然而，乙局在本案中并未提交调苟某某参与涉案纠纷处理的任何正式公文。其在一审中提交的陕西省知识产权局协调保护处的所谓答复（复印件），实为该处写给该局领导的内部请示，既无文号，更无公章，过于简单、随意，本院不认可该材料能够作为苟某某参与被诉行政决定合议组的合法、有效依据。至于国家知识产权局专利管理司给陕西省知识产权局的《关于在个案中调度执法人员的复函》，从形式上看，该复函于2015年11月20日作出，晚于被诉行政决定的作出时间。从内容上看，该复函称执法人员的调度不违反公务员交流的有关规定，与本案争议的执法人员调配手续是否正式、程序是否完备，并无直接关联。因此，该复函亦不能作为苟某某合法参与被诉行政决定合议组的依据。再次，强化对知识产权行政执法行为的司法监督，大力规范和促进行政机关依法行政，是发挥知识产权司法保护主导作用的重要体现，是加强知识产权领域法治建设的重要内容，对于优化科技创新法治环境具有重要意义。在本案中，乙局虽主张在口头审理时将苟某某的具体身份以及参与合议组的理由告知过当事人，但其提交的证据并不能证明该项主张。因此，甲公司是否认可合议组成员身份，并不是本院评判被诉行政行为程序是否合法的前提和要件。需要特别指出的是，合议组成员艾某变更为冯学良后又在被诉行政决定书上署名，已经构成对法定程序的严重违反，不受行政相对人主观认知的影响，也不因行政相对人不持异议而改变。甲公司在本案再审中对该问题提出异议及请求，并无不当。因此，对于乙局和丙公司提出的"甲公司对于合议组成员不持异议，故程序合法"的主张，本院不予支持。

关于第二个焦点问题，法院生效判决认为，被诉行政决定及一、二审判决适用法律错误，应予纠正。具体评述如下：（一）关于涉案专利密封窑体的解释：被诉行政决定认为，专利说明书第0021段的描述和工作原理显示，涉案专利的密封窑体相对于煤物质推进分解管道是固定的，通过自身转动并带动内部的煤物质推进分解管道转动，而被诉侵权设备的夹套本身不转动，其包裹的回转窑体相对于夹套转动，故两者结构、功能和效果不同。对此，本院认为，依据《中华人民共和国专利法》第59条的规定，发明或者实用新型专利权的保护范围以其权利要求的内容为准，说明书及附图可以用于解释权利要求的内容。可见，权利要求的内容是划定专利权保护范围的唯一标准，说明书、附图只是用于解释权利要求的内容。因此，在运用说明书和附图解释权利要求时，不能将说明书对具体实施例的具体描述读入权利要求。否则，会不合理地限缩专利权的保护范围。涉案专利权利要求1并未限定密封窑体和煤物质推进分解管道是否回转，而涉案专利说明书第0021段是专利技术方案的一种具体实施方式，不应当将此段描述的回转窑体限定权利要求1的密封窑体，亦即，被诉侵权设备的窑体是否回转并不影响本案专利侵权的判断。被诉行政决定还认为，为提高热利用效率和热解效率，涉案专利的密封窑体要求热交换仓是一个连续空间，而被诉侵权设备为了设备制造的便利和热解过程的安全，其热交换仓由三个夹套与窑体之间构成的三个不连续空间，两者的结构、效果和目的不同。对此，本院认为，被诉侵权设备的窑体被三个夹套分段包裹，并与之分别形成三个密封的热交换空间，其主要功能是对管道内的煤料进行加热，此亦是涉案专利所要实现的技术功能。虽然相对于涉案专利一体式的加热空腔，被诉侵权设备的三段式加热空腔在加热效果上有一定差异，但各方当事人均确认"被诉侵权设备的煤管道总长约35米，两个夹套之间的空隙约为2米"，一般而言，煤管道上1/10左右的空隙应当不会导致煤管道整体的加热功能和效果产生实质性变化。对此，丙公司并未举证证明其设备的热交换效率明显低于涉案专利技术方案。至于被诉行政决定和丙公司主张的被诉侵权设备提高热解过程的安全性问题，亦无相关证据在案佐证。因此，被诉行政决定对于涉案专利密封窑体的解释，存在错误。

（二）关于涉案专利煤物质推进分解管道的解释：被诉行政决定认为，涉案专利的煤物质推进分解管道固定在密封窑体内，而被诉侵权设备的回转窑体相对于夹套转动，两者的结构和工作原理不同。对此，本院认为，如前所述，涉案专利权利要求1并未限定煤物质推进分解管道是否回转，被诉侵权设备的窑体是否回转并不影响本案专利侵权的判断。乙局在本院再审中又称，如说明书第0023段及附图所述，涉案专利的发明点是，采用多根平行密排管道组成的煤物质推进分解管道，而被诉侵权设备的煤料分解管道只有一个回转窑体。对此，本院认为，涉案专利权利要求 1 并未对煤物质推进分解管道的数量和位置作进一步的限定，反而在其从属权利要求 5 记载，"如权利要求 1 或 2 所述的内煤外热式煤物质分解设备，其特征在于：所述煤物质推进分解管道由多根平行密排管道组成，所述多根平行密排管道一端设置分配盘，所述分配盘与所述进煤口连通，另一端设置汇聚盘，所述汇聚盘与出煤口连通。"根据《中华人民共和国专利法实施细则》规定的权利要求撰写规则，从属权利要求是对其所从属的独立权利要求的进一步限定，独立权利要求的保护范围应当大于其项下的从属权利要求的保护范围。因此，根据涉案权利要求 5 对于"所述煤物质推进分解管道由多根平行密排管道组成"的限定，可以反推其从属的权利要求 1 的煤物质推进分解管道并不要求是多根平行密排的。又据当事人均确认的"涉案专利的煤物质推进分解管道和被诉侵权设备的回转窑体里均直接装填煤料"可知，不论被诉侵权设备中直接装填煤料的装置的具体名称为何，其在手段、功能和效果与涉案专利的煤物质推进分解管道并无实质性差异。因此，被诉行政决定对于涉案专利煤物质推进分解管道的解释，存在错误。

综上，被诉行政决定违反法定程序、适用法律错误，一、二审判决对于本案争议的实体和程序问题的认定亦存在错误，依法应予一并撤销。基于我国现行专利法律制度的实际状况，甲公司与丙公司之间的专利侵权纠纷，通过民事诉讼可以得到更加切实有效的解决。为服判息诉之考虑，本院向甲公司释明，征询其是否就涉案专利侵权纠纷另行选择向人民法院提起民事诉讼。甲公司向本院提交书面意见，坚持要求乙局依法重新作出行政决定。

另，丙公司于 2017 年 12 月 15 日向本院提交书面申请称，国家知识产权局专利复审委员会已受理针对涉案专利的无效宣告请求，涉案专利权利状态不稳定，专利侵权是否成立需以专利有效为前提，请求本院中止审理。对此，本院认为，甲公司在行政处理程序中提交的实用新型专利权评价报告显示，涉案专利全部权利要求未发现存在不符合授予专利权条件的缺陷。目前，涉案专利权仍属有效。国家知识产权局专利复审委员会受理针对涉案专利的无效宣告请求，并不属于必须中止诉讼之情形。因此，对于丙公司提出的中止本案审理的请求，本院不予支持。

典型案例 4-2：石某某、山西省甲县公安局交通警察大队公安道路交通管理上诉案①

【裁判摘要】

在行政执法过程中，正式民警在场的情况下，辅助警察依法具有合格的执法身份，有权配合民警对违反《道路交通安全法》的行为进行查处。但即使依法适用简易程序进行处罚时，执法人员也应当听取当事人的陈述和申辩并提供相关证明。本案中，执法人员作出的处罚属于其自由裁量范围，虽存在执法程序上的瑕疵但不对当事人的权利义务关系产生实质的影响，因而不属于明显的不当行为，不构成违法行政。

【相关法条】

《道路交通安全违法行为处理程序规定（2008 年修订）》第 41 条、42 条

《中华人民共和国道路交通安全法（2011 年修正）》第 21 条、第 90 条

《中华人民共和国行政诉讼法（2017 年修正）第 87 条

【基本案情】

2017 年 3 月 21 日 15 时 37 分，石某某驾驶一辆重型半挂牵引车行驶至 208 线甲县南团柏村附近时，被甲县××大队交警拦截。甲县××大队因石某某驾驶车辆倒车灯装置发生故障无法正常使用违反《道路交通安全法》的相关规定，给石某某出具编号为 14××03013197 号简易处罚决定书，处以 200 元罚款的行政处罚。石某某认为甲县××大队的处罚没有事实和法律依据，提起行政诉讼。一审法院认为，甲县××大队给石某某出具的简易程序处罚决定书，依据《道路交通安全违法行为处理程序规定》第 41 条、第 42 条之规定作出，程序合法。为保护道路交通安全，甲县××大队依据相关法律规定对石某某处以 200 元罚款的行政处罚，事实清楚，证据确实充分，适用法律法规正

---

① 本案裁判文书参见附录 4。

确，程序合法，应当予以支持。石某某则认为甲县××大队的处罚存在严重不当，提起上诉。

【裁判结果】

驳回上诉，维持原判。

【裁判理由】

生效法院认为：根据《中华人民共和国道路交通安全法》及相关行政法规规定，公安局民警可以带领警务辅助人员并在其指导下辅助执法，本案涉诉的执法中，有正式民警在场的情况下，辅助警察依法具有合格的执法身份，有权配合民警对违反《道路交通安全法》的行为进行查处。本案涉诉车辆存在故障为客观事实，交通警察认为上诉人所驾驶车辆违反《道路交通安全法》第21条的规定，并依据《道路交通安全法》第90条的规定进行相应的处罚并无不当。《道路交通安全违法行为处理程序规定》第42条规定适用简易程序处罚的，可以有一名交警作出，并口头告知违法行为人违法的基本事实拟作出的处罚，并听取违法行为人的陈述和申辩。本案公安机关陈述其履行了处罚前的相关告知义务并听取了当事人的陈述和申辩，却没有提供直接证据，程序存在瑕疵，但鉴于本案属于简易程序，违法行为的事实也较为明显，该瑕疵并不会对上诉人权利产生实质影响，但希望被上诉人在今后的执法中引以为戒。本案处罚结果属于公安机关自由裁量范围，且并未超出法定的上限，并不违法。上诉人的上诉理由没有证据支持，本院不予采信。

第五章　政府之政治责任

　　关于"政治责任"这一合成词汇的理解，应当先从认知"政治"开始，但有关"政治"的定义不一。有学者从权力规范角度对其进行解读，认为政治是建立在一定经济基础之上的社会统治、管理体系，是人们基于某种利益需要建立、维护、参与社会的统治、管理体系，以制定政策来规定和实现特定权力的关系与活动的总和。[1] 该定义指出了政治的主要内容是社会统治和社会管理，主要目的是实现人们的利益诉求，主要途径是制定政策，但此定义未能说明是何种利益能够促使政治产生。对此，有学者对政治主体、政治目的作了更具体的描述，将"政治"定义为：一个综合性的社会群体对其存在与发展中的根本性和全局性的问题所产生的观念和所进行的活动，以及由此产生的与之相适应的组织和制度的总和。[2] 这一概念限定政治主体和目的是综合群体的根本性、全局性利益。亦有观点从发生学角度着手，认为政治是群体性必然产物，所有人天生就是政治人[3]，因为有人便有利益分配。

　　这些观点已从权力关系、政治目的、政治手段、政治主体等对"政治"下定义，用这类限定方式去定义"市场""国家""西方中世纪的教

---

① 何颖著：《行政哲学研究》，学习出版社 2011 年版，第 221 页。
② 严存生著：《法治的观念与体制——法治国家与政党政治》，商务印书馆 2013 年版，第 292 页。
③ ［古希腊］亚里士多德著：《政治学》，吴寿彭译，商务印书馆 2016 年版，第 7 页。

会"同样可行，那作为"政治"的专属特征为何？有学者从政治概念内核角度，总结出政治的四个显著特征：根本性、公共性、全局性、权威性，尔后将之定义为：参与公共生活的个人、团体和组织，围绕人类生活的特定社会关系，借助公权力参与公共决策，对社会的价值作权威性分配的一系列活动的外在体现。① 该概念中加入了几项前述概念所没有的限定——权威性。而权威性恰是区别政府政治活动和非政治的行政活动的关键所在②，因权威表现为一种权力对另一种权力的压倒，政治是干系国家根本利益的活动，而行政只是政治延伸的一部分内容。但这并非意图跨过法律的绝对权威，夸大政治的根本性。政府的权力扩张表现在国家意志表达机关同执行机关的功能重叠，一方面政府依据法律授权，执行国家意志；另一方面政府通过人大授权享有政策制定、行政法规、规章颁布等实现国家意志表达的权力，且这些产物都经由一定制度，例如审议程序保障政治正当性③。政府的外部行政行为可以用法律约束，但政府行政决策、行政法规、规章制定的不具有可诉性，只能通过政治方式约束。因为法律是国家意志的表达载体、政府的各项决策或立法性活动同样反映国家意志，国家意志之间如何相互否定？这种逻辑同英国内阁制政府中"国王不能非"④的政治原则类似。所以政府的政治活动不是以违法与否进行评价的，而是以授权主体的目的实现情况决定。行政行为用合法性判断，政治活动用合目的性判断。

---

① 倪明胜、乔贵平主编：《新政治学之维》，天津人民出版社 2017 年版，第 23~24 页。

② 参见［德］卡尔·施米特著：《政治的概念》，刘宗坤、朱雁冰译，上海人民出版社 2015 年版，第 23~24 页。书中表达的是"国家的"与"政治的"，是行政与政治区别的关键。但本书将"国家的"换成"权威的"。

③ 参见王宇环著：《从同意到公共理由：政治正当性的来源及其发展研究》，复旦大学出版社 2018 年版，第 104~116 页。

④ 参见徐邦友著：《政府的逻辑：现代政府的制度原理》，上海人民出版社 2011 年版，第 250 页。在内阁制国家，国家元首的行政行为，必须经由主管部长（大臣）或总理（首相）副署才能生效，若该行为违法，它应受法律的追究而国家元首不负责。因为国王的权力是法律授予的，法律没有给他侵权的权力。

政府的行政行为由法律调整，政府的政治活动经政治方式解决，这是政治责任产生的基本逻辑。政治的权威性表现为权力与权力的角力和置换，而这些在现代政治中皆服务于民意，政治责任是当政府政治活动无法让民众满意时所需担负的后果，这是政治责任产生的外部原因。政府权力扩张使政府的政治活动与行政活动二分，是政府政治责任存在的内在基础。现代民主国家关于正义、理性、人权、利益的共识是政府政治责任的价值基础。政治的内涵外延决定了政治责任的意涵、根据、构成。

第一节　政治责任之意涵

尽管政治责任被普遍认为是近现代民主观念的产物[1]，但是观察政府承担政治责任的外在形式后，会发现政治责任实现并非现代民主独创。例如始于我国汉代的皇帝颁布"罪己诏"，元代文学作品《三国演义》中有关"军令状"的表述，又或是古希腊雅典关于"广场政治"、公民大会、议事会、公民陪审团等中出现的政治问责雏形。[2] 可见，对政治责任作描述性的经验主义分析无法直抵现代政治责任的内核要义，因为有关政治责任表现形式研究只是不断对现象捕捉叠加，而政治责任内涵的变更才是界分古代政治与现代民主政治的要义所在，所以对政治责任意涵从规范主义研究路径探讨其价值应当显得尤为必要。根据行为经济学解释，政治责任的发展变化实际是人们实践所探索出的适合一国政治的选择，当政治制度符合一国的国情时被保留，而当不符合一国所需时就会被更改，或者以一种更极端的方式——坚持与国家实际情况不符的政治制度所导致的国家解体。在逻辑上，政治责任与责任政治有着紧密联系——责任政治是政治观念、政治制度、政治活动的总和，政治责任作为其中的重要

---

[1]　麻宝斌等著：《十大基本政治观念》，社会科学文献出版社 2011 年版，第 124 页。
[2]　王若磊著：《政治问责论》，上海三联书店出版社 2015 年版，第 163～165 页。

内容，受其决定，且反之影响责任政治实现。对政治责任的目的、特征以一种并非对过去经验描述性，而是代之以规范性、应然性地定位，是对如何实现责任政治、法治政府的另一种解答。

一、政治责任之多重含义

由于"责任"概念本身具有丰富内涵，例如"义务""职责""惩戒"的混同，或责任属性的重叠：伦理属性、法律属性、政治属性等。政治责任作为责任的其中一种形式也具有此种现象。政治责任的发端产生于社会契约理论，尔后经西方诸国民主实践，逐渐将政府的行政与政治二分，政府合法性与民意关联，政治责任成为一种民意反馈机制。但第二次世界大战惨痛经历使得人们意识到民主应当与法治联结，民主政府的权力应当与责任相统一。

(一) 政治责任即政府职责

基于新契约主义理论，政府之政治责任被解释为宪法规定的政府职责。在这个意义上，政府政治责任意指法律赋予政府在政治活动中，应当做或不做一定行为的职责或义务①。在民主政治下将政治责任理解为政府职责，揭示了人民、政府、宪法三个要素之间的关系：人民以宪法的形式确定政府的应当为或不为的能力。政治责任在此纬度有三层逻辑：（1）政治责任是人民实现对政府监督的重要方式。（2）政府的政治责任虽然区别于法律责任，但其属于仍然寓于宪法之中。（3）政府政治责任是依政府及其公职人员在社会中所处角色决定，依"职"而定，即根据职业政治属性而需承担的义务，这是政治责任有限性的一个体现。

人民、宪法、政府、自由、法治、平等等属于宪法政治的基本要素，任何层面的宪法政治之研究均无法抛开这些要素。② 并且，鉴于要素之间的关联

---

① 参见［英］戴维·米勒、韦农·波格丹诺主编：《布莱克维尔政治学百科全书》，邓正来译，中国政法大学出版社 2002 年版，第 701 页。

② 顾銮斋主编：《西方宪政史》，人民出版社 2013 年版，第 1~56 页。

性，在单独对其中某一要素进行探究时，也无法避免涉及其他要素。但在所有的这些要素中，宪法居于枢纽地位，这是由于宪法政治的内在逻辑为：人民制定宪法，宪法设置政府，宪法是一样先于政府的东西，而政府只是宪法的产物。①契约理论为此观念奠定了理论基础。

古典契约论中，人民与国家是一体两面的关系②，以卢梭为代表的学者认为一个国家只能有一份契约——人民结合成国家的社会公约，该社会公约的载体即宪法。从社会契约的唯一性可知，契约主体只能是人民，政府不能作为契约主体，其行为自然也不属于契约行为，而应当将政府及政府首领看作国家制定法律的行为与结果。③ 古典契约理论虽借由政治共同体解释了人民、国家、宪法的关系，但重点关注的是政治权威合法性问题，不能深入揭示政府机构内部职能分配方式，以及政府对外如何具体实现社会正义。④ 值得肯定的是，古典契约主义使得契约理念逐渐深入人心。随着契约理论在社会各行各业的应用，西方资本主义国家试图将企业的契约管理模式引入政府中来，开始了"新契约主义"。⑤

新契约论中，契约主体由人民和国家发展至人民代议制机关和同级政府，政府组织和组织成员之间，且契约内容不再局限于人民—国家之间的委托关系，它被应用到现代政府治理的领域：公民—政府委托契约，公民是委托人，政府是代理人，政府职责（义务）通过该契约产生；政府组织与政府公务人员之间的委托契约，是政府公务人员职责产生的根据，公务人员绩效考核实际可作合同履行考察；政府组织与政府领导人员的委托合同，是首长负责制的根据，政府领导干部可类比为企业中的代表人，具有代表其所在组织、部门对外发布决策、参与行政活动、签订文件的职能。上述契约关系体现在《宪法》

---

① 《潘恩选集》，马清槐译，商务印书馆 2012 年版，第 250~273 页。

② 参见［法］卢梭著：《社会契约论》，李平沤译，商务印书馆 2013 年版，第 20 页。

③ 参见［法］卢梭著：《社会契约论》，李平沤译，商务印书馆 2013 年版，第 109~114 页。

④ 参见苏梅芳：《古典契约论与现代契约论的关系》，载《求索》2007 年第 4 期。

⑤ 徐凌著：《契约式责任政府论》，社会科学文献出版社 2015 年版，第 115 页。

中关于政府规定的内容中，从契约理论看，宪法是上述契约关系的载体（但宪法的内容不局限于此），根据契约理论，要约诺成实现，则对双方产生义务，这种双向性体现了利益关系的双向输送，尽管我国的合同法规范没有强调契约中约因对合同效力的影响，但约因能够揭示政府权力获得与人民利益之间的对价，政府权力获得是以实现公众利益为前提的，否则一个集权低效、不作为、贪腐、与民争利的政府将没有存在依据。

契约理论将政府的责任划分三重，其中包括政治契约。政治契约是指"公民（或议会）与政府或政府首脑之间的契约，强调政府客观责任的有效落实与追究，它涉及政府正当性问题"①。政府政治责任被理解为政府的政治职责或政治义务。政治责任源于政治契约，因此对政府的政治活动应当符合政治契约目的，契约规定原则。这是防止政府或人民的政治狂热。以史为鉴，十年"文革"浩劫背离宪法，背离宪政、法治，走上政治狂热②，实际是一种政治违约。政府政治责任同政治义务、政治职责相等时，是对政府政治活动的法律约束。

（二）政治责任即政治上的可责性

基于政府工具主义理论，政府之政治责任被解释为一种政治上的可责性（Responsibility as Accountability）。在这个意义上，政治责任意指对政府实现各项政府职能的一种政治性评价，它是政府为其政治失误承担惩罚性或损害填补性后果的前提，是一种过程性评价。政府因人民无法通过个体实现的愿望而集合成立，因此对政府的各项措施不能脱离人民的利益而存在，这需要政府善于运用社会治理工具管理社会，高效利用各种社会资源，以最大限度增进公共利益。③ 但社会治理工具是一种对情势综合判断后的治理手段选择，其过程复杂且利弊杂糅，后果重大，影响深远。这是对政府政治能力的一种考验，因此对

---

① 徐凌著：《契约式责任政府论》，社会科学文献出版社2015年版，第120页。

② 参见周叶中、江国华主编：《在曲折中前进——社会主义立宪评论》，武汉大学出版社2010年版，第376~377页。

③ 卓越、李富贵：《政府工具新探》，载《中国行政管理》2018年第1期。

政府的决策进行政治评价尤显重要。政府决策对社会的影响可能为负，可能为正，一般是以公共利益是否受到损害或增益为判断。但评价本身并不会对决策主体产生根本的影响或约束，其约束功效在于评价主体的权威与评价所可能引发的后续对政府的约束机制。这种政治评价与政治后果之间的关联类似于经由程序性规定实现实体权利义务，因此，可以将作为政治效果可责性的政治责任视作一种"程序性责任"。正如有学者所主张的，正式的负责制只是程序上的，政府愿意屈服于限制其随心所欲的机制，是由于这些程序允许社会公众因政府渎职、无能、滥权而将之完全取代。① 这些程序一般由宪法进行详细说明和规定。

程序性政治责任的约束力之一源于对政府进行政治性评价的主体。当评价主体为产生政府的权力主体时，该权力主体对政府的政治评价直接关乎政府的存续，所以这种程序性责任中，参与主体是保障程序性责任具有约束的第一条件。如果评价主体对政府的可责性毫无影响时，这种评价机制将沦为单纯的执政效果参考，而不能真正上升为政府权力约束机制，最高权力机关的问责。例如在英国，内阁以自己所做之政策向议会负责，当政策遭下院否决时，就需集体辞职，或者请求国王解散议会重新选举。同时，议会若对某项政策或某个大臣不信任，即被认为是对内阁整体的不信任。②

程序性政治责任的约束力之二源于政治性评价所引发的后果。参与是一种制约③，程序性政治责任，使得监督主体参与到政府的责任确定中，其包括但不限于选举、质询等方式实现。程序性责任所展示的是监督主体向被监督主体传达政治评价的过程，当政府获得否定性的政治评价时，被监督主体（政府及其公务人员）将要承担不利于其的后果。这种政治性评价是政府可责性的依据，当政治性评价为否定性评价时政府具有可责性，政府需要承担一定的后

---

① ［美］弗朗西斯·福山著：《政治秩序的起源：从前人类时代到法国大革命》，毛俊杰译，广西师范大学出版社 2018 年版，第 322 页。

② 何勤华主编：《现代西方的政党、民主与法治》，法律出版社 2010 年版，第 21 页。

③ 何勤华主编：《现代西方的政党、民主与法治》，法律出版社 2010 年版，第 101 页。

果。尽管政治性评价不是通常理解的口头或书面的言语文字表达，取而代之的是通过宪法规定政治程序，表达政府态度。它所引发的后果是具体实在的，直接干系被监督主体的权利（权力）、义务（职责）。

政治性评价内容是多元的。它可就政府的某项具体政治决策提出质疑，也可就政府的政体政绩做出满意与否的评价，抑或是对政府内某一官员提出不信任。回顾前文关于"政治"的定义，凡属于政府政治活动范畴，关乎社会综合群体根本性、全局性利益的事项皆可作出政治性评价。这一评价范畴也简洁回答了为何政治责任是一种程序性责任，因为政治本身丰富的内涵借助法律实体性规则确定是不经济且不灵活的，但以程序性规则确定政府行为方式、政治目的实现是可行且有效的。

（三）政治责任即政治上的后果担负

基于政府负外部性理论，政治责任被解释为一种政治后果（Responsibility as Liability/Burden）。在这个意义上，政治责任意指政府对其治下事项的不利后果的政治性担负。政府应当对自己的行为后果承担责任，这一理念可通过负外部性理论加以解释。社会资源通过政府初始配置和市场交易实现分配，当政府干预市场经济且产生副作用时，即是政府行为外部性。作为以强制为基础的政府，只要在其宪政规制中无法将全体一致同意规则确定为现实中的政治决策原则，就一定使得部分公民出于自身偏好而产生的意愿与政府的结果相悖，由此承担政府外部成本。① 这种外部性的成本通常是由政府行为对象承担，但在一些特定情况下也可能由政府（行为主体）承担。外部性有正负之分，当外部性为负时，政治责任将这种负外部性内部化，强调政府承担公民并不必要承担的外部成本。

什么是不必要的外部成本？学者布坎南从公共决策理论对集体决策外部成本的观点值得借鉴：集体决策与内部个体意见或偏好不一致时，个体所遵从的

---

① 郑谦：《社会抗争的新政治经济学分析：基于政府外部成本的视角》，载《学术界》2013 年第 7 期。

与集体决策不一致的部分，属于资源被"无效"利用。① 虽然组织目的不是个人愿望的简单累加，但如果出于纯粹私利可以通过个人的、非政府的行动来增进，且效果好于政府行动时，建立政府组织便无意义②，因此对政府行为应当合目的性以及合理性。合目的性是指，政府行为应当符合政府组建的目的，即最大限度地满足人民的利益；合理性是指政府行为应当注重行为成本与结果实现，当政府以强制手段无法优于其他非政治手段实现社会资源的最优解时，应当放手让其他社会主体实施。当政府行为无法满足合目的性与合理性时，政府行为外部性成本即为不必要成本。

政府应当将政府行为负外部性，或曰不必要的外部性成本内部化。负外部性内部化是指将政府行为负外部性成本中本需由公众承担的后果内化为政府承担。该要求除了符合正义观念外，负外部性内部化将有利于遏制行为主体的权力恣意，以及弥补原本承担政府外部性成本的主体。实践中政府决策满足所有人的偏好，使交易成本为零的情况偶然存在，多数情况下民主制度不存在全体一致规则作出的集体决定，一旦政府行为在即便是部分国民反对的情况下也要进行，社会资源分配以政治途径，基于非自愿的方式实现转移、分配。③ 这种政治途径是以国家意志为名义对社会各公共资源进行配置、分配，因此当政府决策为终局性决定时，国家机器将保障其贯彻。负外部性内部化的措施将有效对政府行为和结果加以调节和弥补。④ 政府的政治责任是在政府行为因不符合理性、合目的性而产生的负外部性后，而要求政府担负其行为修正以及损害弥补的后果。

但政府行为的负外部性内部化途径多元，何以成为政府的政治责任而不是

---

① 参见［美］詹姆斯·M.布坎南、戈登·图洛克著：《同意的计算：立宪民主的逻辑基础》，陈光金译，上海人民出版社 2017 年版，第 196 页。

② 参见［美］曼瑟尔·奥尔森著：《集体行动的逻辑》，陈郁等译，格致出版社、上海三联书店出版社、上海人民出版社 2011 年版，第 6 页。

③ ［英］丹尼斯·C.缪勒著：《公共选择理论》，韩旭、杨春学等译，中国社会科学出版社 2010 年版，第 59 页。

④ 何立胜、王萌：《政府行为外部性的测度与负外部性的内部化》，载《学术研究》2004 年第 6 期。

其他诸如伦理责任货法律责任？其限制性条件首先为当政府是利用其政治途径实现公共资源分配，政府行为的负外部性内部化应当由政治责任表达。这种政治途径是指政府的行为决策权力依据来源于政治渠道，基于因果相关，所以产生的负外部性也是由该政治途径所产生。其次，当政府行为决策不符合目的性和合理性时，即与政府组织目的相悖，政府行为不合理性使得其负外部性冲击到人民根本利益时，法律责任是在其行为负外部性合法性或"有效性"的向度的考察，且其行为依据由法律明确；伦理责任则是对行为负外部性的道德考察。因此当政府政治责任作为一种政治上的后果担负理解时，是以其依靠政治途径对社会公共资源调配，因出现不和目的性与不合理性，所导致的较大的负外部性内部化结果。

（四）政治责任即政府权力之"另一面"

基于有限政府理论，政治责任被解释为政治权力的"另一面"——政治责任与政治权力有似如一枚硬币之 AB 两面。有权力必有责任（Responsibility as Function），责任的逻辑源于对权力约束和利益实现的功用。权力与责任的权重不同组成了不同制式的政府，"最好政府"是权力极小而责任极大的，"次好政府"是宪政前提下全责一致的政府，"最坏政府"是权力膨胀但无责任约束的情况。① 最好政府是现实中不存在的，第二种政府正是现代民主政府所努力营造的，第三种政府是人们极力避免的。权力责任相适应一方面要求政府向自己权力之来源的政治权利主体展示其美好的意图和善良动机，另一方面需要向政治权利主体证明权力行为和政策行为的必要性、正确性和公正性②，上述任一情况的违反都会以责任约束为结局。这源于近现代关于有限政府的设想。《利维坦》中强调政府的必要的"恶"，需要受制于法律，权力的目的性和效率能够高效实现社会资源的整合和配置，但行政主体的人格特征同

---

① 参见秦晖：《权力、责任与宪政——关于政府"大小"问题的理论与历史考查》，载《社会科学论坛》2005 年第 2 期。

② 徐邦友著：《政府的逻辑：现代政府的制度原理》，上海人民出版社 2011 年版，第 243 页。

样使得权力具有向外扩张的可能。责任的功用就是与权力对应，是"有条件的"赋予特定组织、特定人员以权力，使得权力的行使能够合法且合理。法律责任是对权力主体的行为法律约束，是一种行为底线逻辑；而政治责任是对权力主体合理性的约束，是一种以结果倒逼行为的逻辑。

政府的政治责任与政府的政治权力相对应，这种对应体现在两个方面：权力性质决定了责任的性质，以及权力主体决定了责任主体。首先，政府的政治责任伴随政治权力产生，如果没有政治权力便无从谈论政治责任。政治权力可细分为领导权和指导权，前者是基于横向权力配置而产生一种人事领导权力，后者是指纵向权力配置而产生的一种业务指导性权力。政府的政治责任根据这种权力结构也可划分为领导责任以及指导责任。除权力结构以外，依据角色理论，政府角色以及公务人员角色呈现一种复合但又在不同场域有所偏重，权力主体不同，权力主体所承担的责任也不同。根据我国《宪法》第89条，政府的职能规定政府的权力大致为立法性权力、议案权、组织领导权、行政权、财政权、国内公共事务权、对外事务权、国防建设权、人事权、市场监督权等；按职能划分可将其划分为政治职能、经济职能、社会职能。① 政治以公共决策为重要内容，以行使公共权力为主要方式。② 因此，政治责任约束的政府职能、权力范畴为：政治职能、经济职能、社会职能中的各类决策权行使。例如，政策、规划、重大行政决策等制定实施中相应的政治责任。

政治权力主体决定政治责任主体，有政治权力的主体依法承担相应的政治责任，没有政治权力的主体无法承担政治责任。我国实行的是首长责任制，因此政府中能够承担政治责任的职能是政府相关权力部门的领导人员。这种领导型责任与传统的官僚制式的权力结构有关，权力由中央向地方逐级由大到小。这种首长责任制导致权力主体政绩型、经验型、独断型政治决策，据世界银行估计，"七五"到"九五"期间，我国政府投资决策失误率在30%左右，经济

---

① 倪明胜、乔贵平主编：《新政治学之维》，天津人民出版社2017年版，第142~143页。

② 张贤明、杨楠：《政治问责及相关概念辨析》，载《理论探讨》2019年第4期。

损失为 4000 亿元至 5000 亿元，却少有人承担决策失误责任。① 近年来在权力结构改革上不断提倡简政放权，使地方基层能够摆脱权力同构性、官僚化的权力弊端，结合所在地区具体情况提升权力主体的主观能动性。相应地，政治责任的虚位状态在责任上的变化是"权责相适应""重大决策权终身责任追究机制""权责清单"等提出，以权力定责任，以责任束权力主体。

二、责任政治与政治责任

"政治责任"和"责任政治"从语词结构上看，皆是由"政治""责任"组成的复合词，虽其内涵不尽相同，但却彼此密切关联。

（一）责任政治诸议

同"政治责任"一样，"责任政治"也有丰富内涵。有关责任政治的学理解释大致可以分为四类。

其一，对"责任政治"解构分析，认为责任政治是以"责任"限定"政治"。但对于责任政治的构成要素上，不同学者的切入点各异导致责任政治构成要素有所区别。例如，以责任在政治或国家治理中的形态为逻辑，将责任政治的构成要素分为：权责结构、职责界定、究责机制。② 又或从权责关系出发归类现代政治形态的要素、特征，认为"责任政治是以责任为'中轴'的政治形态，强调政治中的责任关系与责任形式，并以此展开特定的权力结构、制度设计、行动方式"③。无论是以何种逻辑出发对责任政治解构，其关键皆在"责任"构成上，因此仍以传统责任构成范式为基础强调权责关系，使责任政治成为一种具体的责任制度安排。

其二，以责任政治的种属范畴为根据，对责任政治的上位概念进行分析，

---

① 夏金莱：《重大行政决策终身责任追究制度研究——基于行政法学的视角》，载《法学评论》2015 年第 4 期。

② 马雪松：《论国家治理现代化的责任政治逻辑》，载《社会科学战线》2016 年第 7 期。

③ 张贤明，张力伟：《论责任政治》，载《政治学研究》2018 年第 2 期。

以找到其基本特征。多数学者认为责任政治是民主政治的延伸内容，是民主政治的必然发展，因此具备民主政治的基本特征。① 其中又可细分为从政体、政治目的、国家治理三维解释：将责任政治视为代议制民主的产物②，责任政治率先出现在 18 世纪英国的内阁制政体，政府的权力由民产生，因此政治权力主体需要对权力产生主体负责，责任政治实质是代议制民主的另一种表现形式；从政治目的上来看，责任政治是以实现人民主权为出发点对政治活动进行有效约束的途径，其中包括政治责任、法律责任等；从国家治理出发，责任政治是国家治理系统工程中的重要组成部分。有学者对中央政府近 40 年的工作报告进行分析，发现责任建设贯穿国家治理始终，先以经济领域为起点而后逐渐发展之政治领域。③ 在这一维度理解中，不同于责任政治的结构分析，学者通过对国家治理、民主政治的特征描述，将责任政治作为一种抽象的意识形态，对权力关系主体以及权力体系构建起到的指导作用。

其三，将政治责任作为一种实现人民意志或者公众利益的途径手段。在对各种政治目的描述中，寻求应然层面的责任政治。（1）确定责任政治的目的是人民能够控制公共权力行使者，使其对公共权力的行使符合人民意志和利益，直接或间接对人民负责。④（2）对人民负责的实现场域为整个国家治理体系之中，美国学者弗朗西斯·福山曾对理想的政府治理提出了三大要素，认为民主的责任制政府实际是一个成功国家在治理过程中所必备的要素。⑤ 责任建

① 参见张喜红：《权责一致——责任政治建设的基本前提》，载《思想战线》2016 年第 6 期；盛邦跃，刘祖云：《责任、责任政府、责任政治》，载《南京农业大学学报（社会科学版）》2004 年第 1 期。

② 参见王学军：《论责任政治及其实现路径》，载《学术研究》2002 年第 6 期。

③ 张力伟：《通向责任政治之路：我国责任建设的发展与演变——基于国务院政府工作报告（1979—2018）的语料分析》，载《求实》2019 年第 2 期。

④ 参见张贤明著：《论政治责任——民主理论的一个视角》，吉林大学出版社 2000 年版，第 22 页。

⑤ 参见谷志军，陈科霖：《责任政治中的问责与避责互动逻辑研究》，载《中国行政管理》2019 年第 6 期；马雪松：《论国家治理现代化的责任政治逻辑》，载《社会科学战线》2016 年第 7 期；[美] 弗朗西斯·福山著：《政治秩序与政治衰败：从工业革命到民主全球化》，毛俊杰译，广西师范大学出版社 2015 年版，第 19~20 页。

设涵盖了不同领域、不同层面、不同维度，在人类社会的各方面都发挥了重要作用，正如第二类研究中，有学者发现我国的责任建设由经济领域向政治领域扩展，实际这不是责任的重心转移而是责任建设版图的扩大。（3）责任建设由于政治活动的变化而发生改变，呈现出协同与系统化的发展趋势。（4）责任政治是为国家治理、民主政治实现的重要因素，其中责任政治以权责一致为前提。总之，这类研究是综合应用第一类解构路径，加以第二类的描述性分析，试图以目的导向追寻责任政治的价值所在。

其四，责任政治的法治面向解读。上述三种对责任政治的解释能满足逻辑自治：国家治理中为保障人民利益，围绕政治权力进行的系统化、综合化、责任建设。强调责任政治的目的为保障人民利益，适用场域是在国家治理中，实现方式和特征是权责关系的系统化、综合化建设。但这三类解释也可能带有学者学术背景所致的研究偏重——以政治学或社会学的角度解释，但这三类定义使得责任政治的定位存有权力中心和唯目的论的特征。这种政治化或行政管理化的解读，弱化甚至忽略了责任政治的法治面向。责任政治不仅是政治的产物，同样也是法治的内容。从亚里士多德将统治者与统治目的作为政府分类标准起，暴民政制（Ochlocracy）常作为民主政制（Democracy）① 反面出现，贫民的狭隘性无法像精英一样实现共善治理（The Common Good）。尽管亚里士多德将二者的区别限于精英之治与贫民统治的优劣对比，但是两千多年后，政治家托克维尔历经法国大革命，超越统治主体的社会身份，以权力的限制为核心，提出"多数人的暴政"。② 多数人的暴政以多数人组合的却不受控制的无限权力为典型特征，这种权力是单纯的目的导向性权力。而责任政治的法治面向解读，意在阻止政治权力的两极发展。其要义有二：（1）责任政治始于依法治国，依法治国首要是依宪治国，要求以宪法的形式确定政治活动的根本目

---

① 亚里士多德所指的 democracy 已发生语义变化，当时 demos 是"贫穷的多数"之意，现今指"民主政治"，而亚里士多德意指的暴民政治译为 ochlocracy. 参见 ［英］阿兰·瑞安著：《论政治》，林华译，中信出版社 2018 年版，第 145 页。

② 参见 ［法］托克维尔著：《论美国的民主》，董果良译，商务印书馆 2019 年版，第 287~300 页。

的和权责规则，排除专制制度对人民的政治空间限缩压制，也避免多数人的暴政。（2）责任政治终于宪法贯彻。责任政治中秩序规则创设的权责关系置于宪法之下，超越宪法的政治权力关系不存于现代法治国家。惯常强调权力法定，但权责对应也将责任政治中的责任建构纳入法治体系。政府的政治责任不能超过政府的政治职能，即权责一致。假一例明之，T 政府辖区内的填海造陆工程导致沿海水生物资源锐减，重创沿海渔业经济，该责任不会由无管辖权的H 政府承担。又或某一山洞隧道竣工后发生倒塌事故，根据权责一致原则，该事件的责任追究不会推及无相应职权的部门。此外，政治活动中的权力主体不能未经法定程序自设权责规则，以防止自我避责的可能。或者违反人权保障原则等基本立法原则越权设置责任内容。

（二）责任政治中的政府权力构造

从 19 世纪末 20 世纪初开始，中国受西方政治思想影响，"责任政治"作为民主政治的一重要特质已经存在，并被认为是"使政府对其行为负责，凡行为合于民意或法律的，固然不成问题，否则就需负责下野，甚者需受各种制裁"。① 责任政治以政治权力主体对其权力产生主体负责的方式实现民主政治，但在不同国家演绎生成了各式不一的政治权力构造，目前世界上存在的政府类型大致可分为：内阁制、总统制、半总统制、委员制（合议制）。政治责任承担主体是区分的标志之一。内阁制政府，由内阁总揽行政权并对议会负责。总统制政，副总统独立于议会之外总揽行政权，且由民选产生对选民负责，议会不能以不信任投票迫使总统辞职，总统也不能解散议会。半总统制政府，总统由全民投票产生，总理由总统任命产生，其特殊之处在于，总统不对任何人负责，而是总理对议会负责。委员制政府又称合议制政府，最高行政权由议会产生的委员会集体形式，各委员会地位平等，权力相当，且只能以集体形式对外行使行政权。

我国的国务院制是合议制基础上的总理负责制，合议制特征表现为国务院

---

① 萨孟武著：《政治学与比较宪法》，商务印书馆 2013 年版，第 75 页。

常务会议由总理、副总理、国务委员、秘书长组成，但之间权力大小配置不同。根据《宪法》规定，国务院是最高国家权力机关的执行机关，是最高国家行政机关。总理领导国务院的工作，国务院统一领导全国地方各级国家行政机关的工作。这种权力构造的特殊之处在于与政党制度的紧密结合。① 国务院成员皆由党中央经过法定程序推荐，而后经国家主席以及总理提名、人大表决过半产生。这种政府权力产生方式是中国共产党实现全面领导方式的一个侧写，也使得政党责任与政府政治责任在外观上常发生重叠，但无论从责任意涵，还是责任依据、责任构成上看，二者仍然是不同的责任体系。根据《宪法》规定，国务院需向全国人大负责并报告工作，地方各级政府对本级人大以及上一级国家行政机关负责负责并报告工作；根据党章规定依规治党，党内自治，党组对党纪律维护失职需被问责。尽管中国共产党通过推荐政府组要成员、在政府及其组成部门设立党组、对政府重大决策的参与以及政治纲领等实现对政府的权力运作影响，但是这种影响是以党组织形式实现，宪法并未赋予中国共产党最高行政权力，政府责任与党政责任的权力基础有标志性的区别。

我国宪法以及宪法性法律将国务院的行政权作了横纵划分，横向上宪法将行政权力区别于其他国家权力，并授之予国家行政系统。纵向上，宪法之下，以组织法为核心的宪法性法律（含基本法）实现了行政权在行政系统内部的第一次划分——将行政权力分为若干子权力授予给合适的机关；宪法性法律之下，由全国人大和人大常委指定的专门法律实现行政权在行政系统内部的第二次分配——依行政权力性质将具体行政权配置到适当的行政主体手中。② 纵向行政权力配置遵循"职责同构"的逻辑，组织法依职能将行政权细化配置给政府各部门，2018 年国务院机构改革后，共有 26 个职能部门；除外交、国防等国务院特有职权外，地方人民政府的职能部门大致与中央政府相似，形成各级人民政府之间权力同构性。组织法之下的法律又依具体行政权力性质二次配置。

---

① 林来梵著：《宪法学讲义》，清华大学出版社 2018 年版，第 93 页。
② 江国华著：《中国行政法（总论）》，武汉大学出版社 2017 年版，第 57 页。

各级政府之间和性质相同职能部门之间的纵向权力结构配置实现大致分为：领导权、指导权、自治权。领导权是指依据法律规定，基于行政组织的隶属关系而生成的上级对下级的领导权力。我国的政府领导权又分为垂直领导权和双重领导权两种。垂直领导是指政府职能部门对下级政府职能部门的人、事、财的直接管理。① 例如国家税务总局对全国国税系统实行垂直管理。双重领导是指行政机关接受两个行政机关的直接领导，但这类领导权通常有主次之分：以本级政府领导为主要领导，上级职能部门作业务指导、监督的行政机关，例如生态环境行政部门，以及以上级职能部门领导为主，配合地方政府治理的行政机关，比如地方审计机关。根据《宪法》规定，国务院作为国家最高行政机关对整个国家行政系统具有领导权，包括其所属部门及地方各级行政机关的领导。指导权是指上下级行政机关之间的一种业务上的指导、监督关系。指导权具有非强制性、专业性的特征，通常上级行政机关以建议、劝告、引导、指示的方式对下级行政机关业务范围内的影响。自治权，是指根据宪法、宪法性法律、人大及其常委颁布法律规定，行政机关就某一范围内的事项具有高于其他同性质职能部门的治理权限。自治权突破了权力隶属关系中一些权力限制，强调地域管辖范围内公共事务的特殊性。宪法关于民族自治地方的自治机关的自治权包括：行政执行自治权、财政与救济自治权、科教文卫等方面自主权。宪法以及港、澳基本法关于特别行政区的高度自治权排除国防、外交事务外，由特区自治。自治权虽然赋予行政机关高于一般行政机关的权力自主性，但其权力根据法律规定仍然存在隶属关系，不能突破国务院的领导权。

具体政府及其各职能部门权力结构配置实现大致分为："人权"和"事权"两类。"人权"是指政府依法行使管理政府人员的权力，大致包括人事立法权、选拔任用权、在职管理权。其中人事立法权属于广义上的立法权，包括准立法权。事权是指政府依法享有对公共事务的决策权和执行权。《宪法》第89条、107条、119条关于国务院、县级以上地方人民政府、民族自治地方自治机关的综合规定了政府的人权与事权。行政法规定政府的政府各部门依据宪

① 张康之、张乾友主编：《当代中国政府》，南京大学出版社 2016 年版，第 175 页。

法、宪法性法律、法律法规等行使各项权力。

以上权力结构、权力内容由宪法、宪法性法律、人大及其常委颁布法律规定，这体现了责任政治以权责明确为核心的特征，且中国政府正不断探索实践责任政治建设。除政府权力法定外，中央还提出建立权力清单制度①，厘清细化政府职能部门权力内容。2015 年中共中央办公厅、国务院办公厅印发《关于推行地方各级政府工作部门权力清单制度的指导意见》（以下简称《权力清单指导意见》），要求"地方各级政府工作部门行使的各项职权及其依据、形式主体、运行流程、对应的责任等，以清单的形式明确出来，向社会公布，接受社会监督"。2018 年中央编办印发《中央编办、法制办关于深入推进和完善地方各级政府工作部门权责清单制度的指导意见》（以下简称《权责清单指导意见》）指出"目前各地省市县政府工作部门权责清单均已公布"。结合两部指导意见，各地政府在完成权力清单建立的基础上，更加强调权责一致、问责落实，以及进一步提出权力清单与责任清单"两单融合"。

何以理解"权责一致"？从字面释义，"一致"是指"没有分歧，基本特征相同"，由此可推之，权责一致则是指权力与责任基本特征相同或趋向相同。但这种一致性对于实践过于理想化，因为权力和责任设定目的虽然相同，二者法律性质却有所差异，从性质上无法实现一致：权力是法律赋予政府实施行政行为的资格或能力，而责任是约束权力恣意，敦促权力主体履行义务的强力。从发生学分析，权力产生也早于责任出现。然而，从目的解释出发，政府责任与权力的目的具有一致性，二者皆为保证政府实现政府各类法定职能。在《权责清单指导意见》中，政府责任被定调为"依据法定权力确定政府职能部门责任"，实现对权力的有效约束。因此，权责一致应是以政府职能实现为前提的权力与责任对应关系。根据权力两面性（目的性与扩张性），权责对应表现

---

① 法律性质上，有学者认为权力清单属于行政中的公开行为，而非规范性法律文件；责任清单不止于法律规定政府责任，还允许法律之外的政府自发约束，因此将其定性为一种行政自制。参见刘启川：《独立型责任清单的构造与实践基于 31 个省级政府部门责任清单实践的观察》，载《中外法学》2018 年第 2 期；林孝文：《地方政府权力清单法律效力研究》，载《政治与法律》2015 年第 7 期。

为：（1）权力主体和责任主体的一致性，权力主体应当为自己的行为负责，且权力与责任应当大小相当，权责失衡将导致行政主体消极履职或权力滥用的情况。（2）权力内容与责任内容的相应性，权力与责任皆是围绕某一特定公共事务而有其关联，权力内容与责任内容缺乏关联会造成职能部门间责任推诿。（3）权力规则与责任规则的相容性，规则设计的目的与逻辑应是相近的，否则会造成规则使用过程中的理念冲突，注重权力约束应当与责任与权力扩张。权力结构在涵盖权力主体、权力内容的同时，也反映了权力规则和权力目的，因此实现权责之间主体、内容、规则、目的对应，实际是一种结构性的对应。

（三）责任政治中的政治责任

责任政治中的责任包括法律责任、伦理责任、政治责任，三者各有其秩序价值不可相互替代：法律责任强调法律秩序、法律权威的维护，因此以明显的法律违反为要件；伦理责任强调身份关系产生的道德秩序维护，因此以道德评价为标志；政治责任强调政治目的和政治秩序的实现，因此以政治权力的目的性与合理性缺失为关键。但在责任政治中三者亦有相似之处——皆为保障责任政治实现的方式。责任政治的提出本就以保障权力的正确适用为逻辑基础，因此在责任政治中责任与权力应存在一种结构性对应。

责任政治主体包含但不限于政府，责任政府是责任政治的内容之一，并且是其中的重要组成。凡有国家必有政府，且不论政府代表何种群体利益，其行动中都包含公共属性，加之政府合法地掌握国家权力，一定治辖内的公共性问题，政府负有最大责任。① 所谓的责任政府，其理念之归宿仍旧来自法治当中的有限政府之说。"衡量有限政府与无限政府的尺度在于政府的权力、职能、规模上是否收到来自于法律的明文限制，是否得到及时有效的纠正"以及"政府官员，尤其是最高领导违法是否受到法律的惩罚"。② 有限政府实质就是

---

① 参见金冬日、张蕊、李松林、朱光喜著：《问责制研究：以中国地方政府为中心》，天津人民出版社2018年版，第13页。
② 陈国权：《论法治与有限政府》，载余逊达主编：《法治与行政现代化》，中国社会科学出版社2005年版，第122页。

权力有限，一方面需法律直接明确权力边界，另一方面需要责任控制权力扩张。其中，政治责任以一种程序性的、目的性的方式确保政治权力正确适用，它不同于传统法律责任以法律违反为要件，而是将政治目的、民主诉求作为权力存在之必要。

　　政治责任是政府责任政治不可缺少的一种责任形式，政治责任在政府责任政治中的必要性可通过两个方面阐述：第一是政治责任在责任政治中的功用，第二是其他政府责任形式的局限性。细言之，首先责任政治是政治责任的基础，政治责任是责任政治实现的保障。责任政治，即民主之治，法治之治。法治水平的提升反应了政治民主的进程，有限政府必然是民主下的政府，民主政府的第一要征是责任政府。责任政治为政治责任提供了成套的制度保障和社会环境基础；反之政治责任的落实将促成责任政治的实现或完善，但当政治责任流于形式或是不能似法律责任一般时，或为非常态的，稳定的，规范化、制度化的存在，政治责任只能沦为统治者的政治工具。其次，其他政府责任形式，尤其是法律责任无法结构性地对应官僚体制下的权力。官僚制度虽然以权力体系明晰，行政权力法定，行政过程确定，政策执行高效见优，但官僚制对所执行的政策内容和由此带来的负面社会后果均可能出现不负法律责任的情形。因为，行政角色的确定将复杂的政策执行过程分割成若干环节，各部门之间协调的因果链条被掩饰起来，而掩饰的事实恰巧为各种政治结果的关键因素，法律责任在本质上被架空，处于"责任漂浮"状态，集体执行内容淡于公共利益，甚至对公共利益造成危害时，也无法落实法律责任，政府各权力主体都相信责任在于一些"适当的权威"身上。①在我国中央及地方政府虽然存在权力结构的同构性，但法律仍然为各级政府保留了对其辖区内事务一定的决策权力，决策权力法定。此外，由高至低的政策理解与运用都将导致决策最终结果与目标之间的差值，但这是法律责任力所不逮的，而政治责任以政府组织目的为突破，在政府政治与行政二元状态中，对政府的政治权力和政

---

　　① 参见［英］齐格蒙·鲍曼著：《现代性与大屠杀》，杨渝东、史建华译，译林出版社 2011 年版，第 212~214 页。

治活动起到了有效的约束。因此，政治责任能够成为政府责任政治中的重要组成部分。

三、政府政治责任之定位

政府政治责任的定位，即界定，是判断政府政治责任边界，考察其表征以及内核要义之所在。因此政府政治责任的定位当从政府政治责任的目的以及政府责任的特征着手。追溯政府组织之目的，以政府组织目的明确政府政治责任的目的，其实质是对政治责任应然状态之探索；试将政治责任形式与其他责任形式相关联，其内容是对政治责任实然状态之总结。关于"好"政府的探讨，从洛克对区别于父权制政府的探讨到鲍曼对现代性官僚制的批判，再至如今不少学者对后现代政府的预判与设想，可见政府的目标不断变化。洛克认为的好政府即受法律约束的政府①；其后鲍曼则反向提出政府权力的"恶"，认为官僚制的权力纵向等级结构将政府管理过程分割成若干部分，将政府全体对象非人化，导致其强大的行动力往往以牺牲道德、人性为代价，政府责任却仍处于漂浮状态；② 后现代政府理论则是超越了对政府的常规判断，对政府的价值、组织形式、权力结构进行了再造。如果将洛克所提的法治政府作为现代政府1.0 版本；现代政府 2.0 版在法治政府的基础上强调责任政府的塑造；而后现代理论所提出 3.0 版政府，则是一种对诸多政治现象叠加后的规律把握和对过往官僚制权威的反思③，政府的价值更加细化多元和强调人性，政府组织形式由垂直向平行的过程发展④，民主政府被赋予更多内涵，例如回应性政府、服务型政府、透明政府等。现代政府价值理念与现代科技更新一样，每一版现代

---

①　参见刘华：《国家治理现代化进程中的"好政府"——洛克政府理论的启示》，载《江海学刊》2018 年第 2 期。

②　参见［英］齐格蒙·鲍曼著：《现代性与大屠杀》，杨渝东、史建华译，译林出版社 2011 年版，第 136~141、212 页。

③　参见章伟：《解构与重构：后现代公共行政的价值考量》，载《复旦学报（社会科学版）》2005 年第 1 期。

④　参见竺乾威：《"后现代"政府理论评述》，载《国外社会科学》1993 年第 10 期。

政府都不是独立的特征，而是基于上一代的版本优势，填补更新、修正不足、推陈出新，法治、民主、责任是政府的基础元素无法被替代，呈现如今多面的政府：法治政府、民主政府、责任政府。对三者的现代性中国化解读，是考虑其价值观念对中国的政府责任制度建设影响甚远，甚至可以说政府责任的特征正是从现代政府的价值观念中得来。

（一）法治政府中的政治责任定位（合法性）

目前，对法治政府的理解大致分为三种，其一认为法治政府是一种行为方式，要求政府应当依据法律规范行使各项法律授予的权力;① 其二认为法治政府是一种法治思维、法治意识在政府管理领域的具体体现;② 其三认为法治政府是一种良法得以政府普遍遵循的理想状态③。三种观点各有其合理之处，将三者综合，从意识到行为再至目标可视作法治主义在政府事项中的践行。法治政府与政治责任的关联中，政治责任并非简单的"权力法定，权责一致"原则下，责任主体、客体、内容法定，取而代之的是一种综合的政府政治责任，政府政治责任合法性特征大致有以下三个方面内容。

其一，政治责任中的法治意识。法治意识是政府履行政治责任，实现政治目标的前提，它是规则意识、合法意识、诚信意识、程序意识、责任意识、平等意识的统一。它要求政府在履行政治责任时应当具备法律知识，法治理念认同，以及行为选择中的规则意识，三者缺一不可。历史经验示明缺乏法治意识的政治活动往往会导致严重的后果。政治责任法定不是单纯以法律规范的形式确定政治责任的具体内容，也包括政治责任的履行需体现法治思维，不能为达政治目的而僭越宪法、法律规定。但我国的权力结构本底决定政府履行政治责任时却无法避免此种情况的发生，在涉及民生的公共领域较常出现。尽管我国政府正积极尝试践行大部制改革，可是以事权为中心的政府权力配置的实际情

---

① 参见张渝田主编：《建构法治政府的逻辑》，中国法制出版社 2018 年版，第 2 页。

② 参见王敬波著：《法治政府要论》，中国政法大学出版社 2013 年版，第 1 页，第 19~22 页。

③ 参见王勇著：《法治政府建设》，国家行政学院出版社 2010 年版，第 9 页。

况难以短期解决，部门决策、执行功能合一现象仍然存在。① 这使得政府决策制定者与执行者角色重叠，发生政府决策与政府执行互为便利，政府利益与公众利益存在偏差的可能，但这种偏差又因权力合法行使以及法律对行政诉讼范围的限定，导致无法追究政府决策方面的法律责任，最终使得"权责对应"原则沦为政府避责的工具。在此情况中，关键问题出在政府履行政治责任时缺乏法治意识，不识法律的情况较少出现，但可能因缺乏对法治的认同，导致一种唯目的论的专断，为达政绩而以规避法律规定；或者在多项行为选择中，政府力求方便省事，而在行为选择决策中放弃法治途径。② 因此，政治责任在法治政府中的定位应是消弭这种难以为法律规范所细致调整的执政活动。

法治建设是我国政府的政治目标，法治意识又是法治建设的内容之一，政府的政治责任内容应当包括法治意识树立和贯彻。中国现代化法治建设始于拨乱反正的 1978 年党的十一届三中全会，会上提出，"为保障人民民主，必须加强社会主义法制"；1993 年中央政府工作报告指出，"各级政府都要依法行政，严格依法办事，一切公职人员都要带头懂法，做执法守法的模范"；1997 年党的十五大提出，"依法治国，是党领导人民治理国家的基本方略"以及"一切政府机关都必须依法行政，切实保障公民权利"。1999 年、2004 年、2008 年、2010 年国务院为建设法治政府，分别发布了《国务院关于全面推进依法行政的决定》《全面推进依法行政实施纲要》《加强县市政府依法行政的规定》《加强法治政府建设的意见》，2019 年中共中央和国务院联合印发《法治政府建设实施纲要》《法治政府建设与责任落实督查工作规定》，党的十八大提出至 2020 年法治政府基本建成。法治建设在我国并不只是一项法律目标、社会目标，也是一个政治目标，政府法治意识的树立培养是法治建设的重要内容，政府有责任建设实现法治社会、法治政府，因此所谓的法治意识应当为政府政治

---

① 参见薛刚凌、陈晓勤：《推进大部制改革：构建以功能为中心的政府权力构造》，载应松年主编：《法治政府》，社会科学文献出版社 2016 年版，第 79~84 页。

② 例如在《物权法》出台之前，一些地方政府雇佣社会人员半夜执法强拆而引起的群体性事件。参见四川唐福珍自焚事件。

责任的子集。

其二，政治责任的程序性。所谓程序是指按照一定顺序、程式和步骤制作法律决定的过程。① 政治责任程序性，是指政府政治责任实现的重要保障在于程序性规定的贯彻，主要包括政府政治责任履行、责任追究、责任承担都应当有相关的程序性规定，且严格按照程序性规定实施，这是由政府行为合法化的诉求决定的。程序是从"选择"到"决定"之间的公开过程，如有的学者所总结的程序普遍形态一样：程序是按照某种标准和条件整理争论点，公平地听取各方意见，在使当事人可以理解或认可的情况下作出决定。② 这种观点可追溯至哈贝马斯的以交往理性为基础的合法性探讨。他认为现代一切社会问题都是合法性问题，合法性危机的出现是因事实与规范之间的落差，事实缺乏规范而显得正当性不足，规范因缺乏事实支撑丧失其合理性之用，弥合二者之间落差的方式是主体之间达成共识的程序。现代政府合法性问题也是如此，它不再拘泥于政府初始权力的合法性而是专注如何实现权力持续有效的合法性：一方面私人自主与公共自主要求法律建制化，另一方面这一建制化的持久获得需要法律所预设的政治权力的合法化。其出路是建立在商谈原则基础之上。③ 社会中各类经济、文化等问题最终都会成为政治问题，政府的政治活动也在影响着社会各领域发展，再逐层影响到个人的利益。尽管从社会问题到社会政策之间的法律不能实现人人都位列谈判席上进行商谈，但以法律形式确定下来的程序规则能够最大化地使整个过程公开，使异见代表者之间通过意见交换使决策最终趋于最优方案，实现决策制定者与决策承受者之间，事实与规范之间，正当性与合理性之间的调和，最终实现合法性。因此可以说程序规则是政府政治活动合法性的必要保障。

但现实中的程序观念与哈贝马斯以商谈理论为主的法律程序范式存有较大

---

① 陈瑞华著：《程序正义理论》，中国法制出版社 2010 年版，第 1 页。

② 季卫东著：《法律程序的意义》，中国法制出版社 2012 年版，第 18 页。

③ 郑永流主编：《商谈的再思：哈贝马斯〈在实施与规范之间〉导读》，法律出版社 2010 年版，第 9 页。

差异，主要表现为两个方面，第一是重实体规范轻程序规范①，第二是重司法程序轻其他程序②。该程序观念无法盖涵性地表达现代法治社会中不断调整自己角色的政府，也无法与现代法治观念相匹。工业化的深入毋庸置疑会出现社会分工进一步细化，工种的细化也间接使以利益为核心的社会群体分化成更多、更小单元。因此政府被赋予更多角色：社会管理者、社会服务者、社会裁判、社会监督者，等等。这导致一种悖论：一方面人们需要一个能够为社会提供更优质资源的全能政府，政府需要与之对应的更多权力；另一方面政府的权力扩张又让人们忌惮权力的恣意，人们需要借助法律以规范政府权力。在政府的政治决策中这种悖论被更明显地提出，但事实是无论从立法成本还是立法技术上而言，实体规范无法事无巨细地规定政府活动中各种权力内容。同时，政治责任是以实现政府组织目的为前提，而政府决策中所面对的利益诉求是复杂多元的，利益之间既存在冲突对立，也可能共生俱损，且利益内容也是随情势变更而呈现不稳定状态，完全借由实体规范约束政治活动也是不切实际的。现代政府的组织目的包括实现社会资源、福利的分配优化，凡有分配之处便存在正义问题，对于正义的法治保障，通常有实体性保障和程序性保障两类，徒有实体规范不足以自行，程序性规范是实现政府责任的重要手段。程序性规定在政治责任方面有其不可替代的价值和功用。但程序规则是否应当以两造对抗，利益冲突为其法律建制的逻辑起点呢？在理论上，现代程序性观念应当立足于更大的法治社会视野中，从偏重司法程序保障走向全面的程序保障。因为司法程序中的利益主体明确，利益关系简单，谁主张谁举证的责任规则足以认定事实确定法律利益分配，但政府的政治活动事项中，利益主体是多元的，在考虑经济利益的同时还要顾及其他要素，如公序良俗、受众接受程度，最重要的是政府与人民的关系不一定是对立的，甚至是合作共生的，例如社会公共利益、

---

①　2015 年广东省中级人民法院发布行政审判白皮书显示行政机关因程序违法败诉 249 宗，占全部行政诉讼案件的 55.3%，参见《重实体轻程序弊病难除令人忧》，载人民网，http://legal.people.com.cn/n/2015/0712/c188502-27290419.html，2019 年 9 月 22 日访问。

②　参见王万华：《法治政府建设的程序主义进路》，载《法学研究》2013 年第 4 期。

环境利益等。而且司法程序是一种事后救济思维下的产物，但政府更需要一种预防功能的程序规则，这要求有关政府的程序性规则从一种主客体对抗性程序走向主体间性的交往理性程序。

因此，程序性规则不仅在司法领域有其重要地位，在非司法领域中亦有其价值。在政府政治责任中，其作用主要发挥在三个阶段：在政府履行其政治责任（职责）时保证其政治权力的合法性；在政府的政治行为造成公共损失，无法实现其组织目的，而追究其责任时，保障人民权利和政府持续的合法性地位的维护；在政府的政治行为确认需要追究责任，令其承担一定政治性不利后果，通过程序性规则保障政府所承担后果"罚当其行"。程序性规则在这三个阶段所维护的利益，与三个阶段的政府政治责任的目的相一致。而程序性规则之所以能够实现上述三个阶段的政府政治责任的目的实现，是因为程序的公开性、规范性、中立性、确定性特征与政府权威、民主维护、人权保障等诸多需求相匹。政府的各种决策的制定实施便是规范与事实之间的不断融合过程。只有当政治决策同时具备规范性与事实性的双重特质才能维护其合法性，程序性规则是解决二者的关键，且程序性规则的确立形成了一套"工业流水线"一般稳定的政府行为合法性确认以及合法性矫正机制，达到政府合法性的稳定长久。程序性规范实际就是为政府各类型决策活动的合法性所预设的制度安排，它不是独立存在的主张，而是一套复杂多样的制度准备，例如其中的公众参与制度、信息公开制度、证据制度等实际就是为决策诞生之前，各利益方在就同一事项进行讨论，保证所通过或否定决策的结果实现最大限度的合理。

其三，政治责任内容的合法性。不抵触原则本是针对央地立法权限的基本原则，其目的可辩证看待，消极方面是中央对地方立法权的约束限制①，积极方面是中央下放立法权到地方的产物②。《立法法》出台以后，不抵触原则被具体化为合法性规则，且《立法法》第 2 条明确了合法性规则的适用范围，

---

① 苗连营：《论地方立法工作中"不抵触"标准的认定》，载《法学家》1996 年第 5 期。

② 丁祖军、宓雪军：《试论"不抵触"原则》，载《现代法学》1993 年第 1 期。

政府关于行政法规、国务院部门规章、地方政府规章的立法活动被纳入其中。但在《立法法》规定范围之外，针对不特定多数主体的具有立法或决策性质的政府工作，宪法不抵触原则作为一种元原则仍旧发挥着重大作用。尤其对目前我国政府问责法律构架尚未成形，国家层面立法缺失、国务院行政法规和指导性规范操作性不强，地方立法规范差异较大且效力不足的情况。[①] 政府政治责任规范内容应当包含：责任主体、责任内容、归责原则、责任程序、责任形式、责任范围幅度等。不抵触原则的具体适用包括：责任主体范围与规范效力问题，责任内容与立法授权范围问题，责任形式与基本人权保障问题，以及归责原则、责任程序与法律绝对保留问题，等等。

（1）规范效力决定其责任规范主管范围。尽管根据权责一致原则和首长负责制原则，政府政治责任主体范围应当包含政府组织、政府及其部门首长、决策主要负责人，但并不是任何责任规范都能涵盖上述三种责任主体，责任主体范围大小由政治责任规范效力位阶决定，其间遵循着一种"最大原则"的规律，即责任规范中最大责任主体不得超过该责任规范制定主体层级，其暗含的逻辑是：权力主体经由谁产生，就向谁负责。

（2）责任内容受法律授权范围影响，超出政府事权范围内的事项不设立政治责任。政府活动可分为两类，一类是宪法授权范围内的自主性政治活动，例如制定社会经济发展规划、国土空间规划、招商引资政策等，另一类是为贯彻法律、法规等内容所做的执行性活动。在自主性政治活动中，政治责任内容只要与宪法、法律基本精神、原则一致，不超过其管理事项范畴即可，例如地方人民政府没有外交权力、军队管理权力，因此其政治责任内容不可能出现外交责任或军队管理责任；政府执行性因对上位法具有明显的依附性，自主决策空间较小，一般不存在所谓的政治责任。

（3）政府政治责任形式不得违反宪法保障人权的基本精神。换言之，政治责任形式不得涉及生命、自由、健康等基本人权事项，仅能就政治性事项设

---

① 参见周叶中：《论重大行政决策问责机制的构建》，载《广东社会科学》2015年第2期。

立责任形式，如政治身份、政治权力、政治荣誉、政治前途，以及基于政治身份所享受的各项福利设立责任。政府的政治责任是为规范政府行为，实现政府的组织目的，因此政府的政治责任也应当符合政府的政治目的，实施有限政治责任，以恢复政府的政治声誉和公众信心为限度。例如，《公务员法》《监察法》中规定的各类针对职务，以及与职务对应的工资福利待遇等相关的政务处分内容。

（4）归责原则与政治责任程序应当区别于司法程序，且与宪法公平正义精神不抵触。尽管政治责任程序与司法程序相比，在立法保障、程序限定、制度安排等方面较为宽松，但为保障公平正义原则，政治责任程序应当保障责任启动条件、调查程序和处分程序中的证据规则、归责原则、申诉渠道。其目的有二，防止政治责任滥用，维护良好政治环境，以及保障政府政治责任主体的基本权利。

（二）民主政府的政治责任定位（合目的性）

关于民主政治存在一个误解，认为民主重在选举竞争与权力制衡而与政府效能无关紧要。[1] 但事实是民主作为一项政治性主张，其工具性价值远不止于此：民主为现代政府的权力来源提供了理论基础，塑造了现代政府的权责建制模式，以及确定了现代政府的组织目的。民主政治使现代政府的政治责任区别于以往的政府责任，产生其特有标志。尽管世界各国的民主政治形式不一，民主工具论与民主目的论的纷争也未止歇，民主发展也不尽然导致善治，但民主政府的政治责任已存在共识。1999年国际行政学会第一次以政府行政责任为主题的国际会议提出三项要求[2]：第一，行使职责时，须说明要达到什么目标；第二，在行政行为过程中要有所交代，向公众解释为什么这么做；第三，完成职责后，如出现差错或损失，应依法承担相应的责任。简言之，民主政治

---

① 包刚升著：《被误解的民主》，法律出版社2016年版，第8~9页。

② 鲍静：《公共行政责任——国际行政学会第一次专门国际会议简况》，载《中国行政管理》1999年第11期。

下政府行为决策需要合目的性，这是政府政治责任产生的依据和归宿。

其一，政府政治责任的逻辑基础。民主政府及公共政府，其政治权力基础通说是"授权—代理"假设，或称"同意理论"，人民授权政府代为行使公共权力，实现人民利益。① 尽管政府权力初始状态的确基于这样一个契约假说，但当在政府权力的持续状态下，政府行为决策中各项权力的合法性的确需要相关公众的同意，因此"授权—代理"在一个稳定的政府存续期间成为事实而非假设。公众的同意方式可通过过积极的投票方式，或者消极的，无反对意见的默许方式呈现。政府与公众之间的契约无论以何种方式呈现，政府在权力行使过程中都会产生相应的政治目标责任和违反性责任。笼统而言就是政府的行为决策应当符合人民利益。

民主为政府创制了政治目标责任，也为公众创制了问责的权利。人民利益被细化为无数具体的经济、环境、教育、医疗等子目标，此时政府的政治责任就是合理运用职权实现这些具体目标。民主产生的基础是陌生社会下的制度约束所产生的有限信任，同市场经济中合同之于交易人的必要性一样，民主政治中"授权—代理"理论构建了一套政府与公众之间的交往模式：政府确定符合公众利益诉求的目标责任，公众问责权利的行使贯穿于政府目标责任确定至实现目标责任的整个过程中，针对公众的询问、质询，都应秉持公开、诚实、效率的态度积极回应，当政府未能实现目标责任时追究其责任，政府应当就自己的行为决策失误作出道歉、解释说明、承担责任，并进一步提供改进弥补方案。民主政治中政府与公众的互动过程如图 1 所示。

其二，政治责任的合目的性。上述政府政治责任的理论依据实际已经揭示了政府政治责任的又一重要特征：合目的性。权力的二重性示明权力的目的来自于权力主体的目的，但"授权—代理"模式使得权力与权力主体造成事实上的分离，且这种分离存在信任风险问题。民主政治下构建的政治责任制度是陌生社会利他信任的基础，其逻辑是公民不应完全信任政府，而应时刻监督政

---

① 参见刘祖云：《公共政府："二源"基础、异化及其回归》，载《学海》2009 年第 1 期。

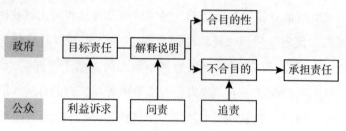

图 1　民主政治中政府与公众的互动过程图

府权力的使用情况，确证权力符合公众利益。正白如大卫·休谟所言："人们应该设计一系列政府制度，以便即使在流氓占据政府职位时，也将为我们的利益服务。"① 政府的政治责任的目的性是纠偏政府不符合公众利益的各项决策行为，使之及时恢复到最初的民众利益诉求愿望上。

　　合目的性的发挥机制有两点：（1）合目的性是政府政治权力启动的关键，目的性是权力的根本属性之一，不存在没有利益驱动的权力，民主政府的权力目的是公共利益，政府需根据当时的公共需求有所行动。（2）合目的性又是政府政治权力实施的衡量标准，防止政府自设无益于公众的权力或免除自免责任。我国是人民民主专政国家，尽管政府政治责任的合目的性没有直接以法律的形式确立，但是通过对宪法的解释分析仍然可以得出合目的性是政治责任的特征。《宪法》总纲部分确定国家目标是建设富强民主文明和谐美丽的社会主义现代化强国，实现中华民族伟大复兴的同时，还确立了一些重要的阶段性目标：逐步实现工业、农业、国防和科学技术的现代化，推动物质文明、政治文明、精神文明、社会文明、生态文明协调发展。《宪法》第 2 条规定了国家权力主体是人民，且人民依法通过各种途径和形式管理国家事务，管理经济和文化事业，管理社会事务。由《宪法》中国家机构专章第三、第五、第六节关于央地政府的职能范围的规定可知，政府的职能范围与国家目标以及权力主体

① ［美］罗素·哈丁：《我们要信任政府吗？》，载 ［美］马克·E. 沃伦主编：《民主与信任》，华夏出版社 2004 年版，第 21～23 页。

利益具有一致性。宪法"总纲"确立的国家目标也是政府的政治责任目标，并且当政府的权力行使无法实现上述目标，或者损害人民利益时，即不符合目的性时，政府也需要承担相应的政治责任。

其三，合目的性的边界。合目的性可有条件地成为政府的责任前提，即政府的可责性要件。作为抽象概念的公共利益或权力目的，泛指不特定多数主体的受法律保护的利益。此概念对和目的性的主体、客体都作了模糊化处理，即公共利益主体范围和公共利益事务范围不清。如果将之作为具体依据追究政府的政治责任，则既缺乏法律规范支撑，也容易造成权力滥用，致使扩大个体权利与公共权力对抗的影响，或者"动辄课责"所造成的政府消极履职的现象。但本书也无意在伦理上比较个体与集体利益的价值大小，无定论且无实践意义。其解决路径不能囿于实体规则对"不特定多数"的具体数字规模的明确化处理，而应通过程序性规则使具体权力目的（利益内容）以及权力主体范围被确定下来，并成为政府政治责任的可责性要件。

这种观念与经济学领域中的"公共选择"理论相似，但本质区别是公共选择理论意在解释说明信息公开情况下个人偏好如何成为理性的公共决策[1]，而法学视角下，是借法律技术手段确定政府决策合目的性的边界问题。具体而言，政府通过程序性规则中的公众参与、信息公开、解释说明，甚至是投票方式获得公共的支持，政府的政治目标就此确立，与之相匹配的权力获得合法性基础，此过程中个人通过反对或同意的方式将个人利益融入公众利益当中，形成公众意志，这个意志产生于协商过程中，是不断的利益表达后妥协的结果，程序规则的确定性使得公众意志被最终确立，尔后政府与公众都应当遵从该意志。因此，政府权力合目的性不是由个人意志叠加所决定的，而是个人意志到公众意志的形成过程，即协商本身所给予的合法性基础[2]，在政府具体决策权力行使过程中，主客体范围都通过程序性规则确立，合目的性的边界也自此确

---

① 参见［英］帕特里克·敦利威著：《民主、官僚制与公共选择——政治科学中的经济阐释》，张庆东译，中国青年出版社 2004 年版，第 2~8 页。

② 陈家刚著：《协商民主与政治发展》，社会科学文献出版社 2011 年版，第 128 页。

定。经由程序产生的公共决策是权力行使的"指南针",政府相关权力应当服务于该目标,且程序所涵盖的公共主体范围,以及公共事项,就是政府可责性的边界。

(三) 责任政府的政治责任定位 (有限性)

法治政府即责任政府,"法无明文即禁止"的原则使政治责任贯穿政府执政活动始终。政府政治责任通常被分为积极责任与消极责任[1],但严格来说,以限制公权力恣意为逻辑的积极责任,对政府而言同消极政治责任一样皆属"施压",政治责任应当根据权责一致原则以及政府的权力运行过程将政治责任分为:政治目标责任、施(执)政责任、后果责任。权责一致原则以及人民主权原则使得责任政府的政治责任具有有限性特征,其有限性特征涵盖此三种政治责任。

其一,目标责任的有限性。目标责任有限性是指政府政治责任范围有限。无论是契约理论还是人民主权的规范性要求都表明政府权力有限,加之以权责一致原则作为政府活动之前提,目标责任也应是有限的。人的一切活动都是为了争取和扩大自由,法律是保护自由的工具,但法律不保护一切人的自由,它对自由的保护常常规定这对自由的限制以及剥夺。[2] 从公民与法律的角度看,个人通过必要限度的容忍以获得根本的自由,权力是法律确定的必要的容忍;从政府与法律的角度看,权力保障是公民自由的手段,但这种手段是最低限度的容忍。

公民最低限度的容忍以法律规范确认为准,换言之,政府的权责范围受法律限定,限定分为实体性获得和程序性获得两种形式。实体性获得的权责范围通常大于规范性获得的权责范围。因为,已经由宪法、法律规定的权力是政府职能范围,这些权力通常与公共事务范围相应,宪法与法律最大限度地确定了

---

① 参见张贤明著:《论政治责任——民主理论的一个视角》,吉林大学出版社 2000 年版,第 99 页。

② 参见李武林著:《自由论》,山东大学出版社 2007 年版,第 100~101 页。

公私范畴——政府权力的绝对边界，禁止政府从事违反宪法、法律规定的活动。明确授予政府的权力属于元权力，其包含了相关事务的立法性权力、执法性权力等诸多子权力。而程序性获得通常是指在具体公共事务中，政府决策行为需通过程序使之具备合法性基础。契约理论的基础要素之一是契约主体达成合意，程序规则实际目的是政府与公众达成合意的过程，经过程序确定的权责内容是政府行为的边界。

政治责任范围有限是自由意识和权力法定的体现。超越政治责任范畴的空间皆属于公民自治领域，但法律规定的政府权力绝对边界能否成为限制公民参与的法律依据？尽管《宪法》第2条对人民参与公共事务作出了保障，但实际情况是一些地方政府利用其对公共事务的立法性权力提高公共参与的资格限制，造成公共参与权利受限制；另一方面父权政治影响下公共自治能力缺乏。此情况并非凭空假想，以我国四川凉山地区的经济为例：凉山作为自然资源丰富地区，却陷入"资源陷阱"成为国家长期重点扶贫区域。[1] 其原因复杂，但该地政府的政治责任是不可否认的，首先，政府的矿产资源相关政策采取的是攫取式+垄断式+异地加工的经济政策，使得当地人民无法从中获利；其次，该地政府扶贫政策上过度依赖国家财政转移支付，导致当地自生能力不足，医疗卫生、教育、农业领域问题没能解决[2][3][4]；再次，环境法"损害者付费，开发者补偿，保护者收益"的基本原则落空，生态补偿和环境诉讼的主体资格限制以及权利意识淡薄，导致陷入循环式贫穷。原因是，政府权力与私权利有时并不一定一致，尤其是一个强权政府应当也是一个责任政府，否则当权力无法符合目的性时，个人利益就会被牺牲。

---

① 韩琼慧：《论"资源诅咒"与凉山彝族自治州经济增长》，载《企业经济》2011年第10期。

② 参见杨练、杨胤清等：《四川省少数民族地区乡镇卫生院服务能力现状研究》，载《中国卫生事业管理》2012年第3期。

③ 参见曲木伍各、马庆霜等：《凉山学前教育发展面临的问题与对策》，载《西南民族大学学报（人文社科版）》2017年第3期。

④ 参见孙萍、李琳：《凉山地区毒品犯罪的特征、原因及对策思考》，载《西南石油大学学报（社会科学版）》2013年第3期。

其二，施政责任的有限性。施政责任有限性可包括责任主体有限性以及责任能力有限性。我国的政治责任主体与西方政治主体责任有着从理论到实践的根本差别。产生并流行至今的政治行政二分理论，对西方的政府行政管理活动产生深远影响，其最先提出者是德国学者布隆赤里，后经美国学者威尔逊引入和古德诺系统论证而最终形成。① 其大致内容是政府的权力应当分为政治权力与行政权力，前者关于国家意志表达，后者关于国家意志执行。美国文官制度将官员分为"政治任命官员"（又称"非常任高级官员"）和非政治任命（又称"常任政治官员"）。前者一经任命便享有法定决策权和领导权，其特征是强调政治忠诚和任期短；后者是经过职位竞争程序上任，负责政府行政事务，其特征是强调政治中立和任期长。② 因此，政治责任主体通常是指经由投票选举或政治任命的非常任高级官员。我国深受马克思主义影响，主张无差别式全面民主，区别于资产阶级民主，在政治上主张人民民主专政与党政分离，政府经由人大选举产生并对其负责，其特征是实行首长责任制，等级制度明显，权力分为财权、事权，因此我国的政治责任主体为政府组织、首长以及事件主要负责人，一般公务人员不能成为政治责任主体。

政府政治责任能力有限，是指政府依法履行职责的资格不一，需根据法律规定赋予不同级别政府相应权责。由于我国的政府等级制度明显，其特征是政府决策权力大小与政府和官员等级成正比，越高等级政府拥有越大立法性权力和决策权力。我国的应急制度集中体现了这种权责模式，根据《中华人民共和国突发事件应对法》规定，突发事件按照社会危害程度、影响范围等因素，自然灾害、事故灾难、公共卫生事件分为特别重大、重大、较大和一般四级③，采取国家建立统一领导、综合协调、分类管理、分级负责、属地管理为主的应急管理。④ 我国的规划制度同样如此，规划主体法定且对规划事项负责，规划

---

① 魏涛：《政治与行政二分理论研究综述》，载《行政论坛》2006 年第 6 期。

② 参见朱立言、龙宁丽：《美国高级文官制度与政府回应性》，载《中国人民大学学报》2010 年第 1 期。

③ 参见《中华人民共和国突发事件应对法》第 3 条。

④ 参见《中华人民共和国突发事件应对法》第 4 条。

主体级别决定其规划类别、范围、性质、时限，一般对公共影响越大的规划其规划主体级别越高。

其三，后果型政治责任的有限性。后果责任有限性的重点是责任形式、责任程度有限性。其有限性原因来自于一种理性的目的观，以及一种人的片面性特征客观认知。政治责任作为人民规范政府政治活动的一种政治手段，应以目的实现可能为限度，超越目的或者目的已经丧失实现基础时，政治责任的功能价值趋于零。关于责任的工具价值认识目前分为单一和复合型两类。单一价值表现为救济或惩戒，综合功能常指兼具惩罚性和补救性①，又或惩罚性与教育性结合②，以及在惩罚性、补偿性之上的第三种——预防性。③ 两种观念皆来自于对传统法律责任形式的认识总结，体现了政府责任的"主体性"。主体性的特点是将自己之外的其他主体一概视为客体，并通过一种先验理性实现对客体的认知、评价和改造。因此，政府与公共社会之间形成一种"主体—客体"的对立模式，表现出的是一种征服、对抗、利用，但矛盾的是政府又被当然地作为公共利益的代表者④，造成政府作为公共权力的行使主体易将自己错置为真的权力主体，形成一种缺乏公众参与的"一言堂"或家长式政治，造成与公共主体（真权力主体）的背向。当政府需要从权力主体转换为责任主体时，责任追究容易陷入一种被动趋向，造成群体性事件的发生。

排除内在价值追求，被动趋向的政府责任在外观上是符合法律责任启动机制的，但却忽视了政治责任有区别于传统法律责任的特殊之处——回应功能，它使政府有对公共诉求及时作出回应的责任。这种责任意在通过向公众解释政治动机、说明政治活动影响、承认自身政治决策失误、请求公众谅解、甚至是坦诚能力有限社会动员协作等方式，回应公共的监督、质询。回应型政府是责任政治的一项重要内容，体现了政府的"主体间性"。主体间性与主体性不同，它从主体出发经由客体最终又回归至主体，这层逻辑的质变在于终极目的

---

① 温晋锋：《行政立法责任略论》，载《中国法学》2005 年第 3 期。
② 曹鎏著：《行政官员问责的法治化研究》，中国法制出版社 2011 年版，第 98 页。
③ 参见王若磊著：《政治问责论》，上海三联书店出版社 2015 年版，第 61 页。
④ 参见闫斌：《哈贝马斯法律合法性思想研究》，载《政法论丛》2015 年第 4 期。

从客体改造转为主体关怀，客体改造最终是服务于主体。它克服了主体性所致的"国家主义"与"个人主义"的弊端，代之以互相沟通合作的协同发展，责任成为权力主体与权力行使主体之间的交互手段①。因此与传统法律责任相比，后果型政治责任在救济型政治责任与制裁型政治责任之外多了一项"解释型（确认型）政治责任"，其具体表现形式有政府道歉等。②

　　政治责任的主体间性表现在两点：政治责任形式以政治目的实现为限度，以及政治责任程度须承认主体认识的局限性。具体而言，政府的政治目的就是政府的组织目的，政府及其公务人员作为权力行使主体，其权力获得是一种因政治身份、政治角色而获得的权力。因此，后果型政治责任的形式应当从责任主体的政治角色和政治身份出发，限于政治身份、政治荣誉、政治前途，以及因政治身份获得的福利待遇等形式，而不能僭越法律责任，将政治责任形式扩大至对责任主体政治角色以外的权利剥夺。主体间性所指的理性是一种主体间经由不断信息交互获得的理性结果，是以承认人的片面性与局限性为前提的，尽管在公共领域中，政府是以一个完整的实体组织行使公共权力，可政府的具体运作确实是由个人行动实现的。尽管各种制度保障个人的恣意对整体的影响，但是政府的决策制定仍然是由人的主观意识对客观世界的改造。这也意味着政府决策是存在失误的可能，对结果型政治责任的追究应当有一个程度限制。因此，追责依据应当符合比例原则，以保障政府政治权威，以及符合追责的成本-效用规律。目前我国各地的政治追责对象多为"重大"行政决策的直

---

　　①　传统法律责任体现的是一种"主体—客体"实践模式，而主体间性体现的是一种"主体—客体—主体"的交互模式。参见任平：《走向交往实践的唯物主义》，载《中国社会科学》1999 年第 1 期。

　　②　政府道歉是指政府及其代理人，就显示或历史中的伤害事实，向受害者及相关公众作出明确、公开且规范的道歉表示，这种歉疚表示主要包含四项要件：一、承认政府行为与伤害结果之间的因果关系，明确表达对伤害事件的否定性认识；二、解释政府在实践中的动机、角色以及伤害行为的具体过程；三、向公众表达政府对自身行为及其因其负面影响的自责、懊悔和愧疚；四、承诺对消极后果的承担以及对政府自身行为（政策）的省察和对将来行为（政策）的矫正。参见唐斌著：《责任政府的逻辑——政府道歉的原理内涵及其效用保障》，中国社会科学出版社 2017 年版，第 35 页。

接领导以及相关负责人，根据国务院 2019 年 9 月实施的《重大行政决策程序暂行条例》第 38 条关于终身责任追究的启动的限定条件有两条："造成决策严重失误的"，或者"依法应当及时作出决策而久拖不决的，造成重大损失、恶劣影响的"。① 对于减免责任的情况也有所规定："决策机关集体讨论决策草案时，有关人员对严重失误的决策表示不同意见的，按照规定减免责任。"② 该暂行条例作为我国第一部关于行政决策程序的全国性法律规范，为我国行政决策法治化指引了方向。

第二节　政府政治责任之根据

政府政治责任的根据是指政府及其公务人员课之以政治责任的前提。依照政治责任根据的形式，可将政治责任之根据分为理论依据与规范依据两大类。政治责任的理论依据是为其建构何种归责原则以及责任构成奠定了基础；规范依据也根据规范的位阶做二级划分：宪法、法律、法规、行政规章、地方法规、地方规章等，或者根据规范制定主体是否为政府将政治责任的根据分为外部依据和内部根据。

一、政治责任的理论根据

政治责任的理论依据多以人民主权作为政府负有政治责任的理论元依据。其逻辑推理大致为由人民主权理论延伸出契约理论、代理理论等，解释了政府与人民的关系，即宏观抽象的权利与权力关系，继而借权责统一原则间接证明政府负有政治责任。这种以人民主权作为元理论根据的逻辑推理的优胜之处在于，以民主、法治、道德等价值分析方法，对现代民主政府的政治责任定性，确定现代政治责任与较远时代的官员政治责任之差别。但在多数关于人民主权

---

① 参见《重大行政决策程序暂行条例》第 38 条第 2 款。
② 参见《重大行政决策程序暂行条例》第 38 条第 3 款。

中的论述中，"权"的性质是从偏政治学角度所作的考量，对于"权力与权利关系的微观考察付之阙如，也因此导致人民主权理论和权责统一原则无法涵盖政治责任的内在责任构成要件。在价值分析之外，对政治责任的规范分析实为必要，因此将下文关于政府政治责任的理论根据限定为法学理论根据。

（一）政治责任主体的资格理论根据

责任产生于意志自由，意志自由即选择自由，个人须对选择的后果负责。[1] 这是责任原因根据的通说，但对于政府的政治责任而言，其意志何来？意志自由说是否还存有适用空间？由意志自由所衍生的个体主观认识作为归责要件的情况是否仍适用于政府政治责任？政治责任的理论根据正由这些问题所指向的答案产生。

其一，一种可分割的集体责任。该理论试图将社会人解释为政治人，而后将政治团体责任化解为团体内部每个个体责任，这样意志说在政治责任中仍有其发挥空间。阿伦特曾提出超越个体层面的道德和法律责任的政治责任（集体责任）说，其认为政治责任是一种与生俱来的、底线式的无限责任，其不因法律与道德的过错而得以开脱由集体共同参与导致的罪行，个人无论参与与否，责任都是明确的。[2] 这种责任是一种集体责任，一种基于组织身份的责任基础。但阿伦特的政治概念归根结底是为解决现代政治社会中的公民责任问题[3]，对于政府的政治责任根据仍有其基于"人性"之考量。在其观念中，公民可以通过摆脱组织身份的方式而不必担负责任。但政府作为一国之内承担各项社会资源分配任务的必要实体存在，其产生、变更、消灭皆源于权力机关的意志，政府和公务人员都会面临授权期限届满的状态，终身责任追究机制打破了组织身份的时效限定，因此阿伦特的集体责任概念中关于将组织身份作为责

---

[1] 参见王若磊著：《政治问责论》，上海三联书店出版社 2015 年版，第 244～247 页。

[2] 参见［美］汉娜·阿伦特著：《责任与判断》，陈联营译，上海人民出版社 2011 年版，第 121 页，第 123～129 页。

[3] 徐亮：《论个体对共同体的责任——对阿伦特"政治责任"概念的解读》，载《天府新论》2017 年第 5 期。

任来源的路径仍无法回应政府政治责任之存在基础。阿伦特的集体责任最终还是回归至"每个人皆为政治人"的视角，以确认政治团体中每个人都负有责任，却无法回答集体责任之基础是什么。这种思维路径就如当下为解释市场交易行为而创制经济人假设，或者为论证生态保护的跨区域义务实现之必要而设置的生态人之说，这些以"X+人"的格式所定义的概念最终落脚点仍然是个体利益问题。

其二，一种不可分割的、普遍的集体责任观念——"共同体"理念。它试图"抛弃"主观意志理论以符合工业社会发展过程。"共同体"按人类社会发展阶段划分成三种形态：家元共同体、族阈共同体、合作共同体。合作共同体时代的到来意味着基于族阈共同体构建的契约社会以及相应的法律制度等社会规则不再具有排他性地向更为多元的规则发展。① 原本在族阈共同体当中一切客观性的自然和社会过程都可以通过科学和技术手段加以认识和规范；一切主观性的社会和行为过程都需要在基本价值的发现中才能找到规范的途径。如今随着合作共同体的建立，对于一切主观性的方面都无法进行依法治理。② 伦理学者意图在道德伦理中解决共同体嬗变所致的困境，但对于法学研究者而言，法律规则至少目前以及长远的一段时间都有其强大的生命力，正如德沃金所主张的法律同道德一样有其天然的自我矫正能力而具备延续性。法学"拟制人格"的出现，以及"无过错责任"都试图将各类变化的人类活动形式纳入法律规范之下，以法律去解释规范人类活动。

其三，在尊重政治责任的不可分割的前提下，将"共同体"责任转为拟制人格责任，是对理论二的发展。契约拟制人格、规范拟制人格在商品经济社会的成功实践，为政府的拟制人格说奠定基础。"人格"不同于"人格人"（Personen），作为主体资格之称谓，最早出现在罗马法中，用以区别自由民和

---

① 张康之、张乾友著：《共同体的进化》，中国社会科学出版社 2012 年版，第 78~81 页。

② 张康之、张乾友著：《共同体的进化》，中国社会科学出版社 2012 年版，第 82 页。

奴隶的身份。① 由此产生了人格与生物人的分离。尽管在启蒙思想的作用下，生物人皆具备人格，但这种通过法律授予人格的方式使得人格概念化的方式仍在适用——视团体具有人格。这并不能很好解释法人如何为自己的行为负责，至少无法解释集体的精神意志问题。人格说自此产生分野：一系主张法人实在说，认为团体成员因"理性利益动机"驱动为存在条件；② 另一系主张法律拟制说，认为团体因法律规范创设其权利资格存在。③ 在囿于法人是否存在意志之争的观点之外，凯尔森从法律规范的工具价值作出判断，认为对法人的归责是一个法律上的构造，而不是自然现实的描述，所以没有必要企图论证法人是一个真正的人而不是一个法律虚构（Legal Fiction），以便证明不法行为尤其是犯罪行为可以归责法人。④ 凯尔森之所以得出该种结论，是因其将团体作为必要秩序下的存在，认为行为不行为只能是人（Human Being）的行为和不行为，只有人的行为才受法律调整，共同体只不过是表示秩序的统一体的另一种方式而已，只有人们的行为受"联合的"秩序所调整时，才属于这一联合或组成这一联合。将个人的行为归入作为人格化了的秩序的共同体，就是将这种行为归责于共同体。⑤

其四，在"拟制人格"说的基础上，进一步探讨拟制人格的政治资格与权力能力。政府在法律上获得法律主体资格是各法律规范的制度安排，应法律秩序要求政府能够以独立人格对外进行各类法律活动。例如，在民商事活动中出于交易便捷等秩序需求，民法赋予政府民事主体资格，政府此时被称作法

---

① 张保红：《权利能力的双重角色困境与主体资格制度重构》，载《法学家》2014年第2期。

② 参见张翔：《论契约团体事实属性与规范属性间的断裂与弥补》，载《法律科学（西北政法大学学报）》2016年第4期。

③ 参见李玉璧：《西部开发与政府法律人格构建》，载《西北师大学报（社会科学版）》2002年第4期。

④ ［奥］凯尔森著：《法与国家的一般理论》，商务印书馆2013年版，第166~167页。

⑤ ［奥］凯尔森著：《法与国家的一般理论》，商务印书馆2013年版，第157~162页。

人，能够以自己名义对外从事民商事活动。在行政管理和社会治理中，行政法赋予政府行政主体资格，此时政府被称作行政机关，依法以自己名义行使职权。因此，政府内部成员的行为何时能够归责为政府，在于其行为是否为法律维护的秩序所需，政府的政治活动中亦是如此。有学者比照民法上法人人格与法人权利能力之关系，提出执政者"权力能力"说。认为执政者依宪享有行使国家权力的主体资格和行使国家权力的能力，执政能力不仅是事实上关于执政水平的评价，也是规范上意志执政者的宪法资格。① 政府作为一个整体获得宪法授权，间接阐明了一个规范逻辑，即政府（作为一个组织）是基于宪法目的而非政府内部组成人员的个人意志的集合，其本质上属于法律拟制人格（主体资格），所以其责任客观化。

（二）政治责任归责客观化理论根据

"法律拟制说"为共同体归责提供了表层的理论依据，是共同体能够被课责的充分条件，但仍不能直抵何为团体归责之必要。"无过错责任"归责原则之尝试，突破传统侵权责任的过错责任原则，力图以公平正义解释损害赔偿制问题。② 传统民法学研究中，将严格责任分为三类③：（1）以行为为基础的严格责任，因法律重视某一具体私益，并赋予其背后社会价值较高的认可，当责任主体的行为损害了这些受法律特殊保护的权利时，将会受到课责。（2）以关系为基础的严格责任，即以责任主体与侵权行为人之间存在特定关系的事实为基础，产生"代替责任"（Vicarious Liability），代替责任意图通过法律规范增加受害者获得赔偿的机会，以及通过代替责任实现一种分配正义，它关注社会资源如何得到有效分配，而不是矫治损害行为所导致的后果。（3）以结果为基础的严格责任，其构成要素有三：首先是某项活动中责任者的行为可能诱

---

① 郭道晖：《"执政能力"的法理解读》，载《法学》2005 年第 7 期。

② 参见蒋学跃：《法人侵权责任能力的理论预设与制度设计：以法人本质理论为线索》，载《现代法学》2007 年第 2 期。

③ ［澳］彼得·凯恩著：《侵权法解剖》，汪志刚译，北京大学出版社 2010 年版，第 51~55 页。

发损害风险，其次是此类损害风险实现，最后是因风险的实现有主体受到损害。这种损害即便责任者已经尽到注意义务，也为损害过错，但法律仍要求其承担责任。这里的关键是因果关系，而非主观过错。这种以结果为基础的严格责任在侵权法中极为少见，法律作出这种规范的伦理意图大致被认为有两种：一是认为一项高风险活动中获得经济利益的人应该负担活动给其造成损害的风险；二是认为立法对高风险活动的严格规范，激励了高风险活动的承办者能够尽最大能力提高活动安全性，以及鼓励保险制度的建立，使损害结果发生时能够被分摊，使个体损害降至最低。民法关于无过错责任适用的原理，凸显了责任的工具价值——一般预防的需要以及损害结果填平背后的公平维护。

侵权法的无过错责任机制，使得责任去主观化成为可能，并且这种法律现象非私法领域独有。《刑法》具有责任客观化的趋势也已不是新兴现象，关于责任本质的学说体现着客观化的因素。[①] 从犯罪构成理论看，无论是三阶层还是二阶层理论都突破了传统犯罪构成四要件理论关于"不承认没有责任的违法"，取而代之的是"存在没有责任的违法"主张。[②] 责任与违法行为的分离，就是将行为背后的主观目的与责任的分离。此外，规范责任论中，关于责任的判断不是抱持一种主观主义，除行为人主观要件以外，必须寻求规范意义上的可谴责性和期待可能性。[③] 可谴责性和期待可能性皆为客观的法律事实，甚至主观因素的认定也是基于规范要素判断。责任客观化的原因不是因为责任主观论调的研究走向极致，于是为求学术理论创新而迈向责任客观化。究其背后原因是责任的工具价值从针对个案的结果的矫治正义走向更广域的社会层面分配正义问题。原因正如前文所言，工业社会带来的风险和对共同体更深层次的认知变革。工业革命的结果是人类对自然的改造能力得到空前提升的同时，所面临的风险和不确定性也是巨大且无法用过去经验解决的。此时，责任价值

---

① 赵星、胡宗金著：《刑法责任论的新展开》，知识产权出版社 2015 年版，第 113~116 页。

② 张明楷：《阶层论的司法适用》，载《清华法学》2017 年第 5 期。

③ 钱叶六：《期待可能性理论的引入及限定性适用》，载《法学研究》2015 年第 6期。

不能仅限于事后损害结果的弥补，也应当关注危险行为的一般预防。① 而这种一般预防是借规范责任之价值，对公众行为决策的影响。从这个层面讲，过往的责任主观性所关注的缺乏责任能力的主体，以及缺乏期待可能性的情况皆不具有一般风险预防的意义。

从事实层面看，政府政治责任客观化和社会化是由风险社会中政府的权力能力以及政府在社会共同体中所担当的社会角色所决定的。风险社会中政府扮演的社会资源分配者以及公共服务提供者的角色，决定其需要有足够庞大的权力支撑社会资源的分配和对自然环境、生活环境的改造。这种权力行使存在风险，并且风险是多发且不可预估的。具体而言，道德风险、政治风险和法律风险最常见的现象是宪法授权使得政府组织具有权力能力，但权力行使资格的获得与权力所有者相区别，当权力行使脱离权力所有者最初授权的目的时，甚至超出了行政的一般成本对权力所有者造成损害，或者政府关于自然环境和生活环境的行政决策所引发的自然风险，这些风险的程度取决于目前的公共资源适用和分配，尽管存在非政府组织的参与，但政府仍然是最强大的，其能调动的社会资源绝非一般跨国公司所能比拟的。因此，政治责任客观化以及社会化的目的重要意义在于，敦促政府的行政决策和执行行为能够最大限度地降低风险，预防风险转为重大事故灾害。

从价值层面看，政府政治责任客观化的原因是由公共正义观念的规范表达所确立的。从宪法授予政府权力能力，以及权力行使范围来看，政府是社会良好秩序的维护者，为维护良好秩序甚至赋予其制定规范的权力内容。根据罗尔斯的观点，一个秩序良好的政治社会传达了三件事情②：（1）存在一种公共正义观念为社会每一个人所接受，并且接受的个体知晓其他社会成员也接受该正义观念。（2）公共正义观念暗含于社会规范之中，且公众有理由相信主要政治制度和社会制度以及它们的组合结构能够符合这一正义原则。（3）这种公

---

① 参见劳东燕：《公共政策与风险社会的刑法》，载《中国社会科学》2007 年第 3 期。

② ［美］约翰·罗尔斯著：《作为公平的正义——正义新论》，姚大志译，中国社会科学出版社 2011 年版，第 16 页。

共正义感使得公众承认、理解并应用，对大多数人而言，这种正义感能够使他们按照自己的社会位置及其义务和职责采取相应的行动。这三点所表述的公共正义，即认为存在一种普遍正义贯穿连接个体与个体，个体与规范之间，这种贯穿方式通过互相承认来实现。据此，判断和找寻这种普遍正义观的途径就是正义观念在政府与公众之间，公众个体之间，以及规范内容与规范执行（履行）主体之间是否互相承认。《宪法》作为法律性规范的同时，也是一部政治性规范，作为一国之根本大法，理论上，其内容所暗含的正义观念即公共正义观念。民主国家的宪法要求政府对公众负责是一种普遍的公共正义观念。这种公共正义通过选举等程序性方式诞生，《宪法》类似于一份政治契约载明了政府的政治责任。无论是程序还是实体规范，都表明了政府应当对公众负责是一种公共正义观念：一方面，公众授权给政府行使公共权力的资格，并通过权力行使范围和政治目标规范等，明确政府政治责任内容，需要强调的是公众的授权动机是基于对政府能力的合理期待和信任而不是抱持政府主观因素的良善①；另一方面，政府通过程序性宣誓等手段表明其接受这种公共信任和期待，并向公众表明其具备良好行使公共权力的能力。因此，政府的政治责任客观化是符合公共正义观念的。

二、政治责任的规范根据

责任这一概念范畴所承载的意蕴是对行为主体的非难，从责任规范角度看，非难的基础是法律规范，无论是禁止性规范还是命令性规范，最终把行为主体的行为归结到责任承担的是行为主体实施了规范行为以外的行为。② 政府的政治责任不同于一般法律责任见诸各种法律规范的专章规定之中，而是以明示或为非明示方式呈现。我国政府政治责任的明示性规范并不多见，且多依赖

---

① 宪法以及其他法律对政府的授权性规范以及监督规范实际反映的是公众对政府客观能力的合理期待，以及对政府及其官员主观因素的怀疑，因此主观因素作为政治责任的归责内容是不合理且不必要的。

② 参见舒洪水：《期待可能性理论的哲学基础与本土化思考》，载《法律科学（西北政法大学学报）》2008 年第 3 期。

于党内法规间接实现对政府的政治问责。因此，为便于阐述，本书则不对政府政治责任规范作明示、非明示之分，而依据规范制定主体，将政治责任的规范依据分为外部规范根据和内部规范根据。其中，政府政治责任的外部规范根据，是指除政府以外的，其他具有制定颁布规范资格的主体所制定的涉及政府政治责任内容的法律性规范。根据规范的效力位阶，可将政府政治责任的外部规范根据分为：宪法、宪法性法律规范、法律、地方性法规。我国构建起完整的政府问责法律体系，关于政治政治问责的明示性规定更是寥寥，人大问责尚未常态化、规范化，因此下文关于政府政治责任规范的介绍多为非明示性规则和学理性解释。

（一）宪法

我国宪法关于政府政治责任的规定内容可分为三条路径：（1）通过普遍的宪法目的确立政府政治目标。（2）通过宪法权力规范确定国家权力秩序，进而确定政府在该权力秩序中的地位和职责。（3）通过确定性宪法规范保护公民基本权利不受侵犯，这些权利属于对世权，权利主体以外的他者皆有不侵犯的义务或责任。此外，宪法的一些立法技术，例如规范内容的顺序选择，规范的保留条款设置等都存在政治责任追责的立法解释空间，例如在公民的基本权利规范中，《宪法》第 2 条即为公民政治权利之规定，可见价值是我国《宪法》较为重视的部分，反向地对政府的政治责任要求也就更为必要。具体分析如下。

其一，《宪法》序言部分通过确立国家整体任务目标的方式，暗含了政府的政治责任。《宪法》序言部分共十三段，其中第一到第六段简述了人民革命史和中国共产党领导参与的 20 世纪以来改变中国命运的四大历史事件，包括：辛亥革命；新民主主义革命胜利确定，中华人民共和国成立；社会主义制度确立；经济建设取得重大成就。① 四大历史事件奠定了我国宪法的特征，人民主权，以及共产党领导的合法性地位。序言第七段是序言中最长段落，大致包括

---

①　林来梵著：《宪法学讲义》，清华大学出版社 2018 年版，第 85 页。

国家政治意识形态和国家根本任务两方面。此处则理解为与政府政治责任有关的非明示性规范，政府应担负国家政治意识形态的宣传普及责任以及完成实现国家根本任务的政治责任。序言第八至第九段简要概括内外政治环境和政治责任：与敌对分子继续斗争以及领土主权完整。第十至第十二段是回应前面各任务目标的条件、实现路径。第十三段规定了宪法的地位，以及维护宪法尊严、保证宪法实施的职责。序言部分作为最一般性规定，其非明示地规范了政府的最一般性政治责任。

其二，宪法总纲作为《宪法》全文中的纲领性规范，其内容涵盖了国家各项活动之基本，并规定了国家当下和未来的活动目标，政府的政治责任与国家目标相一致。纲领性规范皆为公共利益保护，尤其是作为法律规范的法源，为立法部门提供立法规范的标准界限和约束立法行为，并且对行政机关、司法部门提供了权力行使目标。① 其内容大致分为如下几个部分：总纲第 1、第 2 条是关于国体、政体的内容，"禁止任何组织或个人破坏社会主义制度"，该责任主体的普遍性当然包含政府及其工作人员；第 3 条是关于国家机构组织形式的规定和民主集中制原则，政府向人民代表大会负责；第 4 条属于民族政策的宪法规范；第 5 条是法治目标；第 6 至第 18 条是经济目标；第 19 条至第 28 条是社会目标；第 27 至 31 条是国家机关职责与国家安防目标；最后一条是涉外规定。

其三，《宪法》关于公民基本权利和义务的规范分析应当置于宪法整个规范体系之中，联系权利与权力的关系。宪法总纲为《宪法》规定的基本权利义务提供了制度性保障，建立了与基本权利相配套的制度体系。② 这些制度性保障多与国家权力行使相关。尽管《宪法》中的公民基本权利规范不能直接适用于诉讼活动中，成为宪法学领域中多年热议之问题，齐玉苓案成为学者们

---

① 参见王锴、刘蒋昊：《宪法总纲条款的性质与效力》，载《法学论坛》2018 年第 3 期。

② 参见王理万：《制度性权利：论宪法总纲与基本权利的交互模式》，载《浙江社会科学》2019 年第 1 期。

探讨宪法司法化的典型案例。① 但在其现实性上，将宪法同一般法一样直接用于私权利救济应慎重对待。（1）宪法司法化与宪法社会化特征相悖。（2）宪法社会化决定其关注的公共基本权利属于一种公共利益，区别于民法中的主观权利，属于客观权利。（3）为维护宪法尊严、保障宪法实施，应当遵守且信任宪法奠定的国家权力秩序，私权利救济应充分利用其专门司法途径和充分的法律资源。（4）我国宪法对公民基本权利的救济有其特殊方式，宪法不抵触原则对公权力的限制是实现对公民权利的维护的基本保障。就其性质而言，宪法权利具有客观权利属性，是为法规范所确认的可以制约公权力的权利。② 因此，《宪法》第 2 章关于公民基本权利义务的规定虽尽数关于权利，但与一般规范中设置责任保障条款不同的是，一般规范构成中多以权利主体、权利内容作为构成要件，或者反向设定义务主体、义务内容，义务违反以及法效果；而宪法权利范式的构成要件混合权利（主体）与权力（主体），而法效果仅就权利保护设置，其规范逻辑就是"权利限制权力，权力保障权利"。举例言之，《宪法》第 33 条："国家保护人权"的范式结构是：构成要件有"国家""人权"，法效果是"受保护"，以及第 36 条、第 37 条、第 38 条、第 39 条、第 40 条、第 41 条的禁止性条款，皆是为保护人权而限制国家侵害。政府作为国家"统权"的唯一权力行使主体，以及涉及国家利益和社会全局利益"治权"的当然行使主体，在诸基本权利规范中，"国家""国家机关"作为构成要件时，政府包含于其中，除非明示③将其排除在外，政府负有保护公民基本权利不受侵犯的责任，该责任类型包含政治责任，例如，政府制定的政策、行政立法应当保障其政策、法规、规章不违反《宪法》的基本权利规范。

---

① 参见强世功：《宪法司法化的悖论——兼论法学家在推动宪政中的困境》，载《中国社会科学》2003 年第 2 期。

② 林来梵著：《从宪法规范到规范宪法——一种规范宪法学的前言》，商务印书馆 2017 年版，第 84 页。

③ 《宪法》第 37 条第 2 款：任何公民，非经人民检察院批准或者决定或者人民法院决定，并由公安机关执行，不受逮捕。"明示逮捕公民的批准权与决定权主体仅限检察院或人民法院。

其四，《宪法》第三章国家机构的规定基本奠定了国家权力秩序，为政府政治责任的问责主体、问责方式，以及政府政治责任范围等提供了宪法依据。《宪法》确立的四层权力关系①决定了与政府权力存在张力的主体皆具有监督政府权力运行的权力。

《宪法》确立的第一层权力秩序，即国家统治权力——社会自治权力的此消彼长的权力关系表明，为保障自治空间和公共利益实现，政府的统治权力需受到人民监督。人民代表大会制度是对政府课以政治责任的主要途径。《宪法》第62条、第67条、第71条、第73条规定了全国人民代表大会②对中央政府具有监督权力，其监督实现方式包括：监督宪法实施，监督国务院工作，撤销行政性法律规范，人事任免，组成调查委员会，以及提出质询案的方式。与之相适应的是《宪法》第三章第三节关于国务院的专门规定，为政府承担政治责任提供了宪法依据。其中第89条的职权内容与宪法宣言和宪法总纲部分的国家目标一致，政府的政治责任即利用宪法赋权实现国家目标。另，《宪法》规定的首长责任制也为政治责任主体由组织到个人提供了宪法依据。政府的政治责任非明示性地存在于宪法的规范与制度安排之中。

《宪法》确立的第二层（党政）权力关系的特殊话语体系中，政治权力被视作执政党的"软权力"，政府权力为法律权力内含的"由法律形成的权力"③，且中国共产党对政府内设党组织和党员的政治纪律监督属于特别权力关系范畴。④ 因此，党组织内部的政治责任与政府政治责任相关但不相融。从对政治的公共事务属性来看，《宪法》第89条赋予政府的组织性权力和治理

---

① 参见江国华：《中国宪法中的权力秩序》，载《东方法学》2010年第4期。

② 为便于叙述简明，这里所指的全国人民代表大会包括全国人大常委以及全国人大代表，具体规定见上述列举的法条。

③ 参见江国华：《中国宪法中的权力秩序》，载《东方法学》2010年第4期。

④ 因为党内监督属于特别权力关系，受党内法规范调整，应区别于其他一般法律规范，故为保持上下行文逻辑一致，不在本书具体讨论。相关内容参见江国华：《正当性、权限与边界——特别权力关系理论与党内法规之证成》，载《法律科学（西北政法大学学报）》2019年第1期。

性权力中的政策制定权、行政立法权皆为政治性权力①，但这已属于宪法第三层权力关系所确定的责任内容。在第三层权力关系中，与政府相关的权力秩序又分为两层：（1）政府的执行权受到意思性权力的制约。我国的国家意思性权力由国家权力机关与国家元首共享，国家元首能否对政府课以政治责任？尽管《宪法》并未明确给予国家元首问责国务院的权力，但《宪法》第 80 条、81 条、第 86 条，以及《宪法》第 89 条第九项和第十六项的规定，为国家元首要求国务院及其组成部门承担政治责任提供了宪法解释空间。②（2）在国家执行性权力之间的制约中，监察委员会、执行机关能否对政府课以政治责任？根据《宪法》第 125 条至 127 条关于国家监察委员会的宪法地位、法律职责、宪法授权事项，《宪法》第 128 条、第 133 条，关于人民法院的宪法地位、法律职责，以及《宪法》第 134 条、第 138 条，关于人民检察院的宪法地位、法律职责的规定，我国的享有执行性权力的四个国家机关在宪法上地位是平等，且相互独立的。不存在组织与组织之间的领导与被领导关系，且根据监察委员会、人民检察院、人民法院的职能，三者皆可对政府人员的渎职行为分别依法进行监督、检察、审判，该部分属于政府人员的法律责任范畴。因此，《宪法》并未授权其他三个国家意思执行部门对政府课之以政治责任。

《宪法》确立的第四层权力关系——中央与地方之间的权力关系，表现为政府的科层制式与行政问责权力相契合。（1）中央政府依据《宪法》领导各部、各委员会和各级政府行政工作，且就国防、外交，以及其他全国性的政务

---

① 有学者称之为规制，认为规制属于目的性活动（Purposive Activity），旨在实现特定领域的公共政策目标。当通过法律手段或程序实现这些目标时，规制就有别于很多法域中的法律，因为规制强调运行后的目的和结果，而法律更关注过程。参见［英］科林·斯科特著：《规制、治理与法律：前沿问题研究》，安永康译，清华大学出版社 2018 年版，第 17 页。

② 《宪法》第 80 条和第 81 条赋予了国家主席对国务院人事任免的公布权（可解释为批准权和否决权的结合），国家紧急状态宣布权（同人事任免公布权作相同理解），外事活动中的人事任免派遣权力，条约和重要协定的批准和废除权力。而上述权力与《宪法》第 80 条国务院组成，国务院国家安全，以及国务院外交权力紧密相关。当国务院及其组成部门不具备实现其政治职能时，理论上国家元首可对国务院以人事任免的方式实现对政府的课责。

的管理权力属于国务院"专有权力"。该权力具有全局性、公共性、综合性、宪法创制性①特征，因此属于政治性权力，国务院应当就《宪法》规定的各类国家目标积极主动承担政治责任。（2）地方各级政府可依法就其管辖范围内的公共事务为实现国家目标而规定的央地组织关系上，国务院作为全国的最高行政机关统一领导各级人民政府工作。（3）根据《宪法》规定，地方政府的权力制约有横纵二分。纵向上，科层制权力结构使得上级政府对下级政府有领导权，下级政府需对上级政府负责，值得强调的是县级；横向上，地方政府需向本级人大负责并报告工作。值得注意的是《宪法》第107条，将地方人民政府的管理权分为"县级以上"和"乡、民族乡、镇的人民政府"两款规定，县级以上人民政府依照法律规定权限，管理本行政区域内的行政工作，乡级人民政府的行政权依据为本级人大决议和上级政府行政决定和命令。虽然两者皆有政府管理权，但由于权力依据不同，乡镇政府的管理权的自决空间有限，因此其权力为单纯的执行性权力，不具有政治属性，因此乡镇人民政府能否作为政治责任主体值得商榷。

（二）宪法性法律

成文宪法国家是否存在"宪法性法律"尚存争议。认可成文宪法国家存在宪法性法律的学者，将调整"宪法关系"的一般法律称为宪法性法律，作为宪法组成部分，其地位高于普通法律②③，而反对者从法律制定主体分析，认为我国作为成文宪法国家，不存在宪法性法律，仅有宪法（包括宪法修正案）和一般法之别。④"宪法性"即具备宪法特征之意，宪法的特征可分为形式特征和实质特征，形式特征是以法律规范产生的程序以及载体作为判断宪法的标准，而实质特征是以法律规范的调整内容是否具备普遍性、根本性、政治

---

① 宪法创制性权力，是指由宪法规范直接规定生成，该权力可衍生其他子权力。
② 参见胡锦光主编：《宪法》，北京大学出版社2013年版，第12~13页。
③ 参见陈焱光、刘祎主编：《宪法》，武汉大学出版社2017年版，第14页。
④ 参见童之伟、殷啸虎主编：《宪法学》，上海人民出版社、北京大学出版社2010年版，第7页。

性等特征来判断。观点一的逻辑在于将宪法实质特征绝对化，因法律具有宪法性特质，遂认为宪法性法律位阶高于一般法律。但根据《宪法》和《立法法》的规定，我国的法律体系并未在宪法与法律之间单独划分宪法性法律这一特殊效力阶层。观点二以宪法外在特质作为宪法判断依据，有其合理性，但这不能从根本上否定观点一的主张事实，即的确存在一般法律具备宪法实质特征的情况。根据我国的法律体系和部门法分类，这些法律难以根据调整对象的特征将其归为任何一部门法中。因为其中的法律关系主体为国家机关和人民，规范的客体也为政治性利益或综合利益，在司法适用上，甚至因调整关系的特殊性而无法直接适用于司法活动中，这些法律的目的为调整国家权力关系，或与国家政治有关的内容。

就其现实性而言，判断我国法律是否为宪法的形式特征与实质特征缺一不可，任何特征阙如状态下都不符合我国的宪法标准。但基于法律调整关系和法律体系与法律部门分类之考量，这些法律规范的特殊性足以作为法律现象加以研究，从学术研究角度将其作为特殊的"法律规范群"进行研究，称之为宪法性法律，既符合形式上一般法律之定位，也符合实质上宪法内容之特征，本书将这些法律单独列出之意义便在于此。根据宪法性法律规定内容可将其分为：公民基本权利义务的宪法性法律，国家机构及其工作人员权力责任的宪法性法律规范，国家象征的宪法性法律。① 其中可作为政府政治责任的法律根据，大多集中在国家机构及其公务员权力责任宪法性法律中。具体分析如下。

其一，《中华人民共和国立法法》（以下简称《立法法》）的立法基本原则、立法监督规则、立法权限，以及立法禁限规则共同确立了政府作为立法主

---

① 有机构将宪法性法律称为"宪法国家法"并汇编成典，宪法国家法被分为宪法及其修正案、公民基本权利和义务、国家机构及其工作人员、民族区域自治、特别行政区、法律制定与法律监督解释、国旗国歌国徽、领土外交国防、戒严遇突发事件九个部分。但除宪法和宪法修正案以外，其他内容可依据我国宪法典的结构，将其进一步简化分为公民基本权利义务、国家机构、国家象征三个部分。参见法律出版社法规中心编：《中华人民共和国宪法国家法法典》，法律出版社 2013 年版目录。

体时的立法责任。《立法法》是由全国人民代表大会制定的关于国家立法权分配的法律规范，其效力为法律，但因调整内容具有宪法性特征，被归为宪法性法律。虽然《立法法》能作为其他法律制定的规则依据，但《立法法》地位仍为法律而非宪法。因为宪法作为一国根本法不是由具体的立法机关或具体的法律程序制定出来的，而是基于自然权利观念、人民主权学说以及基本规范等理论假定无条件成立的①，宪法属于价值法，是人民制定的法，而法律属于实在法，是由立法机关制定的法律，《立法法》能够作为分配立法权的法律规范的根据源自宪法，即人民同意全国人民代表大会享有立法权，该立法权内容包括行使和分配。

《立法法》总则第 3 条至第 6 条确立了国家立法活动应遵循的基本原则：包括合宪性原则、合法性原则、合目的性原则、科学性原则。当政府立法违反了上述立法原则是否应当承担责任，以及承担何种责任，该法并未予以明确。但基于《宪法》和《立法法》确立的立法监督机制，政府及其部门应当负有政治责任。其一，政府的立法活动受到宪法和法律的约束，以及人大及其常委审查监督②和行政机关自查③，政府对自己的立法活动负有说明责任和公开责任④。其二，政府作为立法主体，其责任只能由政府，而非个人承担。⑤ 其三，政府的立法活动需强调合目的性，且合目的性原则违反需承担程序性的政治责任，例如撤销授权⑥，即立法资格丧失，以及解释说明责任属于政治责任形式。

其二，《中华人民共和国国务院组织法》⑦《中华人民共和国地方各级人

---

① 莫纪宏著：《宪法学原理》，中国社会科学出版社 2008 年版，第 152 页。

② 参见《立法法》第 95 条、第 96 条、第 97 条、第 98 条、第 99 条。

③ 政府自查包括，立法计划审批，跟踪落实，草案审查，立法冲突裁决等。参见《立法法》第 65 条、第 68 条、第 95 条。

④ 参见《立法法》第 67 条，第 68 条。

⑤ 根据《立法法》第 70 条、第 84 条、第 85 条，政府及其部门的行政立法活动属于集体决策，对外以政府名义发布，因此属于政府责任而非个人责任。

⑥ 参见《立法法》第 97 条第七项。

⑦ 以下简称《国务院组织法》。

民代表大会和地方各级人民政府组织法》①《中华人民共和国民族区域自治法》②《中华人民共和国香港特别行政区基本法》③《中华人民共和国澳门特别行政区基本法》④ 及《国务院工作规则》中的首长负责制为我国政府的问责形式奠定了基础，委员制政府决定了首长负责制的性质。我国的政府首长责任制类似于私法领域的法人代表制度：首长代表其权力机关对外行使职权，对内行指挥其治下各部门的工作，这种权力具有终局性与最高性特征，即政府决策最终确立发布需经由首长签署发布文件，且首长需领导组织内部行政活动，其治下需服从首长领导。《国务院组织法》第 2 条规定，"国务院实行总理负责制。领导国务院的工作"，第 4 条至第 8 条规定作为第 2 条内容的延伸，解释说明总理负责制对内领导政府组织的权力形式以及对外代表政府的权力范围。以总理为权力核心的政府组织，在"事权"上，总理具有召集主持会议、签署国务院行政决策、委托国务委员专项工作，以召集主持议事会议的权力；在"人权"上，总理有提名国务院其他组成人员的权力。在政府问责形式上，首长负责制表现为首长对外代表政府回应问责主体问责的内容，对内牵头主动承担各自职责，且对内的责任与权力科层制式一致，由上至下逐级承担责任。

　　理论上国务院总理需就国务院组成人员的任选承担责任，以及代表国务院就其发布的决策承担责任。但这是否意味着政府的政治责任由集体责任转移为个人责任，政府责任实际是首长责任？《国务院组织法》第 2 条、第 4 条、第 5 条规定，国务院的决策形成属于委员制产物，即国务院重大问题，必须经由国务院常务会议或国务院全体会议讨论决定。实质上，政府的重大决策属于集体行为非个体行为；形式上国务院决策发布是以国务院的名义，而非首长名义。纵观整个组织法的规定，总理的权力倾向于程序性权力的性质，是以展开推动国务院各类事务之运行。因此并不存在责任转移之说，但总理仍然须为其

---

① 以下简称《地方组织法》。
② 以下简称《民族区域自治法》。
③ 以下简称《香港基本法》。
④ 以下简称《澳门基本法》。

权力组成承担政治责任，即基于人事领导权力、提名权力承担政治责任。① 首长责任制中的"首长"不能狭义理解为整个政府组织中的最高领导人，而应理解为政府及其组成部门的各项具体决策中的最终责任人。根据《国务院组织法》第 6 条、第 7 条、第 10 条、第 11 条规定受总理领导或委托，政府专项事务皆有其负责主体。与首长负责制对应的是政府内部问责机制，《地方组织法》《民族区域自治法》《香港特别行政区基本法》《澳门特别行政区基本法》等规定的政府首长制与国务院及其所属机构的首长责任制形式、意涵一致，形成了上级问责，下级负责的完整内部追责链条。

其三，《中华人民共和国全国人民代表大会组织法》②《中华人民共和国全国人民代表大会和地方各级人民代表大会代表法》③《中华人民共和国全国人民代表大会议事规则》④ 的规定确立了政府政治责任的责任关系与责任范围。

（1）宪法确立了政府须向同级人民代表大会负责的制度基础，该制度贯穿于政府政治活动始终，是政府各种政治责任的共同基础。向人大负责决定政府的政治活动是一种回应型的政治活动，政府有责任实现人民美好生活诉求。从权力性质看，人民代表大会作为国家的意志表达机关与作为国家意志执行机关之间存在权力委托关系，委托关系是以特定的效果目的为核心展开，政府作为被授权主体有责任实现授权主体的委托意思，全国人民代表大会有权就政府的政治活动实行其监督职能。从责任性质看，政府向人大负责源于其各自的政治角色，中国古语言，"在其位，谋其政"，政府作为宪法确定的国家执行机关，在国家治理中是社会公共资源分配者的角色，人民作为分配活动终端，即

---

① 虽然总理在国务院组成人员中的提名权力，国务院议事会议召开主持的权力，以及国务院颁布决策的签署权力与国务院制定决策的结果无直接因果关系，但是总理的程序性权力对决策主体组成质量有重要影响，总理有纳贤察人，为人民代表大会提名优秀实干人才的职责。当其直接领导的下属发生渎职、贪腐事件，或其领导或授权范围内发生重大损害事件等，总理负有失察之责。

② 以下简称《全国人大组织法》。

③ 以下简称《人大代表法》。

④ 以下简称《全国人大议事规则》。

政府政治活动的最终承受者，二者之间存在一种政治互动，为保证活动的稳定有序，不是单纯施压终端者接受为手段，而应在源头要求分配者提供终端需要的公共产品。

（2）政府对人大负责的具体事项见诸人大相关的组织法、代表法、议事规则之中，体现在政府组成的人事任免、政府议案提交，以及政府工作报告等内容之中。政府可以向全国人民代表大会提出属于其职权范围内的议案，由主席团决定交给代表团审议，或者并交由有关的专门委员会审议，提出报告，再由主席团审议决定提交大会表决。此处所提的政府与人大之间的责任关系是基于人大代表决定权实现。① 需注意的是，法律仅规范了政府所提议案范围需在人大职责范围之内，但提请议案是否也应在政府管理事项范畴内？对此，法律虽无明确规定，但结合《立法法》第 65 条第 3 款关于国务院提请全国人大及其常务委员会制定法律的规定可知，政府可以就不是宪法规定职责内的事项提请议案。② 但政府提请该议案来自于政府授权，其责任基础发生改变，由全国人大及其常务委员会的授权决定产生责任关系。政府事权范围内的行政活动，人大组织法和人大代表法通过赋予人大代表询问权、质询权，实现对政府问责。政府需要对人大提出的问题及时作出回应，回应形式也侧面反映了首长负责制——书面答复须由负责人签署，口头答复人须为询问或质询事项的负责人，且该项权利不限于人大会议期间行使。

（3）目前政府向人大的负责方式的常见方式为：以政府报告制度与人大询问和质询制度相结合的形式实现。根据《全国人民代表大会议事规则》规定，全国人民代表大会每年举行会议时，国务院向会议提出工作报告，经各代

---

① 《人大代表法》第 12 条："全国人民代表大会代表参加决定国务院组成人员和中央军事委员会副主席、委员的人选。县级以上的各级人民代表大会代表参加表决通过本级人民代表大会各专门委员会组成人员的人选。"

② 《立法法》第 65 条第 3 款："应当由全国人民代表大会及其常务委员会制定法律的事项，国务院根据全国人民代表大会及其常务委员会的授权决定先制定的行政法规，经过实践检验，制定法律的条件成熟时，国务院应当及时提请全国人民代表大会及其常务委员会制定法律。"表明非国务院职责范围内的立法事项在授权的情况下，可以成为国务院提请议案的内容。注意，《立法法》第 9 条的绝对立法保留事项不在其列。

表团审议后，会议可以作出相应的决议。其中关于国民经济和社会发展计划①及其执行情况、国家预算及预算执行情况，国务院和国务院各部门负责人应当分别参加会议，听取意见，回答询问；主席团和专门委员会对议案和有关报告进行审议时，国务院负责人应当到会，听取意见，回答询问，并可以对议案或者有关报告作补充说明。与询问相比，质询制度的程序性规定较多，在时间、主体、形式、结果等方面都有相应规定，质询案的时间要件为人大会议期间，质询启动方式为一个代表团或三十名以上代表联名，书面提出对国务院及其各部门的质询案，且质询案必须写明质询对象、质询问题和内容。与询问制度最显著的不同是质询案的结果，当提出质询的代表团对答复质询不满意时，可以提出要求，经主席团决定，由受质询机关再作答复；主席团认为有必要的，可以将答复质询案的情况报告印发会议；质询案以书面答复的，受质询机关的负责人应当签署，由主席团决定印发。为弥补质询案的时间限制，调查委员会制度可在人大会议闭会期间，经由人大授权，由人大常委听取调查委员会的调查报告。② 调查委员会进行调查时，一切有关的国家机关、社会团体和公民都有义务如实向其提供必要的材料。调查委员会的最终调查报告应当提交人民代表大会，人民代表大会根据调查报告作出相应决议；人大闭会期间人大常委可根据人大授权听取报告，并作出相应决议，报人大下次会议备案。

宪法性法律的政治性主要体现在其调整的法律关系主体主要为国家意志机

---

① 《全国人民代表大会议事规则》（1989）中该处规定为"国民经济和社会发展计划"，但实际我国从 1985 年的"七五规划"开始，称谓已由"国民经济和社会发展计划"改为"国民经济和社会发展规划"。

② 法律规定人民代表大会可以组织调查委员会就特定问题展开调查，因此判断"特定问题"的权力和组织调查委员会的权力在全国人民代表大会，并且法律未就特定问题的范围给予限制，理论上，这使得调查委员会可以将政府政治活动作为特定问题，使调查委员会成为人大监督政府行为的手段之一。此外，人大会议中的"特定问题"的判断权属于全国人民代表大会专有，不及于人大常委会，人大常委会仅能依据人大授权，在闭会期间行使听取报告和决议的权力。人大常委会可以针对特定问题组织调查委员会，但这里的"特定问题"判断权力限于其职权范围内的事项。人大和人大常委会的职权范围不同，因此判断权和组织权不能当然地相等。参见《全国人民代表大会议事规则》第 45 条、第 46 条、第 48 条规定。《全国人民代表大会常委议事规则》第 11 条、第 21 条。

关与国家意志执行机关之间，人民与国家机关之间的法律关系。这种法律关系只能由宪法和依据宪法制定的宪法性法律调整。政府作为国家意志执行机关，其责任实现不是依靠狭义的法律程序（司法程序）实现，而是依靠政治规则实现，该规则是以人民主权作为逻辑起点，将权力制约作为重要手段，通过宪法和宪法性法律确定。政府的政治责任规则包含于此，宪法性法律中关于政府政治责任的规范，多着重政府行为的目的性，例如，政府作为受询问、受质询和受调查主体的规则时，政府负有及时回复的责任，且回复以质询主体满意与否为要件，当质询主体不满意政府的答复时，政府有责任再次作出说明。

（三）一般法律

由于已将宪法性法律作单独分析，因此这里所指法律是指非专门调整国家权力机关的，由全国人大及其常务委员会制定的法律。与宪法和宪法性法律中政府的普遍的价值性、制度性、组织性政治责任相比，一般法律关于政府政治责任的规定，具有专门性、实践性、职业性特征。

其一，专门性是指涉及政府政治责任的法律依据呈部门化特征，鲜见专门规定政府政治责任的法律。根据民主政府中政治责任的合目的性特征，这些法律规定的逻辑基础是：政府作为公共资源的分配主体，有实现资源优化满足人民日益增长的美好生活需要的责任。公共利益的性质不同，政府的相应责任不同，因此可以将涉及政府政治责任的法律根据不同类型公共利益分为：自然资源管理类法律规范①、社会资源管理类法律规范②、公共安全防治类法律规范③、突发事件应急类法律规范④。

在自然资源管理类法律中，政府的主要政治责任内容实行统一监管，合理制定落实相关自然资源行政规划、国家标准、行政法规规章，建立配套监管机

---

① 例如《土地资源管理法》《矿产资源法》《水法》《种子法》等。
② 例如《义务教育法》《就业促进法》《循环经济促进法》《农业机械化促进法》等。
③ 例如《食品安全法》《农产品质量安全法》《国境卫生检疫法》等。
④ 例如《突发事件应对法》《戒严法》等。

制等，同级人大有权根据这些法律规定对相关政府及其职能部门问责。① 以我国《土地管理法》中的土地资源规划制度为例：国务院自然资源主管部门统一负责全国土地的管理和监督工作。政府应采取措施，全面规划，严格管理，保护、开发土地资源，制止非法占用土地的行为。为此，各级人民政府应当依据国民经济和社会发展规划、国土整治和资源环境保护的要求、土地供给能力以及各项建设对土地的需求，组织编制土地利用总体规划。土地总体利用规划应当依据上一级土地利用总体规划编制，且地方各级人民政府编制的土地利用总体规划中的建设用地总量不得超过上一级土地利用总体规划确定的控制指标，耕地保有量不得低于上一级土地利用总体规划确定的控制指标。同时，省、自治区、直辖市人民政府编制的土地利用总体规划，应当确保本行政区域内耕地总量不减少。② 对此，政府关于土地公共利益保护的责任分配方式确立为：A. 在"政府—公共"关系中，政府的责任是制定符合公共利益的土地规划；B. 在"权力机关—执行机关"关系中，政府的责任是根据人大批准通过的国民经济和社会发展规划等制定土地规划，且政府需要向同级人大提交制定规划的各项指标，并对其真实性和准确性负责；C. 在"政府上级—政府下级"关系中，上级政府负有监督和指导责任，下级政府负有遵守和执行责任。当政府怠于实现上述责任时，公民无法通过诉讼程序追究政府责任，而是代之以人大问责或政府问责方式实现。

在社会资源管理类法律中，政府的政治责任形式是一种目标责任制度，法律要求政府为促进社会资源增长，资源优化目标与实现社会资源公平分配承担政治责任，当政府领导管理不力，造成辖区内社会资源分配不公，导致较大社会影响事件发生时，政府需要承担政治责任。

---

① 人大问责的法律依据并不限于法律规范中的"法律责任"专章规定，法律规范中的目标性责任、原则性义务，甚至立法目的、基本原则、法律宗旨都可作为对政府政治问责的依据。因为政府的政治责任具有合目的性特征，人大可就政府行为的合目的性问责，

② 《土地管理法》第 3 条："十分珍惜、合理利用土地和切实保护耕地是我国的基本国策。各级人民政府应当采取措施，全面规划，严格管理，保护、开发土地资源，制止非法占用土地的行为。"

　　以《义务教育法》规定为例：我国实施九年义务教育制度。各级人民政府及其有关部门应当履行各项职责，保障所有适龄儿童、少年接受义务教育。为此，国务院和县级以上地方各级人民政府应当合理配置教育资源，促进义务教育均衡发展，改善薄弱学校的办学条件，并采取措施，保障农村地区、民族地区实施义务教育，保障家庭经济困难和残疾的适龄儿童、少年接受义务教育。关于义务教育的政府责任分配，我国实行国务院领导，省、自治区、直辖市人民政府统筹规划，县级人民政府为主管理的体制；县级以上人民政府教育行政部门具体负责人民政府教育督导机构对义务教育工作执行法律法规情况、教育教学质量以及义务教育均衡发展状况等进行督导，并将督导报告向社会发布。发生违反《基本教育法》的重大事件，妨碍义务教育实施，造成重大社会影响的，负有领导责任的人民政府或者人民政府教育行政部门负责人应当引咎辞职。近年来，国家具体管理权力下放，其中社会资源分配权下放至地方政府不断推进，地方的社会资源分配的权力扩大的同时，责任应当及时匹配以保障公共利益。因此，关乎社会资源类的政府政治责任分配和上述《基本教育法》中的责任分配结构类似——国务院领导各省级人民政府统筹规划，地方政府为主要责任主体的形式；在具体责任分配上，以重大影响为要件，倒追责任主体，其目的主要是为实现政府及其各职能部门积极履行行政职能。与自然资源管理类相似，政府的政治责任分为三层结构，"公共—政府"关系中产生的政治责任，"权力机关—执行机关"关系中的政治责任，"政府上级—政府下级"关系中的政治责任。区别二者的关键特征是自然资源管理责任核心是资源保护、合理开发目标，而社会资源管理责任核心是优化资源、公平分配目标。

　　在公共安全防治类法律规范中，政府的政治责任主要表现为一种预防责任制度，政府为保障其管辖区域内的公共安全，应当建立综合预防机制，领导各行各业安全生产。政府各职能部门对其职能范畴内的事务负有监督管理责任，包括制定实施专门规划、标准，监督管理行业活动，建立风险评估机制。当发生公共安全损害事故，或使社会陷入公共安全风险中，政府应当为其监管失力承担政治责任。我国发生此类政府须承担政治责任的情况，多与政府的市场监管失职有关，且较多案例推动了政府问责制度的建立，三聚氰胺奶粉事件、长春长生生物疫苗造假事件、山西煤矿坍塌事故、天津港爆炸事故等，都因政府缺乏有力监管，使得市场经济中的投机者有机可乘，造成公共利益损害。《安全生产法》规定政府对安全生产工作负有领导责任，该领导责任包括制定并组织实施安全生产规划、安全生产标准、奖惩政策、逐级确定安全生产监督管理责任等，以及实行安全生产事故责任追究制度。《食品安全法》规定政府对食品安全负有监督管理责任，并设立了食品安全风险评估制度和责任约谈制度。除因政府失职造成的公共损害结果的责任追究以外，法律对于政府行政决策导致的重大风险的责任追究亦有规定。2019 年新制定的《疫苗管理法》规定了央省两级药品检查员派驻制度加强政府的监管能力，且当人民政府和行政职能部门的直接负责的主管人员监管失职时，根据情节给予其降级、撤职、开除处分，或主要负责人引咎辞职。

突发事件应急类法律规范中，政府的政治责任与公共安全类法律较为相似，但突发事件是以防止损害扩大和抢险救灾为特征，突发事件的发生不强调与政府履职情况存在因果关系，而是以"应急"为核心，即突发事件的预防与应急准备、监测与预警、应急处置与救援、事后恢复与重建等应对活动中的政府政治责任。政府指挥的效率和准确性成为政府政治责任的主要内容。

以《突发事件应对法》为分析样本，突发事件包括自然灾害、事故灾难、公共卫生事件和社会安全事件，这类事件通常影响范围广，涉及职能部门较多，且需要短时聚集调动社会资源和人力的考虑，法律确定了国家建立统一领导、综合协调、分类管理、分级负责、属地管理为主的责任原则。在此原则下实行重大突发事件风险评估体系建立制度与突发事件应急报告制度。政府对可能发生的突发事件进行综合性评估，减少重大事件的发生，最大限度减轻重大突发事件的影响。其具体责任分配规则是：责任采取属地原则，县级人民政府对本行政区域内突发事件的应对工作负责；涉及两个以上行政区域的，由有关行政区域共同的上一级人民政府负责，或者由各国有关行政区域的上一级人民政府共同负责。突发事件发生后，发生地县级人民政府应当立即采取措施控制事态发展，组织开展应急救援和处置工作，并立即向上一级人民政府报告，必要时可以越级上报。突发事件发生地县级人民政府不能消除或者不能控制突发事件引起的严重社会危害的，应当及时向上级人民政府报告。上级人民政府应当及时采取措施，统一领导应急处置工作。法律、行政法规规定由国务院有关部门对突发事件的应对工作负责的，应从其规定；地方人民政府应当积极配合并提供必要的支持。有关人民政府及其部门作出的应对突发事件的决定、命令，应当及时公布。除了对政府应急活动的及时性有要求外，法律还对政府应急行为的效率提出了效率要求：有关人民政府及其部门采取的应对突发事件的措施，应当与突发事件可能造成的社会危害的性质、程度和范围相适应；有多种措施可供选择的，应当选择有利于最大限度地保护公民、法人和其他组织权益的措施。县级以上人民政府作出应对突发事件的决定、命令，应当报本级人民代表大会常务委员会备案；突发事件应急处置工作结束后，应当向本级人民代表大会常务委员会作出专项工作报告。

上述关于政府政治责任的法律规范呈部门化特征，结合我国当下没有专门的政治责任规范的现实，这或许与政府政治责任的民主特征相符。民主政治下的政治责任是以回应公共需求为首位，不同的公共利益内容类型需要政府承担不同的责任。自然资源多为不可再生资源，且具有空间分布不均和开采技术门阶限制，因此政府的政治责任以资源的合理开发利用有关；社会资源是社会创造财富的结果，政府为保证其合法地位不动摇，应当优化社会资源，领导各行各业不断创造累计社会财富，满足人民对美好生活的需求，并且应当保障国民基本福利的公平分配，尤其是涉及《宪法》公民基本权利的社会资源；公共利益是国家实现综合发展的基石，公共安全是整个国家秩序稳定的刚需，是政府政治责任中最严格的部分，因此政府的政治责任属于一种预防责任；突发事件是指突然发生，造成或者可能造成严重社会危害，为及时应对该类事件，需要短时间调动社会力量有序、专业地抢险救灾，政府权威性使其具备该责任能力实现即时抢险。

其二，实践性是指有关政府政治责任的法律依据较宪法和宪法性法律，更为具体而能够指导实践。它符合法治政府中政治责任的合法性（合规范性）特征，在责任分配方式、责任主体、责任形式方面的规定，使政治问责于法有据。以《药品管理法》为例，该法确立了药品安全监管制度中的"约谈制度"① 规定，将政府内部政治问责权力体系明确，使得药品安全行政问责规范可操作：（1）同级政府内部约谈"药品监督管理部门未及时发现药品安全系统性风险，未及时消除监督管理区域内药品安全隐患的，本级人民政府或者上级人民政府药品监督管理部门应当对其主要负责人进行约谈"。（2）上级对下级政府的行政体系内约谈，"地方人民政府未履行药品安全职责，未及时消除区域性重大药品安全隐患的，上级人民政府或者上级人民政府药品监督管理部门应当对其主要负责人进行约谈"。并且对于约谈的结果有所要求，"被约谈的部门和地方人民政府应当立即采取措施，对药品监督管理工作进行整改"。并且法律规定将"约谈情况和整改情况应当纳入有关部门和地方人民政府药品监督管理工作评议、考核记录"。（3）对于约谈的后果——政府怠于履职应当承担的后果型责任，《药品管理法》以第 140 条、第 141 条的政务处分规则，将政府的消极政治责任形式、责任主体、责任依据分情况予以规定：县级以上人民政府在瞒报、谎报、缓报、漏报药品安全事件；未及时消除区域性重大药品安全隐患，造成本行政区域内发生特别重大药品安全事件，或者连续发生重大药品安全事件；履行职责不力，造成严重不良影响或者重大损失的情况下，对直接负责的主管人员和其他直接责任人员给予记过或者记大过处分；情节严重的，给予降级、撤职或者开除处分。药品监督管理等部门发生瞒报、谎报、缓报、漏报药品安全事件；对发现的药品安全违法行为未及时查处；未及时发现药品安全系统性风险，或者未及时消除监督管理区域内药品安全隐患，造成严重影响；其他不履行药品监督管理职责，造成严重不良影响或者重大损失的四种情况，其直接负责的主管人员和其他直接责任人员给

---

① 尽管目前学界对行政约谈的法律性质定位没有统一认识，且多数学者认为行政约谈是一种"柔性执法"，是"指行政主体在相对人有违法之虞或轻微违法时，通过约请谈话、说明教导、提出警示的方式建议相对人纠正违法行为，以避免违法之风险的行为"。（参见孟强龙：《行政约谈法治化研究》，载《行政法学研究》2015 年第 6 期；朱新力、李芹：《行政约谈的功能定位与制度建构》，载《国家行政学院学报》2018 年第 4 期。但《药品管理法》将约谈手段适用于政府内部的政务督导中，并在该法第 109 条第 4 款规定约谈情况会被纳入政绩考核，使得约谈制度具有了政府内部政治问责的特质。

予记过或者记大过处分；情节较重的，给予降级或者撤职处分；情节严重的，给予开除处分。

政府政治责任的法律依据的实践性与法治政府下的政府责任定位相符。法治意识促使政治问责的规范诞生，而规范又保障稳定程式化地实现政府政治责任之贯彻。相较于宪法和宪法性法律的原则性规定，一般法律的可操作性特征是一种应然，但这可能带来一个新的问题：强调专门化、特殊性的"一法一责"下，政府政治责任根据之间存在冲突。因此，在政治责任部门化特征得到认可的同时，出于问责效率、公正等价值考量，对政治责任的一般性规范应当予以重视。但目前，我国对于政府的政治责任的一般性规范尚处缺位状态，尤其是关于政治责任的程序性法律规则空白，使得政治问责常态化、程式化不足，不能成熟地作为辅助法律责任的常规手段出现。

其三，政府政治责任的法律依据呈现出一种职业化特征。目前，我国法律规范将政府政治责任与首长责任制、主要负责人制相结合，使得政府的政治责任最终会归咎到具体个人身上。但这种个体承担政治责任方式与政府官员违法承担责任不同，个体的政治责任承担是一种职业性、政治性的责任形式，它以在政府政务中的职业角色确定责任范畴和形式，而非个体的主观过错，这也就能解释新任官员在无过错情况下为何要为上一任官员的监管疏忽引发的严重后果承担政治责任。个体承担政治责任不在于对个体的惩罚，而是一种政治象征地表明政府须为民众负责，这与前文提及的政治责任客观化判断是相符的。根据法律规定，个体承担政治责任的情况可以分为三类：法定人事领导关系产生的责任主体、法定业务指导关系产生的责任主体、法定或授权职责产生的责任主体，不同主体所承担责任的政治责任形式和其责任目的不同，如对内接受政府组织作出的延迟晋升、考核期延长等决定，对外向公众政治道歉、引咎辞职等。

政治责任确定的因果关系以"职权—职责"为逻辑，对外表达政府须对公众负责。例如，《公务员法》规定了领导辞职的四种情形：工作变动、个人意愿、失职影响恶劣，以及"其他原因不再合适"。除前两条属于程序性变动外，后两条带有明显的政治特征，尤其第 4 款"其他原因"与其他部门法规定的引咎辞职的法定情节相衔接，使政府官员引咎辞职与法律责任的性质相区分。根据《疫苗管理法》第 94 条、第 95 条；《义务教育法》第 9 条；《食品安全法》第 142 条、第 140 条；《野生动物保护法》第 42 条等关于领导或主要负责人引咎辞职的法律规定可知：法定引咎辞职是以"公共安全""社会影响"等作为政治责任引发的前提，引咎辞职中的因果关系是以"职权—职责"为逻辑，使政府领导、主要负责人和公共安全事件之间产生必要关联，这和法律责任中主客体之间"行为—结果"的事实因果关系存在本质不同。但法律并未明确规定政府存在政治责任，因此有关"引咎辞职"规则的体系排布处于一种混乱状态，有的法律则将"引咎辞职"规则放置于政府职责部分，而有的法律则将其放置于"法律责任"专章中，这种立法形式占多数。这似乎显示出了立法者对政府政治责任尚处于一种认识不足的状态。

（四）地方法规

地方人大依靠宪法和宪法性法律赋权性实现对地方人民政府的监督，权力包括选举权和罢免权、法定范围内的地方事务决定权、批评建议权、询问质询权等。因此，地方人民政府对地方人大负责的方式，主要分为两种：就政府职责范围内的事向同级人大进行定期工作报告；或者针对超出政府权力范围的事项提请人大决议。因此，各级人大制定有关政府责任的法规也可大致分为两种：一是地方人大根据宪法、宪法性法规等制定的针对地方人大常委、人大代表工作细则的方式，实现对地方政府的监督问责，该内容大多为程序性规定以实现监督；二是通过决议的方式实现明确对政府活动的监督审查，决议内容关乎地方治理，因此偏实体性。上述两种途径应当严格遵守宪法和法律限制，地方人大不能自我创制权力，破坏宪法确定的权力结构平衡和权力范围，这属于宪法绝对保留，甚至法律不得"染指"。

我国地方各级人大以"××规定""××条例""××工作条例""××实施细则""××办法"等形式，制定了地方法规来实现人大代表的监督职能和政府回应型的负责要求。以最新修订的《深圳市人民代表大会代表建议、批评和意见办理规定》① 为分析样本。

其一，该地方法规总则确定了深圳市人大代表、人大（常委）、意见承办单位之间的交互模式：人大代表不能直接向该地区意见承办部门行使建议、批评和意见权，而是向人大或人大常委提出建议、批评和意见②；再经由人大常委办事机构负责交办，常务委员会选举联络人事任免委员会负责提出、转办、督办建议、批评和意见；最后涉及政府部门工作的建议、批评和意见，交付政府，再由政府转交各部门办理。③ 这一过程可结合宪法赋予地方人大的选举罢免权，询问质询权等权力实现由人大主动问责，政府被承担政治责任。

其二，该地方法规就建议、批评和意见的紧要程度，将代表反映强烈、问题突出、意见统一、短时有效的作重点建议、批评和意见划分处理，并规定了相应的政府办理部门的责任。重点建议、批评和意见属于市人民政府及其工作部门办理的，市人民政府应当成立由有关部门参加的重点建议、批评和意见办理机构。办理方案应当突出办理重点，主要内容应当包括办理目标、办理措施、办理责任和办理时限。市人民政府应当在下一年度代表大会会议召开前向常务委员会报告重点建议、批评和意见办理情况。市人民政府向常务委员会提交的办理情况报告，由督办单位进行初审，初审意见经主任会议通过后提交常务委员会会议审议。这一过程可结合宪法赋予地方人大的审议权、决定权，以及法律规定的政府报告制度等实现由政府主动向人大负责，人大督责的方式使政府职责正确履行。

---

① 《深圳市人民代表大会代表建议、批评和意见办理规定》，根据 2019 年 8 月 29 日深圳市第六届人民代表大会常务委员会第三十五次会议通过并经 2019 年 9 月 25 日广东省第十三届人民代表大会常务委员会第十四次会议批准修改决定。

② 第 4 条："本规定所称建议、批评和意见，是指代表向市人民代表大会（以下简称代表大会）或者市人民代表大会常务委员会（以下简称常务委员会）提出的对本市行政区域内各方面工作的书面建议、批评和意见。"

③ 第 5 条："代表建议、批评和意见由常务委员会办事机构（以下简称交办单位）负责交办。常务委员会选举联络人事任免工作委员会（以下简称选联任工委）负责衔接建议、批评和意见的提出和转办，协调建议、批评和意见的督办工作。""涉及政府部门工作的建议、批评和意见，交付市人民政府，并由市人民政府办公厅转交各部门办理。"

其三，该地方法规设置考核与奖惩专章，要求政府应当将政府部门办理建议、批评和意见情况纳入绩效考核或者其他工作考核，对怠误办理、弄虚作假、拒绝督办检查等情况，常务委员会应当要求政府及其有关部门限期改正，并报告处理结果；情节严重的，应当建议有关单位依法追究承办单位负责人及其他有关责任人员的责任。考核与奖惩制度除了在效果上免除人大批评、建议权的架空以外，还可以与其他关于政府内部纪律规定，以及上位法中的官员政治责任相结合，为政府政治责任之实现提供了制度实践基础。该地方法规将人大的批评、建议办理纳入政绩考核中，使政府的政治责任可以具体推至政府、政府各职能部门、各责任人，是考核结果成为政府政治责任形式的一部分。例如，因政府怠于对人大负责，而导致考核不达标，相关奖评资格撤销、延迟晋升、延长考核期等都可以纳入政治责任形式中。

（五）内部规范文件

政府政治责任的内部规范根据，是指制定颁布规范主体限于政府，包括国务院、国务院各部门、各级地方人民政府及其下属机构分别制定颁布的行政法规、部门规章、地方规章等，以及其他纪律性文件、工作性文件。此外，党的十八大后，党的纪律检查工作实现了纪严于法、纪在法前的转化，填补了"好同志"和"阶下囚"之间的党内监督空白①，执政党对政府行政决策问责的问题日渐重视，因此有关政府职能事项的党政合署的法律规范性文件频现②，将执政党经年积累的政治经验法律化用于政府治理中，成为政府实现内部问责的重要依据。

关于政府责任的行政规范主要分为三类内容：目标责任类；财政责任类；特别事项的责任规定。其中属目标责任和财政支出责任最为常见，国务院及其职能部门根据自己的职责范围发布相应的目标责任，或者依照法律规定制定目

---

① 江国华主编：《中国监察法学》，中国政法大学出版社 2018 年版，第 33 页。
② 党内重要文件中对行政决策问责有所规定，但党内规范性文件的效力仅及于党员干部，不包括非党员人士；《监察法》虽然实现对所有国家公职人员的监察，却不能实现对政府及其部门机构的监察，因此为弥补合法性问题，党政合署文件有其实在意义。

标责任。我国《宪法》总纲部分规定的若干基本国策，大多有法律法规等规定政府相应的目标责任，政府政治责任内容的具体践行。

政府目标责任以耕地保护目标责任为例，根据《环境保护法》《农业法》《土地管理法》《基本农田保护条例》中关于耕地保护的规定，我国耕地保护目标责任制自 1990 年开始由部门到地方政府逐步推进，耕地保护制在各地表现形式不一，有基本农田保护目标责任制、耕地保护目标责任制、土地管理目标责任制、国土资源管理目标责任制。① 根据 2018 年国务院新修订的《省级政府耕地保护责任目标考核办法》（以下简称《考核办法》）的规定，我国耕地保护目标责任制施行五年周期规划，期间由国务院对对各省、自治区、直辖市进行期中、期末考核。② 省长、主席、市长对其区域内耕地保有量和基本农田面积负责，是第一负责人。当考核无法达到《考核办法》规定标准时，责任定不合格。目标责任的政治效果是将考核结果列为省级政府第一责任人工作业绩考核的重要内容。对考核确定为不合格的地区，由监察部、国土资源部对其审批用地情况进行全面检查，按程序依纪依法处理直接责任人，并追究有关人员的领导责任。结合我国的官僚制的权力结构，国务院出台的《考核办法》最终会逐级细化下分至各级地方人民政府，例如辽宁省政府颁布的《辽宁省基本农田保护办法》中规定乡（镇）以上政府应当建立基本农田保护制度。上级政府对下一级政府下达基本农田保护责任考核目标，下级政府每年应当向上一级政府报告基本农田保护责任考核目标的履行情况。出现基本农田减少或破坏的，年度考核不合格。上级政府应当责令考核不合格的政府补划，并暂缓下达其年度用地计划指标。从办法可以看出，上级责令下级政府承担的责任形式属于政治内容——暂缓资源指标分配实际是对其执行权的限制，这与传统的法律责任形式不同，具有政治特征。

---

① 部耕地保护与经济发展关系调研组：《耕地保护与经济发展的关系调研报告之一：耕地保护目标责任制建设的调研报告》，载《国土资源通讯》2002 年第 11 期。

② 实践中，国务院对省级政府的耕地保护考核由自然资源部、农业农村部、国家统计局联合开展实地抽查工作。参见《自然资源部、农业农村部、国家统计局关于开展 2016—2020 年省级政府耕地保护责任目标期中检查工作的通知》。

政府财政责任与政府纵向权力结构下的目标责任不同，其政治责任实现有两条路径：首先表现为政府事权划分过程中，政府间纵向责任分配；其次，表现为政府财政预决算报告与人大监督审查过程中政府向人大履行的政治责任。党的十九大提出要建立"权责清晰、财力协调、趋于均衡"的央地关系。合理划分各级政府事权和支出责任是"政府有效提供基本公共服务的前提和保障，是建立现代财政的重要内容"①，全国正尝试规范各级政府财政事权与财政支出责任的法治路径。《预算法》第 23 条规定集中体现了央地政府之间、人大与政府之间的权责关系。② 央地之间的财政事权分配规则，是以中央对地方、地方上级政府对下级政府的统筹安排而展开，上级政府制定、编织预算草案，即编订财政事权分配方案，下级政府根据由人大通过颁布的预算制定该区域内的预算草案并严格执行上级分配的事权内容。人大与政府之间的财政权责监督关系是：各级人大需要对本级政府的财政预算进行审查、批准、监督等，结合人大议事规则，这过程中人大可以向政府进行讯问、质询、问责，而政府则须向人大及时报告，并提出理由和方案。我国的财政事权责任分配的规范化不足，除特殊事项在法律中规定了央地政府财政比例标准外③，大多需依靠具体的政府工作文件实现。例如，国务院 2018 颁布《医疗卫生领域中央与地方财政事权和支出责任划分改革方案》，就医疗卫生领域事项划分中央与地方财政事权和支出责任。而后省级政府按照此分配方案制定本级的卫生医疗领域财政事权和支出责任划分方案，山西省政府制定的《山西省医疗卫生领域财政事权和支出责任划分改革实施方案》规定了省与市县财政事权和支出责任划分情

---

① 蒋贵荣、薛克鹏：《论划分我国各级政府财政事权与支出责任的法治路径》，载《福建论坛（人文社会科学版）》2019 年第 9 期。

② 《预算法》第 23 条：国务院编制中央预算、决算草案；向全国人民代表大会作关于中央和地方预算草案的报告；将省、自治区、直辖市政府报送备案的预算汇总后报全国人民代表大会常务委员会备案；组织中央和地方预算的执行；决定中央预算预备费的动用；编制中央预算调整方案；监督中央各部门和地方政府的预算执行；改变或者撤销中央各部门和地方政府关于预算、决算的不适当的决定、命令；向全国人民代表大会、全国人民代表大会常务委员会报告中央和地方预算的执行情况。

③ 例如《教育法》《技术进步法》等关于财政支出分配的法定标准。

况。根据权责统一原则，当政府无法实现其财政权责分配方案中的内容时，需要承担的责任也来自两方：上一级政府和同级人大负责，责任内容根据具体情况可结合其他责任依据确定。

特别事项管理责任类规定与目标责任和财政责任的规定不同在于，特殊事项规定的依据不具有事件周期限制，为解决社会某一段时期集中出现或政府决定集中解决的事件而颁布相关规范性文件，规定政府具体管理责任，实现政府职能。由于不属于社会日常生产生活类公共事项范畴，故归类为特别事项。该类文件一般效力时限较短，为快速实现治理目标，杜绝懒政、怠政现象，注重严格追责原则。例如 2003 年我国突发"非典"疫情，各地方政府颁布的相关管理办法：《北京市实施传染性非典型肺炎预防控制措施若干规定》（已失效）、《湖北省传染性非典型肺炎防治管理暂行办法》（已失效）、《河南省人民政府关于切实加强非典型肺炎防治工作的通告》（已失效）等，都存在关于政府应对防治"非典"的责任规定，湖北省制定的"非典"暂行办法设专章规定政府及其人员的责任追究规定，对于违反规定的情况，上级政府对下级政府和有关行政部门责令改正、予以警告，对主要负责人和其他责任人给予降级、撤职的行政处分。"非典"期间包括前卫生部部长张某、前北京市市长孟某在内的上千名官员因隐瞒疫情或防治不力而被查处，这是中华人民共和国历史上首次在突发灾害事件中，短时间内就同一问题连续地、大范围地追究官员责任。① 2019 年传入我国的非洲猪瘟问题严峻，事关民生，国务院出台《关于加强非洲猪瘟防控工作的意见》，其中提到"加强动物防疫责任落实""各级地方人民政府对本地区非洲猪瘟等动物疫病防控工作负总责、主要负责人是第一责任人的属地管理责任"。严肃追责问责，"对责任不落实、落实不到位的严肃追责，并向全社会通报。""严肃查处动物防疫工作不力等行为，对因隐瞒不报、不及时报告或处置措施不到位等问题导致疫情扩散蔓延的，从严追责

---

① 顾亮、冯加严：《后非典时期我国行政问责制的现实困境及对策研究》，载《理论与改革》2004 年第 3 期。

问责"。特别事项的责任规定形式，多为工作文件，或言"红头文件"的方式出现，其特点是目的性强、程序性弱、可操作性优、时效短等特征，这多与特殊事件的特征相应。

党政合署文件，即中共中央、国务院共同颁布的规范性文件。为推行贯彻执行党中央治国理政之策，以及维护宪法对立法权限和立法主体的规定，党政合署文件根据"合法化链理论"①，使其具有行政法规和党内法规双重性质。党组织根据《宪法》第 1 条第 2 款规定实现全面领导，将执政思想纳入具体的国家治理实践当中，行政机关发挥宪法赋予的行政执行权，党策成为行政决策，其合法化链应得以维护。我国的党政合署文件数量众多，最常见的几种类型是：关于重大行政决策的行政性文件、党政廉政建设的纪律性文件、明确政府领导责任的工作性文件。例如，中共中央办公厅、国务院办公厅印发的《法治政府建设实施纲要（2015—2020 年）》《法治政府建设与责任落实督察工作规定》《党政主要领导干部和国有企事业单位主要领导人员经济责任审计规定》《防范和惩治统计造假、弄虚作假督察工作规定》《地方党政领导干部安全生产责任制规定》《地方党政领导干部食品安全责任制规定》《脱贫攻坚责任制实施办法》《党政主要负责人履行推进法治建设第一责任人职责规定》《健全落实社会治安综合治理领导责任制规定》《关于全面推进政务公开工作的意见》《关于推行地方各级政府工作部门权力清单制度的指导意见》《中共中央、国务院关于对〈河北雄安新区规划纲要〉的批复》《中共中央、国务院关于支持深圳建设中国特色社会主义先行示范区的意见》等。

值得注意的是，宪法确定的权力结构和秩序属于宪法绝对保留，一切活动不得僭越宪法而存在，因此，党的领导属于一种特殊制度性的领导而非法定赋予的实在领导权力，党政合署的规范性文件形式可以对该观点予以佐证。首先，关于行政重大决策，党内法规就政府行政权力内容只得以《××意见》

---

① 参考陈征：《党政机关合并合署与行政活动的合法化水平》，载《法学评论》2019 年第 3 期。

的形式出现，公共事务的行政决策权仍在政府和其负责的人大手中；① 其次，党政合署的纪律性文件是基于责任原因竞合或领导人身份重合而有存在必要，但"党内治党"和"政府首长责任制"的原则使得政府政治责任与党内责任不能混同。因此，如果丧失责任原因竞合、领导人身份重合的原因基础，单独由党组织制定的对党员的纪律规范不能实现对政府机关的政治责任追责。

第三节　政府政治责任之构成

政治责任构成是判断特定主体能否和是否承担政治责任的要件组成，责任构成有对责任类别筛选的功能，是使政治责任区别于其他责任类型的关键特征。政治责任构成的明确为政治活动中的主体提供行为预判，为政治秩序稳定提供了重要保障。所谓"能否承担"是指政治责任的可责性问题，其关键是主体资格；"是否承担"是指政治责任的应责性问题，是政治追责程序开启之充分必要。前文"政治责任的理论根据"中对政治责任主体资格理论根据和政治责任归责客观化特征论述为此部分责任规则原则、责任构成要件奠定了基础。

一、政治责任归责原则

一定的归责原则直接体现了责任规范的价值取向、责任构成要件、免责条件、责任形式等。传统的归责原则是建立在"意志自主"的逻辑基础之上，因此，归责原则根据过错要素考量被分为：过错责任原则、过错责任推定原则、无过错责任原则、严格责任原则。有学者提出政治责任应适用"特别归责

① 党的领导不是权力干预式领导，从形式上对比《中共中央、国务院关于支持深圳建设中国特色社会主义先行示范区的意见》《全国人民代表大会常务委员会关于授权深圳市人民代表大会及其常务委员会和深圳市人民政府分别制定法规和规章在深圳经济特区实施的决定》《国务院关于同意深圳市建设国家可持续发展议程创新示范区的批复》可知，"意见""决定""批复"所对应的权力主体和权力内容是不同的。

原则",即法律推定被问责主体具有过错,但官员享有抗辩权,以出现法定事由来抗辩过错认定。① 这种观点符合政治责任归责客观化的某些特征,但仍旧难逃法律责任观念影响,将人的物理特征等同于"人格"之特质,将"过错"作为免责事由判定。政府作为政治责任主体的逻辑建立在"权力能力""拟制人格""宪定权能"的基础之上。因此以"过错"要素划分的责任原则不适于作为政府政治责任归责原则。它忽略政府作为政治责任的主体资格以权力能力为要件,政府和行政官员承担政治责任的前提是有无法律授权。

从政治责任性质和政治责任规范来看,政治责任归责原则应当采取区别于法律责任的归责原则,适用"客观归责原则",即完全排除过错考察,以客观要件构成确定政治责任。《政治》责任具有合法性、合目的性、有限性三大特征,合法性要求政治责任主体同时是合法的行政权力主体,合目的性决定政治责任以实现公共利益为根本目的,问责是为了倒查问题源头,惩戒只是手段。有限性决定政治责任形式以其政治身份为必要限度,不得违宪剥夺政府行政人员的基本权利。政治责任的性质决定了政治责任的规范价值在于保障公共利益实现。传统归责原则中的"过错"要素考量,除受"意志"说影响,"过错"要素作为责任豁免的条件之一,其中含有对被错误定责可能的主体保护意味,以但书规则弥补错误定责对主体伤害的可能。但政治责任的有限性与公共利益不可预估的现实,使得"过错"规则存在的意义微弱。个人的政治身份利益与公共利益之间不具备比较意义,政治责任规则设置的目的以公共利益实现为根本,为避免个人权力导致的社会风险,行政官员的执政能力受公众质疑时,应当引咎辞职,而不会以过错作为免责事由。我国的政治责任规范也并无过错之考察,事件中也是绝对的客观规则。

二、政治责任构成要件

政治责任客观归责原则体现在政治责任构成要件上,即排除"过错"要

---

① 曹鎏著:《行政官员问责的法治化研究》,中国法制出版社 2011 年版,第 112~113 页。

素考察，以客观要件判断被问责主体是否承担政治责任。《刑法》中的客观归责原则是以事实的因果关系为前提的规范评价理论，也是构成要件理论。[①]实行行为、行为对象、结果、因果关系是刑事责任必要的责任构成要件。但政治的客观归责是以权力资格为前提的政治目的性评价，其因果关系中的"因"是政治权力，"果"是政治目的——公共利益。法律责任以行为规范为目的，随意责任构成以行为和结果为关键；政治责任意在权力约束，因此政治责任的责任构成要件应当包括：主体、权力内容、结果、因果关系。

（一）主体

责任主体是责任的最终"宿主"，责任构成要件第一要素是存在责任主体。所谓"存在"既是一个客观事实认定，也是一项法律判断。责任构成要件所关注的便是法律判断——根据法律确定主体是否具备责任能力，或称主体被课以责任的资格。当事实主体丧失法律课责的价值时，便不存在所谓的责任主体，无责任能力即无责任。[②]我国法律受到了苏联模式的广义行为能力的深刻影响，将责任能力纳入行为能力制度中进行处理，并以行为能力作为责任能力的基本判断标准。[③]当行为能够受意志支配时，行为主体就被认定具有责任能力。但政治责任能力是权责一致原则下，权力主体与责任主体的一致性。非宪法、法律授权主体不具备行使权力的资格（权力能力），就不具备政治责任能力。

政府作为政治责任主体，是由宪法赋权，使其成为国家权力机关的执行机关，具有行使行政权力的资格。此外，政府的实体身份不是自我生成，而是经由人大选举产生。选举程序使其具有合法性，有资格对外行使行政权，并对行使权力产生的后果承担责任。未经宪法、法律规定，自设权力的主体在政治规

[①]　张明楷：《也谈客观归责理论：兼与周光权、刘艳红教授商榷》，载《中外法学》2013年第2期。

[②]　在《刑法》中责任与刑罚是分开的独立概念，该观点认为刑罚可以免除，而责任属于法律事实，属于客观存在。而这里的责任包括责任后果。

[③]　郑晓剑：《侵权责任能力判断标准之辨析》，载《现代法学》2015年第6期。

则中属于无效主体，不产生政治责任，但在法律规则中属于违法主体，须要承担法律责任。

政府下属的各职能部门作为政治责任主体，是由宪法、法律、法规授权性获得，根据宪法、法律、法规有对外行使执行权的资格，才能承担政治责任。因为，政府内设机构可由政府首长决定设立，该权力属于工作性权力，不属于国家意志执行权力。因此能够对外行使行政权力的政府职能部门，有承担政治责任的资格。

个人能否作为政府的政治责任主体的关键，同样是以责任能力为责任主体判断依据。除我国《宪法》规定首长责任制外，还有直接责任人制度。首长负责制，是根据法律规定的对政府组织的领导权力，确定责任主体。国务院实行总理负责制，处于国务院领导地位，对国务院工作负全部责任，并有完全的决定权；地方政府由省长、市长、县长、区长、乡长、镇长负责领导、组织地方的各项建设事业。直接责任人制度，是以政府部门职能确定的职权为根据，获得政治责任能力。

（二）权力

权力法定，从积极角度看是法律授予特定主体以权力，从消极角度，权力因法律授予而受到法律限制存有边界。宪法赋权政府国家意志执行权力，该权力具体化为行政职权，由具体行政主体行使。有学者按照职权内容将行政权可划分为：行政立法权、行政决定权、行政命令权、行政措施实施权、行政确认权、行政监督权、行政制裁权、行政救济权。[1] 这种分类因无法突出权力内容的政治特征[2]，所以不能适用于政治责任确定。应当在现有职权分类的基础上，以政治特征作二次分类，其中可将行政立法权、行政决定权、行政命令权、行政措施实施权、行政监督权作为与政治责任对应的"政治权力"。这类权力事关"对国家或地方行政事务和社会公共事务所要解决的问题进行识别，

---

[1] 宋超主编：《法学概论新编》，首都经济贸易大学出版社 2016 年版，第 124 页。
[2] 前文提到过政治的四个特征：根本性、公共性、全局性、权威性。

对未来目标进行定位、对解决问题和实现目标的方案经过分析作出选择，对实施方案的行动进行设计而作出的政策性或法律性的行政行为"①，有学者将其定义为行政决策权，有学者将其定义为宏观调控权。② 本书倾向于"行政决策权"，因"行政"二字能明确权力主体是政府。

行政决策权以特定的公共利益为目标，为防范权力和公共利益分离异化，应以责任作为基本保障。为解决权力目的偏移和公共利益判断权问题，宪法、法律、法规，以及其他行政规范性文件中的权力内容将《宪法》确立的国家宏观总体目标由上至下一步步细化成具体待实现的公共利益目标，并赋予政府相应权力以实现目标，政府目标责任也由这些法定权力内容确立。可以说，公共利益是政府行政决策权力存在的前提，没有利益诉求，权力行使便无意义，所以为敦促政府实现权力目标，权力主体的政治责任不可推卸，不可豁免。由此可得，法律规定的行政决策权是政治责任存在根据。

（三）公共利益风险/损害

政府政治责任中的结果是指政府权力行使过程中造成的负外部性，即公共利益风险或损害。这种负外部性的判断标准有三类：客观事实、达到法律明确规定的某类标准、法律授权考核主体认定。客观事实是指无需借助任何手段标准，仅凭常识即可判断公共利益损害发生。达到法律明确规定的标准是指，政府的权力行使会造成负外部性，但只有达到某一法定标准的负外部性，才可判断公共利益损害。例如，政府投资项目通常具有一定风险性，须有合理的容错率，只有达到某一标准才需承担政治责任。法律授权考核主体认定，是指在客观上虽然没有达到前两项判断标准下造成的损害结果，但根据法律授权监督主体的综合考核，科学系统的评分标准等，最终认为被考核主体的执政能力无法实现公共利益目标或可能因能力不足而产生风险。

---

① 茅铭晨：《"行政决策"概念的证立及行为的刻画》，载《政治与法律》2017 年第6 期。

② 参见杨三正：《宏观调控权配置原则论》，载《现代法学》2006 年第 6 期。

政治责任中的负外部性三种判断标准不影响政治责任的客观归责原则实现。首先，负外部性判断是在客观事实基础之上的判断；其次，"公共"本身具有主观客观复合的特征，加之行政决策的影响可能"甲之蜜糖，乙之砒霜"，这种负外部性本身具有不一致性，经法律程序确定的标准，符合大多数利益，最大限度地反映公众的真实观念；最后，实践中，法律授权考核主体的考核评价方式也是执政经验累积后总结的考核评价体系，具有一定科学性。

目标责任制以构建目标体系为核心，在行政权力结构内部，以及国家与社会之间构建出一整套以"责任—利益"为主要特征的制度性联结关系①，法律法规等确定的公共利益无法实现，甚至出现现有公共利益损害结果发生时，政府应当承担责任。

（四）特殊因果关系（责任关系）

有学者认为政治责任作为宪政责任的例外类型，具有连带性，因此没有因果关系问题。② 但基于政府行政决策的综合性、复杂性、抽象性和非终局性，以及因果关系理论中事实性、经验性、规范性的判断标准③，政治责任只是不能按照传统法律责任中的"相当因果关系"来确定责任关系，并不排除其存在特殊因果关系的可能。并且没有因果关系要件的责任存在任意课责的风险，不符合法治理念。

其一，事实性的相当因果关系，以行为和结果之间的发生概率为判断，在众多原因"候选"中，以概率大小作为因果关系成立的标准，这种判断需要穷尽全过程的可能行为。如果政治责任采取这种因果关系判断，会由于政府的责任分工而导致追责效率低下，以及处于一种"责任漂浮"状态，无法找到责任主体，实现追责目的，因此事实性相当因果关系对于政治责任判断不具备

---

① 参见王汉生、王一鸽：《目标管理责任制：农村基层政权的实践逻辑》，载《社会学研究》2009 年第 2 期。

② 参见刘广著：《宪法责任论》，山东人民出版社 2007 年版，第 113~114 页。

③ 参见邹兵建：《论相当因果关系说的三种形态》，载《清华法学》2019 年第 4 期。

可操作性。

其二，经验性的相当因果关系主张以日常生活经验判断行为与结果之间的相当因果关系。这种经验性判断适合具体行为与结果之间的因果关系判断，但行政决策的非终局性特征下，采取经验判断将导致在重大生产事故领域，只有具体一线生产操作人员的行为与事故之间存在因果关系，才会使政府由于缺乏因果关系，其政治责任处于真空状态。

其三，规范判断因果关系虽然为弥补事实判断、经验判断的缺陷，提出因果关系相当性分为行为相当和因果流程相当两部分综合判断，即制造法所不允许的风险和形成法所不许的风险。① 这种因果关系完全依赖风险内容是否为法律所规定，显示出了法律对于法律责任确定的一种克制审慎，却也将风险（一种损害结果即将或能发生的状态）概念化，这与政治责任为实现源头治理的目标不符。因为法律是对已经产生的社会问题的回应，但行政决策是为应对随时更新的社会公共情况，规范风险无法及时回应显示风险。此外，因果流程会使重大行政决策的提请主体（政府）、决定主体（人大）都处于相当因果流程当中，这将造成政治责任规则空设的局面。

综上，用于法律责任中的相当因果关系无法适用于政治责任中。笔者认为，政治责任中的因果关系应当考虑到政府实践情况和政治语境，同时贯彻法治政府理念，采取一种特殊的因果关系认定：利用权力内容与公共利益内容的相当性关联，判断权力主体与公共利益损害之间是否存在因果关系。其中权力是指宪法、法律赋予政府的权力，包括具体权力事项、权力效力空间范围、权力效力的时间范围；公共利益是受宪法、法律等规范保护的不特定多数主体的生存发展利益。该因果关系以"权责一致"所体现的正义观为支撑，体现了政治责任的合法性、合目的性、有限性的特征。此外，权力与公共利益内容相当，符合我国的政治实践。我国国家治理目标与政府具体职责安排是以目标责任制为连接，实现的权责统筹分配。权力与公共利益内容相当的判断，是基于

---

① 参见陈兴良：《从归因到归责：客观归责理论研究》，载《法学研究》2006 年第 2 期。

客观的政治权力结构。谓之符合政治语境，是因为传统的法律责任虽然逐步走向客观归责趋势，但是仍旧以行为实施主体为核心。而政治语境中不存在直接且具体的物理行为，只存在职能部门、机构实施权力，履行职责之说，因此以权力和公共利益作为因果关系内容的方式符合政治语境。

河北省唐山市 3 个中央预算内投资项目严重拖期问题①是国务院办公厅关于督查问责通报典型案例之一。

2012 年 10 月，河北省唐山市孙家庄保障性住房项目廉租住房工程（一期）、孙家庄②保障性住房项目廉租住房工程（一期）配套基础设施和女织寨③保障性住房项目廉租住房工程配套基础设施 3 个项目获批立项，截至 2016 年 9 月底尚未开工，涉及中央预算内投资 7223 万元。唐山市政府被责令作出检查，唐山市高新技术产业开发区管委会主任庞某某（时任唐山市发展改革委主任）、唐山市住房和城乡建设局局长李某某受到诫勉谈话处理，唐山市发展改革委副主任徐某某、唐山市住房和城乡建设局副调研员张某某受到行政警告处分。

根据《宪法》第 107 条规定和《中央预算内直接投资项目管理办法》（以下简称《管理办法》）第 4 条、第 26 条④规定，唐山市孙家庄和女织寨乡廉租房工程及其配套基础设施建设项目属于由国务院发改委审批的中央预算内直接投资项目，地方政府负有对中央财政预算执行责任、城乡建设责任、建设情况报告责任。但唐山政府及相关责任主体怠于履职，根据《中央预算内投资计

---

① 参见《国务院办公厅关于督查问责通报典型案例的通报》国发办〔2017〕53 号。
② 孙家庄村归属河北省唐山市路北区唐山高新技术产业开发区。
③ 女织寨乡隶属于河北省唐山市路南区。
④ 《中央预算内直接投资项目管理办法》第 4 条："申请安排中央预算内投资 3000 万元及以上的项目，以及需要跨地区、跨部门、跨领域统筹的项目，由国家发展改革委审批或者由国家发展改革委委托中央有关部门审批，其中特别重大项目由国家发展改革委核报国务院批准；其余项目按照隶属关系，由中央有关部门审批后抄送国家发展改革委。"案例中，中央预算内投资高达 7233 万元，适用特别批准程序。第 26 条：建立项目建设情况报告制度。项目单位应当按照规定向项目审批部门定期报告项目建设进展情况。

划实施综合监管暂行办法》（以下简称《暂行办法》）第29条①规定，该项目开工超期近三年已超过《暂行办法》规定的公共利益损害标准，应当追究唐山市政府、相关职能部门负责人，以及建设项目日常管理责任人和负有直接监管责任人员②的政治责任。

本案例中，政治责任主体分别为政府——唐山市政府；相关职能部门负责人——唐山市高新技术开发区管委会主任庞某某、唐山市住房和城乡建设局局长李某某、唐山市发展改革委副主任徐某某；直接监督责任主体——唐山市住房和城乡建设局副调研员张某某。适用的责任形式分别为：责令检查、诫勉谈话、行政警告处分。这些责任形式符合政治责任的合法性、合目的性、有限性特征，即责任以实现公共利益为主要目的，责任形式于法有据，且形式上限于以其权力身份为核心的身份型、荣誉型等责任类型。

---

① 《中央预算内投资计划实施综合监管暂行办法》第29条规定，对中央预算内投资计划下达后超过一年未开工的项目，应进行项目调整。对存在虚假申报、骗取或转移、侵占、挪用中央预算内投资等严重问题的项目，应视情况撤销项目……对存在严重问题的项目，要依照党纪政纪和法律法规的有关规定，严肃追究相关责任人的责任。

② 根据《中央预算内投资计划实施综合监督暂行办法》第17条，投资计划直接下达到项目的，应明确每一个项目的日常监管直接责任单位和监管责任人……日常监管直接责任单位原则上是项目直接管理单位（对项目单位财务或人事管理行使管理职责的上一级单位）。没有项目直接管理单位的，则为项目单位行业主管部门。日常监管直接责任单位对项目申报、建设管理、信息报送等履行日常监管直接职责。监管责任人由日常监管直接责任单位派出，为日常监管直接责任单位的相关工作人员。监管责任人应随时掌握项目建设情况，原则上应做到"三到现场"，即开工到现场、建设到现场、竣工到现场，并及时主动向上级相关部门报告。各相关司局要督促有关地方和部门充分发挥日常监管直接责任单位和监管责任人的作用。

第六章　政府之侵权责任与违约责任

　　侵权责任与违约责任作为两种基本的责任形式，不仅存在于民事领域，也存在于行政领域中。国家的长治久安有赖于行政机关的有效管理和服务，法律所赋予行政机关的每一项职权都有其存在的现实价值与意义，然而在实践行政活动中，行政主体也可能作出对公民、法人和其他组织合法权益造成损害的行为，产生政府侵权；而在行政合同中，同样存在因政府违约行为——政府不履行合同约定义务或未完全履行合同约定义务而导致当事人权益受损的情况。这两种政府行为分别会引起不同的政府责任——由政府侵权导致的责任为政府侵权责任，由政府违约导致的责任为政府违约责任。

　　作为事实状态的政府侵权自古便存在，在资本主义社会的初期，封建专制制度被民主制度所取代，人民主权原则、人权和法制的思想通过资本主义国家的法律纷纷确立，这就为政府侵权法律制度的产生奠定了基础。① 但对政府违约责任的追究却是晚近之事。对政府侵权与政府违约行为追责，不仅是为了救济因政府侵权行为与违约行为导致权益受损的行政相对方，更是为了规制行政权使其合乎法律要求和道德信条的必要手段。而之所以把这两种政府责任放在一起讨论，是因为在现实生活当中，政府侵权责任与政府违约责任是政府对外承担责任的两种基本形式，它们之间无论是在追责方式上还是在承担责任的具体表现形式上都

---

① 参见王世涛著：《行政侵权初论》，载《当代法学》2005 年第 4 期。

存在诸多相同之处，为了更好地区分两者之间的关系，也为了便于理解，有必要将两种政府责任放在一起进行讨论。就此而言，政府侵权责任与政府违约责任两者之间的区分，不仅限于概念上的界定区分，更涉及两种责任成立的基础和前提条件，以及两种责任在具体适用上的特点区分。

第一节　政府侵权与政府违约的意涵

从不同角度解读政府侵权，其意涵也各不相同：作为一种行为表现方式，它是指政府的侵权行为；作为一种责任形式，它强调行政主体对于政府侵权行为应当承担的法律责任。尽管如此，我们认为，政府侵权首先是一种行为表现方式，其次才是一种责任形态。虽然人们常常将政府侵权行为与政府侵权责任混为一谈，但两者在本质上存在很大差别。首先，政府侵权行为是引起政府侵权责任的逻辑起点，也即政府侵权行为是原因行为，而政府侵权责任是结果责任，先有政府侵权行为后有政府侵权责任；其次，从性质上来说，政府侵权行为是第一性的客观存在，而政府侵权责任作为行政救济的表现形式之一属于第二性，且具有制度设计的价值色彩。因此，对于政府侵权行为应当区别于政府侵权责任。但不可否认的是，政府侵权是政府侵权责任产生的先决条件，故而实质上两者并不是截然不同的，而是既有联系又有区别。同样作为引起政府责任产生的原因之一的政府违约，其与政府侵权之间存在容易混淆的地方，而这种混淆体现在行政主体与行政相对人订立行政合同的基础之上，出现行政违约与行政侵权多重行为竞合的情形中。据此而言，有必要首先在区分政府侵权与政府违约的前提下，对两种行为分别导致的政府侵权责任与政府违约责任进行细化的分析和研究，以便更加清晰地厘定不同政府责任的具体内涵。

一、政府侵权之意涵

"作为事实状态的行政侵权自古存在，作为法律形式的行政侵权也并不与民主政制相伴始终。"① 行政侵权的事实自古有之，但作为法律术语的"行政侵权"② 概念却是在 19 世纪才得以兴起。尽管行政侵权概念自确立以来的时间并不久远，但学理界对行政侵权的研究却并未重视，以至于人们对其内涵的理解一直存有争议。学术研究肇始于对概念意涵的清晰界定，这是研究的基础工作。因此，可以说，研究政府侵权首要任务是厘清政府侵权之概念意涵。

（一）"侵权"的词源

"侵权"这一概念发端于民法学界，它是随着世界民权运动的兴起和主权豁免原则的衰落而从民法领域移植到行政法领域。③ 但关于侵权的一些基本问题至今仍未得到解决，譬如"侵权"一词的词源和基本含义至今仍存有争议。

从侵权的英语词源来看，它在英语中对应的词汇是"Tort"，意思是侵害和对侵害的救济；而"Tort"是由拉丁文"Tortus"演变而来，意思是"扭曲""弯曲"。在法语中，没有"侵权"的概念，而用"责任"来代替，用来描述过错、损害、过错与损害因果关系的构成状况，④ 但"Tort"仍然存在，只不过其意思是指"伤害或过错"，之后该词的意思逐渐演变为"错误"。关于"Tort"的具体内涵，英美国家至今也没有形成一个满意的定论。正如美国侵权法学者爱德华·J. 科恩卡所认为："'Tort'是一个很模糊的概念，在一般讲话中很少使用，尽管它揭示了法律的某一方面，但这一概念却阻碍了试图形成有价值的定义的一些尝试。现在的困惑是全面概括所有侵权的任何定义都是如

---

① 王世涛著：《行政侵权初论》，载《当代法学》2005 年第 4 期。

② 此处应注意的是，在本章节的正文中"政府侵权"概念与"行政侵权"概念可通用，之所以不统一使用"政府侵权"的概念主要是为了保持相关学者观点的完整性，对于涉及"行政侵权"的内容直接引用或转述原学者的观点。同样的情况也适用于"政府违约"概念与"行政违约"概念之间。

③ 参见王世涛著：《行政侵权研究》，中国人民公安大学出版社 2005 年版，第 1 页。

④ 周汉华、何峻著：《外国国家赔偿制度比较》，警官教育出版社 1992 年版，第 2 页。

此空泛以至于几乎没有什么意义。"① 在我国，确切地说，"侵权"一词是个外来词，它是在清末和民国初期传入中国的一个民法概念，不具有本土的词源根据。而"行政侵权"概念的提出基本同步于国家赔偿法律制度的诞生，是行政侵权从民事侵权分离的结果，也是人类社会特定历史阶段的产物。其最早出现在 19 世纪 70 年代，至今也不过一百多年时间。在美国，侵权法中并无行政侵权的概念，只是把政府侵权（Government Tort）作为其中的一个类别，这里的"政府侵权"相当于行政侵权。② 在我国，罗豪才先生是最早提出"行政侵权"概念并进行了较为系统研究的学者，他于 1988 年在其主编的《行政法论》一书中设专章对政府侵权进行了专门研究和介绍。随后，在 1994 年，我国出台《国家赔偿法》，"行政侵权"概念也由此得到我国行政法学界的广泛认同。

（二）政府侵权的概念

政府侵权属于侵权中的一种行为方式，它既有侵权的普遍特性，也有其独特的属性，是集侵权的共性与个性于一身的统一。就侵权的概念而言，学术界仍然存在诸多争议，至今未形成统一的观点，概括而言可分为广义和狭义的两种学说。③ 狭义的侵权概念指的是行为人实施的是一种过错行为，核心内涵为过错，以区别于违约行为，同时也指对法定义务的违反并成为侵权责任承担的依据。广义的侵权概念是指产生责任的根据，其不仅仅指因行为人的过错而实施的侵权行为，还指基于法律规定而产生的责任，即依公平原则产生的责任和无过错责任。在此基础上，关于政府侵权的概念，国内学者的表述也是各不相同，大致可将其分为违法行为说和结果说：其一，就违法行为说而言，赞同该种观点的学者认为政府侵权行为必须具有违法性，具体而言，主要存在以下几种观点：（1）有的学者认为，政府侵权行为是指行政主体违法行使职权侵犯

---

① Edward J. Kionka, *Torts*, China Law Press, 1999, p. 1. 转引王世涛著：《行政侵权研究》，中国人民公安大学出版社 2005 年版，第 2 页。

② 参见王世涛著：《行政侵权研究》，中国人民公安大学出版社 2005 年版，第 3 页。

③ 参见王世涛著：《行政侵权研究》，中国人民公安大学出版社 2005 年版，第 25 页。

了公民、法人或其他组织合法权益的行为。① （2）有的学者则认为，政府侵权是指行政主体违反行政法律义务，侵犯公民、法人或者其他组织的合法权益的行为。② （3）也有学者认为，政府侵权是行政主体不法侵害相对人合法权益而依法必须承担行政赔偿责任的行政行为。③ （4）还有的学者认为，政府侵权行为是指行政机关及其工作人员在行使职权过程中违法损害公民、法人或其他组织的人身权、财产权等合法权益，并承担行政赔偿责任的行政行为。④ （5）一些学者还认为，政府侵权行为是指行政主体及其行政人在行使行政权力时，由于违反法律规定的义务，以作为或不作为的方式，侵害相对人合法权益，依法应当承担损害赔偿等法律责任的行为。⑤ 其二，就结果说而言，赞同该种观点的学者认为政府侵权并不强调行为的违法性，而应从侵害的后果上进行认定。具体而言，主要存在以下几种观点：（1）有的学者认为，政府侵权是指国家行政机关或者行政机关公务人员在执行公务中侵害公民、法人的合法权益，对其造成损害的行为。⑥ （2）还有的学者认为，政府侵权是指国家行政机关及其工作人员作出的职权行为侵犯公民、法人或其他组织的合法权益的事实。⑦ （3）也有学者认为，政府侵权是指国家为其行政机关和行政机关工作人员执行职务过程中的侵犯公民、法人和其他组织合法权益的行为所承担的法律责任。⑧

从上述学说中不难看出，在政府侵权的主体、客观方面的认定，国内学者的意见是基本一致的，即强调主体是行政主体及其工作人员，政府侵权行为必须是发生在执行职务的过程中，且必须造成相对人合法权益损害的结果。而争

---

① 周佑勇著：《行政法原论》，中国方正出版社 2005 年第 2 版，第 399 页。

② 罗豪才、湛中乐主编：《行政法学》，北京大学出版社 2006 年第 2 版，第 338 页。

③ 皮纯协、张成福主编：《行政法学》，中国人民大学出版社 2002 年版，第 383 页

④ 蔡菁著：《行政侵权损害国家赔偿》，群众出版社 2006 年版，第 119~120 页。

⑤ 胡建淼主编：《行政违法问题研究》，法律出版社 2000 年版，第 407 页。

⑥ 陶广峰、刘艺工主编：《比较侵权行为法》，兰州大学出版社 1996 年版，第 232 页。

⑦ 张布洪：《行政侵权规则原则初论》，载《行政法学研究》1999 年第 1 期。

⑧ 罗豪才主编：《行政法论》，光明日报出版社 1988 年版，第 301 页。

议的焦点则在于政府侵权行为是否以违法性为必要条件的问题上。传统观点也即违法行为说的观点认为，政府侵权行为一定是违法行为，这种观点主要是受到原《国家赔偿法》的影响。以往，行政赔偿领域中奉行违法归责原则，强调行政行为的违法性是承担侵权责任的一个必要条件，并设置了确认违法程序的前置程序，而政府侵权行为会引起行政赔偿责任，因此其也必定是违法行为才能在逻辑上形成自洽。2010 年新修订的《国家赔偿法》，在文字上取消了"违法行使职权"的提法，将原法第 2 条第 1 款规定变更为："国家机关和国家机关工作人员行使职权，有本法规定的侵犯公民、法人和其他组织合法权益的情形，造成损害的，受害人有依照本法取得国家赔偿的权利。"由此可见，新法改变了原法单一的违法归责原则，没有将政府侵权行为限定为违法行为。这便为法律认定政府侵权行为的单一性排除了障碍，即从法律表述上来说并不一定要求政府侵权行为是违法行为，而从其引起的国家赔偿责任上来看，也并不一定要求是违法行为所引起的。换言之，政府侵权行为不以违法性为必要条件，而国家赔偿责任也不以违法行为为成立的先决因素。那么，既然新法取消了对政府侵权行为违法必要性的要求，这是否意味着政府侵权行为也包括了一定的合法行为？根据 2010 年新修订后的《国家赔偿法》可知，其中第 2 条的规定删除了"违法行使职权"的规定，由此则扩大了国家赔偿的范围，即不仅将违法行政行为纳入国家赔偿的范围，也将一定的合法行政行为纳入国家的赔偿范围，当然前提是这些行为符合主体和职权性的要求，并造成了相对人合法权益的损害。事实上，行政主体及其公务人员在行使行政职权的过程中，不仅违法的行为会侵害到相对人的合法权益，合法的行为也可能会侵害到相对人的合法权益。只不过，致损行为属于合法范畴时，应当判别相对人所造成损害的严重程度，即看行政主体及其公务人员是否违反了比例原则，相对人的损害是否超出了合理的范围，倘若违反了比例原则，则即使属于合法行政行为仍然构成政府侵权，倘若未违反比例原则，则一般不构成政府侵权。而从实践来看，行政主体及其公务人员在行使职权时，享有较为广泛的行政自由裁量权，但往往由于具体实施公务的行政人员无法把握好"度"的问题，导致自由裁量行政行为侵害相对人合法权益的现象较为普遍，由此便需要考虑的问题是不当行政行为应否被纳入国家赔偿的范围内？传统的观点认为行政不当是行政主体对裁量权的滥用，可以由行政机关或法院变更原行政不当行为，就能得到合理的解决，不必追究政府侵权责任。① 然而，这种观点受到很多质疑，从现实情况来看，许多国家都将合法行政行为给相对人造成损害的情况纳入国家赔偿的范围内，只不过更多的是适用行政补偿而非行政赔偿的方式，而行政赔偿与补偿也有合流之趋势。所以我们认为，对政府侵权的认定宜从结果上去认定，即只要侵害了相对人合法权益的行政行为都属于政府侵权的范围，具体而言，则包括行政违法行为与行政不当行为。此外，基于现实情况的考虑，对于政府侵权的行为并不一定属于行政行为，也包括一些事实行为，譬如执行公务的人员在执行公务的过程中违法使用武器、警械的行为。正如有的学者认为，"行政过程中的国家侵权行为形式多种多样，既包括违法行使职权所实施的法律行为、事实行为，也包括因执行行政职务提供机会而实施的侵权行为，还包括仅在表面上与执行行政职务有关的侵权行为"。②

综上所述，我们认为，所谓政府侵权是指行政主体及其工作人员在行使职权的行为过程中，造成公民、法人或其他组织合法权益损害的违法或不当的行为。

(三) 政府侵权与相关概念之区分

在厘清"政府侵权"概念的基础上，为了进一步明晰其概念界分，还需对政府侵权与相关容易混淆概念进行区分，以便更好地理解政府侵权。由于"侵权"的概念最早来自于民法领域，"政府侵权"的概念也是从民法中移植过来的，导致政府侵权与民事侵权常常混为一谈，有些民法学者甚至不承认政府侵权的独立存在。因此，有必要对政府侵权与民事侵权进行明确的区分。此外，在行政法领域，有些学者也经常将政府侵权与行政违法相混淆。由于政府

---

① 罗豪才、应松年主编：《国家赔偿法研究》，中国政法大学出版社 1991 年版，第 60 页。

② 姜明安主编：《行政法与行政诉讼法》，北京大学出版社、高等教育出版社 2007 年版，第 630 页。

侵权导致行政相对人合法权益遭受侵害，故而人们理所当然地把政府侵权与行政违法相等同，认为政府侵权即是行政违法行为的当然表现，但事实上两者是既有联系又有区别的关系。因此，也有必要对政府侵权与违法行为进行一定程度的区分。

其一，政府侵权与民事侵权。政府侵权与民事侵权的区别主要表现为：（1）主体不同。政府侵权是指行政主体对行政相对人的侵害，侵害方处于强势的地位，而被侵害方处于弱势的地位，主体间的地位不平等；民事侵权则发生在平等关系主体之间，且侵害方与被侵害方并无特殊的身份要求，任何民事主体都可能成为侵害方或被侵害方。（2）归责原则不同。政府侵权一般采用违法行政或不当行政的归责原则，但辅之以过错责任原则、危险责任原则为补充；民事侵权一般采用的是过错责任原则，辅之以严格责任或公平原则为补充。（3）构成要件不同。构成政府侵权一般来说至少需要具备行政侵权行为或事实、侵害后果、因果关系及相关法律规定四个构成要件；而民事侵权的构成要件则一般为侵权行为、侵权人的主观过错、损害后果及行为与损害之间的因果关系。（4）举证责任原则不同。在政府侵权的诉讼程序中，实行举证责任倒置，由侵权方，即行政主体承担举证责任，而被侵权方，也即相对人只需要证明其存在的损害事实即可；在民事侵权的诉讼程序中，实行的是"谁主张谁举证"的原则，即由被侵权方承担其所有主张的证明责任，否则便要承担败诉的后果。（5）责任形式不同。政府侵权的责任形式主要以行政赔偿为主，而民事侵权的责任形式除了由以金钱为形式的赔偿或补偿之外，还存在停止侵害、返还原物、恢复原状、排除妨害、消除危险等多种形式。除此之外，二者还存在着其他一些细小的区别，譬如政府侵权的责任承担方式一般是替代责任，即由行政主体代替具体实施侵权的行为人承担责任，而民事侵权的责任承担是自己责任；政府侵权要求发生在行政主体履行职务行为的过程中，而民事侵权则无此要求等。

其二，政府侵权与行政违法。关于政府侵权与行政违法两者的关系，张焕光、胡建淼两位学者作了基本的表述，他们认为："行政侵权属于违法行政，但并不包括所有的违法行政行为。并非所有的违法行政都能直接招致他人财产权利或人身权利的实际损害，而行政侵权直接造成了这种顺滑；并非所有的违法行政都会引起行政赔偿责任，但行政侵权是构成行政赔偿的前提和基础，行政赔偿责任是行政侵权的直接法律后果。"① 由此可见，政府侵权与行政违法之间并不是泾渭分明的关系，它们之间既有联系又有区别，存在交叉关系。具体而言，可以从以下几个方面进行探究：（1）政府侵权行为可以是行政违法行为，但是政府侵权并不以行政违法为前提条件，也即政府侵权行为并不都是行为违法行为。关于两者的关系，有的学者认为，政府侵权肯定是行政违法行为，因为政府侵权以行政违法为前提②，而学界通行的观点也认为行政违法是政府侵权的前提条件，政府侵权是行政违法的一种表现形式。但也有学者存在不同观点，即认为行政不当也可以导致政府侵权，因为行政不当，也属于行政主体违反法律规定的义务，即正当合理地行使裁量权的义务。违法与违反法律规定的义务并不等同，后者外延大于前者。③ 本书认为，政府侵权包括行政违法行为也包括行政不当行为，因而不能将政府侵权与违法行政行为必然相联。尽管从外在形式上来看，行政不当不如违法行政的瑕疵强烈，但并不代表行政不当造成的损失必然轻于违法行政造成的损失。相反，由于在现实生活中，政府享有较为普遍的行政自由裁量权，相比违法行政而言，不当行政更容易出现在政府的行政活动中，而这种不当行政给相对人造成的损害甚至等同或超过违法行政给相对人带来的损失。因此，将行政不当纳入政府侵权当中也是大势所趋。据此而言，从范围上讲，政府侵权是由行政违法与行政不当构成的，行政违法只是政府侵权发生的原因行为之一。（2）行政违法不一定构成政府侵权。行政违法既可能造成行政相对方权益的损害，也可能无损于行政相对方的权益，甚至使相对方受益。譬如，某行政机关违法授予某企业特许经营产品的营业许可证，则属于违法行政使行政相对方受益的情况。而政府侵权行为是行政

---

① 张焕光、胡建淼著：《行政法学原理》，劳动人事出版社 1989 年版，第 364 页。

② 胡建淼著：《行政法学》，法律出版社 1998 年版，第 506 页。

③ 此观点的持有者为潘荣伟，与《行政违法问题探究》主编胡建淼教授的观点并不一致，胡建淼教授的观点是政府侵权以行政违法为前提。参见胡建淼主编：《行政违法问题探究》，法律出版社 2000 年版，第 408 页。

主体及其工作人员在行使职权行为过程中所造成的公民、法人或其他组织合法权益损害的行为。这表明只有行政行为导致了实际的合法利益受损，才能够构成政府侵权，否则不构成政府侵权。所以说，行政违法不一定构成政府侵权，只有当行政违法行为对相对人的合法权益造成损害的情况下才构成政府侵权。

（四）政府侵权之基本类型

在法学理论研究和实践中，类型思维的典型应用就是对复杂事物进行"类型化"处理。所谓类型化，是指"以具有一定普遍性的因素作为标准，将社会纠纷划分为若干具有相同属性的类别，以为有关的法律适用和制度设计提供社会实证根据的法律方法"。① 对政府侵权进行分类有助于解决我国行政实践中特殊类型侵权责任问题。我国自建立行政诉讼、行政复议和国家赔偿制度以来，政府侵权责任制度的建设取得了长足进展，行政主体及其公务人员的违法与不当行为受到了法律责任制度的有效调控，也推进了行政法治的过程。但直至目前为止，无论在理论上还是在实践中仍然存在一些需要解决的问题，有些类型的政府侵权责任还亟待完善。②

其一，根据侵犯的客体不同，政府侵权可以分为侵犯人身权的、侵犯财产权的和侵犯政治权利的政府侵权。我国的行政复议制度、行政诉讼制度和国家赔偿制度主要保障的是行政相对人的人身权和财产权，但与此同时，我们也应注意到，行政机关对公民权利的侵害不仅仅局限于这两种权利，它也还包括公民的政治权利等其他权利。而作这样区分的目的是为了对侵犯不同客体的政府侵权行为进行不同形式的追责。譬如，对于侵犯财产权的政府侵权主要以损害赔偿的责任方式进行追究，对于侵犯人身权的政府侵权则除了以损害赔偿的方式进行追责外还可以恢复名誉的方式进行追责。

其二，根据行为的性质可以将政府侵权行为分为具体行政行为侵权与事实

---

①　樊崇义主编：《诉讼原理》，法律出版社 2000 年版，第 551 页。

②　参见石佑启：《几种特殊类型的政府侵权责任探讨》，载《江海学刊》2001 年第 1 期。

行为侵权。具体行政行为侵权，是指行政主体及其行政人员作出了错误的具体行政行为，因而造成了公民、法人或其他组织合法权益的损失。如工商机关错误吊销了个体户的营业执照，直接造成了该个体户的损失。事实行为侵权，是指行政主体及其行政人员在行使行政权过程中，因事实行为违法而侵害公民、法人或其他组织合法权益的损害。① 如公安机关对违反《治安管理处罚法》相对人作出行政拘留的决定，这一决定本身不违法，但是公安人员在对其拘留过程中，以殴打等暴力手段或教唆他人以殴打等暴力手段造成公民身体伤害的，即属于事实行为侵权，行政主体应对该事实行为承担侵权责任。

需要指出的是，有学者认为，根据行为的性质还可以将政府侵权分为具体行政行为的政府侵权与抽象行政行为的政府侵权。抽象行政行为的政府侵权是指行政主体制定具有普遍效力的规范性法律文件而导致相对人合法权益受损的规范行为。② 对于抽象行政行为，我国不存在相关的诉讼制度，但新修订的《行政诉讼法》中增加了法院在审查具体行政行为时对其所依据的规范性文件具有附带审查权力的规定。③ 而这也被认为是《新行政诉讼法》修订的一大特色，在新法修订之前有关抽象行政行为一直未被纳入行政诉讼的审查范围，除了存在合宪性审查或行政复议程序的内部审查外，几乎无法对行政抽象行为进行任何外部责任追究上的约束。但实际上，抽象行政行为同样可能损害到公民的合法权益，而由于其调整的对象是不特定的多数人，因此，一旦发生损害，不仅范围要比具体行政行为更广，程度上也会更深。从保护公民合法权益的角度以及现实的情况来看，将抽象行政行为纳入政府侵权范围都是合情合理的。但碍于现实情况的约束，新法在一定程度上将层级较低的规范性文件纳入了行政诉讼的审查范围，但这种审查也只具有建议性质，不具有实质的否定性的承担法律后果的效果，并且对于行政立法行为仍然未有相关外部程序上的追责规制。因此可以说，对于抽象行政行为我国仍然未有实质性的约束机制，有待今

---

① 胡建淼主编：《行政违法问题探究》，法律出版社 2000 年版，第 409 页。
② 参见王世涛著：《行政侵权研究》，中国人民公安大学出版社 2005 年版，第 35 页。
③ 参见《行政诉讼法》第 53 条、第 64 条规定。

后法治化建设的发展和推进。

其三，依据行政行为方式的标准，可以将政府侵权分为积极侵权行为与消极侵权行为。积极侵权行为，又称为作为的政府侵权，是指行政主体及其工作人员在行使职权的过程中以积极作为的方式侵犯相对人合法权益的侵权行为。积极的政府侵权行为通常表现为对相对人具有不作为行为的行政主体及公务人员，以不法的作为方式侵害相对人的合法权益。[1] 譬如，公安机关违法采取限制公民人身自由的行政强制措施，海关对合法进出入的财物予以没收等的行政行为。消极侵权行政，又称不作为的政府侵权，是指"行政主体及其公务员，在负有法定作为义务的前提下，未履行法定职责，从而使行政相对方的权益受到损害"。[2] 消极的政府侵权以法律规定的行政义务为成立的前提，即只有当法律明确规定了某行政主体或其公务人员具有的作为义务，而其不积极履行自己法定义务导致相对人合法权益受损的情况下才成立消极的政府侵权。譬如，工商行政机关对符合法定条件申请办法许可证和执照的公民，拒绝颁发许可证或者不予答复的行为。

区分积极侵权行为与消极侵权行为的法律意义在于承担责任形式的差异。由于两种行为的方式不同，在承担责任方式上也会产生差异。对于积极侵权行为，责任主体的责任承担形式主要表现为对原行政行为进行撤销、变更以及进行赔偿；而对于消极侵权行为，责任主体的责任承担形式则主要表现为责令其履行行政职责。[3] 除此之外，两种政府侵权行为在行政诉讼程序的适用规则上也存在不同。对于积极的政府侵权行为，一般由行政主体承担举证责任，证明自己不存在违法作为的侵权行为；对于消极的政府侵权行为，一般由遭受损害的行政相对人承担举证责任，证明自己所提出的主张。

政府侵权除了上述分类标准外，还可以根据侵害权益的属性不同，分为公权利的政府侵权和私权利的政府侵权，或是依据政府侵权的主观形态不同，分

---

[1] 参见胡建淼主编：《行政违法问题探究》，法律出版社 2000 年版，第 410 页。
[2] 王世涛著：《行政侵权研究》，中国人民公安大学出版社 2005 年版，第 37 页。
[3] 参见王世涛著：《行政侵权研究》，中国人民公安大学出版社 2005 年版，第 37 页。

为过错的政府侵权与无过错的政府侵权，以及依政府侵权行为的合法性不同，分为违法行政行为的侵权与不当行政行为的侵权，等等。①

（五）政府侵权之法律认定

关于政府侵权行为的法律认定问题，学界历来争议很大，学术观点各异。由于"侵权"概念最开始出现在民法当中，而"行政侵权"的概念也是从民法中移植得来。1986年，《民法通则》颁布并于1987年开始实施，此时，学术界普遍认为行政主体及其工作人员在实行职务过程中实施的侵权行为属于民事侵权当中一种特殊的侵权行为。及至后来1989年《行政诉讼法》的颁布实施，尤其是1994年《国家赔偿法》颁布实施以后，学术界才逐渐认同了行政侵权行为属于触犯公法行为的法律认定。之后，对于行政侵权行为的法律认定分歧越来越大，而焦点问题则集中于其究竟是属于触犯公法的行为还是触犯私法的行为的界定之上。具体而言，目前学术界主要存在三种不同的观点。

其一，认为政府侵权行为是触犯私法的行为。这种主张认为国家机关及其工作人员职务侵权是典型的触犯私法性质的行为，是民法范畴的一种具体的特殊侵权行为。② 其给出的具体理由有两点③：（1）《民法通则》将这种侵权行为规定在第121条，各国民事立法也均采此种立法体例，这是明确该种侵权行为法律认定的最基本的法律依据。（2）侵权行为的义务主体和权利主体虽然在行为发生之时是不平等的主体，但是，这种侵权行为一旦发生，赔偿权利义务发生之后，双方当事人的法律地位立即处于平等的状态，不再是管理者与被管理者之间的关系，因而行政主体及其行政人员职务侵权不是触犯公法的行为，而是触犯私法的行为。

其二，认为政府侵权行为是触犯公法的行为。这种学说观点通行于行政法

---

① 参见王世涛著：《行政侵权研究》，中国人民公安大学出版社2005年版，第37~39页。

② 苏丹岳：《试论国家侵权民事责任的构成》，载《齐齐哈尔师范学院学报》1991年第6期。

③ 胡建淼主编：《行政违法问题探究》，法律出版社2000年版，第411页。

学界，认为国家机关及其工作人员在职务行为中实施的侵权行为在本质上就是国家的赔偿责任，属于触犯公法的行为。这一点从 1994 年国家颁布实施的《国家赔偿法》即可得到证明，其中，其规定了行政赔偿与刑事赔偿的相关事项，并将这两项赔偿作为国家赔偿的范畴予以确认，则表明了该两项赔偿责任属于公法管辖领域的事项，区别于民事赔偿责任的私法属性。具体来说，主张政府侵权行为是触犯公法行为的观点主要存在以下两点理由：（1）有关政府侵权的赔偿责任在《行政诉讼法》以及《国家赔偿法》中有明确规定，而这两部法律规范都带有明显的公法属性，其将政府侵权单独列出以区别民事赔偿责任，本身即说明政府侵权行为是触犯公法的行为，是不同于民事侵权的特色侵权行为，而由其引起的政府侵权责任也当然属于公法的管辖范围。此外，从《国家赔偿法》的具体规定来看，其对国家赔偿责任的构成、赔偿范围、赔偿请求人和赔偿义务机关、赔偿程序、赔偿方式和赔偿金的计算等，都有明确的规定。在这方面《国家赔偿法》与民事法律规范不同，体现了其责任性质的特殊性。① 虽然《国家赔偿法》在《民法通则》之后颁布实施，但这并不意味着两者有天然的承继关系，相反，《国家赔偿法》第 1 条即明确表明"根据宪法，制定本法"，划清了其与《民法通则》的关系。据此而言，行政赔偿在《国家赔偿法》的相关规定也是依据宪法制定的，具有明显的公法属性。（2）在政府侵权关系中，主体双方处于不平等的地位，即侵权方恒定为行政主体，而被侵权方恒定为行政相对人。这两者在地位上是不平等的，行政主体处于强势的地位，而行政相对人处于弱势的地位。这区别于民事侵权关系中的平等民事主体关系。

其三，认为政府侵权行为具有双重属性，既属于触犯私法的行为也属于触犯公法的行为。该观点认为，《国家赔偿法》是介于行政法与民法之间的边缘性法律，兼有公法、私法的双重属性。② 而行政侵权赔偿规定在《国家赔偿法》之中，所以也具有双重属性。此外，也有学者提出，行政侵权基本性质是民事侵权行为，受侵权行为法的一般原则指导，是触犯私法的行为，但这并不

---

① 张新宝著：《中国侵权行为法》，中国社会科学出版社 1995 年版，第 279 页。

② 胡建淼主编：《行政违法问题探究》，法律出版社 2000 年版，第 412 页。

代表就否认了其带有触犯公法的属性。而从现行立法规定也可看出，政府侵权是触犯公法的行为这一点是毫无疑问的。

由上可知，对于政府侵权行为的法律认定争议，归根结底仍然停留在公法认定还是私法认定，抑或是公私法兼具的性质认定之上，而要明确政府侵权的法律认定，前提条件即是对公法与私法有一个明确的区分标准，在此基础上来明确政府侵权的法律认定或许更加明了。

就公法与私法的划分标准而言，学术界的观点也是莫衷一是，但主要以三种观点为代表：（1）第一种"主体说"。这种学说认为"在私法中，法律关系主体的双方都是私人或私团体；反之在公法，法律关系主体的双方或至少一方是国家或在国家之下的公团体，以此界分公法与私法"。①（2）第二种"意思说"。这种学说认为公法与私法的区别主要在于法律关系性质的差异，即"公法关系是权力者与服从者之间的关系，私法关系是对等者间的关系的学说"②，即认为公法规制法律主体是平等关系的主体，而私法规制的主体间具有平等的法律关系。（3）第三种"利益说"。这种学说是从法的目的上去区分公法与私法，其认为"以公益为目的的法是公法，以私益为目的的法是私法"。③

就"主体说"而言，以两方法律关系主体中至少一方为行政主体来界定公法标准，实为不妥，例如行政机关购买办公用品的行为，虽然该行为中有一方主体为行政主体，但是这一行为属于典型的民事行为（即私法行为）。相较于这类从"主体"来区分公法与私法的学说而言，美浓部达吉提出的主体认定则更为合理。他认为④：（1）当国家站在与私人同样的法律地位时，国家被视为准私人主体，其与私主体之间的法律关系应当受私法调整而非公法。（2）

---

① ［日］美浓部达吉著：《公法与私法》，黄冯明译，周旋勘校，中国政法大学出版社2003年版，第24页。
② ［日］美浓部达吉著：《公法与私法》，黄冯明译，周旋勘校，中国政法大学出版社2003年版，第26页。
③ ［日］美浓部达吉著：《公法与私法》，黄冯明译，周旋勘校，中国政法大学出版社2003年版，第28页。
④ 参见［日］美浓部达吉著：《公法与私法》，黄冯明译，周旋勘校，中国政法大学出版社2003年版，第41页。

当国家是以其之下的公共团体或是其他公权力团体的身份出现，此时，这些团体代表的是国家，即属于公主体，应当受公法规制。由此可见，实际上美浓部达吉是将"主体说"与"意思说"相结合来区分公法与私法。那么，在政府侵权法律关系中，行政主体与行政相对人处于不平等的法律地位，即行政主体是代表国家管理者的身份而存在，而行政相对人是以接受、服从国家管理的被管理者的身份而存在，这种法律关系显然更符合公法领域的法律关系特征。这一点从行政诉讼当中的举证责任制度也可得到印证。在行政诉讼当中，采取的是与民事诉讼不同的举证责任原则，即举证责任倒置，其原因便在于考虑到行政过程中行政主体与行政相对人之间的不平等地位，为公平起见便在举证责任制度之上赋予行政主体更大的责任负担。此外，在原《国家赔偿法》中，还设置了行政赔偿程序启动前应当由行政机关先确认行政行为违法的前置程序，这样的规定明显表明了政府侵权中涉及的法律关系主体之间的不平等地位，即行政主体处于强势地位而行政相对人处于弱势地位。由此也可看出，政府侵权具有触犯公法的行为性质，应当属于公法管辖范围的事项。就"利益说"而言，政府侵权行为是发生在行政主体及其公务人员执行职务的活动之中，尽管现代行政法理念已经由过去的"命令与服从"转向了"服务与合作"，但无论是从形式上来看，还是从实质的目的上来看，行政主体及其公务人员执行公务的活动都是代表着国家以及公共利益的一方，因而在此活动中产生的政府侵权行为以及该行为引起的法律责任理应属于公法的管辖范围。

综上所述，可知，无论是从源头探寻，即从区分公法与私法的标准入手——以"主体说"的观点，还是"意思说"，抑或是"利益说"的观点来判断，还是直接以政府侵权本身的内涵及其引起的法律责任入手来考察，政府侵权都属于公法域的侵权行为，应当由公法来规制。

二、政府违约之意涵

"行政违约"一词一般意指政府违反行政合同之约定的行为。大陆法系和普通法系对是否存在着公法私法的划分有着不同的认识，因此对行政合同的法律价值和契约规则是一体化还是二元发展，在理论上似乎永远也无法趋同。但实践中普通法系国家却按照不同于一般契约的规则来解决有关公共利益的合同纠纷。行政合同是一国行政民主化法制化的产物。在中国，命令行政向契约行政的历史转折基本与计划经济向市场经济的历史过渡同步，行政合同正日益成为政府有效的管理手段。然而，由于中国学界始终不承认在公有制条件下存在着私法同公法的划分，加之中国近年来行政合同的理论研究和立法工作的异常薄弱，因此，在中国仍然有人怀疑行政合同的独立性。尽管如此，对行政合同独立价值的认同已经成为中国行政学界的认识主流。

（一）"违约"的词源

"违约（Breach，Breach of Contract）"一词，也称为"违约行为"，属于英美合同法中的专门术语，但一般常使用的是"违约行为"一词。在大陆法系中，不使用"违约"或"违约行为"的概念，而使用"债的不履行（Nonperformance，Unmoglichkeit 或 Unvermo-gen 等）"来表述与违约或违约行为相同内涵或相似内涵的情况。① 在我国，"违约"一词与"责任"相连形成一个专门的法律术语，即"违约责任"，并且是我国法律和学术界自己所独创的概念。"违约责任"在我国被定义为违反合同所导致的民事责任，是合同当事人因违反合同约定所应承担的民事上的法律责任。换言之，"违约"一词在我国通常指的是当事人对合同约定的违反。

关于"违约行为"和"债的不履行"在两大法系中的使用情况，与其法系的传统有关。就英美法系而言，判例和学说一直将合同法视为该法系内的独立法律领域，因而违约行为指的是针对合同义务违反的情况。就大陆法系而言，无论是在立法上还是学说上，债法都包括了合同法，合同法只是债法当中的一个组成部分，并未将合同义务的违反视为独立的一种情形而是将其纳入了"债的不履行"之中，视为债的不履行当中的一种情形。虽然两大法系对于法律术语的使用情形存在分歧，但就合同法领域而言，"违约行为"与"债的不

---

① 参见叶林著：《违约责任及其比较研究》，中国人民大学出版社 1996 年版，第 151 页。

履行"的内涵基本一致，都是指"一方当事人出于某种原因，没有共同或完全地在适当的时间、地点或其他方面履行合同，使得合同约定的履行的正常交换（Normal Exchange）受到干扰。我们将所有这些情况置于'违约'这一标题之下，包括事实上承担的履行合同与合同许诺有所不足的各种情况"。① 由此可见，虽然不同法系使用的术语也不相同，但两种术语都指向于相同或类似的情况，只不过表述用语不同而已。那么，关于违约或称违约行为的具体概念究竟指的是什么？

在英美法系中，学者一般认为违约行为是指债务人违反合同义务的行为。对此，《牛津法律大辞典》中认为，违反合同（Breach of Contract）是"由一方当事人不合理拒绝或者不履行合法和强制性的合同义务，即完全不履行根据合同应负有的任何义务，通常表现为拒绝履行、不履行、迟延履行或者不当履行等形式"。② 在《布莱克法律词典》中，将"Breach of Contract"定义为："违反合同义务，一般表现为未履行承诺、拒绝履行承诺或者干扰另一方履行合同义务的行为。"③ 在《元照英美法词典》中，"Breach of Contract"的含义则为："没有合法根据而不履行构成合同全部或部分的允诺，通常表现为拒绝履行、不履行、迟延履行或不当履行等形式。拒绝履行可以发生在合同履行当日，也可发生在合同履行之前，此时构成预期违约（Anticipatory Breach）。合同一方违约，另一方有权要求其承担违约损害赔偿责任，并有权解释或终止合同，在某些案件中还可经由法院作出强制履行（Specific Performance）判决使合同得以实际履行。"④ 不一样的是，在大陆法系中，债的不履行（也称违约行为）是以债权目的的实现为判断的标准的。⑤ 在我国，违约行为通常被认为

---

① K. Zweigert、H. Kotz, *An Introduction to Comparative Law* (*Volume II*: *The Institutions of Private Law*), Great Britain, North-Holland Publishing Company, 1997, p. 160.

② ［英］戴维·M. 沃克著：《牛津法律大辞典》，李双元等译，法律出版社 2003 年版，110 页。

③ 参见 Bryan A. Garner. *Black's Law Dictionary*. Thomson West, 2007, p. 563.

④ 参见《元照英美法词典》，法律出版社 2003 年版，第 173 页。

⑤ 参见叶林著：《违约责任及其比较研究》，中国人民大学出版社 1996 年版，第 153 页。

是"违反合同债务的行为，又叫不履行合同债务"①，也叫"违反合同的行为"。② 但也有学者认为，"违约的概念更为广泛，它包含了对各种法定的、约定的以及依诚实信用原则所产生的义务的违反。换言之，任何违反合同义务的行为，都可归结为违约"。③

综上所述，"违约"一词无论是在我国，还是在英美法系国家，抑或是大陆法系国家，都来源于民事法律，且通常是指"违反合同义务"或是"债的不履行"的行为。

（二）政府违约的概念

对于"违约"的概念，我们通常是在民法中得以了解，而民法中的违约通常是指违反合同义务的情况。就此而言，政府违约的概念也与合同挂钩，只不过这里的合同指的是行政合同，换言之，政府违约成立的前提条件是行政主体与相对人之间成立行政合同关系。这里的行政合同，是指"行政主体与行政相对方就行政主体职权范围内的公共管理事项，为了实现行政目的而设立、变更和终止行政权利义务关系的协议"。④ 据此而言，政府违约则是指行政主体在与相对人签订行政合同的情况下，违反行政合同义务的行为。但也有学者提出，行政违约不仅指违反行政合同约定的行为，也指违反行政允诺与行政协定的行为。⑤ 依据该学者的观点，行政违约即是指违反行政约定义务的行为，包括不履行约定义务或履行不符合约定义务的行为，而此处"约定义务"与"法定义务"相对，"专指行政主体依自己单方的意思表示或依与他方当事人的合意为自己设定的义务"⑥，既包括行政合同约定的义务也包括行政允诺、

---

① 崔建远著：《合同责任研究》，吉林大学出版社 2002 年版，第 91 页。

② 参见谢邦宇、李静堂著：《民事责任》，法律出版社 1991 年版，第 104 页。

③ 王利明著：《违约责任论》，中国政法大学出版社 1996 年版，第 96 页。

④ 王世涛著：《行政侵权研究》，中国人民公安大学出版社 2005 年版，第 57 页。

⑤ 参见尹磊：《行政约定义务与责任研究》，载杨解君主编：《行政责任问题研究》，北京大学出版社 2005 年版，第 119 页。

⑥ 尹磊：《行政约定义务与责任研究》，载杨解君主编：《行政责任问题研究》，北京大学出版社 2005 年版，第 93 页。

行政协定约定的义务。行政允诺是指行政主体基于行政权力，以受拘束的意思自行设定其将来特定作为或不作为义务的行为①，属于一种典型的单方行为。② "行政协定则是行政主体与行政主体之间依共同意思表示发生行政约定义务"③，而此处所谓行政约定义务是与人民利益直接相关的义务。据此而言，行政允诺虽从形式上涉及的是行政主体与行政相对人之间的约定关系，但本质上是行政主体单方作出的自我约束的控权行为，对于行政主体违反行政允诺的行为是否可以追责，无论是在实践中还是在理论上都存在较大争议。依据我国《行政诉讼法》第12条的规定可知，只有对某些特殊的违反行政允诺的行为才可进行追责，而这些行政允诺本身即是法律规定义务的翻版，有无行政允诺的存在都可对相关行政主体的不当行为进行追责。因此，可以说，这种行政允诺虽形式上是"约定义务"，其实质却是"法定义务"。对于由行政主体在自由裁量范围内进行自我设定义务以完成行政任务的行政允诺，即无法律规定的义务为参考，那么当行政主体违反该约定义务时，行政相对人能否对其进行相关责任的追究则存在较大争议，至今未有定论，并可能引发一系列的问题。退一步讲，行政允诺虽然加入了一定程度的"民主协商"，但并没有改变其作为职务行为的单方行政属性，与我们所理解的契约关系存在本质上的区别。就行政协定而言，其涉及的法律关系主体只涉及行政主体并不包括行政相对人，这与本书所强调的行政法律关系相去甚远。因而，本书认为，政府违约即指的是对行政合同约定的违反。

(三) 政府违约之基本类型

由于大陆法系和普通法系对是否存在着公法与私法的划分有着不同的认识，对于行政合同的法律价值也存在分歧。但在实践中，普通法系的国家已经

---

① 参见陈敏著：《行政法总论》，台湾三民书局1999年版，第316页。

② 参见罗豪才：《我国行政法制和行政法学的继承与超越》，载《法学家》2002年第5期。

③ 尹磊：《行政约定义务与责任研究》，载杨解君主编：《行政责任问题研究》，北京大学出版社2005年版，第108页。

将解决行政合同纠纷的处理规则与一般民事合同纠纷的处理规则区别开来，即意味着其承认了行政合同的独特价值属性。在我国，行政合同的出现与市场经济制度的确立和发展息息相关，"命令行政向契约行政的历史转折基本与计划经济向市场经济的历史过渡同步，行政合同正日益成为政府有效的管理手段"。① 尽管到现在，学术界仍然对行政合同存在诸多争议，但实践中行政合同的运用和发展逐步印证了其存在的独立价值，并逐渐得到我国行政法学界的认可。但在行政合同履行障碍制度方面，多规定为参照民法典的相应规定。② 因此对于政府违约的类型，也可以参照民事违约的类型进行适当划分。

其一，以是否已经产生实际违约效果为标准，可分为实际违约与预期违约。实际违约是指实际发生的违约行为。具体而言，实际违约又可以划分为以下几种类型：（1）不履行，包括履行不能和拒绝履行。履行不能是指行政主体在客观上已经没有履行能力。拒绝履行是指合同履行期到来后，行政主体能够履行而故意不履行合同规定的全部义务。（2）迟延履行。迟延履行是指合同义务已经到期，行政主体能够履行而未履行。（3）不适当履行，包括瑕疵履行和加害履行。不适当履行是指政主体虽然履行了义务，但其履行不符合合同的约定，包括瑕疵履行和加害履行，即因不适当履行造成对方履行利益之外的其他损失。

预期违约也称先期违约，是指在合同履行期限到来之前，行政主体无正当理由但明确表示其在履行期到来后将不履行合同，或者其行为表明其在履行期到来后将不可能履行合同。预期违约又分明示预期违约（明示毁约）和默示预期违约（默示毁约）。明示毁约，是指行政主体无正当理由，明确地向行政合同相对人表示将在履行期届至时不履行合同。默示毁约，是指在履行期到来之前，行政主体以自己的行为表明其将在履行期届至后不履行合同。

其二，以行政合同目标的实现程度为标准，可分为根本违约与非根本违

---

① 王世涛著：《行政侵权研究》，中国人民公安大学出版社 2005 年版，第 57 页。

② 参见杭仁春：《论行政契约中行政主体之预期违约》，载《行政法学研究》2011 年第 1 期。

约。所谓行政合同目标的实现程度，即是指违约行为是否会导致另一方订约目的完全实现的程度。根本违约是指行政主体违反合同的行为致使该合同的目的不能实现，它的法律效果是当一方根本违约时，另一方当事人可以解除合同并要求对方承担违约责任。非根本违约是指行政主体的违约行为尚未达到致使合同目的根本不能实现的程度，即只能部分实现合同目的，不能完全实现合同目的。其救济方式是受损方只能要求损害赔偿，而不能宣告合同无效。两者的区别在于，根本违约导致合同目的完全不能实现，而非根本违约依然可以达成合同的部分目的。

其三，以行政合同违约方是否存在相对人的违约为标准，可分为单方违约与双方违约。只有行政主体一方违反合同义务的情况称为单方违约，同时存在行政主体与行政相对人违反合同义务的情况，称为双方违约。在单方违约的情况下，由行政主体一方承担违约责任。在双方违约情况下，双方都应对其违约行为承担各自的责任，而不能相互抵消。

（四）政府违约之二重属性

政府违约是权力因素与契约精神的结合。一方面行政主体仍保持其原有的公权力主体身份，并因此身份出于实现经济管理的目的而在一定程度上享有免除违约责任的特殊优待；另一方面，作为合同主体，行政主体也必须受合同规则的约束。所以，政府违约是公法规则与私法规则的有机结合，兼具公法与私法的双重属性。

首先，政府违约具有公法属性。政府主体与合同相对方的权利义务不对等，政府一方的权利中含有明显的权力因素。作为订立契约人一方的政府保持其原有公权力主体的一些特性，享有合同履行中的某些特权，譬如对合同履行的指挥和监督权，单方变更、解除合同权，合同的解释权，等等。此外，政府若是基于公共利益的需要而违约，则享有一定程度的免责优待。现代国家已全面步入市场经济生活的时代，国家更多地是通过市场进行宏观调控，因而政府参与市场交易不可避免。处于市场经济背景之下，政府便需遵循其相关的交易规则，与其他市场主体一样，相互之间处于平等的法律地位。就此而言，政府作为公法人的特殊身份，被市场经济下的抽象人格所掩盖。但是，我们在认同政府与其他市场主体的共性之余，也不能回避政府的特殊性，即使是在市场经济之下，仍然不能忽视政府是国家的代表，是国家利益和政府公共利益的代言人。政府签订合同的目的是为了实现国家和社会的公共利益，且存在一定成分的经济管理目的，因此，在交易过程中出现个人利益与公共利益相冲突时，不能完全按照私法规则去处理，应适当凸显出公共利益的重要性，赋予政府一定的"特权"是存在现实基础和必要性的。

其次，政府违约也具有私法属性。政府违约的私法属性，也即内含的契约精神，主要表现在以下几个方面：一是，政府违约成立的先决条件在于政府与行政相对人之间具备成立行政合同关系的必要条件，而行政合同是建立在双方意思自治合意的基础上，据此而言，政府违约是违背其先前与相对人达成意思自治合意的结果。尽管在行政合同关系中，行政主体仍然享有一定的优待，带有"权力"的某些特性，甚至有些特殊类型的行政合同，如政府采购合同、公用征收补偿合同等需要遵循特殊的法律规定①，意思自治的约定受到一定的限制，但这并不否认行政合同中行政主体与行政相对人以意思自治的合意为主旋律的特性。行政合同产生的重要时代背景是契约自由原则被广泛地认同和接受，而契约自由也就意味着任意主体可依据自己的意愿选择与谁订立合同，订立怎样的合同。尽管行政合同免不了具有一定的公法属性，但整体而言，行政合同的成立是在行政主体与行政相对人契约自由的条件下成立，是在双方自愿选择与谁订立合同，订立怎样的合同的基础上得以成立的。二是，从行政合同的具体内容来看，行政主体与行政相对人具有相互对应的权利义务关系，双方处于平等协商的地位，双方平等地受合同约束，且平等地享有权利、承担相应的义务。三是，之所以认定政府违约目的是为了追究违约行政主体的责任，保护行政相对人的合同利益，而政府违约责任的追究具有合同违约责任追究的私法属性。具体而言，从政府违约责任的适用来看，行政主体与行政相对人可以在合同中事先约定违约责任的承担形式，也可以私下双方协商解决纠纷，并不

---

① 参见杨解君著：《行政法学》，中国方正出版社 2002 年版，第 354~355 页。

一定非要通过诉讼的方式。这也体现了行政合同带有的平等协商的私法属性。

三、政府侵权与政府违约之区别

政府侵权与政府违约存在密切的联系，尤其是在行政合同的法律关系中，行政违约行为与行政侵权行为存在一定的交叉和重叠关系，而两种行为所引起的法律责任是不同的，这样就涉及政府侵权责任与政府违约责任的竞合。为了避免重复课责，也为了明确法律责任的承担，有必要对这两种行为进行一定的区分。具体而言，可以从以下几个方面展开讨论。

（一）先决条件不同

从先决条件上来看，一般而言，构成政府侵权不需要存在特殊的先决条件，而构成政府违约则必须以行政合同法律关系的存在为先决条件。换言之，倘若行政主体与行政相对人之间不存在行政合同法律关系，则行政主体不可能构成政府违约行为，此时政府违约与政府侵权的行为便很好区分；倘若行政主体与行政相对人之间存在行政合同法律关系，那么对于行政主体而言，便可能存在政府侵权与政府违约两种行为的法律区分问题。而"区分行政侵权与行政违约的基本标准是行政主体与行政相对人是否达成了明示的合同义务"[1]，也即当行政主体实施的行为违反的是行政合同义务，则构成政府违约，当行政主体实施的行为所侵害的权益超出了行政合同所涵摄的权益范围，则构成政府侵权行为。

（二）行为性质不同

从行为性质上来看，政府侵权行为属于行政事实行为，即只要行政主体在实施行政权力的过程中造成了行政相对人的权益损害则构成事实上的侵权行为，这种侵权行为既可能是行政违法行为，也可能是严重不当的行政行为。政府违约指的是行政主体不履行或不完全履行行政合同义务的情况。一般而言，

---

[1]　王世涛著：《行政侵权研究》，中国人民公安大学出版社2005年版，第58页。

行政合同是行政主体就公共事务与行政相对人达成的约定，目的是为了实现公共利益，而该公共利益一般由法律保护，当行政主体不履行或不完全履行行政合同约定义务时，即侵犯了法律所保护的公共利益。因此，政府违约行为一般指的是行政违法行为。

（三）侵害对象不同

从侵害的对象上来看，政府侵权行为侵害的是具有一般性的、任意相对人的合法权益，这种合法权益不仅包括其合法的财产权益，也包括人格和精神上的权益；不仅涉及直接侵害的权益，也会涉及间接遭受侵害的权益。而政府违约行为侵害的是行政合同另一方主体，即具有特定性的行政相对人的行政合同利益，这种行政合同利益指的是直接造成损害的财产权益，而不包括人格或精神上的权益以及间接遭受损害的权益。

（四）过错要求不同

从过错要求的条件上来看，政府侵权的成立不以行政人员具备主观上的过错为要件，只要在客观上，行政主体及其公务人员在行使行政权力的过程中造成行政相对人的权益损害即可，并由此需要承担相应的赔偿责任。而政府违约的成立一般需行政主体及其公务人员具有一定的过错，并因此在客观上导致行政合同义务的未履行，同时这些因素也会成为考察其承担相应政府责任的依据。"根据行政法原理，作为一般的行政法行为，对其法律效力进行价值判断，通常排斥行为主体的主观因素，即不以行为人是否有过错作为判断其行为效力的标准，而以行为是否合法作为行政行为的效力准则。"[1] 但政府违约不同于一般的行政行为，它是现代民主协商政治的产物，带有一定民事合同私法的属性，并受民事合同规则的约束，因此，对于政府违约行为的认定更多的是借鉴民事违约行为的认定，故而政府违约将行为人的过错也纳入其成立的条件之中。

---

[1] 王世涛著：《行政侵权研究》，中国人民公安大学出版社 2005 年版，第 61 页。

（五）行为表现方式不同

从行为表现方式上来看，政府侵权主要表现为行政主体以作为或不作为的方式侵害行政相对人合法权益的行政行为，包括造成行政相对人的各种损失，如财产损失、人身伤害、精神损害等。而政府违约主要表现为行政主体明示、默示表示不履行行政合同义务或者迟延履行、不完全履行、不正确履行合同义务的行为。

第二节 政府侵权责任

政府侵权责任是政府侵权责任体系得以存在的前提，它是行政主体及其工作人员在行政活动中造成公民、法人和其他社会组织合法权益损害而应承担的否定性的法律后果。就目的而言，辩府侵权责任的目的在于实现政府的权责统一，从而规制行政主体及其工作人员的行政职权，构建中国语境下的政府侵权责任法律制度。就价值而言，政府侵权责任的价值在于明晰政府侵权责任涉及的权利义务关系，确保行政主体与行政相对人之间的行政法律关系得以维系。就功能而言，政府侵权责任的功能在于对违反行政职责的行政主体及其工作人员予以制裁，保障社会合法利益和行政秩序。由此可见，政府侵权责任是构建政府侵权责任体现的基础，而政府侵权责任的基本理论也决定了政府侵权责任体系的作用功效。

一、政府侵权责任之法理基础

政府侵权的事实在很早就已经存在，但是 19 世纪 70 年代以前，西方各国盛行"国家绝对主义"和"国王不能为非"的原则，国家主权至高无上，因而否定了国家对政府侵权承担责任的可能性。19 世纪 70 年代至"一战"期间，政府侵权责任开始出现相对被肯定的趋势，但也只有在非国家权力行为致害的情况下才能对其进行追责，直到后期，可被追责的对象才逐渐推至国家行为，即便如此也只是少数几个国家肯定了对代表国家权力的政府行为也应承担侵权责任。"一战"之后至今，才为全面肯定政府侵权责任的时期，政府侵权赔偿作为一项原则得以确立，各国普遍制定国家赔偿法规定政府侵权。① 实践推动着理论的发展，政府侵权责任在实践中的不断发展，迫使行政法学界乃至公法学界不得不去追究其深层次的理论基础。

政府侵权责任的理论基础，并不是单一层面可以涵盖的，需要结合哲学、政治和法学等各个层面去理解。（1）就哲学基础而言，辩证唯物主义的认识论强调人的认识受到特定的历史、社会、实践等多方面因素的制约，存在局限性，故而对真理的认识总是在无限地接近，但总是存在着偏差。因此，国家机关工作人员的公务行为有存在错误的可能性，这使得政府侵权成为一种无法回避的客观事实，从而政府侵权责任制度便成为平衡国家和个人利益冲突的手段。就政治学层面而言，根据卢梭的人民主权理论，人民是主权者，法律和政府服从于人民主权，国家的最高权力应该属于人民，政府的权力也是由人民授予的，如果不按照人民的授权办事，则人民有权将其推翻。所以，国家侵犯了人民的自由和权利，就应当承担责任，政府侵权责任便由此产生。（2）就法学基础而言，法治国家原则是政府侵权责任的主要依据，其具体学说颇多，诸如国库理论说、国家责任说、特别牺牲说、法律拟制说、公共负担平等说、危险责任说、国家保障义务说等②。此外，还有学者提出了"拟人化"理论（包括法律拟制说和国库理论说）、社会协作法学理论、社会公共负担平等理论③、社会保障理论、危险责任理论④及主权在民的思想、法律面前一律平等

---

① 政府侵权制度演变大致可以分为否定、相对肯定与全面肯定时期，众多著作对此加以详尽的论述，如林准、马原主编：《国家赔偿问题研究》，人民法院出版社1992年版，第2~7页；薛刚凌主编：《国家赔偿法教程》，中国政法大学出版社1997年版，第26~28页；皮纯协、何寿生主编：《比较国家赔偿法》，中国法制出版社1998年版，第25~29页；高家伟著：《国家赔偿法》，商务印书馆2004年版，第38~48页；马怀德主编：《国家赔偿问题研究》，法律出版社2006年版，第37~41页。

② 王盼主编：《国家赔偿法》，中国政法大学出版社1994年版，第3页。

③ 参见马怀德：《国家赔偿法的理论与实务》，中国法制出版社1994年版，第34页。

④ 张正钊主编：《国家赔偿制度研究》，中国人民大学出版社1996年版，第15页。

的思想、社会福利思想①等。本节将着重介绍政府侵权的法学理论基础中的几个代表性理论。

（一）特别牺牲说

德国学者奥托·迈耶首创这一理论，他认为，国家责任说中所谓的对人民的一般保证的观念，根本是毫无根据的拟制，且非适用私法上的概念不可；私法上的损害赔偿义务是以 vorwurf（责难）为中心观念，verschulden（过失）为前提，但国家公法上损害赔偿责任的基础则全然不同。国家不得中止其频繁的活动，而人民之受到损害亦为必然之现象，是当然要求人民接受诸种可能的牺牲，而这些牺牲无须公平，才合乎正义之要求。② 这种理论最早运用于区分应予补偿的征收和一般财产限制。随着现代国家活动日益频繁，人民权益受到侵害成为必然现象，人民为了自己的牺牲必须接受各种可能。但是这种牺牲必须在人民之间进行公平分摊，才能合乎正义的原则。所以国家赋予特定人利益时需要征收费用，而给予特定人以不法侵害时应承担政府侵权责任。同时，国家为其官吏代位负责，不是由于官吏的不法行为来自于国家的授意，而是由于自身的疏忽和失策。③

（二）公平负担说

哈特穆特·毛雷尔认为，公平负担理论由平等原则导出，在适用于征收补偿领域中，被征收人遭到了特殊的影响和不公平的对待，特别牺牲通过补偿予以平衡，平等原则就是公平负担原则。④ 该理论认为国家公务活动的目的是为了公民的公共利益，人民同等地享受公务活动的利益结果，同时也应由全体成

---

① 王德祥主编：《国家赔偿法概论》，海洋出版社1991年版，第14页。
② 城仲模著：《行政法之理论基础》，三民书局1970年版，第567页。转引自马怀德主编：《完善国家赔偿立法基本问题研究》，北京大学出版社2008年版，第29~30页。
③ 胡建淼主编：《行政违法问题探究》，法律出版社2000年版，第415页。
④ ［德］哈特穆特·毛雷尔著：《行政法学总论》，高家伟译，法律出版社2000年版，第668页。

员平等地分担费用。如果因公务作用致个人遭受损害，实际上是受害人在一般纳税负担以外的额外负担。① 这种负担是受害人为了公共利益而作出的牺牲，应当由社会全体公民分担费用。所以为了恢复公众与特别受害人之间的平等关系，国家相对应地应用税收填补特别受害人的损失。在这类理论中，还有一种流行的观点认为，国家与公民之间的命令服从关系，必然导致国家行为造成公民损害，凡因国家行为而受到损害，应根据人人平等原则，国家予以赔偿。因为国家行为是为公众采取的，损害则是公益行为的伴生物，受到损害的人实际上代替公众承担了不平等的义务，为了恢复公众与特别受害人之间的平等关系，没有理由让受害人为公益作出牺牲，国家应当用税收填补特别受害人的损失。②

（三）法律拟制说

这一学说以德国学者普菲夫和韦伯为代表。传统主权至上思想认为，主权行为造成的损害不承担赔偿责任，即主权豁免。随着主权理论的松动，主权的有限性理论得以发展，民事法律责任体系开始向传统的不受法律制约的所谓主权领域侵入，从而形成了"法律拟制说"。"法律拟制说"认为，国家作为雇用人承担如同民事法律上代理人的责任，因其所雇用的公务人员的不法行为造成的损害承担赔偿责任。"法律拟制"观点运用民事责任理论重构了对国家的认识，即国家首先是法人，而后才是一个民族的政治组织。受到国家侵害的个人与受到个人侵害的个人应当得到同样的救济。国家赔偿责任与一般的民事赔偿责任性质上没有差异。国家承担责任，只是将国家拟制为具体个人，与个人一样，适用同样的责任原则而已。③ 与之相类似的观点还有"国库理论说"，该说把国家当作私法上的特别法人，所以该理论又被称为经济行政或国库行政说。其认为国家并非主权或统治权的主体，国家也不具备任何超越私人的特殊

---

① 刘嗣元、石佑启主编：《国家赔偿法要论》，北京大学出版社 2005 年版，第 17 页。

② 施茂林著：《公共设施与国家赔偿责任》，台湾大伟书局 1982 年版，第 22 页。

③ ［德］奥托·迈耶著：《德国行政法》，刘飞译，商务印书馆 2002 年版，第 186~187 页。转引自马怀德主编：《完善国家赔偿立法基本问题研究》，北京大学出版社 2008 年版，第 28 页。

地位。国家应以与个人完全对等的地位而存在。对于国家不法行为应视为个人的不法行为，由统一独立的法院管辖裁判。①

二、政府侵权责任之构成要件

法律责任的构成是指认定法律责任时所必须考虑的条件和因素。政府侵权责任的构成亦是如此，即认定政府侵权责任所必须的条件和因素，也就是构成要件。一般的法律责任的构成有五个，包括责任能力、违法行为、损害结果、因果关系和过错。② 对于政府侵权责任的构成要件而言，则有所不同。就责任能力而言，强调的是行为主体的资格条件，在政府侵权责任的构成要件中则表现为行政主体的职权要件；就违法行为而言，在政府侵权责任构成要件中存在不一样的情况，即其不仅仅限于违法行为，还包括不当行政行为；就主观过错而言，无过错责任主义的兴起为政府侵权责任的归责原则奠定基础，即政府侵权责任的成立不以行为人的过错为必备要件。简言之，政府侵权责任的构成要件可以概括为五个要件：主体要件、行为要件、结果要件、归责原则以及政府侵权责任的法律依据。

（一）主体要件——行政主体

政府侵权责任主体不同于政府侵权行为主体，政府侵权行为主体强调从行为的发生上入手，而政府侵权责任主体强调的是最终责任的承担者。政府侵权行为虽然是由公务人员实施的，但它是以其所属的行政机关或者法律、法规授权的组织的名义而实施的，其行为的最终效果也应当由其所属的行政主体来承担。因此，政府侵权责任的主体是行政主体，而非具体实施政府侵权的个人，即是具有行政权能并能以自己名义对外行使行政权力，独立承担相应法律后果的行政主体，包括行政机关和法律、法规授权的组织。但这不代表对于具体实施政府侵权的行为人就免除了所有责任，只不过其对外不承担相应的政府责

---

① 胡建淼主编：《行政违法问题探究》，法律出版社 2000 年版，第 415 页。

② 参见刘星著：《法理学导论》，法律出版社 2005 年版，第 197~200 页。

任，而若该行为人对侵权行为存在主观上的过错，则应当在行政系统内部对其进行追偿。

（二）行为要件——政府侵权行为

政府侵权责任是由政府侵权行为引起的由行政主体所承担的否定性的法律后果，因此，政府侵权责任成立的关键在于是否存在政府侵权行为。所谓政府侵权行为，是指行政主体在职权范围内实施的违法或不当的、致使相对方合法利益受到损害的行为。就政府侵权行为而言，其存在以下特点：（1）政府侵权的行为主体包括国家行政机关及其公务人员、法律法规授权组织及其内部工作人员、受委托的组织。（2）政府侵权行为是在行使国家行政职权的过程中实施的。（3）政府侵权行为必须是致害行为，即必须给相对方造成客观实际的损害。（4）政府侵权行为本质上是行政违法行为或行政不当行为。在此应当注意的是，对于政府职权行为的认定在现实中存在一定的困难，日本理论界对于政府实施的职权行为，即公权力行为存在三种学说：狭义说、广义说和最广义说。（1）狭义说认为"公共权力仅限于国家主权的崇高地位所实施的职能"[1]，而公共权力行为只包括宪法所指的具有"统治职能"的行为。（2）广义说认为公共权力包括统治职能也包括非统治职能，即指的是公务员以公职身份所实施的所有行为。（3）最广义说认为对公务员行使职权的行为加以区分意义不大，因此，应对公务员行使职权的行为一律作为侵权行为。[2] 据此而言，政府侵权行为成立与否与其是否属于行政职权的行为具有必然的关联性，而确定职权行为在理论上存在两个标准，即主观标准与客观标准。（1）主观标准是指职权行为以国家机关作为雇佣人的意思表示为判断标准，即以宪法、法律规定享有国家权力的行政机关或授权的组织的意思表示为判断标准，而作为公法人团体的行政机关或组织实质上不具有个人所具有的意思表示，这里所谓的意思表示是指公务人员作为受雇人在享有权力的行政主体所委托实施的事

---

[1] 王世涛著：《行政侵权研究》，中国人民公安大学出版社 2005 年版，第 142 页。
[2] 莫纪宏：《〈日本国家赔偿法〉的几个问题》，载《外国法译评》1996 年第 1 期。

项内行使职务行为，超出委托范围的行为则不属于职务行为。（2）客观标准是指职权行为的判断应以外观形式为判断标准，即凡是在客观上被社会大众普遍观念所认为的职权行为即属于职权行为，包括一般人基于其一般的生活经验能确信工作人员在实施的职权行为或是客观上足以让一般人认为其行为与职权相关的行为。依据《最高人民法院关于审理行政赔偿案件若干问题的规定》第1条的规定："《中华人民共和国国家赔偿法》第三条、第四条规定的其他违法行为，包括具体行政行为和与行政机关及其工作人员行使行政职权有关的，给公民、法人或者其他组织造成损害的，违反行政职责的行为。"可知，行政赔偿的范围既包括确实的行政职权侵权行为，也包括与行政职权相关的侵权行为，即我国对行政职权行为的判断更倾向于客观标准。

（三）结果要件——损害事实

政府侵权责任的成立必须以政府侵权行为所导致的损害事实后果为要件，而损害事实是指政府侵权行为的致害结果，也即行政相对方已然的权利损害，既可能是财产权利的损害，也可能是非财产权利的损害。其中，财产权利的损害既可以表现为物的毁损或灭失，也可以是物虽完好无损但物权的行使受到现实的威胁；既可以是财产的全部或部分丧失，也可以是财产的外部变形或数量减少或是财产变质、破损而导致其价值降低甚至失去价值，丧失财产可得利益。非财产损害则可以表现为：（1）心理上的疼痛和痛苦，生活期望和生活乐趣的丧失。（2）身体的不便和不舒适。（3）社会名誉受损害。（4）精神忧伤。（5）社会关系的丧失等。[1] 具体而言，根据现行《国家赔偿法》规定，政府侵权损害具体可划分为财产损害、人身损害和精神损害（后两者可统称为非财产的损害）。

此外，政府侵权导致的损害事实还具有一定的特殊性要求，具体而言，其包括以下特征：其一，具有被侵害性。损害事实是指行为侵犯他人或社会的权

---

[1] Harvey McGregor, *McGregor on Damages* (*15th Edition*), Sweet & Maxwell, 1998, pp. 46-50.

利和利益所造成的损失和伤害，包括实际损害、丧失所得利益及预期可得利益。一般而言，损害事实可以是对人身的损害、财产的损害、精神的损害，也可以是其他方面的损害。可见，政府侵权是对法律所保护的合法权益的侵害，其导致的损害事实具有可被侵害性。其二，具有特定性。损害事实必须是特定相对人所遭受的损害，即损害事实的对象只能是具体的某一个或少数的公民或组织，而不能是普遍的不确定公民或组织。如果发生了针对不特定社会主体的大规模的损害，如战争、宣布进入紧急状态使社会公众受到普遍的损害，国家一般基于公共负担的原则，不承担侵权责任。其三，具有确定性。损害事实具有确定性，它是行政侵权行为已经实际造成的侵害事实，而不是推测的、臆想的、虚构的、尚未发生的损害。损害事实的确定性，表明损害事实在客观上能够被确认。而认定损害结果时一般根据法律、社会普遍认识、公平观念并结合社会影响、环境等因素进行。①

（四）因果关系

法律责任的构成中，因果关系是一个十分重要的构成要件，法理学将这种关系称为"引起与被引起"的关系，具体包括：（1）人的行为与损害后果或危害结果之间的因果联系，即人的某一行为是否引起了特定的物质性或非物质性损害结果或危害结果。（2）人的意志、心理、思想等主观因素与外部行为之间的因果联系，即导致损害结果或危害结果出现的违法行为或违约行为是否是由行为人内心主观意志支配外部客观行为的结果。②

政府侵权责任的成立同样要求政府侵权行为与损害后果之间具因果关系，即存在引起与被引起的关系，政府侵权行为是引起损害后果的原因行为，而损害后果是被政府侵权行为引起的结果，且这种关系是客观存在的，不以人的意志为转移。因果关系是一个非常复杂的话题，在不同的领域有关因果关系的问

---

① 张文显主编：《法理学》，高等教育出版社、北京大学出版社2007年版，第171页。

② 张文显主编：《法理学》，高等教育出版社、北京大学出版社2007年版，174页。

题都存在着许多争议。在理论上，如何认定因果关系存在诸多学说，其中比较有影响力的学说有条件说、相当因果关系说、直接因果关系和必然因果关系说等学说。① 大陆法系国家普遍认可的学说是相当因果关系说。相当因果关系说是19世纪末德国学者冯·克里斯所提出的学说，这种学说认为，在判断因果关系时，应当依据相当性概念来加以判断，法官应当以一般人或经过训练、具有正义感的法律人的看法，依据经验启发或事件发生的正常经过进行判断，以确定行为与结果之间是否具有因果关系。② 在普通法系国家，因果关系包括两个方面，即事实上的因果关系和法律上的因果关系，只有当行为与结果之间具备这两种因果关系时，最终的因果关系才得以确立。其中，事实上的因果关系是指客观上对结果的发生起到引起作用的所有条件行为与结果之间都具有因果关系，法律上的因果关系是指为法律所确认的引起与被引起的关系才成立因果关系，它是在事实因果关系的基础上筛选出的为法律价值所认可的、具有法律意义的因果关系。这两种因果关系理论在实践中主要运用于刑法犯罪构成中的因果关系认定，而"因果关系的含义在不同的法律制度和不同的侵权责任中是各不相同的"。③

　　一般情况下，政府侵权责任的因果关系应采用相当因果关系说，即行政侵权行为对危害结果的产生具有相当性的作用程度即可，而相当性的判断采用一般公务人员所应当具备的认知标准，即客观的公务标准。具体而言，在使用相当因果关系说对政府侵权因果关系的认定中，存在三个步骤：一是，以一般公务人员的知识经验都能认识到该行政侵权行为的违法性质及其可能导致的危害后果；二是这种行政侵权事实对于结果事实的发生是不可缺少的条件；三是在一般情形下，该行政侵权事实有引起同种损害事实结果的可能。④ 但依据现实

---

① 参见第一章第二节有关"因果关系"的内容介绍。

② 陈聪富：《侵权行为法上之因果关系》，载《台大法学论丛》第29卷第2期。

③ ［捷］维克托·纳普主编：《国际比较法百科全书·侵权行为·侵害的近因和远因》，高绍先、夏登峻等译，法律出版社2002年版，第21页。转引自王利明著：《侵权行为法归责原则研究》，中国政法大学出版社1992年版，第375页。

④ 参见王世涛著：《行政侵权研究》，中国人民公安大学出版社2005年版，第163页。

的情况也会出现不同的理论适用，譬如，当相对人有证据证明行政主体在明知其行为可能为其他因素致使相对人遭受的利益损失的情况下仍然故意实施侵权行为，则只需证明行政侵权行为与结果之间存在条件关系即可成立最终的因果关系。由于行政主体代表的是国家，其在行使职权的过程中具有公共管理者的身份，对相对人的利益负有保护的职责，在这种情况下，行政主体"明知故犯"，为了更好地保障相对人的利益，对侵权行为与损害结果的因果关系要求偏低，只需要达到"如无 A 就无 B"的条件因果关系即可。在行政不当行为导致的侵权责任的认定中，因果关系的认定应采用必然因果关系说或直接因果关系说，即要求行政不当行为在逻辑上必然或直接引起损害结果的产生。此原因在于，行政不当行为属于合法的行政行为，不如违法行政行为那般具有明显的"侵害性"，只是内容或者程序上存在瑕疵而致使行政相对方的权益受损，对这种行政行为的追责主要是为了维持行政主体与行政相对人之间的利益平衡关系，因而于其因果关系的要求应当更加严格一些。

（五）法律规定

行政侵权责任的成立是随着民主政治的发展而逐步形成的，在此之前，"国王不为非"的理论在各国盛行，国家不承认政府存在侵权的行为，因而也无需承担政府侵权责任。而如今，世界普遍认同人民主权理论，国家的权力属于人民，而政府是代表国家以更好维护人民权利的实践者。因此，当政府在行使权力的过程中实施了侵害公民权益的行为，则违背了政府存在的理论基础，因而当今世界普遍都规定了政府的侵权责任。当然，也存在一些特殊情况，属于政府侵权责任的例外，譬如非明显不合理的自由裁量行为、有关国家安全和公共秩序行为、外交行为、立法行为和司法行为、"计划"行为等。

法律规定作为行政侵权责任成立的构成要件之一，主要是因为政府作为国家的象征，其权力来源于宪法、法律的授予，行政主体应当依照法律规定进行行政活动，除了在自由裁量权的范围内其不能自由选择行为模式，当政府超出法律规定的范围实施行为而导致行政相对人的权益受损，就应当承担相应的行政责任。因此可以说，法律规定是行政侵权责任成立的一个特殊要件，这也是其区别于民事侵权责任的一个重要体现。但对于行政侵权责任而言，法律规定作为其成立的一个构成要件在理论与实践中却存在一个逻辑上的悖论。一般而言，行政侵权法本身对行政侵权的规定属于立法的过程，即属于解决"法律规定"的问题。但在实践适用的过程中，对行政侵权责任的认定除了需从上述四个要件入手之外，司法者和执法者还需要查找到相关法律、法规的规定，只有当法律明确规定属于行政主体承担责任的范畴才被认定为最终成立行政侵权责任。因此，在理论上，"法律规定"本身不属于行政侵权责任的构成要件，在实践中却成为认定行政责任的一个构成要件，实践与理论出现偏差，产生了逻辑上的悖论。

三、政府侵权责任之特征

政府侵权责任作为行政法律责任的一种具体形式，具有其固有的法律特性，而这些特性使之区别于一般的行政法律责任，从而独立于一般的行政法律责任。具体而言，政府侵权责任的法律特征主要表现为如下几个方面。

（一）政府侵权责任主体的单方性

一般的法律责任主体没有特殊身份的要求，既可由具有行政主体身份的人员构成，也可由普通公民构成，而政府侵权责任的主体只能由行政主体构成，不仅不能由行政相对人构成，相反，行政相对人只能作为被侵权的对象身份而存在。当然，正如有的学者指出的那样，"并非所有的行政主体违法或不当造成的损害赔偿的责任都是政府侵权责任，如果行政主体的非职务行为对公民、法人或者其他组织造成的损害，就不构成政府侵权责任，而应归入民事侵权责任"。[①] 在此应当注意的是，政府侵权责任的承担主体具有一定的复杂性。由于行政主体作为一个公法人团体，并不能直接行使行政权力，一般情况下是由其内部的公务人员代表其行使权力，而在此过程中出现的侵权行为当然也属于政府侵权的范畴。根据责任自负原则，本应当由具体实施侵权行为的政府公务

---

① 王世涛：《行政侵权责任及其确认》，载《行政与法》2005 年第 5 期。

人员承担侵权责任，实际上却由行政主体来承担具体的政府侵权责任，而从抽象意义上来讲，政府侵权的责任主体实际上是国家。这其中涉及的主体关系为：（行为主体）公务人员、（实际上的担责主体）行政主体（即行政机关或有独立承担责任能力的受委托的组织）、（名义上的责任主体）国家，表面看似呈现一种责任由"多重主体"负担的现象，实则内涵了权力逻辑的递进关系，即公务人员是具体行使行政权力的主体，而其行使的权力来源于行政主体，而行政主体的权力最终来源于国家权力的分配。换言之，公务人员虽然是实施行政侵权行为的直接主体，但其是以所属行政主体的代表者或代理者的身份而存在的，而该行政主体又是以"国家管理者"或者说是"服务者"的身份存在。因此，在由公务人员实施政府侵权行为的情况中，该侵权责任应当归属于其所代表或代理的行政主体，而从权力的归属来看，该行政主体又是代表国家的，因而其承担的责任也就是代表国家所承担的责任。从这个意义上来说，政府侵权责任的最终主体其实是国家。因此，可以说，政府侵权责任是一种国家责任。至于具体实施侵权行为的公务人员，若其存在过错则要承担行政系统内部的责任追究。

（二）政府侵权责任对象的单方性

与责任主体的单方性相对应的是，政府侵权的责任对象的单方性。一般情况下，法律责任的责任对象并无特殊要求，只要是受到侵害的权利主体即为法律责任的对象。但在政府侵权责任当中，责任对象只能是行政相对一方，而不能是行政主体一方。

（三）政府侵权责任归责原则的过错性

一般情况下，行政法律责任是以违法责任为归责原则的，即以行政行为的违法性作为法律责任成立的要件来判断，而政府侵权责任不是以违法责任为归责原则的，而是以过错责任原则为归责原则的。换言之，在政府侵权责任的认定中，不以政府侵权行为的违法性为其成立的标准，而主要看侵权主体对该侵权行为是否存在过错，如果存在过错则即使是合法的行政行为也构成政府侵权，应当对其进行追责。因此，引起政府侵权责任的原因行为不仅包括行政违法行为，还包括一定的合法行政行为。其中，政府违法侵权所引起的政府侵权责任也称为行政违法责任，所谓行政违法责任是指行政主体及其工作人员因其行政行为违反行政法律规定的义务而导致的否定性的法律后果的承担，主要表现为行政赔偿责任；而政府合法行为所引起的政府侵权责任指的是因法律的特殊规定，或是因严重不当行政行为而侵害行政相对人合法权益所引起的法律上的责任承担，主要表现为一种行政补偿责任。而有关政府侵权责任中侵权行为的过错标准，就公务人员而言，是以主观上的过错来进行考察的，即看公务人员在执行职务的过程中是否存在疏忽大意的过失或者过于自信的过失而导致了侵权行为，或是出于主观故意的心理而实施的侵权行为。就行政主体而言，则是以客观上的公务过错为衡量标准的，即看其是否尽到一般执行公务所应当尽到的注意义务，未尽到注意义务而造成相对人权益损害的应当承担一定的行政赔偿责任，而尽到注意义务但基于法律的特殊规定或是公平原则的考虑则要承担一定的行政补偿责任。

（四）政府侵权责任结果要件的致害性

一般情况下，法律责任是指法律关系主体违反法律所规定的义务而产生的一种否定性的法律后果，而政府侵权责任的成立需以政府侵权行为最终造成实际的损害后果为构成要件。换言之，政府侵权责任的成立仅存在政府侵权行为是不够的，还需该侵权行为造成一定的损害后果，造成了行政相对人的合法权益损害。这种损害既包括财产上的损害，也包括非财产上的损害，只要是受到行政法律规范保护的权益即可。从这一点也可看出政府侵权责任对行政相对人权益保护的着重性。一般的行政法律责任是以违反行政法律规定的义务为前提，因此，其存在的意义除了对相关受害方进行利益损失的赔偿以保护行政法律关系主体间的利益平衡之外，还担负着维护行政法律秩序、维持行政威信的使命，对于行政主体的违法行为还存在一定程度的纠正措施。而政府侵权责任的存在主要在于保障相对人的合法权益，以维持行政主体与行政相对人之间的利益平衡。

典型案例 6-1：秦某某与北京市昌平区某镇人民政府不服行政侵权赔偿上诉案①

【裁判摘要】

根据《国家赔偿法》第 2 条第 1 款、第 4 条第四项的规定，国家机关和国家机关工作人员行使职权对当事人的合法权益造成损害的，当事人有权要求国家赔偿，但当事人要求国家赔偿，应当以其自身合法权益受到职权行为侵害所造成的损失为限。

【相关法条】

《中华人民共和国行政诉讼法》第 38 条、第 89 条

《中华人民共和国国家赔偿法》第 2 条、第 4 条、第 32 条、第 36 条

【基本案情】

秦某某称其位于北京市昌平区甲镇（以下简称甲镇）马连店村北的承租地上建设的 6500 平方米的房屋于 2013 年 4 月 13 日被甲镇政府强制拆除，为此向法院起诉，并提交了事后与甲镇政府相关负责人就被拆除房屋的赔偿问题进行协商的录音及房屋被强制拆除现场的照片。甲镇政府则主张其未对秦某某的房屋实施强制拆除，但也未提供相反的证据证明。2016 年 12 月 29 日，一审法院作出〔2015〕昌行初字第 128 号行政判决书（以下简称 128 号行政判决），认定甲镇政府于 2013 年 4 月 13 日实施了对秦某某在北京市昌平区甲镇马连店村北清路北侧集体土地上建设的砖混结构房屋（以下简称涉案房屋）的强制拆除行为，且其在强制拆除过程中既未通知秦某某到场，亦未告知其享有的权利，属于程序违法。由于涉案房屋已经被拆除，被诉行为不具有可撤销内容，一审法院最终判决确认甲镇政府所实施的上述强制拆除行为违法。甲镇政府不服提起上诉。

【裁判结果】

一、维持北京市昌平区人民法院〔2019〕京 0114 行赔初 9 号行政赔偿判

---

① 本案例裁判文书参见附录 5。

决第一项中"北京市昌平区甲镇人民政府于判决生效之日起三十日内赔偿秦某某树木损失人民币四千元"的内容及判决第二项。

二、撤销北京市昌平区人民法院〔2019〕京0114行赔初9号行政赔偿判决第一项中"北京市昌平区甲镇人民政府于判决生效之日起三十日内赔偿秦某某家具家电及生活用品损失人民币一万三千一百二十八元"及"两项赔偿金合计人民币一万七千一百二十八元"的内容。

三、北京市昌平区甲镇人民政府于本判决生效之日起三十日内赔偿秦某某家具家电及生活用品损失共计人民币一万四千八百五十六元。

【裁判理由】

生效法院认为，根据《国家赔偿法》第2条第1款、第4条第四项的规定，国家机关和国家机关工作人员行使职权对当事人的合法权益造成损害的，当事人有权要求国家赔偿；当事人要求国家赔偿，应当以其自身合法权益受到的损害为限。本案中，128号行政判决、209号行政判决认定，甲镇政府对秦某某的强制拆除行为因未履行法定程序而被确认违法，甲镇政府应承担就此给秦某某合法权益造成损失的赔偿责任。本案中，对于秦某某所主张的建筑及装修材料、砌墙人工费、电工人工费、水工人工费等损失，因房屋已建成，上述建筑和装修材料的价值以及人工费已转化为房屋价值，但秦某某所建涉案房屋属于违法建设，其价值不受法律保护。故秦某某该上诉赔偿主张不属于赔偿范围。关于被拆除房屋的残值问题，秦某某在一审诉讼中未提出该请求，因此被拆除房屋的残值问题，不属于本院审查范围。对于秦某某所主张的租金及押金收入、搬迁费和损失费等损失，因上述损失并非秦某某所诉强制拆除行为导致的直接损失，法院不予支持。对于秦某某所主张的家具家电、生活用品及树木损失，《中华人民共和国行政诉讼法》第38条第2款规定，在行政赔偿、补偿的案件中，原告应当对行政行为造成的损害提供证据。因被告的原因导致原告无法举证的，由被告承担举证责任；《国家赔偿法》第32条、第36条第四项规定，国家赔偿以支付赔偿金为主要方式，能够返还财产的予以返还，财产灭失的，应当给付相应的赔偿金。一审法院对该损失予以赔偿的认定及赔偿金额，二审法院予以认可。但根据秦某某提交的赔偿损失清单，一审法院对家具损失的认定存在部分遗漏，二审法院应予纠正，参照一审法院对该项损失赔偿时所酌定的标准，二审法院对上述家具家电、生活用品损失酌定增加赔偿金额人民币 1728 元。

第三节 政府违约责任

政府违约在经济社会发展中是一种普遍存在的问题，政府违约相比于个人违约而言，其对社会诚信体系的破坏尤为明显。为应对政府违约给行政相对人造成的损害，最高人民法院在 2018 年发布了《关于充分发挥审判职能作用为企业家创新创业营造良好法治环境的通知》，其中便要求依法保护诚实守信企业家的合法权益，要妥善认定政府与企业签订的合同效力，对有关政府违反承诺，特别是仅因政府换届、领导人员更替等原因违约、毁约的，依法支持企业的合理诉求。此外，《中共中央关于全面深化改革若干重大问题的决定》提出，"推广政府购买服务，凡属事务性管理服务，原则上都要引入竞争机制，通过合同、委托等方式向社会购买"。由此可见，政府购买服务将成为各级政府提供公共服务的重要方式。而在政府购买公共服务过程中，如果政府不履行购买服务合同义务或者履行合同义务不符合约定要求，就需要向供应商承担与之相应的违约责任。为了准确界分履约争议发生时，政府在购买公共服务中需承担的违约责任，则需要构建相应的政府违约责任制度，明确政府违约责任的相关理论。

一、政府违约责任的意涵

违约责任是指在双方订立有效合同的前提下，其中一方当事人出现不履行合同约定义务或不完全履行合同约定义务或是履行合同约定义务有瑕疵的情况，为维护双方当事人的合同利益，对违反合同约定义务的一方当事人应当承担相应的法律后果。在行政合同中，合同双方当事人都存在违约的可能性，并应承担相应的法律责任。其中有关行政主体对约定义务的违反，没有正当理由实施了拒绝履行、不履行、部分履行、履行有瑕疵、迟延履行的行为，或是基于法律规定义务的违反而应承担的相应的法律后果即为政府的违约责任。

（一）国外政府违约责任制度简述

在英美法系国家，行政合同纠纷和民商事合同纠纷一样，都是适用普通法规则，并由普通法院管辖。但相比民事合同，行政合同带有实现公共利益的独特属性，因而在实践中，出于公共利益的需求，针对行政合同则衍生出一些特殊规则。就行政合同的违约责任而言，在美国，司法判例确立了在行政合同违约的情形下，守约方有权中止履行、解除或终止合同，并可通过请求损害赔偿、实际履行、禁令和恢复原状等途径获得救济。在英国，无论是行政合同的哪一方当事人违约，均需向合同守约方承担违约责任，法院在审理行政合同责任案件时，往往适用的是一般合同的规则，但是也存在以下几种例外的情况：其一，合同不能限制行政机关的自由裁量权；其二，指明议会拨款的合同；其三，英王的雇佣合同。[①]

与英美法系国家所不同的是，行政合同争议在大陆法系国家是由行政法院通过行政诉讼制度解决的，在一定程度上区别于民事合同，并独立于民事诉讼制度。典型代表如德国，其解决行政合同争议的方式主要是通过向行政法院提起行政程序的方式来实现的。但是，在适用的规则上，德国并没有就行政合同违约责任作出独特的规定，因而当发生行政合同违约的情况时，特别是出现给付不能的情况下，即表现为不可能履行合同义务、延迟履行合同义务等情况，一般是参照民法典的相应规定来适用。[②] 在法国，由于其承认行政契约的存在，并适用于行政法律规范，因而"法国行政契约不需要契约中作出明白的规定，政府根据公共利益的需要，当然有权变更或终止契约。同时，也承认双方当事人当然有取得补偿的权利"。[③] 由此可见，在法国，政府在行政契约中享

[①]　王名扬著：《英国行政法》，中国政法大学出版社2007年版，第183~185页。

[②]　参见［德］哈特穆特·毛雷尔著：《行政法学总论》，高家伟译，法律出版社2000年版，第380页。

[③]　王名扬著：《英国行政法》，中国政法大学出版社2007年版，第174页。

有一定的特权，尽管这种特权是出于公共利益的需要而实施的合法行政行为，但仍然要对行政相对方承担一定的补偿责任。而当政府违法实施违约行为时，相对人对此可以请求行政法院判决政府承担其损失的赔偿责任。①

（二）我国政府违约责任的概念

通过上文对国外政府违约责任制度的考察，可知，一般合同的违约责任制度在行政合同违约的情形中仍有适用的余地。行政合同具有很明显的契约性，诚如法国学者莱昂·狄骥所言，没有人敢于否认国家是受到契约的约束的……任何国家机构，甚至是立法机关，均不得推翻它自己所订立的契约……一份契约就是一项无论在公法还是私法中都具有同样性质的法律行为；或者毋宁说在公法与私法之间不存在区别，而国家就完全如那些受到契约约束的个人一样，受到其自己订立的契约的约束。② 只不过，行政合同有其独特性所在。在我国，一般情况下，行政合同的内容都涉及社会公共利益，行政合同的违约损害到了社会公共利益，而社会公共利益受法律的保护，从这个意义上讲，行政违约，即是对法律义务的违反，即"违法是确定行政违约的前提"。③ 结合一般合同规则对违约概念的理解，违约是对合同约定义务的不履行或者履行不符合约定义务的行为，而政府作为行政合同法律关系的一方，其对行政合同的违约则称为"政府违约"。所谓政府违约，即指的是政府对行政合同义务的不履行或是履行不符合约定义务的行为，包括以作为与不作为的方式实施。因此，政府违约责任是指，政府因其违反行政合同约定的行为而承担的否定性的法律后果，具体包括因违反行政合同中约定义务而引起的法律合同责任或者是由法律规定的政府违反行政合同约定义务所需承担的特定责任。

---

① 参见王名扬著：《法国行政法》，中国政法大学出版社 1988 年版，第 195~203 页。
② ［法］莱昂·狄骥：《公法的变迁·法律与国家》，郑戈、冷静译，春风文艺出版社、辽海出版社 1999 年版，第 134~135 页。
③ 王世涛：《行政违约初探》，载《行政与法》2001 年第 2 期。

（三）我国政府违约责任的特征

在我国，行政合同包含公法与私法的双重因素，既存在政府作为行政管理者享有一定特权的公法因素，也存在双方主体在法律规定的范围内进行协商而达成意思自治的合意。因此，对于政府的违约责任而言，则既存在约定性也存在法定性的复合特质，与其他行政法律责任相比较，政府违约责任具有如下法律特征。

其一，政府违约责任以行政主体与行政相对人之间订立行政合同的有效性为前提。只有当行政合同有效成立，才存在政府违约责任承担的问题。对于未成立或成立但无效的行政合同，涉及的责任承担则为民事责任中的缔约过失责任，该责任不属于行政责任的范畴而属于民事责任的范畴。

其二，政府违约责任的承担主体为行政合同当事人之一的行政主体一方，而责任对象则为行政合同当事人的另一方行政相对方，具有相对性。行政合同与民商事合同一样，均具有相对性，只对合同订立当事人具有法律约束力，合同之外的第三人不存在违约责任的问题。而政府违约责任指的是行政主体在行政合同法律关系中作为违约一方所承担的法律责任。

其三，政府违约责任具有一定的约定性，即政府违约责任可以在法律、法规允许的范围内由当事人自行约定。在行政合同中，双方可以约定当一方存在违约行为时所需承担的违约责任，譬如，双方可事先约定一方存在违约行为则须向另一方支付违约金的条款。只要双方对违约责任的约定不违反法律、法规或是存在欺骗、胁迫的情况，则一般情况下对双方均具有法律约束力，就此而言，政府违约责任具有一定的自由协商空间。

二、政府违约责任事由：行政合同

政府违约责任的事由在于行政违约行为的实施，而行政违约行为实施的前提在于行政合同的存在，因此，可以说，行政合同对于政府违约责任的成立至关重要。所谓行政合同，是指行政主体为了行使行政职能，实现某一行政管理目的，依据法律和政策与公民、法人或其他组织通过协商的方式，在意思表示一致的基础上所达成的协议。在司法实践中，最典型的行政合同主要表现为政府经济性合同，即指的是政府或者是由政府或法律授权的机构作为合同法律关系主体的一方，与另一方企业或者经济性组织等建立的，为满足公共利益的需要具有经济目的或经济内容的合同。行政合同虽然是以契约的方式呈现的，且具有一定的意思自治和自由协商的成分，与民事合同具有一些相同之处，但其仍然存在诸多的独立特征。概括而言，行政合同存在的特征主要包括以下几点：合同主体的法定性、主体地位的不平等性、以行政职责为前提、行政主体具有优益权、以行政目标为目的、适用行政法规范和行政法上的权利义务。① 行政合同原本即是实践的产物，来源于现实生活的需求和发展，而这些特征是在观察现实经验的基础上，进行的一般规律的总结而概括得到的结论，与行政合同本身的发展逻辑相契合，具有较强的信服力。因此，该部分内容便围绕这些特征对行政合同进行阐述。

（一）合同主体的法定性

行政合同主体的一方是行政主体，另一方则是公民、法人或其他组织。行政合同的主体不同于民事合同主体，原则上都具有法定性，其可能有两个或多个当事人，但作为合同关系主体的其中一方必须是行政主体。行政合同是行政主体为了实现行政管理目标而签订的，因此，当事人中必有一方是行政主体。没有行政主体的参加，不能称为行政合同。基于行政合同主体资格的法定性，行政主体在合同中处于主导地位并享有一定的行政特权。譬如，在行政合同中，权利义务未经行政主体同意不得转移。否则，行政主体可依法解除该行政合同。② 但这并非意味着只要是行政主体作为合同一方的关系主体而签订的合同都属于行政合同，事实上，只有当行政机关以行政管理为目的并以行政主体

---

① 参见叶必丰：《行政合同的司法探索及其态度》，载《法学评论》2014 年第 1 期。
② 叶必丰：《行政合同的司法探索及其态度》，载《法学评论》2014 年第 1 期。

的身份签订的合同，才是行政合同。而当行政机关为了实现一定的民事目的，与其他平等主体签订的合同，属于民事合同的范畴。

（二）主体地位的不平等性

根据《民法典》第646条的规定可知，"合同是民事主体之间设立、变更、终止民事法律关系的协议"。主体间的平等性是民事合同的重要特征，而不平等性则是识别行政合同的重要维度。在我国已有的司法判决中曾确认了这一点："行政机关或法律法规授权的组织订立行政合同的直接目的是为了履行行政职能，在行政合同中，双方当事人的法律地位并不平等，这是行政合同区别于民事合同、经济合同的主要特点。"① 行政合同的本质是一种新型的社会管理手段，它是由于现代民主政治的发展，服务型政府理念的深入，行政主体为了有效实现行政管理，维护社会公共利益的需求而出现的。因而在行政合同中，作为合同关系一方的行政主体并不是完全以平等民事主体的身份存在，仍然保有行政管理者的身份，享有一定的行政权力，处于优越的地位，与另一方的合同关系主体，即行政相对人所处的地位形成较大的差异。譬如，在行政合同订立之前，行政主体完全是以管理者的身份存在，而行政相对人完全是以被管理者的身份存在。也正是基于这一点，行政合同的原始发动权掌握在行政主体一方，而行政相对人更多的是处于被动接受的地位。

（三）以行政职责为前提

行政协议体现公权力的运用，这是行政协议判断的核心标准。② "行政合同之所以成为行政合同而不是民事合同，其中最根本的特征在于，行政合同本

---

① 参见江西省彭泽县交通局等与彭泽县物资平安汽车运输有限公司联营合同纠纷案一审判决。
② 参见于立深：《行政协议司法判断的核心标准：公权力的作用》，载《行政法学研究》2017年第2期。

身是执行公务或履行行政职责的手段。"① 在现代行政法治国家中，"行政合同是宣示现代行政理念不可或缺的重要载体，是推行现代行政政策不可或缺的基础平台，是管理现代行政事务不可或缺的基本方式"。② 因此，可以说行政合同是行政管理、行使行政职权的必要手段，其必须以行政职责为前提要件。由于市场经济的发展，行政主体不仅可以行政管理者"公法人"的身份与公民、法人或其他组织签订行政合同，也可以平等民事主体的"私法人"身份与公民、法人或其他组织签订民商事合同，甚至会出现某些公务人员名义上以"公法人"的身份签订合同，但实际上是"以权谋私"的滥用权力行为，而判别这些合同的一个重要因素便在于其是否在履行行政职责。对于行政职责的履行应当注意的一个问题是，行政主体在签订行政合同时是否享有相应的行政权力，如果超出了其权力的范围或是根本不在其权力的范围内，则该签订行政合同的行为不属于履行职责的行为，而欠缺了"履行职责"的这个特征，则行政合同也无法成立。

在司法实践中，司法机关认定行政合同的标准之一就是对行政合同是否体现行政职责进行认定，进而作出合同属性的认定。如在先锋汽车案中，重庆第二中级人民法院的判决认为："开县交通局和开县运管所没有确定出租车用什么品牌车辆的法定职权，亦没有资格对用于出让经营权和新增出租车实施政府采购行为。开县运管所的法定代表人虽然参与了先锋公司与汽车销售商之间买卖车辆事宜的磋商，但不能代表，也并未代表行政机关与先锋公司或汽车销售商签订购车合同，因此，开县运管所与先锋公司之间不涉及行政合同法律关系。"③

---

① 杨小君：《论行政合同的特征、法律性质》，载《行政法学研究》1998 年第 2 期。

② 江必新：《中国行政合同法律制度：体系、内容及其构建》，载《中外法学》2012 年第 6 期。

③ 参见先锋汽车销售服务有限公司诉开县交通局、开县公路运输所行政行为违法案，重庆市第二中级人民法院行政终审判决书。

（四）行政主体具有优益权

行政优益权概念产生于法国，法国行政法将行政合同履行过程中政府享有的一系列"超越性"权力统称为优益权。其大抵可以分为四类：（1）监督、指导权，指行政行为代表的公共利益，以及行政合同必然带有为公共福祉的性质。一旦合同缔结，行政机关在行政合同履行过程中有权对相对人的履约行为进行监督和指导。（2）单方修改权，指合同履行过程中，行政主体从本质上和数量上对合同已经约定的权利与义务内容进行更改，且其单方意志即可实现。（3）单方终止权，是指行政主体可以根据自己的意志，即不以相对人的同意为前提，径直终止行政合同。（4）制裁权，指不依赖合同约定产生的全权性权力，但制裁是基于过错的惩罚，无过错则无制裁。制裁方式包括撤销合同、代为履行和金钱罚款。① 我国司法实践中，通常将是否具有优益权作为识别行政合同的要件之一。已有的司法判决也认为："按照行政合同的基本原则，行政主体为维护公共利益享有行政优益权。"②"对育欣学校也不享有明确的行政优益权。双方之间的合同关系系平等主体之间产生的合同关系，应定性为民事合同关系，而非行政合同关系。"③

行政优益权存在的一个正当性理由是行政合同目的的特殊性存在，即在于公共利益的实现，而正是基于这一点，行政合同突破了合同平等权利义务的限制，赋予行政主体一定的行政优益权。为了公共利益的实现，在一定程度上牺牲行政相对人一定的权利，科以其更多的义务是基于现实的需要，同时也应受到一定的限制，若超出合理范围则会导致行政合同"变质"，成为行政主体行使"特权"的工具，引发很多问题。譬如，行政主体利用行政优益权订立过

---

① 参见李颖轶：《论法国行政合同优益权的成因》，载《复旦学报（社会科学版）》2015 年第 6 期。

② 参见崔邦安等不服秭归县郭家坝镇人民政府单方解除移民安置合同及要求退回移民安置费行政处理案终审判决书。

③ 参见北京市丰台区育欣职业技能培训学校与北京市丰台区卢沟桥乡社会保障事务所合同纠纷上诉案民事裁定书。

分、不当的权利义务，用不正当的手段挑选供应商等。这不仅会影响行政合同本身的签订、履行，而且也损坏了行政主体自身的形象，同时，本来有序的市场秩序也会被打乱，甚至造成特定公益的无法实现。因此，对行政主体的行政优益权予以一定限制也是同样必要的。①

（五）以行政目标为目的

行政合同成立的初衷即是行政主体为实现一定的行政目的而与另一方当事人签订契约的行政行为，不是出于实现行政目的的合同，不属于行政合同的范畴。② 行政主体签订行政合同的行为以及之后变更、中止、解除、履行行政合同等一系列的行为本质上都属于行政主体履行职责的行政活动，与单方的行政目的是一样的，即都是为了实现国家行政管理的目标，实现公共利益。尽管对于行政合同的另一方行政相对人而言，其签订合同的目的是出于个人利益的追求，具有一定的私益性，但一旦其参与到行政合同当中，即代表其接受并且同意行政主体以行政目的为合同实现的目标，而其围绕行政合同实施的一系列行为则必然与行政目的相关，并实际上承担着推动行政目的实现的作用。可以说，行政合同的成立以行政目标为必要条件，但这并不意味着其内含的行政相对人的私益就不存在了。行政合同是合同双方合意的结果，行政主体以行政目标，即公共利益为合同实现的目的，而行政相对人则以其自身的利益为实现目标，双重目标在行政合同中兼容。因此，行政合同中的私益不得与公共利益相冲突，否则合同也无法成立。譬如，国有土地使用合同，国家以土地所有者的"公主体"身份将土地的使用权在一定期限内转让给公民、法人或其他组织的"私主体"，国家的目的在于实现土地的合理利用，实现土地的使用价值，而土地使用者的目的在于自身谋利的目的，双方的目的在行政合同中并存，并最终体现出一定公共利益的实现。据此而言，行政合同的出发点或基础是行政主

---

① 参见王赛华：《行政合同法律救济及对优益权的法律规制》，载《南京财经大学学报》2014 年第 5 期。

② 参见杨解君著：《行政法学》，中国方正出版社 2002 年版，第 348 页。

管职权，合同的终点或目标是完成行政事务，合同成了联系这起点与终点的一个环节或法律行为形式。①

（六）适用行政法规范

行政合同发生在行政管理关系中，而非民商事领域，因而可以说行政合同关系本质上是一种由公法规则调整的行政关系。从活动的目的来看，行政合同的目的主要是为了增进社会福祉，而非增进个人利益，即便在事实上，行政合同的实现也存在个人利益的实现，但并不是其存在的主旋律。从法律属性来看，行政合同是一种可以取代或补充行政决定的行政法律行为，而非民事法律行为。从行为内容来看，行政合同本质上是执行公务的活动，而非单纯私人间事务的处理活动。据此可以判定，行政合同关系的本质是行政关系，而非民商事关系，应由公法规则调整。尽管行政合同中既含行政性要素，又含契约性要素，但仔细考究即可发现，契约只是形式和手段，行政才是实体和目的。所以，对行政合同而言，行政性是第一位的特征，契约性是第二位的特征。② 其公法属性决定了行政合同应由行政法律规范调整。

在我国司法实践中，行政合同应适用行政法律规范也为司法审判所承认，譬如，平果华商案终审判决认为："首先，《特许经营协议》为民事主体与行政机关之间签订的行政合同，其效力的认定应适用行政法律法规，由行政审判作出。"③

（七）行政法上的权利义务

行政合同的内容即是双方主体在合同法律关系中的权利和义务。对于行政

---

① 参见杨小君：《论行政合同的特征、法律性质》，载《行政法学研究》1998 年第 2 期。

② 参见江必新：《中国行政合同法律制度：体系、内容及其构建》，载《中外法学》2012 年第 6 期。

③ 转引自叶必丰：《行政合同的司法探索及其态度》，载《法学评论》2014 年第 1 期。

主体而言，其在行政合同中的权利和义务实际上是其行政职权与行政职责的转化，这种权利义务称之为行政法上的权利义务；对于行政相对人而言，其在行政合同中享有的某些权利和义务也属于行政法上的权利义务。关于此，江必新认为，对行政主体而言，其在行政合同中享有的行政法上的权利主要包括①：（1）对行政合同的履行有权进行指挥、检查和监督。（2）在符合合同目的及维持经济平衡前提下有权单方变更给付内容。（3）为防止或免除对公共利益之重大损失，经适当说明理由并支付合理补偿，有权单方解除合同。（4）当出现不可预见的重大情势变更，如相对人依原约定显失公平，行政主体为维护公益，有权在补偿相对人损失后，命其继续履行原约定义务。（5）对不履行行政合同义务的相对人，可依法强制执行并科以处罚。（6）在行政合同内容不明确或存在分歧的情况下，有权进行解释。与之相对应则是行政相对人应承担的行政法上的义务。

对行政相对人而言，其在行政合同中主要享有的行政法上的权利包括②：（1）行政参与权。（2）知情权，尤其有权要求行政主体对其单方变更、解除合同的行为说明理由。（3）陈述申辩权，尤其有权要求在行政决定影响其重要权益时举行听证。（4）有权获得必要的指导与协助。（5）有权要求保障其权利及信赖利益。（6）因维护公益或行政主体在行政合同关系外行使与行政合同有直接必要之关联的公权力，导致行政相对人在履行义务时显增费用或受其他不可预期的损失，有权要求行政主体补偿其损失。（7）有申请行政复议及提起行政诉讼的权利。（8）当行政主体违法行为侵犯其权利，有权获得赔偿。与之相对应，行政主体则需承担相应的行政法上的义务。由此可知，在行政合同中，双方主体存在行政法上的权利义务内容。

---

① 江必新：《中国行政合同法律制度：体系、内容及其构建》，载《中外法学》2012年第6期。

② 参见江必新：《中国行政合同法律制度：体系、内容及其构建》，载《中外法学》2012年第6期。

三、政府违约责任的表现形式

就行政合同责任而言，根据不同的标准可分为不同的类型。譬如，根据承担责任主体的不同，可分为行政主体责任与行政相对人责任；根据责任准据的不同，可分为违法责任与违约责任；根据责任性质的不同，可分为缔约过失责任、行政合同无效责任、有效行政合同的违约责任、行政合同中的侵权责任、后行政合同责任；根据所适用法律的不同，可分为民事责任、行政责任和刑事责任。那么，对于政府违约责任而言，该责任是以行政主体违反行政合同义务并依据行政法律规范所承担的法律责任，其表现形式主要是依据责任的具体内容和责任性质进行划分的。就此而言，政府违约责任的表现形式主要包括以下几种。

（一）非财产性责任

非财产性责任指的是政府不以财产为责任内容的责任承担方式，主要包括以下几种具体表现形式：（1）实际履行。实际履行是在合同一方当事人不履行合同义务时最重要的违约责任形式。由于合同的订立初衷即是以合同得以实际履行为目的，因而，当行政合同出现政府违约的情况时，作为行政相对人一方可能首选的违约责任形式即是要求行政主体继续履行合同义务，以实现其相关的合同利益。但需注意的是，此处的实际履行与合同义务的实际履行虽在内容上是相同的，但性质不同，前者是作为责任形式而存在的补救性义务，具有一定的法律强制性，而后者是出于当事人意思自治而存在的初始义务。（2）采取补救措施。补救措施是在合同一方当事人不适当履行合同义务的情况下所产生的责任，源自于全面且适当履行合同义务原则的要求，主要包括依据原合同义务对所涉物品采取重作、修正、更换的措施。

（二）财产性责任

财产性责任指的是政府以财产为责任内容的责任承担方式，主要包括以下几种具体表现形式：（1）损害赔偿。这是最常见的财产性责任，于一方当事人不履行义务或履行义务不当致他方当事人财产利益受损时所适用的法律责任。就政府违约责任而言，损害赔偿的责任表现为行政赔偿的方式，即行政相对人可以就其因行政主体的违约行为所遭受的损害向法院提起行政诉讼，要求行政主体承担相应的损害赔偿。（2）违约金。即双方当事人在合同中可以约定一方当事人违约时须给付另一方一定的金钱作为违约责任的承担方式，其实质是一种对违约行为的金钱制裁方式，具有一定的惩罚性。就政府违约责任而言，在行政合同中，行政主体可以事先与行政相对人就其违约行为设定违约金的责任承担方式，可见，该违约责任体现了一定的意思自治原则，具有较大的弹性。

（三）其他法律责任

就一般的民事合同而言，除了违约责任外，还存在其他一些法律责任，如缔约过失责任、合同瑕疵无效责任、合同变更、解除责任等。就行政合同而言，虽然其不完全同于民事合同，但民事合同的一些规则在行政合同中仍然有其适用的余地。因此，在行政合同的法律关系中也会有其他法律责任的适用空间。具体而言，可以从以下几种责任入手进行阐述：（1）缔约过失责任。所谓缔约过失责任，是指在合同订立过程中，一方当事人因其过错致使合同未能成立所须承担的法律责任。此项责任发生在订立合同的过程中，此时合同尚未成立或生效，无具体合同义务的履行，但合同双方当事人因进入缔约磋商而互负协助、通知、保密等附随义务（即先契约义务）。当一方当事人因过错不履行或不适当履行契约义务致他方当事人利益受损，或者，一方当事人因其过错致使契约不能成立或生效，而他方因信赖合同会成立或生效而支出一定的交易费用时，过错方应承担损害赔偿责任。就该责任而言，在行政合同的缔结过程中，当出现行政主体因过错致使行政合同未订立或生效的情况，该过错行为损害了行政相对人的合法权益时，行政主体应当承担相应的赔偿责任，但当行政主体是由于公共利益而致使合同未顺利订立或生效，则应对行政相对人承担一定的行政补偿责任。（2）合同瑕疵无效责任。所谓合同瑕疵无效责任，即指合同因其固有瑕疵自始确定无效时，过错方应对因其过错给他方造成的损失负损害赔偿责任。具有无效瑕疵的合同空有合同的形式，却无合同的效力，当事人因合同取得的利益不具有保持力，应依法返还。无效合同虽不产生缔约人期望的效力，但并非不产生任何效果，一方当事人有损害的，可以请求有过错致害方进行赔偿。就行政合同而言，因行政主体一方的过错导致合同无效的瑕疵一般包括行政主体的不适格、合同违反公共利益，或者存在行政主体采取欺诈或胁迫的手段订立合同，或者是存在恶意串通而损害国家、集体或第三人利益的情况，以及存在以合法形式掩盖非法目的、违反法律强行性规定的情况等。出现这些情况时，行政主体应当对行政相对方或是其他因合同缔结受到利益损害的第三人承担相应的赔偿责任。（3）合同变更、解除责任。即指存在法律规定的特殊情形下双方享有变更合同内容或者解除合同的权利，因此造成一方权利损害的，其可请求对方承担一定的法律责任。就行政合同而言，"行政主体的特权和对方当事人的经济平衡，可以说是行政合同在履行时两个主要的特点"。① 因此，在行政合同中，当行政主体因公共利益的需要而行使行政特权致使合同内容发生变更或者解除合同的情况，行政主体应当对超出行政相对人合理承受范围的损失承担行政补偿责任。而若出现因情势变更或者出现其他特殊情形，譬如因市场价格的波动而导致行政相对人履行义务的负担增加，则基于公平原则以及经济平衡的考量，行政主体应当对行政相对人的损失或者负担承担一定的行政补偿责任。

四、政府违约责任的归责原则

政府违约责任的成立首先需以行政合同的存在为前提条件，由此，当行政主体实施违约行为时才涉及政府违约责任的承担问题，而最终政府违约责任是否成立还关涉其归责原则的要求。因此，在政府违约责任的理论当中，归责原则也是一个必然应当涉及的话题。所谓"归责原则是指基于归责事由而确定责任成立的法律原则，或是说是基于一定的归责事由而确定行为人是否承担责任

---

① 王名扬著：《法国行政法》，中国政法大学出版社1989年版，第186页。

的法律原则，还可以说是基于一定的归责事由而确定责任属于谁的法律原则"。① 据此而言，政府违约责任的归责原则是指政府因一定事由需为其违约行为承担责任所遵循的法律原则。一般而言，现行各国通行的行政合同归责原则主要包括过错责任原则、违法或不法原则、严格责任原则、合同不能束缚行政机关的自由裁量权原则。② 这些原则并不是相互排斥、择一适用的。随着市场经济的发展，交易范围的扩展，行政合同违约的原因和后果越来越变得复杂，仅靠单一的归责原则已无法解决现实存在的各种情况。因此，在行政合同领域，归责原则逐渐也朝着多元化的方向发展。在我国，合同法规范的归责原则是以严格责任为主、过错责任为辅，③ 而有关行政合同的归责原则却并未予以明确规定，便只能参照民事合同的情况来解决这个问题。另一方面，因行政合同具有一定的公法属性，而民事合同完全属于私法性质的合同，对于行政合同的归责原则便不能完全照搬民事合同领域所适用的归责原则，只能从中寻找借鉴。

（一）违法责任原则

从行政合同的内涵来看，行政合同是行政主体为了行使行政职能，实现某一行政管理目的，依据法律和政策与公民、法人或其他组织通过协商的方式，在意思表示一致的基础上所达成的协议。换言之，行政合同是政府为了实现公共利益的目的而签订的协议，政府对行政合同约定义务的违反即是对公共利益实现的破坏，而公共利益是受到法律保护的，依此逻辑，政府的违约行为在一定程度上会构成对法律所保护利益的侵害，属于违法行为。对于违法行为，理应受到法律上的谴责，就此而言，因政府违约行为在一定程度上属于违法行为，对其进行法律责任的追究也在情理之中。由此可见，政府违约行为同时构成违法行为时，应当承担相应的法律责任，这也契合了违法责任原则的归责逻

---

① 崔建远著：《合同责任研究》，吉林大学出版社1992年版，第50页。
② 参见王旭军著：《行政合同司法审查》，法律出版社2013年版第212~214页。
③ 参见崔建远主编：《合同法》，法律出版社2000年版，第252页。

辑。从另一个角度来看，在行政合同中，法律规定行政主体享有一定的行政优益权，而该优益权存在的目的是为了促进行政合同对公共利益的实现，当行政主体实施了滥用行政优益权或是搁置行政优益权而不作为的违约行为时，则违背了法律赋予行政主体该权利的初衷，属于违法行为。因此，可以说，行政主体在实施违约行为的同时也构成一定的违法行为，理应为此承担法律上否定性的后果，即承担一定的法律责任。

（二）过错责任原则

就过错责任原则而言，其存在的前提基础是个人具备的意志自由，即每个人有依据其意志自由选择为或不为以及如何为一定行为的权利。当存在可以选择实施符合合同约定义务的行为，也可以选择实施违反合同约定义务行为的情况下，行为人基于自己的自由意志却选择了违反合同约定义务的行为，则应当为该意志自由选择的行为承担相应的后果，这也称之为责任自负原则。然而，在现实生活中，过错作为行为人主观内在的心理状态，存在极强的复杂性，难以查明真实的情况，这便给守约方追究违约方的违约责任带来巨大的阻碍，导致举证不能，从而难以落实违约方的法律责任。尤其是在行政合同中，行政主体本身享有一定的特权，属于强势的一方，为了有效保护合同相对方的权益，一般认为，对于行政主体的主观心理状态采用过错推定原则，实行举证责任倒置[①]，即在对政府违约责任进行归责时，采用过错责任的归责原则，其中涉及政府违约责任的过错证明问题时，暂时先推定行政主体对其实施的行政违约行为存在过错，而由行政主体承担证明其对违约行为不存在过错的举证责任，由此补足行政相对方的弱势地位，调和双方之间的公平关系。

（三）公平责任原则

就严格责任而言，在行政合同中适用的归责原则主要是指其中的公平责任

[①] 对此观点表示认可的以王克稳教授、王世涛教授为代表，参见王克稳著：《政府合同研究》，苏州大学出版社2007年版，第161~162页；王世涛：《行政违约初探》，载《行政与法》2001年第2期。

原则，"公平责任原则是指加害人和受害人都没有过错，在损害事实已经发生的情况下，以公平考虑作为价值判断标准，根据实际情况和可能，由双方当事人公平地分担损失的归责原则"。① 在行政合同中，公平责任原则的适用即是指 "在合同双方都无可归责事由的前提下，行政相对人因行政合同不能履行而致相对人合法权益损失的，国家给予一定补偿的归责原则"。② 在行政合同中，行政主体实施的违约行为除了可能构成违法行政行为之外，也可能构成明显不当的行政行为或者完全合法的行政行为。其中，当行政主体实施了明显不当的行政违约行为或完全合法的行政违约行为，并由此致使合同相对人遭受利益损失的情况时，适用违法责任的归责原则便无法对行政主体进行追责，如此一来，于行政合同相对人而言便只能自负亏损，这显然是有违公平原则的。因此，在行政合同中，公平责任原则同样存在适用的空间，即出于公平原则的考量，为了平衡双方主体之间的利益关系，当行政主体实施的违约行为完全属于合法的情况下，也应当对行政相对人承担一定的行政补偿责任，只不过是对其遭受可承受范围之外的损失进行补偿。当行政主体因自身的过错而实施了明显不当的行政违约行为时，即为了实现公共目的而使用明显不当的行政手段或是出现行政手段与行政目的之间明显失衡的情况时，基于过错责任原则，行政主体应当对行政相对人因此遭受的损失承担行政赔偿责任。

五、政府违约责任与侵权责任之区别

在行政合同法律关系中，政府违约的同时还可能涉及政府侵权行为的认定，而两种行为分别会引起政府违约责任与政府侵权责任两种不同性质的法律责任。因此，在这种情况下有必要对两种法律责任进行一定的区分，以明确法律责任的承担，避免出现重复课责的问题。就此而言，两种法律责任的区别主要可以从以下几个方面展开论述。

---

① 杨立新著：《侵权法论》，吉林人民出版社 2000 年版，第 159 页。
② 段孝刚、沈岿和：《行政合同归责原则的建构》，载《行政与法》2004 年第 1 期。

（一）原因行为不同

就原因行为而言，引起政府违约责任的前提条件必须是有行政合同关系的存在，由政府实施了违反行政合同义务的违约行为才能产生政府的违约责任；而引起政府侵权责任的原因行为必然是政府实施了侵害行政相对人合法利益并造成一定损失的侵权行为。政府违约行为的构成一般以行政合同的约定为衡量标准，而政府侵权行为属于事实行为，不仅要考察政府行为的法律性质，即是否属于合法行为，更需考察该行为是否造成行政相对人合法权益的损害，只要造成了行政相对人合法权益的损害，即使是合法的行政行为也需承担一定的行政补偿责任。由此可见，引起两种法律责任的原因行为是两种完全不同的行为。

（二）违反义务的性质不同

就违反义务的性质而言，政府违约责任是指对行政合同义务的违反而产生的责任，而合同义务不仅仅来源于合同双方当事人之间的约定，还包括法律规定的义务以及依据诚实信用原则产生的附随义务。政府侵权责任主要是对法律规定义务的违反，即作为行政权力的享有者，行政法律规范除了明确规定其应履行的义务外还赋予其保护公民合法利益的义务，而这也是其享有权力所必然应当承担的使命和责任，当行政主体违背这项义务时，则要承担一定的法律后果。此外，就政府违约责任所违反的义务而言，还具有一定的相对性，即是针对行政合同另一方当事人所应承担的特定义务，而政府侵权责任所违反的义务则是针对一般的、任意普通公民所应尽到的注意义务。

（三）结果要件不同

就结果要件而言，政府违约责任的成立不以政府违约行为切实导致的损害结果为构成要件，只要行政主体存在违约的行为，一般情况下则要对行政相对人承担相应的法律责任，损害结果只是作为政府违约责任的承担范围予以考虑。在政府侵权责任的成立要件中，则以政府侵权行为导致的损害结果为基本构成要件，即只有当行政侵权行为同时导致公民、组织的权益损害时，才可对行政主体追究政府侵权责任。

（四）责任追究范围不同

就责任的范围而言，法定的政府违约责任范围仅限于行政合同另一方行政相对人所遭受的财产损失，该财产损失的范围包括实际的财产损失①以及订立合同时可以预见的利润损失，而不包含在订立合同时未能预见到利益的损失以及精神上的损害赔偿。而政府侵权责任追究的范围则更加广泛，包括因行政侵权所造成公民、组织的各种损害，既包括财产损失，也包括因人身伤害所造成的损失以及精神损害赔偿等。

（五）责任承担方式不同

就责任的承担方式而言，政府违约责任的承担方式有两种，既有法律规定的责任承担方式，主要表现为损害财产的赔偿责任，也有行政合同双方在订立合同时所约定的违约金的责任承担方式，这种违约金的赔偿方式应当是赔偿性质而不是惩罚性质的。政府侵权责任的承担方式则是法定的，不仅表现为对财产损害的赔偿责任，还表现为对精神损害的赔偿或是消除危险、排除妨害的非财产方式。

典型案例6-2：萍乡市某房地产开发有限公司诉某市国土资源局不履行行政协议案②

【裁判摘要】

行政机关在职权范围内对行政协议约定的条款进行的解释，对协议双方具有法律约束力，人民法院经过审查，根据实际情况，可以作为审查行政协议的依据。

---

① 即包括对现有财产灭失、损害的赔偿以及因此支出的必要费用。
② 本案例裁判文书参见附录6。

【相关法条】

《中华人民共和国行政诉讼法》第 12 条

【基本案情】

2004 年 1 月 13 日，萍乡市土地收购储备中心受萍乡市肉类联合加工厂委托，经被告某市国土资源局（以下简称市国土局）批准，在《萍乡日报》上刊登了国有土地使用权公开挂牌出让公告，定于 2004 年 1 月 30 日至 2004 年 2 月 12 日在土地交易大厅公开挂牌出让 TG-0403 号国有土地使用权，地块位于萍乡市安源区后埠街万公塘，土地出让面积为 23173.3 平方米，开发用地为商住综合用地，冷藏车间维持现状，容积率 2.6，土地使用年限为 50 年。萍乡市某房地产开发有限公司（以下简称甲公司）于 2006 年 2 月 12 日以投标竞拍方式并以人民币 768 万元取得了 TG-0403 号国有土地使用权，并于 2006 年 2 月 21 日与被告市国土局签订了《国有土地使用权出让合同》。合同约定出让宗地的用途为商住综合用地，冷藏车间维持现状。土地使用权出让金为每平方米 331.42 元，总额计人民币 768 万元。2006 年 3 月 2 日，市国土局向甲公司颁发了萍国用〔2006〕第 43750 号和萍国用〔2006〕第 43751 号两本国有土地使用证，其中萍国用〔2006〕第 43750 号土地证地类（用途）为工业，使用权类为出让，使用权面积为 8359 平方米，萍国字〔2006〕第 43751 号土地证地类为商住综合用地。对此，甲公司认为约定的"冷藏车间维持现状"是维持冷藏库的使用功能，并非维持地类性质，要求将其中一证地类由"工业"更正为"商住综合"，但市国土局认为维持现状是指冷藏车间保留工业用地性质出让，且该公司也是按照冷藏车间为工业出让地缴纳的土地使用权出让金，故不同意更正土地用途。2012 年 7 月 30 日，萍乡市规划局向萍乡市土地收购储备中心作出《关于要求解释〈关于萍乡市肉类联合加工厂地块的函〉》中有关问题的复函，主要内容是：我局在 2003 年 10 月 8 日出具规划条件中已明确了该地块用地性质为商住综合用地（冷藏车间约 7300 平方米，下同）但冷藏车间维持现状。根据该地块控规，其用地性质为居住（兼容商业），但由于地块内的食品冷藏车间是目前我市唯一的农产品储备保鲜库，也是我市重要的民生工程项目，因此，暂时保留地块内约 7300 平方米冷藏库的使用功能，未经政府或相关主管部门批准不得拆除。2013 年 2 月 21 日，市国土局向某书面答复：一、根据市规划局出具的规划条件和宗地实际情况，同意贵公司申请 TG-0403 号地块中冷藏车间用地的土地用途由工业用地变更为商住用地。二、由于贵公司取得该宗地中冷藏车间用地使用权是按工业用地价格出让的，根据《中华人民共和国城市房地产管理法》之规定，贵公司申请 TG-0403 号地块中冷藏车间用地的土地用途由工业用地变更为商住用地，应补交土地出让金。补交的土地出让金可按该宗地出让时的综合用地（住宅、办公）评估价值减去的同等比例计算，即 297.656 万元 * 70% = 208.36 万元。三、冷藏车间用地的土地用途调整后，其使用功能未经市政府批准不得改变。甲公司于 2013 年 3 月 10 日向法院提起行政诉讼，要求判令被告将萍国用〔2006〕第 43750 号国有土地使用证上的地类用途由"工业"更正为商住综合用地（冷藏车间维持现状）。撤销被告"关于对市某房地产有限公司 TG-0403 号地块有关土地用途问题的答复"中第二项关于补交土地出让金 208.36 万元的决定。

【裁判结果】

江西省萍乡市安源区人民法院于 2014 年 4 月 23 日作出〔2014〕安行初字第 6 号行政判决：一、被告某市国土资源局在本判决生效之日起九十天内对萍国用〔2006〕第 43750 号国有土地使用证上的 8359.1m² 的土地用途应依法予以更正。二、撤销被告某市国土资源局于 2013 年 2 月 21 日作出的《关于对市某房地产开发有限公司 TG-0403 号地块有关土地用途的答复》中第二项补交土地出让金 208.36 万元的决定。宣判后，某市国土资源局提出上诉。江西省萍乡市中级人民法院于 2014 年 8 月 15 日作出〔2014〕萍行终字第 10 号行政判决：驳回上诉，维持原判。

【裁判理由】

法院生效裁判认为：行政协议是行政机关为实现公共利益或者行政管理目标，在法定职责范围内与公民、法人或者其他组织协商订立的具有行政法上权利义务内容的协议，本案行政协议即是市国土局代表国家与甲公司签订的国有土地使用权出让合同。行政协议强调诚实信用、平等自愿，一经签订，各方当事人必须严格遵守，行政机关无正当理由不得在约定之外附加另一方当事人义

务或单方变更解除。本案中，TG-0403 号地块出让时对外公布的土地用途是
"开发用地为商住综合用地，冷藏车间维持现状"，出让合同中约定为"出让
宗地的用途为商住综合用地，冷藏车间维持现状"。但市国土局与甲公司就该
约定的理解产生分歧，而萍乡市规划局对原萍乡市肉类联合加工厂复函确认
TG-0403 号国有土地使用权面积 23173.3 平方米（含冷藏车间）的用地性质是
商住综合用地。萍乡市规划局的解释与挂牌出让公告明确的用地性质一致，且
该解释是萍乡市规划局在职权范围内作出的，符合法律规定和实际情况，有助
于树立诚信政府形象，并无重大明显的违法情形，具有法律效力，并对市国土
局关于土地使用性质的判断产生约束力。因此，对市国土局提出的冷藏车间占
地为工业用地的主张不予支持。甲公司要求市国土局对"萍国用〔2006〕第
43750 号"土地证（土地使用权面积 8359.1 平方米）地类更正为商住综合用
地，具有正当理由，市国土局应予以更正。甲公司作为土地受让方按约支付了
全部价款，市国土局要求甲公司如若变更土地用途则应补交土地出让金，缺乏
事实依据和法律依据，且有违诚实信用原则。

第七章　政府之失职责任与渎职责任

政府责任的表现形式多种多样，它既可以是不作为政府责任，也可以是作为政府责任，还可以是内部政府责任或者外部政府责任，诸如此类，不胜枚举。根据主观心态的差异，政府责任可以分为政府失职责任和政府渎职责任。在实际的行政活动中，行政主体时常因没有履行其职责的失职行为而承担政府失职责任。所谓的政府失职是指行政主体负有某项行政职责，由于没有尽到注意义务的疏忽大意过失或由于过于自信的过失而导致的没有履行或没有完全履行其职责的行为，而政府失职责任则是由该政府失职行为所引起的法律责任。我国现行法律规范中对"失职"一词的使用并不少见。但在政府失职责任方面的研究，学界和实务界主要是从刑法方面去考量，而较少从行政法学的视角对此进行探讨。鉴于政府责任在规制行政行为方面的重要作用，政府责任方面的研究不能够、也不可能回避这个问题。

政府渎职则是指行政主体因利用职务上的便利徇私舞弊、滥用职权或不尽职责，妨害国家机关的正常活动，损害公众对于行政机关工作人员职务活动客观公正性的信赖的行为，而政府渎职责任即是由该政府渎职行为所引起的法律责任。政府渎职责任与政府失职责任存在本质上的区别，政府失职责任是指行政主体因为过失未履行或未完全履行自身职责所应承担的责任，而渎职责任则是指行政主体明知自己的职责并且能够履行，但却故意不予履行或者在履行职责的过程中实施超越职权等滥用职权的行为或不尽职责的行为而应承担的责任。孟德斯鸠曾说："一切有权力的人都容易滥用权力，这是万古不易的一条经验。"因此，基于社会契约、人民主权、责任行政等理论，我们有必要通过法律等制度化的手段来最大限度地规制政府职权行为。从行政法学的视角来说，就是通过制定政府责任法典来从根本上对政府渎职行为以及其应承担的后果责任予以规范。

第一节　政府失职与政府渎职的意涵

政府失职是指行政主体及行政工作人员依法应当履行职责却不履行或不完全履行职责的违法行政行为。所谓政府渎职是指国家行政机关或者其工作人员利用职务上的便利滥用职权、徇私舞弊或不尽职责，致使公、私利益遭受较为严重损失的行为。政府失职与政府渎职都是政府行政的可责性事由，是法治政府建设过程中应予规制的现象。

一、政府失职之意涵

"在现代社会，政府失职是违法行政行为的一种基本形态，因行政主体不履行职责或不正确履行职责造成的社会危害性越来越大，需要引起高度的注意。"① 研究政府失职责任，首先必须明确界定政府失职的内涵，形成由基本概念到具体制度的研究路径。

（一）"失职"的词源

在现代汉语中，"失职"一词的意思是指"没有尽到职责"②，或者说

---

① 江必新著：《法治中国的制度逻辑与理性构建》，中国法制出版社 2014 年版，第65 页。

② 参见《现代汉语词典》，商务印书馆 2005 年版，第 1228 页。

"疏于职务，未尽职责"以及"疏忽职守，未尽职责"①。在古代汉语中，"失职"一词作为"未尽职责"的意思出现，曾记载于《左传·昭公二十九年》，即"一日失职，则死及之"，以及《史记·卷七·项羽本纪》，即"汉王失职，欲从关中，如约即止，不敢东"。此外，古代汉语关于"失职"的含义还有"失业、失所"之意，在《周礼·地官·大司徒》中有记载："十日以世事教能，则民不失职。"《晋书·卷四六·刘颂传》中也有记载："豪强横肆，则百姓失职矣。"

在英文当中，根据《布莱克法律词典》和《元照英美法词典》的介绍，"失职"一词均表述为"Breach of Duty"，其中《元照英美法词典》将失职（Breach of Duty）的含义阐述为"一般意义上是指对法律或道德义务的违反或疏忽。通常特指政府官员或其他有受信义务者（Fiduciary）有过错或未能以正当、合适的方式履行其职责"。② 由此可见，无论是在中国古代的语境中还是现代的语境中，也无论是在中国的文化或是外国的文化当中，"失职"一词可通用的含义是指"疏于职守，未尽职责"，换言之，即行为人基于一定的过错而未履行其职责应尽到的义务。在我国的文化当中，"失职"内涵的过错则更倾向于"疏忽过失"，而不包含"故意"。

（二）政府失职的概念

如欲准确厘清政府失职之意涵，首先需要对行政职权和行政职责进行分析和界定。所谓行政职权，是指特定行政机关依法享有的、对某一类或某一个行政事务、以特定行为方式进行管理的权力。③ 行政职权是行政权力的具体转化形式，其具体地说明行政主体可以为何种行为。行政职责则是指行政机关或其公务人员为实现行政目标所应当承担，与其法定职权密切相关，并以其行政职

---

① 参见辞海在线查询，http://www.cihai123.com/cidian/1078540.html，2019年10月6日访问。

② 参见《元照英美法词典》，法律出版社2003年版，第173页。

③ 参见高家伟：《论行政职权》，载《行政法学研究》1996年第3期。

权为实现保障的具有法律意义的强制性义务。① 行政职权是国家行政机关为实现行政目标、履行行政职责所享有的，并且须在法律规定的范围内行使的，管理国家各项行政事务的一种国家权力。② 为让行政主体顺利履行行政职责，法律赋予行政主体一定的行政职权。行政职责是行政职权的目的，行使行政职权就是为了实现行政职责，而行政职权则是实现行政职责的工具和手段。行政职权是为行政职责服务的。从这个角度而言，行政主体享有行政职权的同时，也负有行使职权以达到一定行政目的的职责。"虽然有的法律从权力角度规定行政职权，而有的法律却从义务角度规定行政职权，但其含义没有差别。"③ 然而，行政职责与行政职权并非一一对应，换言之，行政职责的范围可宽于行政职权。行政职权必然有与之相对应的行政职责存在，而行政职责的设定范围却广于行政职权，它还可依据自然公理或科学规律而设定。"行政职责的第二个层次是客观性，即客观上必须存在的职责，客观职责具有公理性。凡行政机关行使职权都必须履行，否则即构成行政违法或违纪。如尊重自然科学规律和人类理性，尊重相对人的人格尊严，保护相对人对人民政府的真诚的信任等等。"④

我国现行法律规范中对"失职"一词的使用并不少见。如《宪法》第 41 条规定，"中华人民共和国公民对于任何国家机关和国家工作人员，有提出批评和建议的权利；对于任何国家机关和国家工作人员的违法失职行为，有向有关国家机关提出申诉、控告或者检举的权利，但是不得捏造或者歪曲事实进行诬告陷害"。《计量法》第 29 条规定，"计量监督人员违法失职，情节严重的，依照刑法有关规定追究刑事责任；情节轻微的，给予行政处分"。《国境卫生检疫法》第 23 条规定，"国境卫生检疫机关工作人员，应当秉公执法，忠于

---

① 参见孟鸿志等著：《中国行政组织法通论》，中国政法大学出版社 2001 年版，第 240 页。

② 参见丁雪鸣：《工商主管机关在企业登记审查中的行政法律责任研究》，复旦大学 2009 年硕士论文，第 9 页。

③ 参见高家伟：《论行政职权》，载《行政法学研究》1996 年第 3 期。

④ 参见高家伟：《论行政职权》，载《行政法学研究》1996 年第 3 期。

职守，对入境、出境的交通工具和人员，及时进行检疫；违法失职的，给予行政处分，情节严重构成犯罪的，依法追究刑事责任"。《公务员法》第87条第3款规定，"领导成员因工作严重失误、失职造成重大损失或者恶劣社会影响的，或者对重大事故负有领导责任的，应当引咎辞去领导职务"。对这些有关于政府失职的法律规范加以归纳总结，可以得出以下两个结论：（1）政府失职是承担政府责任的逻辑前提。（2）政府失职与行政主体或其公务人员没有履行或者没有完全履行其职责相关。

由此可见，政府失职的概念是与行政职责的概念相联系的。而在我国的语境中，所谓"失职"与主观上的"疏忽"有关联，或者也可以这样理解，"失职"一词当中的"失"字是指"过失"之意。依据我国法律语境对"过失"的理解，过失包含疏忽大意的过失和过于自信的过失。就此而言，结合我国的词源语境，政府失职是指行政主体及其公务人员负有某项行政职责，由于主观上的疏忽大意或是出于过于自信的过失而导致的未履行或未完全履行其职责的行为。行政职责对于每一个行政主体或其公务人员来说，都是具体的，只有当其负有某种职责而未履行或未完全履行之时，才构成政府失职。在实践活动当中，行政主体的职责往往是由具体的公务人员承担的，若公务人员不履行其职责即意味着行政主体的失职。

（三）政府失职之特征

通过上述对于政府失职的意涵的阐释，可以发现政府失职具有以下显著特征。

其一，以行政主体或其公务人员负有相应职责为前提。政府失职是指行政主体没有完全履行其职责的违法行为，因而行政主体负有法定或者约定的义务是构成政府失职的前提条件。同时行政主体或其公务人员的职责应当是特定的，如《人民警察法》第21条规定："人民警察遇到公民人身、财产安全受到侵犯或者其他危难情形，应当立即救助；对公民提出解决纠纷的要求，应当给予帮助；对公民的报警案件，应当及时查处。"这是法律赋予人民警察的特定职责，如若其在公民人身、财产安全受到侵犯时因过失未能予以及时施救，则构成政府失职，但同样的情形如若是其他部门如环境保护部门的工作人员未能及时施救则不构成政府失职，因为救助公民并非是法律赋予环保部门的特定职责。①

其二，行为人在主观上是过失，即行为人在主观上由于没有尽到最大的注意义务，从而未能或未完全履行其职责。如负有监管职责的监狱管理人员，在值班期间睡觉使得犯人逃脱，则可能构成政府失职。

其三，政府失职是指行政主体及其公务人员违反积极作为义务的情形，包括完全不作为的行政违法行为和部分作为或未正确作为的行政违法行为。不作为的政府失职主要表现为"拒不履行法定职责"或"拖延履行法定职责"两种形式。部分作为的行政违法行为是指行政主体及其公务人员只履行了一部分的行政作为义务而未完全履行所有行政作为义务的行为，同样属于政府失职的行为；不正确作为的行政违法行为是指行政主体及其公务人员未正确按照其应当作为的行政义务要求实施行政行为，而实施了错误的行政行为，也构成政府失职。其中，需要注意的是不作为的政府失职与政府作出"否定性决定"之间的区别。前者是指政府负有某种法定职责且其具备履行职责的能力，但未能履职；后者则是指政府已经履行其法定职责，只是其履职结果于相对人而言是一种"否定性评价"，在这种情形下，即使政府作出的"否定性决定"违法，也不能将其认定为政府失职。

（四）政府失职之分类

依据行为人的行为表现形式、行政行为的依据、主体的种类等，我们可以将政府失职划分为不同的类型。尽管如此，以下两种划分类型应为最常见、通用的方式。

其一，根据行政行为依据的不同，可以将政府失职划分为不履行法定职责

---

① 参见胡建淼主编：《行政法与行政诉讼法》，中国法制出版社 2010 年版，第 434 页。

的失职和不履行其他因合法合理原因而产生的职责的失职。① 前者指行政主体及其公务人员负有法律、法规以及规章设定的职责，且其有能力履行，但却因过失而未予履行或者不彻底履行的行为或事实状态。后者则是由于现代服务型政府观念的兴起，行政合同、行政指导等多种行政行为方式的出现，致使行政职责的来源越来越呈现出多样化趋势。因此行政主体及其公务人员可能负有因行政合同、行政承诺等产生的职责，如其因过失不予履行或未完全履行上述职责，其也应承担相应失职责任。②

其二，根据行为表现形式的不同，政府失职可以分为拒不履行法定职责的失职和拖延履行法定职责的失职。前者指行政主体对于法定或约定的作为义务，明确表示不履行或者在法定的期限内不予履行，后者指行政主体在法律没有明确规定义务的履行期限或者未约定有履行期限的情况下，经行政相对人的多次申请仍然不予履行。③

（五）政府失职与相关概念之区分

在我国相关学术著作和法律文件中，"政府失职"的提法较为少见，而在学者的著作中也是常常用其他概念来阐述"政府失职"的含义。其中，尤为显著的便是"行政不作为"与"政府失职"概念之间的混用。就行为模式而言，两者均表现为不履行或不完全履行法定职责的行政行为，因而在概念使用的过程中常常将两者相混淆。为进一步明确政府失职的含义，厘清概念之间的界限，有必要对两者进行一定程度的区分。

1. 行政不作为的概念界定

关于行政不作为的定义，学者的观点较多。罗豪才教授认为："行政不作

---

① 参见何峥嵘：《行政失职及其法律责任》，载《广西政法管理干部学院学报》2006年第4期。

② 何峥嵘：《行政失职及其法律责任》，载《广西政法管理干部学院学报》2006年第4期。

③ 参见张正钊主编：《行政法与行政诉讼法》，中国人民大学出版社2004年版，第245页。

为是指行政主体依行政相对人的合法申请，应当履行也有可能履行相应的法定职责，但却不履行或者拖延履行的行为形式。"① 孙笑侠教授认为："行政不作为是指行政主体以消极的、间接的对客体发生作用的方式所进行的活动，表现为不作出一定的动作。"② 皮纯协教授和胡建淼教授认为："行政不作为是行政主体对一定行政行为的抑制，即拒绝作出一定的行为。"③ 朱新力教授认为，行政法上一般所探讨的行政不作为其实更应该表述为行政不作为违法，即"是指行政主体（通过其工作人员）有积极实施法定行政作为的义务，并且能够履行而未履行（包括没有正确履行）的状态"。④ 周佑勇教授认为："行政不作为是行政主体及其工作人员负有某种作为的法定义务，并且具有作为的可能性而在程序上逾期有所不为的行为。"⑤ 也有学者认为，行政不作为并非必然违法，合法的行政不作为是行政职能发挥作用的重要形式。⑥

由此可见，学界对于行政不作为的概念理解既存在共性也存在差异。所谓的共性是指，学界对于行政不作为的"消极"行为方式的认同，这里的"消极"不含负价值的意思，而仅仅是指法理上对行为进行的划分种类之一。在法理上，以"积极"和"消极"的方式将行为分为作为与不作为两种行为方式，"积极行为亦称'生产行为'，是指行为人以积极的、直接对客体发生作用的方式进行的活动，表现为作出一定动作或动作系列。消极行为亦称'省略行为'，是指行为人以消极的、间接对客体发生作用的方式所进行的活动，往往表现为不作出一定的动作或动作系列。"⑦ 作为，即是指积极行为，而不作为，即指的是消极行为。从这个意义上来说，行政不作为同样具有法理上对

① 罗豪才主编：《中国司法审查制度》，北京大学出版社 1993 年版，第 168 页。
② 孙笑侠著：《法律对行政的控制》，山东人民出版社 1999 年版，第 223 页。
③ 皮纯协、胡建淼主编：《中外行政诉讼法词典》，东方出版社 1989 年版，第 172 页。
④ 朱新力：《论行政不作为违法》，载《法学研究》1998 年版，第 2 期。
⑤ 周佑勇：《论行政不作为》，载罗豪才主编：《行政法论丛》，法律出版社 1999 年版，第 251 页。
⑥ 参见王世涛：《论行政不作为侵权》，载《法学家》2003 年第 6 期。
⑦ 张文显著：《法学基本范畴研究》，中国政法大学出版社 1993 年版，第 152 页。

于不作为的定义内涵，这也是学界对于行政不作为所普遍认同的一点，即所谓的"不履行义务"或"拖延履行义务"均指的是消极的行为方式。而学界对于行政不作为概念内涵主要的分歧观点便在于，其究竟是违法行为还是合法行为，抑或是一个中性词语，不带有法律评价的意思。从上述观点可知，大多数学者认为行政不作为是对法定义务的不履行或不完全履行的消极行为，因而是违法行政行为，然而，从法理学的角度来看，不作为本身不带有任何价值的内涵，因而行政不作为也应当是一个中性的词语，不是必然与违法相关的。事实上，以不作为的方式呈现的行政行为也存在合法的情况，譬如，当行政人员在执行公务时不得违背程序侵入相对人的住宅进行突击检查，这便是合法的行政不作为。而从法定义务的角度来看，法定义务存在积极作为的义务和消极不作为的义务，当行政主体依据法律规定的要求履行不作为义务而消极不作为时，即是合法的行政不作为，当行政主体违背法定积极的作为义务而消极不作为时，则是违法的行政不作为。就此而言，在未有明确规定行政不作为属于违法行为时，理应遵守词语本来的含义，将行政不作为定义为一个中性词语，未包含法律否定评价的意思在内，既可能构成合法行为也可能构成违法行为。因此，行政不作为是指行政主体以消极的、间接对客体发生作用的方式所进行的行政行为，而行政不作为违法则是指行政主体对其应当履行的法律规定的积极作为义务，在有能力履行的情况下而不履行或不完全履行的情况。其中，法律规定的义务则既包括程序上的义务也包括实体上的义务。从这个方面来看，行政不作为违法与政府失职是存在相同之处的，它们都要求客观上存在行政主体对"法定义务的不履行或不完全履行"的情况。但进一步分析，便可知两者间是存在较大差异的。

2. 政府失职与行政不作为的区别

目前，由于我国行政法学界对政府失职的关注和研究较少，几乎没有学者对政府失职与行政不作为进行区分，而是将两者混为一谈，但两者之间是存在本质区别的。具体而言，可以从以下几个方面展开阐述。

其一，行为表现方式不同。行政不作为是指行政主体以消极、间接对客体发生作用的方式进行的行政活动，通常表现为不作出一定的动作或动作系列，即保持客体的不变或容许、放任客体自身发生的变化不加干预。在法律规定当中，以法律义务的方式来呈现，行政不作为合法则是指行政主体履行法律所规定的消极不作为义务而消极地不实施一定行为的情况，行政不作为违法则是指行政主体违背法律所规定的积极作为义务而消极地不实施一定行为的情况。因此，行政不作为既可以表现为合法行为也可以表现为违法行为的方式。政府失职则仅指的是行政主体负有履行法定义务的职责而消极不作为的情况，即属于违法行为。其表现方式主要包括不履行法定义务或者不完全履行法定义务。

其二，主观要件不同。评价某一行政主体是否具有行政不作为违法的情形，主要从法定职责、作为的可能性和不履行职责这三个要素判断，因为"在不作为中并不像作为那样具有明显的行为形态，很难通过不作为人的行为形态来判断行为人的主观意志状态"[1]，对于行政不作为违法的主观构成要件主要以行政主体是否具有履行义务的客观可能性为参考标准，即"可以是否存在不可抗力之非主观意志的阻却为标准，不可抗力范围之外即为主观意志的范围"。[2] 换言之，行政不作为违法对主观意志的考量是以客观上是否存在阻却事由为判断标准的。由于主观状态的难以认定，实践中以客观的衡量标准进行了转化处理，对行政不作为采用推定"过错"的心理认定，只有当客观上存在阻却事由的情况下才推翻该主观认定，阻却主观上的过错。否则，行政主体在不履行或不完全履行其法定作为义务之时，即构成行政不作为违法。而该过错心理既可能是过失也可能是故意。政府失职则不一样，其是指行政主体负有某项行政职责，由于疏忽大意的过失或过于自信的过失而导致客观行为上没有履行或未完全履行其职责，因而构成行政违法的情形，行政主体对该违法行为

---

① 周佑勇：《行政不作为构成要件的展开》，载《中国法学》2001 年第 5 期。
② 周佑勇：《行政不作为构成要件的展开》，载《中国法学》2001 年第 5 期。

仅存在过失而不包括故意。

典型案例 7-1：某银行股份有限公司、北镇市某商品混凝土有限公司城乡建设行政管理：房屋登记管理（房屋登记）二审案 ①

【裁判摘要】

被上诉人北镇市某房地产管理处在为涉案房屋办理转移登记时没有尽到审查义务，在缺乏建设用地使用权证明、建设工程符合规划的证明、房屋已竣工的证明、房屋测绘报告，以及缺乏房屋所有权证书或房地产权证书等必备要件的情况下办理登记，存在失职的情况，并导致了程序上的违法，且另有生效的刑事判决作为程序违法的佐证程序违法的事实。根据《中华人民共和国行政诉讼法》第70条第一项和第三项的规定，涉案的31间门市房的房屋所有权证应予撤销。

【相关法条】

《中华人民共和国行政诉讼法》第 70 条、第 89 条

【基本案情】

2013 年 10 月 14 日，辽宁某农业科技股份有限公司（以下简称甲公司）董事长朱某某派工作人员张某某（现已离职）用公司职员胡某某（现已离职）的身份证复印件到北镇市某房地产管理处办理 31 间门市房（包括本案和涉案的另外 30 个门市房屋）的房屋所有权证。北镇市某房地产管理处依据胡某某与乙公司之间的认购协议，为胡某某办理房屋产权证，产权证号：北镇市房权证富国社区字第××号，载明：房屋所有权人胡某某，房屋坐落于沟帮子镇富国社区××号门市，建筑面积 197.64 平方米。并同时办理了上述其他 30 个门市的房屋产权证。2014 年 12 月 27 日，辽阳银行与甲公司签订了 2014（辽阳同信）字 0177 号流动资金借款合同和 2014（辽阳同信抵）字 0177 号抵押合同，以胡某某名下房产做抵押并依法办理了抵押登记，抵押金额 1500 万元，

_____

① 本案例裁判文书参见附录 7。

在办理了抵押登记手续后（北镇市某房地产管理处受理并依法颁发了他项权证），某银行股份有限公司向甲公司发放了贷款。之后，北镇市某商品混凝土有限公司起诉到法院，要求北镇市某房地产管理处撤销上述31间门市房的房屋产权证。一审法院认为，被告北镇市某房地产管理处作出具体行政行为主要证据不足，违反法定程序，并判决撤销北镇市某房地产管理处于2013年10月14日为第三人胡某某颁发的房屋所有权证，房屋所有权证号：北镇市房权证富国社区字第××号。宣判后，上诉人某银行股份有限公司不服，提起了二审。

【裁判结果】

一、撤销辽宁省北镇市人民法院〔2018〕辽0782行初25号行政判决；

二、确认被上诉人北镇市某房地产管理处为第三人胡某某颁发的房屋所有权证（房屋所有权证号：北镇市房权证富国社区字第××号）行为违法。

三、二审案件受理费各50元，共计100元，由被上诉人北镇市某房地产管理处负担。

【裁判理由】

法院生效判决认为：被上诉人北镇市某房地产管理处于2013年10月14日为第三人胡某某颁发的房屋所有权证行为的合法性，应该适用当时的法律，即《房屋登记办法》。关于被诉的房屋登记行为的合法性问题。第一，房屋登记行为的基础法律关系即：上诉人胡某某与案外人乙公司之间的认购协议非认购双方真实意思表示。经查，被上诉人甲公司董事长朱某某派工作人员张某某（现已离职）用公司职员胡某某（现已离职）的身份证复印件到被上诉人北镇市某房地产管理处办理涉案的31间门市房的房屋所有权证。在一审庭审中，上诉人胡某某的代理人称是甲公司借用胡某某的身份证复印件办理的房屋所有权证，胡某某不知情。第二，房屋登记程序违反《房屋登记办法》。根据《房屋登记办法》第30条规定：因合法建造房屋申请房屋所有权初始登记的，应当提交下列材料：（一）登记申请书；（二）申请人身份证明；（三）建设用地使用权证明；（四）建设工程符合规划的证明；（五）房屋已竣工的证明；

（六）房屋测绘报告；（七）其他必要材料。经查，涉案房屋没有经过初始登记，而是通过伪造认购协议直接进行转移登记。根据《房屋登记办法》第32条第一项规定："发生下列情形之一的，当事人应当在有关法律文件生效或者事实发生后申请房屋所有权转移登记：（一）买卖。"第33条规定："申请房屋所有权转移登记，应当提交下列材料：（一）登记申请书；（二）申请人身份证明；（三）房屋所有权证书或者房地产权证书；（四）证明房屋所有权发生转移的材料；（五）其他必要材料。"经查，被上诉人北镇市某房地产管理处在为涉案房屋办理转移登记时没有尽到审查义务，在缺乏建设用地使用权证明；建设工程符合规划的证明；房屋已竣工的证明；房屋测绘报告。缺乏房屋所有权证书或房地产权证书等必备要件的情况下办理登记程序违法。另有生效的刑事判决作为程序违法的佐证程序违法的事实，辽宁省北镇市人民法院〔2016〕辽0782刑初111号生效的刑事判决书认定，"2013年10月，被告人于某源在任北镇市某房地产管理处处长期间，受时任北镇市沟帮子镇党委书记王某的授意，在明知上述31间门市房不符合法律规定的情况下，安排时任北镇市某房地产管理处副处长的被告人郑某峰、时任北镇市某房地产管理处科长的被告人毕某丽，将北镇市沟帮子镇××小区31间门市房办理房地产过户登记"。综上，根据《中华人民共和国行政诉讼法》第70条第一项和第三项的规定，涉案的31间门市房的房屋所有权证应予撤销。关于善意取得的问题。根据《最高人民法院关于审理房屋登记案件若干问题的规定》第11条第3款之规定，被诉房屋登记行为违法，但判决撤销将给公共利益造成重大损失或者房屋已为第三人善意取得的，判决确认被诉行为违法，不撤销登记行为。本案中，某银行股份有限公司的抵押权是否存在善意取得是本案的焦点问题。《中华人民共和国物权法》第106条规定，无处分权人将不动产或者动产转让给受让人的，所有权人有权追回；除法律另有规定外，符合下列情形的，受让人取得该不动产或者动产的所有权：（一）受让人受让该不动产或者动产时是善意的；（二）以合理的价格转让；（三）转让的不动产或者动产依照法律规定应当登记的已经登记，不需要登记的已经交付给受让人。受让人依照前款规定取得不动产或者动产的所有权的，原所有权人有权向无处分权人请求赔偿损失。当事人善意取得其他物权的，参照前两款规定。本案中，上诉人辽阳银行与被上诉人甲公司于 2014 年 12 月 27 日签订了 2014（辽阳同信）字 0177 号流动资金借款合同和 2014（辽阳同信抵）字 0177 号抵押合同，以被上诉人胡某某名下房产做抵押并依法办理了抵押登记，抵押金额 1500 万元，在办理了抵押登记手续后，上诉人辽阳银行向被上诉人甲公司发放了贷款。关于辽阳银行善意取得的要件构成问题，其满足第二、三项条件。关于第（一）项是否满足善意条件，根据《最高人民法院关于适用〈中华人民共和国物权法〉若干问题的解释（一）》第 15 条规定，受让人受让不动产或者动产时，不知道转让人无处分权，且无重大过失的，应当认定受让人为善意。首先，关于抵押权人是否应对产权证作实质性审查的问题。本院认为，产权证所记载的内容是否真实、准确，系由国家行政机关依法定程序审查后作出确认，该行政行为一旦作出，即具有物权公示公信的效力，非依法定程序不得撤销。无论其记载的内容是否与实际相符，相对人均有理由相信该产权证的真实性。与产权证上的权利人进行交易的第三人，其所取得的权利仍受法律保护。其次，我国法律、行政法规并未规定抵押权人在接受抵押时负有对抵押物的产权证做实质性审查的义务。尤其明确的是某银行股份有限公司接受抵押时，胡某某的产权问题并不存在争议，某银行股份有限公司基于对产权证记载内容的信任而接受抵押，其主观上并无过错。同时，北镇市某商品混凝土有限公司所提交的数份证据均不能证明某银行股份有限公司在接受抵押时明知涉案房屋属北镇市某商品混凝土有限公司所有，亦不能证明某银行股份有限公司与辽宁某农业科技股份有限公司恶意串通，共同以欺诈的方式去办理房屋产权证，故不能认定某银行股份有限公司接受抵押时存在过错。

综上，被上诉人北镇市某房地产管理处作出房屋登记行为主要证据不足，违反法定程序，应予撤销，但房屋已为上诉人某银行股份有限公司善意取得抵押权，故应判决确认被诉行为违法，不撤销登记行为。原审法院适用法律错误，应予纠正。

典型案例 7-2：王某某诉甲县人民政府行政不作为案①

【裁判摘要】

在不履行法定职责的案件中，判断行政机关是否存在不作为不能以其形式上是否实施了某个行为为标准，而应当以其实质上是否对法定职责作出响应为依据。本案中，被告甲县人民政府委托乙镇人民政府调查相关情况，但对于上报材料不作任何审查，所作结论不符合客观事实，实质上并未履行《中华人民共和国村民委员会组织法》第 31 条规定的调查核实、责令公布职责。

【相关法条】

《中华人民共和国行政诉讼法》第 69 条、第 72 条

【基本案情】

王某某是甲县乙镇沙埠村村民，一直关注沙埠村的发展建设。近期听闻沙埠村拖欠政府巨款的消息，欲知悉沙埠村的村内行政事务和村内财产事务的真实情况，于 2019 年 6 月 17 日向沙埠村村民委员会提交了多份村务公开申请，内容为：因甲县乙镇沙埠村青田三达仪表厂等 18 个项目而征收沙埠村集体土地：1. 征地补偿安置协议。2. 征地补偿款到账证明。3. 征地补偿款分配使用方案的村民代表会议决议及代表签名。4. 征地补偿款分配支出的村民签名登记文件。5. 每户青苗和地上附着物补偿费的亩数、种植物种类、补偿标准、补偿总额和支付明细文件。沙埠村村民委员会值班工作人员以村委会主任刘某某不在为由拒绝接收。2019 年 6 月 20 日，乙镇沙埠村村民委员会终于签收了村务公开申请书，但至今未依法公开村务信息。王某某无奈向甲县人民政府申请要求查处沙埠村村民委员会的违法行为。2019 年 7 月 17 日，王某某将请求查处沙埠村村民委员会不依法公开村务的申请书通过邮政 EMS 邮寄给甲县人民政府，甲县人民政府仍未履行其法定职责。因此，王某某将甲县人民政府诉诸法院，要求其履行法定职责。

【裁判结果】

一、责令被告甲县人民政府针对原告王某某 2019 年 7 月 17 日提交的《请

---

① 本案例裁判文书参见附录 8。

求查处沙埠村村民委员会不依法公开村务的申请书》于本判决生效之日起六十日内依法履行调查核实、责令公布的职责；

二、驳回原告王某某的其他诉讼请求。

【裁判理由】

法院生效判决认为：本案系原告王某某不服被告甲县人民政府在法定期限内未就其提交的《请求查处沙埠村村民委员会不依法公开村务的申请书》履行调查核实、责令改正职责而提起的诉讼，争议焦点在于被告是否存在不履行法定职责的情形。《中华人民共和国行政诉讼法》第47条第1款规定，公民、法人或者其他组织申请行政机关履行保护人身权、财产权等合法权益的法定职责，行政机关在接到申请之日起两个月内不履行的，公民、法人或者其他组织可以向人民法院提起诉讼。法律、法规对行政机关履行职责的期限另有规定的，从其规定。《中华人民共和国村民委员会组织法》第30条规定，村民委员会实行村务公开制度。村民委员会应当及时公布下列事项，接受村民的监督：（一）本法第二十三条、第二十四条规定的由村民会议、村民代表会议讨论决定的事项及其实施情况；（二）国家计划生育政策的落实情况；（三）政府拨付和接受社会捐赠的救灾救助、补贴补助等资金、物资的管理使用情况；（四）村民委员会协助人民政府开展工作的情况；（五）涉及本村村民利益，村民普遍关心的其他事项。前款规定事项中，一般事项至少每季度公布一次；集体财务往来比较多的，财务收支情况应当每月公布一次；涉及村民利益重大事项应当随时公布。村民委员会应当保证所公布事项的真实性，并接受村民的查询。第31条规定，村民委员会不及时公布应当公布的事项或者公布的事项不真实的，村民有权向乡、民族乡、镇的人民政府或者县级人民政府及其有关主管部门反映，有关人民政府或者主管部门应当负责调查核实，责令依法公布；经查证确有违法行为的，有关人员应当依法承担责任。根据查明的事实，原告向被告提出查处申请的时间为2019年7月17日，被告在接到申请之日起两个月内虽已要求乙镇人民政府调查并上报情况，但在乙镇人民政府没有证据佐证即上报沙埠村村民委员会已依法主动公开村务的情况下，未履行调查核实职责，且在调查材料显示沙埠村村民委员会没有依原告申请公开村务的情况下，未履行责令公布职责。在不履行法定职责的案件中，判断行政机关是否存在不作为不能以其形式上是否实施了某个行为为标准，而应当以其实质上是否对法定职责作出响应为依据。本案中，被告委托乙镇人民政府调查相关情况，但对于上报材料不作任何审查，所作结论不符合客观事实，实质上并未履行《中华人民共和国村民委员会组织法》第31条规定的调查核实、责令公布职责。在本案诉讼中，被告书面告知原告调查结论，该行为不能等同于履职行为本身，不适用《最高人民法院关于适用〈中华人民共和国行政诉讼法〉的解释》第81条第4款的规定。

二、政府渎职之解释

关于"渎职"的理解，我们一般是基于刑事渎职犯罪的规定而了解其内涵的，即在刑法当中，渎职类犯罪是指国家机关工作人员在履行职责或者行使职权过程中，玩忽职守、滥用职权或者徇私舞弊，致使国家财产、国家和人民利益遭受重大损失的行为。迄今为止，我国对政府渎职行为的研究还尚不深入，相关的政府渎职概念也存在一定争议。对于什么是政府渎职、政府渎职的特征、政府渎职的类型化等问题的研究均有待深入。

（一）"渎职"的词源

在现代汉语中，"渎职"一词包含"不尽职"，即在执行任务时犯错误①，或者说"有亏职守"②，通常是指相关主体没有尽到其应尽之职责，在执行职务时犯严重过错的情形③，即"渎职"是指行为人因过错而导致的未尽职责的情形，该过错包括故意和过失。根据《布莱克法律词典》和《元照英美法词典》的介绍，"渎职"一词在英文中的表述为"Malpractice"，指的是"专业

---

① 参见《新编现代汉语词典》，吉林大学出版社2003年版，第268页。
② 参见辞海在线查询，http://www.cihai123.com/cidian/1098264.html，2019年10月12日访问。
③ 参见《现代汉语词典》，商务印书馆1996年版，第311页。

人员的失职行为；渎职行为；不端行为"①，即一般是指专业人员因一定的过错未能履行其职责而导致损害后果的情形。因此，此处的"渎职（Malpractice）"也包含行为人因故意和过失两种过错而导致的职业不端行为。

（二）政府渎职的概念

在法学界，"渎职"一词常出现在渎职犯罪当中，学界对于政府渎职的概念提及较少。然而，如果以构成犯罪行为之渎职行为代替所有渎职行为则有以偏概全之嫌；如果仅研究渎职犯罪行为而不研究政府渎职行为，则无异于"收之东隅，却失之桑榆"。因此，有必要对政府渎职行为进行一定的研究，以丰富法学理论成果，同时也有利于完善政府责任的框架体系。而要探寻政府渎职的内涵还需从渎职犯罪当中的"渎职"内涵入手。

在刑法学当中，所谓"渎职"主要指的是"渎职罪"，而关于渎职罪的含义，存在广义和狭义之分。广义的渎职罪是指"国家机关或者其工作人员滥用职权、玩忽职守或者徇私舞弊，妨害国家机关的正常活动，致使公共财产或者国家和人民利益遭受重大损失或者侵吞、挪用或者私分国有资产，情节恶劣或者后果较为严重的行为"②，即除了包括《刑法》分则第九章"渎职罪"所规定的犯罪外，还包括其他章节涉及的相关渎职性犯罪，譬如，《刑法》分则第八章所规定的贪污贿赂罪等。狭义的渎职罪则是指"国家机关工作人员在行使职权或者履行职责的过程中，玩忽职守、滥用职权或者徇私舞弊，妨害国家正常的职责活动，致使公共财产、国家和人民利益遭受重大损失的行为"③，即指的是《刑法》分则第九章所规定的"渎职罪"这一类犯罪。由此可见，刑法当中的"渎职"并非一般的渎职违法行为，而是具有严重社会危害性足以构成犯罪的渎职行为。此外，渎职罪④还具有主体、客体、客观方面的特殊

---

① 参见《元照英美法词典》，法律出版社 2003 年版，第 888 页。

② 林随安，褚玉梅著：《行政渎职违法犯罪的认定和处理》，中国方正出版社 2001 年版，第 59 页。

③ 贾济东著：《渎职罪构成研究》，知识产权出版社 2007 年版，第 24 页。

④ 此处的"渎职罪"是指广义概念上的渎职罪概念。

性。就渎职罪的主体而言，是指国家机关及其工作人员，即包括权力机关、行政机关、审判机关、检察机关、监察机关、军事机关及其工作人员，以及依照全国人大常委会立法解释规定的其他从事公务的以国家机关工作人员论的人员。① 就渎职罪的侵犯客体而言，一般是指国家机关正常的管理秩序或活动秩序，此外，也包含公共财产安全或是公民的人身权益的复杂客体。② 就渎职罪的客观方面而言，表现为滥用职权、玩忽职守或是徇私舞弊，致使公共财产或国家和人民利益遭受重大损失或是侵吞、挪用、私分国有资产等其他渎职性行为，情节恶劣或者后果严重的情况。③

就此而言，在渎职犯罪构成的标准之下，即为一般的渎职违法行为。这里主要指的是社会危害程度没有达到严重的程度，未构成犯罪的渎职情况，属于一般的渎职违法行为，相应地，其也具有广义和狭义之分。广义的渎职违法行为是指国家机关或者其工作人员滥用职权、玩忽职守或者徇私舞弊，妨害国家机关正常的职责活动，致使公共财产或者国家和人民利益遭受一定损失或者侵吞、挪用、私分国有资产等其他渎职性行为，情节较为恶劣或后果较为严重，但尚未构成犯罪的行为。狭义的渎职违法行为是指国家工作机关人员滥用职权、玩忽职守或者徇私舞弊，妨害国家机关正常的职责活动，致使公共财产或者国家和人民利益遭受一定损失的，尚未构成犯罪的行为。

政府渎职作为一般的渎职违法行为，与渎职犯罪既存在联系也存在差异。即政府渎职是指未达到渎职犯罪危害程度的一般渎职违法行为，当其危害程度超过一般违法程度达到严重社会危害程度并触犯刑法之时则构成渎职犯罪。因此，政府渎职概念有其存在的独立价值。依据一般渎职违法行为的概念内涵，

① 参见黄现师著：《渎职罪犯罪构成研究》，中国政法大学出版社2013年版，第7页。

② 参见黄现师著：《渎职罪犯罪构成研究》，中国政法大学出版社2013年版，第153~154页。在此处之所以用"或是包含"，是因为渎职罪侵犯的客体可能涉及复杂客体，即除了国家机关正常的管理秩序或活动秩序外，还可能侵害到公共财产安全或是公民个人的人身权益，或是这三种法益都有侵害。

③ 参见林随安、褚玉梅著：《行政渎职违法犯罪的认定和处理》，中国方正出版社2001年版，第60页。

政府渎职也有广义和狭义之分。广义的政府渎职是指国家行政主体及其工作人员滥用职权、玩忽职守、徇私舞弊，妨害行政机关正常职能活动，致使公共财产或者国家和人民利益遭受一定损失，或者是侵吞、挪用、私分国有资产等其他行政渎职性行为，并且具备一定情节或者造成一定危害后果的行为。狭义的政府渎职是指国家行政机关及其工作人员滥用职权、徇私舞弊或者不尽职责，妨害国家行政机关正常的职责活动，致使公共财产或者国家和人民利益遭受一定损失的行为。一般而言，政府渎职指的是狭义概念上的政府渎职，而其中所谓的"渎职"既指的是对行政职权的亵渎，也指的是对行政职责的亵渎。行政职权是由法律、法规赋予行政主体或其公务人员享有的权力，也是行政主体及其公务人员应当积极履行的职责，因而其必须认真、勤恳地行使该权力，不得放弃或是懈怠行使，也不得肆意妄为地行使，否则便可能构成不尽职责或者是滥用职权、徇私舞弊等的政府渎职行为。

（三）政府渎职之特征

政府渎职不能简单地等同于渎职犯罪，或是一般的渎职违法行为，其具有本身的独特属性，具体包括以下几个方面的特征。

其一，从狭义的政府渎职概念来看，政府渎职行为一般会造成公共利益或是私人利益一定的损害后果，该特征使其区别于政府失职、政府侵权和渎职犯罪。政府失职并不总是会导致一定的损害后果，只需行政主体及其工作人员在行使职权的过程中具有因不认真负责或没有尽到最大注意义务而不履行或不完全履行职责的情形即可构成。政府侵权的认定虽然以造成相对人一定利益的损害为要件，但对该损害没有程度上的要求，只要行政主体或其公务人员的行政行为造成了相对人利益的损害，则构成政府侵权，而不要求这种损害达到一定程度，且该损害仅限于相对人的利益损害而不包括公共利益的损害。政府渎职则与一定程度的损害后果相联系，只有当行政主体及其工作人员的渎职行为对公共利益或是私人利益造成了相当程度的损害时，才能认定为政府渎职。当政府渎职所产生的危害超出一般违法行政行为的社会危害程度，达到严重社会危害，则属于渎职犯罪而非政府渎职行为，应当受到刑事处罚。

其二，从过错产生的心理来看，政府渎职在主观上既可以是故意，也可以是过失。一般情况下，行政主体存在滥用职权或者徇私舞弊的情况时，是出于主观故意的心理，准确地说，至少存在间接的主观故意，即不一定是积极追求危害结果的产生，但至少是对其行为可能导致的危害结果有认识而放任不管。此外，政府渎职也存在过失的情况，即行政主体因疏忽大意的过失或者过于自信的过失实施了超越职权或者不尽职责的渎职行为。这一点便区别于政府失职，在政府失职中，行政主体或者其工作人员仅存在过失的心理，而不存在故意的心理，即行为人由于主观上没有尽到最大的注意义务，导致其未合法、合理地履行职责。

其三，从违反的法律规范来看，政府渎职是对行政法律规范的违反，属于一般违法行政行为，应承担的是与之相对应的行政法律责任。换言之，行政主体及其工作人员所实施的政府渎职行为必然是与其职权相关的行为，即必须是属于行政行为的范畴，而不属于民事行为的范畴，也不属于具有严重危害性的犯罪行为。

（四）政府渎职之分类

依据不同标准，政府渎职行为可以分为不同的种类：根据政府渎职的主体的不同，政府渎职可以分为行政机关及其授权组织的渎职与行政机关及其授权组织的工作人员的渎职；根据行为的方式不同，政府渎职可以分为作为的政府渎职和不作为的政府渎职；根据政府渎职的主观方面，政府渎职可以分为故意的政府渎职和过失的政府渎职。①

其一，行政主体的渎职和公务人员的渎职。所谓行政主体的渎职，是指行政主体在行政活动中滥用职权、徇私舞弊或者不尽职责，致使公私财产遭受重大损失的情形。行政主体包括行政机关和授权组织。行政机关是国家为实现其社会管理的职能而通过宪法和组织法所设立的，其设立的目的在于保护公共利

---

① 参见林随安、褚玉梅著：《政府渎职违法犯罪的认定和处理》，中国方正出版社2001年版，第64~70页。

益。因此，行政机关的行为必须有利于公共利益的实现，倘若其在处理行政事务的过程中存在滥用职权、徇私舞弊等渎职行为，则有损公共利益的维护和保障，因而需承担相应的政府渎职责任。授权组织是法律和法规授权的行政主体。国家为了管理某一方面的行政事务而通过法律、法规将该行政管理权授予业已存在的社会组织，那么该组织便由此具备行政主体的资格。法律赋予社会组织以行政职权的目的同样在于公共利益的保障和维护，被授权组织若在行使行政权力的过程中存在滥用权力、徇私舞弊等渎职行为时，则构成政府渎职，应承担相应的政府渎职责任。

所谓公务人员的渎职，是指公务人员在行政活动中滥用职权、徇私舞弊或者不尽职责，妨害行政管理的正常活动或是致使公私财产遭受重大损失的情形。行政主体作为"公法人"主体，是拟制的"人"而无法具体行使行政权，只能由其公务人员行使权力并履行相应的职责。因此，从名义上来看，行政主体享有行政权并应履行相应的行政职责，但从实际情况来看，却是由行政主体内部的公务人员享有行政权并承担着相应的行政职责，因而行政主体之渎职行为实质上是由其公务人员实施的。公务人员对外实施行政行为时是代表着行政主体的存在，因而公务人员之渎职也是政府责任理论的重要研究对象。就公务人员的范围而言，其不限于《公务员法》第 2 条所规定的"依法履行公职、纳入国家行政编制、由国家财政负担工资福利的工作人员"，还包括通过行政委托或者其他方式而实质上履行行政管理职能的人员。

其二，作为的政府渎职和不作为的政府渎职。所谓作为的政府渎职，是指行政主体及其工作人员在执行职务的过程中以积极的行为方式违反法律所禁止的行为规范，即违反了法律的不作为义务。不作为义务是行政主体及其公务人员构成作为的政府渎职的逻辑前提。法律法规在赋予行政主体及其工作人员一定的职权时，往往规定了行政主体及其工作人员行使职权必须遵循的不作为义务，这些义务包括不得违反法定目的和程序滥用职权、徇私舞弊或是实施其他侵害公民合法权益的行为。行政主体及其工作人员若以积极作为的方式实施了滥用职权、徇私舞弊、超越职权的行为则构成作为的政府渎职。而一般情况下，超越职权和徇私舞弊的渎职行为都是以积极作为的方式呈现。所谓不作为的政府渎职是指以消极的不作为方式表现出来的政府渎职行为。法律赋予行政主体以行政职权，这些职权本身又表征着义务，行政主体必须积极履行其职责和义务，实施相关的行政行为，否则便构成不作为的渎职。譬如，消防部门具有灭火的职责，当公民向其告知某地需要灭火的信息时应当立即派人前往灭火，否则便构成不作为的政府渎职。就此而言，作为的政府渎职属于积极的侵害行为，而不作为的政府渎职属于消极的损害行为。一般而言，作为的政府渎职是导致危害后果发生的直接原因，而不作为的政府渎职则是致损的间接原因，不具有作为渎职行为所表征的明显侵害性，更多的是一种间接的危害性。因此，在实践活动中，对于作为的政府渎职处罚较多，而不作为的政府渎职由于其行为表现不明显，容易被人们所忽视，加上行为的隐蔽性导致其难以被发现，因而对其处罚的相对较少。但事实上，不作为的政府渎职同样具有极大的隐患和危害性，因此，明确以行为方式为政府渎职的分类标准，有助于引起人们对不作为政府渎职的重视，避免只处罚作为的政府渎职而忽视对不作为政府渎职的责任追究，导致厚此薄彼的现象。

其三，故意的政府渎职和过失的政府渎职。所谓故意的政府渎职是指，行政主体或其公务人员明知自己的行为会造成公私利益的损害，并希望或放任这种结果发生的情形。故意的政府渎职表现为行政主体或其公务人员主观上已经认识到行为可能导致的危害后果，并积极地为结果的发生创造有利的条件或是放任结果的发生。在政府渎职行为中，故意的政府渎职主要表现为行政越权、滥用职权或是徇私舞弊。所谓过失的政府渎职是指，行政主体或其公务人员应当预见到自己的行为可能产生危害公私利益的后果，由于疏忽大意没有预见到，或者虽有所预见但轻信能够避免损害后果的发生而致使公私利益遭受损害的情形。因此，可以说，过失的政府渎职的成立是以行政主体及其公务人员应当尽到的最大注意义务为判断标准的，一般情况下指的是客观的公务标准，即一般公务人员应当达到的注意义务。就其表现形式而言，在政府渎职行为中主要表现为过失的不尽职责。由于故意的政府渎职在过错上要大于过失的政府渎职，因此，对于故意的政府渎职的惩罚也要重于过失的政府渎职，且对于过失的政府渎职，一般需具备一定的损害后果才予以追究法律责任。

此外，政府渎职也存在其他的分类标准。譬如，以政府渎职所侵犯权益的对象为标准进行划分，可以分为侵犯公民合法权益、侵犯法人或其他组织合法权益的政府渎职；以政府渎职的社会危害程度为划分依据，可以分为行政渎职违法和行政渎职犯罪两类。①

典型案例 7-3：深圳市某科技有限公司诉广东省教育厅、某软件有限公司侵犯公平竞争权纠纷案②

【裁判摘要】

行政机关在履行职责过程中，未经公开公平的竞争性选择程序且无正当理由，使用其指定的经营者免费提供的商品，使该经营者在商品市场声誉、用户使用习惯等方面受益，进而损害市场公平竞争秩序的，应当认定上述行为构成反垄断法规定的"滥用行政权力，排除、限制竞争"的行为。

【相关法条】

《最高人民法院关于执行〈中华人民共和国行政诉讼法〉若干问题的解释》第 57 条

《最高人民法院关于审理行政赔偿案件若干问题的规定》第 33 条

【基本案情】

2014 年 3 月 11 日，广东省教育厅下发粤教高函〔2014〕22 号《广东省教育厅关于开展 2014 年全国职业院校技能大赛高职组广东省选拔赛的通知》，成立由广东省教育厅、行业企业、高职院校组成的"2014 年全国职业院校技能大赛"高职组广东省选拔赛组织委员会（简称"广东选拔赛组委会"），统筹负责本次比赛，组委会下设秘书处负责具体相关事宜。该通知还明确工程造价基本技能为其中的比赛项目之一。2014 年 4 月 2 日，广东省教育厅发布《2014 年全国职业院校技能大赛高职组广东省选拔赛实施细则》。该细则明确

---

① 参见林随安、褚玉梅著：《行政渎职违法犯罪的认定和处理》，中国方正出版社 2001 年版，第 71~72 页。

② 本案例裁判文书参见附录 9。

规定 2014 年全国职业院校技能大赛高职组广东省选拔赛各赛项要组织成立赛项专家组，赛项专家组的主要工作任务是在承办院校的配合、支持下，制定《赛项规程》和《赛项技术规范》。2014 年全国职业院校技能大赛高职组广东省选拔赛工程造价基本技能赛项组委会（简称"广东省选拔赛工程造价基本技能赛项组委会"）经报送被告审核通过后发出《关于举办 2014 年全国职业院校技能大赛高职组广东省选拔赛工程造价基本技能赛项的通知》。该通知明确将于 2014 年 4 月 26 日举办 2014 年全国职业院校技能大赛高职组广东省选拔赛工程造价基本技能项目竞赛，该项目竞赛由广东省教育厅主办，广州城建职业学院承办，邀请乙公司协办。并对赛项竞赛规程要求在工程造价基本技能赛项中使用广联达的认证系统、广联达土建算量软件 GCL2013 和广联达钢筋算量软件 GGJ2013。斯维尔公司认为广东省教育厅在 2014 年全国职业院校技能大赛高职组广东省选拔赛工程造价基本技能赛项指定使用第三人广联达软件的行为违法，在多次向被告提出异议无果的情况下遂提起本案诉讼。

【裁判结果】

一、确认被告广东省教育厅指定在 2014 年全国职业院校技能大赛高职组广东省选拔赛工程造价基本技能赛项中独家使用第三人乙公司相关软件的行为违法。

二、驳回原告深圳市甲科技有限公司的赔偿请求。

【裁判理由】

法院生效判决认为：依据《最高人民法院关于执行〈中华人民共和国行政诉讼法〉若干问题的解释》第 1 条规定可知，本案中，广东省选拔赛工程造价基本技能赛项组委会制定了赛项技术规范和竞赛规程，要求在涉案的工程造价基本技能赛项中独家使用第三人乙公司的相关软件。涉案的工程造价基本技能赛项系由被告广东省教育厅主办，且上述赛项技术规范和竞赛规程在经被告审核通过后才予以公布，故在涉案的工程造价基本技能赛项中指定独家使用第三人相关软件的行为系被告行使行政职权的行政行为。原告甲公司认为被告上述行政行为侵犯其公平竞争权提起的本案诉讼，属于上述司法解释规定的行政诉讼受案范围。根据《最高人民法院关于执行〈中华人民共和国行政诉讼法〉若干问题的解释》第 12 条规定、第 13 条规定可知，本案中，根据相关的证据显示，原告亦具有为涉案的工程造价基本技能赛项提供相应软件支持的能力。被告指定在涉案的赛项中独家使用第三人相关软件，可能侵害到原告的公平竞争权，因此原告与被告指定在涉案的赛项中独家使用第三人相关软件的行为之间存在法律上的利害关系，根据上述司法解释的规定，原告具有提起本案诉讼的主体资格。根据《中华人民共和国反垄断法》第 8 条、第 32 条规定可知，行政机关滥用行政权力排除、限制竞争行为应具备三个要件，一是主体为行政机关和法律、法规授权的具有管理公共事务职能的组织；二是行政机关及相关组织有限定或者变相限定单位或者个人经营、购买、使用其指定的经营者提供商品的行为；三是行政机关及相关组织在实施上述行为过程中滥用行政权力。本案中，作为行政机关的被告在涉案的赛项技术规范和竞赛规程中明确指定涉案的赛项独家使用第三人的相关软件，该行政行为已符合上述法律规定的行政机关排除、限制竞争行为的前两个要件。根据《中华人民共和国行政诉讼法》第 32 条的规定，被告应对上述行政行为的合法性负举证责任，但被告提供的证据不能证明其在涉案的赛项中指定独家使用第三人的相关软件经正当程序，系合理使用行政权力，应承担举证不能的责任。所以被诉的行政行为符合上述法律关于行政机关滥用行政权力排除、限制竞争行为的规定。鉴于涉案的赛项已经结束，被告指定在涉案的赛项中独家使用第三人相关软件的行为已不具有可撤销的内容，故本院确认违法。关于被告认为其依据教育部下发的通知要求在涉案的赛项中独家使用第三人相关软件合法有据之主张能否成立的问题。本案中，教育部下发的相关国赛通知中虽然明确要求在国赛中使用第三人相关软件，但上述通知并未强制要求各省选拔赛应独家使用第三人相关软件，其他省组织的选拔赛亦存在不要求独家使用第三人相关软件的情形，故被告上述主张理据不足，本院不予支持。根据《中华人民共和国国家赔偿法》（2012年修正）第 36 条规定以及《最高人民法院关于审理行政赔偿案件若干问题的规定》第 33 条规定可知，本案中，原告因调查、制止被诉行政行为所产生的相关费用，并非因该行政行为违法直接造成原告的损失，根据上述法律及司法解释的规定，对原告要求赔偿其调查、制止被诉行政行为相关费用的诉讼请求本院予以驳回。综上所述，原告要求确认被告指定在涉案赛项中独家使用第三人相关软件行为违法的诉请理据充分，本院予以支持。但原告要求予以相应赔偿的诉请法律依据不足，本院予以驳回。

典型案例7-4：湖北省甲市人民检察院诉乙镇政府不依法履行职责行政公益诉讼案①

【裁判摘要】

　　一级政府对本行政区域的环境质量保护负有法定职责。政府在履行农村环境综合整治职责中违法行使职权或者不作为，损害社会公共利益的，检察机关可以发出检察建议督促其依法履职。对于行政机关作出的整改回复，检察机关应当跟进调查；对于无正当理由未整改到位的，可以依法提起行政公益诉讼。

【相关法条】

　　《中华人民共和国行政诉讼法》第74条、第76条

　　《最高人民法院、最高人民检察院关于检察公益诉讼案件适用法律若干问题的解释》第25条

【基本案情】

　　2005年4月，湖北省天门市乙镇人民政府（以下简称乙镇政府）违反《中华人民共和国土地管理法》，未办理农用地转为建设用地相关手续，也未按照《中华人民共和国环境保护法》开展环境影响评价，与天门市乙镇乙村村民委员会签订《关于垃圾场征用土地的协议》，租用该村5.1亩农用地建设垃圾填埋场，用于乙镇生活垃圾的填埋。该垃圾填埋场于同年4月投入运行，至2016年10月停止。该垃圾填埋场在运行过程中，违反污染防治设施必须与主体工程同时设计、同时施工、同时投产使用的"三同时"规定，未按照规范建设防渗工程等相关污染防治设施，对周边环境造成了严重污染。

【裁判结果】

　　一、确认被告天门市乙镇人民政府在行使建立、运行乙镇垃圾填埋场的职

――――――――――

　　①　本案例裁判文书参见附录10。

权过程中未依法行政的行为违法；

二、责令被告天门市乙镇人民政府采取继续对乙镇垃圾填埋场进行综合整治的补救措施。

【裁判理由】

法院生效裁判认为：本案争议焦点是：（1）被告是否具有环境保护的法定职责。（2）被告建立、运行该垃圾填埋场的行为是否属于行使职权的行为，是否违法。（3）该垃圾填埋场是否给周边环境造成污染。（4）是否应当判令被告继续履行对该垃圾填埋场进行综合整治的职责。

针对这些争议焦点，法院生效裁判认为：（1）被告自2005年4月开始建立该垃圾填埋场，运行至2016年10月，根据《中华人民共和国地方各级人民代表大会和地方各级人民政府组织法》第61条"乡、民族乡、镇的人民政府行使下列职权：（二）执行本行政区域内的经济和社会发展计划、预算，管理本行政区域内的经济、教育、科学、文化、卫生、体育事业和财政、民政、公安、司法行政、计划生育等行政工作"和原1989年《中华人民共和国环境保护法》（以下简称：1989《环境保护法》）第16条"地方各级人民政府，应当对本行政区域的环境质量负责，采取措施改善环境质量"及《中华人民共和国环境保护法》第6条第2款"地方各级人民政府应当对本行政区域的环境质量负责"、第33条第1款"各级人民政府应当加强对农业环境的保护，促进农业环境保护新技术的使用，加强对农业污染源的监测预警，统筹有关部门采取措施，防治土壤污染……"、第37条"地方各级人民政府应当采取措施，组织对生活废弃物的分类处置、回收利用"、第51条"各级人民政府应当统筹城乡建设污水处理设施及配套管网，固体废物的收集、运输和处置等环境卫生设施，危险废物集中处置设施、场所以及其他环境保护公共设施，并保障其正常运行"之规定，被告作为一级政府，具有环境保护的法定职责；被告辩称根据《中华人民共和国地方各级人民代表大会和地方各级人民政府组织法》第59条"县级以上的地方各级人民政府行使下列职权：（五）执行国民经济和社会发展计划、预算，管理本行政区域内的经济、教育、科学、文化、卫生、体育事业、环境和资源保护、城乡建设事业和财政、民政、公安、民族事务、司法行政、监察、计划生育等行政工作"和《中华人民共和国环境保护法》第10条"国务院环境保护主管部门，对全国环境保护工作实施统一监督管理；县级以上地方人民政府环境保护主管部门，对本行政区域环境保护工作实施统一监督管理。县级以上人民政府有关部门和军队环境保护部门，依照有关法律的规定对资源保护和污染防治等环境保护工作实施监督管理"、第49条第4款"县级人民政府负责组织农村生活废弃物的处置工作"及湖北省人民政府作出的《省人民政府关于全面推进乡镇生活污水治理工作的意见》"（三）创新建设和运营模式。各县（市、区）人民政府作为责任主体"之规定，认为只有县级以上人民政府及其环境保护主管部门是负有环境保护职责的行政机关，而被告无环境保护的职责的辩称意见因其理解法律不全而不能成立。

（2）根据1989《环境保护法》第16条及《中华人民共和国环境保护法》第37条之规定，本案被告为处理镇区生活垃圾，改善居民生活环境而建立、运行该垃圾填埋场，是一种履行职权的行为，但其应依法履行此类职权；根据1989《环境保护法》第26条第1款"建设项目中防治污染的设施，必须与主体工程同时设计、同时施工、同时投产使用。防治污染的设施必须经原审批环境影响报告书的环境保护行政主管部门验收合格后，该建设项目方可投入生产或者使用"之规定，本案被告在建立、运行该垃圾填埋场时，未建设防治污染的配套设施，也未经环境保护行政主管部门审批环境影响报告书、验收防治污染的设施，在履行职权过程中存在违法行为；因本案是环境行政公益诉讼案件，被告的用地行为是否合法不是本案审理的范围。被告辩称该垃圾填埋场不是建筑工程，不需要办理系列审批手续的意见不能成立；被告提出的是否应该建立、运行该垃圾填埋场，与该垃圾填埋场是否合格，二者是不同概念的意见，本院结合公益诉讼起诉人提出的此项诉讼请求，认为被告的此意见成立，因为被告建立、运行该垃圾填埋场与被告在行使此职权过程中是否存在违法行为有区别，法院只能对被告在行使此职权过程中存在的违法行为进行确认，而不能否认其职权；"造成周边环境污染"是一种后果，不是确认是否违法的内容。故本案应确认被告在行使建立、运行该垃圾填埋场的职权过程中未依法行政的行为违法。

（3）公益诉讼起诉人提交的《检测报告》只载明了各项数据，无鉴定意见；专家出具的评估意见，也只载明了存在潜在生态风险可能；其他照片、询问笔录也不能证明已实际造成污染及程度大小；故本院认为应确定为"该垃圾填埋场存在潜在污染风险"。

（4）被告治理该垃圾填埋场是其违法后应承担的一种法律义务，其应在未完全履行时继续履行整治义务；同时，"消除污染，修复生态"是民事公益诉讼的一种请求。为促使被告继续治理，消除潜在的污染风险，结合案件实际，应判令被告采取继续对该垃圾填埋场进行综合整治的补救措施。

三、政府渎职之构成要件

上文对政府渎职的概念进行了详细阐述，而政府渎职的构成要件不同于政府渎职的概念，政府渎职的概念侧重于解决"什么是政府渎职"的问题，政府渎职的构成要件则侧重于解决"怎样认定政府渎职"的问题。因此，该部分内容围绕政府渎职的构成要件展开阐述，同时与其他一些易混淆的概念进行比较区分，以更加明确其构成要件的具体内涵。

（一）主体要件

政府渎职的主体，即政府渎职之行为人，是指具有行政职权的行政主体及其工作人员。其中，行政主体包括行政机关和法律、法规授权的组织，工作人员包括行政机关具有公务人员身份的人员及通过接受委托或者其他方式取得行政执法资格的人员以及被委托行使相应行政职权的社会组织。① 一般而言，行政主体是享有行政职权的组织体，但在实践活动中，往往由其工作人员具体行使行政职权，因此，在行政活动中，行政主体的工作人员若是存在渎职行为，则视为相关行政主体的渎职行为。而行政职权是认定政府渎职的前提条件，当

---

① 这里的"被委托行使相应行政职权的社会组织"尽管是一个社会组织、区别于自然人，但是在地位和性质上与从属于行政机关的公务人员并无实质上的区别，他们都是委托与被委托、代表与被代表的关系，行政机关都是最终的责任承担者。因此，可以将"被委托行使相应行政职权的社会组织"作为广义上的公务人员，这类似于民法中的"法人"。

行政主体及其工作人员不是以行政职权行使者的身份出现，而是以普通民事主体的身份出现时，其便不可能存在政府渎职的问题。此构成要件将政府渎职与渎职犯罪、一般渎职违法行为区别开来。渎职犯罪和一般渎职违法行为的主体都是国家机关及其工作人员，其中所指的国家机关既包括行政机关，也包括立法机关、司法机关、监察机关等享有国家权力的机关。而政府渎职的主体仅指的是享有行政职权的机关及其工作人员，范围要更窄。

（二）客观要件

政府渎职的客观方面表现为行政主体及其工作人员在行使行政职权的过程中滥用职权、徇私舞弊或不尽职责，妨害行政机关正常职能活动，致使公共财产或者国家和人民利益遭受一定损失，或者是侵吞、挪用、私分国有资产等其他行政渎职性行为，具备一定危害情节或者造成一定危害后果的情形。首先，认定政府渎职要求行政主体或是其工作人员享有行政职权或承担一定的行政职责，没有行政法上的职责和义务，就不存在是否履行职责的问题，也就不可能构成政府渎职。① 其次，政府渎职行为是行政主体或是其工作人员滥用职权、徇私舞弊或者不尽职责之行为造成了公共财产或者国家和人民利益遭受一定损失的情况，或是侵吞、挪用、私分国有资产等其他行政渎职性行为，并且具备一定危害情节或者造成一定危害后果的情况。一方面，该构成要件使之与政府失职行为与政府侵权行为相区别——政府失职的成立不要求失职情况的危害情节或是损害后果的发生，政府侵权的成立以相对人利益受损为其要件，但对相对人利益受损的程度没有要求，政府渎职则对公私利益造成的损害或是渎职行为的情节具有程度上的要求。另一方面，该构成要件也使得政府渎职区别于渎职犯罪——渎职犯罪的成立以渎职行为造成严重社会后果为成立要件，是由刑法调整的行为，而政府渎职所造成的损害仅为一般的违法危害，不能超过必要的限度，否则便转化为渎职犯罪，导致的后果既有政府责任也有刑事责任。

---

① 参见林随安，褚玉梅著：《政府渎职违法犯罪的认定和处理》，中国方正出版社2001年版，第62页。

（三）客体要件

政府渎职的客体，即政府渎职行为所侵犯的行政职能活动或行政管理的正常秩序，或是破坏了行政法律规范所保护的社会关系。[①] 一种违法行为会对一种社会关系造成一定的破坏和不良影响，就此而言，政府渎职行为则会导致行政法所保护的社会关系遭受损害或产生消极影响。行政主体及其工作人员在行使行政职权的过程中具有滥用职权、徇私舞弊或不尽职责等渎职行为，不仅会妨害国家行政的正常活动，甚至会侵害到公共利益或是公民个人的合法权益，给国家机关之威信带来不利影响，这种损害或不利影响达致一定程度则构成政府渎职。与政府侵权行为相比，政府渎职所侵害的法益既包括国家行政活动的正常运行，也可能还包括公共利益或是私人合法利益，而政府侵权所侵害的主要是相对人的合法权益。

（四）主观要件

政府渎职行为人主观上既可能是故意也可能是过失的心理。故意是指行为人明知其渎职行为可能造成的危害后果，却积极追求该危害后果的发生或是放任其不管，并最终导致危害结果的产生。其中，积极追求危害后果发生的心理属于直接故意，而放任危害后果不管的心理属于间接故意。过失是指行为人本应当意识到其渎职行为可能导致的危害后果却因为疏忽大意或是过于自信而轻信能够避免的心理，最终导致危害结果的产生。其中，疏忽大意的心理属于疏忽大意的过失，轻信能够避免的心理属于过于自信的过失。对于主观上是过失心理的政府渎职，只有当法律规定应当承担法律责任的情况下，才对相关责任人进行追责，否则，其便不需承担相应的法律责任。此构成要件使得政府渎职区别于政府失职，就政府失职的主观心理而言，只能是过失的心理，而不包括故意的心理。

[①] 参见林随安、褚玉梅著：《政府渎职违法犯罪的认定和处理》，中国方正出版社2001年版，第64页。

四、政府渎职与政府失职之区分

从行为表现方式上来看，政府失职与政府渎职均可表现为行政主体或其公务人员不履行或不完全履行职责的行为。因此，在大部分学术著作与法律文件中，政府失职与渎职的概念存在一定的混用现象，而忽视了两者之间的差异。为了进一步厘清两者的概念内涵，有必要对两者进行进一步学理上的区分，以明确各自的概念之意。

（一）现行法律中的"失职"与"渎职"

在我国现行的一些法律文件中，失职与渎职的概念存在混用的情况。譬如，在《刑法》分则第九章渎职罪当中，第406条规定的国家机关工作人员签订、履行合同失职被骗罪，第408条规定的环境监管失职罪以及第409条规定的传染病防治失职罪，第419条规定的失职造成珍贵文物损毁、流失罪，都指的是负有特定义务的相关人员因严重不负责任的失职行为而构成的犯罪。由此可见，在我国刑法中，"渎职"的概念包含了"失职"。然而，在其他一些法律文件中，"失职"与"渎职"的概念是并列的。譬如，在我国《行政复议法》第35条规定："行政复议机关工作人员在行政复议活动中，徇私舞弊或者有其他渎职、失职行为的，依法给予……"可见，在该法律文件中"渎职"与"失职"的概念是有所区分的。此外，将"渎职"与"失职"概念区分作并列存在的两种概念的情况也出现在我国的《中国共产党纪律处分条例》以及《监察法》当中。譬如，在《中国共产党纪律处分条例》中，第38条、第129条、第139条规定对"失职"和"渎职"两种政府责任进行了并列描述，以及在《监察法》第20条、第22条、第23条以及第34条、第48条、第52条规定中，也是以列举式的表述方式将"失职"与"渎职"两种概念进行并列描述。

（二）政府失职与政府渎职的概念差异

在行政领域，失职行为是指行政主体及其公务人员因过失而违反行政法律规范所赋予的职责，实施不履行职责或不正确履行职责、履行部分职责的行为；广义上的渎职行为是指行政主体及其公务人员因故意或过失的情形而滥用职权、玩忽职守、徇私舞弊，妨害行政正常职能活动，致使公共财产或者国家和人民利益遭受一定损失，或者是侵吞、挪用、私分国有资产等其他行政渎职性行为，具备一定危害情节或者造成一定危害后果的行为。由此可见，在广义政府渎职的概念中，其中所指的玩忽职守行为准确的表述是指政府的失职行为，因而从广义的政府渎职概念来看，其是包含政府失职行为的。但从狭义层面的政府渎职概念来看，其是指国家行政机关及其工作人员滥用职权、徇私舞弊或者不尽职责，妨害国家行政机关正常的职责活动，致使公共财产或者国家和人民利益遭受一定损失的行为。其中也包含了一定不履行职责（和不完全履行职责）的行为，看似与政府失职行为殊途同归，实则不然。在政府渎职当中，不履行或不完全履行职责的行为实际上是由故意的过错而引起的，而政府失职行为仅指的是因过失的过错引起的行为，两种不同的过错心理所导致的法律后果也应当是不一样的。因此，本书将政府失职行为排除在狭义的政府渎职概念之外，政府失职与政府渎职概念两者并存。而该两种概念的并存也符合了行政领域法律规范文件的用词习惯，同时也有利于实践活动中对政府失职行为的重视，避免处罚的疏漏，形成严密的行政责任法网。

（三）政府失职与政府渎职的构成差异

从上文可知，政府失职与狭义的政府渎职①是存在差异的，具体而言，两者在构成要件上存在以下区别。

其一，主观方面的区别。政府失职在其主观方面具有不认真、不负责任的态度，相关主体对其应当从事的活动没有尽到最大的注意义务，即对行为可能产生的结果应当预见却因疏忽大意没有预见，或者已经预见却因轻信能够避免而导致危害结果的发生，因而其主观上存在过失。政府渎职行为的主观状态则

---

① 在下文中简称"政府渎职"，而不作狭义上政府渎职的特殊说明。

既包括故意又包括严重过失①，即指的是行政机关及其工作人员在行使职权的过程中明知其行为超越职权、违反法定程序或者缺乏事实证据等违法因素存在而故意实施该违法行为，追求或者放任危害结果的产生；或是基于主观上的重大过失导致危害结果的产生，一般而言，该重大过失是不应当存在的，但相关人员基于其自身的原因而造成了该重大的疏忽。

其二，行为方面的区别，政府失职的成立，要求行政主体或其公务人员在执行职务的过程中没有履行或者没有完全履行其职责，因而没有履行或者没有完全履行职责是构成政府失职的最为典型的行为特征。而政府渎职的成立，则要求行为主体或其公务人员在执行职务的过程中具有超越职权、滥用职权、徇私舞弊或不尽职责的情形，这也是其最为典型的行为特征。事实上，《刑法》分则第九章也揭示了两者行为上的区别。虽然《刑法》分则第九章以"渎职罪"这一类罪概念统率了环境监管失职罪、传染病防治失职罪、商检失职罪等属于失职行为的罪名，但是这一类失职行为所构成的犯罪无论是在主观方面还是在客观行为方面都与其他渎职犯罪存在着明显的区别，即因失职行为构成的犯罪要求主观上属于"严重不负责任"，从而引起客观行为上的"没有履行或合格履行其职责"，产生严重情节或是导致严重危害结果的发生。然而，在第九章"渎职罪"当中的其他犯罪当中，主观方面多表现为故意，客观行为多表现为"徇私舞弊""滥用职权"或是"在不符合法定条件的情况下做出某种违法行为"。由此可见，尽管《刑法》分则第九章将一些失职犯罪情形置于渎职罪之下，使之成为渎职罪这一类罪当中的一种犯罪情形，但由于失职行为构成的犯罪与其他渎职犯罪在主观要件和客观要件上都存在重大差别，因此，"失职"的概念实际上是有异于"渎职"的。如果说刑法典为构建系统、完整的体系而将零散的失职犯罪情形归属于渎职这一大类罪当中是情有可原的，那么，在政府责任理论中，更加注重的是政府责任的细化研究，则应将政府失职与政府渎职区别开来，分别作为追究行政主体政府责任的独立事由进行阐述。

---

① 参见林随安、褚玉梅著：《行政渎职违法犯罪的认定和处理》，中国方正出版社2001年版，第59页。

典型案例 7-5：金某某与青岛市甲区国土资源和房屋管理局不履行法定职责案①

【裁判摘要】

行政机关行使行政职能时必须符合法律规定，行使法律赋予的行政权力，不能滥用行政权力，在有关法律法规规定之外创设新的权力来限制或剥夺行政相对人的合法权利。

【相关法条】

《中华人民共和国行政诉讼法》第 70 条、第 89 条。

【基本案情】

金某某与蒋某某系夫妻关系，蒋某某因病于 2010 年 8 月 22 日死亡，并立下遗嘱将房产继承给金某某一人所有，后金某某与其女儿蒋某仙因继承纠纷诉至一审法院。一审法院于 2014 年 4 月 8 日作出〔2014〕黄民初字第 1507 号民事调解书，该调解书中原告金某某与被告蒋某仙达成如下协议："被告对鲁琴安见字 2010012 号律师见证书的真实性及遗嘱内容的真实性无异议。"2014 年 4 月份，金某某持律师见证书、遗嘱、民事调解书等材料到青岛市甲区国土资源和房屋管理局（简称"甲区国土局"）申请对涉案房屋转移登记，甲区国土局向金某某出具了《不予受理通知书》并告知其应补交的材料。金某某不服该处理将甲区国土局起诉至一审法院。一审法院认为原告主张被告不予变更房屋产权登记手续构成行政不作为的事实与法律依据不成立，遂驳回原告金某某的诉讼请求，金某某不服上诉至二审法院。

【裁判结果】

一、撤销山东省青岛市甲区人民法院〔2015〕黄行初字第 36 号行政判决。

二、撤销青岛市甲区国土资源和房屋管理局于 2014 年 11 月 20 日针对金某某作出的不予受理通知书。

【裁判理由】

法院生效判决认为：依据《中华人民共和国行政诉讼法》第 63 条规定：

---

① 本案例裁判文书参见附录 11。

"人民法院审理行政案件，以法律和行政法规、地方性法规为依据。地方性法规适用于本行政区域内发生的行政案件。人民法院审理行政案件，参照规章。"以及《中华人民共和国物权法》第 10 条规定："国家对不动产实行统一登记制度。统一登记的范围、登记机构和登记办法，由法律、行政法规规定。"和国务院《房屋登记办法》第 32 条规定："发生下列情形之一的，当事人应当在有关法律文件生效或者事实发生后申请房屋所有权转移登记……（三）赠与……"可知，没有规定要求遗嘱受益人须持公证机关出具的遗嘱公证书才能办理房屋转移登记。行政机关行使行政职能时必须符合法律规定，行使法律赋予的行政权力，不能在有关法律法规规定之外创设新的权力来限制或剥夺行政相对人的合法权利。因此，被上诉人以上诉人没有提交遗嘱公证书，申请登记材料不齐全为由，作出不予受理通知书的具体行政行为违法，依法应当予以撤销。原审法院作出驳回上诉人的诉讼请求，属于适用法律错误，应予以纠正。

典型案例 7-6：长春甲高新技术产业开发区人民检察院诉长春甲高新技术产业开发区乙街道办事处怠于履行环保、卫生行政管理法定职责案①

【裁判摘要】

为保护生态环境，维护国家和社会公共利益，行政机关应当依法履行对所管辖领域的生态环境进行保护的行政管理职责。检察院对于怠于履职或不依法履职保护生态环境领域管理职责的行政机关有提起行政公益诉讼的权力。

【相关法条】

《中华人民共和国行政诉讼法》第 72 条、第 74 条

【基本案情】

2017 年 4 月，长春甲高新技术产业开发区人民检察院（简称甲检察院）在工作中发现长春乙街道办辖区御翠园长春二期北侧、飞虹路南侧、长春中信鸿泰置业有限公司地块西侧、擎天树街东侧规划用地性质为公园绿地土地上，堆放了大量建筑垃圾、生活垃圾无人清理，经向御翠园长春管理处核实，该情

---

① 本案例裁判文书参见附录 12。

形已存在近三年。故甲检察院于 2017 年 4 月 19 日向长春甲高新技术产业开发区乙街道办事处（简称"乙街道办"）送达了长净检行公建〔2017〕2 号《检察建议书》，建议乙街道办"依法履行职责，立即对垃圾场进行整改，恢复被破坏的生态环境"。乙街道办于 2017 年 5 月 18 日函复甲检察院两点处理意见："（1）由该渣土点管理人立即进行清理。（2）今后一定加大管理力度，杜绝此类事件在此地再次发生。"事实上，上述辖区堆存物系附近居民随意倾倒生活垃圾、建筑垃圾形成。在甲检察院送达《建议书》后，乙街道办已采取相应整治措施，组织人员清运垃圾，但现仍未整治完毕。于是，在甲检察院后期回访中发现，原有垃圾堆存物仅经表土简单覆盖，未能得到彻底清理，生态环境仍处于被破坏状态，故甲检察对乙街道办提起行政公益诉讼。

【裁判结果】

一、确认被告长春甲高新技术产业开发区乙街道办事处未及时履行对辖区内环境卫生管理职责的行为违法。

二、责令被告长春甲高新技术产业开发区乙街道办事处依法对案涉区域继续履行环境卫生管理职责，采取有效措施确保达到环保要求。

【裁判理由】

法院生效判决认为：根据《中华人民共和国行政诉讼法》第 25 条第 4 款的规定，甲检察院有权对生态环境保护领域负有行政管理职责的行政机关怠于履职或不依法履职提起行政公益诉讼。根据《中华人民共和国环境保护法》第 6 条和第 37 条规定："地方各级人民政府应当对本行政区域的环境质量负责""地方各级政府应当采取措施，组织对生活废弃物分类处置、回收利用"，以及《吉林省城市市容和环境卫生管理条例》第 3 条第 2 款规定："县级以上地方人民政府其他有关部门以及建制镇人民政府、街道办事处，应当在各自职责范围内依法做好与城市市容和环境卫生管理有关的工作。"故乙街道办对辖区内环境保护及垃圾清理具有法定的行政管理职责。但在乙街道办辖区内御翠园长春二期北侧、飞虹路以南堆放的大量建筑垃圾和生活垃圾，已危及地表水、地下水水质，并造成周边空气污染，且已持续三年之久，乙街道办未能依法、及时履职，应确认违法。在甲检察院提出检察建议后至本案审理过程中，乙街道办已组织人员清运垃圾，并增设人员进行日常巡查、清理，本院对该积极整治行为予以肯定。但上述区域内堆放的建筑垃圾和生活垃圾现仍未清理完毕，公共利益仍持续受到危害，乙街道办应当继续履职，确保案涉区域环境卫生达到要求，故本院对甲检察院的诉讼请求予以支持。

第二节　政府失职责任

政府失职责任作为政府失职行为的逻辑后果，其概念与政府失职概念相联系，因此，可以说，政府失职责任是指行政主体及其公务人员因实施了政府失职行为而导致的法律上的责任。政府失职责任是政府责任的重要责任类型之一，具有独特的价值所在，对政府失职责任的研究有利于完善政府责任的理论内容和体系框架，因此，本书围绕政府失职责任相关内容进行阐述。

一、政府失职责任的意涵

政府失职行为是行政主体及其公务人员违反行政法律规范所赋予职责的行为，属于违法行为，其必然引起的法律后果是政府失职责任的承担。因此，可以说，政府失职责任是政府失职行为的逻辑结果，两者之间具有引起与被引起的关系。据此而言，要研究政府失职责任的意涵必然绕不开政府失职行为这个话题，具体来看，我们可以从两个方面展开论述，即从政府失职责任的概念和特征展开。

（一）政府失职责任的概念

政府失职责任是指行政主体及其公务人员因政府失职行为而导致的法律后果。而政府失职是指行政主体及其公务人员负有特定的行政职责，由于主观上的疏忽大意或是出于过于自信的过失而导致的未履行或未完全履行其职责的行为。其中，所谓的行政职责实际上是一种积极的作为义务，该作为义务不仅包括法律规定的作为义务，还包括因行政合同或是先前行为而产生的作为义务。

可见，行政失职所涵盖的范围是比较周严的，这不仅符合时代发展的趋势，更符合人民利益的需求。而这些义务对于行政主体及其公务人员来说，不仅仅只是一种义务，更是其必须认真、诚恳履行的职责和使命，当其有能力履行并且在可以履行这些职责的情况下，却不履行或是不正确履行，即表现为拒绝履行或是只履行了一部分的职责而未完全履行职责，或是履行职责有错误、拖延履行职责，则其应当为该失职行为承担相应的法律责任。这便是政府失职责任，而引起政府失职责任的一个重要因素还在于，行政主体及其公务人员在主观上存在一定的过错心理，即存在过失的心理，或是表现为疏忽大意的过失或是表现为过于自信的过失。

由此可见，政府失职其实是一种违法的行政不作为，而政府失职责任则是一种违法行政不作为的法律责任，其成立的前提是行政主体及其公务人员存在作为的行政义务，而该义务的内容不仅包括实体上的作为义务还包括程序上的作为义务。简言之，即政府失职责任是指行政主体及其公务人员负有积极作为的义务或职责，在能够履行并且可以履行的情况下出于过失的过错心理，而未履行或未完全履行（包括不正确履行、拖延履行），导致法律上的否定性的后果。

(二) 政府失职责任的特征

从上文对政府失职责任的概念分析可知，政府失职责任有其独特性所在，具体而言，其存在以下几个特征。

其一，政府失职责任产生的前提条件是行政主体负有积极的作为义务。政府失职责任是由政府失职行为所引起的法律责任，而政府失职属于违法的行政不作为，不作为行为构成违法的前提在于作为义务的存在。因此，政府失职成立的前提条件在于行政主体负有作为的义务，所谓作为义务是由法律规定的，或者因行政合同的约定以及先前行为等所引起的，要求行为主体实施一定积极的、直接对客体发生作用的动作或一系列动作。行政主体在负有这样作为义务的情况下，却未按要求实施积极的行为，而是消极地不作出一定行为或者只作出部分行为或者未按要求作出正确的行为，都属于违背其积极作为义务的情形，应当为此承担相应的法律上的后果，此即为政府失职责任。

其二，引起政府失职责任的前因行为主要表现为未履行或未完全履行职责的违法行政行为。政府失职责任是因政府失职行为所引起的法律责任，而政府失职是指行政主体及其公务人员与生俱来被赋予的行政职责，其应当勤勉、认真地履行自身的职责，当其违背行政职责的要求而出现未履行或未完全履行职责的情况，则应当承担相应的政府责任。行政权力来源于人民的授予，人民赋予其权力的目的是为了更好地管理国家事务以保障人民的利益。因此，行政主体及其公务人员合法享有权力的同时被赋予了相应的行政职责，当其违背该行政职责而消极不作为，则意味着无法实现保障人民利益的目的，是有损人民利益的行为，这便违背了人民赋予其权力的初衷，应当纳入法律的规制范围，承担相应的法律责任，即政府失职责任。从实践当中来看，政府失职行为可以概括为"未履行或未完全履行职责"的违法不作为，主要表现为不履行职责或者不正确履行职责、拖延履行职责的情形。

其三，引起政府失职责任的重要因素在于行政主体及其公务人员在有能力履行职责的情况下而未履行或未完全履行职责。换言之，行政主体及其公务人员在当时的情况下，具备履行职责的能力和条件，即不存在客观阻碍其履行职责的情况，譬如出现不可抗力的情形，或者超出其履行职责的能力，又譬如紧急情况下两种职责的冲突致使其只能履行其中一种职责而放弃另一种职责的履行。正所谓"法律不强人所难"，当出现客观上的阻碍情况时，行政主体及其公务人员没有能力履行职责则可以免除其相应的法律责任。

其四，引起政府失职责任的过错仅为过失，即政府失职责任是由于行政主体及其公务人员的过失行为而导致的，这种过失行为便是政府失职行为。换言之，政府失职责任是行政主体或其公务人员因未尽到合理的注意义务而导致的责任，这种过失既包括疏忽大意的过失，也包括过于自信的过失。

二、政府失职责任之根据

承担政府失职责任的前提在于行政主体及其公务人员负有法定或约定等

其他合法引起的职责。不同职责具有不同的履行内容，只有在负有特定职责的前提下而未履行或未完全履行的情况，才能引起政府失职责任。具体而言，行政主体及其公务人员所负之职责主要有三个来源：一是法律上的义务性规范和授权性规范，二是行政合同合中约定的义务①，三是先行行为导致的义务。

（一）义务性规范和授权性规范

在法理学界，根据法律规范的内容进行划分，可分为义务性规范和授权性规范两种法律规范。② 其中，义务性规范是指法律规定中要求行为人从事或不从事某种行为的规范，分为命令式规范和禁止式规范。命令式规范是要求行为人必须作出某种行为的规范，禁止式规范是禁止或严禁作出某种行为的规范。③ 授权性规范是指允许行为人享有作出一定行为或者不为一定行为的自由或者要求他人为一定行为的规范。政府失职是指对法定作为义务的违反，而不包括对法定不作为义务的违反④，据此而言，政府失职责任产生的逻辑前提在于相关行政主体负有法定的作为义务，因此，确定行政主体的法定作为义务则成为政府失职责任认定的重要根据。由于义务性规范中包含禁止式的规范，而禁止式规范指的是行为人应当遵循不作为义务的规范，因而此处所指的政府失职责任根据之"义务性规范"仅包括命令式规范而不包括禁止式规范。譬如，《行政许可法》第 26 条第 1 款规定："行政许可需要行政机关内设的多个机构办理的，该行政机关应当确定一个机构统一受理行政许可申请，统一送达行政许可决定。"《行政处罚法》第 31 条规定："行政机关在作出行政处罚决定之前，应当告知当事人作出行政处罚决定的事实、理由及依据，并告知当事人依法享有的权利。"以及《公务员法》第 12 条规定中所列举的公务员应当履行

---

① 参见姚锐敏：《论行政失职》，载《河北法学》2001 年第 5 期。
② 参见张文显著：《法学基本范畴研究》，中国政法大学出版社 1993 年版，第 52 页。
③ 参见张文显著：《法学基本范畴研究》，中国政法大学出版社 1993 年版，第 52 页。
④ 参见姚锐敏：《论行政失职》，载《河北法学》2001 年第 5 期。

的八条具体义务①等法律规定的其他义务性规范。就授权性规范而言，其赋予行政主体一定的权利，行政主体可为也可不为一定的行为，但事实并非如此。"根据依法行政原则，行政主体的权利（职权）与义务（职责）是统一的、密不可分的。"② 因此，有学者指出："行政机关的职权从另一角度说，就是职责。职权与职责是统一的，是一件事情的两面。"③ 由此可见，对于行政主体而言，授权性法律规范虽形式上授予其一定的职权，但实质上也赋予了其相应的义务和责任。行政主体没有"为或不为一定行为的自由"，相反，其必须依法行使被赋予的行政职权，不得放弃，否则便构成政府失职，需要承担相应的政府失职责任。但授权性规范对行政主体所要求的作为义务不是由法律规范直接体现出来的，而是通过行政职权进行的一种转化义务或者说是派生义务，由行政职权的内容所决定。有学者依据行政职权的一般特点，归纳总结出带有共性的行政职责，也即行政主体依一般的行政职权而产生的一般的行政作为义务，具体而言包括以下几项内容：（1）履行职务，不失职。（2）遵守权限，不越权。（3）正确使用裁量权，不滥用职权。（4）正确适用法律、法规，避免适法错误。（5）重事实和证据。（6）遵守法定程序，防止程序违法。（7）遵守合理原则，防止行政不当。④ 但这种概括并不能涵盖所有行政职权所内涵的行政职责义务，只是起到一个借鉴和规范作用，实践中还需结合行政职权的具体内容进行确定。

概言之，政府失职责任的根据不仅限于义务性规范还包括授权性规范。此处需要注意的问题是，对于政府责任的根据来源是否仅指的是法律、法规、规

---

① 《公务员法》第 12 条："公务员应当履行下列义务：（一）模范遵守宪法和法律；（二）按照规定的权限和程序认真履行职责，努力提高工作效率；（三）全心全意为人民服务，接受人民监督；（四）维护国家的安全、荣誉和利益；（五）忠于职守，勤勉尽责，服从和执行上级依法作出的决定和命令；（六）保守国家秘密和工作秘密；（七）遵守纪律，恪守职业道德，模范遵守社会公德；（八）清正廉洁，公道正派；（九）法律规定的其他义务。"

② 姚锐敏：《论行政失职》，载《河北法学》2001 年第 5 期。

③ 应松年主编：《行政法学新论》，中国方正出版社 1998 年版，第 50 页。

④ 胡建淼著：《中国行政法学论纲》，杭州大学出版社 1998 年版，第 116~117 页。

章的规范而不包括规章以下规范性文件中的义务性规范或授权性规范。关于这个问题，学理界还尚存争议。有的学者认为行政职责的法定义务应作广义上的"法"的理解，包括法律、法规和规章。① 而有的学者则认为"在现实生活中，仅仅依据法律、法规和规章往往难以确定某些行政职责的具体归属或主体"，因而"有必要将规章以下的规范性文件作为确定行政主体作为义务的依据"。② 从我国《行政诉讼法》第 53 条规定③以及《行政复议》第 7 条规定④可知，行政行为依据的规范来源除了法律、法规、规章之外，还包括规章以下的规范性文件，且这些规范性文件属于行政诉讼和行政复议的审查范围。据此而言，既然行政行为的依据包括规章以下的规范性文件，那么其必然也包含对行政主体所作的义务性规范和授权性规范，对于义务性规范当然存在作为义务，而授权性规范也内涵相应的行政职责义务。因此，本书认为，政府失职责任的根据既包括法律、法规、规章也包括规章以下的规范性文件。而依据《行政诉讼法》第 63 条的规定⑤可知，法律、法规和规章不属于行政诉讼的审查范围，但行政行为所依据的规章以下的规范性文件却属于行政诉讼和行政复议的审查范围，因此，规章以下的规范性文件不得与法律、法规、规章的规定相抵触，否则便需要进行相应的修改或是废除。作为政府失职责任根据的规章以下的规范性文件同样也是如此，必须是与法律、法规、规章的规定相一致，或

---

① 参见胡建淼著：《中国行政法学论纲》，杭州大学出版社 1998 年版，第 368 页。

② 姚锐敏：《论政府失职》，载《河北法学》2001 年第 5 期。

③ 《行政诉讼法》第 53 条："公民、法人或者其他组织认为行政行为所依据的国务院部门和地方人民政府及其部门制定的规范性文件不合法，在对行政行为提起诉讼时，可以一并请求对该规范性文件进行审查。前款规定的规范性文件不含规章。"

④ 《行政复议法》第 7 条："公民、法人或者其他组织认为行政机关的具体行政行为所依据的下列规定不合法，在对具体行政行为申请行政复议时，可以一并向行政复议机关提出对该规定的审查申请：（一）国务院部门的规定；（二）县级以上地方各级人民政府及其工作部门的规定；（三）乡、镇人民政府的规定。前款所列规定不含国务院部、委员会规章和地方人民政府规章。规章的审查依照法律、行政法规办理。"

⑤ 《行政诉讼法》第 63 条："人民法院审理行政案件，以法律和行政法规、地方性法规为依据。地方性法规适用于本行政区域内发生的行政案件。人民法院审理民族自治地方的行政案件，并以该民族自治地方的自治条例和单行条例为依据。人民法院审理行政案件，参照规章。"

是以其为依据制定，否则便不能成为政府失职责任的根据。

（二）行政合同中约定的义务

在现代民主政治的国家中，政府从"管理型政府"逐渐转向"服务型政府"，在公共管理或行政活动的过程中，强权或管理色彩逐渐减弱，转而引入契约行政和温和行政，在这种情况下，带有私法色彩并尊重一定意思自治的行政合同应运而生。所谓行政合同，是指"行政主体与行政相对方就行政主体职权范围内的公共管理事项，为了实现行政目的而设立、变更和终止行政权利义务关系的协议"。[①] "行政合同是适应现代行政管理发展需要的一种特殊的行政管理手段，是现代国家追求民主行政的一种表现"[②]，它的出现既是对行政相对人的权利保障，也是对行政主体行政行为的规范约束，因而里面包含着行政主体的作为义务，并成为政府失职责任的根据之一。譬如，我国《行政诉讼法》第12条第11项规定："人民法院受理公民、法人或者其他组织提起的下列诉讼：……（十一）认为行政机关不依法履行、未按照约定履行或者违法变更、解除政府特许经营协议、土地房屋征收补偿协议等协议的……"以及《行政复议法》第6条第6项规定："有下列情形之一的，公民、法人或者其他组织可以依照本法申请行政复议：……（六）认为行政机关变更或者废止农业承包合同，侵犯其合法权益的……"由此可见，如若政府违反行政合同中约定的义务，相对人可以向复议机关提起行政复议，也可以向人民法院提起行政诉讼，换言之，即政府应当遵守行政合同中约定的义务，否则便应当承担相应的政府失职责任。

（三）先行行为导致的义务

先行行为成为作为义务的根据始于刑法学界，由德国学者斯鸠贝尔在其《论数人共同犯罪》一书中提出，随后在19世纪中期，德国法院的判例也支

[①] 王世涛著：《行政侵权研究》，中国人民公安大学出版社2005年版，第57页。
[②] 姚锐敏：《论政府失职》，载《河北法学》2001年第5期。

持了先行行为属于作为义务的来源这种观点，由此，先行行为与法律规定、契约约定并列成为不作为犯的作为义务的来源。① 所谓先行行为引起的义务是指，"由于行为人的行为而使刑法所保护的社会关系处于危险状态时，行为人负有以采取有效措施排除危险或防止结果发生的特定义务。若行为人不履行这种义务，就是以不作为的形式实施的危害行为"。② 在政府责任领域，先行行为同样成为政府作为义务的根据之一而存在，其与刑法中不作为义务的区别在于规制的行为或者说调整的社会关系不同。政府责任领域的先行行为义务是因行政主体及其公务人员的先行行政行为而产生的，是指当政府的行政行为使得行政法所保护的社会关系处于危险状态时，相关行政主体及其公务人员负有采取有效措施排除危险或防止结果发生的特定义务，若其不能履行这种义务，导致行政相对人合法利益受到损害的，则属于政府的失职行为，应当承担相应的政府失职责任。譬如，行政合同的附随义务就是由行政主体先行订立的行政合同行为而产生的行政作为义务，当行政主体与相对人签订的行政合同成立时，行政主体既负有除了承担合同约定的义务之外，还需承担伴随而来的通知、协助等义务。

典型案例 7-7：罗某某诉重庆市甲苗族土家族自治县地方海事处政府信息公开案③

【裁判摘要】

在政府信息公开案件中，被告以政府信息不存在为由答复原告的，人民法院应审查被告是否已经尽到充分合理的查找、检索义务。原告提交了该政府信息系由被告制作或者保存的相关线索等初步证据后，若被告不能提供相反证据，并举证证明已尽到充分合理的查找、检索义务的，人民法院不予支持被告有关政府信息不存在的主张。

---

① 谢绍华著：《先行行为论》，中国人民公安大学出版社 2011 年版，第 1 页。
② 马克昌主编：《刑法》，高等教育出版社 2016 年版，第 69 页。
③ 本案例裁判文书参见附录 13。

【相关法条】

《中华人民共和国政府信息公开条例》第2条、第13条

【基本案情】

原告罗某某是兴运2号船的船主，在乌江流域从事航运、采砂等业务。2014年11月17日，罗某某因诉重庆大唐国际某水电开发有限公司财产损害赔偿纠纷案需要，通过邮政特快专递向被告重庆市甲苗族土家族自治县地方海事处（以下简称"甲县地方海事处"）邮寄书面政府信息公开申请书，具体申请的内容为：（1）公开甲苗族土家族自治县港航管理处（以下简称"甲县港航处"）、甲县地方海事处的设立、主要职责、内设机构和人员编制的文件。（2）公开下列事故的海事调查报告等所有事故材料：兴运2号在2008年5月18日、2008年9月30日的2起安全事故及鑫源306号、鑫源308号、高谷6号、荣华号等船舶在2008年至2010年发生的安全事故。

甲县地方海事处于2014年11月19日签收后，未在法定期限内对罗某某进行答复，罗某某向甲苗族土家族自治县人民法院（以下简称"甲县法院"）提起行政诉讼。2015年1月23日，甲县地方海事处作出〔2015〕彭海处告字第006号《政府信息告知书》，载明：一是对申请公开的甲县港航处、甲县地方海事处的内设机构名称等信息告知罗某某获取的方式和途径；二是对申请公开的海事调查报告等所有事故材料经查该政府信息不存在。甲县法院于2015年3月31日对该案作出〔2015〕彭法行初字第00008号行政判决，确认甲县地方海事处在收到罗某某的政府信息公开申请后未在法定期限内进行答复的行为违法。

2015年4月22日，罗某某以甲县地方海事处作出的〔2015〕彭海处告字第006号《政府信息告知书》不符合法律规定，且与事实不符为由，提起行政诉讼，请求撤销甲县地方海事处作出的〔2015〕彭海处告字第006号《政府信息告知书》，并由甲县地方海事处向罗某某公开海事调查报告等涉及兴运2号船的所有事故材料。

另查明，罗某某提交了涉及兴运2号船于2008年5月18日在某高谷长滩子发生整船搁浅事故以及于2008年9月30日在某高谷煤炭沟发生沉没事故的

《乌江某水电站断航碍航问题调查评估报告》《甲县地方海事处关于近两年因乌江某万足电站不定时蓄水造成船舶搁浅事故的情况报告》《重庆市发展和改革委员会关于委托开展乌江某水电站断航碍航问题调查评估的函（渝发改能函〔2009〕562号）》等材料。在案件二审审理期间，甲县地方海事处主动撤销了其作出的〔2015〕彭海处告字第006号《政府信息告知书》，但罗某某仍坚持诉讼。

【裁判结果】

重庆市甲苗族土家族自治县人民法院于2015年6月5日作出〔2015〕彭法行初字第00039号行政判决，驳回罗某某的诉讼请求。罗某某不服一审判决，提起上诉。重庆市第四中级人民法院于2015年9月18日作出〔2015〕渝四中法行终字第00050号行政判决，撤销〔2015〕彭法行初字第00039号行政判决；确认甲苗族土家族自治县地方海事处于2015年1月23日作出的〔2015〕彭海处告字第006号《政府信息告知书》行政行为违法。

【裁判理由】

法院生效裁判认为：《中华人民共和国政府信息公开条例》第13条规定，除本条例第9条、第10条、第1条、第12条规定的行政机关主动公开的政府信息外，公民、法人或者其他组织还可以根据自身生产、生活、科研等特殊需要，向国务院部门、地方各级人民政府及县级以上地方人民政府部门申请获取相关政府信息。甲县地方海事处作为行政机关，负有对罗某某提出的政府信息公开申请作出答复和提供政府信息的法定职责。根据《中华人民共和国政府信息公开条例》第2条"本条例所称政府信息，是指行政机关在履行职责过程中制作或者获取的，以一定形式记录、保存的信息"的规定，罗某某申请公开甲县港航处、甲县地方海事处的设立、主要职责、内设机构和人员编制的文件，属于甲县地方海事处在履行职责过程中制作或者获取的，以一定形式记录、保存的信息，当属政府信息。甲县地方海事处已为罗某某提供了某编发〔2008〕11号《甲苗族土家族自治县机构编制委员会关于对县港航管理机构编制进行调整的通知》的复制件，明确载明了甲县港航处、甲县地方海事处的机构性质、人员编制、主要职责、内设机构等事项，罗某某已知晓，予以确认。

罗某某申请公开涉及兴运 2 号船等船舶发生事故的海事调查报告等所有事故材料的信息，根据《中华人民共和国内河交通事故调查处理规定》的相关规定，船舶在内河发生事故的调查处理属于海事管理机构的职责，其在事故调查处理过程中制作或者获取的、以一定形式记录、保存的信息属于政府信息。甲县地方海事处作为甲县的海事管理机构，负有对甲县行政区域内发生的内河交通事故进行立案调查处理的职责，其在事故调查处理过程中制作或者获取的，以一定形式记录、保存的信息属于政府信息。罗某某提交了兴运 2 号船于2008 年 5 月 18 日在某高谷长滩子发生整船搁浅事故以及于 2008 年 9 月 30 日在某高谷煤炭沟发生沉没事故的相关线索，而甲县地方海事处作出的〔2015〕彭海处告字第 006 号《政府信息告知书》第二项告知罗某某申请公开的该项政府信息不存在，仅有甲县地方海事处的自述，没有提供印证证据证明其尽到了查询、翻阅和搜索的义务。故甲县地方海事处作出的〔2015〕彭海处告字第 006 号《政府信息告知书》违法，应当予以撤销。在案件二审审理期间，甲县地方海事处主动撤销了其作出的〔2015〕彭海处告字第 006 号《政府信息告知书》，罗某某仍坚持诉讼。根据《中华人民共和国行政诉讼法》第 74条第 2 款第二项之规定，判决确认甲县地方海事处作出的政府信息告知行为违法。

三、政府失职责任之构成要件

行政作为义务是行政主体及其公务人员承担政府失职责任的前提条件，而是否最终承担政府失职责任还需看相关人员是否满足政府失职责任的构成要件，这也是确定政府失职责任的关键所在。只有符合了政府失职责任的构成要件，才能够确定行政主体及其公务人员应当承担的政府失职责任。具体而言，政府失职责任的构成要件存在以下几个方面的要素。

（一）主体要件——行政主体及其公务人员

从行政职权的主体来看，承担政府失职责任的主体应当是享有行政职权的主体，即行政主体及其公务人员，其他组织和个人不具备承担政府失职责任的资格。如前文所述，承担政府失职责任的前提条件在于行政作为义务的存在，据此而言，可以说，政府失职责任是行政主体及其公务人员因不履行其作为的第一性义务而导致的第二性义务承担或是否定性后果的承担。而行政作为义务是与行政职权相伴产生的，只有享有行政职权的主体才有承担行政义务的资格，因此，政府失职责任的承担主体也只能是享有行政职权的主体。行政职权是行政权依法定位在具体行政主体身上的转化形式，是各行政主体实施国家行政管理活动的资格及其权能。① 而行政权是由政府各级行政机关享有的权力，因此，行政职权的享有者也应当是政府的各级机关。除此之外，在我国，享有行政职权的主体还包括法律、法规授权行使国家行政管理职能的组织。事实上，这些行政主体是以组织的形式存在，只是拟制的"人"而无法具体行使行政权，真正的行政权是依靠行政主体内部的公务人员来行使并承担相应的行政职责。而公务人员对外实施行政行为时是代表其所属的行政主体实施而非个人的行为，其所属的行政主体也对其具有监管职责。据此而言，行政主体产生政府失职行为其本质上是因具体的公务人员未切实承担相应的行政职责而导致的，因此，对于该责任的追究不仅应当以行政主体作为责任主体，更应当以承担具体行政职责的公务人员为责任主体。

从政府失职的表现形式来看，通常表现为行政主体所属的公务人员未履行其具体的岗位职责，由政府失职导致的损害也因行政主体内部的公务人员不行使或不当行使行政权力而导致，在这一法律关系中，公务人员的行为并不是代表其个人而是代表其所属的行政主体。据此而言，政府失职导致的损害是不同于民事违法行为或民事侵权行为所引起的民事损害，其不能由民法进行调整，也不能由实施行为的具体公务人员来承担赔偿责任，而应当由行政法进行调整，由公务人员对外代表的行政主体承担相应的赔偿责任。同时，基于行政主体与公务人员内部的职务关系，再对具体失职的公务人员进行内部的追责，要求其承担相应的内部政治责任或是经济追偿责任。

---

① 参见王丽英著：《公安行政失职国家赔偿的认定》，中国法制出版社 2010 年版，第11 页。

就目前我国行政法律规范的实际状况来看，偏向于对公务人员个人政府失职责任的规制，而忽视对行政主体的政府失职责任的关注。相关法律法规对追究公务人员个人责任的条文较多，但对行政主体的政府失职责任涉及的规定却比较少。譬如，《计量法》第 29 条规定："计量监督人员违法失职，情节严重的，依照刑法有关规定追究刑事责任；情节轻微的，给予行政处分。"《国境卫生检疫法》第 23 条规定："国境卫生检疫机关工作人员，应当秉公执法，忠于职守，对入境、出境的交通工具和人员，及时进行检疫；违法失职的，给予行政处分，情节严重构成犯罪的，依法追究刑事责任。"此外，《公务员法》第 87 条第三款也规定了公务人员的失职责任，即"领导成员因工作严重失误、失职造成重大损失或者恶劣社会影响的，或者对重大事故负有领导责任的，应当引咎辞去领导职务"。从这些规范的内容可知，公务人员的政府失职责任侧重于对其个人职务关系的惩戒或是职务犯罪的惩戒，而缺乏对相关行政主体的责任规制或是对相关损失赔偿方面的规定，这样显然是不利于相对人合法权益的保障的。因此，就政府失职责任而言，政府责任体系还应当加强对行政主体责任承担的规制，尤其是对遭受损害的行政相对人的行政赔偿的规定，以保障其合法权益。

（二）行为要件——未积极履行或未完全履行其作为职责

行政主体及其公务人员承担政府失职责任的行为要件在于其未积极履行或未完全履行其积极作为的职责。对于行政主体而言，行政职权与行政职责是一个事物的两个方面，其在享有行政职权的同时负有相应的行政职责，行政职责与行政职权相伴产生。在现代政府"义务本位"的认识里，政府的行政职责先于行政职权，"为顺利履行行政职责，法律赋予行政主体一定的行政职权"①。因此，可以说，行政职责是目的，而行政权力是手段，行政职责对于行政主体而言同样具有重要意义。所谓"行政职责是指行政主体在行使国家赋

---

① 何峥嵘：《行政失职及其法律责任》，载《广西政法管理干部学院学报》2007 年第 4 期。

予的行政职权的同时，所必须承担的法定义务"①，换言之，行政职权是法定权力的转化形式，而行政职责则是法定义务的转化形式。行政职权与行政职责相互统一而不可分割，行政主体在享有行政职权的同时必须履行相应的行政职责，否则便构成政府失职，应当承担政府失职责任。具体而言，行政失职的行为在我国《行政复议法》和《行政诉讼法》中主要表述为"不履行或拖延履行法定职责"②，但该概念的表述却存在一定的局限性。依据一般的理解，行政主体的法定职责"是指行政主体在行政活动中所必须遵守和履行的法定义务"③，而法定义务包括两种义务，即积极义务和消极义务。"消极义务的内容是不作为，积极义务的内容是作为"④，据此而言，行政主体"不履行法定职责"也包括两种情况，即不履行作为的法定义务和不履行不作为的法定义务。然而，人们对"不履行法定职责"的理解仅停留在行政主体不履行法定的作为义务，而不包括不履行法定的不作为义务。因此，用"不履行法定职责"的表述来涵盖政府失职行为是不准确的。依据人们的一般认识，政府对法定不作为义务的不履行是指政府以积极作为的方式违背该不作为义务的情况，属于政府侵权行为，而非政府失职行为。譬如，行政主体在检查住所时具有不侵犯住宅权的不作为义务，当其违背法定程序侵入被检查人的住宅时则属于以作为的方式违背该不作为的义务，属于政府侵权行为。而政府失职行为在人们的认识中，一般指的是政府对其本应当以积极作为的方式履行其作为法定义务时，未履行或者未完全履行的情况。在此需要注意的是，如上文所述，对于政府作为义务的来源除了法律规定的义务之外还包括行政合同约定的义务以及先行行为导致的义务。因此，本书认为，政府失职中的行政职责不仅仅指的是法定作为义务，而是指为实现行政目标，行政主体及其公务人员所应当承担的，且与

---

① 尹奎杰主编：《行政法简明教程》，吉林大学出版社 2016 年版，第 42 页。
② 参见《行政诉讼法》第 47 条、第 72 条、第 74 条规定，以及《行政复议法》第 28 条规定。
③ 王连昌著：《行政法学》，中国政法大学出版社 1996 年版，第 74 页。
④ 张文显著：《法学基本范畴研究》，中国政法大学出版社 1993 年版，第 102 页。

法定职权密切相关的并以法定职权为保障的具有法律意义的积极作为义务①，既包括法定作为义务，也包括行政合同约定的作为义务以及由先行行为导致的积极作为义务。

"一般而言，积极作为的行政职责应该包括履行职责的对象、履行职责的时间、履行职责的方式等内容。"② 据此而言，政府失职行为不仅仅指的是完全未履行其应当作为的义务，还包括未完全履行其应当作为的义务，即对其作为义务的对象、时间、方式等具体内容的不正确或是不完全的履行。譬如，履行职责的对象错误或是拖延履行职责，或是履行职责的方式不符合行政目的等都属于政府失职行为。而由这些政府失职行为引起的政府责任则称为政府失职责任，当然，"法律不能强人所难"，只有当行政主体及其公务人员在能够履行而没有履行其作为职责之时才会导致政府失职责任。若因为客观条件的限制以至于其无法履行行政职责，这种未履行法定职责的状态非其所能控制，因而此种情况不能归责于政府的失职行为。

（三）主观要件——主观上存在过失

"失职"一词从词源上考究，其本义是怠忽职守，对工作不认真、不负责。由于行政主体是作为组织的形式存在，不具有实际的行为能力，只能由其内部的公务人员承担具体的行政职责，并作出履行相应行政职责的行政行为，因而，行政职责在实践中细化为每一个公务人员的岗位职责。依此逻辑，政府失职的本质即是行政主体内部的公务人员未履行其岗位职责的情况，这种未履行是基于其主观上的过失心理导致。所谓主观上的过失存在两种情况，即疏忽大意的过失和过于自信的过失。其中，疏忽大意的过失是指行为人本应当预见其行为可能导致的危害后果却因为自己主观上的疏忽大意而未能预见，并最终导致其未履行相应的行政作为义务；过于自信的过失是指行为人基于主观的自

---

①　参见何峥嵘：《行政失职及其法律责任》，载《广西政法管理干部学院学报》2007年第4期。

②　何峥嵘：《行政失职及其法律责任》，载《广西政法管理干部学院学报》2007年第4期。

信心理，轻信其未履行相应行政作为义务的行为并不会导致危害后果发生的心理。过失心理代表着行为人本身并不积极追求或是放任其未积极履行职责的行为可能导致的危害后果，相反，其内心是排斥该可能导致的危害后果的发生。在此需注意的是，在刑法当中，由过失心理构成的犯罪其成立的必备要件之一是要导致一定危害后果的产生，而政府失职行为虽然也属于"过失违法行为"，但其并不必然要求导致一定危害后果的产生，更多的是类似于刑法中的"行为犯"而非"过失犯"。换言之，政府失职行为的成立只需行政主体及其公务人员存在未履行积极作为义务或是未完全履行积极作为义务（包括不正确履行积极作为义务的情况）即可，并不需要导致一定危害后果的产生，即可追求相关主体的政府失职责任。之所以如此，是因为，在行政活动当中，要求行政主体及其公务人员必须履行行政职责的目的不仅在于实现公共利益或是特定相对人的合法利益，还在于维持行政秩序，因而只要相关主体构成违法的失职行为，即应当承担相应的政府失职责任。

（四）保护客体要件——合法正常的行政关系

从我国当前法律法规对政府失职责任的规定来看，缺乏对相对人造成损失的行政赔偿责任，更多地在于追究相关责任人员的刑事责任、政治责任以及行政关系的内部责任。[①] 而政府失职责任的构成并不必然要求造成一定的损害后果，只需相关义务主体存在未履行其积极作为义务或是未完全履行作为义务即可。由此可见，对于政府失职责任而言，其存在的目的主要在于督促并保障行政主体及其公务人员切实履行相应的行政职责，也即保护的客体是合法正常的行政关系。合法正常的行政关系是指为行政法律规范所保护的社会关系，包括合法有序的行政管理秩序、公民对行政主体的信赖关系以及行政主体对公共利益、相对人合法权益的保护关系。在此，需要注意的是政府失职责任的保护客体与政府失职行为的侵害对象之间的区别。政府失职行为侵害的对象是指直接

---

① 参见何峥嵘：《行政失职及其法律责任》，载《广西政法管理干部学院学报》2007年第 4 期。

受到政府失职行为影响的人或物，即公民、法人或者其他组织的人身、财产权益。政府失职责任的保护客体作为一种关系或利益的存在，是通过对政府失职侵害对象进行救济得以体现的，但政府失职责任的产生并不必然要求政府失职行为侵害的对象存在。某些政府失职行为可能并没有直接侵犯到特定主体的合法权益，但其却侵害到行政法律规范所保障的社会关系。譬如，在行政相对人向公安报警失窃案件，公安接到报警电话却并未采取任何行动，而之后该失窃者凭借自己的能力追回了被盗之物的案件中，尽管相对人最终并未遭受损失，但公安的不作为已经构成政府失职行为，不仅侵害了公众对公安机关的信赖，更是影响了公安机关正常的行政管理秩序，损害了公安的威严和良好形象。

四、政府失职责任的归责原则

"归责原则是责任构成要件的基础和前提，而责任构成要件是归责原则的具体体现，其目的是旨在实现归责原则的功能和价值。"[1] 可见，归责原则对于某一责任类型来说具有重要的价值和意义，就政府失职责任而言，同样地，其归责原则在该责任理论当中具有重要的地位。因此，政府失职责任的归责原则是必然要进行探讨的领域。

(一) 违法责任原则

违法责任原则的归责原则是指政府责任的成立以行政主体及其公务人员的违法行为为衡量标准，即只要行政主体及其公务人员的职权行为属于违法行为，则相关权益被侵害者即可以向国家请求对其进行政府责任的追究。2010年修改前的《国家赔偿法》便采用的是违法责任的归责原则。其第2条规定："国家机关和国家机关工作人员违法行使职权侵犯公民、法人和其他组织的合法权益造成损害的，受害人有依照本法取得国家赔偿的权利。"而此条规定也

---

① 王利明著：《侵权行为法归责原则研究》，中国政法大学出版社 2003 年版，第 457 页。

被视为统领整个国家赔偿制度的归责标准①，但在适用的过程中，违法责任原则仍然显露出许多缺陷，尤其是在政府失职责任的认定中难以适用。在政府失职的案件中，由于行政主体（及其公务人员）是因未履行或未完全履行积极的作为义务而构成的违法行为，一般情况下，出现相对人合法权益或者是公共利益损害的后果需要其他因素的介入（如受害人自己的过错行为、第三人的过错行为或不可抗力等），因而政府失职行为在认定引起危害后果产生的因果关系中往往是间接的因果关系。如果采用违法责任的归责原则，对危害后果的责任归责首先便是具有直接因果关系的介入因素，而对政府失职行为这种间接的原因行为而言则难以企及。其次，因为政府失职行为表现为"不作为"的行为方式，违法情形较为隐秘，因而在责任归责的认定中往往难以被发现，但实际上政府失职行为与危害后果的产生具有相当的因果关系。如此一来，便容易疏漏对政府失职行为的责任追究，这样一方面难以保障行政相对人的合法权益，另一方面也难以有效预防和扼制这种政府失职行为的再次发生，这对于国家有效的行政管理和公共利益来说都是非常不利的。此外，由于违法责任原则将政府责任的追究范围限定于违法行为，对于那些合法但却严重不合理的行政行为则无法追究相关的政府责任，这样会导致政府责任的缺漏，不利于严密政府责任法网、形成全方位的法治政府建构。因此，2010 年对《国家赔偿责任法》进行了修改，将原第 2 条当中的"违法"删除，意味着在行政法领域，违法责任原则并不是唯一的责任归责原则，由此形成多元化的责任归责体系。

（二）过错责任原则

自从 2010 年《国家赔偿责任法》的修改以来，政府责任领域的归责原则便由单一的违法责任原则向多元化的责任归责原则转变。在政府失职责任的认定当中，由于违法责任原则适用的困难，因此，便转向寻求其他归责原则的适用。其中，过错责任原则便成为典型。所谓过错责任原则是指，责任的追究以

---

① 参见王丽英著：《公安行政失职国家赔偿的认定》，中国法制出版社 2010 年版，第 184 页。

行为人是否存在过错为衡量标准，即任何人不仅对因自己故意行为所生的损害负赔偿责任，而且还对因自己的懈怠（Negligence）或者疏忽（Imprudence）造成的损害，承担赔偿责任。① 政府失职责任是由政府失职行为引起的，而政府失职行为是指行政主体及其公务人员在过失的情况下而未履行或未完全履行积极作为义务的不作为违法，因此，在政府失职责任的认定当中，仅适用于过错责任原则当中的过失责任规则，即政府失职责任的成立与否，主要以导致行为人失职行为的过错中是否存在一定的过失为判断标准。

在实践当中，由于主观过错是行为人内心的活动，判断起来比较困难，因此，一些国家将主观过错的判断标准客观化，"即以公务员是否尽到合理注意义务为标准来判断过错的构成，而并不关注公务员是否预见到损害后果"。② 譬如法国的"公务过错"，则是将公务员的主观过错用客观标准来衡量，即"公务过错是指公务活动欠缺正常的标准"。③ 所谓的"正常标准"是指公务活动应达到的中等公务活动水准，而中等公务活动水准则是依据执行公务当时的各种条件进行的综合判断。一般而言，"公务过错"包括一般过错和严重过错，一般过错指的是未达到中等公务活动水准的过错，超过中等水准出现明显且严重的不当行为，则为严重过错，这其中包括故意违法行为和严重过失违法行为。由于现代社会是一个风险社会，行政人员在执行公务的过程中避免不了其本身行为内涵的一定风险，但这种风险是现实的需要也是必不可少的，正如汽车的普及本身伴随交通事故的隐患，但这种趋势又是必然的。因此，对于公务人员不能过分的苛求。区别出一般过错和严重过错的目的便在于减轻公务人的负担，在特定的情形当中只要求其对重大过错负责，而不追究其一般过错行为的责任。譬如，在执行消防任务或是警察例行公务等这样本身内含极大危险的公务活动中，为了减轻公务人员的负担，只对其重大过错行为追责，而不对其一般过错行为追责。那么，在政府失职行为的责任认定中，同样应当区分一

---

① 江平主编：《侵权行为法研究》，中国民主法制出版社 2004 年版，第 68 页。

② 王丽英著：《公安行政失职国家赔偿的认定》，中国法制出版社 2010 年版，第 181 页。

③ 王名扬著：《法国行政法》，中国政法大学出版社 2007 年版，第 570 页。

般过错与重大过错，而这其中的过错均指的是过失的过错不包括故意的过错。一般情况下，行政机关出现政府失职行为，只对其重大过失行为追究政府失职责任，而对公务人员，则一般过失的情况也应当追究政府失职责任。

五、政府失职责任之问责

政府失职责任的问责是对存在政府失职行为的具体公务人员以及所属的行政主体进行的责任追究，而"问责的范围，过去只限于政府机关公务员，一般称之为行政问责，现在已经扩大到党政领导干部"。① 具体而言，政府失职责任的问责范围可依据问责对象分为对行政主体的问责以及对具体失职公务人员的问责，而对具体公务人员的问责又可根据直接责任与间接责任进行细分。

（一）对行政公务人员的问责

如前文所述②，虽然行政主体是享有行政职权的名义主体，因而也是承担行政职责的名义主体，但是其作为一个组织机构，本身不具有履行行政职责的行为能力，只能通过其公务人员来承担具体的行政职责。实际上，行政机关的行政职责细化为其内部的岗位职责，由其内部的公务人员履行具体的行政职责义务，因而政府失职其本质是因承担具体行政职责的公务人员未履行其应当履行的行政作为义务而导致。因此，对于政府失职责任的问责必然要落实到具体失职的公务人员身上。而对具体公务人员的问责范围又可根据直接责任与间接责任进行划分。

1. 直接责任

根据"责任自负原则"，即"是指谁违反了法律，就由谁承担法律责任，国家法律只追究参与了违法行为的责任主体，而不连累那些与该责任主体仅有亲戚、朋友、亲属、邻居等关系并没有参与违法行为的人"③，政府失职责任

---

① 胡建淼主编：《政府法治建设》，国家行政学院出版社2014年版，第140页。

② 参见本节"政府失职责任之构成要件"中的"主体要件——行政主体及其公务人员"部分内容。

③ 王果纯著：《现代法理学——历史与理论》，湖南出版社1995年版，第287页。

应当由直接导致政府失职的公务人员承担。在行政问责体系中，直接责任是公务员对自己违法违规行为所引起的后果，依法应当直接承担的责任。① 这种直接责任是由公务人员的岗位责任引起的，即公务人员身处一定的行政岗位，承担着相应的行政岗位职责，但基于其主观上的过错而未履行或未完全履行该岗位职责，没有做好分内之事，导致了失职行为，因而对该失职行为应受到相应的谴责和制裁，不得由他人"顶替"。由此可见，直接责任的承担主体具有相当程度的直观性，只需依据岗位责任即可确定问责对象，而不能牵连其他人员或是产生由其他人员顶替责任的情形，便于明确责任主体，落实责任追究。一般而言，直接责任包括法律责任和行政内部责任以及党纪责任。

2. 间接责任

间接责任是与直接责任相对的概念，也是"责任自负原则"的例外，"是指法律关系主体依法对与其有特定联系的他人之行为应当承担的责任"。② 在我国，国务院和各级行政机关实行行政首长负责制，是指"行政机关的首长在宪法和法律规定的职权范围内，独立负责地决定和处理一切工作问题，拥有最高决策权的责任制度"。③ 如《国务院组织法》第 2 条第 2 款规定："国务院实行总理负责制。总理领导国务院的工作。副总理、国务委员协助总理工作。"《地方各级人民代表大会和地方各级人民政府组织法》第 62 条规定："地方各级人民政府分别实行省长、自治区主席、市长、州长、县长、区长、乡长、镇长负责制。省长、自治区主席、市长、州长、县长、区长、乡长、镇长分别主持地方各级人民政府的工作。"因此，行政首长对其所管辖区域的所有行政事务全面负责，当具体岗位的公务人员因未尽到岗位职责，产生失职行为时，相关领导干部应当连带地为该失职行为承担一定的责任，此即为间接责任。这种责任不是因责任主体具体的某项作为或是不作为而导致否定后果的承担，而是基于权力的领导关系而产生的领导责任，即指的是领导干部对其所领导范围内

---

① 参见江凌编著：《依法行政与行政问责》，中国人事出版社 2013 年版，第 94 页。

② 江凌编著：《依法行政与行政问责》，中国人事出版社 2013 年版，第 97 页。

③ 参见《中华法学大辞典·宪法学卷》，中国检察出版社 1995 年版，第 701 页。

的所有行政事务负有总的责任，其不仅要对自己的行为负责，还需对其下属机构及一般公务人员的违法或失职行为负责。① 一般而言，间接责任主要指的是政治责任和道德伦理责任。

（二）对行政主体的问责

在政府失职的法律关系中，未履行具体行政职责的公务人员虽是因个人的主观过错而导致的失职，但实质上其并不代表个人的意志，而是代表行政主体在履行行政职责，因而其未履行行政职责的行为也被视为是行政主体的失职，对此，行政主体也应承担一定的责任。就行政主体承担的政府失职责任而言，主要指的是因政府失职造成相对人权益损害的救济责任。虽然根据《国家赔偿法》的规定，其并未明确将政府失职行为导致的损害纳入行政赔偿的范围，但是其中第 3 条第 5 项和第 4 条第 4 项的兜底条款中规定了，对造成公民身体伤害或者死亡的以及财产损害的其他违法行为，受害人有取得赔偿的权利。② 政府失职行为其本质即属于违法行为③，因此，对于因政府失职的违法行为造成

---

① 参见江凌：《依法行政与行政问责》，中国人事出版社 2013 年版，第 97 页。
② 《国家赔偿法》第 3 条：行政机关及其工作人员在行使行政职权时有下列侵犯人身权情形之一的，受害人有取得赔偿的权利：（一）违法拘留或者违法采取限制公民人身自由的行政强制措施的；（二）非法拘禁或者以其他方法非法剥夺公民人身自由的；（三）以殴打、虐待等行为或者唆使、放纵他人以殴打、虐待等行为造成公民身体伤害或者死亡的；（四）违法使用武器、警械造成公民身体伤害或者死亡的；（五）造成公民身体伤害或者死亡的其他违法行为。第 4 条：行政机关及其工作人员在行使行政职权时有下列侵犯财产权情形之一的，受害人有取得赔偿的权利：（一）违法实施罚款、吊销许可证和执照、责令停产停业、没收财物等行政处罚的；（二）违法对财产采取查封、扣押、冻结等行政强制措施的；（三）违法征收、征用财产的；（四）造成财产损害的其他违法行为。
③ 在此需注意的是，本节在"政府失职责任之根据"中列举了政府失职行为违反的行政义务包括了法律规定的义务、行政合同约定的义务和先行行为引起的义务，但这并不意味着政府失职行为存在不违法的情况。行政合同约定的义务虽然看似属于意思自治的民事义务范围，但其本质上是在法律规定的范围内的意思自治，因而仍然遵循着法律的规定，属于法定义务的范畴；先行行为引起的义务产生的原因在于，行政主体因行使行政权力的先行行为而招致其后续应当继续履行的作为义务，这种作为义务其本质也属于法定义务的范畴。因此，政府失职行为本质上即是违法行为。

相对人财产或是人身权益受损的，相对人应当具有请求相关行政主体进行行政赔偿的权利。这一点从行政法律调整的关系主体也可得到证明。行政法律关系的主体包括行政主体和行政相对人，而行政主体指的是"享有国家行政权力，能以自己的名义实施行政行为，并能独立承担由此产生的法律效果的社会组织，包括国家行政机关和法律、法规、规章授权的组织"。① 公务人员虽然是政府失职的具体行为主体，但其并不属于行政法律关系的合格主体，而是代表着行政主体存于行政法律关系中，其与行政相对人之间产生的法律关系归属于行政主体与行政相对人之间。因此，就行政相对人的损失赔偿责任而言，只能由作为组织的行政主体承担，而对于具体失职的公务人员则可基于行政主体内部的职务关系对其进行追偿。

典型案例 7-8：行 3 号公益诉讼人甲县人民检察院起诉被告甲县林业局怠于履行法定职责行政公益诉讼一案②

【裁判摘要】

行政机关对行政职责义务的实现，不仅仅在于形式上的依法履职，更在于实质上作出切实的行政行为，履行相应的监管职责，如此才能实现行政职责的目的，维护公共利益。当行政机关对行政相对人的违法行为作出相应的行政处罚决定时，不应当仅停留在形式上的"处罚决定"，更应当监督行政相对人以履行行政处罚决定对其所赋予的义务，否则，便属于监管职责的懈怠，构成行政失职，应承担相应的法律责任。

【相关法条】

《中华人民共和国行政诉讼法》第 72 条、第 74 条

【基本案情】

宝某某系云音公司甲县牛街乡西甸饰面石材用大理石矿项目负责人。2015年 11 月起，宝某某受云音公司及其法定代表杨绍云的委托，未经县级以上人

---

① 马怀德主编：《行政法与行政诉讼法》，中国法制出版社 2015 年版，第 62 页。

② 本案例裁判文书参见附录 14。

民政府林业主管部门审核同意,在甲县牛街乡生态公益林区 59 林班 8 小班修建云音公司生活营地。2016 年 3 月 24 日经甲县林业局林业行政执法人员和技术人员现场调查核实,云音公司擅自改变土地用途,面积达 3127.5 平方米,森林类别为生态公益林、省级公益林。2016 年 3 月 29 日,甲县林业局认为云音公司的行为违反了《中华人民共和国森林法实施条例》的规定,已构成违法。根据《中华人民共和国森林法实施条例》第 43 条的规定,作出洱林罚决书〔2016〕第 207 号林业行政处罚决定书。对项目负责人宝某某作出如下行政处罚:(1)擅自改变林地用途每平方米 12.00 元,合计罚款 37530.00 元。(2)责令在 2016 年 9 月 30 日前恢复原状。林业行政处罚决定书送达被处罚人宝某某后,云音公司认为,虽然被处罚人是宝某某,但林业行政处罚决定书是针对公司作出的,云音公司认可该处罚决定。被处罚人宝某某、云音公司在法定期限内未申请行政复议也未提起行政诉讼。2016 年 4 月 11 日,云音公司交清了罚款 37530.00 元。但 2016 年 9 月 30 日,林业行政处罚决定书规定的法定履行期限届满后,云音公司仍未将非法改变用途的林地全部恢复原状。2016 年 11 月 16 日,甲县人民检察院向甲县林业局发出检察建议书,建议:"甲县林业局应当依法规范执法,积极履行保护森林资源的职责,对宝某某不履行行政处罚决定和造成的损害后果,应依法进行处理,使国家森林资源得到有效保护。"2016 年 12 月 5 日,甲县林业局复函:"2016 年 11 月 2 日,云音公司提出申请补办生活营地占用林地审批手续,恢复部分植被,种植雪松 200 株,简易房未拆除。如该公司未按时补办生活营地占用林地审批手续,我局将向人民法院申请强制执行。"但事实上,甲县林业局并未依法全面履行职责,致使行政处罚决定书得不到有效执行,非法改变用途的林地一直未能全部恢复。在甲县检察院发出检察院建议监督履行后,甲县林业局也未能督促云音公司采取有效恢复措施将林地恢复原状,导致国家和社会公共利益至今仍处于受侵害状态。因此,公益诉讼人甲县人民检察院起诉被告甲县林业局怠于履行法定职责。

【裁判结果】

一、被告甲县林业局未依法全面履行法定职责的行为违法。

二、责令被告甲县林业局继续履行法定职责。

【裁判理由】

法院生效判决认为：公益诉讼人提起本案诉讼符合《全国人民代表大会常务委员会关于授权最高人民检察院在部分地区开展公益诉讼试点工作的决定》、最高人民检察院《人民检察院提起公益诉讼试点工作实施办法》和最高人民法院《人民法院审理人民检察院提起公益诉讼案件试点工作实施办法》的规定。《中华人民共和国森林法》第10条规定："国务院林业主管部门主管全国林业工作。县级以上地方人民政府林业主管部门，主管本地区的林业工作。乡级人民政府设专职或者兼职人员负责林业工作。"第13条规定："各级林业主管部门依照本法规定，对森林资源的保护、利用、更新，实行管理和监督。"根据上述规定，被告甲县林业局作为县级林业主管部门，负责承担全县森林资源保护监督管理的职责，受理及查处毁林开荒及擅自改变林地用途的违法违规案件。

一、关于被处罚对象的问题。宝某某受云音公司的委托，作为公司生活营地修建的项目负责人，在负责生活营地修建过程中非法占用公益林，擅自改变林地用途的行为违法，其违法的法律后果，应由被代理人云音公司承担。被告虽仅对项目负责人宝某某进行行政处罚，但云音公司知晓并认可该行政处罚决定，且实际履行了缴纳罚款、撤除生活区房屋，投入机械设备进行整地、覆土、种植雪松的恢复工作。被告所作的行政处罚对象虽有不当，但根据本案实际，对云音公司在生活营地修建过程中非法占用公益林，擅自改变林地用途行为的处罚，无实质影响。二、关于被告是否存在未依法全面履行职责的违法行为的问题。根据相关法律法规的规定，被告负有依职权积极履行对林业生态环境的保护和监管职责。被告对云音公司擅自改变林地用途的违法行为作出了行政处罚，但处罚决定书第二项规定的履行期限届满后，云音公司仍未全部恢复林地原状，对此，被告应依法继续履行监管职责。但被告既不采取有效措施拆除违法建筑物、恢复林地植被，也未向人民法院申请强制执行，致使行政处罚决定书得不到有效执行，国家和社会公共利益一直处于受侵害状态，该怠于履行监管职责的行为存在违法。故公益诉讼人请求确认被告未依法全面履行职责的行为违法的诉讼请求，符合法律规定，本院予以支持。三、关于被告是否需要继续履行法定职责的问题。公益诉讼人起诉到本院后，被告采取了一系列的整改补救措施，督促行政相对人撤除了生活区全部违建房屋、对涉案林地进行整地、覆土、种植雪松的恢复工作，也全额缴清罚款。但被毁林地恢复原状尚需一定时日，被告作为对森林资源的保护、利用和更新实行监督、管理的行政主管部门，应承担被毁林地后续生态修复工作的监督、管理的法定职责。被告应当继续履行上述法定职责，通过持续有效的监管，促使被毁林地得到有效恢复。因此，公益诉讼人请求判令被告依法继续履行职责的诉讼请求成立，本院予以支持。

第三节　政府渎职责任

政府渎职责任是政府责任的重要组成部分。追究行政人员渎职责任是建设现代责任政府的应然要义之一。根据目前我国刑法和行政法等法律的规定可知，渎职的情形既存在故意的罪过心理，也包括严重过失的罪过心理；渎职行为既可以构成一般违法行为，也可以构成犯罪行为。① 而本节内容则围绕渎职行为当中的政府渎职展开探讨其相关的政府责任问题。

一、政府渎职责任的意涵

政府渎职是指行政主体及其工作人员违反法律规定，实施了诸如滥用职权、徇私舞弊等不尽忠职守的渎职行为，妨害行政正常职能活动或是侵害法益，依法应当承担相应法律责任的行为。如前文所述，政府渎职具有其独特的属性②，一般情况下，政府的渎职行为既可能引起行政责任也可能引起刑事责任，但本节所研究的政府渎职责任，仅指的是尚未构成犯罪的政府渎职行为而

---

① 参见关保英主编：《公务员法学》，法律出版社 2007 年版，第 365 页。
② 参见本章第一节有关"政府渎职之特征"的内容。

引起的行政责任。

（一）政府渎职责任之概念

政府渎职责任属于政府责任当中的一种，是由政府渎职行为而引起的法律后果，可以说，政府渎职责任是政府渎职行为的逻辑结果，而政府渎职行为则是政府渎职责任产生的前提条件。就政府渎职的概念而言，存在广义概念和狭义概念之分①，而本节内容所研究的政府渎职责任所涉及的政府渎职采狭义上的概念，即指行政主体及其工作人员滥用职权、徇私舞弊或不尽职责，妨害国家行政机关正常的职责活动，致使公共财产或者国家和人民利益遭受一定或重大损失的行为。而政府渎职责任是由政府渎职行为所引起的行政法律规范上的责任，因此，政府渎职责任的概念可定义为，行政主体及其工作人员因实施滥用职权、徇私舞弊或者不尽职责，妨害国家行政机关正常的职责活动，致使公共财产或者国家和人民利益遭受一定或重大损失，而引起的行政法律规范上的否定性的后果。

（二）政府渎职责任的特征

政府渎职责任是由行政主体及其工作人员实施的渎职行为而引起的行政法律责任，在政府责任理论中占据重要的地位，具有一定的独特性，主要可概括为以下几个方面的特征。

其一，引起政府渎职责任的前因行为是政府渎职行为。政府渎职是指行政主体及其工作人员亵渎职权、不尽忠职守的行为，当政府渎职行为达到一定的危害程度时，则会引起相应的政府渎职责任。从政府渎职行为的表现方式来看，引起政府渎职责任的行为主要包括徇私舞弊、行政越权、行政滥用权力等渎职性行为。② 其中，徇私舞弊是指行政主体或其工作人员基于私自谋利的动

---

① 参见本章第一节有关"政府渎职的概念"的内容。

② 参见林随安、褚玉梅著：《行政渎职违法犯罪的认定和处理》，中国方正出版社2001年版，第164~184页。

机（包括私人的利益谋取也包括特定单位的利益谋取），而实施弄虚作假、滥用职权的行为；行政越权是指行政主体或者其工作人员超越法定权限的范围作出行为，包括超越管辖权和超越自由裁量权两种情形；行政滥用权力是指行政主体或者其工作人员在法定职权的范围内不合法律目的地行使权力，也即不正当行使权力。

其二，引起政府渎职责任的过错既包括故意也包括过失。一般情况下，政府渎职责任的成立要求行为主体存在一定的过错，而这种过错并没有特定的情形限制，既可能是出于故意的情形，也可能是出于未尽到合理注意的过失情形。但对于过失实施政府渎职行为的情况，一般还要求产生一定的危害后果才对行为人进行政府渎职责任的追究。就政府渎职行为的表现而言，行政越权和徇私舞弊行为一般是出于故意的过错而实施，而行政滥用权力的行为则既可能是故意也可能是过失导致。

其三，依据政府渎职行为的违法情形，政府渎职责任主要表现为惩罚性行政责任和补救性行政责任两种形式。政府渎职责任产生的逻辑前提在于政府渎职行为达到一定的违法情形，即或是滥用职权、徇私舞弊，妨害行政机关正常职能活动，具备严重的危害情节，或是致使公共财产、国家和人民利益遭受一定或重大损失。具体而言，依据违法情形可将政府渎职分为实质性政府渎职和形式性政府渎职。其中，实质性政府渎职也称为实体上的政府渎职，主要表现为行政主体权限不合法，行政行为超越了行政主体的法定权限，意思表示不真实，行为的内容同行政法律规范所规定的目的、原则和规则相悖等实体上违反行政法律规定的政府渎职行为。① 形式性政府渎职也称为程序上的政府渎职，主要表现为行政行为作出不符合法律规定的程序或形式要求。从法律效力来看，实质性政府渎职行为一般自始无效，即从行为作出之时起即属于没有法律效力的行为，其所引起的政府渎职责任主要是惩罚性的行政责任，譬如行政赔偿、行政处分等；而形式性政府渎职行为则一般属于可撤销行为，经过补救可

---

① 参见林随安、褚玉梅著：《行政渎职违法犯罪的认定和处理》，中国方正出版社2001年版，第161页。

以转化为有效行政行为，其承担的主要是补救性行政责任，譬如撤销违法行政行为，重新作出合法的行政行为等。

其四，政府渎职责任保护的客体为正常的行政职能活动或行政管理秩序以及行政法律规范所保护的法律关系，譬如公共利益、相对人的合法权益，或是公众对行政主体作出客观、合法、公正行政行为的信赖等。因此，也可以说，政府渎职责任是依据行政法律规范所作出的责任认定，其应当以行政法律规范为依据，确定问责的范围、主体和对象。

二、政府渎职责任的构成要件

政府渎职责任是否成立还看其成立的要件是否齐全，因此，可以说构成要件对于政府失职责任的认定至关重要。就此而言，政府失职责任的构成要件主要包括以下几个方面。

（一）主体要件

主体要件是指政府渎职责任成立的主体条件，即必须是享有行政职权的行政主体及其公务人员。其中，行政主体包括行政机关和法律、法规授权的组织；而公务人员不仅包括行政机关内部享有国家行政编制的公务人员，还包括其他依法享有国家行政管理职权的人员，即此处的公务人员是指实质上依法享有行政职权的所有人员。在我国，一切权力属于人民，但由于现实条件的局限，人民无法直接行使权力，因而通过人民代表大会代为行使权力。为了避免权力的过分集中而瓦解民主制度，因此，全国人大又进一步将国家的权力进行细分，其中，行政权力便授予行政机关。除此之外，法律、法规也可授权其他社会组织享有一定的行政权。所谓行政权是指"法律规定，组织和管理国内行政、外交等各方面行政事务的权力"。① 一般而言，行政机关或法律、法规授权的组织作为一个组织机构不具有通常意义上的行为能力，因而只能通过其内部的公务人员来行使权力，作出具体的行政行为。而公务人员在行使职权时不

---

① 《新编常用法律词典》，中国法制出版社 2016 年版，第 412 页。

具有个人主体的身份，而是以其所属的行政主体的名义存在的，因此，即使是公务人员实施的政府渎职行为，也由其所属的行政主体承担相应的政府渎职责任，而在行政系统内部对有过错的人员进行内部的责任追究。因此，准确地说，政府渎职责任的主体不仅包括行政主体，还包括其内部的公务人员。

（二）客观要件

一般而言，客观要件包括行为要件和结果要件以及行为与结果之间的因果关系。

其一，就行为要件而言，成立政府渎职责任要求具备政府渎职行为的存在，以行为方式标准进行划分，包括作为的政府渎职行为和不作为的政府渎职行为两类。作为的政府渎职行为是指，行为主体利用职务以积极的动作实施行政法律规范所禁止的危害行为，在实践活动中主要表现为超越职权、滥用职权、徇私舞弊的行为。其中，超越职权是指行政主体或其公务人员在执行职务的过程中超越其职权范围行使权力，主要包括以下几种情形：（1）行政行为超越职权范围。（2）行政行为超越时效期限。（3）行政行为超出管辖权限。① 滥用职权是指行政主体或其公务人员"在行使职权、履行职责的过程中，基于一定的动机和目的，故意以不法方法实施违背职责所要求的实体标准和程序标准的行为"②，主要包括行政越权、不正确行使职权和故意放弃行使职权的行为，也即一般情况下，滥用职权包含了行政越权的行为。所谓不正确行使职权是指行为主体虽在其职权范围内，但却实施了不符合法律目的、精神或原则要求的，具有不正当性或不合理性的行为。而故意放弃行使职权的行为则区别于政府失职行为，是指行为主体在主观上意识到了其应当履行职责的义务，但基于一定不当的目的或动机而故意放弃行使相关职权的不作为，因此，故意放弃行使职权的行为不属于作为的政府渎职，而是不作为的政府渎职。徇私舞弊是

① 参见林随安、褚玉梅著：《行政渎职违法犯罪的认定和处理》，中国方正出版社2001年版，第63页。

② 黄现师著：《渎职罪犯罪构成研究》，中国政法大学出版社2013年版，第84页。

指行政主体或其公务人员基于一定的私人动机或者目的不客观公正地履行职务，或者弄虚作假、实施违法乱纪等的滥用职权的行为。不作为的政府渎职是指，行政主体及其公务人员负有积极履行职权的义务，在其能够履行职责且意识到了应当履职的情况下，而故意放弃行使职权，消极地不作出相应的职权行为或者不正确作出相应的职权行为，即是指滥用职权当中的故意放弃行使职权的行为。

其二，就结果要件而言，政府渎职责任的成立并非一定要求发生一定的损害后果。一般而言，政府渎职行为属于积极但不正确行使行政权力的行为，在很大程度上会直接引起公共利益的损害或者是侵害到相对人的合法利益，但并非必然如此。政府渎职行为的存在意味着行政活动的顺利展开受阻，正常的行政效果未得到实现，从而影响了正常的行政秩序，降低了行政主体的公信力，该行为本身即带有法益侵害性，因而未必非要求损害后果的发生才对行为主体进行追责，即就行为本身而言也可追究政府渎职责任。

其三，就因果关系而言，政府渎职行为导致危害后果的产生，这两者通常具有直接的因果关系。所谓直接的因果关系是指，政府渎职行为与危害结果之间具有内在的、合乎规律的引起与被引起的关系，是不需要借助其他因素的存在即可导致危害结果发生的必然的关系。当然，在政府渎职责任当中也存在间接的因果关系，即在故意放弃行使职权的政府渎职行为当中，其导致的危害后果一般是指间接上的结果，即行为与结果之间是间接的因果关系，需介入第三者的因素（如被侵害人自己的行为、第三人的行为或者自然条件的介入因素）才能引起危害结果的发生。

（三）主观要件

主观要件是指行为人主观上的过错心理，一般包括故意和过失两种情形。政府渎职责任的认定一般要求行为人在主观上具有一定的过错心理，既包括故意也包括过失。所谓故意的过错是指，行为人意识到其应当如何正确且合理地行使职权，并对其渎职行为可能引起的危害结果具有认识，却积极追求或者放任该危害结果的发生，而行使了政府渎职行为。所谓过失的过错是指，行为人出于疏忽大意或者过于自信的心理未能尽到合理的注意义务，从而未能意识到其行为的不当之处，而实施了政府的渎职行为。一般情况下，出于过失的情形而导致的政府渎职行为需具备一定的危害后果才对其进行政府渎职责任的追究，而因故意所导致的政府渎职责任则并不要求具备该要件。

（四）客体要件

客体要件是指政府渎职责任所保护的社会关系，也即政府渎职行为所侵害的社会关系。一般情况下，政府渎职责任的客体要件具有复合性，既包括国家行政活动的正常秩序，也包括公共利益和个人利益的保障及维护。而这些社会关系是指行政法律规范所保护的社会关系，换言之，在刑事法律规范和宪法当中同样存在对这些社会关系的保护，但政府渎职责任是依据行政法律规范而追究的法律责任，因而其保护的客体也指的是行政法律规范当中所包含的社会关系。

三、政府渎职责任的归责原则

在法律制度当中，归责原则较早出现在民法当中，其落脚点在"归责"之上。以王利明教授对"归责"含义的解释为典型，即其认为"归责的含义，是指行为人因其行为和物件致他人损害的事实发生以后，应依何种根据使其负责，此种根据体现了法律的价值判断，即法律应以行为人的过错还是应以发生的损害结果为价值判断标准，抑或以公平考虑等作为价值判断标准，而使行为人承担侵权责任"。① 换言之，在民法当中，归责原则主要是指侵权责任的归责原则，包括过错责任原则（以过错为判断标准）和结果责任原则（以损害结果为判断标准）以及公平责任原则（以公平正义为判断标准）。早在 19 世纪，侵权责任法的归责原则便从"结果责任"演变为"过错责任"，而侵权法

---

① 王利明著：《侵权行为法归责原则研究》，中国政法大学出版社 2003 年版，第 16~17 页。

也逐渐从单一的归责原则发展为多元的归责原则。① 在行政法学当中，归责原则主要来源于国家赔偿责任制度当中的责任归属认定，而"国家赔偿的归责原则脱胎于民事赔偿归责原则"②，因此，可以说，行政责任当中的归责原则是在民法当中的归责原则的基础上发展而来。据此而言，政府渎职责任的归责原则是指政府渎职责任在根本上根据何种法律判断标准为依据进行责任的归属认定，其也形成了多元化的归责原则。具体而言，在行政法领域，归责原则主要包括违法责任原则、过错责任原则和无过错责任原则。

（一）违法责任原则

所谓违法责任原则一般是指"国家赔偿以职务违法行为为归责标准，而不问侵权公务人员过错的有无"。③ 即单一的违法责任原则是指政府责任的归责认定只看行政主体及其公务人员是否实施了违法行为，而不看其他因素。一方面，由于违法责任原则对"违法"的界定存在一定的模糊，即到底是指违反何种法律，其范围在哪里，以及所谓的违法是指行为违法还是结果违法，抑或是两者兼具，都没有进行明确的规定；另一方面，由于社会的急剧变化，为了适应社会发展的需求，保障行政效率，行政自由裁量事项的范围也逐渐放宽，仅对违法行为进行归责已经无法适应现代行政发展的需求，而涉及行政自由裁量的不当行为也应当纳入到政府责任的归责当中。因此，单一的违法责任原则已经转向多元化的归责原则，即在适用违法责任原则的同时还应当辅助其他归责原则一同适用。

在此需注意的是，在现代行政领域，违法责任原则中所指的违法判断标准应当作广义上的理解，即其所谓的"违法"不仅是指对宪法、法律、法规、

---

① 参见王利明：《我国侵权责任法的体系建构——以救济为中心的思考》，载《中国法学》2008 年第 4 期。

② 参见王丽英著：《公安行政失职国家赔偿的认定》，中国法制出版社 2010 年版，第 179 页。

③ 姜明安主编：《行政法与行政诉讼法》，北京大学出版社、高等教育出版社 1999 年版，第 656 页。

规章等常见规范性法律文件的违反，还"应当包括所有对特定机关或者工作人员具有约束力的规范、规定、命令及法律原则"① 等其他法律规范性文件的违反。而具体行政职务的违法则既包括程序上的违法，也包括实体上的违法。就政府渎职责任的违法责任而言，是指行政主体及其公务人员实施了违反法律、法规等其他法律规范性文件的行为，或者违反程序上的法律规定或者违反实体上的法律规定而滥用职权、徇私舞弊或不尽职责，应当为此承担相应法律责任。

（二）过错责任原则

过错责任原则是以行为人存在的过错为判断依据进行的归责，它包括主观上的过错和客观上的过错。其中，主观过错是指以行为人主观上是否具有故意或过失的心理；而客观过错是在主观过错的基础上发展而来的，它是基于主观过错难以判断的实践困境而将其客观化的标准，即以客观上是否尽到合理的注意义务为过错的判断依据，也称为"公务过错"。"公务过错"源自于法国行政领域的客观过错标准，是以公务活动是否达到正常的标准为依据来判断行为人的过错，其所谓的"正常的标准"也即执行公务过程中达到的合理注意义务，是指一般情况下身为一名公务人员所应达到的执行公务的中等水平，关于该"中等水平"的具体判断则需结合职务标准和执行职务时的各种客观条件进行综合判断。由此可见，公务过错的判断不仅具有较强的实践可操作性，还具有较强的客观性和公正性。就过错责任原则在政府渎职责任的适用中来看，一般而言，行政机关和法律、法规授权的组织以公务过错为过错的判断依据，即以其在履行职务的过程中是否尽到合理的注意义务为判断标准，若尽到了合理的注意义务，基于其他原因而实施了政府的渎职行为，则代表其不具备过错条件，无其他因素的考虑一般不对其进行归责②；若未尽到合理的注意义务而

---

① 江必新著：《国家赔偿法原理》，中国人民公安大学出版社1994年版，第128页。
② 此处仅就过错责任原则的适用情形进行阐述，而未必符合实际的归责情况，因为在这种情形当中，基于公平正义等因素的考虑可能涉及无过错责任原则的适用，导致归责的情形与仅采用过错责任原则的情形有所不同。

实施了政府渎职行为，则需对其进行归责。对于公务人员来说，其过错的认定则以主观过错为依据，即其在执行职务过程中所实施的渎职行为，若存在主观上的故意或过失心理，则可对其进行内部的政府渎职责任追究，若不存在主观的过错心理则不对其个人进行政府渎职责任的追究。当然，在公务人员以行政主体（行政机关及法律、法规授权的组织）的身份对外执行职务的过程中，因其个人身份被行政主体的身份所吸收，因而仍然是以客观过错为过错的判断标准。

（三）无过错责任原则

无过错责任原则主要是以危险责任说和公平负担说为理论基础而形成的责任归责原则，它是指责任的归咎以损害结果的有无为依据，即只要存在损害结果而无需考虑过错则应当对相关主体进行追责。其中，危险责任说是以风险社会为理论背景形成的学说，即在当代社会，风险无处不在，即使是行政人员执行公务的行为同样内含一定的风险，而当公务行为为获得一定利益必须实施时，那么其产生的危险也应当由相关实施公务的主体进行承担。而公平负担说则内含社会连带关系的理论，即在社会当中，每个人都存在一定的联系。公务活动是出于公共利益的目的而实施，实施公务的主体与公民之间也必然存在极大的关联性。当公务活动造成少数公民利益损失时，基于公平正义的考虑，不能让少数的公民因公共利益而承担个人利益的损失，因而让实施公务的主体（即国家）也分担一些损失，将少数人的利益损失转化为社会全体成员的共同分担，以将个人损害降为最低，实现责任的社会化。因此，诞生了无过错责任原则的归责原则。

一般而言，在政府渎职责任的归责认定中，结合违法责任原则和过错责任原则共同进行适用，以违法责任原则和无过错责任原则作为补充进行适用，即一般情况下，行政主体及其公务人员存在政府渎职违法行为的情况下，加以考量其过错情形，对政府渎职责任的归属进行综合认定，若存在过错则应当承担相应责任，若不存在过错则阻却责任。特殊情形下，行政主体或其公务人员在无过错的情形下实施了渎职行为，如由于情况紧急不得已作出超越职权的行为，因此造成相对人一定利益的损害，基于公平正义的考虑或者说基于危险责任说的理论衡量，也应当让相关行政主体承担一定的补偿责任，只不过不对公务人员进行内部的责任追究。

四、政府渎职责任与政府失职责任之比较

由于政府渎职行为与政府失职行为存在一定的模糊地带，导致政府渎职责任与政府失职责任的界限不太清晰，因此，有必要对两者进行一定程度的区分，以明确各自的责任内涵。就此而言，可以从以下几个方面展开阐述。

（一）原因行为之比较

引起政府渎职责任的原因行为是政府渎职行为，而引起政府失职责任的原因行为是政府失职行为。所谓政府渎职行为，从广义的概念上来看，包括滥用职权、玩忽职守、徇私舞弊以及侵吞、挪用、私分国有资产等其他行政渎职性行为。所谓政府失职行为则具体包括不履行行政职责、不正确履行行政职责或者部分履行行政职责、逾期履行行政职责的行为，也即属于广义概念当中的"玩忽职守"的渎职性行为。因此，广义上的政府渎职行为包含了政府失职行为，从这个意义上来说，由此引起的政府渎职责任则包含了政府失职责任，也即政府失职责任属于广义政府渎职责任当中的一种特殊责任类型。从狭义的概念来看，政府渎职行为主要指的是滥用职权、徇私舞弊的渎职性行为，由此引起的政府渎职责任则与政府失职责任属于并列的两种责任类型。

（二）过错心理之比较

就过错心理来看，引起政府渎职责任的过错包括故意也包括过失心理，而引起政府失职责任的过错心理仅包括过失。换言之，在政府渎职责任的认定中，一般情况下既可能存在公务人员的故意也可能存在过失，即公务人员既可能是在认识到其行为可能具有的危害情况下，也可能是出于过失未认识到其行为可能具有的危害情况下而实施了渎职性行为。因此，政府渎职责任依据过错心理的不同也存在不同责任的分担。在政府失职责任的认定中，仅是指公务人

员存在过失的情形，即仅在其出于疏忽大意的过失或者过于自信的过失的情形下而导致未履行或未完全履行职责的失职行为，否则，倘若其明知道自己的职责而故意放弃履职则属于政府渎职行为，应承担相应的政府渎职责任。可见，政府渎职责任与政府失职责任也并非泾渭分明，而是存在一定的交叉性。

（三）责任关系之比较

在政府渎职责任的认定中，一般情况下，由政府渎职行为所引起的危害结果既包括直接结果也包括间接结果，即政府渎职行为与其所引起的危害结果之间既可能是直接引起与被引起的关系，也可能是介入了其他因素而间接导致的引起与被引起的关系。在政府失职责任的认定中，一般情况下，由于政府失职行为是纯粹的不作为行为，即行政主体及其公务人员属于消极地不履行义务的情形，因此导致的危害后果一般是介入了其他因素共同作用所形成。也就是说，在政府渎职责任的认定中，政府渎职行为与危害结果之间的关系是间接的因果关系。由此可见，两种责任中所包含的责任关系是存在不同之处的。

五、政府渎职责任与渎职犯罪刑事责任之比较

如前文所述，本节所研究的政府渎职责任指的是由一般违法性的政府渎职行为引起的行政法律规范上的否定性的法律后果，而渎职犯罪中同样包含了政府渎职犯罪行为，即超出一般政府渎职违法行为的社会危害程度足以构成犯罪的行为，由政府渎职犯罪所引起的通常后果即是相应刑事责任的承担。这两种责任看似分属于不同的法律规范领域，但实际上却存在许多交叉的地方，因此，在研究政府渎职责任的具体规则时，有必要将其与渎职犯罪刑事责任进行比较，以明确两者的区别，避免责任承担的混淆。

（一）逻辑前提之比较

政府渎职责任产生的逻辑前提是构成政府渎职违法行为，如前文所述，政府渎职违法是指行政主体及其工作人员违反行政法律规定，实施了诸如滥用职权、玩忽职守、徇私舞弊、越权等不尽职责的渎职性行为，妨害行政正常职能

活动或是侵害法律所保护的行政关系，但尚未构成犯罪，依法应当承担相应政府责任的行为。而渎职犯罪刑事责任产生的逻辑前提是构成渎职犯罪，所谓渎职犯罪则是指国家机关或者其工作人员以及其他依法从事公务的人员，在行使职权或者履行职责的过程中，玩忽职守或者利用职务上的便利滥用职权、徇私舞弊或者具有其他不尽职责的行为，破坏国家机关正常管理秩序和正常活动秩序，或是导致公共财产、国家和人民利益遭受重大损失，依法应当受到刑事处罚的行为。可以说，构成渎职犯罪的行为必然超越了一般渎职行为的违法程度，具有更严重的社会危害性，触犯了刑法，因而应受到刑法的规制。据此而言，政府渎职违法行为的社会危害性没有达到渎职犯罪所要求的严重程度，因而不构成犯罪，不受刑法的规制。但当政府渎职违法行为的社会危害性达到构成犯罪的程度，则政府渎职违法行为会转化为渎职犯罪，因此，政府渎职责任便转化为渎职犯罪的刑事责任。然而，这并不意味着政府渎职责任的消灭，而是两种责任的并存，即责任主体在承担渎职犯罪刑事责任的同时还应当承担相应的行政责任。此外，渎职犯罪涉及的行为不仅包括行政渎职犯罪行为，还包括其他国家机关及其工作人员的渎职犯罪行为，譬如司法渎职犯罪行为、军事渎职犯罪行为等所有与"从事公务"[①] 相关的渎职犯罪行为。而政府渎职违法行为仅限于从事行政公务中的渎职违法行为。从这个角度而言，政府渎职违法责任涵盖的范围也要小于渎职犯罪刑事责任涵盖的范围，即政府渎职违法责任的问责范围仅限于行政渎职违法行为，而渎职犯罪刑事责任的追责范围却包含了所有与"从事公务"相关的渎职犯罪行为。

（二）责任主体之比较

政府渎职责任的承担主体是指政府渎职的行为主体，即指的是行政主体及其工作人员，其中，行政主体包括行政机关及法律、法规授权的组织。渎

---

①　此处的"从事公务"是指以取得从事公务资格为前提而以职务名义从事国家管理、公共管理或社会管理等公务，具体关于"从事公务"的理解，参见贾济东著：《渎职罪构成研究》，知识产权出版社 2007 年版，第 58 页；黄现师著：《渎职罪犯罪构成研究》，中国政法大学出版社 2013 年版，第 39 页。

职犯罪刑事责任的承担主体指的是渎职犯罪的行为主体，即指的是国家机关及其工作人员以及其他依法从事公务的人员，国家机关是指享有国家权力的机关，包括各级权力机关、行政机关、审判机关、军事机关、监察机关、检察机关；而依据《全国人民代表大会常务委员会关于〈中华人民共和国刑法〉第九章渎职罪主体适用问题的解释》，其他依法从事公务的人员是指：依照法律、法规规定行使国家行政管理职权的组织中从事公务的人员，或者在受国家机关委托代表国家机关行使职权的组织中从事公务的人员，或者虽未列入国家机关人员编制但在国家机关中从事公务的人员。具体而言，其他依法从事公务的人员包括以下四类组织中的人员："一是法律授权规定某些非国家机关的组织，在某些领域行使国家行政管理职权；二是在机构改革中，有的地方将原来的一些国家机关调整为事业单位，但仍然保留其行使某些行政管理的职能；三是有些国家机关将自己行使的职权依法委托给一些组织行使；四是实践中有的国家机关根据工作需要聘用了一部分国家机关以外的人员从事公务。"① 由此可见，渎职犯罪刑事责任的承担主体包括了政府渎职责任的承担主体。

（三）保护客体之比较

政府渎职责任是对行政机关或是从事行政公务人员滥用职权、不尽职责等渎职性行为的否定性后果的承担，目的在于维护正常的行政职能活动秩序或是行政管理秩序，保护行政法律规范所保护的行政关系，即公共财产安全或是相对人的合法权益。渎职犯罪刑事责任是对国家机关或是从事公务的人员，即具备实施国家权力的资格同时担负着相应的职责并以职务名义从事国家管理、公共管理或社会管理等公务的人员②，实施玩忽职守、滥用权力、徇私舞弊等亵渎职责的行为，且情节严重或者造成严重危害后果，致使公共财产、国家和人

---

① 贾济东著：《渎职罪构成研究》，知识产权出版社 2007 年版，第 46 页。
② 参见李希慧、贾济东：《关于"国家机关工作人员"的本质论》，载《中南大学学报（社会科学版）》2003 年第 3 期。

民利益遭受重大损失而进行的刑事处罚，以维护国家机关正常的活动秩序或是管理秩序，以及保护刑事法律规范所保护的社会关系，即公共财产、国家和人民的利益。

（四）责任形式之比较

就责任形式而言，政府渎职责任的承担形式依据责任主体而产生不同，可分为行政主体承担的责任以及行政工作人员承担的责任。其中，行政主体承担的责任主要包括行政赔偿①、行政补偿、被撤销行政行为、被变更行政行为、被确认行政行为违法或无效。行政工作人员承担的责任主要包括名誉罚（如警告、通报批评等）、身份罚（如降级、降职等）、财产罚（如罚款、减薪、取消特定补贴、取消退休金等）、能力罚（如调职、撤职、免职等）。② 渎职犯罪刑事责任的承担形式主要包括主刑和附加刑，主刑包括管制、拘役、有期徒刑、无期徒刑和死刑，附加刑包括罚金、剥夺政治权利、没收财产。在刑事处罚当中，由单位承担责任的形式仅包括罚金刑，因此，由国家机关承担的渎职犯罪责任也仅指的是罚金刑。

（五）追责主体之比较

就政府渎职责任而言，对其进行追责的主体因引起的主体不同而不同，具体包括因行政相对人引起的追责和国家权力机关引起的追责。其中，因相对人引起的追责指的是必须以相对人的申请作为追责程序启动的前提条件，包括行政复议和行政诉讼两种追责方式。行政复议的追责主体包括作出具体行政行为的上一级主管行政机关或者是主管的同级人民政府③、上一级人民政府④、所

---

① 在此需注意的是，在行政赔偿中，责任主体是国家，义务主体是行政机关或者法律、法官授权的组织（本书中统称为"行政主体"），但为了突出责任形式的阐述，因此未明确区分，而是笼统地将责任主体认定为行政主体。
② 参见第三章第三节"政府责任之问责规则"当中有关"行政问责的方式"的内容。
③ 参见《行政复议法》第12条。
④ 参见《行政复议法》第13条第一款。

属的派出机关①、作出行政行为的行政机关②等。行政诉讼的追责主体是指各级人民法院。由国家权力机关引起的追责主要指的是行政机关的内部追责以及各级监察机关进行的追责，行政机关的内部追责主体是指作出行政行为的上级行政机关或者是具体作出行政行为的行政公务人员所属的行政机关或相关有权追责的行政部门。监察机关的追责主体即指的是各级监察委员会。就渎职犯罪刑事责任而言，其追责主体只能是各级人民法院。由此可见，政府渎职责任的追责主体之复杂性，而渎职犯罪刑事责任的追责主体之单一性。

（六）法律规范依据之比较

"根据现代国家法治行政的原理，不仅要求权利义务的法定，而且要求对有责任的追究也必须是法定的。"③ 因此，政府渎职责任也必须依法有据，对于政府渎职责任的问责方式、问责范围、问责对象、问责程序以及责任种类、责任形式等具体规则应当有明确的法律规定。政府渎职责任涉及的责任种类主要包括行政伦理责任、政治责任、行政法律责任、行政内部责任、纪律责任，而不同的责任类型所依据的法律规范则产生不同。具体而言，行政伦理责任所依据的规范主要是指道德规范，而我国还未制定专门规制行政公务人员伦理道德的法律规范，因此，此处所指的道德规范是指散见于宪法、行政法律规范当中的道德条款，或是有关行政公务人员伦理道德约束的行政规范性文件。政治责任所依据的主要规范主要包括宪法、政府组织法。行政法律责任所依据的主要规范包括行政诉讼法、国家赔偿法、行政复议法。行政内部责任所依据的主要规范是公务员法。纪律责任所依据的规范主要包括监察法、公职人员政务处分暂行规定。渎职犯罪刑事责任指的是由刑事法律规范所规定的刑事惩罚后果，因此，其所依据的法律规范指的是刑法以及国家赔偿法。

---

① 参见《行政复议法》第 13 条第二款。
② 参见《行政复议法》第 14 条。
③ 林随安、褚玉梅著：《行政渎职违法犯罪的认定和处理》，中国方正出版社 2001 年版，第 188 页。

典型案例 7-9：杨某某与甲市国土资源局不履行行政登记纠纷上诉案①

【裁判摘要】

甲市国土资源局依据《司法部、建设部关于房产登记管理中加强公证的联合通知》要求杨某某必须就继承权进行公证，甚至要求所有继承人到场查验的做法，实为相对人创设了新的义务，违反了有关法律法规的规定，也与现行相关规定不相符合。依据现行法律规定，甲市国土资源局应当为杨某某办理房产登记手续。

【相关法条】

《中华人民共和国行政诉讼法》第 89 条

【基本案情】

房某某与杨某某系母女关系，坐落于甲市瑶海区铜陵路交口楼 306 号房屋为房某某生前所有。2002 年 9 月 10 日房某某在甲市东市区公证处立下遗嘱，内容为在房某某去世后，上述房屋产权由房某某的女儿杨某某一人继承。房某某于 2009 年 4 月 15 日因病去世。2016 年 5 月 20 日，杨某某向甲市国土资源局提出书面申请要求甲市国土资源局依法为其办理上述房屋转移登记，甲市国土资源局于 2016 年 5 月 23 日书面回复原告，称：根据 1991 年《司法部、建设部关于房产登记管理中加强公证的联合通知》（司公通字〔1991〕117 号）文件规定：继承房产，应当持公证机关出具的"继承权公证书"和房产所有权证、契证到房地产管理机关办理房产所有权转移登记手续。依据上述规定，请持公证机关出具的继承权公证书、房产所有权证、申请书、申请人身份证明向不动产登记中心申请房屋登记。杨某某认为《房屋登记办法》并未要求遗嘱受益人需持公证机关出具的"继承权公证书"才能办理房屋转移登记。遂诉至法院要求甲市国土资源局为其办理房产登记手续，一审法院认为甲市国土资源局的答复合法，并判决驳回原告杨某某的诉讼请求，杨某某不服一审判决，提起上诉。

---

① 本案例裁判文书参见附录 15。

【裁判结果】

一、撤销安徽省甲市瑶海区人民法院〔2016〕皖 0102 行初 38 号判决。

二、责令被上诉人甲市国土资源局在本判决生效之日起 30 日内履行对上诉人杨某某申请办理坐落于甲市瑶海区铜陵路交口楼 306 号房屋所有权转移登记的法定职责。

【裁判理由】

法院生效判决认为：一、关于涉案房屋转移申请的问题。2002 年 9 月 10 日，上诉人母亲房某某立遗嘱，在其去世后，将其位于甲市瑶海区铜陵路交口楼 306 号房屋由杨某某一人继承。2009 年房某某去世后，杨某某一直居住在上述房屋内，期间并无证据证明有其他继承人向其主张房屋的所有权。直至 2016 年 5 月 20 日，上诉人杨某某向被上诉人书面申请办理上述房屋转移登记，并被告知须提供继承权公证，或者在没有继承权公证的情况下须让所有继承人前往不动产登记中心进行调查核实之后，才产生了本案被上诉人所谓的权属争议，即因房某某另一继承人的不予配合导致本案上诉人杨某某无法办理继承权公证，亦无法让该继承人前往不动产登记中心进行调查核实，最终导致本案上诉人杨某某的转移登记申请悬而不决。二、关于一审判决的法律适用问题。被上诉人答复上诉人所依据的是《司法部、建设部关于房产登记管理中加强公证的联合通知》，该文件是由司法部和建设部联合发布的政府性规范文件，不属于法律、行政法规、地方性法规或规章的范畴，其规范的内容不得与《中华人民共和国物权法》《中华人民共和国继承法》《房屋登记办法》等法律法规相抵触，不得在上述法律、法规未规定的情况下增加申请人的审批事项或者环节。根据《房屋登记办法》第 9 条规定，房屋登记机构应当依照法律、法规和本办法规定，确定申请房屋登记需要提交的材料。同时该办法第 33 条规定申请材料包括继承证明及其他必要材料，但并未要求遗嘱继承人必须持公证机关出具的遗嘱继承权公证书，亦未要求所有继承人到场。被上诉人要求所有继承人到场所依据的是《不动产登记操作规范（试行）》，但实际上该规范是在被上诉人答复之后才出台的新的操作规范，且即便按照该规范，其规定因继承、受遗赠取得不动产申请登记的，申请人提交经公证的材料或者生效的法律文书的，也应当按《不动产登记条例》和《不动产登记条例实施细则》的相关规定办理登记，而《不动产登记条例》和《不动产登记条例实施细则》并未提到所谓的继承权公证。只有在申请人不提交经公证的材料或者生效的法律文书之时，才需要所有的继承人到场，而本案杨某某已经向被上诉人提供了合法有效的遗嘱公证，故其并不符合该条规定的需要所有继承人到场的情形。综上，被上诉人依据《司法部、建设部关于房产登记管理中加强公证的联合通知》要求上诉人必须就继承权进行公证，甚至要求所有继承人到场查验的做法，实为相对人创设了新的义务，违反了有关法律法规的规定，也与现行相关规定不相符合。一审判决依据《不动产登记操作规范（试行）》的规定认为需要所有继承人到场调查的观点显属理解错误。综上，一审判决认定事实清楚，程序合法，但适用法律错误。

典型案例 7-10：艾某某、陈某某滥用职权罪、国有公司、企业、事业单位人员滥用职权罪等一审案①

【裁判摘要】

享有国家公职人员利用职务之便谋取个人利益，造成严重社会危害后果，构成渎职类犯罪，依法应在追究相应刑事责任。

【相关法条】

《中华人民共和国刑法》第 162 条、第 168 条、第 384 条、第 397 条、第 25 条、第 27 条、第 69 条、第 67 条、第 72 条、第 73 条、第 52 条、第 53 条

《中华人民共和国刑事诉讼法》第 201 条

《最高人民法院、最高人民检察院关于办理贪污贿赂刑事案件适用法律若干问题的解释》第 6 条

《最高人民法院、最高人民检察院关于办理渎职刑事案件适用法律若干问

---

① 本案例裁判文书参见附录 16。

题的解释（一）》第 1 条

【基本案情】

2015 年 5 月，甲林区人民政府召开专题调研会，议定将原由广电行政主管部门组织实施的"户户通"项目交由林区广电网络公司具体实施。随后，原甲林区广播电影电视局以人民币 222 元/套的价格共计购进"户户通"设备 5600 套，交与林区广电网络公司负责发放、安装。2016 年 4 月 4 日，艾某某和陈某某违反《"户户通"实施方案》要求，利用职务之便，私自将 2800 套"户户通"设备以人民币 110 元/套的价格转卖给私营老板陈一峰，获得现金人民币 30.8 万元。2017 年上半年，艾某某、陈某某与武汉信德网络技术工程有限公司丹江口市分公司（以下简称"信德丹江口分公司"）负责人常某、项目经理王某商定，由林区广电网络公司与信德丹江口分公司签订虚假施工合同，将项目施工费支付给信德丹江口分公司以后，信德丹江口分公司再以现金的形式将费用返还给林区广电网络公司。2018 年，艾某某、陈某某安排公司职工先后同甲汇金商贸有限公司、十堰张湾区公园路华某科技经营部、甲林区松柏镇玉麒麟环保墙布销售中心，以签订虚假合同、虚开发票的形式套取资金，扣除税金人民币 0.3 万元后返回现金人民币 14.143 万元。此外，艾某某、陈某某还涉嫌其他渎职类犯罪。因此，甲林区人民检察院以神检一部刑诉〔2019〕16 号起诉书指控被告人艾某某、陈某某犯滥用职权罪、挪用公款罪、故意销毁会计凭证、会计账簿罪，并于 2019 年 11 月 21 日向法院提起公诉。

【裁判结果】

被告人艾某某犯滥用职权罪，判处有期徒刑 6 个月；犯国有公司人员滥用职权罪，判处有期徒刑 6 个月；犯挪用公款罪判处有期徒刑 6 个月；犯故意销毁会计凭证、会计账簿罪，判处有期徒刑 7 个月，并处罚金人民币 2 万元；决定执行有期徒刑 2 年，并处罚金人民币 2 万元。

被告人陈某某犯滥用职权罪，判处有期徒刑 6 个月；犯国有公司人员滥用职权罪，判处有期徒刑 6 个月；犯挪用公款罪判处拘役 5 个月；犯故意销毁会计凭证、会计账簿罪，判处有期徒刑 6 个月，并处罚金人民币 2 万元；决定执行有期徒刑 1 年，缓刑 1 年 6 个月，并处罚金人民币 2 万元。

【裁判理由】

　　法院生效判决认为：被告人艾某某担任林区广电网络公司党支部书记、总经理期间，被告人陈某某担任林区广电网络公司总经理助理、副总经理期间，在受林区政府委托实施"户户通"工程建设中，滥用职权，致使公共财产遭受损失人民币31.36万元，其行为均已构成滥用职权罪；被告人艾某某、陈某某作为国有控股公司的管理人员，通过签订虚假施工合同、虚开发票的方式套取资金，并以奖金、补贴的名义发放给公司职工人民币100.6万元，且套取资金中扣除的税金累计人民币4.558万元，致使国家利益遭受重大损失，其行为均已构成国有公司人员滥用职权罪；被告人艾某某、陈某某挪用公款人民币10万元超过三个月未还，其行为均已构成挪用公款罪；被告人艾某某、陈某某违反法律法规，故意销毁公司会计凭证、会计账簿，账面金额共计人民币305.149706万元，情节严重，其行为均已构成故意销毁会计凭证、会计账簿罪，且二人的行为构成共同犯罪。公诉机关指控的罪名成立，本院予以支持。在共同犯罪中，被告人艾某某起主要作用，系主犯；被告人陈某某起次要作用，系从犯，依法应当从轻或者减轻处罚。被告人艾某某、陈某某犯滥用职权罪、国有公司人员滥用职权罪、挪用公款罪、故意销毁会计凭证、会计账簿罪，均应依法惩处，并数罪并罚。被告人艾某某主动投案自首，如实供述其滥用职权犯罪事实，系自首，依法可以从轻或者减轻处罚；被告人艾某某到案后如实供述其国有公司人员滥用职权、挪用公款、故意销毁会计凭证、会计账簿的犯罪事实，系坦白，依法可以从轻处罚；被告人艾某某到案后积极退缴违规领取的奖金和挪用的公款，酌情予以从轻处罚；被告人艾某某认罪认罚，依法可以从宽处理，对其辩护人据此提出的辩护意见予以采纳。被告人陈某某到案后如实供述其滥用职权犯罪事实，系坦白，依法可以从轻处罚；被告人陈某某到案后主动交代纪委监委尚未掌握的国有公司人员滥用职权、挪用公款、故意销毁会计凭证的犯罪事实，系自首，依法可以从轻或者减轻处罚；被告人陈某某案发后积极退缴违规领取的奖金，酌情予以从轻处罚；被告人陈某某认罪认罚，依法可以从宽处理。公诉机关量刑建议适当，本院予以采纳。

第八章 政府之伦理责任

政府伦理责任较之法律责任、政治责任是一种容易让人忽视的政府责任，但随着法治进程不断推进以及全球化、现代化的价值体系形成，政府已无法通过单一的法律规范应对公共秩序，同时传统的法律责任、政治责任亦无法完美处理政府所能遇到的公共危机。其中包括市场经济催生出的道德困境，例如利益最大化、金钱至上等理念下，政府官员追逐个人利益，抛弃社会道德、职业道德的现象。抑或是我国传统行政中存留的官本特权思想和为人民服务原则之间的拉锯，以及个人主义和新兴的共同体理念之间所产生的碰撞。而伦理责任以个案化、灵活化、人性化的方式，填充了法律责任、政治责任在政府治理中的"盲区"，彰显其重要价值。

本章对政府伦理责任的研究主要分为政府伦理责任的意涵、政府伦理责任的根据、政府伦理责任的构成三个部分。第一部是政府伦理责任的一般属性和特征的研究。由于对政府定位和伦理价值的偏好不同，伦理责任的语义分歧，以及政府论责任的语境差异，政府伦理责任的内涵尚无定论。对此，研究政府伦理责任内涵应始于对政府伦理责任构造、政府伦理责任相关范畴和不同语境中的政府伦理责任的考察。第二个部分是对政府伦理责任理论根据和规范根据的研究。这为政府伦理责任从概念到实践创造了条件，政府伦理责任的理论根据阐明了政府伦理责任存的必要性与可能性，而政府伦理责任的规范根据为落实政府伦理责任提供了社会保障。第三部分是判断政府行为是否应当担负伦理责任的识别与判断标准，它在符合政府伦理责任的属性特征以及尊重客观根据的基础上所设置。因此，政府伦理责任构成要件自有其准据。

第一节　政府伦理责任之意涵

政府伦理责任作为政府责任类型之一，与政府的法律责任、政治责任内涵相比更为复杂。一是由于伦理价值多元和政府定位的差异，公众对伦理价值要素的取舍偏好，以及建设何种政府建设方向的选择都有所不同，这导致政府伦理责任构造理论存有争议。二是"伦理责任"本身的语义分歧，公共社会对相似或相近概念的混同，导致了政府伦理责任的范畴难以确定。三是政府伦理责任在不同语言环境中会有不同的意思理解，并影响其应用。因此对政府伦理责任内涵的考察分为：政府伦理责任的基本构造、政府伦理责任的相关范畴、政府伦理责任的语境差异三个部分。

一、政府伦理责任之基本构造

所谓责任构造，即责任构成要件所涉及的责任要素以及责任要素的排列。[1] 伦理责任的构造未有统一标准，不同构造理论皆有其独特逻辑基础，以及所要实现的责任目标，同时对责任构成要件影响深远。对政府伦理责任的构造研究意义有三：首先，是了解学习该政府责任构造的基础逻辑，并通过该基础逻辑掌握政府伦理责任的运行机制；其次，政府伦理责任构造理论都含有理论缔造者对政府价值和伦理秩序的思考和偏向，这是物质与意识差异所不可避免的结果；最后，当一种责任构造理论为实践所援引，它将影响甚至是决定政府责任体系，基于此可以判断，对政府构造理论的研究是本书展开政府伦理责任探析之首要。本书选取了20世纪以来，对现代政府伦理责任研究较有影响的三种构造理论。

---

[1]　参见陈兴良：《责任论的法理构造》，载《北航法律评论》2010年第1期。

其一，是库珀的"客观责任"和"主观责任"的政府伦理责任二元构造。需要强调的是这里的客观责任与主观责任并非法学术语，二者常见于管理学中，主观责任是指行动主体自身所认可应当履行的责任。客观责任是由社会、组织或他人，通过法律、道德舆论的形式所施加、要求责任主体承担的义务和责任。① 库珀的伦理责任二元构造主要内容有三：（1）客观责任的责任要素有维护法律，对民选官员负责；对上级负责和为下级的行为承担责任；对公民负责。（2）主观责任的责任要素由内核至边缘的排序是：价值观、信念、态度。（3）客观责任与主观责任的冲突时：公民角色的首要性必须最终得到保障，行政主体要为其他公民负责。② 换言之，库珀的行政伦理责任二元构造中的首要责任要素是对公民负责。库珀的行政伦理责任二元构造显示了一种控制政府权力的观念，并且试图通过非行政主体自身的外部控制与行政主体的自我内部控制实现权力限制。对政府权力控制的目的是保护公民的合法权益，建立有限政府。它体现了现代民主政府的核心行政伦理价值：行政为民。

其二，是美国学者哈特的政府伦理责任构造理论。哈特根据实践归纳总结出了理想政府对待公民所应具有的四种要素：（1）重视道德，即政府及其公职人员必须站在道德的立场上，坚守爱国精神与人民所委托的责任。（2）关爱公民，即政府及其公职人员应当尽量克服困难，真心关爱所服务的公民，并与公民之间建立信任关系。（3）道德企业主义，即政府与公民之间应当建立稳定的信任关系——如果公民与政府之间缺乏信任感，要保护公民的自由与培养公民的公德实有困难。（4）权责并重，享有权利者应尽义务乃是最起码的高尚道德作风。③ 根据四要素的内容可知，哈特的政府伦理责任构造之基础逻辑为：通过改善政府与公民关系，提高政府的信誉。其伦理责任目标是建立符

① 参见夏征农、陈至立主编：《大辞海·管理学卷》，上海辞书出版社2011年版，第438页。

② 参见［美］特里·L.库珀著：《行政伦理学：实现行政责任的途径》，张秀琴译，中国人民大学出版社2010年版，第77~82页，第86页，第253页。

③ Hart D K, "The Virtuous Citizen, the Honorable Bureaucrat, and Public Administration", *Public Administration Review*, 1984 (44).

合公共利益诉求的回应型民主政府。因此该政府伦理责任构造的伦理价值应当符合公认普遍的伦理秩序。

其三，是1985年美国公共行政学会提出的十二条伦理法典，其主张的政府伦理责任构造包含十二要素：（1）公务员执行公务，应表现出最高标准的清廉、真诚、正直、刚毅等特质，激发起民众对政府的信任。（2）公务员个人不能运用不当的方式，去执行职务而获得利益。（3）公务员不应有抵触职务行为的利益或实际行为。（4）公务员要支持、执行、提升功绩用人及弱势优先计划，确保社会各阶层适合人士，均能获得服务公职的平等任用及升迁机会。（5）公务员要消除所有歧视、欺诈、公款管理不善行为，并负责对主管此事的同仁，在困难时予以肯定支持。（6）公务员要以尊敬、关怀、谦恭、回应的态度为民服务，公共服务要高于为自己服务。（7）公务员要努力充实个人的专业知识，并鼓励各类公务员的专业发展和服务公职的意愿。（8）公务员要用积极的态度及建设性地具有开放、创造、奉献、怜悯等精神，去推动行政组织运作。（9）公务员要自尊并保守公务机密。（10）公务员在法律授权内进行行政裁量，增进公共利益。（11）公务员要有随时处理新问题，以专业能力、公正无私、效率及效能去管理公共企业的能力。（12）公务员要支持和研究有关行政机关、公务员、服务对象、全国民众四者相互之间关系的联邦和各州的宪法和法律。① 这些要素客观反映了美国公共行政所需解决的问题，例如种族歧视、贪污腐败、行政效率低下等。

二、政府伦理责任之相关范畴

在构词学上，政府伦理责任可以解释为政府的伦理责任、政府伦理中的责任，以及政府责任的伦理维度。基于此，政府伦理责任的解释与伦理、道德、政府伦理、政治伦理、行政伦理、伦理责任、责任伦理等范畴密切相关。

其一，伦理与道德。从词意上看，伦理和道德皆有规则的内涵，但细究之

---

① Appendix，"American Society for Public Administration Code of Ethics"，*International Journal of Public Administration*，1989（6）.

下，"伦"是一种外观化展现在社会关系之间的道德规则、社会秩序规范，而"德"则强调作为独立个体所具有的良好品质，以及个体的行为价值标准。此外，伦理是一种普遍惯常的社会关系，而道德是对个体较高的善恶评价。伦理与道德混用的情况，通常出现在对某一社会关系的善恶评价上。比如，将"不符合伦理秩序的"称作"不道德的"，这可能是由于二者作为规则范畴时，皆有具有价值倾向所致。但通过对两个词的古今语义对比，伦理与道德的范畴虽有交叉，但不相同。判断依据如下。

（1）伦理和道德都具有规则之意，可成为行为约束的准则。例如，伦理在《说文解字》中分别释义："伦，从人，辈也，明道也；理，从玉，治玉也。""理"可由"纹理"引申为自然法则、规律、规则的意思。同样，道德在《论语·为政》："道之以德，齐之以礼。"的表述中，也可理解为一种行为规范、规则。

（2）伦理是指人们彼此相处的各种道德标准，而道德是指个人品质，例如，《孟子·公孙丑下》："内则父子，外则君臣，人之大伦也。"《后汉书·鲁恭传》："夫以德胜人者昌，以力胜人者亡。"。

（3）伦理有治理、管理社会之意，而道德是一种社会意识形态。如《吕氏春秋·长利》有言："尧理天下，吾子立为诸侯。"《战国策·秦策一》："道德不厚者，不可以使民。"《荀子·天论》记载："倍道而妄行，则天不能使之吉。"这里道德成为一种受到公众普遍认可的观念。

其二，政治伦理与行政伦理。政治与行政作为两个密切关联的概念，致使厘清政治伦理与行政伦理成为必要。在英语语境中，根据《牛津高阶英汉双解词典》解释，政治（Politics）是指获得并行使公共权力，以及能够对关乎国家或社会的决策产生影响的活动。行政（Administration）是指为规划、组织和运行某一企业、学校或其他机构机构的活动。在中文语境中，根据《现代汉语词典》解释，政治是指：政党、社会集团在国家生活和国际关系方面的政策和活动，它是经济的集中表现，又给经济以巨大影响。"行政"被定义为：政府执行国家权力，管理公共事务。

基于政治与行政的界分与关联，政治伦理与行政伦理亦呈既独立又交叉之态势。其中：（1）政治伦理，政治伦理是一个结构性、实体性存在，是观念、关系、制度、心理等多因素的集合体。① 就其功能而言，政治伦理意在"为政治价值的建构提供必要的道德论证。政治主体不仅会形成一种普遍性的政治价值，而且也会用一定的道德标准来审视、选择并确立最适用于政治生活的政治价值"。② 其本质问题就是一个政治权力得以自我辩护并可以获得道德认同的问题。在中国，基于儒家思想的影响，逐渐形成了以礼仁、民本、中庸、和合、忠孝等为主要内容的政治伦理传统。③ （2）行政伦理又称行政道德，它是以"责、权、利"的统一为基础，以协调个人、组织与社会的关系为核心的行政行为准则和规范系统。行政伦理是行政管理领域中的角色伦理，是针对行政行为和政治活动的社会化角色的伦理原则和规范。就其性质而言，基于行政与政治的内在关联性，"伦理价值作为行政实践的重要内容首先是从属于政治问题的，因此，行政伦理实质上是一种责任伦理"。④ 就其内在结构而言，现代行政伦理包含公务人员个人道德、行政职业道德、行政组织伦理和公共政策伦理等内容。

其三，责任伦理与伦理责任。在语言结构上看属于 N+N 概念合成名词。合成名词是由两个独立成意的词汇组合而成的，通常情况下位于前位的词属于修饰限定词，是合成词的表征；处于后位的名词是中心词，是合成词的本质所在。⑤ 按此理解，伦理责任的本质应是责任，表征是伦理；而责任伦理的本质是伦理，表征是责任。换言之，责任与伦理虽都有约束行为的价值，但责任是

---

① 李建华：《新时代政治伦理学研究的问题域》，载《光明日报》2017 年 12 月 11 日，第 15 版。

② 张梅、张立成：《政治价值性与政治伦理的关系探析》，载《济南大学学报》2012 年第 6 期。

③ 徐红林：《儒家政治伦理思想架构及其现代价值》，载《武汉大学学报（哲学社会科学版）》2015 年第 2 期。

④ 张书涛：《美国行政伦理的逻辑演进与范式拓展》，载《行政论坛》2012 年第 5 期。

⑤ 参见刘正光：《关于 N+N 概念合成名词的认知研究》，载《外语与外语教学》2003 年第 11 期。

一种他律，而伦理中的道德成分带有自律的特征。当二者组合发生主次之别时，伦理责任是指具有伦理特征的责任；责任伦理是指具有责任成分的伦理。据此，（1）行政责任伦理意指行政动主体对社会需求的积极回应及对自身行为后果的伦理担当，即指政府组织和行政工作人员在回应社会需求的公共行政活动中的行为道德规范，行政伦理制度、价值观念模式的总和①。就其性质而言，行政责任伦理具有社会本位、复杂性思维和境遇伦理等属性。②（2）行政伦理责任是行政主体在依法行使行政权力、从事公共事务管理时必须承担的道德意义上的责任。③

三、不同语境中的政府伦理责任

"语境"是影响语言解读的关键因素，在不同的语境中，相同的语言往往会有截然不同的意思。基于不同的语境，政府伦理责任的含义亦存较大差异。比如，公共伦理秩序中的政府责任、政府伦理制度中的责任规则和政府责任规则中的伦理责任，实有不同意涵。本书归纳总结出了五种语境中的政府伦理责任：公共伦理秩序中的政府责任；制度伦理中的责任规则；行政组织伦理中的责任；职业伦理语境中的政府责任；政府责任规则中的伦理向度。

（一）公共伦理秩序中的政府责任

公共伦理秩序是以存在公私领域之分为前提，将社会整体作为研究对象，考察其普遍遵循的伦理规范。政府作为公共伦理秩序中的"理性共同体"之一，为符合共同体的利益，受到公共伦理秩序的约束，并由此形成政府责任。这意味着当公共伦理秩序发生改变时，政府伦理责任也会发生变化：（1）以贵族群体利益为核心的封建时期，公共伦理秩序表现为"君—臣"形式的伦

---

① 李思然：《行政发展视域中责任伦理的价值向度》，载《中国行政管理》2011 年第 4 期。

② 曹刚：《责任伦理：一种新的道德思维》，载《中国人民大学学报》2013 年第 2 期。

③ 曹刚主编：《中国伦理学年鉴 2014 年》，九州出版社 2017 年版，第 222 页。

理政治，在国家权力执行者与国家意志表达合一的情况下，国家所有者，即今天所谓的"政府"，其责任是"言行合一"和维护尊卑有序的社会意识，以保障权力的唯一性、稳定性，以及权力的传递畅通。（2）资本主义的社会秩序是以"资产阶级—无产阶级"关系为核心的契约政治。它强调一种去道德化的①个体自由，因此政府在公共伦理秩序中扮演"守夜人"角色，这是一种消极责任，不侵犯即为保护。但自 20 世纪 30 年代西方的经济大萧条宣告自由资本主义破产开始，西方政府开始改变其守夜人的社会角色定位，开始逐步建成"服务型政府"。（3）我国的社会主义所展现的伦理秩序是一种以无产阶级为主的人民民主政治，政府伦理责任的核心是"为人民服务"。中国的"为人民服务"的内涵变迁大致经历了：政治宣传口号—执政理念—社会伦理观三个阶段，如今已成为一种公共意识形态，贯彻于政府责任之中。

我国的公共伦理秩序是以"为人民服务"为核心构建的。其在中国的发展过程表明其符合社会公共关系的利益。它由过去的无产阶级先进分子必须遵守的政治原则，发展为全体社会成员将其作为一种执政伦理；由原来主要用于调节政治生活领域中各种关系的行为准则，演变为调适社会生活所有领域中各种关系的行为标准。② 从党的行为宗旨到宪法承认，再至成为社会行为准则，可以说其已成为社会伦理秩序的重要部分。社会伦理秩序为社会具体领域的秩序提供合理性与正当性证明，并为这些领域的行为主体确定基本的价值精神要求。③ 政府作为公共领域的关键行为主体，受"为人民服务"的约束而产生的责任有两个方面：一是维护社会伦理秩序本身的责任；二是履行自身作为为人

---

① 契约政治将契约精神与法律作为一切行为的评价标准，对社会关系不采取道德化的方式评价。例如，霍布斯对公民与国家的伦理关系中作出这样的判断，"我在讨论中贯彻始终的目标是，第一，不对任何具体措施的正义性作出判断，而是将它们留给法律裁决。第二，不对任何特定国家的法律加以议论，即只讨论法律是什么，不谈论法律条文是什么。第三，不使人觉得公民应该更多地服从君主制国家，而非贵族制国家或民主制国家"。参见 [英] 霍布斯著：《论公民》，贵州人民出版社 2003 年版，第 14 页。

② 韩迎春、曹一鸣：《论"以人民为中心"对"为人民服务"的新发展》，载《社会主义研究》2019 年第 5 期。

③ 高兆明：《"伦理秩序"辨》，载《哲学研究》2006 年第 6 期。

民服务主体的责任。维护社会伦理秩序是指全面地保障社会伦理秩序的稳定。

在"为人民服务"语境下理解政府伦理责任应从三个方面把握：一是"为人民服务"作为宪法确定的国家机关行使权力的原则，其本身就是政府的"元责任"，其他诸如公平、公正、公开、效率、忠诚等都是以用"为人民服务"解释；二是"为人民服务"作为一项政治传统，体现了"为民""民本"的执政道德标准，它可以作为评价政府执法水平，履责效果的准则；三是"为人民服务"作为一种社会意识形态，可以为中国社会转型时期的政府及时调整社会角色，明确职能、责任的指南。

（二）制度伦理中的责任规则

制度伦理是对制度的伦理价值尺度与价值目标实现程度的考察，强调制度中包含的"伦理"精神，要求其不能违背伦理道德规范。① 换言之，制度伦理强调的是伦理在制度中的道德评价功能、目标引导功能、伦理责任规范功能。制度正义是制度伦理的核心部分，是制度合法性、合理性评价的根本；正义作为制度目标对制度设计、形成、发展具有价值引导作用；政府及其制度主体负有建立、保障、遵守制度正义的责任。

其一，作为制度伦理的核心部分，制度正义可作三个层次理解：（1）制度正义的公共效用是制度必要性的保障。正义作为一种人为设计的德性，其唯一起源是公共效用，这种公共效用可以被理解成为人们利用一种公认的体系规则解决人的利己本质与物质财富有限性之间的矛盾及其引发的社会无序状态。② 可以说制度是正义的载体，制度的目的是维护公共秩序，而公共秩序维护的前提是制度能够提供正义的社会环境，使人受益。当正义无法保障时，人类的利他德行是没有存在环境的，自私利己的绝对化使社会陷入无序或者马太效应下的绝对强权社会，制度本身也无存在之必要。（2）制度正义是制度

① 参见廖炼忠著：《当代中国行政伦理制度化研究》，人民出版社2016年版，第45~47页。

② 参见［英］休谟著：《道德原则研究》，商务印书馆2002年版，第35~39页。

功能发挥的充分条件。制度的功能包括：制度供给与制度激励。所谓制度供给，是指通过社会结构的制度性安排，给社会提供一种基本合理、健全、公平正义的制度，使社会确立起一种基本的交往关系范型及其行为规范体系。① 制度激励是指利用制度规范，按设定的标准与程序将社会资源分配给社会成员（或集团），以引导社会成员（或集团）的行为方式与价值观念设定的价值标准方向发展。② 对制度正义的追求，实质是对制度供给失灵的防范。利用经济学解释，若将社会资源分配活动看作无数次的博弈过程，在不受伦理约束的情况下，单次博弈中遵守德行的一方大概会丧失利益，而背信弃义的最遭结果也不过是双方皆未获利。而在接下来的数次博弈中，曾经遵守道德的人也将会采取背信弃义的方式以避免损失。③ 制度本身的非正义与制度供给出现非正义情况会使利他道德无任何利益可言，长期如此将造成社会资源的不合理分配，使社会、国家进入无序不稳定状态。反之，当制度可以供给正义会形成良性的正向制度激励，不断巩固制度的伦理价值。（3）制度正义是政府制度中其他价值的元价值，即制度正义可被解释成公共伦理关系理想状态下的各种价值。具体而言，制度正义的底线是建立保障人权的政府制度，制度正义的首要判断标准是公平，制度正义的实现途径是依靠法治约束政府行为，制度正义的目标是制度为人民服务等。

其二，政府及其制度主体负有建立、保障、遵守公共制度正义的责任。从正义论的角度看，政府制度伦理中的责任主要包括两个部分：一是对制度本身的维护，二是对制度内容的遵守。正如罗尔斯对制度正义的两项基本原则的论述中所言："从正义论的角度来看，最重要的自然义务是支持和发展正义制度的义务：当正义制度存在并适用我们时，我们必须服从正义制度，并在正义中尽一份我们

---

① 高兆明著：《道德失范研究：基于制度正义视角》，商务印书馆2016年版，第102页。

② 高兆明著：《道德失范研究：基于制度正义视角》，商务印书馆2016年版，第102页。

③ 参见［美］弗朗西斯·福山著：《大断裂：人类本性与社会秩序的重建》，广西师范大学出版社2015年版，第172~173页。

的责任；当正义制度不存在时，我们必须帮助建立正义制度……"① 尽管罗尔斯所说的责任是制度正义之于个人责任，但其逻辑同样适用于政府。在罗尔斯的制度正义基本原则中将责任分为天然的、无法抗拒的责任，以及基于制度供给受益而理应承担的责任。天然责任是一种贯穿个人生命周期，只有死亡才能退出的制度。② 政府虽然不存在生物意义上的生命之说，但从契约理论可知现代政府存在的意义是附有条件的，政府赖以存在的社会功能实现是宪法规定的内容，类似于罗尔斯所谓的自然义务，属于政府不可拒绝放弃的责任。政府是否存在可以放弃或拒绝的责任？现代政府的放权实践、企业式政府的实践证明，市场经济中政府的确存在可以放弃的利益。政府的社会角色使社会公众产生的道德期待是伦理责任产生的又一依据。通过"角色"概念，"预期"与"义务"得以便利结合。③ 政府因国家权力制度而具有代表国家管理公共社会的权威，掌控绝对比例的公共资源，即使法律没有明确规定责任内容，但基于这种公共伦理期待政府也因承担责任。因此，可放弃的责任是指法律没有明确规定的责任内容，但正义感使得政府仍然负有公众道德期待的责任部分。

其三，因公众期待而产生的伦理责任亦有法制化的可能，成为政府必须履行的，具有可操作化特征的伦理责任。伦理制度化的最大归因是实践中的公共伦理价值稀缺，又称政府伦理责任缺位。借用经济学的供求关系理论与制度供给理论来阐述政府伦理责任与政府伦理制度化的关系：人际关系的社会化迫切需要一种普遍的伦理价值来调节公共利益冲突，也需要有道德规范能力的主体为社会提供符合公共伦理关系的道德产品，维护社会正义，但自由商品经济抑制了人们道德追求的能动性，弱化了自觉履行道德的激励动力，最终导致公共

---

① ［美］约翰·罗尔斯著：《正义论》，何怀宏、何包钢、廖申白译，中国社会科学出版社2009年版，第269页。

② 李阳春著：《制度正义论》，广东人民出版社2016年版，第156~157页。

③ ［美］特里·L.库珀著：《行政伦理学：实现行政责任的途径》，张秀琴译，中国人民大学出版社2011年版，第5页。

伦理的供求失衡。① 以"为人民服务"作为政府行为的伦理衡量标准，我国的伦理价值稀缺主要表现为三个方面：官僚制度滋生的腐败问题；权威式行政制度衍生的民主式微，法治建设阻滞；唯经济建设论调下的分配公平困境和政府信任度降低。

其四，以法学视角分析，公共伦理价值的供需失衡，实质是公共伦理秩序中的主体之间的权责失衡、义利失衡导致的制度上的非正义形态。伦理法制化，通过对权力、责任、权利、义务的规范，对公共伦理秩序中的良好品质加以保护，并用法律思想形成公共道德建设。从中华人民共和国成立初期的运动反腐、改革开放以来的权力反腐再到如今的制度反腐②，体现了政府关于制度供给与伦理价值的认识逐步深化的过程。2004 年国务院发布《全面推进依法行政实施纲要》，明确提出法治政府建设的目标责任，到 2010 年国务院发布《关于加强法治政府建设的意见》，推进依法行政，提高政府公信力，再至2015 年国务院印发的《法治政府建设实施纲要》对政府法治建设阶段化，都将公共伦理价值与法治的融合，成为法治政府建设的总目标、基本原则、衡量标准，最终细化为具体的政府责任。

（三）行政组织伦理中的责任

在行政组织伦理这一语境下，政府的责任是保证政府组织的横纵协调相宜，落实政令，实现组织目标，这可概括为确保行政组织效率。行政组织有广义和狭义之分，广义上是指整个国家行政机关系统，它并不限于国家行政机关，还包括依授权或委托管理公共事务的其他组织；狭义上仅指国家行政机关，即依法设立并行使行政权力，对应范围的公共事务进行管理的组织。③ 本

---

① 参见杨文兵著：《当代中国行政伦理透视》，南京师范大学出版社 2012 年版，第17~20 页。

② 雷玉琼、曾萌：《制度性腐败成因及其破解——基于制度设计、制度变迁与制度约束》，载《中国行政管理》2012 年第 2 期。

③ 参见曹建明、何勤华主编：《大辞海·法学卷》，上海辞书出版社 2015 年版，第46 页。

书所言行政组织是狭义的，在该语境中政府作为社会组织的一种类别，除外部的公共属性外，也关注其内部的系统性。这一属性强调政府是依法由若干要素按一定目标结构、部门结构、权力结构所组成的职责分明、协调有序、纵横相连、浑然一体、政令统一的有机整体。① 而行政组织伦理正是产生于政府各部门、权力解构纵横联合，协调有序，传达政令，最终实现行政组织目标的这一过程中。在行政组织语境下，效率作为政府责任的理由依据如下。

其一，从组织行为分析，效率是对内政府优化内部管理的责任，是约束对外组织行为的伦理规范。组织效率是组织管理工作投入与劳动效果的比例，是组织目标的达成情况。② 社会主义民主的目标是人的生存和发展，政府为满足社会需求，承担着对社会资源的保护与发展以及分配的责任。美国学者拉塞尔对"无缝隙政府"理论的阐述中，就权力导向的政府组织提出质疑："权力和功能的划分的代价是巨大的。尽管劳动力的划分和专业的划分的确使政府机构有能力管理更加复杂的问题，但与此同时，他们也导致了政府职能的四分五裂、职责重复和无效劳动……大大降低了政府活动的质量与效率。"③ 可以说效率忧患是现代行政组织所必然面临的考验，政府有责优化其内部组织管理，降低公共产品分配环节不必要的耗损，保证公共产品质量。实践中，行政组织效率低下的表现可概括为三类：第一，组织目标不能实现，如贪污现象；第二，组织目标延迟实现，如懒政怠政现象；组织目标实现，但耗费了不必要成本，如尸位素餐的现象。

其二，从历史经验角度分析，效率是政府组织改革不变的要求。中国政府组织从权威导向到权力导向再至职能导向，历次变革都昭明其变革动因是政府组织有其不可克服的困境——政府行政效率低下，影响政府的权威进而产生公众对政府失去信任。1982年政府机构改革的要点是提高政府工作效率，推行

---

① 参见何颖著：《行政学》，黑龙江人民出版社2007年版，第72页。

② 参见张新国、吕晶晶主编：《组织行为学》，上海财经大学出版社2014年版，第6页。

③ 参见［美］拉塞尔·M. 林登著：《无缝隙政府：公共部门再造指南》，汪大海、吴群芳等译，中国人民大学出版社2014年版，第34页。

干部年轻化；1988 年政府机构改革提出转变政府职能是机构改革的关键，简政放权，弱化专业经济部门分钱、分物、直接干预企业经营活动的职能；1993 年改革要点为政企职责分开和精简，精兵简政提高效率；1998 年侧重优化政府组织结构；2003 年深化行政管理体制改革，进一步转变政府职能，建设行为规范、运行协调、公正透明、廉洁高效的行政管理体制；2008 年改革目标是按照精简统一效能的原则和决策权、执行权、监督权相互制约相互协调的要求，着力优化组织结构，规范机构设置，完善运行机制，为全面建设小康社会提供组织保障。① 2013 年政府机构改革目标是推进大部门改制②；2018 年政府机构改革目的是优化政府机构设置、职能配置、工作流程，全面提高政府效能，建设人民满意的服务型政府。③ 每五年一次的政府机构改革，都将政府效率置于改革目标之中，这几次改革是对组织职能的优化，是为了回应现实公共问题。如果政府无法回应公众的期待和信任，就会产生信任危机，即政府信用问题。④ 由于组织效率低下而导致的公共伦理风险，若引发公众与政府的利益，将使政府的存在根基受到动摇。

其三，从法学角度分析，效率具有敦促政府积极履行其法定职责，保障自身合法性的作用，其本身就是一种约束行政组织的伦理责任。首先，就效率具有敦促行政组织积极履责的效果作出解释：行政组织依照法律规定，为实现某一具体的行政法律效果，在一定期限内行使其权力并实现其职能，效率是行政主体法定时效内的履责情况作出的客观评价。行政组织在行政程序类法律规范中有时间和行政结果无论是服务型政府或是"为人民服务"原则都含有通过及时回应公共需求，提高行政服务质量，以获取普遍认同，保障其合法性的思路，一词概之就是：行政效率。政府组织效率低下主要体现为行政迟缓，其特

---

① 参见何颖：《中国政府机构改革 30 年回顾与反思》，载《中国行政管理》2008 年第 12 期。

② 参见《第十二届全国人民代表大会第一次会议关于国务院机构改革和职能转变的决定》。

③ 参见《第十三届全国人民代表大会第一次会议关于国务院机构改革方案的决定》。

④ 张旭霞：《现代政府信用机器构建的对策性选择》，载《南京社会科学》2002 年第 11 期。

征为行政主体的职责履行逾越了时限，该时限包括法定行政期限以及合理期限。① 超过法定行政期限，无论行政主体延迟作为或不作为，都属于违反法律规定。因此，法定行政期限规则设立的目的不在于行为本身，而在于行为背后所体现的效率责任。其次，就效率是行政组织保障其合法性的基础作出解释：政府对合法性的追求，在中国公共领域其深层次动因可表达为"为人民服务"，而落实到具体的组织决策与组织执行中就是效率。西方学者斯蒂弗应对现代性的价值转变，在法律评价之外归纳出了另外两条合法化途径：行政途径上的专业化服务，以及政治途径上的权力监督。并且斯蒂弗将政治、法律合法化路径称为消极的控制路径，行政路径被称为积极合法化路径。② 其中专业化服务在对于行政组织中的决策部门是决策制定应及时回应人民迫切需求，对于组织的执行部门是积极执行相关法律规范性文件和政策。

其四，从风险社会中的政府治理出发，效率是应对风险不确定状态的唯一办法。政府作为风险社会中的重要伦理责任主体，风险的不确定状态使得时间、行为、价值都处于一种密切相关不可分割的状态，行政组织行为迟缓造成的损害不止于自身的合法性，也将整个社会的伦理秩序陷于一种不安状态之中。法学研究中，政府组织效率低下主要体现为行政迟缓，其特征为行政主体的职责履行逾越了时限，该时限包括法定行政期限以及合理期限。③ 超过法定行政期限，无论行政主体延迟作为或不作为，都属于违反法律规定。因此，法定行政期限规则设立的目的不在于行为本身，而在于行为背后所体现的效率价值。合理期限中的"合理"标准，仍然是主客观条件结合下的效率判断。例如，对与突发公共事件应急制度中，政府组织行政迟缓的判断条件除情势的紧迫性外，还需考虑政府组织的应对能力、可观条件限制等，这些都是效率所包含的内容。

---

① 参见周佑勇著：《行政不作为的判解》，武汉大学出版社 2000 年版，第 49~50 页。
② 参见张康之，张乾友著：《公共行政的概念》，中国社会科学出版社 2013 年版，第 304~305 页。
③ 参见周佑勇著：《行政不作为的判解》，武汉大学出版社 2000 年版，第 49~50 页。

（四）职业伦理语境中的政府责任

在职业伦理语境中，政府责任，即政府内部公务员的责任，它是政府责任的基础组成单元。学界关于公务员伦理责任的分析研究大致可分为三种研究路径：（1）将公务员伦理责任依照行政职能进行结构划分或内容分类。[①]（2）通过探析公务员伦理缺失原因，对症研究职业伦理建设机制，伦理责任作为公务员伦理建设的措施之一被提出。[②]（3）借角色冲突或利益冲突等理论，梳理复杂的行政伦理关系以实现行政责任。[③] 上述三种研究路径可以简要概括为公务员伦理责任的现象分析、原因分析、结果分析。现象分析侧重对伦理责任本身的解构，试图以解构方式究其本质，并利用伦理分类归类解释各相关现象。结果分析侧重"责任规范"之于"伦理建设"的工具性，借由其对行为约束的功能实现理想的公共伦理关系状态。原因分析侧重以伦理责任失范的原因考察，找寻伦理责任实现的路径。三种研究路径下所得出的结论也存差异，以公务员职业伦理为例：现象分析中公务员伦理被归类为公共伦理的重要组成部分，公务员伦理责任又是公务员伦理的重要组成部分；结果分析中，行政责任作为一种预设的结果，行政伦理成为实现该结果的手段。这些差异显示了公务员伦理责任的特点——工具性、价值性、目的性。

其一，公务员伦理责任的工具性意涵强调了伦理责任的约束功能，这种约束功能是自律与他律的统一。有学者将行政伦理责任定义为："公务员个体在深刻领会个人所处的职位责任和义务的基础上，对客观的普遍的岗位职责的一种内化，是对相关法律所规定的客观责任背后所体现的精神的一种把握。"[④]

---

① 参见梅继霞：《公务员品德国内研究述评》，载《行政论坛》2014 年第 2 期。
② 参见肖萍：《论公务员职业道德法制化建设》，载《求实》2001 年第 9 期；方军：《失范、原因及对策：当前乡镇公务员行政道德状况研究——基于实地调查的视角》，载《河南社会科学》2011 年第 2 期。
③ 参见［美］特里·L. 库珀著：《行政伦理学：实现行政责任的途径》，张秀琴译，中国人民大学出版社 2010 年版，第 96~125 页，第 193~252 页。
④ 鄯爱红：《行政伦理责任：抑制行政腐败的有效路径》，载《国家行政学院学报》2005 年第 1 期。

公共伦理责任成为一种他律与自律的统一。自律产生的场域为行为主体存在选择的自由，行为主体可发挥其能动性，为选择的最终结果提供了内在动力，对行为主体的选择产生了内在约束，以保证行为正当。相反，他律产生的场域为行为主体存在客观制约，行为主体没有选择的自由，遵循客观规则以保证行为的正当。政府公务人员的自律体现为对基础道德坚守与高阶美德的追求，尤其是法律给予其一定行政自由裁量权之后。例如，仁慈、善良、诚实、审慎等。政府公务人员的他律主要表现为伦理责任规范化（法律规范、纪律规范等），通过明确的奖惩教育或其他手段，实现对公务人员的行为约束。这种他律反应的是一种基本公共伦理责任，以及中层的角色、契约伦理责任。

　　他律，尤其是在职业伦理方面尤为常见。公务员的行为外在约束包括社会期待和组织制约，前者要求政府公务人员具备符合其法定权力的专业素质，后者要求政府公务人员具备对组织的忠诚与服从的伦理责任。学者库珀将这种他律称为外部控制，将自律称为内部控制，并提出负责任行为的构成要素：社会期待、组织文化、组织制度，以及个人道德品质。声称有个人道德品质所表现出来的内部控制必须在总体上与组织结构、组织文化和社会期待相一致。[①] 从法学角度，所谓的外部控制和内部控制的关系是由政府在宪法中的地位所决定的，法律以实体性和程序性规范赋予并限制政府的行政权力，政府的行政自由裁量权（广义）体现了这种"赋予并限制"的状态，并且这种自由裁量权常以政府组织的科层由上至下不断减少。同时，立法中"应当"条款是权力的绝对边界，亦是伦理责任的明确依据，而"可以"规则是行政自由裁量的基石，伦理责任反映在立法精神、目的中。法律的立法精神与立法内容是相一致的，因此政府公务人员的外部伦理责任与内部伦理责任也应当是一致的。并且，根据权责一致原则，权力越大其责任也越大。这种法学上的逻辑推演为现代性佐证：大规模生产的社会秩序中，作业与作业之间、职位与职位之间的差距巨大，专业化程度深，以至于人们对后面工序根本没有直观的认识。只有少

---

　　① 参见［美］特里·L.库珀著：《行政伦理学：实现行政责任的途径》，张秀琴译，中国人民大学出版社 2010 年版，第 166 页。

数处于顶层的人能理够总体把握每个人的工作与整体的关系，离顶层越远，就越不明白其中的秩序与目的。大规模生产将具有符合组织目的且具备一定素质的人员组织在一起，带来效率。这种素质包含对所在地位的清楚认知能力和应对所在环节要求的素质。①

由上可知，工具性视角下，伦理责任作为一种对行为主体的约束，分为外部约束（他律）与内部约束（自律）两个部分，外部约束又可分为法律精神、法律规定且两种约束之间由于宪法、法律的政府的定位，而存在一致性特征。因此，基于工具性的行政伦理责任可被定义为：为实现行政组织内部成员的自律与他律的统一，根据法律规范及规范所含的职业伦理精神，对其作为或不作为的褒奖和制裁。

其二，公务员伦理责任的价值性意涵强调了伦理责任的本身的价值导向，是公共伦理从主体性到主体间性的必然——从价值性角度看，伦理责任作为一种伦理规范，是社会价值体系的重要组成部分，具备社会规范的价值引导功能。并且风险社会以风险防范为逻辑的价值体系，强调共生价值。这使得政府行政伦理从主体性转为主体间性，社会成员彼此之间负责，是对政府"有组织的不负责"的突破。

有学者根据风险社会提出"责任概念超出了强制范畴，其重要意义在于它引导人们进行自由决策时所起到的作用""多元价值就是要求彼此之间承担责任"。② 该观点非一家之言，学者李谧立论起点是风险社会中三种"组织化的不负责任形态"——资本主义制度与政治不负责任、重商主义与经济责任缺场、科学主义与科技责任困境。与之相似的是哈贝马斯在其著作《合法性危机》中提出了现代社会的两类四种危机倾向：系统危机下的经济危机与合理性危机，以及认同危机下的合法化危机和动机危机。③ 稍作梳理，这前者提出了

---

① ［美］彼得·德鲁克著：《新社会》，机械工业出版社 2019 年版，第 30~31 页。

② 李谧著：《风险社会的伦理责任》，中国社会科学出版社 2015 年版，第 42~43 页，第 53 页。

③ ［德］尤耳根·哈贝马斯著：《合法化危机》，刘北成，曹卫东译，上海人民出版社 2018 年版，第 52~57 页。

风险社会中社会主体普遍的责任缺失，后者提出的是现代性政府的合法性危机倾向。现代性与风险社会具有因果关联，社会主体与政府具有一般与具体的对应，危机存在场域相同，甚至所谓的责任缺失与合法化危机之间也存在某种联系——风险社会面临的公共伦理价值变化，导致公共主体责任内容改变，政府的合法性危机自此产生。

事实层面，风险将现代化社会中碎片化特征模糊化，事实内容和时空上相分离的要素经因果关系而结合在一起。风险社会隐含的伦理在于风险确立了一种共生现象，是自然科学和精神科学、日常理性和专家理性，乃至利益和事实的共生。① 进而"不安全"社会价值体系取代了"不平等"社会价值体系。② 笔者对此的理解是：以不平等防范为逻辑起点构建的社会价值体系的核心是市场经济下的分配正义，它强调的是权利平等，社会制度体现了一种主体性伦理；而以风险防范为逻辑起点的构建的社会价值体系的核心是普遍正义，它强调主体间彼此负责，社会制度体现了一种主体间性伦理。这种共生伦理观念使得政府组织内部成员都负有规避风险的伦理责任，是对"有组织的不负责"状况的突破。政府组织内部成员对于"不安全"的风险防范观念寓于风险社会伦理责任之中，如谨慎、专业等。

规范层面，风险社会中事实的因果关系须置于伦理责任规范化的脉络中。原因有二：一是风险社会的不确定性，导致公共期待与事实之间常存在偏差，伦理责任规范化一定程度上避免了确立责任的因果关系不受限制而造成的责任扩大化以及责任丧失可行性。责任的设定和承担只有纳入法律的范围之内才能合法化、规范化，否则就是法外责任。③ 二是风险是一种科学理性与社会理性结合的产物，现代化风险得到"承认"的过程是一个政治化的博弈过程，科学或专业知识普及是该过程中主体间"说服"彼此的证据。所以，伦理责任

---

① ［德］乌尔里希·贝克著：《风险社会：新的现代性之路》，张文杰、何博闻译，译林出版社 2018 年版，第 28 页。

② ［德］乌尔里希·贝克著：《风险社会：新的现代性之路》，张文杰、何博闻译，译林出版社 2018 年版，第 49 页。

③ 魏宏著：《权力论》，上海三联书店出版社 2011 年版，第 75 页。

中的因果关系不再是单纯的自然因果，还应符合政治、经济、文化等已得到普遍认同的价值。伦理责任规范化，利用程序性规则将其中的普遍价值实在化，并对公务人员起到行为调整的作用。

其三，公务员伦理责任的目标性意涵强调了公共社会利益冲突的解决机制。在政治生活中和其他公共生活中，道德期待是必需的。① 这种道德期待蕴含于角色伦理之中，"角色伦理是角色与身份地位相契合的，涵括角色权责伦理定位、伦理期待、道德规范的伦理行为模式"。② 换言之，在公共伦理规范中，主体的权责义务应当与其扮演的社会角色和伦理期待相一致。个体的伦理责任分为对内和对外两个范畴，对内是指个体对自我生命和自我发展的责任，对外是指对所在团体、社会，以及自然的责任。③ 个体的多重角色，意味着多种伦理期待与责任。但当伦理期待不能协调一致时，会出现责任冲突。关于冲突的类型，库珀将之分为权力冲突、利益冲突、角色冲突。亦有学者在此分类基础上增加了价值冲突、法理与情理冲突两类。④ 但笔者认为，公务人员的角色冲突是引发行政责任冲突的根本原因，在形式上表现为利益冲突和权力冲突，角色冲突与其衍生冲突形式不能并列。并且所谓法理与情理冲突、价值冲突存在范畴重叠，亦不可取。因此，按照行政冲突形式可将其分为两类。

责任冲突形式之一是利益冲突。政府公务人员的伦理期待存于其所在社会关系中，公私领域的明显界分实现了公民角色和职业角色的分离。两种角色冲突常表现为自利与利他。公民自利是正常且受到法律保障的，但行政人员的公共身份则要求其承担利他义务。公务人员作为"负有特殊责任的公民"，这种利益冲突成为政府公务人员角色冲突中最重要、最本质的冲突。⑤

---

① 毛玮著：《论行政合法性》，法律出版社2009年版，第133页。

② 田秀云等著：《角色伦理：构建和谐社会的伦理基础》，人民出版社2014年版，第4页。

③ 郭金鸿著：《道德责任论》，人民出版社2008年版，第68页。

④ 邹东升，冯清华：《公共行政的伦理冲突场景与消解途径》，载《理论探讨》2007年第4期。

⑤ 郭冬梅，张慧珍：《行政人员的角色冲突及其伦理调适》，载《河北大学学报（哲学社会科学版）》2009年第1期。

　　责任冲突形式之二是权力冲突。政府公务人员在公共领域的角色又受公共伦理关系范畴不同而有所区别，分为外部行政角色和内部行政角色。外部行政角色实质是职业角色，它要求个体在其职业领域中遵循和履行规定的职责；内部行政角色是组织角色，作为组织内成员应自觉遵循组织内部责任。为满足人们对社会角色的伦理期待，公务人员必须被赋予相应的行政权力，确保其能够履行一定的行政职能。[①] 外部行政角色冲突所展现形式为权力与权利的冲突，如政府与非政府组织、公民之间的权力—权利冲突。卢梭在"好政府"判断中曾写过众人对权力的伦理期待的冲突："最好的政府是最严厉的政府，而另一个则主张温和的政府。"[②] 这恰好体现了权力—权利的冲突可能。内部行政角色体现为科层制权力分配下，政府公务人员对上级负责、对下属负责，还是对公众负责的冲突中。

　　根据责任冲突的形式，责任冲突的解决路径可以分为两条路径：一是针对利益冲突，应当树立、培养公共价值观念。由于职业角色不同于天然角色，它是个体后天自主选择的角色，个体应当为自己的选择负责。政府公务人员的公共属性决定了该角色将公共利益放在优先位置，因为为人民服务是公务人员的行为宗旨所在。当公共利益与私人利益发生冲突对立时，公务人员将面临又一次选择，当个体决定追求个人利益时，已不具备职业品质，应当放弃其职业身份。反之，当个体选择坚持其职业角色时，应将公共利益放置优先位置。两种选择在伦理、法理上皆无可指摘。确立公共价值观念针对的是：丧失公共道德观，假公济私、以权谋私、尸位素餐的情况。二是针对权力冲突，应当强调组织中个人伦理自主性。公务人员对组织的忠诚行为属于被动式，不足以应对角色冲突的选择问题。这需要公务人员在实践学习中自发反思、总结经验，提升职业技能和专业素质，在面临权力冲突时能够自主判断选择。这一过程是一个职业认同过程，将职业规范内化为职业伦理自觉，成为对职业伦理期

---

　　① 毕瑞峰、钱冰：《论行政人员的"角色"：一个概念性图式》，载《学术论坛》2010 年第 07 期。

　　② ［法］卢梭著：《社会契约论》，商务印书馆 2013 年版，第 94 页。

待负责的人。

由此观之，根据行政责任冲突的原因形式和解决机制，公务员伦理责任可理解为：因行政职业角色而享有行政权力负并有行政责任的主体，为应对角色伦理分歧所致的利益或权力冲突，自觉树立公共意识，提升职业素质，实现行政目标。

（五）政府责任中的伦理向度

在政府责任规则语境中，政府伦理责任是指有关政府责任的具体法律法规的规则中，对政府行为具有伦理约束的成分，即政府的责任伦理。在学理上，责任伦理学说大致经历了三个发展阶段，第一阶段是康德的信念责任理论，第二阶段是韦伯的职业责任理论，第三阶段是约纳斯底线责任。随着康德所代表的规范伦理逐渐式微，马克斯·韦伯所代表的应用伦理兴起，政府责任的伦理向度随着责任区间的扩张呈现分层状态。

其一，康德关于道德价值与责任规范的三个命题初见责任伦理之内核：（1）只有出于责任的行为才具有道德价值，才具有道德上的善。（2）一个出于责任的行为，其道德价值不取决于它所要实现的意图，而取决于它所被规定的准则。（3）责任是由于尊重规律而产生的行为必要性。① 简言之，第一个命题指明了责任的伦理价值必然性，第二个命题指明了责任的伦理价值载体，第三个命题强调责任中的伦理价值的规律性。康德反对一种功利主义式的责任观，认为一切依据偏好或私有的意图的行为都不具有道德意义。相反，责任出自于一种形而上的，对道德规范中的普遍自然规律存在必要的尊崇。但这种反功利主义的形而上的责任伦理，在实践上脱离了人性，致使伦理责任难以具体运用于生活实践当中，而被人们放弃。

其二，马克斯·韦伯是"责任伦理"概念的提出者，其贡献在于将伦理实现"心志伦理"与"责任伦理"的分野。他认为"一切有伦理意义

---

① ［德］康德著：《道德形而上学原理》，苗力田译，上海人民出版社2002年版，第39页。

（Ethisch Orientierte）的行动都可以归属到两种准则中的某一个之下；而这两种准则，在根本上互异，同时有着不可调和的冲突。这两种为人类行动提供伦理意义的准则，分别是心志伦理（Gesinnungsethik）和责任伦理（Verantwortungsethik）。指导行为的准则可以是信念伦理，也可以是责任伦理"。① 韦伯的伦理研究实际是对康德信念伦理理论的继承与改进。心志伦理与崇高信念伦理是类似的，在此之外，责任伦理作为一种应用伦理理论从政治实践出发，研究公共领域的职业责任，并把责任伦理建立在理性之上，强调价值中立，认为责任伦理会考虑正常人的缺陷，以理性预知行为后果并对此负有责任。② 总之，韦伯的责任伦理落实于职业领域和实践领域的伦理问题，个体根据理性知识，对自己的行为（可预见）的后果负责。

其三，汉斯·约纳斯同马克斯·韦伯一样认可科学知识理性对行为的预知，但其责任伦理主体从个体转为普遍共同体，并具有全体性、连续性、未来性的特征。③ 约纳斯认为人类共同的技术实践形成了一种新的人类行为，这些新行为的影响无限扩大，但人们的预知能力又远不及人类运用科技的能力，因此不论目的为何，其行为都无法做到韦伯所说的价值中立。在新伦理中，责任处于中心地位，保障人类生存成为责任的第一律令，是行为的伦理价值底线。当行为影响世界，行为主体自身能够控制行为，并且行为主体在一定程度上能够预见行为后果时，就产生了责任，该责任分为形式责任和实质责任，前者是对所做事件的归因，行动者必须为自己的行为负责，不论是否产生后果；后者是指对将做之事的责任，一种权力的职责。

综上，康德的至善规范伦理，韦伯的职业伦理，以及约纳斯的底线责任伦理不是绝对的对立关系，也不存在某一伦理观点的绝对失势，而是反应学说所

---

① ［德］马克斯·韦伯著：《学术与政治》，钱永祥等译，广西师范大学出版社 2004 年版，第 259~260 页。

② ［德］马克斯·韦伯著：《学术与政治》，钱永祥等译，广西师范大学出版社 2004 年版，第 261 页。

③ 参见［德］汉斯·约纳斯著：《责任原理：技术文明时代的伦理学探索》，世纪出版社 2013 年版，第 3~15 页。

反映的社会伦理现象仍然存在且不断丰富。责任的区间范畴不断扩大，主要表现为：责任主体呈现个体与集体相融、责任发生时间连贯、责任伦理价值追求分层的特征。政府责任伦理也具有前述特征：（1）政府伦理责任主体兼含政府组织与内部公务人员。（2）政府伦理责任贯穿行政行为始终，甚至超前至行为作出之前，以具备权力为责任起始之时。（3）政府责任伦理价值呈"井"形分层：政府的伦理责任的底线伦理价值是保障人类生存，中层伦理价值是科学理性，高层责任伦理价值是实现善治。公务人员的底线伦理价值是不损害他人合法权益，中层责任伦理价值是职业伦理，高层责任伦理价值是个人美德。

第二节　政府伦理责任之根据

政府伦理责任的根据是指政府及其公务人员负有责任的前提。依照伦理责任根据的形式，可将伦理责任之根据分为理论依据与规范依据两大类。伦理责任的理论依据是政府伦理责任形成的理论基础，为建构何种归责原则以及责任构成奠定了基础。规范依据按照伦理责任规范主体的不同分为：一般伦理责任规范和特殊伦理责任规范等，以及根据规范制定主体不同，将伦理责任的规范根据分为法律依据和纪律根据。

一、政府伦理责任的理论根据

政府伦理责任的理论根据是其区别于其他政府责任，具有存在与实现可能性的理论准备。本段试图通过现代性过程中自由主义与共同体主义之争，揭示伦理责任之必要。而现代性风险特征中则对伦理责任提出了不同于其他责任的特殊实现路径，解释公共伦理之变化所导致的传统责任的局限性与困境，以论证伦理责任存在之可能。

（一）伦理责任需求之理论根据

为什么需要伦理责任？现代社会在公共关系领域呈现了一种对立与割裂的

状态，其中最显著的是新自由主义与共同体主义的对立，或者选择自由与环境不自由的对立，而这种对立需要由责任来弥合。在中国法学研究领域，对立表现为法律体系中权利本位论、义务本位论之间近二十年的争论无休。对立的本质是人类科技文明时代或称为风险社会的公共领域扩张导致的权利与权力之间的紧张关系。责任作为权利与权力之间关键连接，势必承载着调节权利—权力关系紧张的使命。正如西塞罗所言："任何一种生活，无论是公共的还是私人的，事业的还是家庭的，所作所为只关系到个人还是牵扯他人的，都不可能没有其道德责任；因为生活中一切有德之事均有履行这种责任而出，而一切无德之事皆因忽视这种责任所致。"①

新自由主义是以自由至上为基础的一种公共秩序观念。20 世纪发展的新自由主义主张人的自由发展，政府的责任仅限于实施规则，以及为自由提供必要的服务。哈耶克作为坚决反对集体主义的学者，成为新自由主义理论的奠基人。关于自由，其主要主张有三点：首先，自由的必要性归因于人类无知和知识的分散特性。他主张，自由竞争是社会进步之所在"正是因为每个个人知之甚少，而且也因为我们甚少知道我们当中何者知道得最多，我们才相信，众多人士经由独立的和竞争的努力，能促使那些我们见到便需要的东西出现"。②其次，否定了集体知识理性的存在，知识的分散性决定那些企图将知识集合交由某个人或某个机构控制，并依此设计文明社会的政治法律制度的观念是谬误，反之认为制度来自于理性设计的观念是一种"致命的自负"，这种自负有倾向全能政府掌握唯一真理，造成自由虚无以及失控的专政。③ 最后，哈耶克探讨了个人主义的真正内涵，指出真假自由主义的区别④，从对比中可窥见，

---

① ［古罗马］西塞罗著：《论老年 论友谊 论责任》，商务印书馆 2003 年版，第 91 页。

② ［英］弗里德利希·奥古斯都·冯·哈耶克著：《自由宪章》，杨玉生、冯兴元、陈茅等译，中国社会科学出版社 2012 年版，第 52~53 页。

③ ［英］弗里德利希·奥古斯都·冯·哈耶克著：《通往奴役之路》，王明毅、冯兴远等译，中国社会科学出版社 1997 年版，第 21 页。

④ 参见［英］弗里德利希·冯·哈耶克著：《个人主义与经济秩序》，邓正来编译，复旦大学出版社 2012 年版，第 6~14 页。

作为自由主义基础的个人主义是与集体主义直接对立的,否定自由主义等同于利己主义的观念,相反的是,真的自由主义追求的是一种宽容的形式平等,而虚假的个人主义倾向于通过法律或强权实施实质正义,在实践中导向集体主义。

新自由主义的另一代表人物罗尔斯同哈耶克一样否认自由主义是功利主义,认为自由与权利同社会福利的增长的欲望之间是有原则区别的,功利主义追求的是社会总的利益增加,不问分配。对此,罗尔斯经《正义论》一书形成了权利优先论的新自由主义。① 但与哈耶克的强调普遍规则式的形式平等不同,罗尔斯正义论试图在契约理论之上处理分配公正问题,其正义原则源于自由原则和差别原则。此后,一大批关于权利至上观念的政治哲学著作出现,如德沃金的《认真对待权利》等。新自由主义者所主张的个人权利虽略有差异,但对权利至上的观点是一致的。

共同体主义出现,所承载的使命之一就是对权利至上的自由主义的批判。尽管共同体主义是20世纪70是年代后发展而来,但"共同体"观念的出现可以追溯至古希腊苏格拉底、柏拉图和亚里士多德时代关于城邦、共和政体的理解。三人就共同体与内部成员的关系产生分歧。亚里士多德的政治基于承认人的自然差异,认为"能把人区分开并使之具有鲜明个性的那些东西发展,就必须赋之以一定自由",在共同体里"一致性承认多样性,自然为人的选择留有余地,组成政治共同体的各个独立部分能够推动城邦变化的发生"。② 而亚里士多德所批判的《王制》中苏格拉底将共同体与个体的绝对割裂,并给出了一种政治哲学"二分"状态——"接受还是否认人的复杂性,去认识人的不完满,还是采取行动赋予人秩序和结构,或说赋予人的生活以整全……"③ 显

---

① 参见[美]约翰·罗尔斯著:《正义论》,何怀宏、何包钢、廖申白译,中国社会科学出版社2009年版。

② [美]尼柯尔斯著:《苏格拉底与政治共同体——〈王制〉义疏:一场古老的论争》,王双洪译,华夏出版社2007年版,第184页,第192页。

③ [美]尼柯尔斯著:《苏格拉底与政治共同体——〈王制〉义疏:一场古老的论争》,王双洪译,华夏出版社2007年版,第181页。

然这种二分承认了个体异质的同时，又认为共同体抑制多元差异。由上可以看出，从古希腊起对共同体的观念就存在分歧。

古希腊时代的共同体，无论城邦还是共和政体，都是出于政治目的而出现的政治共同体，共同体成为政治哲学绕不开的困境。但现代的共同体主义则是人类生存哲学对工业社会的现代性所作出的思考与批判。有学者总结共同体主义是"一种强调社区联系，环境和传统的积极价值以及共同利益，旨在揭示人格自给自足的形而上学的虚假性并遏制自由主义带来的个人主义的极度发展所产生的危害性的理论思潮"。① 的确，经对桑德尔、麦金太尔、泰勒、瓦尔则等学者就共同体主义的论述发现，对共同体主义的主张皆是以实践生存中自愿的共同联合为出发点，对自由主义进行反思与批判。值得强调的是这种生存哲学下的共同体范畴超越了政体，它可以是社群、社区，乃至整个人类，这种联合是出于个体的自愿选择。

被认为是共同体主义代表者的哲学家桑德尔②，在对罗尔斯的《正义论》和《政治自由主义》进行详尽分析与批驳的过程中，确定了其共同体主义边界。对罗尔斯"人的本质"的理论批判，根底是对其"自由原则"的挑战：自由原则是建立在自然权利观念之上。罗尔斯认为个人权利优先于善的意义有二：个人权利"胜过"共同善意，以及权利独立的正义属性。自由主义与共同体主义之争也因此而来，当代权利至上的自由主义认为权利不以任何特殊善的观念为前提即是正当的，而共同体主义所认为的正当权利在任何时候都应依据既定共同体中普遍流行的价值或偏好。③ 但这种争论很容易造成误解并陷入一种个体价值与共同体价值比较中，正是出于此种顾虑，桑德尔指出其所理解的共同体主义并不是"绝大多数主义"，其所认同的共同体主义意在否定自由

---

① 孟庆垒著：《环境责任论》，法律出版社 2014 年版，第 73 页。

② 桑德尔本人对于自己是"共同体主义者"的标签是十分警惕的，因为所谓的共同体的内涵尚未厘定，其中一些学者主张的共同体主义与其理念相佐，因此他"并不是总站在共同体主义一边"。参见 [美] 迈克尔·J. 桑德尔著：《自由主义与正义的局限》，万俊人等译，译林出版社 2011 年版，第 1~4 页。

③ 参见 [美] 迈克尔·J. 桑德尔著：《自由主义与正义的局限》，万俊人等译，译林出版社 2011 年版，第 218~220 页。

主义中权利与善的分离，主张权利的正当性依赖于它们所服务的那些道德重要性。①

但现代性社会，新自由主义与共同体主义之间不是非此即彼的状态。尤其在公共行政领域，新自由主义与共同体主义分别侧向的是公共权利作为一种主观权利和客观规范。基本权利中的"主观权利"与"客观性"理论源起"二战"后德国法哲学家对自然法精神的深刻思考。一方面，人权被视作超越法律体系的高级法，立法权必须服从于自然权利；另一方面，各种基本权利被赋予普遍价值性，国家权力要从保障基本权利中获得正当性。② 因此，基本权利作为主观权利，个人可依据自由意志向国家提出要求，而国家有责任回应。自由主义对权利至上的推崇，实则是强调主观权利可救济的功能，一定程度上防止权力恣意扩张。当基本权利作为客观法时，基本权利成为整个社会共同体的价值基础，一种客观的公共伦理秩序。共同体主义所主张的正是社会全体对这种普遍价值的维护义务。

政府作为国家权力的执行机关以及社会共同体的组成部分，自由主义和共同体主义对政府分别提出了两种责任需求——对于保障个体自由不侵害，以及对公共价值秩序的维护。两种责任本应不存在紧张对立关系，但公共领域，尤其涉及资源分配，客体环境的有限性与主体需求增长之间的矛盾是不可避免的。我国学者毛玮对此总结了行政领域的"红灯绿灯黄灯理论"。③ 红灯是指以哈耶克为代表的自由主义一派，强调政府的守夜人角色，行政法的核心是越权无效原则；绿灯是指以狄冀为代表的共同体主义一派，强调政府的积极社会功能，行政法的目标是实现公共服务；黄灯是试图缓解红绿灯模式的对立，遏制极端自由主义和集体主义而提出的一种中庸路径——利益平衡。但正如毛玮所言"真正有前途的黄灯理论必须在方法论上寻求突破。两种模式长期对立的

---

① 参见 [美] 迈克尔·J. 桑德尔著：《自由主义与正义的局限》，万俊人等译，译林出版社 2011 年版，第 4 页。
② 参见张翔：《基本权利的双重性质》，载《法学研究》2005 年第 3 期。
③ 参见毛玮著：《论行政合法性》，法律出版社 2009 年版，第 9~39 页。

根本原因不在价值观，而是由于法学方法无公度性"。① 红灯属于司法中心主义，绿灯属于政府中心主义，红灯绿灯的对立实质是司法与行政差异。但行政领域常采取一种司法中心主义逻辑的执法，使公共利益被简化为个人利益之和，或者将共同体拟制人格以参与到公共资源分配中。这种逻辑在民商事领域有其存在空间，但在行政领域就暴露出了经济人假设在公益性产品的盲点。公共物资具备商品的稀缺性，但和商品的价换价值规律相悖，自由主义无法保障无利可图的公共产品供给，而集体主义又受到业已成真理的自由主义的限制，无法发挥其真正价值。政府对无利可图的公共资源保障责任，正是社会对其的道德期待。这种道德期待也作用于集体对个体的道德压力和感召力。利用现代性共同体理论，这是环境有限性造成的事实上的不自由，与个人意志自由、选择自由之间的紧张关系，道德伦理责任成为二者之间的连接。

（二）伦理责任实现之理论根据

伦理责任如何实现？多数学者总结归类为外部控制与内部控制两条路径。② 内部控制即自我约束，其仰赖于伦理主体的自我追求、信仰、价值观等。外部控制，则是以建立一种成体系的社会伦理机制，达到伦理共识，进而内化为个体的伦理自主性，其大致包括伦理立法、伦理规范、伦理评价、伦理教育、奖惩等。无论自我约束还是外部控制，其最终目的和实现手段是一致的：社会群体达成伦理共识，个体形成道德自觉，以及二者之间相互作用影响维持公共伦理秩序稳定。伦理共识与道德自觉的实践理论依据基于诸多学者关于人类本质的分析。至于伦理共识与道德自觉之间相互作用的理论则来自于规范与责任关系的研究。

其一，人类本质说为个体的伦理责任实现提供了科学依据，其中著名的是马斯洛的"需求层次理论"，在公务员责任伦理的制度设计上起到了作用。该

---

① 参见毛玮著：《论行政合法性》，法律出版社 2009 年版，第 31 页。

② 参见葛红兵著：《公共行政人员的道德责任》，光明日报出版社 2016 年版，第 115~126 页。李军鹏著：《责任政府与政府问责》，人民出版社 2009 年版，第 149~156 页。

理论作为人类行为动力理论，指出（健康）人类的基本需求由低级向高级的金字塔状分为：生理需要、安全需要、情感和归属需要、尊重的需要，以及自我实现的需要五个层次。① 这些需求皆是人性的一部分，是个体行为驱动所在。其中生理需求作为最基本的需求层次，既独立于其他层次的动机成为一个有机整体，又可决定其他需求层次的存在。只有当生理需求得到保障时，逐层向上，更为社会化的需求才具备成为人类行为动力的可能。第二层的安全需求的程度虽稍弱于生理需求，但同样可能成为影响个人世界观、人生观的绝对要素。第三层的情感和归属需求，是个体进一步群体化视角下，强调个体对所在环境的付出与接纳，以及对自我的认同。第四层尊重需求，是指个体关于获得稳定且良好评价的欲望。第五层自我实现的需要，是指个体对于自身潜能发挥的倾向，它依赖于生理、安全、归属、尊重的实现，值得注意的是个体道德自主性包含其中。

个体伦理责任的外部控制与人类需求层次相关联（见图2）。其机理在于：（1）需求层次理论揭示了个体行为的心理动因，对伦理责任的外部控制方式有效性证成，并为责任类型多元化建设提供理论依据。（2）需求层次理论表明伦理责任的边界——不能背离人性，欲课之以责，必先度其势。在法律责任中存在"缺乏期待可能性"之学说，以表明法不强人所难。同样，伦理责任亦有其实现基础，其中需求层次理论指示了伦理责任的外部控制方式与界限，尤其对于生存和安全需求的保障。当无法满足低层次的需求时，更高层次的自我实现需求很难成为个体行为动因。（3）个体自主利他行为的动因可归于需求层次的最高层——自我实现，但也存在个体由于文化、社会准则、价值观、习惯、身心健康等要素而产生层级颠倒的可能。② 公务员伦理责任建设中，除了考虑法律规范对工资福利保障、申诉控告制度、权利义务规定、考核奖惩制度的确立以外，还应当形成为人民服务的社会氛围，培养具有公共精神的公共

---

① 参见［美］亚伯拉罕·马斯洛著：《动机与人格》，许金声等译，中国人民大学出版社2012年版，第19~29页。

② 参见［美］亚伯拉罕·马斯洛著：《动机与人格》，许金声等译，中国人民大学出版社2012年版，第34~41页。

服务人员，在公务员的遴选录用方面注重对个人道德品质、信念、政治立场、身心健康等内容的考察，在公务员职业培训中培养确立正确的职业伦理观念等。

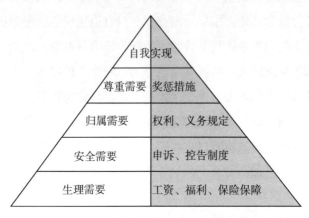

图 2　马斯洛的需求层次理论

其二，群体组织理论为政府伦理责任的意识与行为的关联性提供了理论依据。其中素有"群体社会马基雅维利"之称的古斯塔夫·勒庞，以心理群体为视角，提出群体对个体具有"道德净化作用"，以及群体道德行为的无意识特征。[①] 在古斯塔夫所理解的"群体"概念中，以个体自觉个性的消失以及思想和感情转向某一明确方向为群体首要特征。而所谓的群体对个体的道德净化作用，就发生在群体首要特征稳定时期。当群体成形，就会存在某种集体心理使个体的思想、感情和行为都趋于一致，并且变得与个体独自一人时截然不同。[②]但群体对个体的道德净化不是绝对的，古斯塔夫主张群体无意识，组织行为依赖于决策者的伦理选择。这似乎与马克思关于人类存在的定义相悖——

---

① 参见［法］古斯塔夫·勒庞著：《乌合之众：群体时代的大众心理》，北京联合出版社 2015 年版，第 59~64 页。

② 参见［法］古斯塔夫·勒庞著：《乌合之众：群体时代的大众心理》，北京联合出版社 2015 年版，第 16~19 页。

人类是"通过实践创造对象世界，改造无机界，证明自己是有意识的类存在物"。① 这里需要辩白的是，马克思所指的人类意识是在人与动物的比较中得出的，而古斯塔夫所指的无意识是组织内部趋于同化的人与组织之外独立人格相比较所言，其更底层的含义是组织是由个体组成，但不是数字上的人口叠加，组织行为也不是组织内部成员的智商意识的求和平均的产物。因此，组织伦理的实现是以组织内部各主体心理具有高度趋同性而实现，这也是为何大多数组织强调成员的忠诚品质。

组织行为无意识并非仅立于心理学视角才能成立，利用角色理论亦可证成。依照角色理论，组织可被定义为"按照正规程序建立起来的集团才算得上组织"。且组织是角色组合体，而非个人的结合。② 这里的程序，即在社会体系中依照相关社会规则所获得某种角色身份的过程，且该规则势必包含对角色"候选"主体的筛查与指导。对内，被视作某一角色集合的组织，其行为不是依照组织中个人的意志而实现，而是对角色相关规则的绝对服从而实现。对外，组织行为伦理取决于行为决策者的伦理水准和良知。

哲学家对自由意志的一个经典定义：它是一种能在某些时刻作出与实际选择不同的选择的能力（又称择他能力）。自由意志与伦理责任的关联在于"自由意志保障了控制力条件，从而保障道德责任的可能性"。③ 或许会有人疑虑组织伦理实践无意识论是否意味着组织无责任？在逻辑上这种疑问是不成立的，因为它预先设定责任由意识产生。在逻辑上，人类为自己的行为负责，是因为人在面临多种选择时，自由的意识会对其行为决策产生影响，产生责任的重点在于对行为的影响要素，而个体行为的影响要素包含意识，但不能因此定论意识是责任的来源。同理，尽管组织行为无意识，但仍然有其他类似于人类自由意志的要素影响组织的择他能力，可作为组织责任的依据。社会组织是由角色要素和文化要素构成④，组织的择他能力来自于角色要素中的权利义务或

---

① 马克思著：《1844年经济学哲学手稿》，人民出版社2000年版，第57页。
② 程东峰著：《责任伦理导论》，人民出版社2010年版，第236页。
③ 参见晓非著：《规则与规范》，商务印书馆2019年版，第5~7页。
④ 程东峰著：《责任伦理导论》，人民出版社2010年版，第237页。

权力责任规范，以及文化要素中的社会规则（文化、习俗、宗教信仰、伦理观念等）。其中角色要素确定了组织为或不为的选择能力，文化要素决定了组织如何为或不为，以及行为程度、方式的选择能力。

其三，规范学说的发展为政府伦理责任实现提供了根本保障，其中涂尔干从职业伦理与公民道德视角对社会总体生活的理论建构，为政府在公共秩序中伦理责任的实现提供了有价值的启示。涂尔干认为，道德事实是由具有制裁作用（伦理责任）的行为规范构成，制裁取决于行为与规范之间的关系，规范能够决定对行为采取容忍还是禁止的态度，而规范又分为普遍规范与特殊规范，其中普遍规范又可分为个体与自身关系的个体道德准则规范和民族之间关系的规范；特殊规范则是连接个体道德准则规范与民族关系规范两个极端类型的特殊群体义务规范。① 每个社会群体由各部分构成，为使得群体存续运转，各组成部分应按照保障整体运转的方式行动。当群体利益与群体内部个体利益相冲突，或个体无法意识到符合群体利益，就有必要制定道德规范助力群体行为以及群体对个体的支配。② 借用赫勒的观点对涂尔干的道德事实与规范的关联加以总结：没有伦理学人类就失去了意义，人类是唯一通过意义连接所有其他实体的存在物，然而意义是通过法则、规则、风俗、习惯、仪式等来提供的，以规范约束行为。③ 这可能归因于伦理规范（道德准则）自身具有一种认知内涵：一方面直接控制社会行为，告诉成员如何行为，另一方面对冲突中的批判立场加以调节，为调解有关冲突提供理由。④

---

① 参见［法］涂尔干著：《职业伦理与公民道德》，商务印书馆 2017 年版，第 2~5 页。

② 参见［法］涂尔干著：《职业伦理与公民道德》，商务印书馆 2017 年版，第 15~16 页。

③ 参见王秀敏著：《个性道德与理性秩序——赫勒道德理论研究》，黑龙江大学出版社 2011 年版，第 63 页。

④ 参见［德］尤尔根·哈贝马斯著：《包容他者》，曹卫东译，上海人民出版社 2018 年版，第 37~39 页。

二、政府伦理责任的规范根据

目前我国没有类似于美国的《政府道德法》或者日本的《国家公务员伦理法》这样专门以"伦理""道德"为名的行政伦理立法。有学者评价我国行政伦理相关立法不成体系、过于分散、可操作性差、不便执行。[①] 但笔者认为这类评价似有忽略伦理规范特殊性之嫌。首先，法律的严谨性决定立法者应使立法成果免于陷入争议之中，道德法律化的主题争议不断，所以在立法技术上采取"行为准则""行为规范""（特定主体）法"等代替"道德法""伦理法"的立法名称有其合理性，且观察别国专门行政道德立法的内容，在我国《公务员法》《监察法》中同样存在，所以没有不成体系之说。其次，政府及其公务人员的行为具有多重性质，可能同时是法律行为、政治行为、行政行为、道德行为、社会行为、经济行为等，以"伦理法"或"道德法"命名，将有对行为性质机械割裂的可能，造成同一行为之间立法竞争和甚至立法抵触。再次，从立法体系来看，我国关于政府及其公务员相关伦理规范基本成体系，结合前文政府伦理责任多维特征与政府行为多属性，政府及公务员的相关伦理规范大致以一般性伦理规范与专门性伦理规范，组织规范与职业规范。最后，对于伦理规范的可执行性质疑，应当从规范的社会效力、伦理效力、法效力这三重效力考量：从实证主义出发，规范的法律效力与社会效力结合，规范的权威性与可执行性成为评价规范效力的标准；从非实证主义出发，伦理效力与法律效力结合，规范的权威性与道德正当性成为评价规范效力的标准。[②] 可执行性不是法律规范价值的唯一评价标准。

根据政府伦责任的内容可将政府伦理规范分为一般规范与专门规范。一般规范是指规范内容具有普遍性，责任内容原则化，多数为公共伦理价值引导性内容，这类规范的效力来源为规范的权威性与正当性。专门规范是指规范内容

---

① 参见曾峻、邱国兵：《行政伦理建设的法治化路径初探》，载《上海行政学院学报》，2005 年第 6 期。

② 参见［德］罗伯特·阿列克西著：《法概念与法效力》，王鹏翔译，商务印书馆 2017 年版，第 89~92 页。

具有专门性，责任内容具体明确，规范的效力来源为规范的权威性和可执行性。有时一部规范中兼具一般性责任内容与专门性责任。

（一）一般规范

典型的政府伦理责任的一般规范包括但不限于：《宪法》《公务员法》，以及其他行政规范中的原则性伦理规则等。

其一，《宪法》为我国社会主义文明相关的法律体系构建奠定了基础，并成为政府伦理责任建设的根本依据。（1）宪法序言部分将"物质文明、政治文明、社会文明、精神文明、生态文明"作为社会主义现代化建设内容之一，是实现国家根本任务的重要环节。（2）宪法总纲明确了文明建设的基本内容和方式，除了在物质文明建设中保留勤俭节约等传统美德外[1]，新时代的道德内容新添"爱国、爱人民、爱科学、爱社会主义"，以及民族团结等公德内容。[2]（3）政府是社会主义文明建设的重要主体，具有为人民服务[3]和保障公共道德的伦理责任。[4]（4）《宪法》确定了国家工作人员宪法宣誓制度，使宪法誓言成为政府伦理责任的重要依据。[5] 此外，宪法有关公民批评建议权、人大机关监督权、监察机关监察权等授权性规定，为政府落实其伦理责任提供了宪法保障。

其二，《公务员法》明确了公务员在公共伦理关系中的人民公仆角色，使《宪法》确定的为人民服务的伦理责任内容更为具体。（1）最为重要的忠诚责任，包括：忠于宪法，模范遵守、自觉维护宪法和法律，自觉接受中国共产党的领导；忠于国家，维护国家安全；忠于人民，全心全意为人民服务，接受人

---

① 参见《宪法》第 14 条第 2 款。

② 参见《宪法》第 24 条。

③ 参见《宪法》第 27 条第 2 款。

④ 参见《宪法》第 89 条第三、第六、第七、第十一、第十七项；第 107 条；第 119 条。

⑤ 参见《宪法》第 27 条第 3 款及《全国人民代表大会委员会关于实行宪法宣誓制度的决定》。

民监督；忠于职守，勤勉尽责，服从和执行上级作出的决定和命令，按照规定的权限和程序履行职责，努力提高工作质量和效率；报收国家秘密和工作秘密。（2）模范品质，包括：带头践行社会主义核心价值观，坚守法治，遵守纪律，恪守职业道德，遵守社会公德、家庭美德。（3）秉公义务：清正廉洁，公道正派。

《公务员法》中的考核制度、监督惩戒制度将思想政治、作风表现等道德品质要素纳入其中，使公务员伦理责任的实现成为可能。当公务员违反前述伦理责任，或不具备"德""能""勤""廉"的品质时，所承担的后果型伦理责任形式包括：谈话提醒、批评教育、责令检查、诫勉、组织调整、辞退、辞职、处分。处分又分为：警告、记过、记大过、降级、撤职、开除。这里有三点需要注意：（1）尽管伦理责任形式与政治责任形式皆包含处分，但不能将二者混为一谈。根据《公务员法》第63条规定，对公务员处分须事实清楚、证据确凿、定性准确、程序合法的规定，处分有必要依据原因、证据、性质、程序等区别看待。（2）尽管《公务员法》第52条并不包含辞退和责令辞职两种责任形式，但笔者根据第87条"其他原因"下的自愿辞去和责令辞去领导职务，以及第88条连续两年考核不称职的，"经教育仍无转变，不适合继续在机关工作，又不宜给予开除处分的"辞退情形，表明领导辞职、辞退可以作为一种区别于介于批评教育、开除处分之间的一种责任形式。（3）责令公开道歉，即行政道歉，理论上被看作政府伦理责任的重要形式之一。尽管它作为一种政府伦理责任未能在《公务员法》等法律中出现，但是在《国家赔偿法》《关于实施党政领导干部问责的暂行规定》《党政领导干部生态环境损害责任追究办法（试行）》《关于划定并严守生态保护红线的若干意见》《关于建立资源环境承载能力预警长效机制若干意见》等党内法规或行政规范性文件中，明确将公开道歉作为政府、领导、主要负责人等的伦理责任形式。事实上，政府履行公开道歉责任的实践时间要早于前述四部法律规范性文件出台时间：2004年沱江水污染事件，就已有四川省长在公众的强烈要求下公开向全省人民道歉。① 公开道歉作为一种典型的政府伦理责任，其核心要素是以最小成本获取公共伦理秩序的平复，以及重建公众对政府的信任，最终稳固其合法性地位。

其三，除《宪法》《公务员法》以外，还有其他行政规范中的政府伦理责任原则。由于行政规范体系庞大，故仅做个别举例。如《行政许可法》第5条公开、公平、公正、非歧视原则；第6条便民原则；第8条信赖保护原则。《行政强制法》第5条适当原则；第6条教育与强制结合原则；第7条不得谋利原则。《行政复议法》第4条复议原则，复议机关合法、公开、及时、便民原则。总之，无论政府的伦理责任内容、形式如何，皆是从宪法为人民服务的公共伦理责任中衍生。

(二) 专门规范

所谓专门规范，意指在一般公共伦理规范基础上，针对政府伦理责任的某些重点部分，进一步细化的、具体的制度规则。根据《法治政府建设实施纲要（2015—2020年）》中政府建设总体目标，我国到2020年基本建成智能科学、权责法定、执法严明、公开公正、廉洁高效、守法诚信的法治政府。该总体目标反映了当前政府建设亟待改善的，或者薄弱环节。为提高政府公开公正、廉洁高效、守法诚信，政府伦理责任的专门规范也集中在廉政类规范、信息类规范、诚信规范三个部分。

其一，廉政类规范。政府廉政建设是我国反腐体系的重要一环，建立党政领导干部全面领导责任机制，实施党风廉政建设责任制和党风廉政建设检查考核制。② 2013年中共中央发布《建立健全惩治和预防腐败体系2013—2017年工作规划》明确严惩腐败与预防腐败两条反腐路径，加强党对党风廉政建设和反腐败工作的统一领导。目前，反腐防腐法制体系主要以人、财、事权相关法

---

① 闵捷：《人大代表不让政府报告马虎过关 四川省政府为沱江污染真诚道歉》，载《中国青年报》。转引自中国法院网：https://www.chinacourt.org/article/detail/2004/06/id/119105.shtml，2020年4月5日访问。

② 参见《关于实行党风廉政建设责任制的规定》第6条、第7条、第8条。

律规范构成。严肃查处用人腐败，主张党管干部、任人唯贤、德才兼备、以德为先等原则①，对违反干部选拔任用工作有关规定，导致用人失察、失误，造成恶劣影响的，要对领导干部实行问责②。在财权反腐上，深入推进财政法治建设，贯彻落实《宪法》第14条厉行节约，反对浪费，中共中央、国务院印发《党政机关理性节约反对浪费条例》《党政机关国内公务接待管理规定》《中央和国家机关会议管理办法》，以及财政部印发《法治财政建设实施方案》《财政部关于深入推进法治建设的指导意见》等，各级党委和政府应当规范财政行为，建立厉行节约、反对浪费监督检查机制，奉行有利公务、务实节俭、严格标准等原则。有关事权的反腐，强化权力制约和监督，建立健全决策权、执行权、监督权既相互制约又相互协调的权力结构和运行机制，推进权力运行程序化和公开透明，实施责任追究，要实事求是，分清集体责任和个人责任、主要领导责任和重要领导责任。针对政府各职能部门的事权内容，各级机关印发与其职能相关的责任规范，例如，《党政干部生态环境损害责任追究办法（试行）》《工业信心化部党政领导干部问责暂行办法》《中华人民共和国国家食品药品监督管理总局党组贯彻〈中国共产党问责条例〉实施办法》等。

其二，信息类规范。行政权力规范透明运行是法治政府的衡量标准之一，而政府信息公开透明是达到这一标准的基本保障，也是政府诚信责任的体现。我国政府信息公开相关规范体系是以国务院发布的《政府信息公开条例》为核心，要求政府应当及时、准确公开政府信息。该规范确立了国务院办公厅主管全国政府信息公开工作，县级以上地方人民政府主管其行政区域的政府信息公开工作的垂直领导体系。为实现对政府信息公开行为的约束规范，该条例要求应当坚持以公开为常态、不公开为例外，遵循公正、公平、合法、便民的原则。③此外，规范公开主体、公开范围，区分主动公开与依申请公开等制度，明确政府信息公开权力、责任范围，保障民众的知情权、参与权。建立政府信

---

① 参见《党政领导干部选拔任用工作条例》第2条、第4条。其中第4条明确了条例适用对象包括非中共党员干部，以及处级以上非领导职务。

② 参见《关于实行党政领导干部问责的暂行条例》。

③ 参见《政府信息公开条例》第5条、第6条。

息公开工作考核制度、社会评议制度、责任追究制度，使政府的公开高效的伦理责任得到保证。结合各级政府实际情况，为细化落实《政府信息公开条例》，国务院办公厅又出台《国务院办公厅关于全面推进基层政务公开标准化规范化工作的指导意见》。自 2019 年《政府信息公开条例》新修订后，地方各级政府也相继作出《浙江省信息公开暂行办法》《昆明市政务信息资源共享管理办法》《葫芦岛市政府信息公开暂行规定》等。

其三，诚信类规范。政务诚信建设体现了政府在社会信用体系构建中的模范带头作用，是推进社会信用体系构建的重要环节。2016 年国务院出台《国务院关于加强政务诚信建设的指导意见》要求探索构建广泛有效的政务诚信监督体系和政务信用管理体系。政府采购、政企合作、招投标、招商引资、地方政府债务、基层政务是政务诚信建设的重点领域。我国目前尚未出台全国性的、综合的政务诚信法律法规，上述内容皆亟待加快法规制度建设。在政务诚信监督方面，尽管国务院办公厅于 2019 年发布《关于加快推进社会信用体系建设构建以信用为基础的新型监管机制的指导意见》，但其适用主体为各类市场主体，不包含政府。对政府诚信的专项督导、横向监督、社会监督的规范散见于《监察法》《信访条例》等法律规范以及一些党内法规中。关于政务信用管理体系，在一些领域、区域已经有规范性文件或地方政府规章发布。例如，《辽宁省人民政府关于加强诚信政府建设的决定》《南京市社会信用条例》等。对于政府招商引资、招投标、政企合作等重点领域，国务院于 2020 年出台《优化营商环境条例》，要求招投标和政府采购应当公开透明、公平公正，依法平等对待所有制和不同地区的市场主体，不得以不合理条件或者产品产地来源等进行限制或者排斥。① 随后，国家能源局、市场监督管理总局、财政部等也出台了相应配套的优化营商环境的部门规范性文件。② 截至 2020 年 4 月，已有北京、天津、山西等 9 个省级人大（常委）颁布关于优化营商环境的地

① 参见《优化营商环境条例》第 13 条。
② 参见《国家能源局贯彻落实〈优化营商环境条例〉的分工方案》《市场监管总局关于贯彻落实〈优化营商环境条例〉的意见》《财政部关于促进政府采购公平竞争优化营商环境政策落实实施方案的通知》等。

方性法规。至于地方债务中的政府诚信责任，涉及我国财政和外债管理制度，应当严格遵守《预算法》，量入为出、收支平衡，不列赤字。①

第三节　政府伦理责任之构成

政府伦理责任的构成要件研究的直接目的是识别政府伦理责任承担条件基础，便于政府主体自觉承担其伦理责任。这与政府法律责任、政治责任依靠法律权威、组织权威对政府施以强制约束不同。对政府伦理责任的自主性特征强调，是为了说明对政府课以伦理责任的原因不同于法律责任和政治责任，正如前文所说，它是为了以最小的社会成本，恢复公共伦理秩序，重建公众对政府的信心，稳固政府的伦理正当性。因此，政府伦理责任在主体、行为、结果、因果关系上都有其自身的特殊性。

一、主体

政府伦理道德实践的约束主要来自于法律、法规等规范的约束，以及公务人员内心的道德束缚。对此，伦理责任主体需满足两个条件：责任主体具备权力能力和选择能力，前者决定责任的主体范围，后者影响责任主体的可责性。根据古斯塔夫的群体"无意识"的观点，政府作为伦理实践主体，其真正的伦理道德意识来自于道德决策者。政府的科层制模式决定了所谓的决策者如俄罗斯套娃一样，穷尽最终结果的直接负责人。法律上，所谓的决策者就是依法行使决策权的主体，但在伦理学上，决策主体即选择权主体。但拥有选择权不表示其拥有选择能力，选择能力受主体自身的认知限制或环境限制而存在差异，只有如库珀所主张那样：应对行政伦理困境能够保持伦理"自主性"的才称之为具有选择能力。

---

① 参见《预算法》第 35 条。

但在《公务员法》《党员干部选拔任用工作条例》等规范中，除了对公共伦理的关注外，公务员的私德也是重要组成部分。例如，家庭伦理也是干部考核内容之一。因此，根据相关公共伦理规范确定的主体应当也纳入伦理责任主体范围内。

二、行为和后果

在推定政府具有合法性的前提下，只有当政府作出一定行为导致公共伦理秩序紧张，政府的公共信誉降低，甚至影响其正当性时，才能够适用伦理责任。首先，与公共伦理秩序相关的政府行为仅需满足"公共性"特征即可，至于行为违法违纪与否是法律责任和政治责任中的关键问题，同时基本上违法违纪行为都存在道德瑕疵，故不在考虑之列。对于"公共性"特征的判断，应当综合行为的目的、结果来判定。举例言之，某一经济欠发达地区为促进地区的经济发展，招商引资某一具有高污染风险的化工企业，尽管尚未造成污染仍有承担伦理责任的可能。政府组织内的领导人员品行不端，存在违背家庭伦理道德的情况，造成社会对党风廉政的质疑，虽然行为上属于私德有亏，但对公共秩序产生影响。上述例子，分别从行为的目的、结果两个部分与公共利益关联，而具有承担伦理责任的可能。

但是，除了从政府行为对公共利益的角度判断公共性特征以外，还应考虑政府行为是否满足社会的道德需求①，如尊严、隐私、商业秘密等。例如，为解决社会贫困人口的住房问题，经济学家茅于轼提出廉租房不应建独立厕所，以压缩廉租房价值和套利空间，以及影视剧中和珅往赈灾大米中掺砂石的情景。这些经济手段虽然可以避免公共福利资源浪费的情况，但若真正实施，损害经济拮据人士的尊严，无法满足社会公众慈善的道德诉求，对"为人民服务"的公共伦理产生负面影响。可以说，政府伦理责任区别于其他责任类型而存在的意义就是对公共道德需求的满足。

---

① 参见郭金鸿著：《道德责任论》，人民出版社 2008 年版，第 99 页。

三、"双线"因果联系

迄今为止，人们关于因果关系的理论可分为两种基本立场：还原论和实在论。① 前者包括概率因果、反实事因果，意指因果关系在逻辑上伴生于非因果性质和关系的事件的总和；后者分为直接因果和间接因果，认为因果关系是观念认知的产物。换言之，一个是客观因果，一个是主观因果。民主政府的伦理选择是基于道德期待以及客观事实所促成的，政府伦理责任主体分为组织和个人。行为公共性既包含公共利益又需要公共道德。政府伦理责任将伦理关系的客观化特征与道德认知的主观化交织在一起，因为价值和价值载体有着天然的联系，伦理关系承载着道德价值。② 在因果关系的确定上，无论偏独客观因果，还是主观因果，都会造成政府无法识别伦理责任实现之基础，造成在论责任承担上的被动局面。因此，这种特殊的因果关系可称之为"双线"因果关系。

在客观因果关系认定中，人类行为结构被解读为一种本质为稳定的神经活动，在本体刺激和外感刺激下的自动反应链。③ 神经活动的稳定性保障了自由意志的控制力条件，因此主体的行为和产生结果之间的关联是一种物理意义上的改造，行为主体为结果负责。根据该种逻辑，政府伦理责任的因果关系的确定，是以政府的实践活动产生何种后果为判断的。例如前文提到的，假设政府通过招商引资，在本地开设一家高污染的化工企业，客观造成当地土地资源污染，对当地公共环境利益造成了影响。当公共利益发生减损时政府应当担负责任。尽管客观因果关系的适用具有直观、稳定的优点，但无法反映伦理责任区别于其他责任形式的特征。因为，"行为-结果"模式下的客观因果关系，单一

---

① 骆长捷著：《休谟的因果性理论研究》，商务印书馆 2016 年版，第 263 页。

② 参见 ［德］马科斯·舍勒著：《伦理学中的形式主义与质料的价值伦理学》，商务印书馆 2011 年版，第 143~145 页。

③ 参见 ［法］莫里斯·梅洛-庞蒂著：《行为的结构》，商务印书馆 2018 年版，第 81 页。

注重个案直接造成的公共利益的减损，忽视了其他隐蔽却重要的社会影响，例如公共伦理关系、公共道德观念等这些对社会具有长远影响的要素。简言之，根据客观因果关系只能推导出政府"应当承担责任"，但不能推出承担何种责任。

在主观因果关系认定中，公众的道德期待是政府责任产生的前提，当政府的公共角色扮演不符合公共道德期待时，政府将产生道义上的不负责任的评价。反之，当政府对公共道德期待作出正确回应，即扮演了其正确的公共伦理角色时，会产生负责的评价。公共伦理期待、公共伦理角色、公共伦理责任三者之间的关系为：公共道德期待是原因，伦理责任是结果，公共伦理角色是二者之间的中介。公共道德期待势必会产生伦理责任评价，只是公共伦理角色的扮演（中介）决定了是何样的因果关系。因与果区别主要在于是设定与被设定的区别，二者的同一性在于扬弃包含在因果关系中的中介性，二者在性质上是相同的，因可以是别的上一关系中的果，而果可能是其他关系中的因。① 政府伦理责任中的主观因果关系，即所谓公共道德期待的设定与被设定的公共伦理责任。但凡公共道德意志反映在政府伦理责任上，当确定公共对政府存有道德期待时，政府因此产生伦理责任。所谓的公共伦理角色只是影响政府承担什么样的责任，但不决定责任有无。

在实践中，这种公共道德期待可能默示为公序良俗，或者以法律、法规或其他规范性文件的形式确定。因此，这就决定了主观因果关系具有一定的不确定性，因为在主观因果关系中，作为原因的道德期待本有不确定性，其产生的果自然具有一定的不确定性。尽管主观因果关系可能会因此受到批驳，但是本书认为以一定时间和空间来看，道德期待会发生改变但不会骤变，个案中的个体的非正义认知不代表公共道德期待（群体的智识一直稳定于某一均值），所以公共道德期待也具有相对的稳定性。同时，结合客观因果关系，这种因果关系的稳定性将得到保障。

---

① 参见［德］黑格尔著：《小逻辑》，商务印书馆2018年版，第318~320页。

2019 年 10 月青岛市下属即墨区区长信箱接到市民投诉，一名老人在某小区门口占用人行道摆摊修车，影响市容和行人出行方便。即墨区城管部门接到投诉后，经过实地调查，发现该修车老人在路边修自行车对交通影响轻微，强行取缔对交通没有增益，反倒对老人生活影响极大，遂作出暂时不予清理的决定。①

根据《青岛市市容和环境卫生管理条例》第 24 条规定，任何单位和个人不得擅自占用道路或者其他公共场地从事营业活动。案例中的修车老人占用街道确实存在违法情形，但由于占用街道面积较小，且老人经常为他人提供经费服务。即墨区政府在以事实为根据的基础上，依法行使《行政处罚法》②《山东省规范行政处罚法裁量权办法》③ 规定的行政处罚裁量权，对违法行为轻微，没有造成危害后果的行为不予处罚。

该案例需要补充的背景是，2019 年青岛市政府正严格进行城市市容环境卫生专项整治活动，在此情况下，即墨区政府部门能够对老人占道修车作出暂不清理的决定，体现出行政执法人员执法过程中，在尊重客观事实与法律规定的同时，合理利用自由裁量权，贯彻"为人民服务"的行政原则，体现出执法人员的专业性，避免机械执法，人为地造成或扩大法律与情理、伦理的困局。

---

① 参见《青岛一老人占道修车，城管暂不清理被赞"柔性执法"》，载《新京报》，http://www.bjnews.com.cn/news/2019/09/26/630103.html，2019 年 10 月 30 日访问。

② 《行政处罚法》第 4 条第 1 款和第 2 款："行政处罚遵循公正、公开原则。设定和实施行政处罚必须以事实为根据，与违法行为的事实、性质、情节以及社会危害程度相当。"

③ 《山东省规范行政处罚法裁量权办法》第 14 条第 3 项："当事人有下列情形之一的，依法不予处罚：……（三）违法行为轻微并及时纠正，没有造成危害后果的。"

第九章　问责·追责·担责

任何政府都需要建立一套责任机制，责任机制是政府的行政部门与政治体系之间的重要联系。① 所谓行政部门与政治体系的关联，是将政府的权力置于整个公共权力结构之中，各种权力通过责任规则实现相互配合与制约的状态。以这种以责任规范权力的逻辑判断：建立责任机制的关键在于通过问责落实政府责任，而问责又可以解构为追责和担责两个部分。② 在该责任机制中，追责是前提，担责是后果。本章将首先从整体上对问责制进行分析，其次结合中国的政府责任机制，分别具体地对政府追责和政府担责加以探究。

问责即给予政府及其行政执法人员带来的激励、督促、压力乃至惶恐，远甚于行政诉讼、正当程序和公众参与等其他任何一种依法行政径路。③ 其兼顾"问"与"责"两个层面，其中对于"问"这部分，强调政府的回应性，并且其所回应事项不限于行政行为的合法性，还涉及政府及其领导干部的政治、公共伦理等诸多层面的考量。因此，其在构造、规则体系、功能定位上有其特殊性。

追责即责任追究，它是确定责任主体，反应和实现追责主体（监督主体）、行政相对人权益或其他目的的必要程序。因此，根据责任主体以及责任目的的不同，与之对应的追责模式亦存在差异。以追责主体为划分

---

① 李军鹏著：《责任政府与政府问责制》，人民出版社 2009 年版，第 13 页。
② 李军鹏著：《责任政府与政府问责制》，人民出版社 2009 年版，第 14 页。
③ 余凌云著：《行政法讲义》，清华大学出版社 2010 年版，第 417 页。

依据，对政府的追责模式可分为人大监督、行政监督、司法监督、检察监督、国家监督等。

　　担责即承担责任，它是追责之后的结果，主要为责任承担方式，如责任类型、责任分配等。我国的责任分配根据责任主体不同，可分为公务员责任、行政机关责任、国家责任。

第一节　政府责任之问责制度

　　关于问责的内涵，理论界还未形成统一的认识，但其作为一种责任的追究制度却得到了学界的一致认同。① 在我国，政府问责作为一项新生的制度安排已经出现，但远未形成系统的制度化的支撑体系。② 2003 年"非典"时期，前卫生部长张某某、前北京市长孟某某因隐瞒或者防治疫情不利而被问责，开启了中国的政府问责，从此问责制度开始进入行政法学研究的视野。而问责制度的中国化、法制化也为政府责任体系的完善提供了一种新的思考路径。

一、政府问责的内涵

　　政府问责源起于西方，是西方政党政治的产物，在西方国家政治生活中对官员问责已是一种司空见惯的现象。它体现了西方社会的民主与法治原则，成为了克服行政权力腐败的利器之一，已经逐渐融入国家政治生活中到并成为不可或缺的一部分。在政府问责的中国化过程中，不同学者对政府问责的概念内涵产生了不同的认识，主要存在以下几种观点。

（一）公众问责

　　不少学者认为对政府的问责指的是一种公众对政府进行责任追究的机制，

---

① 参见周亚越：《行政问责制的内涵及其意义》，载《理论与改革》2004 年第 4 期。

② 参见李广斌著：《行政问责制研究》，青海人民出版社 2008 年版，第 25 页。

即问责主体是公众，问责对象是政府。例如黄健荣教授认为"政府问责是公众对政府的一切行为及其后果都必须和能够追究责任的制度"。① 类似的观点还有，顾杰教授认为："简单地说，问责制就是责任追究制。问责制是民主政治的一个组成部分，在民主政治下，由选举和任命产生的官员必须对人民负责，他们必须为自己的言论和行为承担责任。"② 此外，宋涛教授从社会契约论出发也认为："行政问责是指行政人员有义务就与工作职责有关的工作绩效及社会效果接受责任授权人的质询并承担相应的处理结果。"③ 其中，公众是问责的主体，处于主动地位，而政府则是问责的对象，处于被动的地位。

（二）行政问责

此外，也有诸多学者认为政府问责是一种行政系统内部的责任追究机制，即行政问责的问责主体是行政系统，问责对象是行政干部。例如根据《长沙市人民政府行政问责制暂行办法》的规定，认为政府问责制是指"市人民政府对现任市政府领导、市政府各职能部门单位和各区、县（市）的行政主要负责人，在所管辖的部门和工作范围由于故意或过失，不履行或不正确履行职责，以致影响行政效率和行政秩序，贻误行政工作，或者损害行政相对人的合法权益，给行政机关造成不良影响和后果的行为，进行内部监督和责任追究的制度"。在该文件出台的基础上韩剑琴则认为："所谓的行政问责制，就是对现任各级行政主要负责人在所管辖的部门和工作范围内由于故意或者过失，不履行或者不正确履行法定职责，以致影响行政秩序和行政效率，贻误行政工作或者损害行政管理相对人的合法权益，给行政机关造成不良影响和后果的行为，进行内部监督和现任追究的制度。"④ 此外，余望成、刘江南也持该观点，

---

① 杜文娟：《专访：依据法治理念加快建构政府问责制——与南京大学教授黄健荣谈政府问责与人大监督》，载《人民日报》2004 年 7 月 7 日第 16 版。
② 顾杰：《论我国行政问责制的现状与完善》，载《理论月刊》2004 年第 12 期。
③ 宋涛：《行政问责概念及内涵辨析》，载《深圳大学学报（人文社会科学版）》2005 年第 2 期，第 44 页。
④ 韩剑琴：《行政问责制——建立责任政府的新探索》，载《探索与争鸣》2004 年第 8 期。

并根据《长沙市人民政府行政问责制暂行办法》对行政问责的规定总结了几个行政问责的构成因素：（1）行政问责的主体是政府。（2）问责的客体是政府、各职能部门、工作机构的行政主要负责人。（3）问责事由是因为影响行政效率和行政秩序，贻误行政工作，或者损害行政相对人的合法权益，给行政机关造成不良影响和后果的行为。（4）通过内部监督和责任追究的方式实现行政问责。①

（三）政治问责

还有一种综合性的观点，即认为政府问责指的是在民主政治之下的一种责任追究制度。在这种责任机制之下，政府问责的主体和对象都是多元化的。它既包括行政系统内部的责任追究，也包括公众对政府的责任追究，即问责主体既包括公众也包括有权的行政机关，而问责对象既包括行政干部，也包括普通的、具有直接责任的行政工作人员。例如周亚越教授便认为："问责制是一套完整的责任体系，而不仅仅局限于行政部门内部的上下级之间——在这样的责任体系中，公众追究各级政府的责任，各级政府逐级追究各级官员的责任，这样才能确保责任体系中没有缺失的环节。"② "问责不应该仅局限于政府领导和政府各职能部门、直属机关、派出机关、直属事业单位等的行政主要负责人，直接责任人员也应该属于问责对象。"③ 而"行政问责是问责制的一个重要组成部分，它是指特定的问责主体针对各级政府及其公务员承担的职责和义务的履行情况而实施的，并要求其承担否定性结果的一种规范"。④ 蒋晓伟教授也认为："问责制是现代国家，由选民和行政上级依法追究因失职而造成不良后果的政府官员，特别是失职政府高官责任，以强化和明确政府官员职责，

---

① 余望成、刘红南：《行政问责制：由来、困惑与出路初探》，载《湖南科技学院学报》2005 年第 6 期。

② 转引自周亚越著：《行政问责制比较研究》，中国检察出版社 2008 年版，第 23 页。

③ 周亚越著：《行政问责制研究》，中国检察出版社 2006 年版，第 36 页。

④ 周亚越著：《行政问责制的内涵及其意义》，载《理论与改革》2004 年第 4 期。

提高行政效率，克服行政权力可能带来腐败的一种政治制度。"①

　　由上可知，关于政府问责的具体内涵，我国还没有形成统一的认识，中央文件也没有明确界定这一概念。② 问责是政府责任最终得以落实的必经途径，因此，问责制度的构建对于现代法治责任政府的建设具有重大意义，而由于实践中和理论界对政府问责缺乏统一的定论，如此便容易导致政府问责在具体的实施过程中"剑走偏锋"，未能达到其应有的效果。据此而言，本书认为有必要对政府问责进行深入的探索，以明确其具体的内涵，为理论和实务提供一定的借鉴。

二、问责制度的构造

　　"在现代民主社会，政府要对公众负责已成为共识，任何政府都会以一定的形式承诺要对公众负责。"③ 责任政府的建设成为现代法治政府建设的必然环节，但在现实政治生活中，政府责任往往得不到落实。这便导致一个问题：在当代民主社会中，如何实现责任政府、落实政府责任，切实保障政府对人民负责？推行政府问责制是建立政府责任机制的必经途径并且已经成为共识。然而，无论是学术界还是实践中，对于政府问责制的具体内涵和构造却始终未形成统一共识，从这个角度而言，政府问责制还存在许多需要完善的地方。基于此，下文将从问责制度的具体构造入手，深入探讨政府问责制的具体内涵。

（一）政府问责的主体

　　政府问责的主体，即关于"谁具有问责权力"的问题。目前，我国学界关于问责主体也存在争议，如前文所述，有的学者认为政府问责的主体是公众，有的学者认为政府问责的主体是行政系统，还有的学者认为政府问责的主体是多元化的，公众、行政系统都可以成为问责主体。本书认为，在明确政府

---

①　蒋晓伟：《要重视中国特色问责制度的建设》，载《检察风云》2005 年第 6 期。
②　参见江凌编著：《依法行政与行政问责》，中国人事出版社 2013 年版，第 73 页。
③　伍洪杏著：《行政问责的伦理研究》，中国社会科学出版社 2016 年版，第 32 页。

问责主体之时，首先，应当对问责启动主体和问责主体进行区分。问责主体是指拥有问责的公权力主体，而问责启动主体本身不具有问责的权力，但可以提请有权机关进行问责。在西方发达资本主义国家的政府问责制度中，问责主体主要指的是议会和行政系统，当然也存在其他主体，例如美国的选民罢免制度即是选民作为问责主体。在我国，根据宪法的规定，公权力机关和社会组织都具有监督行政机关及其工作人员对行政权运行的权利。这意味着中华人民共和国境内的组织和个人都可以在发现行政主体及其工作人员实施违法或者不当行为之时提出问责的要求，即他们都是问责的提起主体。但就政府问责概念本身以及宪法所赋予的处置行政主体及其工作人员的权限而言，我国问责主体包括各级人民代表大会及其常务委员会、县级以上行政机关、特定专门机关以及各级监察委员会。① 目前在我国公权力机关问责制度尚未完善的情况下，不宜借鉴美国选民罢免制度，将政府问责的主体扩大到公民个人及其他组织。其次，还需要厘清政府问责主体和行政救济主体之间的区别。行政救济主体是指行政相对人不服具体行政行为而诉求救济的机关，最为典型的行政救济主体是法院。法院作为行政救济主体，对行政行为具有以撤销、变更、确认无效等方式否定行政行为的权力，但法院本身并不具有直接进行问责的权力，不属于政府问责主体。我国的政府问责制度主要实行的是"同体问责"，即行政问责机

① 我国各级人大对政府实行问责的宪法依据：《宪法》第 57 条、第 62 条、第 63 条规定了全国人大的性质、全国人大的职权、罢免权，第 96 条、第 99 条、第 101 条、第 102 条规定了地方人大的性质、地方人大的职权、地方人大的监督和罢免权，以及第 92 条、第 110 条规定了国务院与全国人大及其常委会的关系、地方人大与地方政府的关系。监察委员会的问责依据：《宪法》第 123 条、第 127 条规定了监察委员会享有的职权。县级以上行政机关问责权的宪法依据：宪法第 85 条、第 89 条规定了国务院的性质和地位、国务院的职权，第 105 条、第 107 条规定了地方政府的性质和地位、地方政府的职权，第 108 条、第 110 条规定地方政府内部及各级政府直接的关系、地方政府与上级政府的关系。特定专门机关问责权的宪法依据：第 109 条规定了县级以上地方各级审计机关享有的审计监督权，即属于特定审计问责机关。尽管我国《宪法》第 2 条规定，"中华人民共和国的一切权力属于人民"、第 34 条、第 41 条规定了选举权和被选举权、公民的监督权，但是宪法并未赋予社会组织、公民个人对行政主体及其工作人员实施问责的权力，只是赋予了它能够提起问责的资格。

制，包括上级行政机关及有权的行政机关内部职能部门。而在行政系统之外的"异体问责"中，问责主体主要包括各级人民代表大会及其常务委员会、各级监察委员会、执政党。①

（二）政府问责的对象

政府问责的对象，即关于"谁会被问责"的问题。就西方问责制度而言，政府问责的对象分为政务官问责和事务官问责，这源于西方国家的政党制度。政务官问责是指对包括总统、总理、首相、内阁成员等代表政党意志的行政人员进行问责。而事务官问责则是对一般公务人员的行政违法或者不当行政行为进行问责。在我国，根据我国《公务员法》可知，公务员的划分与西方国家不同，并非是依据政党制度而是具体分为领导职务与非领导职务两类。因此，对于公务人员的问责也由于领导职务与非领导职务产生不同，但两者皆属于政府问责的对象。而依据责任类型的划分，对于公务人员的问责也可分为对负有直接责任或是间接责任的领导人员和对直接责任人员的问责。此外，公务人员所属的行政主体作为一个责任主体，也属于政府问责的对象，具体可分为各级行政机关、行政机关各职能部门、直属机关、派出机关、直属事业单位等。②

（三）政府问责的事由

政府问责的事由，即关于政府"为什么会被问责"的问题。在公共行政领域，罗美泽克提出了四个方面的问责内容：法律问责、政治问责、等级（管理）问责和职业（道德）问责。③ 其中，法律问责是指公共行政因违反宪法、

---

① 依据《宪法》第1条规定，"中国共产党领导是中国特色社会主义最本质的特征"，以及《公务员法》第4条规定的"党管干部"，并结合我国国情，共产党作为执政党可以对行政工作人员进行问责，属于行政系统内部的问责主体。

② 参见伍洪杏著：《行政问责的伦理研究》，中国社会科学出版社2016年版，第32页。

③ Barbara, S. Romezek, "Enhancing Accountability", In James L. Perry, *Handbook of Public Administration（Second Edition）*, San Francisco: Jossey-Bass Inc. 1996, p. 100. 转引自宋涛：《行政问责概念及内涵》，载《深圳大学学报（人文社会科学版）》2005年第22卷第2期。

法律和行政管理规章的有关规定进行的问责。政治问责是指行政部门或机构管理者必须对来自外部的重要问责意见给予回应。等级问责是指在公共行政所形成的等级权力管理的组织结构中，每一个等级的人员都有相应的职责并接受其上级官员对其工作绩效进行责任评估。职业问责是指行政人员对职业标准和职业道德的违反而进行的问责。① 虽然在政府行政领域，有关问责的概念观点各异，但是在公共行政领域，美国学者杰·M. 谢菲尔茨（Jay M. Shafritz）于1985 年主编的《公共行政实用辞典》和 1998 年主编的《公共行政与政策国际百科全书》对问责进行了明确的界定，认为问责指的是狭义的公共行政问责概念。② 基于此，本书认为，我国对政府问责的缘由也可从法律、政治、道德三个方面进行问责。③

具体而言，法律问责指的是政府因违反宪法、法律法规的有关规定所需承担的否定性的法律后果。其中，违反宪法规定所承担的责任偏向于政治责任；违反民事规定则是政府作为私法人主体的身份存在，承担的是民事法律责任；政府以公法人的身份违反刑事法律规定，承担的则是刑事责任，而"公法人的目的是为社会公益服务的，如果以刑事责任来约束政府，就有可能危及社会公益"。④ 因此，政府的法律责任更倾向于指的是政府在行政法律关系中因违反行政法律规定所承担的责任。在行政法律责任中，政府的问责又主要以场域为划分标准，分为政府内部与外部两类行政法律责任。内部行政法律责任指的是政府及其工作人员因违反上下级政府的行为规范或是公务员的行为规范而承担的否定性的法律后果，譬如违反公务员法或是地方政府责任法律、法规等。外部行政法律责任指的是政府及其工作人员因违反行政法律规范导致行政相对人

---

① 参见宋涛：《行政问责概念及内涵》，载《深圳大学学报（人文社会科学版）》2005 年第 22 卷第 2 期。

② 参见宋涛：《行政问责概念及内涵》，载《深圳大学学报（人文社会科学版）》2005 年第 22 卷第 2 期。

③ 本书认为，前文提到的在公共行政领域的等级（管理问责）转化为政府问责可由政治问责和道德问责的内容所包含，因而此处只提及"法律、政治、道德"三个方面的问责。

④ 王成栋著：《政府责任论》，中国政法大学出版社 1999 年版，第 30 页。

权益受损而承担的否定性的法律后果。政治问责指的是政府基于其权力的来源——在代议制民主政治中，政府的权力虽名义上是由代议机构授予，但实质上来源于人民，人民则通过代议机构（在我国即是人民代表大会）间接行使国家权力，使得"政府机关及其工作人员的所作所为，必须合乎目的性（即合乎人民的利益、权利和福利），其决策（体现为政策与法规、规章、行政命令）必须合乎人民的意志和利益。如果政府决策失误或行为有损国家和人民利益，虽不受法律追究，却要承担政治责任"。① 道德问责指的是"行政机关及其官员的生活与行为若不能适合人民及社会所要求的道德标准和规范"② 而应承担的否定性的后果，包括违反职业道德标准的要求以及行政人员作为一个普通公民所要求的社会所普遍遵循的道德标准。

　　相对于西方国家而言，问责制在我国实行的时间并不长，实践当中的政府问责缘由相对比较狭窄。当前涉及的问责缘由主要包括严重的生产安全事故、生命安全公害事故、突发性灾难以及严重的经济案件，采取的方式也主要是事后的查处。③ 就具体的公务人员而言，对于党政领导干部的问责缘由主要包括决策失误、工作失职、监督监管不力、用人失察、安全事故频发、滥用职权、重大事件处置不当等情形。对于一般行政机关工作人员而言，问责的缘由主要包括在行使执法职权和履行法定义务的过程中，执法行为越权违法或不当，执法程序违法或执法依据不当等情形。但从有权必受监督、权责应一致的价值内涵来看，对政府问责的缘由应当采用广义的解释，不仅应当从行政机关及其公务人员实施的行政活动入手，同时应将涉及其他与履行行政有关的活动也纳入问责范围，审查其行为的合法性、合理性和遵纪守法表现的情况。将政府问责的范围扩展到政府实施的一切有关公众利益的行为，包括且不限于决策行为、执行行为和监督行为，甚至是与职务无关的公务人员的私生活行为，只要是与公职人员身份不符的行为，都属于行政问责的范围。

---

①　张成福：《责任政府论》，载《中国人民大学学报》2000 年第 2 期。
②　张成福：《责任政府论》，载《中国人民大学学报》2000 年第 2 期。
③　参见江凌编著：《依法行政与行政问责》，中国人事出版社 2013 年版，第 75 页。

（四）政府问责的程序

政府问责的程序，即涉及"如何问责"的问题。问责程序是问责制合法合理进行的程序性保障，它不仅涵盖了程序正义的理念，也是实现问责制实质公平和正义的必要条件。以法国的问责程序为例，它的纪律处分程序正朝着"审判化"的方向发展，具体包括调查、咨询纪律委员会的意见、作出处分决定、对纪律处分的申诉。以德国的问责程序为例，以问责程度的轻重为区分标准分为非正式和正式两类程序，前者为行政惩戒模式属于惩戒处分，后者为司法惩戒模式属于惩戒措施，非正式程序包括程序前之调查、惩戒处分、惩戒处分之救济，正式程序包括申请、决定、调查、再决定、做成谴责书、法院审理、作出判决、惩戒法院决定之救济。① 由此可见，以德法两国为代表的大陆法系国家的问责程序主要包括调查、作出处分决定（或是判决）、救济三个部分。

在我国，政府问责程序还有待发展和完善，其所包含的程序侧重于"追责"而在救济方面的程序力度不够，具体而言主要包括以下几个方面②：（1）立案，即确立问责，包括依职权和依申请启动问责两种情况，依职权指的是问责职能部门或是具有问责权限的机构在监督行政活动的过程中发现问责情形而主动启动问责程序；依申请是指公众通过信访、检举、揭发等情况向有权机关或部门申请启动问责程序。（2）调查，即进行问责调查，由有权机关或部门对问责缘由进行调查，搜集问责情形有无、责任大小及是否存在因果关系或是免责事由的相关证据，并通知当事人听取当事人的陈述和辩解。（3）决定，即作出问责决定，确定问责的处理方式。由有权处理机关或部门（一般为权力授予机关部门或是公职人员所在的机关单位、各级监察委员会）依据认定的事实和相关的法律规定，对问责人员或部门选择与其责任相当的问责方

---

① 参见田志毅：《德法两国公务员惩戒及救济制度比较》，载《行政论坛》2004年第6期。

② 参见江凌编著：《依法行政与行政问责》，中国人事出版社2013年版，第75页；周亚越著：《行政问责制比较研究》，检察官出版社2008年版，第90页。

于宪法，因此，政府问责制度应当是以宪法为统领的法定问责制度。我国《宪法》第41条规定了"中华人民共和国公民对于任何国家机关和国家工作人员，有提出批评和建议的权利；对于任何国家机关和国家工作人员的违法失职行为，有向有关国家机关提出申诉、控告或者检举的权利"，这是对政府问责的原始依据。此外，《宪法》在第三章"国家机构"当中概括性地规定了有关问责的条款，这也成为法律法规具体细化问责内容的宪法依据。具体而言，政府问责相关法律规范有：《中华人民共和国地方各级人民代表大会和地方各级人民政府组织法》《中华人民共和国公务员法》《中华人民共和国监察法》《中华人民共和国安全生产法》《中华人民共和国统计法》《中华人民共和国会计法》《中华人民共和国行政许可法》《中华人民共和国行政复议法》《人民代表大会常务委员会监督法》《中华人民共和国义务教育法》《医疗废物管理条例》《突发公共卫生事件应急条例》《国务院关于特大安全事故行政责任追究的规定》。

（二）行政规则

为应对"非典"疫情，国务院于2003年5月颁布了《突发公共卫生事件应急条例》，明确规定了关于违法或不当处理突发公共事件而导致的政府责任的相关问责内容。随后，中央开始陆续制定一系列有关政府问责制度具体规定的规范性文件。其中，国务院颁布的规范性文件主要有：《全面推进依法行政实施纲要》（以下简称《实施纲要》）《中央企业资产损失责任追究暂行办法》。《实施纲要》提出依法行政的指导思想和目标之一便是"行政权力与责任紧密挂钩"，并为依法行政细化了基本原则和基本要求，明确指出要"完善行政监督制度和机制，强化对行政行为的监督"，为政府问责的具体走向指明了方向。《中央企业资产损失责任追究暂行办法》的制定则"为加强企业国有资产保护，完善中央企业资产管理责任制度，规范中央企业资产损失责任追究行为"提供了明确的问责规定。此外，中共中央办公厅、国务院办公厅还颁布了《关于实行党政领导干部问责的暂行规定》（以下简称《暂行规定》）的规范性文件。该文件对"中共中央、国务院的工作部门及其内设机构的领导成员；县级以上地方各级党委、政府及其工作部门的领导成员，上述工作部门内设机构的领导成员"规定了具体的问责情形、方式及适用和问责程序，属于比较明确且完善的规定，具有很强的可操作性。有关政府问责的部门规章主要为：《质量监督检验检疫行政执法监督与行政执法过错责任追究办法》《关于违反森林资源管理规定造成森林资源破坏的责任追究制度的规定》《国土资源执法监察错案责任追究制度》《公安机关人民警察内务条令》《公安机关人民警察执法过错责任追究规定》。部门规范性文件有 2016 年 3 月 17 日公安部印发的《公安机关领导责任追究规定》。

（三）党纪党规

基于我国的国情及现实法律状况，存在法律依据时政府在行政活动中便适用法律，当法律产生缺漏时则适用党的政策。因此，政府问责制度中，党纪党规存在一定的分量。2002 年，中共中央依据《中国共产党章程》及有关法律、法规制定了《党政领导干部选拔任用工作条例》①。该条例是最早对党政干部问责所规定的一部党内法规，其第十一章"免职、辞职、降职"中对党政领导干部的相关政治问责情况进行了具体、明确的规定，而第十二章"纪律监督"则对党政领导干部的违纪问责情况进行了明确规定。随后颁布的《党政领导干部辞职暂行规定》对《党政领导干部选任用工作条例》中有关辞职的规定进行了细化的规定。2003 年，为"维护党的章程和其他党内法规，严肃党的纪律"，中共中央颁布实施了《中国共产党纪律处分条例》②。其中，第 9 条规定："违纪与纪律处分"明确规定了"党组织和党员违反党章和其他党内法规，违反国家法律、法规，违反党和国家政策、社会主义道德，危害党、国家和人民利益的行为，依照规定应当给予党纪处分的，都必须受到追究"，并对党员纪律处分的原则、种类、从（减）轻（重）情形以及应受处分情形作

---

① 该条例已失效，而现存有效的是中共中央经 2019 年修订后的《党政领导干部选拔任用工作条例》。

② 该条例经 2015 年及 2018 年两次修订，现有效的是 2018 年修订后的《中国共产党纪律处分条例》。

了具体的规定。2004 年，党的十六届四中全会通过《中共中央关于加强党的执政能力建设的决定》，该决定从加强党的执政能力建设出发，进一步提出："各级党组织和干部都要自觉接受党员和人民群众监督。拓宽和健全监督渠道，把权力运行置于有效的制约和监督之下""依法实行质询制、问责制、罢免制""加强社会监督，保障公民的检举权、控告权、申诉权"。2005 年，"为深入贯彻落实党的十六大和十六届三中、四中全会精神，建立健全与社会主义市场经济体制相适应的教育、制度、监督并重的惩治和预防腐败体系，深入开展党风廉政建设和反腐败工作"①，中共中央制定并颁布了《建立健全教育、制度、监督并重的惩治和预防腐败体系实施纲要》。该纲要强调"积极推进干部人事工作的科学化、民主化、制度化进程，扩大党员和群众对干部选拔任用的知情权、参与权、选择权和监督权"，明确要求"完善行政执法责任制和评议考核制。制定行政效能投诉、行政过错责任追究办法"，这也成为党内问责的直接依据。②

（四）行政伦理规范

"行政伦理规范产生于社会公共生活领域，是社会对从事行政管理职业活动的行政人员所提出的道德要求的体现，是专门用来规范行政人员及其行政行为的伦理规则和道德标准。"③ 行政伦理规范作为一种伦理规范，与法律规范、行政规则、党纪党规共同约束、规范着政府及其工作人员的行为，作为政府问责的伦理规范依据。但行政伦理规范也有其独有的特点，伦理关系的普遍性决定了行政伦理规范并不仅仅局限于对行政人员某一方面的约束，而是从思想修养到具体的行政行为等全部行政职业活动方面都对行政人员起着规范作用，既包括对行政人员思想意识、价值观念等主观因素要求达到基本的善恶评判标

---

① 参见百度百科关于《建立健全教育、制度、监督并重的惩治和预防腐败体系实施纲要》的发行背景介绍。

② 参见伍洪杏编著：《行政问责的伦理研究》，中国社会科学出版社 2016 年版，第 81 页。

③ 周红主编：《行政伦理学》，南开大学出版社 2009 年版，第 102 页。

准，也包括在具体的行政活动中要求行政人员应当遵循活动原则、工作程序、办事规则、言行标准和行政纪律等客观标准。① 据此而言，行政伦理规范是主观性与客观性的统一、自律性与他律性的统一。一方面，行政伦理规范的形成具有社会客观基础，是反映行政职业伦理关系及其客观要求的行为规定、善恶标准；另一方面，行政伦理规范也包含着人们对客观社会的主观认识和理解，是行政人员在行政伦理关系中作为伦理主体所产生的认识和经验的总结。因此可以说，行政伦理规范是主客观因素的统一。行政伦理规范本质上是指对行政人员的道德约束，而道德约束一般来自于行政人员内在的自觉性和自律性，当行政伦理规范得以形成，其便与具体的人格相分离而是具有普遍约束力的一般道德价值标准，成为规范行政人员的外在要求，并受到社会、政府、行政结构等外在的要求和支配，通过权威力量和惩罚机制发挥着其实际的功效。而当行政伦理规范成为行政人员普遍应当遵循的标准，则又促使行政人员从内心认可该行动标准，并在行政活动中遵循着它，因此，行政伦理规范也是自律性与他律性的统一。

行政伦理规范的内容非常丰富，概括而言，主要包括廉洁奉公、勤政为民、求真务实等。② 这些行政伦理规范是全体行政人员都应当遵循的基本行为规范。具体而言，其内涵主要有：其一，廉洁奉公方面的行政伦理规范。廉洁奉公是行政人员必须具备的也是最基本的行政道德，同样也是行政人员的道德底线。其中，有关廉洁的具体规范或准则主要有《关于党风廉政建设责任制的规定》③，以及与《中国共产党纪律处分条例》④《中国共产党党员领导干部廉

---

① 参见张康之、李传军主编：《行政伦理学教程》，中国人民大学出版社 2014 年版，第 31 页。

② 参见岳跃著：《行政伦理学》，西南师范大学出版社 2016 年版，第 217~221 页；周红主编：《行政伦理学》，南开大学出版社 2009 年版，第 106 页；王伟、鄯爱红著：《行政伦理学》，人民出版社 2005 年版，第 103~114 页；张康之、李传军主编：《行政伦理学教程》，中国人民大学出版社 2014 年版，第 46~54 页。

③ 现有效的是 2010 年修订的版本。

④ 该条例经 2015 年及 2018 年两次修订，现有效的是 2018 年修订后的《中国共产党纪律处分条例》。

洁从政若干准则》①《中华人民共和国行政监察法》② 等基础性法律和党内法规相配套的规定或实施细则，从这些文件的具体规定中，我们可以总结出我国行政伦理规范在廉洁方面的具体要求有③：（1）不贪。"不贪是行政人员廉政道德的根本，这就要求行政人员一方面认真学习党和国家廉洁自律、奉公守法、惩治腐败的政策和法律，深刻认识贪污对社会、国家的危害，构筑牢固的思想道德防线；另一方面，在具体行动中，要严格遵守党和国家关于廉政的全部要求，不得有任何贪污、索贿、受贿行为，真正做到不贪，自觉保持廉洁。"④（2）不占，即不非法占有或取得利用职务之便获得的个人私利。（3）不奢，即不奢侈浪费。"奉公"与"廉洁"是一个问题的两个方面，两者互为前提，且统一于行政人员的具体行为之中。但两者在具体的内容方面仍然存在不同，"廉洁"规范侧重于"禁止规范"，而"奉公"规范则侧重于积极的作为行为。一般而言，我国行政伦理规范关于奉公的具体要求有⑤：忠于党，忠于国家，以人民利益为根本，服从全局，团结协作，公正严明、一心为公。其二，勤政为民方面的行政伦理规范。勤政就是忠于职守，勤奋敬业，不当"懒官"，具体包括勤于学习和思考、勤于工作两个方面的要求。为民就是要为群众办好事、办实事，切实解决群众在衣、食、住、行、文化等方面的问题，具体包括以下几个方面的要求：必须深入基层，知民情；必须加快发展，帮民致富；必须多办实事，解民之忧；必须改善环境，使民安乐。勤政的价值在于为民，不为民的勤政是暴政，而没有勤政的为民也只是一句口号，无法落到实处。因此，可以说，勤政与为民互相依存，不可分离。据此而言，勤政为民就

---

①　中共中央于 2016 年 1 月 1 日起施行《中国共产党廉洁自律准则》，同时废止《中国共产党党员领导干部廉洁从政若干准则》。

②　现该规范文件已失效。

③　参见罗德刚等著：《行政伦理的理论与实践研究》，国家行政学院出版社 2002 年版，第 106~107 页。

④　张康之、李传军主编：《行政伦理学教程》，中国人民大学出版社 2014 年版，第 47 页。

⑤　参见张康之、李传军主编：《行政伦理学教程》，中国人民大学出版社 2014 年版，第 48~49 页。

是指行政人员应勤于政务，忠于职守，一心为民，服务于民，这既是行政人员做好本职工作的基本条件，也是其应尽的道德义务。其三，求真务实方面的行政伦理规范。求真是指求真理、做真人、办真事，务实是指务实际、说实话、见实效，两者具有内在的统一性，求真是务实的前提和基础，务实是求真的结果和归宿。求真务实是解放思想、实事求是的具体体现，应当贯穿于整个认识到实践的过程。具体而言，求真务实的要求包括：首先要真心实意，其次要有真才实学，做到真抓实干，实事求是，尊重客观规律。

四、域外问责制度

西方资本主义国家的问责制度可以追根溯源到古希腊和古罗马时期，它萌芽于古希腊和古罗马时代的监察制度。古希腊城邦一般实行直接民主制，公民通过公民大会或陪审法庭等机构，直接参与城邦重大事务的讨论和决策，甚至通过"轮番为治"和实行公职津贴制，来保障公民的政治参与，在这种直接民主下，问责依据的只是一种习俗或习惯。① 而现代意义上的西方问责制度，是在议会和王权的斗争过程中逐渐形成的，是现代民主法治发展的结晶。启蒙思想家所宣扬的"天赋人权""人民主权"等思想将人们从"君权神授"中解放出来，自由、民主、人权等理念得到张扬，而这也奠定了问责制度的思想和理论基础。制度化的问责则是由英国的议会弹劾程序演变而来。随着近代政党制度和议会制度的产生和发展，由人民选举产生议会代表组成议会，由议会选举产生政府或由议会多数党组成政府。人们可以通过行使选举权实现对政府及其工作人员的问责。正是基于代议制度的设计，政府问责制度成为政治生活中的常态。目前，西方发达国家政府问责制度已经形成了较为完善的体系，如美国的《政府伦理法》《政府阳光法》和《联邦咨询委员会法》、法国的《国家公务员地位法》和《地方公务员地位法》等。

中国的问责思想源于我国古代的监察制度。在古代的监察系统，行使监察权的官员享有四种权力，即谏净权、弹劾权、司法权和审计权，后三种权力在

---

① 李卫民：《完善我国问责制度的思考》，湖南师范大学 2006 年硕士论文，第 21 页。

实践上已经初步体现出了当时比较完备的行政问责思想。① 中华人民共和国成立之后，在法律制度上的行政问责的实践探索源于 2003 年 5 月 12 日出台的《公共卫生突发条例》。随后，行政问责制度在《行政许可法》《全面推进依法行政实施纲要》和《中华人民共和国公务人员法》等中有所体现。

问责精神发端于西方，发达资本主义国家创制了较为完善的现代意义上的问责体制，这对于问责制度中国化有着借鉴意义。

（一）美国的政府问责制

美国自建国以来便奉行权力分立原则，立法权、行政权和司法权三权制衡体制以及联邦与各州之间的分权使得政府责任受到了来自其他部门的监督和审查，因而美国的政府问责制兼具了同体问责和异体问责两种类型。

其一，选民罢免。罢免是指选民在官员任期内免除其职务。1903 年，美国洛杉矶市批准了有关罢免的宪章修正案，成为了美国第一个承认公民有权罢免政府官员的地方政府。随后，美国其他州或者城市通过类似的法律。目前，美国已有 15 个州、至少 36 个城市可以罢免地方政府官员。其罢免程序大致可以分为三个步骤：（1）提出罢免申请，即由罢免的发起者向州国务卿提出罢免申请。（2）征集支持者的签名，即在罢免申请获批准之后，罢免发起者在选民中间征集请愿书，在达到一定数量并经核实之后，决定是否举行罢免选举。一般而言，征集签名数量比重较高。（3）举行罢免选举，即由选民决定是否罢免该官员。②

其二，议会弹劾。美国 1787 年《宪法》规定了弹劾制度，但只对该制度作了原则性的规定。尽管如此，议会弹劾在美国后来的宪法实践中得到逐步完善。美国议会弹劾制度有以下四个方面内容：（1）弹劾的对象。弹劾的对象为行政官员，受弹劾的行政官员几乎遍及包括总统、副总统和合众国的所有文

---

① 傅广宛、张经伦：《行政问责制度的源初、内涵及价值承载》，载《行政论坛》2010 年第 4 期。

② 参见周亚越著：《行政问责制比较研究》，中国检察出版社 2008 年版，第 43-44 页。

职官员。（2）弹劾的内容，即受弹劾的事项。它包括所有行政官员运用行政权力的行政行为及部分道德行为。（3）弹劾的行使主体。美国《宪法》第 2 条第 2 款规定："众议院有弹劾的全权。"显而易见，弹劾权的行使主体为美国的众议院。（4）弹劾的程序。众议院提出弹劾案，之后交常设委员会或特别调查委员会调查，然后由众议员以 1/2 以上的多数票议决追诉。如需要对被弹劾者进行处分一般须经参议院出席议员 2/3 的多数票赞成；如弹劾对象被定为有罪，则交普通司法机关处以刑罚。

其三，行政问责。美国的行政问责制度在机构设置上表现为政府道德办公室、监察长办公室和功绩保护委员会。政府道德办公室主要负责制定行政系统的伦理道德标准和伦理政策、审阅政治任命官员的财产公开申请高标，但是该部门扮演"顾问的角色"，调查和执法则由有权机关负责。监察长办公室基于 1978 年《监察长法》的授权而设立，该部门主要负责调查、审计行政机关内部工作人员和受理举报。功绩保护委员会的目的在于保护举报人，接受举报人的申述、负责调查和诉讼。美国的行政内部问责制度在惩罚措施上表现各种惩戒方式。美国对政府公务员的惩戒主要包括以下几种：（1）警告和申诫，这是最轻的行政惩戒措施。（2）调离岗位或者降级。（3）记过。（4）停职。（5）降职。（6）免职。

（二）法国的政府问责制

法国现行的政治体制是由《法兰西第五共和国宪法》确立的，该新宪法的指导原则是，第一，只有普选是权力的唯一渊源，立法权和行政权都来源于普选和由普选产生的机构。第二，立法权和行政权必须实行分立，以便政府和议会各自负责地履行其全部职权。第三，政府必须对议会负责。第四，司法权必须保持独立，以便维护 1946 年《宪法》序言和《人权宣言》所规定的基本自由。第五，《宪法》应对与共和国有结合关系的各民族的关系作出规定。① 根据法国宪法和法律的规定，其行政监督制度的主要内容包括以下几点。

---

① 参见周亚越著：《行政问责制比较研究》，中国检察出版社 2008 年版，第 49 页。

其一，议会问责。法国议会由国民议会和参议院组成。国民议会和参议院可以通过弹劾、不信任案表决，以及质询权进行问责。（1）弹劾权。《法兰西第五共和国宪法规定》，对犯有叛国罪的总统和在执行职务中犯罪的政府成员，议会两院可以行使弹劾权。弹劾必须以公开投票的方式，并由议会的绝对多数作出同意的表决时才能成立。弹劾案由国民议会和参议院各自选出人数相等的议员组成的特别高等法院审理。特别高等法院由从其中选出的一人担任主席主持法院的审理工作。被弹劾的官员经特别高等法院审理后被认为有罪的，除免职外，还必须按刑法追究其刑事责任。（2）不信任案表决权。法国议会也可以通过不信任案表决进行绝对政府进行问责。不信任案表决是议会对至少1/10以上的国民议员提出的不信任政府的议案是否通过进行表决。不信任案的决定只计算赞成票，不信任案在获得国民议会全体议员多数赞成票时才能通过。如果不信任案被否决，签名的议员不得在同一次会议上提出新的不信任案。当国民议会通过不信任案或者当其不同意政府的施政纲领或政策说明时，总理必须向共和国总统提出政府辞职。但如果政府认为其的纲领或政策并没有失信于民，政府可以请求总统解散议会，重新进行大选。如果新选出的国民议会仍不同意政府的政策，那么，政府必须总辞职。①

其二，行政问责。法国行政问责设置了专门的行政监督问责机构负责对行政公务人员进行问责。20 世纪 70 年代，法国参照北欧国家的议会行政监督专员制度，设立具有法国特色的行政调解专员制度。行政调解专员由部长委员会任命，并可以对涉及中央和地方各部门的职能和具体行政行为的适当性进行监督、调查，但无权调查在职公职人员，或者其他国家雇员以雇员身份提出的对政府机构的申诉。行政调解专员调查后的建议，其他行政机关必须履行，如果有关部门不执行，则其可以采取有关制裁性措施。② 此外，法国的内部行政问责还包括对公务员的问责，它表现为对公务员惩戒责任。公务员惩戒责任，又

---

①　参见周亚越著：《行政问责制比较研究》，中国检察出版社 2008 年版，第 49～50 页。

②　参见周亚越著：《行政问责制比较研究》，中国检察出版社 2008 年版，第 51～52 页。

称为纪律处分，是对公务员在执行职务过程中违反应当遵守的义务而规定的一种制裁。1983 年《国家和地方公务员一般地位法》第 29 条规定，公务员在公务执行中或与公务执行有关的情况中所犯的任何违法行为，应受纪律制裁。根据法国 1984 年通过的《法国国家公务员章程》第 63 条和《地方公务员地位法》第 89 条的规定，公务员的纪律处分的惩戒分为四类，按轻重程度排列如下：（1）警告和申诫。（2）从晋升人员名单中取消其晋升资格、降级、不超过 15 天的临时解除职务、调职。（3）降职、临时解除职务 3 个月至两年。（4）强制退休和撤职。①

（三）英国的政府问责制

在英国，政府官员负有高度的政治责任，他们的行为不仅要合法，而且必须合理，并符合民众对他们拥有较高职业道德的期望，其政策必须符合选民的意志与利益，如果决策失误或领导无方，造成严重后果，虽然官员本人没有犯法，也要承担政治责任、领导责任。②

其一，议会问责。英国议会的问责方式主要有质询、调查、弹劾和不信任投票制度，但事实上真正能够实现对政府问责的只有弹劾和不信任投票，而质询和调查只是议会在行使监督权，并不会实质上影响到行政机关及其工作人员，可以说它们是弹劾和不信任投票的前置程序。（1）议会弹劾。议会弹劾制度起源于英国。1376 年英国下院对英王的御衣总管提出控告，开创弹劾的先例。可以被弹劾的行政人员为内阁阁员和各部大臣。但是随着英国内阁责任制理论的发展和司法权的独立，英国议会因弹劾程序在实践中过于繁琐而从 1864 年起废弃这种问责方式，代之以不信任投票程序。（2）不信任投票。不信任投票是指议会以投票表决方式对内阁的施政方针或内阁成员的行政行为表示信任与否的活动。在英国，内阁推行的政策必须要得到多数议员的支持。如

---

① 参见施雪华、邓文集：《西方国家行政问责制的类型与程序》，载《中共天津市委党校学报》2009 年第 5 期。

② 参见傅思明：《英国行政问责制》，载《理论导报》2011 年第 4 期。

果议会认为内阁成员或全体有违法失职、政策错误、措施失当等情节并认为内阁不再适合行使行政权力之时，议会可以否决政府的议案，并对内阁提出不信任案。一旦议会通过这种不信任案之后，内阁或者向国家元首提出总辞职，或者由首相呈请国家元首解散议会，重新选举议员，由新的议会决定政府的去留。①

其二，行政问责。英国的行政问责在机构设置上表现为部长监督，即公民在其权利受到行政机关不法或不当行为侵害时，直接向部长申诉，请求部长干预。但是申请部长监督的情形仅限于针对地方政府的行政行为，且有法律明文规定。在部长进行监督之时，部长既可以审查行政行为的事实问题，也可以审查行政行为的法律问题，既可以进行合法性审查，也可以进行合理性审查。而英国的行政问责在对公务员的行政问责上表现为行政惩戒。英国文官法规定，公务员如果行政行为违法或者不当，可以给予警告、停止或者延期晋升、停职或者撤职等行政惩戒。

（四）德国的政府问责制

"二战"后，德国变法西斯统治为代议民主制，政府由议会选举产生并向议会负责。根据《联邦基本法》的规定，联邦总统为"虚位元首"，联邦政府特别是政府总理拥有广泛的权力并对政府决策承担政府责任。在此基础上，德国建立了独具特色的问责制度，形成了一个以法制为手段的、多层次的、内在的监督机制，有效地防止了行政权力滥用方面的问题。②

其一，议会问责。德国议会问责类型包括弹劾、建设性不信任投票、质询和调查等四种类型。而质询和调查并不对行政主体产生实质性的影响，应当被视为议会问责的前置程序。根据《德国基本法》第 61 条规定，联邦议院和联邦参议院都享有弹劾联邦总统的权力，议会两院 1/4 以上议员提出弹劾案，并由议会议员中的 2/3 多数通过，即可以弹劾总统。因为在德国，总统是形式上

---

① 杨曙光：《英国议会的监督制度》，载《人大研究》2005 年第 7 期。

② 参见施雪华、邓文集：《西方国家行政问责制的类型与程序》，载《中共天津市委党校学报》2009 年第 5 期。

的最高行政首长，所以对总统的弹劾也属于政府问责。而《德国基本法》也针对总理（实质的行政首长）设置了建设性不信任投票。建设性不信任投票是在吸取魏玛共和国政府不稳的教训后写入基本法的，是《德国基本法》上一项独特的制度。其独特性变现为在联邦议院对总理表决不信任案的同时，以多数票选举一位新总理后，不信任案才能算是通过。在总统免去总理后，原内阁其他成员负连带责任，亦同时卸任，新总理马上便组织全新的联邦政府。这种建设性不信任投票在联邦德国历史上发生过两次，成功的一次是在1982年，在联邦议院选举中基民盟主席科尔为新的联邦总理后，为间谍丑闻缠身的社民党总理施密特失去联邦议院的信任而被赶下台。①

其二，行政问责。德国行政问责主要体现在对行政公务人员的行政处分上。在德国，对违纪公务员的处分有8种，即警告、罚款、减薪、停止晋升、降级、降职、开除公职、削减和取消退休金。其中，警告处分必须以上级的正式处分为准，非正式的劝告和批评不属于处分之列；罚款处罚的最高限额为当事人1个月的工资；减薪处罚中减少的比例为当事人月薪的20%，持续时间不能超过5年；只有受开除处分的当事人完全丧失领取薪金和享受劳保的权利。德国公务员的纪律处分权限，由主管部门、行政上级和纪律法院行使。②

（五）日本的政府问责制

从地理位置而言，日本地处亚洲，本应当不属于西方资本主义国家。但是，鉴于日本作为东西方法律交融的典范以及其法治对于亚洲国家的影响，故将之纳入西方发达资本主义国家的讨论范围。

其一，议会问责。日本议会分为参议院和众议院，日本参众两议会对行政机关具有调查、质问、不信任投票和罢免的权力，其中真正能够起到问责作用的只有不信任投票和罢免。《日本国宪法》第69条规定，内阁在众议院通过

---

① 施雪华，邓文集：《西方国家行政问责制的类型与程序》，载《中共天津市委党校学报》2009年第5期。

② 陈党著：《问责法律制度研究》，知识产出版社2008年版，第93页。

对内阁的不信任案或者否决对内阁的信任案之时，不能在 10 日内解散众议院，必须总辞职。按照该规定，日本众议院可以通过对内阁的不信任案对行政机关进行追责。而日本《国家公务员法》第 5 条规定，人事官基于国会的追诉，经公开弹劾程序后，可以罢免。通过罢免这种措施，议会可以对直属于内阁的人事官进行问责。

其二，行政问责。日本行政问责表现为分限处分和惩戒处分两种方式，其中分限处分极具日本特色。日本《国家公务员法》规定了分限处分，它针对的是无工作失误但不适合继续从事某项行政活动的公务人员，它包括降职、停职和免职等措施。而日本《国家公务员法》第六节第一款规定了惩戒处分，针对的对象是实施违反行政行为的公务人员，它包括警告、减薪、停职和免职。

五、问责制度在行政责任法中的地位

法治责任政府的构建要求政府应当是责任政府，而在实践中，责任政府的建立仅仅依靠理念和原则是远远不够的，更应当落实政府责任，追究相关责任人的具体责任，只有这样才能对政府及其工作人员产生一定的威慑效果，从而保障责任政府的建立，实现政府对人民负责、为人民服务的最终目的。这也是制定行政责任法典的最终目的所在。据此而言，在行政责任法中，如果说其目的在于建立责任政府，实现法治现代化政府的建设，那么问责制度则是该目的得以实现的必经途径和有效手段。具体而言，可以从以下几个方面阐述问责制在行政责任法中的地位。

（一）问责制理念是行政责任法的理念基础

问责制的责任理念是责任政府建立的理念基础。在现实生活中，政府官员由于其天然具有逃避责任的内在逻辑，政府官员的责任意识淡薄，导致行政越权、滥用权力的现象比较普遍。为了保证政府机构和政府官员能够依照人民的意志行事，做到为人民服务，就必须建立问责机制，对政府在行政活动中的违法和不当行为进行追责，以规范政府及其官员的行政行为，保障其正确、有效地履行职能，满足人民的要求、实现人民的利益。就此而言，问责蕴含着责任理念，这便为责任政府的建立提供价值理念基础。政府问责要求政府应对公众的需求进行"回应"，而这种"回应"便有利于树立政府的责任意识，让政府及其官员在行政活动中时刻意识到公众对其的监督和要求，当私人利益与公众利益产生冲突时，可以有意识地克制内心的利益欲望，自觉选择有利于公众利益的行为。此外，问责制所确立的责任理念在问责的过程中尤为得到彰显。问责通过责任的追究与政府机构及其官员的绩效、考核相挂钩，当其实施的行政行为违法或不当时，便要承担切实的否定性的后果，如此，对政府及其官员便会产生心理上的威慑作用，从而树立并强化其内心的责任意识，督促其规范自己的行为、履行好自己的职责。

（二）问责制的权责关系是行政责任法的价值基础

问责制为责任政府的建设提供权责关系的价值规范。有权必有责，用权需受监督，因此，政府机构之间、政府官员之间权责关系的明确界定成为政府问责制度建立的前提和基础，只有这样才能促使政府问责形成一个统一的制度体系，而不是零散的片段程序。具体而言，这种权责关系的明确包括：明确问责主体及其权力，明确问责对象及其职责，明确问责事由与情形，明确问责程序和责任方式，明确问责的救济途径。而这些权责关系也成为问责规范依据制定的价值指导，即指导问责相关法律法规、行政规则、党纪党规、行政伦理规范的制定和完善。这些规范依据的发展和完善则进一步推动着责任政府的建立，成为规范政府及其官员行政行为的导向标。行政问责制度的规范依据越完善，政府及其官员对权责之间的关系就越明确，如此，有利于其在享有权力的同时树立起相应的责任意识，为其行政行为的实施划定一个合法、合理的界限，从而进一步指导着行政活动。

"如果说责任观念是行政问责机制要素中的软件，那么行政问责中规定的责任规范就是一种硬件。"① 从本质上来说，政府问责制的责任规范即是"依

---

① 周亚越著：《行政问责制研究》，中国检察出版社 2006 年版，第 45 页。

法行政"原则的具体化，而权责一致的价值理念也即是"依法行政"原则内涵的价值理念。因此，也可以说，政府问责制的规范化为责任政府的建立提供法治基础。政府问责的落实，必须依法进行，从而使得政府及其官员在行政活动中受到宪法、法律的约束，这也为以言代法、以权压法、以权抗法、徇私枉法等违法行政行为提供了制度保障。政府问责制的规范依据同样成为责任政府建立的规范依据，从而为责任政府的法治化建设提供基础。

（三）问责制是行政责任法的制度保障

问责制是责任政府建立的制度保障。从功能上看，政府问责制是一种对行政行为进行全程监督、约束的问责制度。政府问责制的推行即是在行政行为实施的整个过程中，对行政主体进行监督，使得行政主体在行使职权时因考虑到责任的履行而受到约束，从而规范自己的行为。政府问责制所实行的监督，不是单一的责任倒查追究模式，而是将事前、事中与事后相结合的多重监督，把惩前毖后有效地结合起来，形成多元监督的社会监督制度。政府问责不仅涉及对各级政府及其职能部门，还涉及对具体行使行政权的公务人员的责任追究，力图把政府享有的行政权限制在其所授予的范围内，对违法行政行为和不当行政行为都要追究相关责任，以实现"权为民所用、情为民所系、利为民所谋"。从这个意义上来讲，政府问责制保证了对权力的制约和监督，而这对于责任政府的建立也是至关重要的。可以说，问责制对于责任政府的建立是必不可少的。责任政府要求建立执政为民的服务政府，而问责制则为此提供了制度保障，倘若没有问责制，对于政府以权谋私、滥用权力等违法或不当行为便只能由相对人通过行政诉讼或是行政复议的途径得以救济，而对于其本身行为的内部处分以及事前预防、事中制止的效果便无从实现。如此导致的结果便是，既无法及时止损，也不足以对政府相关违法或不当行为达到惩戒的效果，便不利于服务政府的建立。此外，政府问责制的实施使得政府全程的行政行为都处于社会的监管之下，有利于形成阳光、透明的廉洁政府，保障公众的知情权和参与权，促使行政更加民主化。

可以说，政府问责制既是建立责任政府的有力保障，也是责任政府实现的必经途径，在行政责任法中具有举足轻重的地位。

第二节　政府责任之追责模式

研究政府责任法的最终目的在于约束行政权力，以实现对行政相对人合法权益的保护。因此政府责任法研究的最终落脚点应在政府责任的实现上，否则一切有关于政府责任方面的研究都只是徒劳，不具有任何现实意义和法律价值。按照启动机关的类型，政府责任实现路径可以划分为不同的类型，就我国目前存在的路径来看，政府责任的实现路径可以分为立法机关追究模式、行政机关内部追究模式、司法机关追究模式和综合追究模式。

一、人大监督模式

宪法明确规定人大对政府具有制约和监督的权力，落实人大监督权可从源头上防止行政权的滥用。[1] 人大是我国立法机关和权力机关，人大监督权是权力机关享有的对其他国家机关进行监督、追责的权力，是人大机关追究政府责任的主要权力来源。其追责模式有以下几种。

（一）质询

"人大质询权是我国人大监督权的一种重要形式，也是一项重要的宪法权力，其行使具有明确的宪法和法律依据。"[2] 质询是人大监督政府的方式和手段之一。《宪法》第 73 条规定，全国人民代表大会代表在全国人民代表大会开会期间，全国人民代表大会常务委员会组成人员在常务委员会开会期间，有权依照法律规定的程序提出对国务院或者国务院各部、各委员会的质询案。受

---

[1]　参见张劲松：《论人大监督政府权的实现》，载《中共云南省委党校学报》2004 年第 5 期。

[2]　胡肖华、谢忠华：《完善我国人大质询权法律规制的思考》，载《湘湖论坛》2012 年第 1 期。

质询的机关必须负责答复。

"质询，是指享有特定身份的人对有关国家机关及其公职人员就有关重大问题提出质问并要求答复的一种权利。"① 在人民代表大会举行会议时，人大代表可以通过提出质询案行使质询权。宪法和有关法律对质询案的提出及其处理程序有明确规定。人大代表提出质询案应符合以下条件：（1）质询案必须是在本级人民代表大会会议举行期间提出的。（2）质询案的提出必须符合法律规定的人数，即全国人大一个代表团或者30名以上代表联名，地方各级人大10名以上代表联名，可以提出质询案。（3）质询案必须写明质询对象、质询的问题和内容。（4）质询案中提出的问题，必须以事实为依据，以法律为准绳。

质询案的内容主要包括：在贯彻国家方针、政策和重大措施中出现重大偏差和失误，违反国家或地方法律、法规及人大常委会决议、决定等方面的问题；国家机关工作人员失职、渎职行为等方面的问题；国家行政、审判、检察机关因工作失误，造成严重后果，社会反映强烈的问题等。代表依法提出质询案后，送交大会主席团会议讨论、决定交受质询机关；受质询机关在会议期间作出书面答复，或者由受质询机关负责人在有关会议上作口头答复；提出质询案的代表或委员可以对答复发表意见。如果对答复不满意，可以提出重新答复的要求，由大会主席团讨论决定是否再作答复。

质询的对象，只能是法律规定的单位，不能是单位里的某个人。② 根据法律规定，全国人大代表质询的对象是国务院和国务院各部门、最高人民法院、最高人民检察院；县级以上地方各级人大代表质询的对象是本级人民政府及其所属各部门、人民法院、人民检察院；乡、民族乡、镇人大代表质询的对象是本级人民政府。质询案提出后，受质询的机关必须负责答复。

质询案的处理程序是：质询案提出后，由主席团决定交受质询机关在主席

---

① 侯西勋主编：《宪法学概论》，中国政法大学出版社2015年版，第133页。

② 参见欧日胜主编：《人大监督与人大工作实务》，中国长安出版社2006年版，第88页。

团会议、大会全体会议或者有关专门委员会会议上口头答复，或者由受质询机关书面答复。在主席团会议或者专门委员会会议上答复的，提质询案的代表团团长或者代表有权列席会议、发表意见。主席团认为必要时，可以将答复质询案的情况报告印发会议。决定口头答复的，受质询机关的负责人应当到会答复。决定书面答复的，受质询机关的负责人应当签署，由主席团决定印发会议或印发提质询案的代表。提出质询案的代表半数以上对答复不满意的，可以要求受质询机关再作答复。

《宪法》第73条规定："全国人民代表大会达标在全国人民达标大会开会期间，全国人民达标大会常务委员会组成人员，在常务委员会开会期间，有权依照法律规定的程序提出对国务院或者国务院各部、个委员会的质询案。受质询的机关必须负责答复。"

（二）询问

询问，是各级人大代表或人大常委会组成人员在人代会或人大常委会审议工作报告或议案时，可以向有关国家机关提出询问。人大询问权的制度规定，散见于监督法、代表法、全国人大议事规则、地方组织法等法律。其基本内涵是：各级人大及其常委会在审议议案和有关报告时，人大代表或人大常委会组成人员可以向有关国家机关提出询问，有关国家机关应当派相关负责人到会听取意见、回答询问。根据《中华人民共和国全国人民代表大会组织法》第17条的规定："在全国人民代表大会审议议案的时候，代表可以向有关国家机关提出询问，由有关机关派人在代表小组或代表团会议上进行说明。"

询问作为人大监督的一种，其特征有五：（1）询问不具有议案和监督的性质。询问是在人代会或人大常委会会议期间审议议案或报告时，对不清楚的问题进行了解。（2）询问的主体是各级人大代表和人大常委会组成人员，其没有法定人数的规定，可以一个人提出，也可以几个人联名提出。（3）询问的对象是与正在审议的议案或报告有关的国家机关和有关的问题。而且询问的问题也是与正在审议的议案或报告有关的事实不清、原因不明、有所怀疑的问题，可以是重大问题，也可以是一般问题。（4）询问的答复。询问提出后，被询问的机关派人在提出询问的代表小组、代表团、大会主席团会议上，或在人大常委会会议提出询问的小组、联组、常委会会议上作出说明即可，法律既没有要求说明人是被询问机关的负责人，也没规定须书面说明，一般都是随问随答。（5）询问的效力。询问相对质询来说其法律层次较低、效力较小，人大代表或常委会组成人员对被询问机关的说明不满意的，有关法律并没有规定须要求再次说明。

（三）罢免

罢免是指在官员任期届满之前，由于犯有某种严重错误而被撤免其原任职务的方式。根据《宪法》规定，地方各级人民代表大会代表的选举单位和选民有权依照法律规定的程序罢免由他们选出的代表。我国各级人民代表大会的人事监督权包括了解权、处置权和制裁权三个紧密相关的方面，罢免权是其中最关键且最具强制性的人事制裁权。罢免权在本质上是为了对权力的监督。从权力的依据上看，罢免是宪法监督的一种方式。罢免权直接规定在我国《宪法》及宪法性法律中，旨在通过人事监督的方式杜绝官员的违宪行为。各级人大代表人民罢免不称职的官员是宪法的内在要求。我国《宪法》和《地方组织法》等法律分别赋予了全国人大和地方各级人大罢免由本级人大任命的行政机关、检察机关、司法机关主要领导人员的权力，并对各级人大行使罢免权的程序作了严格规定。

从权力的来源上看，罢免属于人民监督。"罢免权从选举的逻辑出发，选民能够决定当选的人员，就必然能够对其进行罢免。罢免权是责任政府建立的关键问题，如果能选举而不能罢免，那么选举出的就只能算是任期制的君主。"[①] 宪法的权威最终来自人民，罢免权就其本质而言是人民的政治参与权。根据人民主权原则，政府官员由人民选举产生，受人民委托行使公权力，人民有权监督官员的职务行为并撤换那些他们不信任的官员。从权力的主体上看，罢免应归入人大监督的范围。在人民代表大会制度下，罢免权不可能直接交由

---

① 周叶中、朱道坤著：《选举七论》，武汉大学出版社2012年版，第172页。

人民行使，而是由各级人大代表人民行使。作为民意机关，各级人大有选举和任命国家机关领导人员和主要责任人员的权力，当然也有权利在这些人不能胜任或超越职权的时候依法罢免他们。

人大代表依照法律规定提出罢免国家机关领导人员和组成人员职务议案的权利。罢免案的提出必须具备如下条件：（1）必须在人大举行会议期间提出。（2）罢免案的对象必须是由人大选举或常委会任命的人员。（3）罢免案的提出必须符合法定人数。如在县级以上地方各级人大会议上，主席团、常委会或者1/10以上代表联名，可以提出罢免案。（4）罢免案必须以书面形式提出，写明罢免的对象、理由，并向会议提供有关材料。根据地方组织法规定，县级以上地方各级人大有权罢免本级人大常委会组成人员、人民政府组成人员、人民法院院长、人民检察院检察长。罢免人民检察院检察长须经上一级人民检察院检察长提请该级人大常委会批准。乡、民族乡、镇人大有权罢免人大主席、副主席，乡长、副乡长、镇长、副镇长。罢免案依法提出后，由大会主席团交各代表团进行审议，然后提请大会全体会议进行表决。在表决前，被提出罢免的人员有权以书面或在主席团或在大会全体会议上口头进行申辩。罢免案必须经人大全体会议采用无记名投票方式进行表决，经全体代表的过半数通过。

人大罢免中央和地方各级人民政府的组成人员（以下简称：政府组成人员）体现了权力机关组织和监督行政机关的宪法权力。然而，在人大制度的实际运作中，人大对政府组成人员提出罢免案的情况并不多见，由此而产生的罢免实例则为数更少。①

二、行政监督模式

行政机关追究模式是行政机关基于其行政事务管理权限和行政隶属关系，对行政主体及其行政公务人员行使行政职权的行为进行控制和惩戒，以及对行政违法的及时修正和弥补，它是行政系统内部的一种自我调控。目前，我国对

---

① 参见邹奕：《人大罢免政府组成人员的机制问题探究——基于我国既有的宪法秩序》，载《政治与法律》2016年第4期。

行政内部监督有"条状的"层级监督和"块状的"职能监督两类①，其中职能监督又可根据其独立性分为审计监督和行政督察。

（一）行政层级监督

行政层级监督是指上级行政机关基于行政隶属关系对下级行政机关实施的监督，既包含着县级以上各级人民政府对其所属各工作部门和下级人民政府的监督，也包含着上级行政业务主管部门对下级相关业务工作部门的监督。这是监督行政中最基本的监督机制和监督关系。②

其一，中央对地方的监督。一般而言，地方政府的权限来自宪法和中央政府的授予或特许，故中央政府负有对地方政府的监督控制或监督呵护之责。其理由在于：（1）一国之内许多公共事务的管理需有统一的标准及其准确的执行。（2）地方事务中的目标措施要符合国家利益，并保证与国家的相关目标和价值取向相一致，即无论是地方受权的事务还是地方自主的事务都应当合理合法。（3）地方资源配置的有效性保障，有必要由中央适当干预或宏观调控。（4）全国法制的统一和防范地方主义的壁垒以及分裂主义的危险之需。

中央对地方行政监督的内容主要包括如下方面：（1）组织运作方面的监控，它包括对地方政府组织结构的设置、合并、撤销等的控制；对地方政府权力的监督；对地方政府制定的细则和规章的审查批准。（2）公共事务方面的监督。它主要涉及地方的教育、警察、财政、城镇规划、建筑质量等方面。在这些方面中央干预的方式大致有如下几种：部门指导和干预、中央的检查和调查、协商和代执行。

其二，上级政府对下级政府的监督。主要是基于上级行政机关对下级行政机关，包含工作报告计划的审批，地方法规规章的备案，行政执法的检查和行政违纪违法的处置与惩戒等。上级官员对下级官员的监督权包括许认可权、命

---

① 殷啸虎：《关于设立行政督察室以加强执法内部监督的思考与构想》，载《政法论丛》2011年第2期。

② 参见王周户主编：《行政法与行政诉讼法教程》，中国政法大学出版社2013年版，第162页。

令权、撤销停止权和权限争议的决定权等。

（二）行政审计监督

行政审计监督属于政府内部监督中的一类专门监督，即由政府内部设置的具有专门监督职能的机关对行政机关及其公务员的行政行为进行监察和督促的活动。审计是一种特殊的监督形式，对行政机关在经济方面的行政行为具有直接、有效的监控作用。[①] 其实质是对于受托经济责任履行结果独立进行监督。

根据我国《宪法》和《审计法》的有关规定，国家范围内的审计事项，由审计署对国务院负责并报告工作。而在地方政府中，则是县级以上的地方各级人民政府设立审计局，负责各行政区的审计工作。

中国审计机关在审计过程中行使如下职权：（1）有权要求被审计机构或组织按规定报送预算或财务收支计划、预算执行情况、决算、财务报告等资料。（2）有权检查被审计机构或组织的会计凭证、会计账簿、会计报表以及其他与财政收支有关的材料。（3）有权就审计事项的有关问题向有关机构组织及相关的个人进行调查，并取得有关证明材料。（4）有权对被审计的机构或组织违反国家规定的财政、财务收支情况依法作出处理，包括制止违规行为，通知有关部门暂停拨付款项，暂时封存有关账册、资产等。（5）有权依法向政府有关部门通报或者向社会公布审计结果。（6）对于情节严重、构成犯罪的直接责任人员等，可提请司法机关依法追究刑事责任。中国审计工作的主要程序是：①编制审计计划。②通知被审计对象。③取得证明材料。④提出审计报告。⑤作出审计结论和决定。⑥申请复审和提出申诉，即对于审计结论和决定有异议的单位和个人可以要求复审或提出申诉。⑦检查审计结论和决定的执行情况。⑧建立审计档案。

（三）行政督察

行政督察作为一种区别于行政审计的行政内部职能监督，其独特性在于督

[①] 参见马怀德主编：《行政法与行政诉讼法》，中国法制出版社2015年版，第281页。

察主体的法律性质，实践中的行政督察主体通常是无行政权能的组织，如临时机构、内设机构、派出机构等，这些组织机构不能以自己的名义对外作出行政行为，只有经法定授权程序成为行政主体，这与宪法规定的审计机关具有本质不同。

有学者对行政督察作出了较为合理的分类，包括：以督察授权主体的级别将行政督察分为中央行政督察和地方行政督察。以督察对象内容将行政督察分为专项行政督察和综合行政督察。以督察主体的被授权时长将行政督察分为常设督察和临时督察三组类别。① 在具体实践中，我国尚未有一部综合的行政督察的程序性法律规范，行政督察法律规范散见于生态环境、自然资源、安全生产、脱贫攻坚等领域中，其中初步建立形成行政督察制度的领域有环境督察、土地督察、公安机关督察等，本书将简要介绍自然资源领域的土地督察制度与生态环境领域的中央环境督察制度。

2005 年国务院办公厅根据《国务院关于深化改革严格土地管理的决定》②，发布了《国务院办公厅关于建立国家土地监督制度有关问题的通知》③。该通知主要包括土地督察体系、土地督察主体职责、土地督察权限和程序、土地督察编制和经费等其他事项。

其一，我国的土地督察体系是以中央和地方督察机构组成，中央层面，国务院授权国土资源部代表国务院对各省、自治区、直辖市，以及计划单列市人民政府土地利用和管理情况进行监督检查，并设立国家土地总督察及其办公室。地方层面，由国土资源部向地方派驻九个国家土地督察局④，代表国家土地总督察局履行监督检查职责。

其二，土地督察职责按央—地模式划分，中央层面，国家土地督察总办公

---

① 参见唐璨：《行政督察是我国行政监督的重要新方式——以土地督察和环保督察为例》，载《安徽行政学院学报》2010 年第 4 期。

② 以下简称《土地管理决定》。

③ 以下简称《土地督察通知》。

④ 九个派出土地督察局分别是：北京、沈阳、上海、南京、济南、广州、武汉、成都、西安。

室负有：拟定并组织实施国家土地督察工作的具体办法和管理制度；协调国家土地督察局工作人员的派驻工作；指导和监督检查国家土地督察局的工作；协助国土资源部人事部门考核和管理国家土地督察局工作人员；负责与国家土地督察局的日常联系、情况沟通和信息反馈工作的职责。地方层面，派驻土地督察局负有：监督检查省级以及计划单列市人民政府耕地保护责任目标的落实情况；监督省级以及计划单列市人民政府土地执法情况，核查土地利用和管理中的合法性和真实性，监督检查土地管理审批事项和土地管理法定职责履行情况；监督检查省级以及计划单列市人民政府贯彻中央关于运用土地政策参与宏观调控要求情况；开展土地管理的调查研究，提出加强土地管理的政策建议；承办国土资源部及国家土地总督察交办的其他事项等职责。

其三，在土地督察权限、程序可分为三类情形：（1）针对土地利用和管理中政府的违法违规问题，派驻土地督察局不直接查处案件，由土地总督察通报监察部等部门依法处理。（2）涉及农用地转用和土地征收事项的行政违法问题分情况讨论：由国务院审批的事项，先由省级人民政府将上报文件抄送派驻土地督察局，当行政违法时，派驻土地督察局向国家土地总督察报告；由省级和计划单列市人民政府审批的，将批准文件抄送派驻督察局，有违法违规问题的，应在 30 个工作日内提出纠正意见。（3）对监督检查中发现的问题，派驻土地督察局应及时向相关政府提出整改意见，对整改不力的，由国家土地总督察责令限期整改，暂停受理和审批，整改工作由省级和计划单列市人民政府组织实施。结束对该地区整改，由派驻地区的国家土地督察局审核后，报国家土地总督察批准。

2019 年中共中央办公厅、国务院办公厅印发《中央生态环境保护督察工作规定》①，地方也纷纷出台了相关环保督察的规范性文件。与土地督察制度相比，结合《中央环保督察规定》与地方环保督察相关文件，我国环保督察有其独特性。

首先，环保督察体系的不同。中央生态环保督察工作领导小组经党中央、

---

① 以下简称《中央环保督察规定》。

国务院研究确定，由中央办公厅、中央组织部、中央宣传部、国务院办公厅、司法部、生态环境部、审计署和最高人民检察院等多部门组成，办公室设立在生态环境部。建立组长人选库，由中央组织部商生态环境部管理。组长、副组长人选由中央组织部履行审核程序。组长、副组长根据每次中央生态环境保护督察任务确定并授权中央环保督察进驻，这与土地督察确定9个派驻土地督察局不同，它是依据督察对象和督察种类确定进驻时间和空间。

其次，环保督察模式多元并举，以例行督察为常态，结合专项督查和"回头看"两种特殊督察。其中，例行督察是常态化、规律化的环境行政督察，专项督察是针对突出生态环境问题的特殊督察，"回头看"是就环境整改事项的督察。环保督察的内容也因督察模式不同而有所分殊：（1）例行督察的内容包括：生态文明发展思想理念和发展质量状况；生态文明建设和生态环境保护决策部署情况；国家生态环境保护法律法规、政策制度、标准规范、规划计划的贯彻落实情况；生态环境保护相关责任制度落实情况和长效机制建设情况；突出生态环境问题以及处理情况；生态环境质量和整治情况；群众反映的生态环境问题立行立改情况；对生态环境问题相关司法活动的非法干预和不予配合等情况；其他需要督察的生态环境保护事项。（2）"回头看"的内容主要包括：例行督察整改状况；重点整改状况；生态环境保护长效机制建设情况；以及整改过程中的形式主义、官僚主义问题等。（3）专项督察的内容主要包括：党中央、国务院明确要求督察的事项；重点区域、重点领域、重点行业突出生态环境问题；中央生态环境保护督察整改不力的典型案件，以及其他需要开展专项督察的事项。

最后，环保督察程序更为明确细化，一般包括督察准备、督察进驻、督察报告、督察反馈、移交移送、整改落实和立卷归档等程序环节。（1）督查准备大致分为信息搜集、情况排查、组织动员、制订工作方案、印发进驻通知等。（2）督察进驻后可能展开的工作有：听取汇报、受理信访举报、调阅复制资料、走访问询、调查取证、责成书面说明、召开列席会议、下沉督察、约见约谈、提请协助，以及其他必要的督察工作。（3）督察进驻结束后，中央生态环境保护督察组应当在规定时限内形成督察报告，如实报告督察发现的重要情况和问题，并提出意见和建议。督察报告应当以适当方式与被督察对象交换意见，经中央生态环境保护督察工作领导小组审议后，报党中央、国务院。（4）督察报告经党中央、国务院批准后，由中央生态环境保护督察组向被督察对象反馈，指出督察发现的问题，明确督察整改工作要求。（5）督察结果作为对被督察对象领导班子和领导干部综合考核评价、奖惩任免的重要依据，按照干部管理权限送有关组织（人事）部门。对督察发现的重要生态环境问题及其失职失责情况，督察组应当形成生态环境损害责任追究问题清单和案卷，按照有关权限、程序和要求移交中央纪委国家监委、中央组织部、国务院国资委党委或者被督察对象。需要生态环境损害赔偿的，移送省、自治区、直辖市政府依照有关规定索赔追偿；需要提起公益诉讼的，移送检察机关等有权机关依法处理。涉嫌犯罪的，按照有关规定移送监察机关或者司法机关依法处理。

三、司法审查模式

司法机关追究模式是指法院通过行政诉讼判决的形式对被诉的有争议的具体行政行为作出裁决，以追究违法行为的行政主体承担相应的责任并维护行政相对人的合法权益。具体而言，根据《行政诉讼法》之规定，司法机关追究政府责任的实现路径有如下几种。

（一）判决撤销行政行为

我国的判决撤销行政行为，又称行政诉讼撤销判决，是指人民法院对被诉的具体行政行为进行审查之后，认为该行政行为确实违反我国法律法规的规定，从而判决撤销或者部分撤销该行政行为的一种行政诉讼判决形式。行政撤销判决是当代世界各国行政诉讼中最主要的也是最常用的行政裁判方式，在我国，行政撤销判决是行政重作判决、补救判决等判决或者司法建议的前提。[1]

---

① 具体规定详见于我国《行政诉讼法》第 54 条第 2 款；《行政诉讼法若干解释》第 59 条。

我国《行政诉讼法》第 54 条第 2 款规定，行政行为有下列：（1）主要证据不足的。（2）适用法律法规错误的。（3）违反法定程序的。（4）超越职权的。（5）滥用职权的。

因此，构成我国行政诉讼撤销判决，它必须满足以下条件：（1）被诉行政行为成立且效力存续。《最高人民法院关于执行〈中华人民共和国行政诉讼法〉若干问题的解释》第 57 条第 2 款第三项规定，行政行政行为依法不成立或者无效，人民法院应当作出确认被诉行政行为违法或者无效的判决。因而，被撤销的行政行为必须也应当是已经成立的行政行为，不成立的行政行为不能够适用行政撤销判决。另外，行政行为的效力在行政相对人提起诉讼时是否继续存在效力也决定着行政行为能否适用行政撤销判决；我国《最高人民法院关于执行〈中华人民共和国行政诉讼法〉若干问题的解释》第 57 条第 2 款第二项有着明确的规定，在此不多作论述。（2）具体行政行为违反法律法规的规定。行政撤销判决不仅仅在于维护行政相对人的权利，还在于法院否认行政主体及其工作人员所作出的具体行政行为之效力。而赋予法院行使该权力的前提为行政主体及其工作人员的行政行为违反法律、法规的规定。如不存在这样的前提，法院所作的撤销判决则是法院越权。（3）行政撤销判决存在适用的可能性。行政撤销判决并不是万能的，不可能适用于任何一个行政裁判之中。例如，超越职权的行政行为是否一定适用撤销判决。事实上，法院未必一律使用之。因为在人民法院作出撤销判决之前必须考虑该行政行为是否还具有可撤销性。一旦丧失了撤销的可能性，那么行政撤销判决也就无法在某个具体判决中体现，取而代之的则是其他类型的判决。

（二）判决重作行政行为

在中国行政诉讼语境下，判决重作行政行为是指法院进审查之后，认为具体行政行为违法，而责令行政主体重新作出具体行政行为的判决类型。我国《行政诉讼法》第 54 条第 2 款规定人民法院可以就行政越权行为等五种违法类型判决被告重新作出具体行政行为；《最高人民法院关于执行〈中华人民共和国行政诉讼法〉若干问题的解释》第 59 条规定，根据行政诉讼法第 54 条第二项规定，判决撤销违法的被诉具体性行为，将会给国家利益、公共利益或者他人合法权益造成损失的，人民法院可以判决被告重新作出具体行政行为。

我国的判决重作行政行为具有以下特征：（1）附随性。判决重作行政行为的附随性表现为其在判决形式上不具有独立性，必须依附特定的判决而存在。而这里的"特定判决"主要是指行政撤销判决，这一点直接体现在我国《行政诉讼法》第54条第2款。（2）主动性。法院作出行政重作判决并非基于当事人的诉讼请求，不受当事人请求的拘束，是法院依据其职权主动在判决中责令行政主体对个别撤销的行政行为重新作出具体行政行为。其目的既在于监督行政机关履行行政职能，又在于主动维护行政相对人的合法权益，促使行政相对人获得公正的待遇。（3）适用的局限性。其局限性具体体现为行政行为具有可履行性和适用的附随性。一旦行政行为不再具有履行的可能性，判决行政主体重新作出行政行为也不再具有实际作用，反而会浪费社会资源。同时，行政重作判决具有附随性的特点决定了其必须依附于其他判决，其他判决特别是行政撤销判决的范围也就局限了它的范围。

（三）确认行政行为违法或无效

各国在有关于确认行政行为诉讼的判决中采取了不同的方式。德国行政诉讼确认判决由确认无效判决、确认公法上法律关系成立或不成立判决及继续性确认判决三个部分组成。[1] 其中继续性确认判决类似于我国的判决行政主体履行。日本《行政事件诉讼法》第3条规定了撤销处分之诉、撤销裁决之诉、确认无效之诉、确认不作为违法之诉、履行义务之诉和政府侵权之诉。[2] 从该

---

[1] 参见《德国行政法院法》（1960年）第43条第1款；《德国行政程序法》（1976年）第44条；于安编著：《德国行政法》，清华大学出版社1999年版，第180页；[德]平特纳著：《德国普通行政法》，朱林译，中国政法大学出版社1999年版，第137页；[德]哈特穆特·毛雷尔著：《行政法学总论》，高家伟译，法律出版社2000年版，第163~164页，第250~254页；蔡志芳：《论行政诉讼法上各类诉讼之关系（下）》，载《月旦法学》2001年第54期。转引自章剑生主编：《行政诉讼判决研究》，浙江大学出版社2010年版，第87页。

[2] 镰田熏等编著：《常用六法全书》，三省堂出版社2008年版，第290页。

规定中，可以推导出日本行政诉讼确认判决具体包括了无效判决和确认不作为判决两种判决。而英美两国不存在德国等大陆法系国家的公定力理论及无效行政行为理论，不会产生追加性的、针对已经终结的具体行政行为的确认判决，因而就不存在我国行政诉讼法定义的确认判决。我国颁行的《最高人民法院关于执行〈中华人民共和国行政诉讼法〉若干问题的解释》第 50 条、第 57 条和第 58 条规定了确认有效、确认合法、确认违法和确认无效四种确认判决。前文业已阐明确认有效判决和确认合法判决为什么不属于政府责任实现的路径，在这里就不赘述了。根据《行政诉讼法》以及《最高人民法院关于执行〈中华人民共和国行政诉讼法〉若干问题的解释》，确认行政行为违法或者无效是指在行政诉讼过程中，人民法院经审查认为具体行政行为违法，但判决履行已无实际意义或者判决撤销会给国家利益、公共利益造成重大损失的，所采取的一种对具体行政行为的否定性评价。

其适用的条件是：（1）存在一个违法的具体行政行为。这里首先需要明确的是"违法"违反的是何种法。对于该法的理解，这里的"法"应当是广义上的法，它上至宪法，下达一般性的规范性文件，并且遵循"下位法不得与上位违法相抵触"的法律基本原则。此外，还需要明确违法的程度。一个符合确认违法或者无效的行政违法行为，它的违法程度应当限定在足以损害行政相对人合法权益但尚未达到其他诸如刑法等法域所调整的范围。（2）不适宜判决撤销、履行。如果行政违法、行政行为所导致的损害还存在履行的可能性或者撤销之可以恢复行政相对人的合法权益，则不适宜采用确认行政行为违法或者无效。确认行政行为违法或者无效只是针对那些行政行为继续履行已无实际意义或者撤销会导致更大的公共利益受损的行政行为。例如，一路人被抢劫，而向身边的警察求救，警察视而不见，导致路人财物被劫。若该路人提起行政诉讼要求追究政府责任时，法院就应当采用确认违法判决。

（四）判决行政主体履行义务

判决行政主体履行，是指法院判决行政主体在一定的期限之内履行其不履行或者拖延履行的法定职责的一种判决方式。我国《行政诉讼法》第 54 条第

3 款规定，被告不履行或者拖延履行法定职责的，判决其在一定期限之内履行。行政履行判决作为一种独立的行政判决，具有其自身的特性：（1）给付性。在诉讼法领域，存在给付之诉、确认之诉和形成之诉作为三种基本的诉讼分类形式。而行政履行判决则可以归入给付之诉，这是由行政履行判决本身所决定的。行政履行判决确认了行政主体和行政相对人的权利义务关系，并判决行政主体在一定的期限之内必须实现这种权利义务关系。权利义务的履行直接赋予了行政履行判决给付性的特征。（2）具有履行可能性。与其他类型的判决相比，履行判决在纠正行政不作为方面具有独特的优势，而这也是由行政履行判决的给付性特征所决定的。当然，当判决行政主体履行无实际意义或者履行不能之时，行政履行判决就失去了它发挥的空间。只有行政行为具有了履行的可能性，那么行政行为才能够被给付，否则不构成行政履行判决。（3）独立性。行政履行判决不需要以其他判决的存在为前提，独立与其他判决，而这一点也区别于行政重作判决。

（五）判决行政主体变更

判决行政主体变更发端于民事诉讼中的形成之诉。形成之诉是一种改变或者消灭当事人之间法律关系的诉，它要求法院根据一定的法律事实判决当事人之间法律关系的改变或消灭。法院据此作出的判决就为变更判决，衍生至行政诉讼法领域，就转化为行政变更诉讼，即法院判决行政主体变更其具体行政行为。因此，所谓的判决行政主体变更是指法院依据行政相对人的诉讼请求，经审查认为行政相对人的请求符合法律规定，直接在判决中变更原行政行为的实际内容的一种判决类型。我国《行政诉讼法》第 54 条第 4 款规定，法院对行政处罚显失公正的可以判决变更。

因此，在我国获得法律认可的行政变更判决应当具有以下条件：（1）适用的前提条件是行政相对人提出变更的诉讼请求。在行政变更判决中，法院以自己意思表示的内容代替了行政主体的意思表示，实质上是法院运行行政权的结果而非司法权的结果。因此，为了防止司法权对行政权的干涉，应避免法院卷入不必要的纠纷中，只有行政相对人提出了变更的诉讼请求，法院才能据此作出裁判，而不能主动作出。（2）适用的范围是行政处罚。根据《行政诉讼法》以及《最高人民法院关于执行〈中华人民共和国行政诉讼法〉若干问题的解释》之规定，目前我国法院只能就行政处罚作出变更判决，除此以外皆不可变更。（3）适用的实质条件是显失公正。显失公正具有两层含义：①依据普通人一般常识能够判断行政处罚和行政相对人的责任明显不成比例。②一般的显失公正不能成为行政变更判决的范围，以此彰显司法权对行政权的尊重。

（六）判决行政主体补救

判决行政主体补救是指法院经审查认定行政主体的行政行为违法，但撤销该违法行政行为将会导致合法利益受损，而责令行政主体对有被诉行政行为所造成的损失采取相应补救措施的一种判决类型。它来源于《最高人民法院关于执行〈中华人民共和国行政诉讼法〉若干问题的解释》第 59 条之规定，即"根据行政诉讼法第五十四条第（二）项规定判决撤销违法的被诉行政行为，将会给国家利益、公共利益或者他人合法利益造成的损失的，人民法院在判决撤销的同时，可以采取以下方式：……（二）责令被诉行政机关采取相应的补救措施……"

这里需要将判决行政主体补救和其他现实存在的或者行政诉讼法学理论界存在判决区分开。（1）判决行政主体补救与行政补正判决。行政补正判决目前只存在于我国的理论界，尚未被法律所采纳。补救和补正存在公同之处，以至于二者被混淆。判决行政主体补救是对违法行政行为所导致的后果的补救，而补正判决是对行政行为本身的纠正，二者所针对的对象不同，产生于不同的诉讼阶段。（2）判决行政主体补救与行政撤销判决。从《最高人民法院关于执行〈中华人民共和国行政诉讼法〉若干问题的解释》第 59 条之规定，就不难看出判决行政主体补救是对行政撤销判决的补充，是撤销判决的辅助判决。（3）判决行政主体补救与行政履行判决、行政变更判决。三者的共同点在于行政主体都需要对采取原行政行为采取必要的措施，但是判决行政主体补救针对的是原行政行为的结果，而行政履行判决和行政变更针对的是原行政行为。（4）判决行政主体补救与确认违法判决、行政重作判决二者的界限较为明确，混淆的可能性不大，在此不多加赘述。

四、检察监督模式

检察监督是指检察机关通过宪法赋予其的法律监督职能，对政府实施法律情况的检查督促纠正过程。它是监督政府权力规范运用，维护法律统一实施，保障社会公共利益的政府责任追责模式之一。根据《宪法》第 136 条："人民检察院依照法律规定独立行使检察权，不受行政机关、社会团体和个人的干涉"的规定，明确检察机关依法具有独立行使检察权的资格。对《检察院组织法》第 20 条的职权内容进行分析可知，涉及对政府的法律监督权利事项包括三类：一是，检察院对行政诉讼活动实行法律监督；二是，检察院对政府执法情况的法律监督；三是，检察院依照法律规定向行政机关提起行政公益诉讼。

其一，在检察院对行政诉讼活动实行法律监督中，其检查监督权范围可以根据《行政诉讼法》第 11 条、第 12 条、第 13 条确定。时间上，检察机关对行政诉讼的法律监督基本范围是整个诉讼过程，而不限于行政诉讼结果。空间上，检察机关对行政诉讼的监督范围与法定的人民法院的行政诉讼受案范围一致，法定不予受理的事项当然排除在检察机关诉讼监督活动之外。此外，行政诉讼活动中检察机关行使法律监督权的具体模式有"抗诉"和"检察建议"两种。① 对于已经发生法律效力的判决、裁定，发现有《行政诉讼法》第 91 条规定的情形，或者发现调解书损害国家利益、社会公共利益的，应当根据检察机关和法院的级别选择抗诉还是检察建议。一般情况下，只有上级检察院对下级直接提出抗诉，但如果是同级检察院对法院生效的判决进行监督，只能采取检察建议或者提请上级检察院提出抗诉。同时，通过抗诉和检察建议的使用条件可知，在行政诉讼活动中，检察院的检察监督权力对政府的责任追究具有间接性特征，它是以监督诉讼程序合法性以及有条件限制的诉讼结果的方式，实现对政府法律责任的影响。

---

① 参见《行政诉讼法》第 93 条第 1 款、第 2 款。

其二，《宪法》虽然明确规定了检察机关拥有法律监督权，但这种赋权规定过于原则，且在实际中未有监督行政违法行为的配套规定予以落实。① 直至2015年全国展开公益诉讼试点以来②，行政公益诉讼实践开启了检察机关对行政执法进行监督的先河③，在该检察监督制度中，检察机关非直接介入政府行政活动，而是通过行政公益诉讼的法定前置程序实现对政府违法行为的约束，敦促政府规范其行政行为。2017年修改的《行政诉讼法》规定检察机关的行政公益诉讼的诉前程序为：提出检察建议，督促其依法履行职责。该检察建议与上文检察机关的检察建议有所不同：首先是性质不同，前者属于审判监督程序中的任意性规则，而后者为诉前程序中的强制规则；其次是对象不同，前者是向同级法院提出检察建议，后者是向法定的行政机关作出检察建议；最后是目的不同，前者是以监督行政诉讼合法性为主要目的，兼有影响政府行政法律责任之效果，后者是以保护国家和社会公共利益为根本目的，并通过对行政机关违法行为或不作为现象的监督和督促改进为手段。

其三，随着检察机关自侦权转隶监察机关后，公益诉讼检察成为检察机关重点发展的新兴业务，并成为四大检察业务之一④，我国法律将检察机关作为公益诉讼主体，实际上是创造了一种"官告官"的行政诉讼新类型，实现了检察机关对行政机关的"直接"监督。但这种直接监督方式有严格的条件限制：首先，是诉讼范围，即监督范围的限制，行政公益诉讼适用范畴限于生态环境和资源保护、食品药品安全、国有财产保护、国有土地出让等领域；其次，是诉讼受案标准限制，行政机关违法行使职权或者不作为致使国家利益或社会公共利益受到侵害的，即必须造成公益损害结果；最后，是法定程序限

---

① 谢玉美、刘为勇：《行政违法行为检察监督程序论》，载《行政法学研究》2017年第1期。

② 参见《关于授权最高人民检察院在部分地区开展公益诉讼试点工作的决定》。

③ 朱孝清：《国家监察体制改革后检察制度的巩固与发展》，载《法学研究》2018年第4期。

④ 赵辉：《试论新时代行政检察权能》，载《行政与法》2019年第12期。

制，即上文提到的诉讼前置程序限制，只有当行政机关经检察机关提出检察建议后仍不依法履职后，检察机关才能提起诉讼。

五、国家监察模式

行政监察曾是国家行政管理体系中的重要组成部分，亦是国家监控体系中的一个重要组成部分，但自国家成立专门的监察委员会不再隶属于政府后，监察事务已不再视为行政事务。根据《监察法》第 62 条："有关单位拒不执行监察机关作出的处理决定，或者无正当理由拒不采纳监察建议的，由其主管部门、上级机关责令改正，对单位予以通报批评；对负有责任的领导人员合直接责任人员依法给予处理"的规定，将监察机关的监督职权与行政机关的内部管理权力有效衔接。监察机关以派驻等方式对政府的公职人员实施监察，并提出建议，尔后可以由行政机关对具体人员作出处理。这一规定使得政府公职人员的外部监察与内部管理综合，保证了在监察机关独立成体后，政府的内部纪律规范仍有发挥空间。

宪法赋权监察委监察权，但该权力并不凌驾于行政机关权力之上，监察权应当以实现监察目的为限——调查职务违法和职务犯罪，展开廉政建设和反腐败工作。监察委的监察权包括监督权、调查权、处置权三类，其中处置权的适用范围仅限于公职人员，而不涉及其他国家机关。《监察法》第 45 条关于监察机关的处置权规定，严格区分了"人员"与"单位"，监察机关可以对公职人员、领导人员直接行使处置权，但对监察对象所在单位只能提出监察建议，并且监察机关的政务处分权与行政机关的行政处分权能在实施效果上相互替代。① 因此，关于监察机关与行政机关追责的衔接问题，应当分两类探讨：对于政府内部公职人员违法行为的处置，依照法律规定可以由监察机关或者监察机关委托有关机关实施的情况，监察机关与行政机关就处置权存在的衔接限于不得一事再罚。而对于行政机关的廉政建设和履行职责存在问题等需要政府履

---

① 参见《公务员法》第 61 条；《公职人员政务处分暂行规定》第 19 条。

行责任时，监察机关于行政机关的衔接理论上有两类：向本单位提出监察建议，或向有权作出问责决定的机关提出问责建议，尔后实现政府自查或接受有问责权主体问责。

政务处分取代了原行政监察机关适用的"政纪处分"，以及政务处分虽然在实施内容和效果上与行政处分存在重叠，但因为处置权力主体发生根本改变，其法律性质发生质变。如果监察机关直接对政府的公职人员作出政务处分，从行政机关角度，该行政处分属于外部追责；如果由监察机关提出监察建议，由行政机关作出最终处分决定的，就追责部分来看，属于内部追责性质。这种法律性质上的细究，从实施效果上看无所差别，但如果从与其他部门法的相关责任追究规定衔接来看，有其区别的意义。

第三节 政府责任之担责形式

根据政府责任承担主体的级别——由个体到组织到国家，政府承担的责任可以分为公务员责任、行政机关责任、国家责任三类。公务员责任根据责任形式分类成一般责任与特殊责任，这种划分是由于法律规范对责任承担设定了特殊条件，如主体限制、行为限制、程度限制等。行政机关责任则根据政府违法程度以及社会后果大小，将行政机关承担的责任分作失职责任、侵权责任，以及渎职责任三类处理。最后，行政赔偿是国家赔偿的类型之一，尽管行政赔偿中赔偿义务机关是政府，但因其责任外观上是以国家为名义，并以国家机关财政作为依托对外进行赔偿支付。

一、公务人员责任

"现代行政组织存在形式的科层制是一个责任中心主义体系，行政组织结构中，人是与具体岗位联系起来的，岗位的任务也就是他的任务，岗位的功能就是他的功能，他的行为是把岗位的任务、岗位的职能转化为他自己的责任。"① 公务员考核一般分为领导成员考核以及非领导成员的考核，前者适用《党政干部考核工作暂行规定》，后者适用《公务员考核规定（试行）》。领导成员不包含内设机构的具有领导职务的人员。

（一）一般责任形式

公务人员的政府责任主要是惩戒性的，表现为对公务员的身份、资格、职务行为的限制和剥夺。公务人员承担政府责任的主要形式包括：（1）通报批评。这是公务员受到的一种精神上的惩戒性责任方式，是有权机关对实施情节轻微的违法行为的公务员实施的。（2）承认错误、赔礼道歉。这也是一种精神上惩戒性的责任方式。当公务员的政府责任经有关机关确认后，由有权机关责令公务员实施的向行政相对人承认错误，赔礼道歉。（3）履行法定义务。当行政主体构成政府失职时，负有具体履行职责的公务员就应承担履行职责的政府责任。（4）停止侵害。当公务员实施的侵权行为具有持续性时，有权机关责令有关的公务员结束其依然持续的侵权行为。（5）引咎辞职。这主要是针对在实施具体行政行为中因负有领导责任的公务员因过失对社会造成一定损失或产生不利影响而主动辞去领导职务的行为，是一种自我承担责任的形式。（6）责令辞职。相对应引咎辞职，这是具有领导责任的公务员被动辞去职务的行为，是一种他律性质的责任形式。（7）行政处分。这是行政机关追究公务员个人责任的方式，包括警告、记过、记大过、降级、撤职、开除六种。（8）行政追偿。这是公务员对内承担政府责任的方式，是行政机关对公务员的经济性制裁措施。其中，比较典型和适用较为普遍的是引咎辞职、责令辞职和行政处分、行政追偿。

---

① 胜邦跃、刘祖云：《责任、责任政府与责任政治》，载《南京农业大学学报（社会科学版）》2004年第1期。

（二）引咎辞职

引咎辞职是指党政领导干部在任职期间内因个人能力不够、自身行为不当或者因工作失误而造成较大损失或者影响，虽不足以构成违法犯罪追究法律责任，但不宜继续担任现任领导职务，而向组织申请辞去所担任职务的一种自责行为。① 引咎辞职是现代西方社会民主政治到责任政治的产物。在现代汉语中，"咎"指过失（因疏忽大意而犯的错误），引咎是指把过失归在自己身上，目的在于自责。所谓自责，是指政治官员对其履职情况和其言行进行自我评价，认为没有认真履行职责或言行违背民意，而自我发动的责任追究。自责的方式通常有道歉和引咎辞职两种。道歉是政治官员就自己的不良的履职情况或言行公开地向公众道歉，争取公众的宽恕；引咎辞职是自责的最严厉形式，政府官员的不称职行为或严重违背民意的行为，通过道歉也难以取得公众的谅解，只有提出辞职。因而国外的引咎辞职是指当官员的失当行为未达到追究法律责任的条件，但舆论和公众反响较大，继续任职有损于政府的形象时，官员主动要求辞去职务以示对自己行为承担责任的一种政治惯例。

我国通过法律规定的形式引进了引咎辞职制度。我国法律规定的引咎辞职是指领导人因自身过失而给工作造成了一定损失或产生了某种不利影响，使得其主动辞去领导职务的行为，是领导人自我追究过失责任的一种形式。《党政领导干部选拔任用工作条例》规定的"咎"不是一般的"过失"，而是"因工作严重失误、失职造成重大损失或者恶劣影响，或者对重大事故负有重要领导责任"，在这种"咎"未达到违法的程度或虽违法但依法不追究法律责任时，领导干部应该引咎辞职。本条例第 59 条规定的引咎辞职，是指党政领导干部因工作严重失误、失职造成重大损失或者恶劣影响，或者对重大事故负有重要领导责任，不宜再担任现职，由本人主动提出辞去现任领导职务。

2004 年 4 月 20 日颁行的《党政领导干部辞职暂行规定》对引咎辞职作出

---

① 白帆：《党政领导干部引咎辞职责令辞职制度的理论思考》，载《中央社会主义学院学报》2003 年第 1 期。

了更详细的规定，本规定第 14 条，党政领导干部因工作严重失误、失职造成重大损失或者恶劣影响，或者对重大事故负有重要领导责任不宜再担任现职，本人应当引咎辞去现任领导职务。第 15 条列举了党政领导干部应当引咎辞职的九种情形：（1）因工作失职，引发严重的群体性事件，或者对群体性、突发性事件处置失当，造成严重后果或者恶劣影响，负主要领导责任的。（2）决策严重失误，造成巨大经济损失或者恶劣影响，负主要领导责任的。（3）在抗灾救灾、防治疫情等方面严重失职，造成重大损失或者恶劣影响，负主要领导责任的。（4）在安全工作方面严重失职，连续或者多次发生重大责任事故，或者发生特大责任事故，负主要领导责任的；连续或者多次发生特大责任事故，或者发生特别重大责任事故，负主要领导责任、重要领导责任的。（5）在市场监管、环境保护、社会管理等方面管理、监督严重失职，连续或者多次发生重大事故、重大案件，造成巨大损失或者恶劣影响，负主要领导责任的。（6）执行《党政领导干部选拔任用工作条例》不力，造成用人严重失察、失误，影响恶劣，负主要领导责任的。（7）疏于管理监督，致使班子成员或者下属连续或多次出现严重违纪违法行为，造成恶劣影响，负主要领导责任的。（8）对配偶、子女、身边工作人员严重违纪违法知情不管，造成恶劣影响的。（9）有其他应当引咎辞职情形的。可以发现其中多是关于国家公务人员政府失职责任。

（三）责令辞职

责令辞职是指党政领导干部在任职期间内政治立场不坚定、品行不端正、政令不畅通且经教育不改，或在急难险重的任务面前履职不到位，或符合引咎辞职情形不辞职而造成严重的损失或影响，虽不足以构成违法犯罪追究法律责任，但不能继续担任现任领导职务，组织通过一定程序责令其辞去所担任职务的他律行为。① 在我国《党政领导干部选拔任用工作条例》中规定的责令辞

---

① 白帆：《党政领导干部引咎辞职责令辞职制度的理论思考》，载《中央社会主义学院学报》2003 年第 1 期。

职，是指党委（党组）及其组织（人事）部门根据党政领导干部任职期间的表现，认定其已不再适合担任现职，通过一定程序责令其辞去现任领导职务。拒不辞职的，应当免去现职。当发生了《党政领导干部辞职暂行规定》第 15 条所列情形之一时，领导干部应当引咎辞职而不提出辞职申请的，党委（党组）应当责令其辞职。

被责令辞职的干部若对其责令辞职决定不服，可以在接到责令辞职通知后 15 日内，向作出决定的党委（党组）提出书面申诉。被责令辞职的领导干部不服从组织决定、拒不辞职的，党委（党组）应予以免职或者提请任免机关予以罢免。

作为一项领导干部人事制度，引咎辞职、责令辞职将监控相对人的自律行为和组织的他律规范有机地统一起来。引咎辞职以党政领导干部自律行为为基础，它要求有"咎"的领导干部根据辞职标准，主动就自己的过错向管理机关提出申请，辞去现任领导职务。但是单一的自律行为并不足以追究那些有"咎"而不愿辞职的领导干部，此时责令辞职正好弥补了引咎辞职制度上的缺陷。责令辞职是一种他律行为，是党政领导干部的管理机关根据当事人的实际表现符合引咎辞职而不辞职，或者是经管理机关认定不宜继续担任现职的，根据一定的程序，责令其辞去现任领导职务。

（四）行政处分

行政处分是追究行政公务人员个人政府责任的方式，是一种内部行政纪律责任。所谓行政处分是指国家行政机关或行政监察机关以行政隶属关系为前提，依照行政法律规范的规定，给予违反行政纪律、尚未构成犯罪，或虽构成犯罪，但依法免于刑事处罚的国家公务人员的一种惩罚性行政制裁措施。[1] 行政处分的目的是为了纠正和制止国家公务人员的违法违纪行为，给其他人员以

---

[1]　尹志平：《试论我国的行政处分制度》，载《新世纪行政管理研究——湖北省行政管理学会 1999 年年会暨"政府管理与国有企业改革和发展"理论研讨会论文集》，1999 年。

警示作用，促进依法行政。因此，纵观当今世界各国，尤其是实行公务人员制度的国家，为保证国家行政管理的质量和效率，都非常重视公务人员纪律和惩戒制度建设。1957 年 10 月 26 日颁布实行《国务院关于行政机关工作人员的奖惩暂行规定》，标志着我国行政处分制度的正式形成。1993 年 8 月 14 日颁布的《国家公务人员暂行条例》，标志着我国行政处分制度得到了完善。2007 年 4 月 4 日国务院公布了《行政机关公务员处分条例》，并于 2007 年 6 月 1 日起施行，其中对行政机关公务人员的处分作了全面、具体的规定。

行政处分分为警告、记过、记大过、降级、撤职和开除六种。受撤职处分的，同时降低级别和职务工资。受行政处分期间，不得晋升职务和级别，其中除警告以外的行政处分，不得晋升工资档次。

程序公正是实体公正的保证，同时程序具有自身独有的价值，如公平、公正原则。行政处分作为公务员个人责任的追究方式，需要有程序公正的保证。早期，我国行政处分的程序性规定都是一些原则性规定，而且零散，缺乏统一、明确和具体的程序规定。2007 年 4 月 4 日国务院公布的《行政机关公务员处分条例》对行政处分程序作出了具体规定。在作出行政处分决定之前，须历经有关部门的立案调查、听取被处分公务人员的陈述、集体讨论等阶段。行政机关公务人员对行政处分决定不服的，可以申请复核或者申诉。

（五）行政追偿

行政追偿是行政机关工作人员对内承担政府责任的方式。所谓行政追偿，又称行政求偿，是指在行政赔偿中，行政赔偿义务机关在代表国家向行政赔偿请求人支付了赔偿费用以后，依法责令有故意或重大过错的行政公务人员、受委托的组织和个人承担部分或全部赔偿费用的一项法律制度。① 行政追偿以行政赔偿为其成立前提，根据我国《国家赔偿法》第 31 条的规定：赔偿义务机关赔偿损失后，应当责令有故意或重大过失的工作人员或受托的组织和个人承担部分或全部赔偿费用；《行政诉讼法》第 68 条第 2 款规定："行政机关赔偿

---

① 张志泉：《行政追偿制度探讨》，载《国家行政学院学报》2009 年第 6 期。

损失后，应当责令有故意或重大过失的行政机关工作人员承担部分或者全部赔偿费用。"根据以上的分析，行政追偿的构成要件主要包括以下几点。

其一，行政追偿以行政赔偿义务机关已代表国家向赔偿请求人承担了赔偿责任为前提。如果没有国家赔偿行为，行政追偿便无从发生。在赔偿义务机关向受害人赔偿之前，国家的赔偿责任尚未最终实现，追偿权只是拟制存在，并非实际地享有。而且赔偿义务机关必须是实际地向赔偿请求人支付了赔偿费用，如赔偿义务机关仅是返还财产、恢复原状或者消除影响、赔礼道歉等，则不能行使行政追偿权。因为设置行政追偿的目的并不在于惩罚，同时也是出于减轻国家财政负担的考虑。

其二，主观上，被追偿人必须有故意或者重大过失。行政追偿以行政赔偿为前提，但并不是所有的行政赔偿都必然引起行政追偿。同时附加一定的主观条件以排除一些不予追偿的行为。我国采以"故意或重大过失"为其主观条件。所谓故意，是指行政机关工作人员在行使职权时，主观上能认识到自己的行为违法且可能造成相对人合法权益的损害，仍希望或者放任这种结果发生的主观心理状态。过失可分为一般过失和重大过失，只有存在重大过失时，才会被行使行政追偿权。重大过失是指行政机关的工作人员，"不但没有尽到其身份或者职务上的特殊义务，而且也未能预见和避免普通人均能预见和避免的事情，即没有达到法律对一个公民的起码要求"。

其三，行政追偿的主体即行政赔偿法律关系的当事人，包括代表国家作为追偿人行使追偿权的赔偿义务机关和作为被追偿人的公务人员。根据《国家赔偿法》的规定，作为追偿人的赔偿义务机关具体包括：因行政机关工作人员违法行使职权，侵犯公民、法人或其他组织的合法权益造成损害引起行政赔偿的，该工作人员所在的行政机关为追偿人；法律授权的组织或者人员违法行使行政职权引起行政赔偿的，该组织是追偿人；受行政机关委托的组织或者个人违法行使委托的行政职权引起行政赔偿的，委托的行政机关是追偿人。赔偿义务机关只能向所属的工作人员行使追偿权。两个以上行政主体为共同赔偿义务机关的，应当根据自己承担的赔偿金额，分别向所属的工作人员追偿。被赔偿人具体包括：在执行职务中有故意或重大过失的公务人员；接受委托行使行政职权时有故意或重大过失的受委托的组织或个人；同一个行政机关的两个以上的工作人员共同实施侵权行为的，为共同被追偿人，应当相互承担连带责任。但是，赔偿义务机关在作出追偿决定时，应当根据各自的过错的大小，确定具体的追偿金额。不同行政机关的两个以上的工作人员共同实施侵权行为的，不能作为共同的追偿对象，赔偿义务机关应当根据自己分担的赔偿金额，分别向所属的工作人员追偿；法律、法规授权的组织的内部工作人员行使行政职权造成侵权损害赔偿的，该内部工作人员是被追偿人；受行政机关委托行使行政职权的组织的内部人员，实施加害行为造成侵权赔偿的，该受委托的组织是被追偿人。该组织在承担了追偿责任后，可以依据组织内部的规定追究直接责任人员的责任。

我国在立法上并无关于行政追偿的法律程序，这导致在实践中行政追偿无法实施。如何解决因行使追偿而产生的争议，或者通过何种程序来解决因行政追偿而产生的争议，关于这一问题有如下几种主张：（1）在国外有人提出行政赔偿附带行政追偿诉讼，国内也有人提出并论证了此观点。（2）可以允许通过诉讼途径解决，即当求偿权的行使机关对其公务人员作空追偿决定后，被求偿人不服可以向当地人民法院提出诉讼。（3）不能通过诉讼，只能适用行政方法解决。理由是行政追偿法律关系是一种行政内部关系，双方的地位具有不平等性，被求偿人在求偿中没有主动权。当求偿人作出决定后有时决定可能存在问题或不公正，由谁来纠正及保护被求偿人对决定的复审，即当被求偿人不服决定可以向上一级行政机关申请复审，而复审后的决定为终局决定，义务人必须履行。（4）对是否允许被追偿人起诉不能一概而论，应根据不同的情况，适当选择方式，即凡是行政机关对其公务人员行使追偿的，即使产生争议受追偿人也不能起诉。但当行政机关行使追偿权的对象不是其公务人员，而是其他受委托的组织或个人时，可以允许行政机关以起诉的方式解决争执。①

从目前我国行政追偿的法律性质上看，其仍属于内部行政关系，即特别权

①　张弘：《国家行政追偿权探析》，载《辽宁教育学院学报》2000年第3期。

力关系，不具有可诉性，不受司法审查。① 在我国尚不具有法律依据对行政追偿争议通过诉讼方式加以解决。因此，目前解决行政追偿争议的法律途径仍是唯一的行政处理程序。其形式一般为行政申诉，而不包括行政复议。正因为我国关于行政追偿救济方面存在立法空白，我国行政追偿的实施情况并不理想，追偿权弃而不用的情况普遍存在。这样不仅损害了国家利益，也使实施违法行政活动的公务人员得不到应有的惩戒，不利于依法行政的开展。

（六）政务处分

政务处分是由国家监察机关或任免机关、单位②对违法公职人员依法作出的惩戒决定，使公职人员承担的纪律责任。二者的政务处分的形式相同，但监察机关与任免机关、单位作出的政务处分性质存在根本差异。从隶属关系角度分析，监察机关作出的政务处分属于外部追责结果，任免机关、单位作出的政务处分是内部追责结果。从监督权体系分析，监察机关的政务处分决定是监察处置权，任免机关、单位的政务处分是行政监督管理权。从隶属关系和监督权体系的分析中可知，决定政务处分性质的是主体、对象、内容③。此外，尽管两种政务处分的责任内容相同，但政务处分实施效果和救济途径不同，相关因素包括权限、程序、依据等。因此本书将决定从政务处分的性质和影响政务处分实施效果的各要素内容阐述我国的政务处分制度。需要强调的是，为符合"政府责任"这一主题，在下文的比较内容中，任免、单位的主体范围限定为政府行政机关。

首先，决定政务处分的性质的内容主要有三个方面：其一，作出政务处分

---

① 参见《中华人民共和国行政诉讼法》第 13 条第三项规定，以及《最高人民法院关于执行〈中华人民共和国行政诉讼法〉若干问题的解释》第 1 条第 8 项规定。

② 尽管《公务员法》《监察法》的规定，政务处分的实施主体只能是检察机关，行政机关的对公务员作出的纪律责任被称为"处分"或"行政处分"，但已经提请二次审议的《公职人员政务处分法（草案）》中将二者都归为政务处分实施主体，即政务处分主体从检察机关拓展到任免机关、单位。

③ 参见徐继敏：《监察委员会政务处分行为探究》，载《河南社会科学》2018 年第 10 期。

决定的主体。国家检察机关由于行政机关公务人员与监察机关不存在隶属关系，因此其政务处分是一种外部制裁；政府与其公务人员具有隶属关系，因此该政务处分是一种内部制裁。其二，政务处分对象（即被处分主体）。尽管两种政务处分对象都要求身份适格，但监察机关政务处分对象的范围大于政府政务处分对象的范围，且主体和对象的监督关系不同，导致监察机关的政务处分决定权属于监察处置权，政府的政务处分权属于行政监督管理权。其三，政务处分的内容体现出它是一种纪律责任，与狭义的法律责任相区别。纪律责任是以公职人员身份为核心，为保障组织秩序，对组织内部成员施以职级、职别、职业荣誉、身份资格等不涉及人身自由、生命、财产的责任。对于业已退休或不再是公职人员的人不能对其政务处分决定。① 依据《公务员法》第62条，《监察法》第45条的规定，政务处分的一般责任形式包括：警告、记过、记大过、降级、撤职、开除。

其次，影响政务处分实施效果和救济途径的内容也涉及三个方面：政务处分权限、政务处分程序、政务处分依据，它们决定了监察机关作出的政务处分的合法性和效力优先性。（1）超越政务处分不能超过其法定权限，否则不具有合法性。由于处分对象范围不同，政府的处分权限小于检察机关处分权限。同时，政务处分实施民主集中制原则，任何个人或者少数人擅自决定和批准的处分决定无效。（2）政务处分应当遵守程序规范，否则因政务处分程序违法而无效。政务处分大致包括立案、调查、决定、函告、救济五个阶段，并涉及免予处分程序、回避程序、处分变更程序等特殊程序事项。其中，监察机关与政府的政务处分救济程序具有明显差异：公职人员对监察机关作出的涉及本人的处分决定不服的，依照《中华人民共和国监察法》的规定申请复审、复核，而公职人员对任免机关、单位作出的涉及本人的处分决定不服，申请复核、申诉的，按照有关规定办理。（3）处分决定机关、单位应当严格按照相关法律法规等法律规范性文件实施政务处分。截至2020年4月，我国的《政务处

---

① 参见《公职人员政务处分法（草案）》。

法（草案）》尚处于提交审议阶段，国家监察机关对违法公职人员的处分决定适用依据有《监察法》《公务员法》《法官法》《检察官法》《事业单位人事管理条例》《公职人员政务处分暂行规定》等，而政府对其内部作出处分决定的法律规范少于监察机关。

最后，需要补充的是政务处分与其他责任的衔接问题。不少学者提出政务处分专门立法是推进"纪法衔接"与"法法衔接"，完成监察体制改革全面深化阶段目标的重要环节。① 换言之，这是通过法律规范保障不同责任制度之间的贯通连接，实现增强对公权力和公职人员的监督全覆盖、有效性作为着力点，推进公权力运行法治化，消除权力监督的真空地带，压缩权力行使的任性空间，建立完善的监督管理机制、有效的权力制约机制、严肃的责任追究机制。② 责任衔接主要包括以下内容。

（1）监察机关的政务处分与任免机关、组织的政务处分衔接：对公职人员的同一违法行为，任免机关、单位和监察机关不重复给予政务处分，监察机关已经给予政务处分的，任免机关、单位不再给予处分；任免机关、单位已经给予处分的，监察机关不再给予政务处分。或者监察机关依法督促任免机关、单位依法开展政务处分工作，发现任免机关、单位应当给予政务处分而未给予，或者给予的政务处分违法、不当的，应当及时提出监察建议。

（2）政务处分与法律责任的衔接：刑事责任方面，一般应当先依法给予政务处分，再依法追究其刑事责任。并且，对涉嫌职务犯罪的，监察机关经调查认为犯罪事实清楚，证据确实、充分的，制作起诉意见书，连同案卷材料、证据一并移送人民检察院依法审查、提起公诉。行政责任方面，公职人员依法受到行政处罚，应当给予政务处分的，处分决定机关、单位可以根据生效的行政处罚决定认定的事实、性质和情节，经立案调查核实后依照本法

---

① 刘艳红、刘浩：《政务处分法对监察体制改革的法治化推进》，载《南京师范大学学报（社会科学版）》2020年第1期。

② 张宝山：《公职人员政务处分法草案初审：实现党纪与国法的有效衔接》，载《中国人大》2020年第4期。

给予政务处分。此外，处分决定机关、单位作出政务处分后，司法机关、行政机关等依法改变原生效判决、裁定、决定等，对原政务处分决定产生影响的，处分决定机关、单位应当根据改变后的生效判决、裁定、决定等重新作出相应处理。

（3）政务处分、党纪处分、组织处理的衔接：公职人员有违法行为的，有关机关可以依照规定给予诫勉等组织处理。情节较轻时，处分决定机关、单位可以按照管理权限直接或者委托有关机关、单位或者人员，对其进行组织处理。政务处分和组织处理可以单独适用，也可以同时适用。公职人员同时受到政务处分和党纪处分、组织处理的，按照最长的期限执行。

（4）集体责任向政务处分的转化：公职人员两人以上共同违法，根据各自应当承担的法律责任，分别给予处分。有关机关、单位、组织领导机构集体决定或者实施违法行为的，对负有责任的领导人员和直接责任人员中的公职人员依法给予政务处分。

（5）政治责任与政务责任的衔接：对经各级人民代表大会或者其常务委员会选举或者决定任命的公职人员给予撤职、开除处分的，应当先由人民代表大会或者其常务委员会依法罢免、撤销或者免去其职务，再由处分决定机关、单位依法作出处分决定。对各级人民代表大会代表给予处分的，应当向其所在的人民代表大会常务委员会通报。

（6）政务处分与行政职责的衔接：公职人员有违法行为，已经被立案调查，不宜继续履行职责的，处分决定机关、单位可以决定暂停其履行职务。

二、行政机关责任

行政机关实施行政管理的过程中，政府应当依照法律、法规、规章的规定，其行为不得抵触现行有效的法律规定或法外设定权力，这是合法行政原则的具体化。行政机关的违法行为即是对合法行政原则的违反，行政大致包括失职、侵权、渎职三类违法行为，其相应的违法责任也可以被归为失职责任、侵

511

权责任、渎职责任三类。其中失职行为是行政机关不作为或延迟作为而承担的责任，该责任构成不以危害后果为要件。行政侵权责任是行政机关违返法律规定，导致公民、法人和其他组织的合法利益产生受到损害后的救济型责任。行政渎职责任的构成要件结合了失职与侵权的责任构成要件，指行政主体因违法行政法律规范，滥用职权，不尽职守，侵害受法律保护的行政关系而依法必须承担的行政法律后果。

（一）行政机关失职责任之承担

政府失职指行政主体违反其法定行政作为义务。① 对此定义须作三点延伸解释：一是法定作为义务的来源依据。法定行政义务包括积极的作为义务与消极的不作为义务，其中行政机关的积极作为义务来源包括法律义务规范、授权规范，以及符合法律规定的行政契约中约定的义务条款。② 二是违反积极作为义务的形态包括违法作为义务的行政不作为和行政延迟作为，其中延迟作为是指超过法定期限的作为，在法律效果上实际是一种特殊的不作为。三是政府因失职承担的责任，不以是否具备损害后果为责任构成要件。我国法律、法规、规章等对于行政机关的失职行为所引致的责任规定主要有限期履行责任、继续履行责任，以及丧失履行意义后，承担行政失职赔偿责任。

其一，限期履行职责。根据《行政复议法》第 28 条规定，"行政复议机关负责法制工作的机构应当对被申请人作出的具体行政行为进行审查，提出意见，经行政复议机关的负责人同意或集体讨论通过后，按照下列规定作出行政复议决定：……（二）被申请人不履行法定职责的，决定其在一定期限内履行"。《行政诉讼法》第 54 条规定，"人民法院经过审理，根据不同情况分别作出以下判决：……（三）被告不履行或者拖延履行法定职责的，判决其在一定期限内履行"。因此，履行法定职责为政府失职责任承担的主要形式。

---

① 姚锐敏：《论行政失职》，载《河北法学》2001 年第 5 期。
② 参见何峥嵘：《政府失职及其法律责任》，载《广西政法干部管理学院学报》2006 年第 4 期。

其二，政府失职赔偿责任：如果政府失职行为同时对行政相对人合法权益造成现实侵害的，行政主体除了要履行法定职责外，还必须承担相应的行政赔偿责任。因为命令行政机关履行必须执行的法定义务，只是防止不作为行为继续发生侵害。受害人如果过去受到损失，并未因此而得到补救……这时政府和官员应对不作为行为承担的赔偿责任。① 在世界各国的国家赔偿制度中，都承认怠于履行行政义务需要承担国家赔偿责任。我国的《国家赔偿法》虽然没有像《行政诉讼法》一样，对不作为或怠于履行义务要承担赔偿责任作出明确规定，但在司法解释和国家赔偿的实践在原则上是认可的：（1）我国的《国家赔偿法》规定的行政赔偿归责原则是违法原则，既然政府失职是行政违法的表现形式之一，那么根据该基本原则，因政府失职行为造成损害的应当承担行政赔偿责任。（2）参照最高人民法院的司法解释规定："由于公安机关不履行法定职责，致使公民、法人和其他组织合法权益遭受损害的，应当承担行政赔偿责任。"② 我国《行政许可法》也规定了因行政机关工作人员玩忽职守准予行政许可被撤销的，行政机关应当依法承担赔偿责任等。

1. 政府失职赔偿责任的分担

在因政府失职造成损害的过程中，如果不仅有行政机关怠于履行义务行为，还有受害人自身原因、第三人加害行为或者自然界之危险等其他原因并存时，对于全部损害结果的赔偿就可能有一个分担责任的问题。此时应当相应地免除或减轻国家赔偿责任，这就是"原因竞合"时国家赔偿责任的承担。这一原则已为世界大多数国家所接受。如奥地利《国家赔偿法》规定，受害人故意或过失不依法律救济途径对损害之发生或扩大加以阻止的，其对此后果应负责任。③ 再如法国行政法院认为，第三人过错可以减免国家赔偿责任，具体又分两种情况：（1）行政机关的行为通过第三人的介入才产生损害的，行政

---

① 参见王名扬著：《美国行政法》，中国法制出版社1995年版，第731页。

② 2001年7月17日最高人民法院发布的《关于公安机关不履行法定职责是否承担行政赔偿责任问题的批复》。

③ 转引自皮纯协、冯军主编：《国家赔偿法释论》，中国法制出版社1996年版，第99页。

机关不负赔偿责任。（2）行政机关和第三人的行为共同引起损害的，行政机关就其违法行为部分承担责任。① 我国最高法院承认了这种责任的分担，指出"在确定赔偿的数额时，应当考虑该不履行法定职责的行为在损害发生过程和结果中所起的作用等因素"。②

但是，《国家赔偿法》中规定了因为受害人自己的行为致使损害发生的，国家不承担（全部）赔偿责任。③ 这种绝对化的规定，没有看到受害人自己的行为致使损害发生时，往往也同时伴随着行政义务机关怠于履行义务行为的存在，犯了"一叶障目"的认识错误。在两个行为和两个错误同时存在时，以一个行为（第三人加害行为或受害人自己的行为）而掩盖另一个行为（怠于履行义务的行为），以一个主体的责任而排除另一个主体的责任，是不合适的。④ 应该说，在政府失职与受害人自身原因、第三人侵害行为和自然界之危险等形成"原因竞合"时，受害人只有在对第三人或其他责任人无法求偿或无法取得全额赔偿时，才可请求国家赔偿，此即政府失职赔偿责任在"原因竞合"时的"求偿穷尽原则"。这一原则亦为世界大多数国家所接受。如德国法律规定，如果受害人可以从另一种方式获得赔偿，如合同和社会保险，那么就不得要求官吏及他所代表的国家机关赔偿；如果受害人故意或过失地忽视了防止损害的产生，以有利于获得一种法律救济，国家则不负赔偿责任。⑤ 但是，我们必须明确，受害人合法权益的损害即使已通过其他途径得到了弥补，国家赔偿责任亦并未因此免除，只是转移了受害人的赔偿请求权。

综上，如果受害人合法权益的损害完全是由政府失职行为造成的，则国家应对受害人的损害承担赔偿责任；如果受害人合法权益的损害是由政府失职行

---

① 参见《行政立法研究参考资料》第 13 辑。转引自皮纯协、冯军主编：《国家赔偿法释论》，中国法制出版社 1996 年版，第 117 页。

② 参见最高人民法院《关于公安机关不履行法定职责是否承担行政赔偿责任问题的批复》，法释〔2001〕23 号。

③ 如《国家赔偿法》第 5 条和第 19 条有关刑事赔偿的范围中明确排除了此种情形。

④ 杨小军：《怠于履行行政义务及其赔偿责任》，载《中国法学》2003 年第 6 期。

⑤ 参见胡建淼著：《比较行政——20 国行政法评述》，法律出版社 1998 年版，第 315 页。

为与受害人自身原因或自然界之危险共同造成的，而受害人已经通过保险公司理赔、公费医疗等途径获得了完全的赔偿，则国家不再承担赔偿责任；如果受害人合法权益的损害是由政府失职与第三人侵害行为共同造成的，而受害人已经通过对第三人的民事诉讼等途径获得了完全的赔偿，则国家亦不承担赔偿责任；如果在受害人无法通过其他途径求偿或无法取得全额赔偿时，国家才有最终承担赔偿责任的可能性。而此时赔偿数额的确定，应当考虑该不作为行为在损害发生的过程和结果中所起的作用和行政主体的过错程度等因素。这种政府失职赔偿责任的分担，既不会使国家承受过于沉重的经济负担，又保障了受害人损害的最终救济，因此较为合理。

2. 几种常见的政府失职赔偿责任承担

（1）不履行保护人身权、财产权的作为义务时国家赔偿责任的承担。这种情况即是最典型的"原因竞合"之下的国家赔偿责任的承担。如前文所述，此时应免除或减轻国家的赔偿责任并适用"求偿穷尽原则"。

（2）不履行颁发许可证和执照的作为义务时国家赔偿责任的承担。这种情况除了要履行法定职责外，还要视情况承担赔偿责任。如公民甲欲从事某种经营活动，依法进行了人、财、物等各方面的准备，在符合法定条件的情况下，申请工商行政管理机关颁发营业执照，但工商行政管理机关却无故不予答复，致使甲丧失了最佳营业时机，无奈取消了原先的经营计划。此时，若责令工商行政管理机关履行作为义务显然已无必要，而甲的先期投入的损失却是客观存在的，无疑只有工商行政管理机关对甲的损害予以赔偿才能弥补其损失。若责令工商行政管理机关履行作为义务仍有必要，则应对于"不予答复"到履行了作为义务这段时间内甲所遭受的损害，在判决履行法定职责的同时，仍应判令工商行政管理机关承担赔偿责任。

（3）不履行发给抚恤金的作为义务时国家赔偿责任的承担。根据《行政复议法》和《行政诉讼法》的规定，对于这种情况一般是责令行政机关履行作为义务，即向符合法定条件的公民发给抚恤金而无需再承担国家赔偿责任。但是，如果因行政机关没有依法发给抚恤金造成"损害"的，致使应享受抚恤金的公民无法生活而死亡的，未履行作为义务的行政机关就需承担国家赔偿责任了。

（二）行政机关侵权责任之承担

行政机关侵权行为所承担的责任可分为财产性责任和非财产性责任，前者的主要责任形式为行政赔偿（详见下文"国家责任：行政赔偿"部分），后者包括撤销违法行政行为、纠正不当行政行为等。

其一，撤销违法行政行为。根据《行政诉讼法》第54条规定，对行政机关的具体行政行为有超越职权和滥用职权的情形，判决撤销或者部分撤销。根据《宪法》第67条、第89条和第104条的规定，全国人民代表大会常委会可以撤销国务院，国务院可以撤销各部、委员会和地方各级行政机关，地方各级人大可以撤销本级人民政府制定的与宪法、法律相冲突的，不适当的行政法规、规章、决定和命令等。这其实是对违法抽象性行政行为侵权时的一种责任承担方式。

其二，纠正不当行政行为。根据《行政诉讼法》第54条第4款规定，法院对行政处罚显失公正的可以判决变更。这是对行政不当侵权行为的一种补救性措施，也即责任的实现方式。从我国目前的《行政复议法》和《行政诉讼法》的规定来看，对于行政不当侵权行为的纠正方式也只有撤销、变更或责令重作等几种方式。《国家赔偿法》中也没有具体列举这类侵权行为的承担方式，因此，对于此类行为的纠正方式可以参考其他责任的承担方式予以确定。

其三，政府侵权赔偿责任。对于政府侵权行为造成行政相对人合法权益受到损害的，还必须承担相应的行政赔偿责任。根据《国家赔偿法》的规定，政府侵权赔偿责任的承担方式，不仅有财产性的责任承担方式，而且还有精神性的责任承担方式，主要有支付赔偿金、返还财产、恢复原状、停止侵害，以及恢复名誉、赔礼道歉、消除影响等。

（三）政府渎职责任之承担

政府渎职责任是指行政主体因违法行政法律规范，滥用职权，不尽职守，侵害受法律保护的行政关系而依法必须承担的行政法律后果。它相对于政府失职责任、政府侵权责任而言要求更为严重的危害后果发生，也是最为严重的政府责任，应遭受法律更为严厉的否定性评价。因此，政府渎职责任的承担方式囊括了政府失职责任、政府侵权责任的所有承担方式。这表明政府渎职责任的承担方式不仅有履行法定职责、撤销违法行为、纠正不当行为，还有财产性的赔偿方式如支付赔偿金、返还财产、恢复原状，而且还有精神性的赔偿方式如赔礼道歉、恢复名誉和消除影响。同时，对于负有政府渎职责任的主要领导人员应承担撤职、罢免、责令辞职等责任形式。

三、国家责任：行政赔偿

随着法治国家观念的确立，国家开始代替其公务员向受害人承担赔偿责任，即所谓的代位责任。[①] 为保障公民、法人和其他组织享有依法取得国家赔偿的权利，促进国家机关依法行使职权，确立"谁侵权，谁赔偿"的原则，侵权主体代表国家对损害进行赔偿。行政赔偿作为国家赔偿的其中一种，是指政府代表国家接受赔偿请求，参加赔偿程序，履行赔偿责任。

（一）行政赔偿的途径

行政赔偿是指行政机关及其工作人员违法行使行政职权侵犯公民、法人和其他组织的合法权益造成损害的，行政机关作为赔偿义务机关应当给予赔偿。[②] 行政相对人获得国家行政赔偿的途径主要有以下几种。

其一，向赔偿义务机关要求赔偿。相对人认为行政机关及其工作人员行使职权的行为违法，并给自己的合法权益造成损害的，有权向该机关要求确认其行为违法，并请求国家赔偿。如相对人单独就行政赔偿提出请求，必须先向赔偿义务机关提出，由赔偿义务机关对其赔偿要求进行处理。

其二，通过行政复议解决赔偿问题。相对人在申请上一次行政机关行政复议的同时，可以一并提出赔偿请求，行政复议机关通过复议活动，在确认原行

---

① 袁治杰：《国家赔偿责任的民法基础》，载《政法论丛》2020年第1期。
② 参见杨临萍主编：《行政损害赔偿》，人民法院出版社1999年版，第4页。

政机关行使职权的行为违法的同时，应责令原行政机关赔偿申请人的损失，也可以直接作出赔偿决定。

其三，通过行政诉讼一并解决。相对人认为行政机关行使职权的行为违法并造成其合法权益的损害，可以直接提起行政诉讼，并同时一并提出赔偿请求，请求人民法院在审理行政案件的同时，一并解决行政赔偿问题。

其四，通过行政赔偿诉讼解决。相对人对已经确认为违法行使行政职权的行为，认为已造成自己合法权益的损害，并向赔偿义务机关要求赔偿，而赔偿义务机关自收到申请之日起两个月内不予赔偿或者对数额有争议的，可以依法向人民法院提起行政赔偿诉讼，由人民法院解决行政赔偿问题。

（二）行政赔偿责任的条件

行政赔偿责任的限定条件是对"谁侵权，谁赔偿"原则的具体落实。一方面体，它反应了行政赔偿是一种损害救济责任，不是惩罚性责任。另一方面，是国家机关结合事实因果关系与法定因果关系的，维护了公共伦理秩序观念，并且尊重国家客观物质基础的重要保障。因此，《国家赔偿法》对行政赔偿责任条件作了如下限制。

其一，损害必须是由行政机关和行政机关工作人员的行为造成的。经国家法律、法规授权的组织或行政机关委托的组织违法行使职权造成的损害，国家也必须承担赔偿责任。非国家行政机关或行政机关工作人员实施违法侵权行为造成的损害，国家不承担赔偿责任。

其二，国家负责赔偿的损害必须是由行政机关或行政机关的工作人员行使职权时造成的。所谓"行使职权"，是指行政机关或工作人员行使职务上的权力进行的活动。如卫生局的工作人员检查卫生、警察值勤、税务人员收税、公安人员制止违法行为等均属于行使职权的活动。国家行政机关及其工作人员从事与职权无关的民事活动，因个人行为造成的伤害，国家不承担赔偿责任。

其三，损害必须是由违法行为造成的。违法行为是指违反法律规定，不符合法律原则的行为。《行政诉讼法》将违法的具体行政行为归纳为：确认事实的主要证据不足；适用法律、法规错误；违反法定程序；超越职权；滥用职权；依法应当作为而不作为等。行政机关或行政机关的工作人员违法实施的行为（包括事实行为和法律行为）造成公民、法人和其他组织损害的，由国家承担赔偿责任。

其四，损害必须是现实已经产生或必然产生的，不是想象的；是直接的，不是间接的。例如，某个体户被非法拘留释放后，国家按照法定标准赔偿受害人因人身自由被限制遭受的直接损害。个体户因停业遭受的利益损失，属间接损失，国家不予赔偿。

其五，赔偿必须由法律明确规定。国家行政赔偿责任是一种法定责任，只有当法律规定的各种条件成熟后，国家才予赔偿。受害人提出赔偿请求，应当在法定范围和期限内依照法定程序提出，对于不符合法定条件，或不属于赔偿范围的赔偿请求，国家不负责赔偿。

（三）行政赔偿的范围

行政赔偿的范围包括两部分内容：一是国家承担赔偿责任的行为范围；二是承担赔偿责任的侵权损害范围。[1] 行政赔偿范围的大小，在一定程度上反映了一个国家与地区文明发展的程度。[2] 根据《国家赔偿法》第 3 条、第 4 条规定，行政赔偿的范围主要有以下三种情形。

其一，侵犯人身权的情形。行政机关及其工作人员在行使行政职权的过程中有下列侵犯人身权情形之一的，受害人有取得赔偿的权利：（1）违法拘留或者违法采取限制公民人身自由的行政强制措施的。（2）非法拘禁或者以其他方法非法剥夺公民人身自由的。（3）以殴打等暴力行为或者唆使他人以殴打等暴力行为造成公民身体伤害或者死亡的。（4）违法使用武器、警械造成公民身体伤害或者死亡的。（5）造成公民身体伤害或者死亡的其他违法行为。

其二，侵犯财产权的情形。行政机关及其工作人员在行使行政职权时有下

---

[1]　参见马怀德：《行政赔偿的范围》，载《江海学刊》1994 年第 5 期。
[2]　参见骆元卡：《我国行政赔偿范围及其立法完善》，载《理论与改革》2004 年第 6 期。

列侵犯财产权情形之一的，受害人有取得赔偿的权利：（1）违法实施行政处罚的。违法实施行政处罚侵犯财产权的情形有很多，主要有罚款、吊销许可证和执照、责令停产停业、没收财物等。（2）违法对财产采取行政强制措施的。违法对财产采取行政强制措施侵犯财产权的情形较多，主要有查封、扣押、冻结等。（3）造成财产损害的其他违法行为。

其三，免责情形。凡是建立了行政赔偿制度的国家，一般都有行政赔偿免责情形的规定，我国的行政赔偿立法也不例外。根据《国家赔偿法》第 5 条的规定，属于下列情形之一的，国家不承担赔偿责任：（1）行政机关工作人员与行使职权无关的个人行为。（2）因公民、法人和其他组织自己的行为致使损害发生的。（3）法律规定的其他情况。这里的"法律"是专指全国人民代表大会及其常务委员会根据立法程序制定的规范性文件，不包括法规和规章。这里的"法律规定的情形"包括以下几种情况：一是《国家赔偿法》本身的一些规定，如第 30 条、第 33 条的规定。二是相关法律的有关规定，如《行政诉讼法》第 12 条的规定。三是指未来的某些单行法律中可能作出的排除性规定。

（四）行政赔偿的方式

《国家赔偿法》第 32 条规定："国家赔偿以支付赔偿金为主要方式。能够返还财产或者恢复原状的，予以返还财产或者恢复原状。"具体地说，我国行政赔偿的方式有三种，即支付赔偿金、返还财产和恢复原状。

其一，支付赔偿金，又称为金钱赔偿，意指赔偿义务机关以货币形式支付赔偿金额，补偿受害人所受损失的方式。赔偿金为本国货币。根据《国家赔偿法》第 33 条、第 34 条、第 35 条的规定，支付赔偿金的范围覆盖了行政赔偿的范围：（1）损害人身自由权、生命权和身体健康权的，由赔偿义务机关支付赔偿金。（2）损害财产权的，能够返还财产、恢复原状的返还财产、恢复原状；不能返还财产、恢复原状的，支付赔偿金。（3）致人精神损害，后果严重的支付相应的精神损害抚慰金。值得一提的是，对于精神损害赔偿的规定是 2010 年修订《国家赔偿法》的一大亮点。这体现了现代法治的精神，充分保障了行政相对人的合法权益，有利于维护和监督行政机关依法行使职权。

在支付赔偿金的具体运作中，应注意以下几点：（1）赔偿金由行政赔偿义务机关直接支付。（2）赔偿额按《国家赔偿法》规定的计算标准计算，但具体法律规定了赔偿金额的，适用具体法律规定的金额。具体法律规定了赔偿计算标准的，按照具体法律规定计算。（3）支付赔偿金以受害人的实际损失为限额。①

其二，返还财产，又称返还原物，意指赔偿义务机关将违法取得的财产返还受害人的赔偿方式。返还财产一般是指原物，但是原物并非是指特定物，也包括种类物。和支付赔偿金相比，返还财产是一种辅助性的赔偿方式，只适用于财产权损害。如行政机关违法罚款、没收财物、违法征收、摊派费用等，都可适用于返还财产。采用返还财产这一方式时，还必须具备以下条件：（1）原物仍然存在。如果原物已经毁损或灭失，返还财物就无从谈起。（2）返还财物比金钱赔偿更为便捷。返还财产是一种辅助性的赔偿方式，只有比金钱赔偿更便捷时才适用。（3）返还财物不影响公务的实施。如果原财物已经用于公务活动，返还财物将影响到公务的实施，则不应以返还财产的方式赔偿，而应予以金钱赔偿。②

其三，恢复原状，意指赔偿义务机关对受害人受损害的财产进行修复，使之恢复到受损害前的形状和性能的赔偿方式。恢复原状不以受害人是否提出请求为限，只要赔偿义务机关认为恢复原状既有可能又有必要，就可以主动采取恢复原状的赔偿方式。恢复原状包括两方面的内容：（1）恢复财产原状。这主要作为返还财物的附加形式存在。应予返还的财产受到损害，能够恢复原状的，应恢复原状后返还。（2）恢复职位、户口、住房等。受害人的职位、户口、住房受损的，难以通过其他途径救济，恢复原状是最好的赔偿方式。

其四，其他方式。根据《国家赔偿法》第35条规定，承担国家赔偿的方

---

① 姜明安主编：《行政法与行政诉讼法》，北京大学出版社、高等教育出版社2007年版，第692页。

② 姜明安主编：《行政法与行政诉讼法》，北京大学出版社、高等教育出版社2007年版，第692页。

式有消除影响、恢复名誉、赔礼道歉。① 这主要适用于侵犯受害人的人身权并影响受害人名誉权和荣誉权的行为。根据《国家赔偿法》第 36 条规定，停止侵害也是赔偿的方式之一。停止侵害是指责令侵权人立即停止正在进行的侵害行为，以避免损失后果的发生或扩大的法律措施，如解除对财产的查封、扣押、冻结等。

典型案例 9-1：倪某诉 T 市生态环境局不履行环境保护监督管理职责案②

【裁判摘点】

人民政府环境保护主管部门和其他有关部门应当按照各自职责对生产、销售、使用放射性同位素和射线装置的单位进行监督检查。行政机关未尽监管职责属于行政不作为，相关责任主体应当承担因此而产生的利益损害。本案的行政诉讼展现了政府追责模式之一的司法追责模式，通过法院审判确认行政府政行为违法，并最终确定其应当承担的法律责任。

【相关法条】

《放射性同位素与射线装置安全和防护条例》第 46 条

《中华人民共和国行政诉讼法》第 2 条第一款、第 12 条、第 74 条

【基本案情】

2004 年起，倪某在某制造公司的放射性岗位工作。2014 年被诊断为多发性骨髓瘤。2015 年 2 月至 6 月，倪某要求 T 市生态环境局公开对该制造公司无辐射安全许可证使用 PT 机的行为进行查处和日常监管记录等相关信息。T 市生态环境局于 2015 年 4 月对该制造公司进行了处罚，但无 2004 年至 2013 年年底对该制造公司 PT 机的日常监查记录。倪某提起行政诉讼，请求确认 T 市生态环境局对该制造公司未尽监督管理职责属行政不作为违法。

---

① 除了《国家赔偿法》以外，其他法律中也有类似的规定，如《治安管理处罚法》第 117 条、《产品质量法》第 67 条、《公务员法》第 103 条等。

② 本案例裁判文书参见附录 17。

【裁判结果】

法院一审认为，T市生态环境局作为该制造公司环境影响评价文件的审批部门，具有相应的监督检查职责，其在2009年公司申请射线装置环境影响报告的行政许可时，即应知道该企业有安装使用射线装置的计划，但直至2015年因倪某举报才对该制造公司进行检查，在监督管理上存在疏漏。一审判决，确认T市生态环境局自2009年至2013年底未对该制造公司射线装置的安全和防护工作履行法定监督管理职责的行为违法。法院二审维持原判。

【裁判理由】

本案的核心焦点是环境局是否存在未依法履行职责的情形。该制造公司于2004年将3台射线装置安装投入使用，2009年1月递交环评报告，2009年6月市环境局予以批复，内容包括"使用上述射线装置必须依法取得《辐射安全许可证》""要求企业每年1月31日前向市环保行政主管部门报送安全和防护状况年度评估报告。"并"请T市辐射环境管理所负责该辐射应用项目实施过程中辐射环境保护的监督检查工作"。在上述报告出具前，市环境局所属的T市辐射安全所到现场对该制造公司的射线装置进行了监测并出具监测报告。综上内容结合相关法律规定，市环境局作为该制造公司环境影响评价文件的审批部门，具有相应的监督检查职责，其在2009年该制造公司申请射线装置环境影响报告的行政许可时，应当知道该企业有安装使用射线装置的计划，对该企业应该更加予以关注、加强监管。而市环境局直至2015年因倪某举报才对该制造公司进行检查，发现该企业射线装置未经验收使用的事实，在监督管理上存在疏漏。2009年之前的普利斯通公司使用射线装置的情况，企业没有任何的申报行为，也没有任何相关人员举报或信访的情况，市环境局无法发现，也没有证据证实其知道或者应当知道的情形，不存在违法不作为的情况。对市环境局提出的按照相关法律规定应由区县环保部门负责监管的意见，市环境局作为市级环保部门属于县级以上环境保护主管部门，其并未举证证明不同层级环境保护主管部门的具体分工，不能排除其监管职责，应承担相应责任。

典型案例 9-2：杨某诉 S 县水利局水利行政协议及行政赔偿案①

【裁判摘点】

现行法律对自然保护区实行最严格的保护措施，水利局应当依法承担保护责任。人民法院对涉及环境公共利益的合同效力依职权进行审查，通过依法认定合同无效，严禁任意改变自然生态空间用途的行为，防止不合理开发利用资源的行为损害生态环境。本案对在自然保护区签订的采矿权出让合同效力给予否定性评价，由出让人返还相对人出让款并赔偿损失，既是对相对人合法财产权利的保护，也是对行政机关、社会公众的一种政策宣示和行为引导，符合绿色发展和保障自然保护区生态文明安全的理念和要求。该案例中，政府相关资源部门应当承担的责任包括环境公共利益保护和行政相对人合法财产保护两个方面，责任承担的主要方式为行政赔偿。

【相关法条】

《中华人民共和国自然保护区条例》第 26 条

《中华人民共和国矿产资源法》第 20 条

《中华人民共和国合同法》第 52 条

《中华人民共和国行政诉讼法》第 75 条

《中华人民共和国国家赔偿法》第 36 条

【基本案情】

S 县水利局依据 H 省水利厅和 S 县人民政府的相关批复，委托拍卖机构对该县自然保护区内某河道干流、南、中、北源等河流河道砂石开采权进行公开拍卖。期间，该国家级自然保护区管理处函告 S 县水利局在自然保护区河段采砂行为涉嫌违法，要求终止对相关河段采砂权的拍卖。杨某通过竞标获得此处电站库区砂石开采权，在缴清 100 万元成交价及 5 万元拍卖佣金后与 S 县水利局签订了电站库区河段河道砂石开采权出让合同，（以下称为《出让合同》）。杨某为履行合同修建公路一条，造采砂船两套（四艘），先后向银行贷款两笔。杨某向 S 县水利局申请发放河道采砂许可证，S 县水利局以杨某未按要求

---

① 本案例裁判文书参见附录 18。

提交资料为由未予办理

【裁判结果】

H省S县人民法院一审认为，争议行政协议项下的采砂河段在实施拍卖和签订出让协议时已是国家级自然保护区范围，属于禁止采砂区域，自然保护区管理处在发现S县水利局的拍卖行为后，按照职责要求终止拍卖，S县水利局在未取得自然保护区主管部门批准的情况下不能继续实施出让行为。该河道采砂权有偿出让行为未经国务院授权的有关主管部门同意，S县水利局违反禁止性规定，实施拍卖出让，所签订的《出让合同》无效。双方当事人在签订《出让合同》后对采砂许可证的颁发产生误解，最终杨某因不能提交完整申请材料、不符合颁证条件而未取得采砂许可证，《出让合同》没有实际履行与S县水利局在实施行政许可过程中未尽到公示告知职责有一定的关系。S县水利局的上述违法行为致使行政协议未能实际履行，造成的经济损失客观存在，应承担赔偿责任。一审法院判决确认案涉《出让合同》无效，S县水利局返还杨某出让款并赔偿相关损失。二声维持一审判决。

【裁判理由】

本案争议的焦点是上诉人S县水利局通过行政审批及挂牌出让拍卖程序，与被上诉人杨某签订的《出让合同》等行政行为是否依法应当认定"重大且明显违法"及双方在签订《出让合同》被确认无效后因此造成被上诉人直接经济损失是否给予行政赔偿的问题。

其一，关于上诉人S县水利局通过公开拍卖河道砂石开采权行为是否应当遵守《中华人民共和国自然保护区条例》第26条："禁止在自然保护区范围内进行砍伐、采石、挖沙等活动"及《中华人民共和国矿产资源法》第20条："非经国务院授权的有关主管部门同意""不得在国家划定的自然保护区开采矿产资源"的规定，该公开拍卖行为是否应当确认无效的问题。本案中，上诉人S县水利局虽然经过H省水利厅相关文件批复该电站库区标段河道砂石采权有偿出让，但是，该保护区管理处作为国家级自然保护区主管部门，函告上诉人S县水利局终止公开拍卖采砂出让行为，并告知相关提起行政复议或行政诉讼的权利。S县人民政府请示省畜牧水产局请求如期开展拍卖出让采砂权，但是没有证据得到相关部门的同意。被上诉人杨某参与上诉人 S 县水利局委托相关拍卖公司组织的公开拍卖竞价成功，2013 年 10 月 23 日，上诉人 S 县水利局与被上诉人杨某签订《拍卖成交确认书》，杨某按期交纳该电站库区标段河道砂石开采权成交价 100 万元，拍卖佣金 5 万元。同日，上诉人 S 县水利局与被上诉人杨某签订《出让合同》。签订合同后，S 县水利局一直未按合同约定为杨某办理《河道采砂许可证》。上诉人 S 县水利局通过公开拍卖与被上诉人杨某签订《出让合同》所载明有偿出让该国家级自然保护区核心区河道砂石开采权的行为明显违反《中华人民共和国自然保护区条例》第 26 条、《中华人民共和国矿产资源法》第 20 条、《中华人民共和国合同法》第 52 条的规定，参照《最高人民法院关于审理矿业权纠纷案件适用法律若干问题的解释》第 18 条的规定，属于人民法院行政诉讼审理的行政行为的受理范围，符合《中华人民共和国行政诉讼法》第 75 条"没有依据等重大且明显违法情形"的规定，人民法院应当判决确认无效。因此，原审判决确认上诉人 S 县水利局以公开拍卖该国家级自然保护区水域河道砂开采权所签订的《出让合同》无效并无不当。上诉人 S 县水利局以经过省水利厅等相关部门批准同意公开拍卖砂石开采权，不应适用上述法律法规的规定，应当免除其依法行政的法定职责，不应认定"重大且明显违法"的理由没有事实依据和法律依据。

其二，关于行政赔偿的数额计算问题。《中华人民共和国国家赔偿法》第 2 条规定"国家机关和国家机关工作人员行使职权，有本法规定的侵犯公民、法人和其他组织合法权益的情形，造成损害的，受害人有依照本法取得国家赔偿的权利"。《中华人民共和国行政诉讼法》第 76 条规定"人民法院判决确认违法或者无效的，给原告造成损失的，依法判决被告承担赔偿责任"。本案中，被上诉人杨某因与上诉人 S 县水利局签订的《出让合同》被依法确认无效后，又因在实际履行中因未办理开采河道采砂许可证，致使被上诉人杨某不能正常开采经营所造成的损失。应当依照《中华人民共和国国家赔偿法》第 36 条第（八）项"对财产权造成其他损害的，按照直接损失给予赔偿。"的规定，本案行政赔偿数额以其实际投入造成的损失额为限。原审判决已就双方签订的《出让合同》交纳的成交价款 100 万元因《出让合同》无效应当予以返还和 5

万元佣金属于订立合同造成实际损失应予认定，并无不当。本案中，被上诉人杨某为此履约交纳成交价款以银行借款利息计算应予认定，原审判决以杨某在金融机构借款的利息补偿其因砂石开采不能正常进行而占用资金利息的计算并无不当。对于杨某为开采砂石修建公路和两艘采砂船的损失，已经过司法鉴定评估的损失额，原审法院已作出认定，本院应予支持。同时，上诉人提出并没有禁止被上诉人杨某开采砂石且有实际开采砂石的行为应当折扣冲减损失的理由因没有提供相关证据，本院亦不予支持。同时，上诉人 S 县水利局提出被上诉人杨某为此出资修建公路和两艘采砂船的损失不能作为行政赔偿依据不充分的理由均没有提供必要的证据。

结语
走向责任政府时代

2020 年注定是个不平凡的一年，这是我国法治政府基本建成的时代，也是我国迈向责任政府的时代。"责任政府是民主政治和法治国家的必然诉求，也是政府实现高效廉洁的必要基础。"① 法治政府也是责任政府，法治政府的建成同样意味着责任政府的实现。在当今的民主政治中，责任政府既是一种价值理念也是一种制度安排②，迈入责任政府是时代发展的必然趋势，也是法治发展的必然要求。于法治政府初步建成的大背景之下，我国基本实现责任政府，这既得益于以责任政治为基本内核的责任政府理念确立，也得益于围绕政府责任控制而展开的制度体系化形成。

一、责任政府理念确立

在我国传统社会的政府活动中，政府处于主导地位，而人民处于被统治和被管理的对象。基于这样的政治理念，政府权力不断延伸，而政府责任的地位则被逐渐弱化。如今，责任政府得以实现，其首先是指责任政府理念的确立，即政府的一切权力活动以责任为核心，秉持对人民负责、为人民服务的精神理念而展开。其要义有三：其一，政府职能的转变，由"管制型政府"向"服务型政府"转变，由"全能政府"向"有限政府"转变；其二，政府观念的转变，政府由"以权力为本位"向"以责任为本位"的观念转变，突出政府责任的重要地位；其三，明确政府责任内容，实现政府责任主体的统一。

---

① 陈国权：《论责任政府及其实现过程中的监督作用》，载《浙江大学学报（人文社会科学版）》2001 年第 31 卷第 2 期。

② 参见张成福：《责任政府论》，载《中国人民大学学报》2000 年第 2 期。

（一）政府职能的转变

所谓政府职能，是指"政府对整个社会经济生活进行管理时所应当承担的职责和所具有的功能"①。其中，政府功能的定位决定了政府的职责内容，反之，政府职责的承担又影响着政府功能的实现。因此，可以说，"政府职能的转变就是指政府职责与功能的转换、重组与优化"②。

从 1988 年我国政府首次提出转变政府职能以来，政府职能转变一直是我国政府着力解决的核心问题，并于 2002 年《政府工作报告》中首次明确了"经济调节、市场监管、社会管理和公共服务"这一政府职能转变的基本目标。2008 年的《政府工作报告》中又对其进行了深化，提出"在加强和改善经济调节、市场监管的同时，更加注重社会管理和公共服务，维护社会公正和社会秩序，促进基本公共服务均等化"的新要求，将社会管理和公共服务作为政府职能的重点，并提出了更加具体的职能目标。政府职能转变的目标是明确的，也是科学合理的，为政府责任内容的优化和明确提供了便利，同时减轻了政府负担，提升了政府责任的地位。当前，就我国责任政府的职能转变而言，已经初步完成由"管制型政府"向"服务型政府"的转变，由"全能政府"向"有限政府"的转变。服务型政府的形成明确了政府的治理在于"为人民服务"。在我国，一切权力属于人民，政府的权力来源于人民也必然以人民的利益为终级目标。因此，政府的一切活动应当以保障和实现人民的利益为宗旨，时刻体现为人民服务的精神。有限型政府的形成适当限缩了政府的权能，对政府权力进行了一定程度的下放：它一方面限缩了政府权能，减少了政府对社会和市场经济的过度干预——"凡是市场和社会可以自行调节与自我管理的，政府就不能越俎代庖"。③ 政府充当"守夜人的角色"，实现对市场的调节和补缺作用，激发市场经济自由发展的潜能，同时为社会组织提供自治空

---

① 杜创国著：《政府职能转变论纲》，中央编译出版社 2008 年版，第 14 页。

② 沈荣华：《关于转变政府职能的若干思考》，载《政治学研究》1999 年第 4 期。

③ 张晓泉、林学飞：《论行政法治条件下政府责任的实现途径》，载《中共浙江省委党校学报》2003 年第 2 期。

间。另一方面，政府适当下放中央权力，实现一定程度的地方自治，让地方享有一定的自主权，因地制宜、因时制宜。

（二）政府观念的转变

事实上，无论是在西方国家的政体中还是在我国政体中，法治政府都属于民主政治的产物。而民主政治要求政府观念的转变，即从权力本位向责任本位转变——这也是责任政府得以形成的关键标志。

传统的"全能政府"以权力为本位，职能重在对社会的管理和控制，政府体系的建构也以权力为先，责任次之。在这样的政治逻辑下，政府以自己为社会管理的主人，而人民为管理的对象。政府官员通常也只关注自己的权力，并不断谋求权力的扩张以获取个人利益，从而导致政府责任范围的不断限缩甚至被漠视。随着市场经济和社会法治化的发展，民主政治的理念深入人心。在这样的政治体制之下，政府的职能得到了重新的审视。国家的一切权力属于人民，人民才是国家的主人，而政府的产生只是源自于人民利益的需求——由于人民无法直接行使国家权力，现实的需要孕育了政府的诞生，由政府代理人民来行使权力、治理国家，从而维持人民生存和追求幸福的基本条件，实现社会的安全、和谐和稳定。因此，政府享有权力的基础和根源来自于其对人民所担负的责任，责任是政府权力存在的基础和前提，权力是为其责任而设置的，政府在享有权力的同时必须承担相应的责任，责权应当一致。"责任是行政权运行的必然约束，不受约束的权力会导致腐败，这是政治运行的规律之一。"[1]政府观念从"以权力为本位"向"以责任为本位"的转变，彰显了责任政府的理念，同时指导着政府权力的行使，起着制裁行政权力滥用和规范行政权行使的功能。[2]而这一观念转变的突出表现即是行政责任地位的强调和重视——政府依法行政，违法必担责，即一方面通过强调行政责任来约束行政权力，规

---

[1] 魏星河、许小莲：《行政责任缺失的危害及其控制》，载《广东行政学院学报》2003 年第 15 卷第 1 期。

[2] 参见胡肖华著：《走向责任政府——行政责任问题研究》，法律出版社 2006 年版，第 98 页。

范行政行为，另一方面通过行政责任的追究机制来制裁违法行政行为，保障行政行为的合法性。同时，行政责任的内容还强调对遭受违法行政行为侵害相对人的损害赔偿和补救，以此弥补相对人的损失、安抚其情绪，从而舒缓行政主体与行政相对人之间的冲突关系，平衡双方的主体地位。在当今民主政治中，法治政府也是责任政府，没有无法治的责任，也没有无责任的法治，"责任作为管理者行使权力的一种制约措施，本身就是一种管理方法或手段"①。因此，可以说，责任政府的形成为法治政府的建设和完善提供了助力和保障。

（三）政府责任的明确

责任政府理念关涉的政府责任并非一个单薄的概念名词，它是一个全方位的、丰满的、涉猎范围广泛的总体称谓。正是因为"政府责任"的高度凝练和概括性，对于其内涵而言，不能简单从字面上进行理解，而应将其置身于整个国家和社会之中，作立体性的解释。

从广义的角度来看，政府责任不仅包括政府因其角色所应承担的政府职责，即包含政府应当为之的积极责任，也包括政府不应为之的消极责任和社会及个人的发展所赋予政府的发展责任；还包括违背这些职责所应承担的否定性后果。具体而言，在不同的学科领域中，政府所承担的责任内涵也各不相同。② 在政治学当中，基于民主政治的理论基础，政府责任主要是指政府对人民所承担的公共责任；在法学当中，基于权利义务相统一的关系，政府责任主要是指行政法律规范所规定的义务和违反该义务所承担的否定性后果；在伦理学当中，基于行政人员的社会角色关系，政府责任主要是指行政人员的岗位职责及违反该职责的问责；在经济学当中，基于委托代理理论，政府责任主要是指政府对于社会经济发展所承担的职责和义务及其违背该义务所承担的否定性后果；在公共行政学当中，基于公共管理者的身份，政府责任主要包括六个方

---

① 李汪洋、顾爱华：《论中国行政责任制度体系》，载《中国行政管理》2000 年第 9 期。

② 参见黄新伟：《政府责任内涵的多视角探析》，载《政法学刊》2006 年第 24 卷第 2 期。

监督机制得到不断的完善。2017 年新修改的《行政诉讼法》① 将行政诉讼的受案范围扩大到附带审查规范性文件，由此，司法监督机制不仅局限于具体的行政行为，也对抽象行政行为形成一定的监督效用，弥补了司法监督范围的缺漏。(3) 监察机制促使政府责任的监督形成合力，极大提高了政府责任的监督实效。可以说，国家监察体制的改革既是法治政府建设的重要制度性改革，也是完善责任政府的动力机制。

(二) 政府责任全方位追究体系

政府作为"迫不得已的恶"而存在，其享有权力的同时天然具有扩张和腐败的特性，因此，必须突出责任的地位，以责任束缚权力，用责任来规范权力的行使。而其中的关键便在于政府责任追究机制的体系化建设和效用发挥。就我国当前的政府责任追究制度而言，基本形成政府责任的全方位追责体系，即主要包括四种责任的追究机制：政治责任、法律责任、道德责任和纪律责任。② 其中，(1) 法律责任的追究主要是指法院对违法行政行为的审判而使行政主体所担负的否定性的法律后果，它是最具有强制色彩也是最具有约束力的方式，对政府行为起着法治化的控制和约束作用，从而保障着政府职责的落实。(2) 政治责任的追究主要是通过人大对政府的政治问责、执政党对党员干部的问责以及行政系统内部的问责而实现。相对而言，政治问责的范围较为广泛，既包括对违法行政行为的问责，也包括对不当行政行为的问责，既包括对具体行政行为的问责也包括对抽象行政行为的问责。从这个意义上来说，政治责任的追究弥补了法律责任的空白，具有"补缺查漏"的作用。(3) 纪律责任主要是依据党纪和行政系统内部的组织纪律进行追究，有利于将责任落实于具体行政人员身上，切实发挥了政府回溯责任的功效，保障政府预期责任的

---

① 《行政诉讼法》第 53 条："公民、法人或者其他组织认为行政行为所依据的国务院部门和地方人民政府及其部门制定的规范性文件不合法，在对行政行为提起诉讼时，可以一并请求对该规范文件进行审查。"

② 参见苗雨：《论我国政府责任实现的法制困境与出路》，山东大学 2012 年博士论文，第 48 页。

实现。（4）道德责任的追究主要是通过舆论的方式倒逼政府担责从而实现自我纠错、自我约束。这种责任追究机制一方面有利于提升公务人员的道德素养和自我觉悟意识，另一方面有利于激发社会大众的民主监督意识和政治参与程度，提高我国社会整体人员的法治素养。政府责任的追究机制并不因责任类型的不同而相互排斥，相反，它们是并行存在的，并起着相互补充、相互促进的合力功效，形成一个全方位的责任追究体系，保障政府责任的全方位落实。

（三）政府责任制度间的衔接机制

责任政府作为一种制度安排，是指一种完整的制度体系，制度与制度之间相互联结并形成合力，共同架构体系化的政府责任制度。倘若缺乏一定的制度衔接机制则难以形成制度的合力，制度与制度之间只能是松散的"联盟"，而无法产生"1+1＝2"的整体功效。因此，制度间的衔接机制在责任政府的体系中同样具有重要的地位。就我国当前所形成的责任政府制度体系而言，制度间的衔接机制主要包括以下几种机制：（1）从制度的主体来看，一方面，国家监察制度的改革，整合了反腐败资源，将监督范围覆盖为所有的行政机关和公职人员，弥补了其他监督主体的范围缺漏，有利于形成一张全面、严密的监督法网。同时，它将监察委与纪委合署办公，而监察机关是并行于司法机关、检察机关、政府的权力机构，直接对人大负责，也即对人民负责，如此便将党内监督与人民监督有效地衔接了起来。① 另一方面，监察机关不仅享有对政府纪律责任的追究权力，还享有对政府公职人员犯罪的监督、调查和处置权——对公职人员涉嫌犯罪的移送检察机关提起公诉，从而启动法律责任的追究机制，而对违法违纪尚未构成犯罪的公职人员则可作出政务处分并同时督促行政系统内部的责任追究。如此一来，国家监察制度便同时联动法律责任与行政系统内部的行政责任、纪律责任甚至是政治责任和道德责任的一同追究，促成了全方位的责任追究，构建起一张严密的政府责任法网，有利于发挥政府责任体

---

① 参见马怀德：《国家监察体制改革的重要意义和主要任务》，载《国家行政学院学报》2016 年第 6 期。

系化的功效。可见，国家监察制度的改革对政府责任的体系化形成具有极大益处。（2）从制度的场域来看，政府责任包括行政系统外部的责任制度和行政内部的责任制度。其中，行政系统的外部责任制度主要是指对政府整体责任的监督和追究机制，而行政系统内部的责任制度主要是指对公务人员个人的责任监督和追究机制。一方面，国家赔偿制度是追究政府整体责任的常用机制，并促使司法监督成为政府外部监督的强力保障机制。另一方面行政问责制度作为政府内部的监督机制，也是追究公务人员个人责任的常用机制，两种常用机制在政府内部责任制度与外部责任制度之间架起一座桥梁，形成内外衔接的体系化制度建设。一般而言，政府责任的追究是先外部整体责任后内部个人责任，即先通过国家赔偿制度落实外部政府责任追究，再通过行政问责制度将政府外部的整体责任向政府内部公务人员的个人责任进行转化，两种制度的存在促使外部责任与内部责任有效地联系了起来，形成政府责任体系的内外衔接和互补机制。（3）从制度涉及的责任构成来看，政府责任包括客观责任与主观责任。其中，政府的政治责任和道德责任属于主观责任，而政府的法律责任、纪律责任属于客观责任。① 在实践中，客观责任容易确定，而主观责任则具有不明确性和任意性，较难确定。因此，为避免主观责任的疏漏，我国不断完善政府责任的立法，通过法律的形式将道德责任和政治责任予以明确。譬如，新修订的《公务员法》增加了对公职人员政治责任和道德责任方面的规定，将其以法律的形式明确化，更加容易把握和实现。②

三、责任政府尚待完善

在现代民主社会，政府要对人民负责已经成为普遍认同的理念③，责任政府是时代发展的必然。如今，我国虽在责任政府理念的指引下，基本构建起责

---

① 参见田思源：《论政府责任法制化》，载《清华大学学报（哲学社会科学版）》，2006 年第 2 期第 21 卷。

② 参见《公务员法》第 57 条规定。

③ 陈国权：《论责任政府及其实现过程中的监督作用》，载《浙江大学学报（人文社会科学版）》2001 年第 31 卷第 2 期。

任政府的制度体系，但仍存有不足之处。概括而言，可归为两点：其一，尚未制定统一的政府责任法典，立法工作有待加强；其二，政府责任外部监督机制效用发挥受限，仍需完善。

（一）政府责任立法未统一

随着社会法治水平的发展，我国基本建成法治政府，实现由传统"管制型政府"向"服务型政府"的转变。① 由此，国家和社会对政府提出了更高的要求，赋予了政府更多的责任。而责任政府的形成更是突出政府责任的地位和重要性，它将政府责任置于法律的框架之内并形成体系化的制度建设，以责任来约束权力，促使政府的权力转化为政府的义务和责任，从而避免腐败的产生。可以说，政府责任的制度体系是法治政府建设当中约束政府权力的强有力手段和方式，但在立法上，我国还未形成统一的政府责任法典，政府责任缺乏统一的法律规范规制，长此以往容易导致政府责任的泛滥。正所谓"物极必反"，政府责任同样需要形成统一且明确的法律规定。法律规范具有"指引、评价、教育、预防和强制"② 的作用，统一的政府责任法典制定，一方面为政府责任应对法治政府新的发展和挑战提供指引和方向，避免政府的盲目和不作为；另一方面有利于消解因政府责任的泛滥而引起的公民过高期望，平衡政府与公民需求之间的不衔接关系，更好地实现"服务行政"。

从目前我国形成的政府责任法律框架来看，政府预期责任的明确仍然有所欠缺。就根本大法——宪法而言，其对政府预期责任的规定属于原则性的规定，而未涉及细化的规定。当然，这也是由宪法的根本性所决定的。在宪法的指导下，即使是具体的部门法律——行政法律规范同样缺乏对政府预期责任的明确规定。在行政法律规范当中，由于我国行政法律规范遵循以行政行为为核心的理论模式，在立法上也反映出这种倾向，因而涉及政府责任的法律规范多

---

① 参见王行宇：《我国实现责任政府的理念转变与制度保证》，载《云南社会科学》2004年第1期。

② 沈宗灵主编：《法理学》，北京大学出版社2000年版，第74~78页。

以违法的具体行政行为为规制对象，即主要通过回溯责任的反向理解来限定预期责任的范围，而缺乏正面预期责任的明确规定。同时，依据不同内容而形成的政治责任、法律责任、道德伦理责任和政府内部的行政责任也缺乏明确的规定，存在交叉、混淆的情况。尤其是政府内部的行政责任，因政府组织体系的整合性欠缺，政府部门内部职能仍然存在不清晰的划分，从而导致责任的推诿和扯皮。① 因此，为完善责任政府的建设，有必要制定统一的、以中央和地方各级政府责任为规范对象的基本法律。②

（二）外部监督欠缺实效性

监督体系具有惩前毖后的功效，既能在事先监督、保障政府预期责任的实现，预防行政腐败行为，约束行政权力，又能在事后惩治违法行政行为，保障政府回溯责任的追究，规范行政行为。因此，监督体系效用的发挥对于责任政府而言至关重要。就我国当前的监督体系而言，基本形成行政系统内外互补的监督机制，内部监督机制具有监督及时、效益高的特性，但始终无法避免出现"官官相护"的情形，因而彰显出外部监督机制的优势——更加客观、中立。外部监督机制弥补了内部监督机制的缺陷，同时带来了监督机制的多元化，有利于形成全方位的监督体系，强化政府责任的监督。然而，外部监督机制在实践中所发挥的效用受限，对整体监督体系的合力功效具有一定的影响。具体而言，在外部监督机制中，主要存在以下方面的不足：（1）人大监督机制发挥效用有限，存在疲软姿态。③ 人大的监督是指人大对政府的政治监督。"从国家权力配置的角度来看，人大与政府的权力关系是非常明确的，即政府是人大选举产生的，并接受人大的监督"④。可见，作为国家的权力机关——人大是

---

① 参见王行宇：《我国实现责任政府的理念转变与制度保证》，载《云南社会科学》2004 年第 1 期。

② 张珏芙蓉：《论行政责任类型的体系建构》，载《山东社会科学》2015 第 4 期。

③ 参见潘国红：《提升人大监督刚性力量》，载《人大研究》2020 年第 3 期。

④ 张劲松著：《宪政视角下人大监督权的运作》，广东人民出版社 2009 年版，第 104 页。

政府权力的来源之地，理应属于政府外部监督的强势主体，对政府起着明显的约束作用。但在实践当中，人大的问责机制启动甚少，甚至存在明哲保身的形式化监督，并未真正发挥其代表人民监督政府的"刚性实效"。因此，责任政府的完善必须"激活"和完善人大的监督机制，即一方面落实人大及其常委会对政府工作报告的审查批准制度，人大及其常委应当积极行使对政府的质询权，以此来实现政府责任的事前监督，落实政府的预期责任。另一方面"激活"人大的问责机制，发挥人大对政府问责的制度实效，即通过质询、罢免的责任追究程序，"把引咎辞职、责令辞职等追究政府责任的具体形式从一种政策变成规范意义上的制度"①，有责必究，保障政府回溯责任的落实。（2）监察监督机制本身的监督力度不够，影响政府责任的监督实效。监察机关的监督是指专职监督公职人员的国家权力机关对所有公职人员的行政监督，它是我国一项重大的监督机制改革。监察机关既承担着反腐的重任，也起着完善严密法治监督体系的作用。② 但由于我国的监察系统刚刚改革完成，一切都处于完善当中，该制度本身也存在一些问题。其中，尤为重要的一点是如何强化对监察机关本身的监督机制，避免因权力集中而产生腐败，影响监察监督机制的效用发挥。而监察监督机制不仅仅是组成政府责任监督体系中的一环，更是政府责任制度间的衔接机制。因此，为发挥其本身内涵的监督功效以及衔接作用，应当加强监察制度自身的完善——完善人大对监察机关的监督机制，加强对监察机关职权行为的立法规定，即明确、细化监察机关的职权行为，规范其行为，并设定相应的法律责任追究制度，保障监察机关的责任落实。

建设责任政府是建设法治政府的必要条件，我们目前正在完善各种监督机制，体系化地建设责任政府，现阶段已经取得了诸多成效。在看到成绩的同

---

① 王行宇：《我国实现责任政府的理念转变与制度保证》，载《云南社会科学》2004年第1期。

② 马怀德：《国家监察体制改革的重要意义和主要任务》，载《国家行政学院学报》2016年第6期。

时，也要正视目前责任政府还有需要完善的地方，社会的发展变化也总会给建设责任政府带来新的挑战，稍有懈怠，已经取得的成就也可能被破坏，建设责任政府永远没有终点，这是历史长河上一代代人不懈的责任。

参 考 文 献

（一）著作类

[1] 荀明俐著：《从责任的漂浮到责任的重构：哲学视角的责任反思》，中国
社会科学出版社 2016 年版。

[2] 冯军著：《刑事责任论》，社会科学文献出版社 2015 年版。

[3] 王成栋著：《政府责任论》，中国政法大学出版社 1999 年版。

[4] 沈开举、王珏著：《行政责任研究》，郑州大学出版社 2004 年版。

[5] 张文显著：《法学基本范畴研究》，中国政法大学出版社 1993 年版。

[6] 周亚越著：《行政问责制研究》，中国检察出版社 2006 年版。

[7] 孙笑侠著：《法的现象与观念》，群众出版社 1995 年版。

[8] 苗力田著：《古希腊哲学》，中国人民大学出版社 1989 年版。

[9] 胡肖华著：《走向责任政府——行政责任问题研究》，法律出版社 2006 年
版。

[10] 陈国权等著：《责任政府：从权力本位到责任本位》，浙江大学出版社
2009 年版。

[11] 蒋劲松著：《责任政府新论》，社会科学文献出版社 2005 年版。

[12] 皮纯协、胡锦光编著：《行政法与行政诉讼法教程》，中央广播电视大学
出版社 1996 年版。

[13] 王连昌、马怀德主编：《行政法学》，社会科学文献出版社，1993 年版。

[14] 胡建淼主编：《行政法教程》，法律出版社 1996 年版。

[15] 马怀德主编:《中国行政法》,中国政法大学出版社 1997 年版。

[16] 喻志瑶等编:《行政法与行政诉讼法》,警官教育出版社 1994 年版。

[17] [苏] B. M. 马诺辛等著:《苏维埃行政法》,黄道秀译,群众出版社 1983 年版。

[18] 张载宇著:《行政法要论》,台北翰林出版社 1978 年版。

[19] 罗豪才主编:《行政法学》,北京大学出版社 1996 年版。

[20] 胡建淼主编:《行政违法问题探究》,法律出版社 2000 年版。

[21] 王名扬著:《英国行政法》,中国政法大学出版社 1987 年版。

[22] 江国华著:《中国行政法(总论)》,武汉大学出版社 2017 年版。

[23] 陈新民著:《中国行政法学原理》,中国政法大学出版社 2002 年版。

[24] 罗豪才主编:《现代行政法的平衡理论》,北京大学出版社 1997 年版。

[25] [英] 米勒、波格丹诺主编:《布莱克维尔政治学百科全书》,邓正来等译,中国政法大学出版社 2002 年版。

[26] 应克复等著:《西方民主史》,中国社会科学出版社 1997 年版。

[27] [美] 斯科特·戈登著:《控制国家——从古代雅典到今天的宪政史》,应奇等译,江苏人民出版社 2005 年版。

[28] [德] 卡尔·J. 弗里德里希著:《超验正义——宪政的宗教之维》,周勇等译,生活·读书·新知三联书店 1997 年版。

[29] [英] 昆廷·斯金纳著:《近代政治思想的基础》,奚瑞森等译,商务印书馆 2002 年版。

[30] 张贤明著:《论政治责任——民主理论的一个视角》,吉林大学出版社 2000 年版。

[31] 孙彩红著:《中国责任政府建构与国际比较》,中国传媒大学出版社 2007 年版。

[32] [美] 菲利普·李·拉尔夫、罗伯特·E. 勒内、斯坦迪什·米查姆、爱德华·伯恩斯著:《世界文明史》(第一卷),罗经国等译,商务印书馆第 1987 年版。

[33]《西方法律思想史资料选编》,北京大学出版社 1983 年版。

［34］［古罗马］西塞罗著：《国家篇法律篇》，沈叔平、苏力译，商务印书馆1999年版。

［35］［古罗马］西塞罗著：《西塞罗三论》，徐奕春译，商务印书馆1998年版。

［36］［荷］斯宾诺莎著：《神学政治论》，温锡增译，商务印书馆1997年版。

［37］［荷］斯宾诺莎著：《政治论》，冯炳昆译，商务印书馆1999年版。

［38］［英］詹姆士·哈灵顿著：《大洋国》，何新译，商务印书馆1996年版。

［39］［英］洛克著：《政府论》（下篇），叶启芳、瞿菊农译，商务印书馆1996年版。

［40］周天玮著：《法治理想国——苏格拉底与孟子的虚拟对话》，商务印书馆1999年版。

［41］［德］约瑟夫·夏辛、容敏德编著：《法治》，阿登纳基金会译，法律出版社2005年版。

［42］罗豪才、湛中乐主编：《行政法学》，北京大学出版社2016年版。

［43］田秀云、白臣著：《当代社会责任伦理》，人民出版社2008年版。

［44］余灵灵等译：《苏格拉底的最后日护——柏拉图对话集》，上海三联书店1988年版。

［45］［古希腊］柏拉图著：《理想国》，郭斌和等译，商务印书馆1986年版。

［46］赵洁著：《政府的社会责任》，山西人民出版社2015年版。

［47］［德］康德著：《道德形而上学原理》，苗力田译，上海人民出版社2002年版。

［48］谢军著：《责任论》，上海人民出版社2007年版。

［49］［古罗马］奥古斯丁著：《忏悔录》，周士良译，商务印书馆1963年版。

［50］韩水法编：《韦伯文集》（下），中国广播电视出版社2000年版。

［51］［德］马克斯·韦伯著：《学术与政治》，冯克利译，生活·读书·新知三联书店1998年版。

［52］《马克思恩格斯选集》（第1~4卷），人民出版社1995年版。

［53］［美］布雷恩·Z.塔玛纳哈著：《论法治：历史、政治和理论》，李桂

林译，武汉大学出版社 2010 年版，第 101 页。

[54] 陈国权等著：《责任政府：从权力本位到责任本位》，浙江大学出版社 2009 年版。

[55] 李燕凌、贺林波著：《公共服务视野下的政府责任法治》，人民出版社 2015 年版。

[56] ［德］伯恩·魏德士著：《法理学》，丁晓春、吴越译，法律出版社 2005 年版。

[57] 张文显主编：《法理学》，高等教育出版社、北京大学出版社 1999 年版。

[58] 林仁栋著：《马克思主义法学的一般理论》，南京大学出版社 1990 年版。

[59] J. 费因伯格、H. 格拉斯编：《法律哲学》（英文版），维兹沃思出版社 1980 年版。

[60] 《荀子校释》，王天海校释，上海古籍出版社 2005 年版。

[61] 洪福增著：《刑事责任之理论》，刑事法杂志社 1982 年版。

[62] 杨解君主编：《行政责任问题研究》，北京大学出版社 2005 年版。

[63] 罗豪才主编：《行政法论》，北京光明日报出版社 1988 年版。

[64] 应松年主编：《行政法和行政诉讼法词典》，中国政法大学出版社 1992 年版。

[65] 方世荣主编：《行政法和行政诉讼法》，中国政法大学出版社 1999 年版。

[66] 李龙主编：《法理学》，人民法院出版社、中国社会科学出版社 2003 年版。

[67] 陈党著：《问责法律制度研究》，知识产权出版社 2008 年版。

[68] 沈宗灵著：《现代西方法理学》，北京大学出版社 1992 年版。

[69] ［奥］凯尔森著：《法与国家的一般理论》，沈宗灵译，中国大百科全书出版社 1996 年版。

[70] ［英］哈特著：《法律的概念》，许家馨、李冠宜译，法律出版社 2018 年版。

[71] 朱新力主编：《行政法律责任研究——多元视角下的诠释》，法律出版社 2004 年版。

[72] 丁德昌著：《农民发展权法治保障研究》，中国政法大学出版社 2015 年版。

[73] ［美］格尔哈斯·伦斯基著：《权力与特权——社会分层的理论》，关信平等译，浙江人民出版社 1988 年版。

[74] 《休谟政治论文选》，张若衡译，商务印书馆 1993 年版。

[75] ［德］哈特穆特·毛雷尔著：《行政法学总论》，高家伟译，法律出版社 2000 年版。

[76] 马克昌主编：《刑法学》，高等教育出版社 2003 年版。

[77] 应松年主编：《当代中国行政法》（第七卷），人民出版社 2018 年版。

[78] 王世涛著：《行政侵权研究》，中国人民公安大学出版社 2005 年版。

[79] ［德］卡尔·拉伦茨著：《法学方法论》，陈爱娥译，商务印书馆 2003 年版。

[80] 周叶中、朱道坤著：《选举七论》，武汉大学出版社 2012 年版。

[81] 薛刚凌著：《行政主体的理论与实践：以公共行政改革为视角》，中国方正出版社 2009 年版。

[82] ［美］特里·L. 库珀著：《行政伦理学：实现行政责任的途径》，张秀琴译，中国人民大学出版社 2010 年版。

[83] ［美］珍尼特·V. 登哈特等著：《新公共服务：服务，而不是掌舵》，丁煌译，中国人民大学出版社 2002 年版。

[84] 翟月玲著：《行政责任法律规制研究》，中国社会科学出版社 2014 年版。

[85] 应松年主编：《行政法学新论》，中国方正出版社 1998 年版。

[86] 张正钊主编：《行政法学》，中国人民大学出版社 1999 年版。

[87] 张志勇主编：《行政法律责任探析》，学林出版社 2007 年版。

[88] 林仁栋著：《马克思主义法学的一般原理》，南京大学出版社 1990 年版。

[89] 倪星主编：《公共行政学》，高等教育出版社 2012 年版。

[90] 张国庆主编：《行政管理学概论》，北京大学出版社 2000 年版。

[91] 韩志明著：《行政责任的制度困境与制度创新》，经济科学出版社 2008 年版。

［92］张永桃主编：《行政管理学》，高等教育出版社 2004 年版。

［93］张军涛、谢志平著：《行政管理学》，东北财经大学出版社 2010 年版。

［94］张康之、李传军等编著：《公共行政学》，经济科学出版社 2017 年版。

［95］王玉国、钱凯主编：《法理学》，吉利大学出版社 2014 年版。

［96］徐显明主编：《法理学教程》，中国政法大学出版社 1994 年版。

［97］孙国华主编：《法理学》，法律出版社 1995 年版。

［98］李清伟主编：《法理学》，上海人民出版社 2013 年版。

［99］胡肖华著：《宪法诉讼原论》，法律出版社 2002 年版。

［100］张明楷主编：《行政刑法概论》，中国政法大学出版社 1991 年版。

［101］张恒山编著：《卢梭与〈社会契约论〉》，人民出版社 2010 年版。

［102］陈华彬著：《民法总则》，中国政法大学出版社 2017 年版。

［103］刘金霞、温惠卿编著：《新编民法原理与实务》，北京理工大学出版社
2017 年版。

［104］顾忠华主编：《第二现代：风险社会的出路》，巨流图书公司 2001 年
版。

［105］［古罗马］查士丁尼著：《法学阶梯》，张企泰译，商务印书馆 1989 年
版。

［106］王继军著：《公法与私法的现代诠释》，法律出版社 2008 年版。

［107］何勤华主编：《公法与私法的互动》，法律出版社 2012 年版。

［108］［法］孟德斯鸠著：《论法的精神》，商务印书馆 1987 年版。

［109］［日］美浓部达吉著：《公法与私法》，黄冯明译，周旋勘校，中国政法
大学出版社 2003 年版。

［110］乔耀章著：《政府理论》，苏州大学出版社 2003 年版。

［111］［古希腊］亚里士多德著：《政治学》，商务印书馆 1981 年版。

［112］周光辉主编：《社会公正与政府责任学术论文集》，吉林人民出版社
2009 年版。

［113］［法］莱昂·狄骥著：《宪法学教程》，王文利等译，辽海出版社 1999
年版。

［114］《阿奎那政治著作选》，商务印书馆 1991 年版。

［115］赵洁著：《政府的社会责任》，山西人民出版社 2015 年版。

［116］［英］霍布斯著：《利维坦》，商务印书馆 1985 年版。

［117］徐凌著：《契约式责任政府论》，社会学科学文献出版社 2015 年版。

［118］［法］卢梭著：《社会契约论》，商务印书馆 1980 年版。

［119］林纪东著：《行政法原论（下）》，台湾编译馆 1966 年版。

［120］林明锵：《行政法讲义》，台北新学林出版股份有限公司 2018 年版。

［121］陈敏著：《行政法总论》，台北新学林 2009 年版。

［122］张国庆主编：《公共行政学》，北京大学出版社 2007 年版。

［123］城仲模著：《行政法之基础理论》，台北三民书局 1994 年版。

［124］中共中央文献研究室编：《十八大以来重要文献选编（中）》，中央文
献出版社 2016 年版。

［125］秦前红主编：《新宪法学》，武汉大学出版社 2009 年版。

［126］周叶中主编：《宪法》，高等教育出版社 2010 年版。

［127］《毛泽东文集》（第 7 卷），人民出版社 1999 年版。

［128］习近平著：《之江新语》，浙江人民出版社 2007 年版。

［129］刘靖华、姜宪利等著：《中国法治政府论》，中国社会科学出版社 2006
年版。

［130］段红柳著：《构建法治政府论》，湖南人民出版社 2007 年版。

［131］［美］乔·萨托利著：《民主新论》，东方出版社 1993 年版。

［132］［英］罗素著：《权力论》，东方出版社 1988 年版。

［133］潘伟杰著：《现代政治的宪法基础》，华东师范大学出版社 2001 年版。

［134］《中国大百科全书·法学》，中国大百科全书出版社 1984 年版。

［135］［法］卢梭著：《社会公约》，莫辛幸译，中山大学出版社 2013 年版。

［136］皮纯协、冯军主编：《国家赔偿法释论》，中国法制出版社 2010 年版。

［137］周汉华、何峻著：《外国国家赔偿制度比较》，警官教育出版社 1992 年
版。

［138］王名扬著：《法国行政法》，中国政法大学出版社 1988 年版。

［139］应松年、朱维究主编：《行政法与行政诉讼法教程》，中国政法大学出版社 1989 年版。

［140］任志宽等著：《行政法律责任概论》，人民出版社 1990 年版。

［141］胡建淼等著：《领导人行政责任问题研究》，浙江大学出版社 2005 年版。

［142］石佑启、杨治坤、黄新波著：《论行政体制改革与行政法治》，北京大学出版社 2009 年版。

［143］应松年、薛刚凌著：《行政组织法研究》，法律出版社 2002 年版。

［144］杨解君主编：《政府责任问题研究》，北京大学出版社 2005 年版。

［145］［日］南博方著：《日本行政法》，杨建顺、周作彩译，中国人民大学出版社 1998 年版。

［146］杨建顺著：《日本行政法通论》，中国法制出版社 1998 年版。

［147］王伟华等著：《澳门行政程序法典注释》，澳门法律公共行政翻译学会 1996 年版。

［148］姜明安主编：《行政法与行政诉讼法》，北京大学出版社、高等教育出版社 2002 年版。

［149］邵诚、刘作翔著：《法与公平论》，西北大学出版社 1995 年版。

［150］翁岳生主编：《行政法》，中国法制出版社 2002 年版。

［151］伍洪杏著：《行政问责的伦理研究》，中国社会科学出版社 2016 年版。

［152］李广斌著：《行政问责制研究》，青海人民出版社 2008 年版。

［153］周亚越著：《行政问责制比较研究》，中国检察出版社 2008 年版。

［154］江凌著：《依法行政与行政问责》，中国人事出版社 2013 年版。

［155］胡建淼著：《比较行政法——20 国行政法评述》，法律出版社 1998 年版。

［156］［日］原田上彦著：《诉的利益》，中国政法大学出版社 2014 年版。

［157］张劲松著：《宪政视角下人大监督权的运作》，广东人民出版社 2009 年版。

［158］周红主编：《行政伦理学》，南开大学出版社 2009 年版。

[159] 张康之、李传军主编：《行政伦理学教程》，中国人民大学出版社 2004 年版。

[160] 岳跃著：《行政伦理学》，西南师范大学出版社 2016 年版。

[161] 王伟、鄯爱红著：《行政伦理学》，人民出版社 2005 年版。

[162] 罗德刚等著：《行政伦理的理论与实践研究》，国家行政学院出版社 2002 年版。

[163] 李卫民著：《完善我国问责制度的思考》，湖南师范大学 2006 年硕士论文。

[164]《论语》，钱逊解读，国家图书馆出版社 2017 年版。

[165] 周佑勇著：《行政法原论》，中国方正出版社 2005 年第 2 版。

[166] 皮纯协、张成福主编：《行政法学》，中国人民大学出版社 2002 年版。

[167] 蔡菁著：《行政侵权损害国家赔偿》，群众出版社 2006 年版。

[168] 陶广峰、刘艺工主编：《比较侵权行为法》，兰州大学出版社 1996 年版。

[169] 罗豪才、应松年主编：《国家赔偿法研究》，中国政法大学出版社 1991 年版。

[170] 张焕光、胡建淼主编：《行政法学原理》，劳动人事出版社 1989 年版。

[171] 樊崇义：《诉讼原理》，法律出版社 2000 年。

[172] 马怀德主编：《完善国家赔偿立法基本问题研究》，北京大学出版社 2008 年版。

[173] 张新宝著：《中国侵权行为法》，中国社会科学出版社 1995 年版。

[174] 叶林著：《违约责任及其比较研究》，中国人民大学出版社 1996 年版。

[175]［美］弗兰克·古德诺著：《政治与行政》，北京大学出版社 2018 年版。

[176] 孟祥馨、楚建义、孟庆云著：《权力授予与权力制约》，中央文献出版社 2005 年版。

[177] 王海明著：《国家学（上卷）》，中国社会科学出版社 2012 年版。

[178] 崔建远著：《合同责任研究》，吉林大学出版社 2002 年版。

[179] 谢邦宇、李静堂著：《民事责任》，法律出版社 1991 年版。

［180］王利明著：《违约责任论》，中国政法大学出版社 1996 年版。

［181］杨解君著：《行政法学》，中国方正出版社 2002 年版，第 354~355 页。

［182］林准、马原主编：《国家赔偿问题研究》，人民法院出版社 1992 年版。

［183］薛刚凌主编：《国家赔偿法教程》，中国政法大学出版社 1997 年版。

［184］皮纯协、何寿生主编：《比较国家赔偿法》，中国法制出版社 1998 年版。

［185］高家伟著：《国家赔偿法》，商务印书馆 2004 年版。

［186］马怀德主编：《国家赔偿问题研究》，法律出版社 2006 年版。

［187］王盼主编：《国家赔偿法》，中国政法大学出版社 1994 年版。

［188］马怀德著：《国家赔偿法的理论与实务》，中国法制出版社 1994 年版。

［189］张正钊主编：《国家赔偿制度研究》，中国人民大学出版社 1996 年版。

［190］王德祥主编：《国家赔偿法概论》，海洋出版社 1991 年 10 月版。

［191］刘嗣元、石佑启主编：《国家赔偿法要论》，北京大学出版社 2005 年版。

［192］施茂林著：《公共设施与国家赔偿责任》，台湾大伟书局 1982 年版。

［193］［德］奥托·迈耶著：《德国行政法》，刘飞译，商务印书馆 2002 年版。

［194］刘星著：《法理学导论》，法律出版社 2005 年版。

［195］钱穆著：《中国历代政治得失》，生活·读书·新知三联书店 2018 年版。

［196］［捷］维克托·纳普主编：《国际比较法百科全书》，高绍先、夏登峻等译，法律出版社 2002 年版。

［197］［法］莱昂·狄骥著：《公法的变迁·法律与国家》，郑戈、冷静译，春风文艺出版社、辽海出版社，1999 年版。

［198］王旭军著：《行政合同司法审查》，法律出版社 2013 年版。

［199］崔建远著：《合同法》（修订本），法律出版社 2000 年版。

［200］王克稳著：《政府合同研究》，苏州大学出版社 2007 年版。

［201］杨立新著：《侵权法论》，吉林人民出版社 2000 年版。

［202］江必新著：《法治中国的制度逻辑与理性构建》，中国法制出版社 2014

年版。

[203] 乔耀章著:《政府理论》,苏州大学出版社 2003 年版。

[204] 孟鸿志等著:《中国行政组织法通论》,中国政法大学出版社 2001 年版。

[205] 丁雪鸣:《工商主管机关在企业登记审查中的行政法律责任研究》,复旦大学 2009 年硕士论文。

[206] 胡建淼主编:《行政法与行政诉讼法》,中国法制出版社 2010 年版。

[207] 张正钊主编:《行政法与行政诉讼法》,中国人民大学出版社 2004 年版。

[208] 罗豪才主编:《中国司法审查制度》,北京大学出版社 1993 年版。

[209] 孙笑侠著:《法律对行政的控制》,山东人民出版社 1999 年版。

[210] 皮纯协、胡建淼主编:《中外行政诉讼法词典》,东方出版社 1989 年版。

[211] 罗豪才主编:《行政法论丛》,法律出版社 1999 年版。

[212] 〔英〕詹姆斯·密尔著:《论政府》,商务印书馆 2018 年版。

[213] 〔英〕大卫·休谟著:《论政治与经济》,浙江大学出版社 2011 年版。

[214] 林随安、褚玉梅著:《行政渎职违法犯罪的认定和处理》,中国方正出版社 2001 年版。

[215] 贾济东著:《渎职罪构成研究》,知识产权出版社 2007 年版。

[216] 黄现师著:《渎职罪犯罪构成研究》,中国政法大学出版社 2013 年版。

[217] 胡建淼著:《中国行政法学论纲》,杭州大学出版社 1998 年版。

[218] 谢绍华著:《先行行为论》,中国人民公安大学出版社 2011 年版。

[219] 王丽英著:《公安行政失职国家赔偿的认定》,中国法制出版社 2010 年版。

[220] 尹奎杰主编:《行政法简明教程》,吉林大学出版社 2016 年版。

[221] 王利明著:《侵权行为法归责原则研究》,中国政法大学出版社 1992 年版。

[222] 江平主编:《侵权行为法研究》,中国民主法制出版社 2004 年版。

［223］胡建淼主编：《政府法治建设》，国家行政学院出版社 2014 年版。

［224］王果纯著：《现代法理学——历史与理论》，湖南出版社 1995 年版。

［225］许崇德主编：《中华法学大辞典 宪法学卷》，中国检察出版社 1995 年版。

［226］马怀德主编：《行政法与行政诉讼法》，中国法制出版社 2015 年版。

［227］关保英主编：《公务员法学》，法律出版社 2007 年版。

［228］《新编常用法律词典》，中国法制出版社 2016 年版。

［229］江必新著：《国家赔偿法原理》，中国人民公安大学出版社 1994 年版。

［230］Graver Straling. Managing the Public sector. The Dorsey Press，1986.

［231］王名扬著：《美国行政法》，中国法制出版社 1994 年版。

［232］吕世伦著：《理论法学课堂》，西安交通大学出版社、北京理工大学出版社 2016 年版。

［233］陈敏著：《行政法总论》，台湾三民书局 1999 年版。

［234］［古罗马］西塞罗著：《论老年 论友谊 论责任》，徐奕春译，商务印书馆 2009 年版。

［235］黄怀信注训：《尚书注训》，齐鲁书社 2009 年版。

［236］《大辞海（哲学卷）》，上海辞书出版社 2010 年版。

［237］宋惠昌著：《权力的哲学》，中共中央党校出版社 2014 年版。

［238］［美］詹姆斯·C. 斯科特著：《国家视角——那些试图改善人类状况的项目是如何失败的》，王晓毅译，胡博校，社会科学文献出版社 2017 年版。

［239］［美］西摩·马丁·李塞普特著：《政治人：政治的社会基础》，世纪出版集团、上海人民出版社 2011 年版。

［240］赵雅丽著：《史说官德》，北京出版社 2012 年版。

［241］［清］张之洞著：《劝学篇·外篇·会通》，广西师范大学出版社 2008 年版。

［242］昌切著：《清末民初的思想主脉》，东方出版社 1999 年版。

［243］郭湛波著：《近五十年中国思想史》，上海古籍出版社 2005 年版。

［244］梁启超著：《饮冰室文集》，中华书局 1989 年版。

［245］［日］狭间直树著：《东亚近代文明史上的梁启超》，上海人民出版社 2016 年版。

［246］金观涛、刘青峰著：《中国现代思想的起源——超稳定结构与中国政治文化的演变（第一卷）》，法律出版社 2011 年版。

［247］《胡适文选（上册）》，朱自清评，中国文史出版社 2013 年版。

［248］《胡适文集》，北京大学出版社 1998 年版。

［249］张胜利著：《中国五四时期自由主义》，人民出版社 2011 年版。

［250］［波兰］奥斯卡·R. 兰格著：《政治经济学》，商务印书馆 2017 年版。

［251］韩桥生著：《政治道德伦》，江西人人民出版社 2016 年版。

［252］唐坚著：《制度学导论》，国家行政学院出版社 2017 年版。

［253］《马克思恩格斯选集》（第 1 卷），人民出版社 2012 年版。

［254］涂良川、王庆丰著：《历史唯物主义与政治哲学》，中国社会科学出版社 2018 年版。

［255］［英］詹姆斯·密尔著：《论政府》，商务印书馆 2018 年版。

［256］孙钦善著：《论语新注（季氏第十六）》，中华书局 2018 年版。

［257］唐坚著：《制度学导论》，国家行政学院出版社 2017 年版。

［258］葛红兵著：《公共行政人员的道德责任》，光明日报出版社 2016 年版。

［259］［德］亚瑟·叔本华著：《意识与品德》，吉林出版社 2018 年版。

［260］金木苏著：《道德赏罚论》，湖南大学出版社 2007 年版。

［261］杨林宏著：《立法学：原理、制度与技术》，中国社会科学出版社 2016 年版。

［262］吴振钧著：《权力监督与制衡》，中国人民大学出版社 2008 年版。

［263］潘云华著：《社会主义人民主权实现论》，高等教育出本社 2011 年版。

［264］陈奇星著：《行政监督新论》，国家行政学院出版社 2008 年版。

［265］张康之、张乾友著：《当代中国政府》，南京大学出版社 2016 年版。

［266］陈忠炜著：《社会公共意识论》，南京大学出版社 2018 年版。

［267］李永忠著：《论制度反腐》，中央编译出版社 2016 年版。

［268］张淑华著：《社会性突发事件的网络"扩音效应"研究》，人民出版社 2015 年版。

［269］薛婷著：《社会认同的逻辑：集体行动的理性与感性之争》，清华大学出版社 2017 年版。

［270］何颖著：《行政治哲学研究》，学习出版社 2011 年版。

［271］严存生著：《法治的观念与体制——法治国家与政党政治》，商务印书馆 2013 年版。

［272］倪明胜、乔贵平著：《新政治学之维》，天津人民出版社 2017 年版。

［273］［德］卡尔·施米特著：《政治的概念》，世纪出版集团、上海人民出版社 2015 年版。

［274］王宇环著：《从同意到公共理由》，复旦大学出版社 2018 年版。

［275］徐邦友著：《政府的逻辑：现代政府的制度原理》，上海人民出版社 2011 年版。

［276］麻宝斌著：《十大基本政治观念》，社会科学文献出版社 2011 年版。

［277］顾銮斋著：《西方宪政史》，人民出版社 2013 年版。

［278］徐凌著：《契约式责任政府论》，社会科学文献出版社 2015 年版。

［279］周叶中、江国华主编：《在曲折中前进——社会主义立宪评论》，武汉大学出版社 2010 年版。

［280］［美］弗朗西斯·福山著：《政治秩序的起源：从前人类时代到法国大革命》，毛俊杰译，广西师范大学出版社 2018 年版。

［281］何勤华主编：《现代西方的政党、民主与法治》，法律出版社 2010 年版。

［282］［美］詹姆斯·M. 布坎南，戈登·图洛克著：《同意的计算：立宪民主的逻辑基础》，上海人民出版社 2017 年版。

［283］［美］曼瑟尔·奥尔森著：《集体行动的逻辑》，陈郁、郭宇峰、李崇新译，格致出版社、上海三联书店、上海人民出版社 2011 年版。

［284］［英］丹尼斯·C. 缪勒著：《公共选择理论（第 3 版）》，中国社会科学出版社 2010 年版。

［285］徐邦友著：《政府的逻辑：现代政府的制度原理》，上海人民出版社2011年版。

［286］［英］阿兰·瑞安著：《论政治》，林华译，中信出版社2018年版。

［287］［法］托克维尔著：《论美国的民主》，商务印书馆2017年版。

［288］萨孟武著：《政治学与比较宪法》，商务印书馆2013年版。

［289］林来梵著：《宪法学讲义》，清华大学出版社2018年版。

［290］张康之、张乾友著：《当代中国政府》，南京大学出版社2016年版。

［291］金冬日、张蕊、李松林著：《问责制研究》，天津人民出版社2018年版。

［292］余逊达主编：《法治与行政现代化》，中国社会科学出版社2005年版。

［293］［英］齐格蒙·鲍曼著：《现代性与大屠杀》，译林出版社2011年版。

［294］张渝田著：《建构法治政府的逻辑》，中国法制出版社2018年版。

［295］王敬波著：《法治政府要论》，中国政法大学出版社2013年版。

［296］王勇著：《法治政府建设》，国家行政学院出版社2010年版。

［297］应松年著：《法治政府》，社会科学文献出版社2016年版。

［298］陈瑞华著：《程序正义理论》，中国法制出版社2010年版。

［299］季卫东著：《法律程序的意义》，中国法制出版社2012年版。

［300］郑永流著：《商谈的再思：哈贝马斯〈在实施与规范之间〉导读》，法律出版社2010年版。

［301］包刚升著：《被误解的民主》，法律出版社2016年版。

［302］［英］帕特里克·敦利威著：《民主、官僚制与公共选择——政治科学中的经济阐释》，中国青年出版社2004年版。

［303］陈家刚著：《协商民主与政治发展》，社会科学文献出版社2011年版。

［304］李武林著：《自由论》，山东大学出版社2007年版。

［305］曹鎏著：《行政官员问责的法治化研究》，中国法制出版社2011年版。

［306］王若磊著：《政治问责论》，上海三联书店2015年版。

［307］唐斌著：《责任政府的逻辑——政府道歉的原理内涵及其效用保障》，中国社会科学出版社2017年版。

[349] ［美］弗朗西斯·福山著：《政治秩序与政治衰败：从工业革命到民主全球化》，广西师范大学出版社 2015 年版。

[350] ［德］尼采著：《权力意志》，吴崇庆译，台海出版社 2016 年版。

[351] ［美］托马斯·潘恩著：《潘恩选集》，商务印书馆 1981 年版。

[352] 杨文兵著：《当代中国行政伦理透视》，南京师范大学出版社 2012 年版。

[353] 刘武根著：《执政伦理基本问题研究》，中国社会科学出版社 2011 年版。

[354] 王振华著：《公共伦理学》，社会科学文献出版社 2010 年版。

[355] 熊伟著：《问题及阐释——现代法之合法性命题研究》，中国政法大学出版社 2012 年版。

[356] 毛玮著：《论行政合法性》，法律出版社 2009 年版。

[357] ［美］斯科特·夏皮罗著：《合法性》，中国法制出版社 2016 年版。

[358] ［美］拉塞尔·M. 林登著：《无缝隙政府：公共部门再造指南》，中国人民大学出版社 2014 年版。

[359] 周佑勇著：《行政不作为的判解》，武汉大学出版社 2000 年版。

[360] ［美］彼得·德鲁克著：《新社会》，机械工业出版社 2019 年版。

[361] 李谧著：《风险社会的伦理责任》，中国社会科学出版社 2015 年版。

[362] ［德］尤耳根·哈贝马斯著：《合法化危机》，上海人民出版社 2018 年。

[363] ［德］乌尔里希·贝克著：《风险社会：新的现代性之路》，译林出版社 2018 年版。

[364] 魏宏著：《权力论》，上海三联出版社 2011 年版。

[365] 毛玮著：《论行政合法性》，法律出版社 2009 年版。

[366] 田秀云等著：《角色伦理：构建和谐社会的伦理基础》，人民出版社 2014 年版。

[367] 郭金鸿著：《道德责任论》，人民出版社 2008 年版。

[368] ［德］康德著：《道德形而上学原理》，上海人民出版社 2002 年版。

[369] ［德］马克斯·韦伯著：《学术与政治》，广西师范大学出版社 2004

年版。

[370] ［德］汉斯·约纳斯著：《责任原理：技术文明时代的伦理学探索》，世纪出版社 2013 年版。

[371] ［英］弗里德利希·奥古斯都·冯·哈耶克著：《自由宪章》，中国社会科学出版社 2012 年版。

[372] ［英］弗里德利希·奥古斯都·冯·哈耶克著：《通往奴役之路》，社会科学出版社 1997 年版。

[373] ［英］弗里德利希·哈耶克著：《个人主义与经济秩序》，复旦大学出版社 2012 年版。

[374] ［美］尼柯尔斯著：《苏格拉底与政治共同体——〈王制〉义疏：一场古老的论争》，华夏出版社 2007 年版。

[375] 孟庆垒著：《环境责任论》，法律出版社 2014 年版。

[376] ［美］迈克尔·J. 桑德尔著：《自由主义与正义的局限》，译林出版社 2011 年版。

[377] 毛玮著：《论行政合法性》，法律出版社 2009 年版。

[378] 葛红兵著：《公共行政人员的道德责任》，光明日报出版社 2016 年版。

[379] ［美］亚伯拉罕·马斯洛著：《动机与人格》，中国人民大学出版社 2012 年版。

[380] ［法］古斯塔夫·勒庞著：《乌合之众：群体时代的大众心理》，北京联合出版社 2015 年版。

[381] 马克思著：《1844 年经济学哲学手稿》，人民出版社 2000 年版。

[382] 程东峰著：《责任伦理导论》，人民出版社 2010 年版。

[383] 晓非著：《规则与规范》，商务印书馆 2019 年版。

[384] 程东峰著：《责任伦理导论》，人民出版社 2010 年版。

[385] ［法］涂尔干著：《职业伦理与公民道德》，商务印书馆 2017 年版。

[386] 王秀敏著：《个性道德与理性秩序——赫勒道德理论研究》，黑龙江大学出版社 2011 年版。

[387] ［德］尤尔根·哈贝马斯著：《包容他者》，上海人民出版社 2018 年版。

［388］［德］罗伯特·阿列克西著：《法概念与法效力》，商务印书馆 2017 年版。

［389］郭金鸿著：《道德责任论》，人民出版社 2008 年版。

［390］骆长捷著：《休谟的因果性理论研究》，商务印书馆 2016 年版。

［391］［德］马科斯·舍勒著：《伦理学中的形式主义与质料的价值伦理学》，商务印书馆 2011 年版。

［392］［法］莫里斯·梅洛-庞蒂著：《行为的结构》，商务印书馆 2018 年版。

［393］［德］黑格尔著：《小逻辑》，商务印书馆 2018 年版。

［394］陈寿灿著：《宪制的伦理之维》，中国社会科学出版社 2016 年版。

［395］侯西勋主编：《宪法学概论》，中国政法大学出版社 2015 年版。

［396］欧日胜主编：《人大监督与人大工作实务》，中国长安出版社 2006 年版。

［397］王周户主编：《行政法与行政诉讼法教程》，中国政法大学出版社 2013 年版。

［398］于安编著：《德国行政法》，清华大学出版社 1999 年版。

［399］［德］平特纳著：《德国普通行政法》，朱林译，中国政法大学出版社 1999 年版。

［400］镰田熏等编著：《常用六法全书》，三省堂出版社 2008 年版。

［401］杨临萍主编：《行政损害赔偿》，人民法院出版社 1999 年版。

［402］［苏］B. M. 马诺辛等著：《苏维埃行政法》，黄道秀译，群众出版社 1983 年版。

［403］［德］尤尔根·哈贝马斯著：《合法化危机》，上海人民出版社 2009 年版。

［404］顾自安著：《制度演化的逻辑——给予认知进化与主体间性的考察》，科学出版社 2011 年版。

（二）期刊论文类

［1］余凌云：《行政主体理论之变革》，载《法学杂志》2010 年第 8 期。

［2］张勇：《政府责任研究：实践基础与理论背景》，载《理论探索》2011 年第 4 期。

［3］张成福：《责任政府论》，载《中国人民大学学报》2000 年第 2 期。

［4］陈国权：《论责任政府及其实现过程中的监督作用》，载《浙江大学学报（人文社会科学版）》2001 年第 31 卷第 2 期。

［5］关保英：《论行政责任的法律基础》，载《社会科学家》2007 年第 3 期。

［6］罗豪才、甘雯：《行政法的平衡及"平衡论"范畴》，载《中国法学》1996 年第 4 期。

［7］罗豪才：《现代行政法的理论基础——论行政机关与相对一方的权利义务平衡》，载《中国法学》1993 年第 1 期。

［8］王锡锌：《再论现代行政法的平衡精神》，载《法商研究》1995 年第 2 期。

［9］韩志明：《行政责任研究的历史、现状及其深层反思》，载《天津行政学院学报》2007 年第 2 期。

［10］陈国权：《论责任政府及其实现过程中的监督作用》，载《浙江大学学报（人文社会科学版）》2001 年第 2 期。

［11］沈国桢：《浅析责任的涵义、特点和分类》，载《江西社会科学》2001 年第 1 期。

［12］程燎原：《"法律人"之治："法治政府"的主体性诠释》，载《西南民族学院学报（哲学社会科学版）》2001 年第 12 期。

［13］孙笑侠：《法治国家及其政治构造》，载《法学研究》1998 年第 1 期。

［14］刘作翔、龚向和：《法律责任的概念分析》，载《法学》1997 年第 10 期。

［15］魏星河、许小莲：《行政责任缺失的危害及其控制》，载《广东行政学院学报》2003 年第 1 期。

［16］王长发：《法学分类方法的局限性及其克服》，载《黑龙江社会科学》2007 年第 4 期。

［17］沈岿：《国家赔偿：代位责任还是自己责任》，载《中国法学》2008 年

第 1 期。

[18] 张创新、韩志明：《行政责任概念的比较分》，载《行政与法》2004 年第 9 期。

[19] 李汪洋、顾爱华：《论中国行政责任制度体系》，载《中国行政管理》2000 年第 9 期。

[20] 杨寅：《公私法的汇合与行政法演进》，载《中国法学》2004 年第 2 期。

[21] 田文利、张艳丽：《行政法律责任的概念新探》，载《上海行政学院学报》2008 年第 9 卷第 1 期。

[22] 白钢、潘迎春：《论坚持党的领导、人民当家作主和依法治国的有机统一》，载《政治学研究》2010 年第 1 期。

[23] 郑淑娜：《提高立法质量实现良法之治》，载《行政管理改革》2014 年第 12 期。

[24] 马雪松：《论国家治理现代化的责任政治逻辑》，载《社会科学战线》2016 年第 7 期。

[25] 孙莉：《德治与法治正当性分析——兼及中国与东亚法文化传统之检省》，载《中国社会科学》2002 年第 6 期。

[26] 王浦劬：《国家治理、政府治理和社会治理的含义及其相互关系》，载《国家行政学院学报》2014 年第 3 期。

[27] 江国华：《论依宪执政的五重意味》，载《江汉论坛》2015 年第 3 期。

[28] 钱坤、张翔：《从议行合一到合理分工：我国国家权力的配置原则的历史解释》，载《国家检察官学院学报》2018 年第 26 卷第 1 期。

[29] 司开林、刘俊奇：《法治政府的基本理论界说》，载《珠海市行政学院学报》2013 年第 2 期。

[30] 杜飞进：《试论法律责任的原则及根据》，载《学习与探索》1991 年第 4 期。

[31] 姜明安：《论法治国家、法治政府、法治社会建设的相互关系》，载《法学杂志》2013 年第 6 期。

[32] 易刚、林伯海：《社会主义核心价值观大众认同的生发机理探析》，载

《四川师范大学学报（社会科学版）》2017 年第 2 期。

[33] 周亚越：《行政问责制的内涵及其意义》，载《理论与改革》2004 年第 4 期。

[34] 张创新、赵蕾：《从"新制"到"良制"：我国行政问责的制度化》，载《中国人民大学学报》2005 年第 1 期。

[35] 周觅：《从"同体问责"到"异体问责"——浅析我国行政问责制的主体》，载《湖北行政学院学报》2007 年第 5 期。

[36] 周亚越：《论我国行政问责制的法律缺失及其重构》，载《行政法学研究》2005 年第 2 期。

[37] 姜明安：《行政法基本原则新探》，载《湖南社会科学》2005 年第 2 期。

[38] 周佑勇：《行政法的正当程序原则》，载《中国社会科学》2004 年第 4 期。

[39] 李蔬君：《政府责任的逻辑前提分析》，载《云南行政学院学报》2006 年第 1 期。

[40] 张坤世：《论行政法律责任的理论基础》，载《行政论坛》2006 年第 5 期。

[41] 王金彪：《论国家政府责任立法》，载《中国法学》1994 年第 2 期。

[42] 彭中礼：《论法律形式与法律渊源的界分》，载《北方法学》2013 年第 1 期。

[43] 王和平、陈家刚：《论责任政府的宪政基础》，载《中国行政管理》2011 年第 9 期。

[44] 章剑生：《论"行政惯例"在现代行政法法源中的地位》，载《政治与法律》2010 年第 6 期。

[45] 杨解君、周佑勇：《行政违法与行政犯罪的相异和衔接关系分析》，载《中国法学》1999 年第 1 期。

[46] 应松年、杨解君：《论行政违法的主客观构成》，载《江苏社会科学》2000 年第 2 期。

[47] 杨解君：《论行政违法的主客体构成》，载《东南大学学报（哲学社会科

学版）》2002 年第 3 期。

[48] 肖登辉：《论行政法上的过错责任原则与违法责任原则》，载《理论月刊·探索与争鸣》2009 年第 2 期。

[49] 黄学贤：《行政法中的比例原则简论》，载《苏州大学学报》（哲学社会科学版）2001 年第 1 期。

[50] 杜文娟：《专访：依据法治理念加快建构政府问责制——与南京大学教授黄健荣谈政府问责与人大监督》，载《人民日报》2004 年 7 月 7 日第 16 版。

[51] 顾杰：《论我国行政问责制的现状与完善》，载《理论月刊》2004 年第 12 期。

[52] 宋涛：《行政问责概念及内涵辨析》，载《深圳大学学报（人文社会科学版）》2005 年第 2 期。

[53] 韩剑琴：《行政问责制——建立责任政府的新探索》，载《探索与争鸣》2004 年第 8 期。

[54] 余望成、刘红南：《行政问责制：由来、困惑与出路初探》，载《湖南科技学院学报》2005 年第 6 期。

[55] 蒋晓伟：《要重视中国特色问责制度的建设》，载《检察风云》2005 年第 6 期。

[56] 宋涛：《行政问责概念及内涵》，载《深圳大学学报（人文社会科学版）》2005 年第 22 卷第 2 期。

[57] 王行宇：《我国实现责任政府的理念转变与制度保证》，载《云南社会科学》2004 年第 1 期。

[58] 田志毅：《德法两国公务员惩戒及救济制度比较》，载《行政论坛》2004 年第 6 期。

[59] 傅广宛、张经伦：《行政问责制度的源初、内涵及价值承载》，载《行政论坛》2010 年第 4 期。

[60] 施雪华、邓文集：《西方国家行政问责制的类型与程序》，载《中共天津市委党校学报》2009 年第 5 期。

［61］傅思明：《英国行政问责制》，载《理论导报》2011 年第 4 期。

［62］杨曙光：《英国议会的监督制度》，载《人大研究》2005 年第 7 期。

［63］王世涛：《行政侵权初论》，载《当代法学》2005 年第 4 期。

［64］张布洪：《行政侵权规则原则初论》，载《行政法学研究》1999 年第 1 期。

［65］石佑启：《几种特殊类型的政府侵权责任探讨》，载《江海学刊》2001 年第 1 期。

［66］苏丹岳：《试论国家侵权民事责任的构成》，载《齐齐哈尔师范学院学报》1991 年第 6 期。

［67］罗豪才：《我国行政法制和行政法学的继承与超越》，载《法学家》2002 年第 5 期。

［68］杭仁春：《论行政契约中行政主体之预期违约》，载《行政法学研究》2011 年第 1 期。

［69］莫纪宏：《〈日本国家赔偿法〉的几个问题》，载《外国法译评》1996 年第 1 期。

［70］陈聪富：《侵权行为法上之因果关系》，载《台大法学论丛》第 29 卷第 2 期。

［71］王世涛：《行政侵权责任及其确认》，载《行政与法》2005 年第 5 期。

［72］王世涛：《行政违约初探》，载《行政与法》2001 年第 2 期。

［73］叶必丰：《行政合同的司法探索及其态度》，载《法学评论》2014 年第 1 期。

［74］田思源：《论政府责任法制化》，载《清华大学学报（哲学社会科学版）》2006 年第 2 期第 21 卷。

［75］于立深：《行政协议司法判断的核心标准：公权力的作用》，载《行政法学研究》2017 年第 2 期。

［76］杨小君：《论行政合同的特征、法律性质》，载《行政法学研究》1998 年第 2 期。

［77］江必新：《中国行政合同法律制度：体系、内容及其构建》，载《中外法

学》2012 年第 6 期。

[78] 黄新伟：《政府责任内涵的多视角探析》，载《政法学刊》2006 年第 24 卷第 2 期。

[79] 李颖轶：《论法国行政合同优益权的成因》，载《复旦学报（社会科学版）》2015 年第 6 期。

[80] 翟志勇：《监察委员会与"八二宪法"体制的重塑》，载《环球法律评论》2017 年第 39 卷第 2 期。

[81] 马怀德：《国家监察体制改革的重要意义和主要任务》，载《国家行政学院学报》2016 年第 6 期。

[82] 王寨华：《行政合同法律救济及对优益权的法律规制》载《南京财经大学学报》2014 年第 5 期。

[83] 段孝刚、沈瞿和：《行政合同归责原则的建构》，载《行政与法》2004 年第 1 期。

[84] 柳砚涛：《论无权行政的法律界限》，载《国家行政学院学报》2007 年第 2 期

[85] 陈党：《行政责任追究制度与法治政府建设》，载《山东大学学报（哲学社会科学版）》2017 年第 3 期。

[86] 高家伟：《论行政职权》，载《行政法学研究》1996 年第 3 期。

[87] 朱新力：《论行政不作为违法》，载《法学研究》1998 年第 2 期。

[88] 王世涛：《论行政不作为侵权》，载《法学家》2003 年第 6 期。

[89] 周佑勇：《行政不作为构成要件的展开》，载《中国法学》2001 年第 5 期。

[90] 何峥嵘：《行政失职及其法律责任》，载《广西政法管理干部学院学报》2006 年第 4 期。

[91] 姚锐敏：《论政府失职》，载《河北法学》2001 年第 5 期。

[92] 王利明：《我国侵权责任法的体系建构——以救济为中心的思考》，载《中国法学》2008 年第 4 期。

[93] 李希慧、贾济东：《关于"国家机关工作人员"的本质论》，载《中南

大学学报（社会科学版）》2003 年第 3 期。

［94］朱迪俭：《公共行政中的三维责任体系：理论与实践》，载《深圳大学学报（人文社会科学版）》2014 年第 5 期。

［95］泽延、姚辉：《美国国家赔偿制度纵横》，载《比较法研究》1988 年第 3 期。

［96］陈柏峰：《党政体制如何塑造基层执法》，载《法学研究》2017 年第 39 卷第 4 期。

［97］王若磊：《巨变时代的政道、政体与治道：改革开放四十年国家治理的制度逻辑》，载《政法论坛》2019 年第 37 卷第 3 期。

［98］韩大元：《论宪法权威》载《法学》2013 年第 5 期。

［99］刘怡达：《论纪检监察权的二元属性及其党规国法共治》，载《社会主义研究》2019 年第 1 期。

［100］范进学：《2018 年修宪与中国新宪法秩序的重构》，载《法学论坛》2018 年第 33 卷第 3 期。

［101］刘权：《党政机关合署办公的反思与完善》，载《行政法学研究》2018 年第 5 期。

［102］金国坤：《党政机构统筹改革与行政法理论的发展》，载《行政法学研究》2018 年第 5 期。

［103］江国华：《正当性、权限与边界——特别权力关系理论与党内法规之证成》，载《法律科学（西北政法大学学报）》2019 年第 37 卷第 1 期。

［104］刘长林：《宇宙基因·社会基因·文化基因》，载《哲学动态》1988 年第 11 期。

［105］周永坤：《"德法并举"析评——基于概念史的知识社会学视角》，载《法学》2017 年第 9 期。

［106］李德嘉：《"德主刑辅"说的学说史考察》，载《政法论丛》2018 年第 2 期。

［107］杨光斌：《合法性概念的滥用与重述》，载《政治学研究》2016 年第 2 期。

[108] 刘水静：《社会主义民主价值观的民本文化基础》，载《湖北社会科学》2016 年第 9 期。

[109] 刘飞：《道德共识的形成机制析论》，载《理论导刊》2019 年第 1 期。

[110] 王海明：《论道德共同体》，载《中国人民大学学报》2006 年第 2 期。

[111] 王淑琴、刘畅：《德治与法治何种关系》，载《伦理学研究》2014 年第 5 期。

[112] 张千帆：《法治、德治与宪政》，载《法商研究（中南政法学院学报）》2002 年第 2 期。

[113] 卓越、李富贵：《政府工具新探》，载《中国行政管理》2011 年第 1 期。

[114] 郑谦：《社会抗争的新政治经济学分析：基于政府外部成本的视角》载《学术界》2013 年第 7 期。

[115] 何立胜、王萌：《政府行为外部性的测度与负外部性的内部化》，载《学术研究》2004 年第 6 期。

[116] 秦晖：《权力、责任与宪政——关于政府"大小"问题的理论与历史考查》，载《社会科学论坛》2005 年第 2 期。

[117] 夏金莱：《重大行政决策终身责任追究制度研究——基于行政法学的视角》，载《法学评论》2015 年第 33 卷第 4 期。

[118] 马雪松：《论国家治理现代化的责任政治逻辑》，载《社会科学战线》2016 年第 7 期。

[119] 张贤明、张力伟：《论责任政治》，载《政治学研究》2018 年第 2 期。

[120] 张喜红：《权责一致——责任政治建设的基本前提》，载《思想战线》2016 年第 42 卷第 6 期。

[121] 盛邦跃、刘祖云：《责任、责任政府、责任政治》载《南京农业大学学报（社会科学版）》2004 年第 1 期。

[122] 王学军：《论责任政治及其实现路径》，载《学术研究》2002 年第 6 期。

[123] 张力伟：《通向责任政治之路：我国责任建设的发展与演变——基于国

务院政府工作报告（1979—2018）的语料分析》，载《求实》2019 年第 2 期。

[124] 刘启川：《独立型责任清单的构造与实践基于 31 个省级政府部门责任清单实践的观察》，载《中外法学》2018 年第 3 卷第 2 期。

[125] 林孝文：《地方政府权力清单法律效力研究》，载《政治与法律》2015 年第 7 期。

[126] 刘华：《国家治理现代化进程中的"好政府"——洛克政府理论的启示》，载《江海学刊》2018 年第 2 期。

[127] 章伟：《解构与重构：后现代公共行政的价值考量》载《复旦学报（社会科学版）》2005 年第 1 期。

[128] 竺乾威：《"后现代"政府理论评述》，载《国外社会科学》1993 年第 10 期。

[129] 王万华：《法治政府建设的程序主义进路》，载《法学研究》2013 年第 35 卷第 4 期。

[130] 苗连营：《论地方立法工作中"不抵触"标准的认定》，载《法学家》1996 年第 5 期。

[131] 丁祖军、宓雪军：《试论"不抵触"原则》，载《现代法学》1993 年第 1 期。

[132] 周叶中：《论重大行政决策问责机制的构建》，载《广东社会科学》2015 年第 2 期。

[133] 鲍静：《公共行政责任——国际行政学会第一次专门国际会议简况》，载《中国行政管理》1999 年第 11 期。

[134] 韩琼慧：《论"资源诅咒"与凉山彝族自治州经济增长》，载《企业经济》2011 年第 30 卷第 10 期。

[135] 杨练、杨胤清、李玉强、简榕、李娇月：《四川省少数民族地区乡镇卫生院服务能力现状研究》，载《中国卫生事业管理》2012 年第 29 卷第 3 期。

[136] 曲木伍各、马庆霖、阿牛木支：《凉山学前教育发展面临的问题与对

策》，载《西南民族大学学报（人文社科版）》2017 年第 38 卷第 3 期。

[137] 孙萍、李琳：《凉山地区毒品犯罪的特征、原因及对策思考》，载《西南石油大学学报（社会科学版）》2013 年第 15 卷第 3 期。

[138] 魏涛：《政治与行政二分理论研究综述》，载《行政论坛》2006 年第 6 期。

[139] 朱立言、龙宁丽：《美国高级文官制度与政府回应性》，载《中国人民大学学报》2010 年第 24 卷第 1 期。

[140] 温晋锋：《行政立法责任略论》，载《中国法学》2005 年第 3 期。

[141] 闫斌：《哈贝马斯法律合法性思想研究》，载《政法论丛》2015 年第 4 期。

[142] 任平：《走向交往实践的唯物主义》，载《中国社会科学》1999 年第 1 期。

[143] 徐亮：《论个体对共同体的责任——对阿伦特"政治责任"概念的解读》，载《天府新论》2017 年第 5 期。

[144] 张保红：《权利能力的双重角色困境与主体资格制度重构》，载《法学家》2014 年第 2 期。

[145] 张翔：《论契约团体事实属性与规范属性间的断裂与弥补》，载《法律科学（西北政法大学学报）》2016 年第 34 卷第 4 期。

[146] 李玉璧：《西部开发与政府法律人格构建》，载《西北师大学报（社会科学版）》2002 年第 4 期。

[147] 郭道晖：《"执政能力"的法理解读》，载《法学》2005 年第 7 期。

[148] 蒋学跃：《法人侵权责任能力的理论预设与制度设计：以法人本质理论为线索》载《现代法学》2007 年第 2 期。

[149] 张明楷：《阶层论的司法适用》，载《清华法学》2017 年第 11 卷第 5 期。

[150] 钱叶六：《期待可能性理论的引入及限定性适用》，载《法学研究》2015 年第 37 卷第 6 期。

［151］劳东燕：《公共政策与风险社会的刑法》，载《中国社会科学》2007 年第 3 期。

［152］王锴、刘犇昊：《宪法总纲条款的性质与效力》，载《法学论坛》2018 年第 33 卷第 3 期。

［153］王理万：《制度性权利：论宪法总纲与基本权利的交互模式》载《浙江社会科学》2019 年第 1 期。

［154］强世功：《宪法司法化的悖论——兼论法学家在推动宪政中的困境》，载《中国社会科学》2003 年第 2 期。

［155］江国华：《中国宪法中的权力秩序》，载《东方法学》2010 年第 4 期。

［156］孟强龙：《行政约谈法治化研究》，载《行政法学研究》2015 年第 6 期。

［157］朱新力、李芹：《行政约谈的功能定位与制度建构》，载《国家行政学院学报》2018 年第 4 期。

［158］蒋贵荣、薛克鹏：《论划分我国各级政府财政事权与支出责任的法治路径》，载《福建论坛（人文社会科学版）》2019 年第 9 期。

［159］顾亮、冯加严：《后非典时期我国行政问责制的现实困境及对策研究》，载《理论与改革》2004 年第 3 卷。

［160］陈征：《党政机关合并合署与行政活动的合法化水平》，载《法学评论》2019 年第 37 卷第 3 期。

［161］张明楷：《也谈客观归责理论兼与周光权、刘艳红教授商榷》，载《中外法学》2013 年第 25 卷第 2 期。

［162］郑晓剑：《侵权责任能力判断标准之辨析》，载《现代法学》2015 年第 37 卷第 6 期。

［163］茅铭晨：《"行政决策"概念的证立及行为的刻画》，载《政治与法律》2017 年第 6 期。

［164］杨三正：《宏观调控权配置原则论》，载《现代法学》2006 年第 6 期。

［165］王汉生、王一鸽：《目标管理责任制：农村基层政权的实践逻辑》，载《社会学研究》2009 年第 24 卷第 2 期。

［166］ 邹兵建：《论相当因果关系说的三种形态》，载《清华法学》2019 年第 13 卷第 4 期。

［167］ 陈兴良：《从归因到归责：客观归责理论研究》，载《法学研究》2006 年第 2 期。

［168］ 李萍：《论公共伦理价值》，载《中国人民大学学报》2004 年第 2 期。

［169］ 李芬芬、陈建斌：《行政伦理与行政道德、行政责任及政治伦理的关系解读》，载《江西社会科学》2014 年第 34 卷第 3 期。

［170］ 赵子林：《马克思恩格斯政治伦理思想的三个维度及现实启示》，载《科学社会主义》2019 年第 4 期。

［171］ 施雪华：《"服务型政府"的基本涵义、理论基础和建构条件》，载《社会科学》2010 年第 2 期。

［172］ 刘建军：《"为人民服务"的命题史考察》，载《马克思主义研究》2011 年第 7 期。

［173］ 田小龙：《服务型政府的知识传播路径分析——考察中国"服务型政府"概念的前史及成型》，载《广西社会科学》2016 年第 10 期。

［174］ 张强、韩莹莹：《服务型政府的基本内涵及其实现路径》，载《教学与研究》2005 年第 12 期。

［175］ 沈亚平、李洪佳：《人民满意的服务型政府及其建设路径研究》，载《东岳论丛》2014 年第 35 卷第 3 期。

［176］ 张康之：《我们为什么要建设服务型政府》，载《行政论坛》2012 年第 19 卷第 1 期。

［177］ 韩迎春、曹一鸣：《论"以人民为中心"对"为人民服务"的新发展》，载《社会主义研究》2019 年第 5 期。

［178］ 沈荣华、钟伟军：《论服务型政府的责任》，载《中国行政管理》2005 年第 9 期。

［179］ 刘祖云：《论我国公共行政的三大问题》，载《长白学刊》2005 年第 2 期。

［180］ 江国华：《新时代人民立宪观九论》，载《武汉大学学报（哲学社会科

学版）》2018 年第 71 卷第 3 期。

[181] 张智光：《概念内涵和外延的辩证法》，载《华南师范大学学报（社会科学报）》1993 年第 1 期。

[182] "张建荣：《"全能主义政府"的公共危机治理困局》，载《学术界》2015 年第 7 期。

[183] 杨雪冬：《从制度信任到制度自信：改革开放 40 年国家治理变革的主体逻辑》，载《新视野》2018 年第 4 期。

[184] 兰华、付爱兰：《孟子民本主义与现代民主》，载《山东社会科学》2005 年第 9 期。

[185] 杨海坤、樊响：《一条宪法方法论的进路——基于对服务型权威理论的评析》，载《浙江学刊》2015 年第 3 期。

[186] 高兆明：《"伦理秩序"辨》，载《哲学研究》2006 年第 6 期。

[187] 雷玉琼、曾萌：《制度性腐败成因及其破解——基于制度设计、制度变迁与制度约束》，载《中国行政管理》2012 年第 2 期。

[188] 梅继霞：《公务员品德国内研究述评》，载《行政论坛》2014 年第 2 期。

[189] 肖萍：《论公务员职业道德法制化建设》，载《求实》2001 年第 9 期。

[190] 方军：《失范、原因及对策：当前乡镇公务员行政道德状况研究——基于实地调查的视角》，载《河南社会科学》2011 年第 2 期。

[191] 鄢爱红：《行政伦理责任：抑制行政腐败的有效路径》，载《国家行政学院学报》2005 年第 1 期。

[192] 邹东升、冯清华：《公共行政的伦理冲突场景与消解途径》，载《理论探讨》2007 年第 4 期。

[193] 郭冬梅、张慧珍：《行政人员的角色冲突及其伦理调适》，载《河北大学学报（哲学社会科学版）》2009 年第 1 期。

[194] 毕瑞峰、钱冰：《论行政人员的"角色"：一个概念性图式》，载《学术论坛》2010 年第 7 期。

[195] 邓大才：《走向善治之路：自治、法治与德治的选择与组合——一乡村

治理体系为研究对象》，载《社会科学研究》2018 年第 4 期。

[196] 赵树坤，张晗：《法律规则逻辑结构理论的变迁及反思》，载《法治与社会发展》2020 年第 1 期。

[197] 孙笑侠：《公、私责任分析——论功利性补偿与道义性惩罚》，载《法学研究》1994 年第 6 期。

[198] 方世荣：《论行政权力的要素及其制约》，载《法商研究（中南政法学院学报）》2001 年第 2 期。

[199] 黄松有：《程序独立价值理论与中国民事审判实践》，载《法学评论》2000 年第 5 期。

[200] 陈晓庆：《论事实、价值与法律规范》，载《社会科学论坛》2019 年第 5 期。

[201] 张步洪：《行政侵权归责原则初论》，载《行政法学研究》1999 年第 1 期。

[202] 张劲松：《论人大监督政府权的实现》，载《中共云南省委党校学报》2004 年第 5 期。

[203] 胡肖华、谢忠华：《完善我国人大质询权法律规制的思考》，载《湖湘论坛》2012 年第 1 期。

[204] 邹奕：《人大罢免政府组成人员的机制问题探究——基于我国既有的宪法秩序》，载《政治与法律》2016 年第 4 期。

[205] 马怀德：《行政赔偿的范围》，载《江海学刊》1994 年第 5 期。

[206] 骆元卡：《我国行政赔偿范围及其立法完善》，载《理论与改革》2004 年第 6 期。

[207] 毕雁英：《行政责任主体理论检讨》，载《北方法学》2007 年第 6 期。

[208] 盛凌振：《论权力主体的多元主体性——从主体性理论的发展看权力主体观的构成》，载《东南大学学报（哲学社会科学版）》，2009 年第 5 期。

[209] 王方玉：《利他性道德行为的法律激励——基于富勒的两种道德观念》，载《河北法学》2013 年第 5 期。

［210］白帆：《党政领导干部引咎辞职责令辞职制度的理论思考》，载《中央社会主义学院学报》2003 年第 1 期。

［211］张志泉：《行政追偿制度探讨》，载《国家行政学院学报》2009 年第 6 期。

［212］张弘：《国家行政追偿权探析》，载《辽宁教育学院学报》2000 年第 3 期。

［213］张翔：《基本权利的双重性质》，载《法学研究》2005 年第 3 期。

［214］曾峻、邱国兵：《行政伦理建设的法治化路径初探》，载《上海行政学院学报》2005 年第 6 期。

附　　录

附录 1　北京市工商行政管理局某分局与钟某其他二审行政判决书

北京市第三中级人民法院
行 政 判 决 书

〔2014〕三中行终字第 1251 号

上诉人（一审被告）北京市工商行政管理局某分局，住所地北京市某区永顺镇滨惠北二街×号。

法定代表人高某某，男，局长。

委托代理人李某某，男，北京市工商行政管理局某分局干部。

委托代理人韩某某，女，北京市工商行政管理局某分局干部。

被上诉人（一审原告）钟某，男，1989 年 10 月 24 日出生。

委托代理人王某（钟某之母），1964 年 9 月 23 日出生。

上诉人北京市工商行政管理局某分局（以下简称甲工商分局）因履行法定职责一案，不服北京市某区人民法院〔2014〕通行初字第 76 号行政判决，向本院提起上诉。本院受理后，依法组成合议庭，于 2014 年 9 月 10 日公开开庭审理了本案。上诉人甲工商分局委托代理人李某某、韩某某，被上诉人钟某之委托代理人王某到庭参加诉讼。本案现已审理终结。

钟某向一审法院提起行政诉讼，请求确认甲工商分局处理举报案件程序违法并责令甲工商分局履行移送职责。

一审法院经审理认为，依据食安办〔2013〕13 号《国务院食品安全办国家工商总局国家质检总局国家食品药品监管总局关于进一步做好机构改革期间食品和化妆品监管工作的通知》（以下简称食安办 13 号通知）、《北京市人民政府办公厅关于印发北京市食品药品监督管理局主要职责内设机构和人员编制规定的通知》（以下简称《通知》）等有关文件规定，目前我市流通环节的食品安全监管职责由北京市食品药品监督管理局承担，故甲工商分局已无职责对流通环节的食品安全进行监管，且其在接到钟某举报时应能够确定该案件的主管机关。《工商行政管理机关行政处罚程序规定》第十五条规定，工商行政管理机关发现所查处的案件属于其他行政机关管辖的，应当依法移送其他有关机关。依据该规定，当工商机关发现查处案件不属于自己管辖时，负有移送其他机关的法定职责，该条中并未明确规定案件的移送需以该案属工商机关查处范围且启动相应调查核实程序为必要条件，本案中当甲工商分局认为钟某所举报事项不属其管辖时，应当移送至有关主管机关，故对于甲工商分局关于"其已无法定职权对钟某反映问题启动调查核实程序故不负有移送职责"的主张，不予支持。关于甲工商分局提出的"需向标准发布部门核实确定钟某反映问题是否违法"的主张，一审法院认为钟某所反映问题为购买的商品不符合《预包装食品营养标签通则》，上述问题是否属于该通则明确规定范围及是否违法，属于案件查处中的具体事实认定，不能作为甲工商分局不履行法定移送职责的依据。综上，依据《中华人民共和国行政诉讼法》第五十四条第（三）项、《最高人民法院关于执行〈中华人民共和国行政诉讼法〉若干问题的解释》第五十六条第（四）项之规定，判决甲工商分局在十五个工作日内就钟某举报事项履行移送职责；驳回钟某的其他诉讼请求。

甲工商分局不服一审判决，上诉提出：一审法院认定事实不清，法律释义不当，片面解释了《工商行政管理机关行政处罚程序规定》第十五条，该条只是规定了对于工商机关立案后发现无管辖权或发现违法犯罪行为时如何处理，而并非针对仅仅是线索层面情况，工商机关在发现所举报的线索无管辖权时应采取告知当事人向有关机关举报的处理方式，第一，法律没有明文规定工商机关在发现所举报的线索无管辖权时应当向有关机关移送；第二，法律没有授权工商机关在发现所举报的线索无管辖权时有权向其他机关移送案件，即法无明文规定不许可；第三，发现所举报的线索无管辖权时就必须向其他有关机关移送，这种做法不具有可行性，首先上诉人的人力、物力、财力无法办到，其次，线索的真实性存疑，再次，这种做法是在鼓励当事人不正当维权；第四，发现所举报的线索无管辖权时告知当事人到有权机关反映，符合相关行政惯例；第五，《工商行政管理机关行政处罚程序规定》第十五条第二款规定，工商行政管理机关发现违法行为涉嫌犯罪的，应当依照有关规定将案件移送司法机关，但本案钟某所提供线索并不涉及犯罪问题，故不属于上诉人依法移送的法定事由。综上，请求二审法院在查明事实的基础上撤销一审判决并依法改判；一、二审案件诉讼费均由钟某承担。

钟某同意一审判决，请求予以维持。

钟某在法定期限内向一审法院提交以下证据材料：

1. 申诉（举报）信，证明钟某向甲工商分局提出申请；

2. 《关于您来信一事的答复》（以下简称《答复》），证明甲工商分局作出的行政行为；

3. 购物小票复印件，证明钟某与本案有利害关系；

4. 京工商复〔2014〕27 号行政复议决定书（以下简称复议决定书），证明此案经过了行政复议；

5. 钟某身份证复印件，证明钟某身份信息。

甲工商分局在法定期限内向一审法院提交了如下证据材料：

1. 《答复》及国内挂号信函，证明甲工商分局依法履行了法定职责，答复恰当；

2. 行政复议申请、复议决定书，证明钟某主张甲工商分局对其举报应予移送，不是其法定职责，北京市工商行政管理局对此举报的复议不予支持。

甲工商分局在法定期限内向一审法院提交了如下法律依据：

1. 食安办 13 号通知第五条，证明食品举报工作由国家食品药品监管总局承担，各省市按照改革进展随职责划转进行交接；

2. 《工商行政管理机关行政处罚程序规定》第十五条第一款，证明工商机关发现所查处的案件属于其他行政机关管辖的，才应当依法移送其他有关机关；

3.《工商行政管理机关行政处罚程序规定》第十七条,证明工商机关立案的法定职责和立案时限;

4.《通知》第一条职能转变(一)划入职责中的第一条,证明流通环节食品监管职责由北京市食品药品监督管理局承担,投诉举报职责未明确;

5.《北京市工商行政管理局行政处罚程序实施办法》第二十条,证明北京市工商行政管理局处理具名投诉举报的法定职责。

一审法院已将当事人提交的证据随案移送本院。经审查,本院认为钟某提交的全部证据与本案具有关联性,能够证明所要证明的问题,本案予以采纳;甲工商分局提交的证据材料真实、合法,能够证明对钟某的举报作出答复及钟某申请行政复议的过程,本院予以采纳。

本院根据合法有效的证据及当事人的有关陈述,认定一审法院查明的如下事实成立:

2013年12月27日,甲工商分局接到钟某的申诉(举报)信,称其在某某超市购买的某牌大米不符合《预包装食品营养标签通则》的规定,属不符合食品安全标准的违法产品,要求甲工商分局责令某某超市退还钟某货款并进行赔偿,依法作出行政处罚。同年12月30日,甲工商分局作出《答复》,称依据该局调查,钟某反映的食品安全问题目前不属于其职能范围。钟某于2014年1月8日向北京市工商行政管理局提出复议申请,该机关于同年4月2日作出复议决定书,维持《答复》。

本院认为,食安办13号通知第五事项规定,自通知下发之日起,有关食品生产、流通环节和化妆品生产监管方面的投诉、举报、信访等事项由国家食品药品监管总局承担,各省、自治区、直辖市的该类工作,按照各地机构改革进展情况,随职责划转进行交接。同时,《通知》明确,北京市食品药品监督管理局是负责本市食品(含食品添加剂)、药品(含中药、民族药)、医疗器械、保健食品、化妆品监督管理的市政府直属机构,挂北京市食品药品安全委员会办公室牌子。据此,有关食品生产、流通环节的监督管理职责由食品药品监督管理部门承担,甲工商分局作为工商行政管理部门已无上述监管职责。

本案中,钟某向甲工商分局申诉(举报)其在某某超市购买的某牌大米外包装标注的硒含量不符合《预包装食品营养标签通则》规定，属不符合食品安全标准的违法产品。虽然甲工商分局对钟某作出《答复》称依据该局调查，钟某反映的食品安全问题目前不属于该局职能范围，但根据《工商行政管理机关行政处罚程序规定》第十五条规定，工商行政管理机关发现所查处的案件属于其他行政机关管辖的，应当依法移送其他有关机关。因此，甲工商分局在发现所查处案件属于其他行政机关管辖时，负有移送其他有关机关的法定职责。本案中甲工商分局没有履行移送的法定职责，故一审法院依据《中华人民共和国行政诉讼法》第五十四条第（三）项、《最高人民法院关于执行〈中华人民共和国行政诉讼法〉若干问题的解释》第五十六条第（四）项之规定，判决甲工商分局在十五个工作日内就钟某举报事项履行移送职责并驳回钟某的其他诉讼请求正确，本院应予维持。甲工商分局关于案件未进入查处程序，故其没有移送职责以及无法确定案件移送机关的上诉理由缺乏事实根据及法律依据，其上诉请求本院不予支持。综上，依照《中华人民共和国行政诉讼法》第六十一条第（一）项的规定，判决如下：

驳回上诉，维持一审判决。

二审案件受理费 50 元，由上诉人北京市工商行政管理局某分局负担（已交纳）。

本判决为终审判决。

审　判　长　贾法官

代理审判员　董审判员

代理审判员　王审判员

二〇一四年九月十九日

书　记　员　张　某

书　记　员　郝　某

附录 2 李某某不服交通事故责任重新认定决定案

原告：李某某，男，30 岁，福建省甲县烟草公司驾驶员，住甲县莲峰镇。

委托代理人：吴某某，福建省甲县法律服务中心法律工作者。

被告：福建省乙市公安局交通警察支队。

法定代表人：叶鉴某，该支队支队长。

委托代理人：叶某、陈海某，乙市公安局交通警察支队干警。

第三人：邱家某，男，51 岁，工人，住甲县莲峰镇。

第三人：刘莲某，女，42 岁，居民，系邱家某妻子，住址同上。

第三人：邱炳某，男，41 岁，农民，住甲县揭乐乡。

第三人：谢小某，女，40 岁，农民，系邱炳某妻子，住址同上。

第三人：周丽某，女，19 岁，居民，住甲县莲峰镇。

第三人：李某，女，成年，居民，住甲县商业局综合厂宿舍。

被告福建省乙市公安局交通警察支队（以下简称乙交警队）于 2000 年 10 月 12 日作出（2000）第 343 号《道路交通事故责任重新认定决定书》，认定：（1）邱森某无证驾车，违章载人妨碍驾驶，占道行驶，是造成交通事故的原因之一，其行为违反了《道路交通管理条例》第六条、第二十五条、第三十三条（一）项、第四十九条（一）项的规定。（2）李某某驾车占道行驶，未遵守右侧通行的原则，是造成交通事故的原因之一，其行为违反了《道路交通管理条例》第六条、第四十九条（一）项的规定。决定撤销福建省甲县交通警察大队（以下简称甲城交警队）第 20001033 号《道路交通事故责任认定书》的责任认定，重新认定邱森某和李某某负本事故的同等责任。原告李某某不服该决定，向福建省甲县人民法院提起行政诉讼。

原告诉称：被告的重新认定决定书，以原告占道行驶为由推翻甲城交警队的责任认定，是错误的。认定原告占道行驶，没有事实根据。请求依法撤销被告的责任重新认定决定书，并判决被告重新作出责任认定。

被告辩称：此次重大交通事故的发生有两个原因。原告李某某的责任是：

第一，《道路交通事故现场勘查图》和现场照片反映，李某某采取紧急制动留在道路上的制动拖印，是从道路中心线左侧 0.5m 呈斜线状往右侧滑行，证明李某某在发现危险前占据对方道路行驶。由于李某某未遵守右侧通行的原则驾车占道行驶，才使邱森某在会车时对李某某的行车动态判断失误，造成事故的发生。第二，现场勘查图表明，肇事路段宽直，视线良好，很早就可以发现对方来车的动态。李某某留下的制动压印长 3.6m、拖印长 15.1m 可以判断，李某某发现险情时距离对向来车应在 30m 以上。这个距离内，只要驾驶员反映及时、处置有效，是可以避免事故发生的。但由于李某某车速过快，驾车时疏忽大意，以致发现险情后采取紧急避险的措施不当。当然，对方邱森某无证驾驶摩托车，后载三人，妨碍操作，交会车时占道行驶，也是造成交通事故的原因。综上所述，被告的责任认定事实清楚，证据确实，适用法律正确，程序合法，人民法院应当维持被告作出的责任重新认定决定书。

被告乙交警队向法庭提交了证人林钦某、吴某的证言、现场勘查简图、道路交通事故照片一组、道路交通事故车辆技术鉴定书、讯问李某某笔录等证据。

福建省甲县人民法院经审理查明：

2000 年 7 月 26 日，第三人邱家某、刘莲某之子邱森某无证驾驶闽 FH2042 号二轮摩托车，后载第三人邱炳某、谢小某之女邱丽某和第三人周丽某、李某等三人，由文亨方向往甲城城区行驶。原告李某某驾驶闽 F60590 号金杯牌小客车，由甲城往文亨方向行驶。双方行至建文线 175km+920m 处交会时发生碰撞，造成邱森某受伤后送医院经抢救无效死亡，邱丽某当场死亡，李某、周丽某受伤，两车损坏的重大交通事故。同年 8 月 25 日，甲城交警队作出的第 20001033 号《道路交通事故责任认定书》认定：邱森某无证驾车、超载三人、占道行驶，应负事故的主要责任；李某某车速过快、疏忽大意、临危采取措施不当，应负事故的次要责任。第三人邱家某不服甲城交警队的责任认定，向被告乙交警队申请复议。同年 10 月 12 日，乙交警队以（2000）第 343 号《道路交通事故责任重新认定决定书》，撤销了甲城交警队第 20001033 号《道路交通事故责任认定书》，重新认定邱森某无证驾车、违章载人妨碍驾驶、占道行驶，是造成交通事故的原因之一，应负本次事故的同等责任；李某某驾驶车辆占道行驶，是造成事故的原因之一，应负本次事故的同等责任。李某某不服该重新认定，提起诉讼。

上述事实，有被告乙交警队提交的证据和三方当事人的陈述笔录证明。所有证据经庭审质证和审查，可以作为认定本案事实的根据。

福建省甲县人民法院认为：

现场勘查简图和道路交通事故照片表明，原告李某某驾驶的金杯牌小客车的轮胎制动拖印起于甲城城区往文亨方向路中线左侧0.5m，沿斜线向右进入自己一侧的车道内后，又前行约6.15m，在距离路中线0.46m处出现轮胎制动拖印拐点（即两车碰撞点）。这些证据证明，两车碰撞时，李某某驾驶的金杯牌小客车在自己一侧的车道内，而邱森某驾驶的二轮摩托车处在占道位置。被告乙交警队认定李某某驾驶的金杯牌小客车占道行驶，无事实根据，认定有误；认定邱森某无证驾驶，违章载人妨碍驾驶，占道行驶，事实清楚，证据充分，应予确认。据此，该院于2000年12月19日判决：

撤销被告乙交警队所作的（2000）第343号《道路交通事故责任重新认定决定书》中关于责任认定的部分。乙交警队应从判决生效之日起30日内对本事故重新作出责任认定。

案件受理费100元，其他诉讼费500元，由被告乙交警队负担。

第一审宣判后，乙交警队不服提起上诉，理由是：被上诉人李某某的占道行驶，有现场勘查简图和道路交通事故照片上金杯牌小客车的制动拖印证明，是不容否认的事实。制动拖印起于道路中心线左侧0.5m，只说明该车是从这里开始留下制动拖印，不能说明该车在留下制动拖印前也一直是仅占据道路左侧0.5m。在两车相会的情况下，李某某占道行驶，势必影响对方来车作出正确判断。原审判决否定李某某占道行驶的事实，是认定事实不清。请求撤销一审判决，改判维持上诉人的（2000）第343号《道路交通事故责任重新认定决定书》。

福建省乙市中级人民法院经二审，查明的事实与一审相同。

乙市中级人民法院认为：

1991 年 9 月 22 日国务院以第 89 号令发布的《道路交通事故处理办法》第十七条第二款规定："当事人有违章行为，其违章行为与交通事故有因果关系的，应当负交通事故责任。当事人没有违章行为或者虽有违章行为，但违章行为与交通事故无因果关系的，不负交通事故责任。"第十九条第二款规定："两方当事人的违章行为共同造成交通事故的，违章行为在交通事故中作用大的一方负主要责任，另一方负次要责任；违章行为在交通事故中作用基本相当的，两方负同等责任。"

道路交通事故责任认定，首先要查明道路交通事故发生时，各方当事人的哪些行为与事故的发生有因果关系，然后认定这些行为是否违章，行为人应当承担什么责任。上诉人乙交警队提交的现场勘验简图，反映出现场路段有效路宽为 15.1m，半幅路宽 7.55m，路面视线良好。现场勘验简图和现场照片证实，两车碰撞点位于上诉人李某某驾驶的金杯牌小客车行驶的车道内距路中心线 0.46m 处，这是道路交通事故发生时两车所处的位置。金杯牌小客车在开始制动时虽然跨越道路中心线 0.5m，但左侧仍留有约 6 米宽的有效路面。即使李某某不向本车道驶回，所余有效路面也足可以使对向邱森某驾驶的二轮摩托车安全通过。另外从金杯牌小客车的制动拖印、证人林钦某、吴某的证言和讯问李某某笔录中还可以看出，金杯牌小客车驶回本车道时，距离邱森某的摩托车尚有 30 余米；从李某某发现险情采取制动措施到两车碰撞时，邱森某的摩托车始终处于占道位置。这些情节都证明，李某某在发现险情前虽有占道行驶的行为，但该行为不会使对向驾驶摩托车的邱森某认为前行无路，从而采取进入逆行车道的避险措施。李某某自发现险情就开始制动同时驶回本车道，此时相距 30m 以外的邱森某如也能进入自己一侧的车道行驶，则两车相撞的事故完全可以避免。而邱森某是无证驾驶，驾驶技术的不熟练影响其作出正确判断；又因摩托车严重超载，邱森某无法把握车辆行驶的正确方向，才使其不能及时驶回自己一侧的车道，而在李某某一侧的车道内与李某某驾驶的金杯牌小客车相撞。在本次事故中，邱森某的无证驾车、违章载人和占道行驶等违章行为，显然是导致事故发生的主要原因。而李某某的占道行驶违章行为，却与事故的发生不存在因果关系，不应因此对交通事故的发生承担责任。乙交警队以李某某占道行驶为由，认定李某某与邱森某在本次事故中均负同等责任，显然不当。一审判决撤销乙交警队作出的《道路交通事故责任重新认定书》，并判决乙交警队对此次交通事故的责任重新作出认定，是正确的。乙交警队的上诉理由不能成立，应予驳回。据此，乙市中级人民法院依照《中华人民共和国行政诉讼法》第六十一条第（一）项的规定，于 2001 年 4 月 4 日判决：

驳回上诉，维持原判。

二审案件受理费 100 元，由上诉人乙交警队负担。

附录3　甲特种材料有限公司、乙市知识产权局专利
行政管理（专利）再审行政判决书

中华人民共和国最高人民法院
行 政 判 决 书

〔2017〕最高法行再 84 号

再审申请人（一审原告、二审上诉人）：甲特种材料有限公司。住所地：河南省南阳市西峡县工业大道北段×号（311 国道北段西侧）。

法定代表人：朱某某，该公司董事长。

委托诉讼代理人：杨律师，北京市智汇律师事务所律师。

委托诉讼代理人：季某某，男，1979 年 4 月 10 日出生，汉族，郑州知己知识产权代理有限公司专利代理人，住河南省南阳市×区。

被申请人（一审被告、二审被上诉人）：乙市知识产权局。住所地：陕西省乙市榆阳区常乐路×号。

法定代表人：郝某某，该局局长。

委托诉讼代理人：张某某，该局科长。

委托诉讼代理人：苟某某，男，1965 年 12 月 6 日出生，汉族，宝鸡市知识产权局副局长，住陕西省宝鸡市×区。

被申请人（一审第三人、二审被上诉人）：陕西煤业化工集团丙化工有限公司。住所地：陕西省乙市×县锦界工业园区。

法定代表人：毛某某，该公司董事长。

委托诉讼代理人：李某某律师，北京恒都律师事务所律师。

委托诉讼代理人：李某律师，北京恒都律师事务所实习律师。

再审申请人甲特种材料有限公司（以下简称甲公司）因与被申请人乙市知识产权局（以下简称乙局）、陕西煤业化工集团丙化工有限公司（以下简称丙公司）专利侵权纠纷行政处理一案，不服陕西省高级人民法院〔2016〕陕

行终 94 号行政判决，向本院申请再审。本院于 2017 年 9 月 21 日裁定提审本案。提审后，本院依法组成合议庭，于 2017 年 12 月 15 日公开开庭进行了审理，甲公司的委托诉讼代理人杨律师、季某某，乙局的委托诉讼代理人张某某、苟某某，丙公司的委托诉讼代理人李某某律师、李某律师到庭参加诉讼。本案现已审理终结。

2015 年 6 月 10 日，甲公司以丙公司制造、使用的煤炭分质转化利用设备侵犯其 ZL20102058×××.2 号"内煤外热式煤物质分解设备"实用新型专利权（以下简称涉案专利）为由，请求乙局行政处理，责令丙公司停止上述侵权行为。

乙局认为，甲公司主张以涉案专利权利要求 1 确定其专利权的保护范围，被诉侵权设备由于体积庞大且正在生产使用中，无法拆解观察内部结构，故根据丙公司提供且经甲公司认可的被诉侵权设备照片及设备结构简图确定被诉侵权设备的技术特征。经比对，涉案专利的密封窑体与被诉侵权设备的夹套在结构、功能和效果上不同，不构成等同特征。涉案专利的煤物质推进分解管道与被诉侵权设备的回转窑体在结构和工作原理上不同，亦不等同。涉案专利的煤物质推进分解管道位于密封窑体内被完全包围，该两者之间不能相对转动，被诉侵权设备的回转窑体没有位于夹套内，该两者之间可以相对转动。涉案专利窑体的密封性好，提高了热传递效率，被诉侵权设备在回转窑体外壁套设三个相对独立的加热夹套，将供热与热解过程完全隔绝，提高了安全性，两者的技术效果和目的不同。因此，被诉侵权设备未落入专利权的保护范围，不构成对涉案专利权的侵犯。另，丙公司在口头审理中明确不主张现有技术抗辩。2015 年 9 月 1 日，乙局作出榆知法处字〔2015〕9 号《专利侵权纠纷案件处理决定书》（以下简称被诉行政决定），驳回甲公司要求丙公司停止专利侵权行为的请求。

甲公司不服该被诉行政决定，向陕西省西安市中级人民法院提起诉讼。

甲公司诉称：1. 被诉侵权设备的夹套是由三块钢板铆接而成，夹套周向包围窑体设置，夹套与窑体密封固定形成密封的容器。在密封容器内通入高温气体，对窑体内的煤粉进行加热。夹套并不是单独使用的独立结构，而是要与

（6）热交换空间对回转窑体内煤物质加热使其分解。

经将涉案专利权利要求 1 记载的技术特征与被诉侵权设备的技术特征比对后，甲公司对乙局认定的两者均具有加热机构、进煤口、出煤口和加热气导出管、回转窑体和夹套之间有热交换仓无异议，但对乙局认定涉案专利的密封窑体与被诉侵权设备的夹套以及涉案专利的煤物质推进分解管道与被诉侵权设备的回转窑体不相同提出异议。

一审庭审中，甲公司称：被诉行政决定的合议组人员有苟某某，但苟某某作为宝鸡市知识产权局副局长，不能参与对涉案专利侵权纠纷的处理，其对乙局是否告知合议组人员不清楚，也未提出回避申请。被诉侵权设备图纸与设备实物的技术特征一致，无需到设备现场比对。

乙局称：因本案案情重大，现有人员力量欠缺，经请示上级主管部门，最终决定由苟某某等与乙局工作人员组成合议组，第一次口头审理时已将合议组成员的具体身份告知当事人，甲公司没有提出异议。涉案纠纷是省市联合执法，《中华人民共和国专利法实施细则》第八十条规定了上级部门对下级部门进行业务指导，指导包含全省范围内调配人员进行执法，且行政机关在实践中均是相互调配人员。乙局已通过陕西省知识产权局向国家知识产权局请示，国家知识产权局复函称，根据全国知识产权系统执法人员数量、能力不均衡的现状，国家知识产权局在全系统推进执法协作调度机制，包括人员、案件调度等内容，属于行政机关内部行为。

丙公司称：乙局在口头审理之前给其和甲公司都发出了通知，双方对合议组成员的身份均未提出异议。

一审法院另查明，国家知识产权局制定的《专利行政执法能力提升工程方案》明确要求建立全系统和若干区域专利行政执法协作调度中心，提高执法办案协作水平与效率。选择若干地区开展试点，建立若干区域专利行政执法协作调度中心；推进建立全系统专利行政执法指挥调度中心，加快实现跨地区执法协作的系统化、规范化。陕西省知识产权局按照《专利行政执法能力提升工程方案》的要求，开展了专利行政执法协作调度工作，调度专利行政执法实务经验丰富、执行专利法律法规水平较高的专利行政执法人员，跨市区参与专利行政案件审理。涉案合议组人员苟某某、白某系宝鸡市知识产权局执法人员，其由陕西省知识产权局调度参加到乙局的案件合议组，对涉案专利侵权纠纷进行行政处理。

一审法院认为：

1. 关于被诉行政决定的作出是否违反法定程序

甲公司认为乙局违反法定程序的行为有：被诉行政决定的合议组成员有苟某某，但苟某某是宝鸡市知识产权局副局长，不能参与对涉案纠纷的处理。对此，考虑到被诉行政决定作出前，因本案案情重大，现有工作人员力量欠缺，乙局经请示上级主管部门，最终决定由宝鸡市知识产权局派员参加，并与乙局工作人员共同组成合议组；同时，乙局口头审理时已将合议组成员告知当事人，甲公司没有提出异议；乙局已通过陕西省知识产权局向国家知识产权局提出请示，国家知识产权局复函称，根据全国知识产权系统执法人员数量、能力不均衡的现状，国家知识产权局在全系统推进执法协作调度机制，包括人员、案件调度等内容，属于行政机关内部行为，按照现行人事机关内部规定开展执法人员调度工作，并不违反内部交流制度。由此证明，被诉行政决定的作出并未违反法定程序。

2. 关于被诉行政决定是否证据确凿

被诉侵权设备体积庞大且正在使用中，无法拆解观察内部结构，经甲公司认可，乙局使用被诉侵权设备的照片以及设备结构简图确定被诉侵权设备的技术特征，甲公司、丙公司对此均无异议。在乙局对技术特征进行比对过程中，甲公司、丙公司对于涉案专利的密封窑体与被诉侵权设备的夹套、涉案专利的煤物质推进分解管道与被诉侵权设备的回转窑体两组技术特征是否构成等同存在争议，对于其余技术特征均无争议。由此证明，被诉行政决定证据确凿。

3. 关于被诉行政决定适用法律是否正确

（1）被诉侵权设备和涉案专利的主题相同，都属于煤物质分解利用设备，其技术特征为：回转窑体；三个夹套分别位于回转窑体外壁上，回转窑体相对于夹套可转动；加热机构；进煤口、出煤口和加热气导出管；回转窑体和夹套之间有热交换空间；热交换空间对回转窑体内煤物质加热使其分解。乙局对于被诉侵权设备技术特征的认定正确。（2）涉案专利的窑体是指具有可包容其他物体的一个完整的空间结构，被诉侵权设备的夹套是指具有套筒结构的设备，两者技术手段不同；由于涉案专利密封窑体是一个可以转动的密封容器，不具有夹套的技术特征，而被诉侵权设备具有夹套，且三个夹套分别固定在回转窑体外壁上，回转窑体相对于夹套转动，两者功能不同；被诉侵权设备采用夹套的换热效率要远低于涉案专利密封窑体的换热效率，两者效果不同。因此，涉案专利的密封窑体与被诉侵权设备的夹套不构成等同特征。甲公司认为权利要求 1 中没有限定窑体的具体结构、数量，只要被诉侵权设备构成密封容器，则与权利要求 1 中的密封窑体构成等同，与事实不符，不予采信。（3）涉案专利的煤物质推进分解管道是指圆而细长中空的结构，被诉侵权设备回转窑体不具有圆而细长的结构，两者的技术手段不同；涉案专利煤物质推进分解管道处于其密封窑体内部，依靠密封窑体内大量高温气体包围煤物质推进分解管道进行热解；被诉侵权设备的回转窑体有三个夹套，回转窑体相对于夹套进行转动，两者的功能不同；涉案专利的煤物质推进分解管道具有防止热量散失、提高热传递效率的效果，回转窑体是以牺牲换热效率来简化设备结构、降低爆炸风险，两者的效果不同。因此，涉案专利的煤物质推进分解管道与被诉侵权设备的回转窑体不构成等同特征。

一审法院认为，被诉行政决定认定事实清楚、证据确凿，适用法律正确，程序合法，于 2015 年 11 月 30 日作出〔2015〕西中行初字第 00267 号行政判决，驳回甲公司的诉讼请求。一审案件受理费 50 元，由甲公司负担。

甲公司不服一审判决，向陕西省高级人民法院提起上诉。

二审法院查明的事实与一审判决认定的事实一致。

二审法院认为，乙局对涉案专利侵权纠纷进行处理，有《中华人民共和国专利法》第六十条和《中华人民共和国专利法实施细则》第八十一条为依据。行政执法人员在系统内调度，属于行政机关内部行为，不违反内部交流制度。乙局鉴于现有工作人员欠缺，经请示陕西省知识产权局后，抽调宝鸡市知识产权局工作人员参与案件处理。而且，口头审理时已将合议组成员告知当事人，甲公司未提出异议。因此，被诉行政决定的作出未违反法定程序。涉案专利的密封窑体与被诉侵权设备的夹套，涉案专利的煤物质推进分解管道与被诉侵权设备的回转窑体，均不构成等同特征，被诉行政决定认定丙公司不构成专利侵权，认定事实清楚，证据确凿，适用法律正确。二审法院于 2016 年 6 月 6 日作出〔2016〕陕行终 94 号行政判决，驳回上诉，维持原判。二审案件受理费 50 元，由甲公司负担。

甲公司不服二审判决，向本院申请再审称：（一）被诉行政决定的作出违反法定程序。1. 乙局辖区内的专利行政处理事务应由乙局的工作人员处理。苟某某在其担任宝鸡市知识产权局副局长期间，不应当作为主审员审理涉案专利侵权纠纷。尽管在行政诉讼阶段，乙局称其得到陕西省知识产权局的口头批准并有国家知识产权局专利管理司的复函，但仍不能证明苟某某参与合议组具有合法性。2. 乙局第二次口头审理时，告知当事人合议组成员中的艾某变更为冯某某，且冯某某参与了该次口头审理，但在被诉行政决定书上署名的是艾某，而非冯某某。这种"审者不裁、裁者未审"的情况严重影响行政决定的公信力和公正性。（二）被诉行政决定以及一、二审判决错误地认定被诉侵权设备未落入专利权保护范围。1. 涉案专利的煤物质推进分解管道与被诉侵权设备的回转窑体是相同技术特征。二审判决认为涉案专利的密封窑体是具有可包容其他物体的一个完整的空间结构，煤物质推进分解管道是圆而细长中空的结构，但权利要求 1 并未限定上述具体形状。涉案专利的煤物质推进分解管道和被诉侵权设备的回转窑体，实质都是提供一个煤物质移动和分解的通道，二审判决认定涉案专利煤物质推进分解管道具有防止热量散失、提高热传递效率的效果，以及被诉侵权设备的回转窑体具有降低爆炸风险的效果，均没有依据。2. 涉案专利的密封窑体与被诉侵权设备的夹套是等同技术特征。在手段上，两者都是为高温加热气体提供一个聚集的空腔，唯一不同的是被诉侵权设备将该空腔分成依次相邻的三个空腔，但其在实现对被加热物体的加热功能方面并没有实质性差异。在效果上，虽然相对于整体式的加热空腔，三段式加热空腔在加热均匀度上会存在稍许差异，但该差异是本领域技术人员容易想到的。而且，涉案专利说明书未涉及对加热源的换热效率的改进，被诉侵权设备与涉案专利在换热效率上的差异与本案无关，且换热效率的比较缺乏评判标准和事实依据。被诉侵权设备的夹套相对于窑体是否能够转动以及如何转动，不应当作为评价密封窑体和夹套是否相同的依据。又因各方当事人对于权利要求1的其他技术特征与被诉侵权设备的相应技术特征构成相同无争议，故被诉侵权设备落入专利权的保护范围。综上，一、二审判决及被诉行政决定适用法律错误、主要事实认定缺乏证据支持、程序违法，根据《中华人民共和国行政诉讼法》第九十一条第三项、第四项、第五项的规定，请求本院再审撤销被诉行政决定以及一、二审判决，并责令乙局重新作出行政决定。

乙局提交意见称：（一）被诉行政决定的作出符合法律规定。1. 涉案专利侵权纠纷是跨省区、重大复杂有影响的案件，经请示，陕西省知识产权局决定调配人员参与涉案合议组，且得到国家知识产权局函件批复。合议组所有成员都持有执法证，都具有执法资格。乙局在第一次口头审理时，告知了当事人合议组成员，并着重对苟某某、白某参与合议组的理由进行了说明，甲公司对此并无异议，也明确表态不提出回避请求。即使本案行政处理程序中的合议组人员组成有瑕疵，但未对甲公司的权利产生实质影响，属于《中华人民共和国行政诉讼法》第七十四条第二项规定的无需撤销行政行为之情形。2. 第二次口头审理时，艾某因临时有事变更为冯某某，但艾某参加了第一次口头审理，且考虑到其是乙局副局长，故艾某在被诉行政决定书上署名，并无不当。（二）被诉行政决定认定丙公司不构成专利侵权，并无错误。当涉案专利煤物质推进分解管道简化为一个时，专利保护的结构将简化为双层夹套结构，核心结构为外部筒状密封窑体通入加热气体，与工业上早已使用的回转窑没有区别。传统的回转窑结构就是对管道内大块状煤料加热进行干馏的设备，但无法用于涉案专利所要加工的粉煤，故涉案专利采用多个均匀布置的煤物质推进分解管道，增加粉煤的受热面积并提高热解效率，如说明书及附图所述，涉案专利的发明点就是，采用多根平行密排管道组成的煤物质推进分解管道，而被诉侵权设备的煤料分解管道只有一个回转窑体。即使专利的结构变为两个筒体，外部筒体仍为封闭结构，与被诉侵权设备的三段式非封闭结构还是不同。被诉侵权设备的夹套与涉案专利的密封窑体、被诉侵权设备的回转窑体与涉案专利的煤物质推进分解管道在位置关系、安装结构、工作原理、技术效果和目的上均不同，不构成相同或等同特征。

丙公司提交意见称：（一）乙局在口头审理中向当事人告知了合议组成员，甲公司并未提出异议。艾某虽未参加第二次口头审理，但参加过第一次口头审理，故其在被诉行政决定书上署名，不违反法定程序。（二）被诉侵权设备的夹套不等同于涉案专利的密封窑体，被诉侵权设备的夹套只是回转窑部分外壁上的加热套筒，不具有密封结构，其中的回转窑整体结构远大于夹套而且相对于夹套旋转，其旋转传动结构不可能放置于热风高温环境下，无法将回转窑设置于夹套内。涉案专利权利要求1虽然限定了管道上设置进出煤口，但因为管道处于密封的窑体内，实际上其不可能在管道上设置进出煤口，而被诉侵权设备的夹套没有进出煤口。涉案专利的热交换仓是在密封窑体内形成于窑体内壁和煤物质分解推进管道间，被诉侵权设备的夹套换热空间只是局部覆盖于回转窑体外壁，且不可能完全密封，故温度梯度大、热利用效率低，但夹套完全杜绝了热空气与窑体内热解气接触的风险，安全性较高。因此，被诉侵权设备未落入专利权的保护范围，被诉行政决定应予维持。

本案再审查明，一、二审法院查明的事实基本属实。

在本院庭审中，各方当事人对以下情况均予以确认：1.被诉行政决定和一、二审判决对于涉案专利和被诉侵权设备的特征划分，均不持异议。存在争议的技术特征是，被诉侵权设备的夹套与涉案专利的密封窑体、被诉侵权设备的回转窑体与涉案专利的煤物质推进分解管道。2.涉案专利的煤物质推进分解管道和被诉侵权设备的回转窑体里均直接装填煤料。3.被诉侵权设备的每个夹套与管道之间分别形成密封的热交换仓。4.被诉侵权设备的煤管道总长约35米，两个夹套之间的空隙约为2米。5.丙公司在乙局口头审理时明确表示不主张现有技术抗辩。6.《专利行政执法证》所载的执法地域是持证人工作单位所在行政区划的范围。

另查明，苟某某担任被诉行政决定合议组成员期间，系宝鸡市知识产权局工作人员，没有正式公文决定调其参与涉案纠纷的行政处理；乙局的口头审理笔录没有记载将苟某某的正式身份及其参与合议组的理由告知甲公司、丙公司；乙局对涉案专利侵权纠纷进行了两次口头审理，在第二次口头审理时，告知甲公司、丙公司合议组成员中的艾某变更为冯某某。在被诉行政决定书上署名的合议组长是苟某某，审理员是艾某、张某某、白某、贺某某。

上述事实，有庭审笔录、乙局口头审理笔录等在案佐证。

本院认为，本案的争议焦点是：1. 被诉行政决定的作出是否违反法定程序。2. 被诉行政决定及一、二审判决适用法律是否错误。

关于第一个焦点问题，本院认为，被诉行政决定的作出违反法定程序，应予撤销。具体评述如下：

首先，对于甲公司与丙公司两个平等民事主体之间的专利侵权纠纷，乙局根据甲公司的请求判断丙公司是否构成专利侵权，实际上处于居中裁决的地位。对于专利侵权的判断处理，事关专利权权利边界的划定，事关当事人的重大切身利益，事关科技创新和经济社会发展，需要严格、规范的纠纷解决程序予以保障。乙局在处理涉案专利侵权纠纷时，本应秉持严谨、规范、公开、平等的程序原则。但是，合议组成员艾某在已经被明确变更为冯某某的情况下，却又在被诉行政决定书上署名，实质上等于"审理者未裁决、裁决者未审理"。此等情形背离依法行政的宗旨，减损社会公众对行政执法主体的信任。本案历经中、高级法院的审理仍难以案结事了，主要原因亦在于此。对于上述重大的、基本的程序事项，乙局并未给予应有的、足够的审慎和注意，其在该问题上的错误本身即构成对法定程序的重大且明显违反，显然不属于乙局所称"行政行为程序轻微违法，无须撤销行政行为"之情形。

其次，本案的被诉行政行为是，乙局对于专利侵权纠纷的行政处理。该行政处理系以乙局的名义作出，并由五人合议组具体实施。行政执法人员具备相应的执法资格，是行政主体资格合法的应有之义，也是全面推进依法行政的必然要求。原则上，作出被诉行政决定的乙局合议组应由该局具有专利行政执法资格的工作人员组成。各方当事人均确认，《专利行政执法证》所载的执法地域是持证人工作单位所在行政区划的范围，此亦可印证上述结论。即使如乙局所称，其成立时间短、执法人员少、经验不足，需要调配其他地区经验丰富的行政执法人员参与案件审理，这也不意味着"审理者未裁决、裁决者未审理"的情况可以被允许，不意味着调配执法人员可以不履行正式、完备的公文手续。否则，行政执法程序的规范性和严肃性无从保证，既不利于规范行政执法活动，也不利于强化行政执法责任。然而，乙局在本案中并未提交调苟某某参与涉案纠纷处理的任何正式公文。其在一审中提交的陕西省知识产权局协调保护处的所谓答复（复印件），实为该处写给该局领导的内部请示，既无文号，更无公章，过于简单、随意，本院不认可该材料能够作为苟某某参与被诉行政决定合议组的合法、有效依据。至于国家知识产权局专利管理司给陕西省知识产权局的《关于在个案中调度执法人员的复函》，从形式上看，该复函于2015年11月20日作出，晚于被诉行政决定的作出时间。从内容上看，该复函称执法人员的调度不违反公务员交流的有关规定，与本案争议的执法人员调配手续是否正式、程序是否完备，并无直接关联。因此，该复函亦不能作为苟某某合法参与被诉行政决定合议组的依据。

再次，强化对知识产权行政执法行为的司法监督，大力规范和促进行政机关依法行政，是发挥知识产权司法保护主导作用的重要体现，是加强知识产权领域法治建设的重要内容，对于优化科技创新法治环境具有重要意义。在本案中，乙局虽主张在口头审理时将苟某某的具体身份以及参与合议组的理由告知过当事人，但其提交的证据并不能证明该项主张。因此，甲公司是否认可合议组成员身份，并不是本院评判被诉行政行为程序是否合法的前提和要件。需要特别指出的是，合议组成员艾某变更为冯某某后又在被诉行政决定书上署名，已经构成对法定程序的严重违反，不受行政相对人主观认知的影响，也不因行政相对人不持异议而改变。甲公司在本案再审中对该问题提出异议及请求，并无不当。因此，对于乙局和丙公司提出的"甲公司对于合议组成员不持异议，故程序合法"的主张，本院不予支持。

关于第二个焦点问题，本院认为，被诉行政决定及一、二审判决适用法律错误，应予纠正。具体评述如下：

（一）关于涉案专利密封窑体的解释

被诉行政决定认为，专利说明书第0021段的描述和工作原理显示，涉案专利的密封窑体相对于煤物质推进分解管道是固定的，通过自身转动并带动内部的煤物质推进分解管道转动，而被诉侵权设备的夹套本身不转动，其包裹的回转窑体相对于夹套转动，故两者结构、功能和效果不同。对此，本院认为，依据《中华人民共和国专利法》第五十九条的规定，发明或者实用新型专利权的保护范围以其权利要求的内容为准，说明书及附图可以用于解释权利要求的内容。可见，权利要求的内容是划定专利权保护范围的唯一标准，说明书、附图只是用于解释权利要求的内容。因此，在运用说明书和附图解释权利要求时，不能将说明书对具体实施例的具体描述读入权利要求。否则，会不合理地限缩专利权的保护范围。涉案专利权利要求 1 并未限定密封窑体和煤物质推进分解管道是否回转，而涉案专利说明书第 0021 段是专利技术方案的一种具体实施方式，不应当将此段描述的回转窑体限定权利要求 1 的密封窑体。亦即，被诉侵权设备的窑体是否回转并不影响本案专利侵权的判断。

被诉行政决定还认为，为提高热利用效率和热解效率，涉案专利的密封窑体要求热交换仓是一个连续空间，而被诉侵权设备为了设备制造的便利和热解过程的安全，其热交换仓由三个夹套与窑体之间构成的三个不连续空间，两者的结构、效果和目的不同。对此，本院认为，被诉侵权设备的窑体被三个夹套分段包裹，并与之分别形成三个密封的热交换空间，其主要功能是对管道内的煤料进行加热，此亦是涉案专利所要实现的技术功能。虽然相对于涉案专利一体式的加热空腔，被诉侵权设备的三段式加热空腔在加热效果上有一定差异，但各方当事人均确认"被诉侵权设备的煤管道总长约 35 米，两个夹套之间的空隙约为 2 米"，一般而言，煤管道上十分之一左右的空隙应当不会导致煤管道整体的加热功能和效果产生实质性变化。对此，丙公司并未举证证明其设备的热交换效率明显低于涉案专利技术方案。至于被诉行政决定和丙公司主张的被诉侵权设备提高热解过程的安全性问题，亦无相关证据在案佐证。

因此，被诉行政决定对于涉案专利密封窑体的解释，存在错误。

（二）关于涉案专利煤物质推进分解管道的解释

被诉行政决定认为，涉案专利的煤物质推进分解管道固定在密封窑体内，而被诉侵权设备的回转窑体相对于夹套转动，两者的结构和工作原理不同。对此，本院认为，如前所述，涉案专利权利要求 1 并未限定煤物质推进分解管道是否回转，被诉侵权设备的窑体是否回转并不影响本案专利侵权的判断。

乙局在本院再审中又称，如说明书第 0023 段及附图所述，涉案专利的发明点是，采用多根平行密排管道组成的煤物质推进分解管道，而被诉侵权设备的煤料分解管道只有一个回转窑体。对此，本院认为，涉案专利权利要求 1 并未对煤物质推进分解管道的数量和位置作进一步的限定，反而在其从属权利要求 5 记载，"如权利要求 1 或 2 所述的内煤外热式煤物质分解设备，其特征在于：所述煤物质推进分解管道由多根平行密排管道组成，所述多根平行密排管道一端设置分配盘，所述分配盘与所述进煤口连通，另一端设置汇聚盘，所述汇聚盘与出煤口连通。"根据《中华人民共和国专利法实施细则》规定的权利要求撰写规则，从属权利要求是对其所从属的独立权利要求的进一步限定，独立权利要求的保护范围应当大于其项下的从属权利要求的保护范围。因此，根据涉案权利要求 5 对于"所述煤物质推进分解管道由多根平行密排管道组成"的限定，可以反推其从属的权利要求 1 的煤物质推进分解管道并不要求是多根平行密排的。又据当事人均确认的"涉案专利的煤物质推进分解管道和被诉侵权设备的回转窑体里均直接装填煤料"可知，不论被诉侵权设备中直接装填煤料的装置的具体名称为何，其在手段、功能和效果与涉案专利的煤物质推进分解管道并无实质性差异。

因此，被诉行政决定对于涉案专利煤物质推进分解管道的解释，存在错误。

综上，被诉行政决定违反法定程序、适用法律错误，一、二审判决对于本案争议的实体和程序问题的认定亦存在错误，依法应予一并撤销。基于我国现行专利法律制度的实际状况，甲公司与丙公司之间的专利侵权纠纷，通过民事诉讼可以得到更加切实有效的解决。为服判息诉之考虑，本院向甲公司释明，征询其是否就涉案专利侵权纠纷另行选择向人民法院提起民事诉讼。甲公司向本院提交书面意见，坚持要求乙局依法重新作出行政决定。

另，丙公司于 2017 年 12 月 15 日向本院提交书面申请称，国家知识产权局专利复审委员会已受理针对涉案专利的无效宣告请求，涉案专利权利状态不稳定，专利侵权是否成立需以专利有效为前提，请求本院中止审理。对此，本院认为，甲公司在行政处理程序中提交的实用新型专利权评价报告显示，涉案专利全部权利要求未发现存在不符合授予专利权条件的缺陷。目前，涉案专利权仍属有效。国家知识产权局专利复审委员会受理针对涉案专利的无效宣告请求，并不属于必须中止诉讼之情形。因此，对于丙公司提出的中止本案审理的请求，本院不予支持。

依照《中华人民共和国行政诉讼法》第七十条第二项、第三项、第八十九条第一款第二项、第三款，《最高人民法院关于执行〈中华人民共和国行政诉讼法〉若干问题的解释》第七十六条第一款、第七十八条之规定，判决如下：

一、撤销陕西省高级人民法院〔2016〕陕行终94号行政判决；

二、撤销陕西省西安市中级人民法院〔2015〕西中行初字第00267号行政判决；

三、撤销乙市知识产权局榆知法处字〔2015〕9号专利侵权纠纷案件处理决定；

四、责令乙市知识产权局重新作出行政决定。

一审案件受理费50元、二审案件受理费50元，均由乙市知识产权局负担。

本判决为终审判决。

审　判　长　李　某

审　判　员　张某某

审　判　员　杜某某

二〇一七年十二月二十五日

法官助理　马某某

书　记　员　焦　某

附录4 石某某、山西省甲县公安局交通警察大队公安
行政管理：道路交通管理（道路）二审判决书

山西省晋中市中级人民法院
行 政 判 决 书

〔2018〕晋 07 行终 80 号

上诉人石某某。

委托代理人郭某某，与石某某系雇佣工作关系。

被上诉人山西省甲县公安局交通警察大队。

法定代表人乔某某，大队长。

委托代理人白某某，该单位秩序科科长。

委托代理人王律师，山西祁明律师事务所律师。

上诉人石某某因交通行政处罚一案，不服介休市人民法院〔2017〕晋0781 行初 45 号行政判决，向本院提起上诉。本院受理后，依法组成合议庭，公开开庭审理了本案。上诉人石某某的委托代理人郭某某，甲县公安局交通警察大队的委托代理人白某某、王律师到庭参加诉讼。本案现已审理终结。

原审查明，2017 年 3 月 21 日 15 时 37 分，石某某驾驶一辆重型半挂牵引车行驶至 208 线甲县南团柏村附近时，被甲县××大队交警拦截。甲县××大队因原告驾驶车辆倒车灯装置发生故障无法正常使用违反《道路交通安全法》的相关规定，给原告出具编号为 14××× 03013197 号简易处罚决定书，处以200 元罚款的行政处罚。原告认为被告的处罚没有事实和法律依据，提起行政诉讼。

原审认为，石某某对其驾驶的机动车在接受被告车辆检查时倒车灯存在故障，不能正确使用的事实予以认可。甲县××大队交警李良持有人民警察证、执法证，在甲县××大队管辖范围内李良依法具有合格的执法身份，有权对违反《道路交通安全法》的行为进行查处。《道路交通安全法》第二十一条明确

规定，驾驶人驾驶机动车前，应当对机动车的安全技术性能进行认真检查；不得驾驶安全设施不全或机件不符合技术标准等具有安全隐患的机动车。依照《机动车运行安全条件》8.1.1 的规定，机动车的灯具应安装牢靠、完好有效。灯具不仅具有照明的作用，同时还具有指示信号的功能，是机动车行驶安全的重要组成部分。石某某驾驶的车辆为重型半挂牵引车，对道路上行驶的其他机动车和行人而言，其本身就具有危险性。倒车灯装置存在故障，不仅对驾驶员自身安全有重大影响，同时对行驶中的其他机动车和行人也形成安全隐患。甲县××大队给石某某出具的简易程序处罚决定书，依据《道路交通安全违法行为处理程序规定》第四十一条、第四十二条之规定作出，程序合法。综上，为保护道路交通安全，甲县××大队依据相关法律规定对石某某处以 200 元罚款的行政处罚，事实清楚，证据确实充分，适用法律法规正确，程序合法，应当予以支持。判决：驳回原告石某某的诉讼请求。

上诉人石某某上诉称：本案被上诉人执法程序违法。本案被上诉人拦截上诉人所驾车辆，并未在来车方向设置分流或者避让标志，且拦截上诉人车辆的人员是协警人员；本案被上诉人交警人员罚款时，没告知上诉人应享有的陈述和申辩的权利，更没有听取上诉人的申辩；本案被上诉人处罚决定适用法律错误。被上诉人指明上诉人倒车灯光不亮，违反了《道路交通安全法》第二十一条，适用《道路交通安全法》第九十条对上诉人处以 200 元罚款，而九十条是关于"违反道路通行"应适用的处罚；本案被上诉人认定上诉人倒车灯光不亮是存在"机件不符合技术标准"，机件不符标准必须经相关部门鉴定才能确定；本案被上诉人的处罚严重不当。本案被上诉人拦截车辆检查发生在白天，光照充足，即使上诉人倒车灯光不亮也不影响道路通行，且倒车灯不亮也并非上诉人自身原因造成的违法行为，被上诉人却根本不给上诉人申辩及更改机会，不分析违法原因及条件，生搬硬套顶格处罚，明显不当。请求二审依法撤销山西省介休市人民法院〔2017〕晋 0781 行初 45 号行政判决书；支持上诉人一审的诉讼请求。

被上诉人山西省甲县公安局交通警察大队庭审时答辩称：本大队作出的行政处罚决定书认定事实清楚、证据确实充分、适用法律法规正确、程序合法应当予以维持，上诉人的上诉理由均不能成立。（1）根据我大队民警现场执法的视频显示，在执法过程当中执法车辆停放在公路相间的空旷地带并不妨碍道路通行，并且车辆检查时候放置了警示标志，检车的时候使用了平和礼貌的话语。（2）根据公安部的相关规定，勤务辅助人员可以在交通警察的带领之下承担辅助性的工作，本案的执法过程符合法律规定。（3）本案中我大队民警对车辆进行检查工作的时候发现该车的倒车灯光装置发生故障，无法正常使用，存在严重的安全隐患。在此情况下我大队交警告知上诉人，但是上诉人不仅不配合积极检查和处罚，反而采取的是拖延、拒签，并且联系车主，纠集社会人员殴打执法人员。（4）我大队交警在处罚的时候已经严格按照规定告知上诉人相关权利。恳请法院查明事实维持原判。

经审理查明，本院认定的事实与原审一致。

本院认为，根据《中华人民共和国道路交通安全法》及相关行政法规规定，公安局民警可以带领警务辅助人员并在其指导下辅助执法，本案涉诉的执法中，有正式民警在场的情况下，辅助警察依法具有合格的执法身份，有权配合民警对违反《道路交通安全法》的行为进行查处。本案涉诉车辆存在故障为客观事实，交通警察认为上诉人所驾驶车辆违反《道路交通安全法》第二十一条的规定，并依据《道路交通安全法》第九十条的规定进行相应的处罚并无不当。《道路交通安全违法行为处理程序规定》第四十二条规定适用简易程序处罚的，可以有一名交警作出，并口头告知违法行为人违法的基本事实拟作出的处罚，并听取违法行为人的陈述和申辩。本案公安机关陈述其履行了处罚前的相关告知义务并听取了当事人的陈述和申辩，却没有提供直接证据，程序存在瑕疵，但鉴于本案属于简易程序，违法行为的事实也较为明显，该瑕疵并不会对上诉人权利产生实质影响，但希望被上诉人在今后的执法中引以为戒。本案处罚结果属于公安机关自由裁量范围，且并未超出法定的上限，并不违法。上诉人的上诉理由没有证据支持，本院不予采信。依照《中华人民共和国行政诉讼法》第八十七条第一款第一项的规定，判决如下：

驳回上诉，维持原判。

上诉案件受理费五十元，由上诉人石某某负担。

本判决为终审判决。

审判长　陈某某

审判员　张某某

审判员　赵某某

二〇一八年四月十七日

书记员　肖某某

附录5 秦某某与北京市昌平区某镇人民政府 不服行政侵权赔偿决定赔偿行政判决书

北京市第一中级人民法院
行政赔偿判决书

〔2019〕京 01 行赔终 113 号

上诉人（一审原告）秦某某，男，1970 年 9 月 26 日出生，汉族，户籍所在地：河南省固始县

委托代理人高律师，北京市中唐律师事务所律师。

委托代理人陈律师，天津全唐律师事务所律师。

被上诉人（一审被告）北京市昌平区甲镇人民政府，住所地：北京市昌平区某镇中滩村。

法定代表人戈某，镇长。

委托代理人王某，北京市昌平区甲镇人民政府工作人员。

委托代理人曹律师，北京市尚公律师事务所律师。

上诉人秦某某因行政赔偿一案，不服北京市昌平区人民法院〔2019〕京 0114 行赔初 9 号行政赔偿判决，向本院提起上诉。本院受理后，依法组成合议庭，于 2019 年 11 月 13 日、12 月 6 日公开开庭审理了本案。上诉人秦某某及其委托代理人高律师、陈律师，被上诉人北京市昌平区甲镇人民政府（以下简称甲镇政府）的委托代理人王某、曹律师到庭参加诉讼。本案现已审理终结。

一审法院经审理查明：2015 年，秦某某向一审法院起诉，称其位于北京市昌平区甲镇马连店村北的承租地上建设的 6500 平方米的房屋于 2013 年 4 月 13 日被甲镇政府强制拆除，并提交了事后与甲镇政府相关负责人就被拆除房屋的赔偿问题进行协商的录音及房屋被强制拆除现场的照片。甲镇政府主张其未对秦某某的房屋实施强制拆除，但也未提供相反的证据证明。2016 年 12 月

29 日，一审法院作出〔2015〕昌行初字第 128 号行政判决书（以下简称 128 号行政判决），认定甲镇政府于 2013 年 4 月 13 日实施了对秦某某在北京市昌平区甲镇马连店村北清路北侧集体土地上建设的砖混结构房屋（以下简称涉案房屋）的强制拆除行为，且其在强制拆除过程中既未通知秦某某到场，亦未告知其享有的权利，属于程序违法。由于涉案房屋已经被拆除，被诉行为不具有可撤销内容，一审法院最终判决确认甲镇政府所实施的上述强制拆除行为违法。甲镇政府不服，向本院提起上诉。本院经审理，于 2017 年 2 月 27 日作出〔2017〕京 01 行终 209 号行政判决书（以下简称 209 号行政判决），判决驳回上诉，维持一审判决。2018 年 8 月 21 日，秦某某向甲镇政府通过邮寄的方式提交国家赔偿申请书，要求甲镇政府依法赔偿违法强拆秦某某房屋、毁损秦某某财产所造成的财产损失 340 万元。甲镇政府于 2018 年 8 月 22 日签收后未在法定期限内向秦某某作出回复。秦某某不服，于 2019 年 1 月 20 日向一审法院邮寄提交行政赔偿诉讼立案材料，提起本案行政赔偿诉讼。秦某某请求判令甲镇政府依法赔偿违法强拆其房屋、毁损其财产所造成的财产损失 5099420 元。

一审法院另查明，2015 年 5 月 18 日，原北京市规划委员会昌平分局向甲镇政府出具《关于规划审批情况的告知函》，确认涉案房屋未取得规划许可。2015 年 9 月 17 日，原北京市国土资源局昌平分局向甲镇政府出具《关于秦某某在甲镇马连店村土地使用情况的确认函》，载明："秦某某在甲镇马连店村北清路北侧擅自占用集体土地建设砖混结构房屋，占地面积约 24 亩，未办理用地审批手续。"一审庭审中，秦某某亦认可其在承租地上建设的房屋未取得建房审批手续。

2019 年 8 月 19 日，一审法院作出判决认为，《中华人民共和国国家赔偿法》（以下简称《国家赔偿法》）第二条第一款规定，国家机关和国家机关工作人员行使职权，有本法规定的侵犯公民、法人和其他组织合法权益的情形，造成损害的，受害人有依照本法取得国家赔偿的权利。该法第四条规定，行政机关及其工作人员在行使行政职权时有下列侵犯财产权情形之一的，受害人有取得赔偿的权利：……（四）造成财产损害的其他违法行为。该法第三十六条规定，侵犯公民、法人和其他组织的财产权造成损害的，按照下列规定处理：……（四）应当返还的财产灭失的，给付相应的赔偿金；……（八）对财产权造成其他损害的，按照直接损失给予赔偿。根据上述规定，受害人取得国家赔偿的前提是国家机关和国家机关工作人员违法行使职权并对其合法权益造成了损害，且这种损害应当是实际已经产生的，是直接而不是间接的。本案系强制拆除涉案房屋所致。根据业已生效的 209 号行政判决，甲镇政府的强制拆除行为因未履行法定程序而被确认违法，甲镇政府因就其拆除行为给秦某某合法权益造成的损失承担赔偿责任。

依据《国家赔偿法》第三十九条的规定，赔偿请求人请求国家赔偿的时效为两年，自其知道或者应当知道国家机关及其工作人员行使职权时的行为侵犯其人身权、财产权之日起计算，但被羁押等限制人身自由期间不计算在内。该法第十三条规定，赔偿义务机关应当自收到申请之日起两个月内，作出是否赔偿的决定。第十四条第一款规定，赔偿义务机关在规定期限内未作出是否赔偿的决定，赔偿请求人可以自期限届满之日起三个月内，向人民法院提起诉讼。《最高人民法院关于审理行政赔偿案件若干问题的规定》第二十一条第四项、第七项规定，赔偿请求人单独提起行政赔偿诉讼，若加害行为系具体行政行为，该行为应已被确认为违法，且起诉时应符合法律规定的起诉期限。本案中，209 号行政判决生效时间为 2017 年 3 月 27 日，秦某某提交证据证明其于 2018 年 8 月 21 日向甲镇政府提交了国家赔偿申请书，庭审中甲镇政府认可其于 2018 年 8 月 22 日签收该份申请。因甲镇政府未在规定期限内作出是否赔偿的决定，秦某某遂于 2019 年 1 月 20 日提起本诉。故秦某某提起国家赔偿申请及提起本诉均未超过法律规定的时效和期限，对甲镇政府认为秦某某申请国家赔偿超过法定的赔偿请求时效及提起本诉法定起诉期限的主张不予支持。

本案中，对于秦某某所主张的建筑及装修材料的损失，因在案证据能够证明秦某某所建涉案房屋未办理建房手续，属于违法建设，不受法律保护。因此，涉案房屋本身的损失和建房装修材料的损失，不属于赔偿范围。对于秦某某所主张的房屋配套设施的损失，因房屋配套设施与涉案房屋已经成为一体，故对该项请求，不予支持。对于秦某某所主张的砌墙人工费、电工人工费、水工人工费、租金及押金收入、搬迁费和损失费等的损失，由于不属于强制拆除涉案房屋所导致的直接损失和必然损失，不予支持。

对于秦某某所主张的家具家电损失，《中华人民共和国行政诉讼法》第三十八条第二款规定，在行政赔偿、补偿的案件中，原告应当对行政行为造成的损害提供证据。因被告的原因导致原告无法举证的，由被告承担举证责任。本案中，秦某某主张其家具家电损失费为人民币 15885 元，但秦某某仅向法院提交了家具家电清单证明涉案房屋被拆除时室内财物情况，并未提交其他证据佐证清单所列财产损失的客观性，且秦某某陈述称家具家电清单中生活物品并非全部归其所有。甲镇政府未证明其在实施强拆时对涉案房屋内财产进行了登记，亦未证明属于国家赔偿法第五条规定的不予赔偿的情形，应承担不利后果和相应的赔偿责任。另，根据国家赔偿法第三十二条、第三十六条第四项的规定，国家赔偿以支付赔偿金为主要方式，能够返还财产的予以返还，财产灭失的，应当给付相应的赔偿金。由于甲镇政府未举证证明在拆除涉案房屋时对室内财产进行了登记保存，故现秦某某主张的家具家电已缺乏返还条件，应依法给付相应赔偿金。综合以上因素，根据所查明的事实，结合逻辑推理和生活经验、生活常识以及本案有效证据，对该项赔偿请求酌定赔偿金额为人民币 13128 元。

对于秦某某主张的树木损失，因秦某某并未就其损失提供相关票据，结合在案的证据，酌定该项损失的赔偿金额为人民币 4000 元。

综上所述，依据国家赔偿法第二条、第四条第四项及《最高人民法院关于审理行政赔偿案件若干问题的规定》第三十二条、第三十三条之规定，一审法院判决甲镇政府于判决生效之日起三十日内赔偿秦某某家具家电及生活用品损失人民币 13128 元、树木损失人民币 4000 元，两项赔偿金合计人民币 17128 元；驳回秦某某的其他赔偿请求。

上诉人秦某某不服一审判决，上诉称：1. 上诉人所申请的国家赔偿是针对被上诉人违法拆除行为所损毁的基本建筑材料和配套设施，并非一审法院所指明的违法建设的涉案房屋。若按照房屋价格进行赔偿，则上诉人申请赔偿的金额会参照涉案房屋周边地区的房屋交易价格，而不是仅仅依据建筑材料的基本价格。一审法院将上诉人违法建设行为下的房屋认定为申请赔偿范围，并将房屋与为建筑房屋所消耗的建筑材料及装修范围等同是没有事实依据的。本案中，上诉人为建造涉案房屋所购置的各种建筑材料、所支出的经济成本、人力成本现实存在，且均为合法交易，不存在违法情形，基本的建筑材料与作为不动产的房屋有本质区别，一审法院不顾事实将其划为一类，不仅违反了《中华人民共和国物权法》的基本规定，也严重偏离了上诉人申请赔偿的既定方向和事实。2. 房屋配套设施在物权法上属于独立物，既包括与房屋成为一体的部分，也包括与房屋相分离的部分，一审法院将其一刀切地认定为与房屋成为一体，不仅缺乏又背离生活常识，而且与现实情况不符。3. 砌墙人工费、电工人工费、水工人工费均为建设房屋所必然花费的建造成本，租金及押金收入、搬迁费和损失费系在被上诉人对涉案房屋实施强制拆除过程前后，上诉人为了配合被上诉人维稳工作，避免发生不必要的冲突，从根本上是被上诉人致使上诉人为安置租户花费的经济成本，上诉人提供了清单及证人予以佐证。一审法院对此未进行逐项详细核查认定，而是笼统地将上诉人遭受的经济损失概括为违法建设，认定事实错误。4. 一审法院应当适用《中华人民共和国物权法》第六条、第二十三条的规定，严格按照动产和不动产物权规则对房屋和建筑材料进行区分，而不是混为一谈。一审法院应当根据《中华人民共和国行政诉讼法》第三十八条第二款的规定，由被上诉人进行举证，不能举证的由被上诉人承担不利后果，但一审法院却将不利后果归于上诉人，严重损害上诉人的合法权益。根据《最高人民法院关于适用〈中华人民共和国行政诉讼法〉的解释》第四十七条的规定，在被上诉人无法完成举证时，应当进行评估鉴定确定损失金额，但一审法院并没有进行评估鉴定，导致一审法院酌情确定的赔偿金额远远背离了基本生活常识，建设 6500 平方米砖混结构的房屋成本不予考虑，最终作出错误的判决。综上，一审法院认定事实不清，适用法律错误，请求二审法院判决撤销一审判决，发回重审或依法改判支持上诉人一审的诉讼请求。

被上诉人甲镇政府同意一审判决，请求予以维持。

在法定举证期限内，秦某某向一审法院提交如下证据：1.128 号行政判决。2.209 号行政判决，证据 1、2 证明甲镇政府于 2013 年 4 月 13 日强制拆除其位于北京市昌平区甲镇马连店村北房屋时，没有提前告知其实施强制拆除的时间、依据、权利和义务，更没有通知当事人到场，便实施了强制拆除，不仅没有对房屋是否属于违法建设作出认定，也没有作出限期拆除决定，违法了《中华人民共和国行政强制法》及相关法律的程序规定，其强制拆除的行为违法。甲镇政府未进行任何事先告知，强制拆除其 6500 平方米的房屋，毁坏配套生活设施及家具家电、装饰装修，侵犯其合法物权，给其带来严重的经济损失。甲镇政府强制拆除其 6500 平方米房屋的相关事实已经生效判决加以确定，甲镇政府也并未就相关案件申请再审推翻原判决认定的事实，甲镇政府的行为符合国家赔偿法第四条侵犯赔偿申请人合法财产权的规定，甲镇政府属于第七条规定的赔偿义务机关，具有赔偿义务，系适格的国家赔偿之诉的被告。其合法财产权受到甲镇政府非法行为的侵犯，符合《国家赔偿法》中关于申请国家赔偿的受害人、提起国家赔偿之诉的权利主体的规定，系本案适格的原告。甲镇政府强拆违法的行政判决书于 2017 年 3 月 27 日作出并生效，依据《国家赔偿法》第三十九条之规定，其有权利选择在两年内申请国家赔偿以保障自身权利。3. 国家赔偿申请书。4. 邮单（10××49230）。5. 签收记录，证据 3—5 证明其于 2018 年 8 月 21 日通过邮寄方式向甲镇政府提交了书面的《国家赔偿申请书》，甲镇政府于 2018 年 8 月 22 日签收，依照国家赔偿法第十三条之规定，甲镇政府应当在收到之日起两个月内即 2018 年 10 月 22 日以前作出包含是否赔偿、赔偿数额等内容的赔偿决定，但甲镇政府并未作出任何答复，依据国家赔偿法第十四条之规定，其有权在三个月内即 2019 年 1 月 23 日前提起国家赔偿之诉。6. 立案邮单（10××42232），证明其于 2019 年 1 月 20 日以邮寄方式递交书面的立案材料，在法定期限内主张自身的合法权益，并未超过法定的起诉期限。7. 平面图，系其在马连店村北承包 20 亩地所建设 6500 平方米房屋平面分布情况，证明其地上房屋等合法物权受损状况。8. 录音，证明甲镇政府在违法强拆之后，已经获知给其造成数百万的损失，但却迟迟未能落实，甲镇政府敷衍塞责导致其未能获得赔偿，致使其不得不通过法律手段维权，获得国家赔偿。9. 证人证言，证明因为甲镇政府非法强拆导致其不得不在租房合同履行期内对租户进行安置，导致其被迫赔付租户搬迁费、违约金等共计 742000 元。10. 强拆照片。11. 财产损失登记表，证据 10、11 证明甲镇政府在拆除过程中毁损其地上物权和房屋，包含各类建筑材料、家具家电等财产，导致其必须提前安置租户并赔偿安置费用，承担巨额的财产损失，甲镇政府应当依照财产损失登记表进行赔偿。

在法定举证期限内，甲镇政府向一审法院提交了如下证据：1. 原北京市规划委员会昌平分局《关于规划审批情况的告知函》。2. 原北京市国土资源局昌平分局《关于秦某某在甲镇马连店村土地使用情况的确认函》。3. 昌平区甲镇 2012 年第三季度遥感监测图斑分布图。4. 昌平区甲镇 2011 年遥感监测图斑分布图，证据 1—4 证明秦某某所诉地块建筑物系未取得规划许可，亦未办理用地审批手续的违法建筑。5. 限改告知书三份，证明其在 2011 年、2012 年即向秦某某送达限改告知书，告知逾期不拆除的后果，并落款甲镇政府。秦某某早已知道具体实施行政行为的主体。

一审庭审中，经秦某某申请，证人胡某、杨某、陈某、季某和王某出庭作证，陈述了涉案房屋的结构、2013 年 4 月 13 日涉案房屋被强制拆除时室内物品的处置等情况。

对于上述证据，一审法院经审查认为，秦某某提交的证据 7、11 系自书材料，不能作为证据使用。证据 8 与证据 10 秦某某虽未能提交原件，但该两项证据已经被生效判决所确认，故法院亦予以采纳。根据《最高人民法院关于行政诉讼证据若干问题的规定》第四十一条的规定，证人负有出庭作证的义务，但如果当事人在行政程序中或者庭前证据交换中对证人证言无异议或者存在其他正当理由，经法庭准许，当事人可以提交书面证言。根据《最高人民法院关于行政诉讼证据若干问题的规定》第六十三条第七项、第八项的规定，其他证人证言优先于与当事人有亲属关系或者其他密切关系的证人提供的对当事人有利的证言；当庭作证的证人证言优于未出庭作证的证人证言，故法院仅对秦某某证据 9 中当庭作证的胡某、杨某、陈某、季某和王某五名证人的证言予以采信。秦某某提交的其他证据符合提供证据的形式要求，具有来源真实性、内容合法性及与本案审查事实的关联性，予以采纳。甲镇政府提交的证据 5 与本案不具有关联性，不予采纳。甲镇政府提交的其他证据与本案审查内容具有关联性，予以采纳。

　　上述证据全部随案卷移送本院。本院经查阅一审卷宗，上述证据已经一审法院庭审质证。经审查，本院同意一审法院的上述认证意见。基于上述证据及各方当事人的陈述，本院同意一审法院查明的案件事实。

　　本院认为，根据国家赔偿法第二条第一款、第四条第四项的规定，国家机关和国家机关工作人员行使职权对当事人的合法权益造成损害的，当事人有权要求国家赔偿；当事人要求国家赔偿，应当以其自身合法权益受到的损害为限。本案中，128号行政判决、209号行政判决认定，甲镇政府对秦某某的强制拆除行为因未履行法定程序而被确认违法，甲镇政府应承担就此给秦某某合法权益造成损失的赔偿责任。

　　本案中，对于秦某某所主张的建筑及装修材料、砌墙人工费、电工人工费、水工人工费等损失，因房屋已建成，上述建筑和装修材料的价值以及人工费已转化为房屋价值，但秦某某所建涉案房屋属于违法建设，其价值不受法律保护。故秦某某该上诉赔偿主张不属于赔偿范围。关于被拆除房屋的残值问题，秦某某在一审诉讼中未提出该请求，因此被拆除房屋的残值问题，不属于本院审查范围。

　　对于秦某某所主张的租金及押金收入、搬迁费和损失费等损失，因上述损失并非秦某某所诉强制拆除行为导致的直接损失，本院不予支持。

　　对于秦某某所主张的家具家电、生活用品及树木损失，《中华人民共和国行政诉讼法》第三十八条第二款规定，在行政赔偿、补偿的案件中，原告应当对行政行为造成的损害提供证据。因被告的原因导致原告无法举证的，由被告承担举证责任；《国家赔偿法》第三十二条、第三十六条第四项规定，国家赔偿以支付赔偿金为主要方式，能够返还财产的予以返还，财产灭失的，应当给付相应的赔偿金。一审法院对该损失予以赔偿的认定及赔偿金额，本院予以认可，不再赘述。但根据秦某某提交的赔偿损失清单，一审法院对家具损失的认定存在部分遗漏，本院应予纠正，参照一审法院对该项损失赔偿时所酌定的标准，本院对上述家具家电、生活用品损失酌定增加赔偿金额人民币1728元。

　　综上，依照《中华人民共和国行政诉讼法》第八十九条第一款第二项之规定，判决如下：

一、维持北京市昌平区人民法院〔2019〕京 0114 行赔初 9 号行政赔偿判决第一项中"北京市昌平区甲镇人民政府于判决生效之日起三十日内赔偿秦某某树木损失人民币四千元"的内容及判决第二项；

二、撤销北京市昌平区人民法院〔2019〕京 0114 行赔初 9 号行政赔偿判决第一项中"北京市昌平区甲镇人民政府于判决生效之日起三十日内赔偿秦某某家具家电及生活用品损失人民币一万三千一百二十八元"及"两项赔偿金合计人民币一万七千一百二十八元"的内容；

三、北京市昌平区甲镇人民政府于本判决生效之日起三十日内赔偿秦某某家具家电及生活用品损失共计人民币一万四千八百五十六元。

本判决为终审判决。

审　判　长　王　某

审　判　员　梁　某

审　判　员　王　某

二〇二〇年一月三日

法官助理　王某某

书　记　员　刘　某

附录 6　萍乡市某房地产开发有限公司诉某市国土资源局不予更正土地用途登记案二审行政判决书

江西省萍乡市中级人民法院
行 政 判 决 书

〔2014〕萍行终字第 10 号

上诉人（一审被告）某市国土资源局，住所地×市滨河路。

法定代表人李某某，局长。

委托代理人宁某，该局土地利用科干部。

委托代理人陈律师，江西宏正律师事务所律师。

被上诉人（一审原告）萍乡市甲房地产开发有限公司，住所地萍乡市×区后埠街。

法定代表人黄某某，董事长。

委托代理人刘律师，江西萍信律师事务所律师。

委托代理人赖律师，江西萍信律师事务所律师。

萍乡市某房地产开发有限公司诉某市国土资源局不予更正土地用途登记一案，萍乡市安源区人民法院于 2014 年 4 月 23 日作出〔2014〕安行初字第 6 号行政判决。该市国土资源局不服，向本院提起上诉，本院 2014 年 6 月 17 日受理后，依法由审判员朱法官担任审判长，与审判员李某某、邹某某组成合议庭，于 2014 年 7 月 11 日公开开庭审理了本案。上诉人某市国土资源局的委托代理人宁某、陈律师，被上诉人萍乡市甲房地产开发有限公司的法定代表人黄某某及其委托代理人刘律师、赖律师到庭参加诉讼。本案现已审理终结。

一审查明，2004 年萍乡市土地收购储备中心受萍乡市肉类联合加工厂委托，经某市国土资源局（以下简称"市国土局"）批准，公开挂牌出让 TG-0403 号地块国有土地使用权，并在《萍乡日报》发出公告：地块位于萍乡市安源区后埠街万公塘，土地出让面积为 23173.3 平方米，开发用地为商住综合

用地，冷藏车间维持现状，容积率 2.6，土地使用年限为 50 年。2004 年 2 月
12 日，萍乡市甲房地产开发有限公司（以下简称"甲公司"，其前身名称为
"萍乡市安源区泰安房地产开发有限公司"）通过投标竞拍，以人民币 768 万
元竞得该宗土地使用权，萍乡市土地收购储备中心与甲公司签订了挂牌出让成
交确认书。2006 年 2 月 21 日，甲公司与市国土局签订了《国有土地使用权出
让合同》，合同约定：甲公司为受让人，市国土局为出让人；出让人出让给受
让人的宗地位于萍乡市安源区后埠街万公塘，宗地编号为 TG-0403，出让土地
面积为 23173.3 平方米，出让宗地的用途为商住综合用地，冷藏车间维持现
状。土地使用权出让年期为商业 40 年，居住 70 年，自出让方向受让方实际交
付土地之日起算，原划拨土地使用权补办出让手续的，出让年期自合同签订之
日起算。土地价款总额计人民币 768 万元，主体建筑物性质为商住综合，建筑
容积率不大于 2.6，密度不大于 40%，建筑层数为六层，绿地比例不小于
30%，其他用地利用要求必须符合城市规划建设要求，按规划要求执行等权利
义务事项。之后甲公司按合同约定向市政府的财政部门共计交纳了 768 万元
（此款包含土地出让金 5480485 元、管理费、契税等）。2006 年 1 月 10 日，因
冷藏车间不能拆除等原因，甲公司书面信函给萍乡市土地收购储备中心：
"TG-0403 号地块划定的两块地分界线无误，如有误由我公司负责"。2006 年 3
月 1 日，市国土局《土地登记审批表》审批栏中记载："市甲房地产开发有限
公司通过市土地储备中心挂牌拍卖。该单位竞得市肉联厂使用权。2005 年元
月经市国土局、市政府批准，取得挂牌出让手续。面积以现丈量宗地为准。现
根据该单位提供的宗地图分割成两宗发证，面积分别为 8359.1m²、
14814.2m²，用途商业、住宅。拟建议办理变更登记。"市国土资源局审查人
朱显球、分管负责人张刚跃签字，主管局长签字准予登记发证。2006 年 3 月 2
日，市国土局向甲公司颁发了"萍国用〔2006〕第 43750 号"和"萍国用
〔2006〕第 43751 号"两本国有土地使用证，其中"萍国用〔2006〕第 43750
号"土地证载明"地类（用途）为工业，使用权类为出让，使用权面积为
8359.1 平方米"；"萍国用〔2006〕第 43751 号"土地证载明地类为商服、住
宅用地。甲公司认为"萍国用〔2006〕第 43750 号"土地证登记的地类（用

途）为工业有误，多次向市国土局反映，要求其将"萍国用〔2006〕第 43750 号"土地证地类由"工业"更正为"商住综合"。2012 年 4 月 23 日，市国土局明示不同意更正，甲公司为此提起行政诉讼后撤诉。

一审另查明，2012 年 7 月 30 日，萍乡市规划局向萍乡市土地收购储备中心作出《关于要求解释〈关于萍乡市肉类联合加工厂地块规划要求的函〉》中有关问题的函的复函，复函称"贵中心'关于要求解释《关于萍乡市肉类联合加工厂地块规划要求的函》中有关问题的函'已收悉，现函告如下：我局在 2003 年 10 月 8 日出具规划条件中已明确了该地块用地性质为商住综合用地（含冷藏车间约 7300 平方米，下同），但冷藏车间维持现状性质。根据该地块控规，其用地性质为居住（兼容商业），但由于地块内的食品冷藏车间是目前我市唯一的农产品储备保鲜库，也是我市重要的民生工程项目，因此，暂时保留地块内约 7300 平方米冷藏库的使用功能，未经政府或相关主管部门批准不得拆除"。2013 年 2 月 21 日，市国土局向甲公司作出书面答复：一、根据市规划局出具的规划条件和宗地实际情况，同意贵公司申请 TG-0403 号地块中冷藏车间用地的土地用途由工业用地变更为商住用地。二、由于贵公司取得该宗地中冷藏车间用地使用权是按工业用地价格出让的，根据《城市房地产管理法》之规定，贵公司申请 TG-0403 号地块中冷藏车间用地的土地用途由工业用地变更为商住用地，应补交土地出让金。补交的土地出让金可按该宗地出让时的综合用地（住宅、办公）评估价值减去工业用地评估价值以原宗地综合用地实际成交总价与评估价的同等比例计算，即 297. 656 万元×70% = 208. 36 万元。三、冷藏车间用地的土地用途调整后，其使用功能未经市政府批准不得改变。甲公司不服，于 2013 年 3 月 10 日向法院起诉，要求判令撤销上述答复的第二项，之后又撤诉。同年 7 月 10 日，甲公司公司再次向法院起诉，请求判令市国土局将"萍国用〔2006〕第 43750 号"国有土地使用证上的地类用途由工业用地更正为商住综合用地，并撤销"关于对市甲房地产有限公司 TG-0403 号地块有关土地用途问题的答复"中第二项关于补交土地出让金 208. 36 万元的决定。

一审认为，根据《中华人民共和国土地管理法》《土地登记办法》《江西省土地登记办法》的有关法律、法规的规定，市国土局作为土地行政管理部门具有对于本市辖区内的土地管理的法定职责。关于市国土局提出其不是发证机关，只是登记机关，因此其不是本案的适格主体问题。根据《中华人民共和国城市房地产管理法》《中华人民共和国土地管理法》《土地登记办法》《江西省土地登记办法》的有关法律、法规的规定，市国土局是萍乡市人民政府的职能部门，对辖区内的土地使用权的登记、颁发证是其法定的职责，甲公司认为"萍国用〔2006〕第 43750 号"国有土地使用证登记的土地用途有误，而要求市土地局对该证登记内容进行更正，市国土局负有更正登记的职责。故国土局提出该抗辩理由不能成立。关于市国土局提出甲公司诉讼已超过了诉讼时效的问题。甲公司 2006 年 3 月领取"萍国用〔2006〕第 43750 号"国有土地使用证后的三个月内，就不间断地向市政府及市国土局反映情况并请求进行更正登记土地使用内容。市国土局 2012 年 4 月 23 日明示不同意更正后，又于 2013 年 2 月 21 日作出要补交土地出让金后同意变更的答复。甲公司于 2013 年 3 月 10 日对该答复不服提起了行政诉讼。再是，甲公司是针对市国土局不履行法定职责的不作为起诉，故甲公司的起诉没有超过诉讼时效，市国土局该抗辩理由不成立。关于市国土局提出 TG-0403 号国有土地中冷藏车间用地为工业用地的问题。原萍乡市肉类联合加工厂持有的萍国用〔1999〕字第 16269 号国有土地使用证，权属来源是划拨的，萍乡市土地收购储备中心依法收购经报市人民政府批准，该宗土地以 TG-0403 号国有土地使用权面积为 23173.3 平方米公开挂牌出让，土地用地性质是商住综合用地，冷藏车间维持现状，并无冷藏车间用地是工业用地性质。萍乡市规划局对原萍乡市肉类联合加工厂复函中均佐证 TG-0403 号国有土地使用权面积 23173.3 平方米（含冷藏车间）的用地性质是商住综合用地。萍乡地源评估咨询有限公司评估报告中，对该 TG-0403 号地块面积 23173.3 平方米的用地虽然有商住（工业）记载，但该宗土地在公开挂牌出让的审批后，用地性质是商住综合用地，竞拍取得该土地的单位应依法向政府的财政部门缴纳土地出让金，土地用地性质及土地使用者就会发生变化，故市国土局该抗辩理由不成立。关于市国土局作出的 TG-0403 号地块有关土地用途问题的答复中的第二项是否依据了法律，法规的问题。市国土局针对甲公司要求将"萍国用〔2006〕第 43750 号"国有土地使用证地类性质，由工业变更为商住综合用地，依照《中华人民共和国房地产管理法》第十八条"土地使用者需要改变土地使用权出让合同约定的土地用途的，必须取得出让方和市、县人民政府城市规划行政主管部门的同意，签订土地使用权出让合同变更协议或者重新签订土地使用权出让合同，相应调整土地使用权出让金。"该规定是土地权利使用人申请变更土地用途的情形，而甲公司不是要求市国土局变更土地用途的情形，而是要求更正土地登记用途；其次，甲公司在竞得 TG-0403 号国有土地使用权后，已向政府财政部门缴纳了土地出让金，不存在还要补缴的情形；再次，在本案的审理过程中，市国土局未向法庭提供应补交土地出让金 208.36 万元的事实依据，208.36 万元的每项基数依据是什么（即 297.656 元×70% = 208.36 万元），市国土局对此应该承担举证不能的法律后果。综上所述，市国土局作为被告主体适格，甲公司诉请未过法定诉讼时效。TG-0403 号国有土地使用面积 23173.3 平方米包含了冷藏车间 8359.1 平方米，冷藏车间维持现状，并不是市国土局所理解的冷藏车间是工业用地的问题。市国土局在审理中提出其作出的《关于对市甲房地产有限公司 TG-0403 号地块有关土地用途问题的答复》是具体行政行为以及该答复中第二项没有事实和法律、法规的依据。甲公司诉请市国土局将"萍国用〔2006〕第 43750 号"国有土地使用证的地类用途由"工业"更正为商住综合用地，冷藏车间维持现状，撤销答复中关于要求甲公司补交出让金 208.36 万元的决定理由充分，证据确凿，符合法律法规的规定，本院予以支持。经院审判委员会讨论决定，根据《中华人民共和国行政诉讼法》第三十二条、五十四条第一款第（二）项之规定，判决：一、萍乡市国土资源局在本判决生效之日起九十天内对萍国用〔2006〕第 43750 号国有土地使用证上的 8359.1m² 的土地用途应依法予更正；二、撤销萍乡市国土资源局于 2013 年 2 月 21 日作出的《关于对市甲房地产开发有限公司 TG-0403 号地块有关土地用途的答复》中的第二项。

　　市国土局不服一审判决，向本院提出上诉，请求撤销一审判决，驳回甲公司的诉讼请求。其理由：一、一审判决是错误的。第一，上诉人不是本案适格诉讼主体，上诉人不是该证的发证机关，只是该证的登记机关；第二，TG-

0403 号地块出让前有一部分是工业用地，出让规划条件重新明确冷藏车间保留工业用地性质出让，被上诉人也是按照冷藏车间为工业出让地缴纳的土地使用权出让金；第三，萍乡市规划局于 2012 年 7 月 30 日出具的复函，并不能否认上诉人出让的冷藏车间的用地性质为工业出让土地；第四，上诉人于 2013 年 2 月 21 日作出的答复，其依据一是有市规划局的复函，二是考虑一宗地出现两个性质不同的土地，有不妥之处，因此，上诉人同意进行变更登记，但应当补缴土地出让金 208.36 万元。二、一审没有驳回被上诉人第一项诉讼请求（即要求更正土地登记用途）是错误的。第一，被上诉人该请求事项超过了诉讼时效；第二，被上诉人的该请求事项在 2012 年 5 月向法院起诉后又撤回起诉。2013 年 7 月，在被上诉人没有正当理由的情况下，以遗漏了诉讼请求为由再行起诉，上诉人认为，这明显不属于正当理由，被上诉人应当自负其责。三、一审没有驳回被上诉人的第二项诉讼请求（即请求撤销"关于对市甲房地产有限公司 TG-0403 号地块有关土地用途问题的答复"中第二项关于补交土地出让金 208.36 万元的决定）是错误的。被上诉人的第二项请求于 2013 年 3 月向法院起诉，后又撤回起诉。2013 年 7 月，被上诉人在没有正当理由的情况下再行起诉，违反了法律规定。

被上诉人甲公司辩称，一、被上诉人第一项诉请是要求上诉人作出土地更正登记，根据有关法律法规的规定，土地更正登记是上诉人的法定义务，故上诉人是本案适格的被告。二、涉案土地 8359.1 平方米的用途是商住用地，有国有土地使用权出让合同、市规划局的函件、土地登记审批表等一系列证据证实。"冷藏车间维持现状"是维持冷藏库的使用功能，并非维持地类性质，这是萍乡市规划局批复的真实意思。三、答辩人请求更正登记的诉请，没有时效限制的规定。四、被上诉人曾就第一、二项诉讼请求分别起诉，撤诉后又起诉均有正当理由，也得到了一审法院的支持。综上，被上诉人认为一审判决事实清楚、证据充分、程序合法、判决正确，请求二审驳回上诉人的上诉，维持一审判决。

二审庭审中，上诉人与被上诉人均未提交新的证据，并坚持一审的质证意见。二审对前述一审查明的事实予以确认。二审补充查明，2004 年上诉人下属单位萍乡市土地收购储备中心对 TG-0403 号地块挂牌出让时给竞买人提供的文件资料中，内容涉及出让土地规划用途的有《国有土地使用权公开挂牌出让公告》和《挂牌出让地块规划设计要求》（该两份资料系一审中市国土局提供的证据，其中规划设计要求系土地拟挂牌出让前由萍乡市规划局确定），两份资料均载明"开发用地为商住综合用地，冷藏车间维持现状"。在双方当事人签订的《国有土地使用权出让合同》中也约定"出让宗地的用途为商住综合用地，冷藏车间维持现状"。由于甲公司请求上诉人对出让土地中冷藏车间所在土地用途予以更正登记的过程中，双方对"开发用地为商住综合用地，冷藏车间维持现状"这一表述有不同理解，萍乡市土地收购储备中心向萍乡市规划局呈函要求其作出解释。2012 年 7 月 30 日，萍乡市规划局向萍乡市土地收购储备中心复函称"我局在 2003 年 10 月 8 日出具规划条件中已明确了该地块用地性质为商住综合用地（含冷藏车间约 7300 平方米）"，并称"根据该地块控规，其用地性质为居住（兼容商业）"。二审还查明，甲公司就涉案土地用途更正登记事项，多次向萍乡市人民政府及上诉人提出书面申请，针对甲公司的要求，上诉人 2012 年 4 月 23 日向萍乡市人民政府呈文明示不同意更正（未说明理由），2013 年 2 月 21 日向甲公司作出书面答复称补交土地出让金后才可变更。本案甲公司的第一项诉讼请求（即要求更正 8359.1 平方米的土地用途登记），甲公司曾于 2012 年 5 月向萍乡市安源区人民法院起诉时提出，在诉讼过程中因市国土局表示愿协商处理，甲公司遂提交撤诉申请并被法院裁定准予撤诉。后因协商未果，市国土局于 2013 年 2 月 21 日作出《关于对市甲房地产开发有限公司 TG-0403 号地块有关土地用途的答复》，甲公司对该答复中的第二项（即在甲公司补缴土地出让金 208.36 万元的情况下可以对涉案土地的用途予以变更登记）不服，于 2013 年 3 月向萍乡市安源区人民法院起诉，要求撤销该项答复。在诉讼过程中，甲公司认为该诉请不能达到对涉案土地的用途予以更正登记的目的，遂提出撤诉并被萍乡市安源区人民法院裁定准予撤诉。2013 年 7 月 10 日，甲公司向萍乡市安源区人民法院提起本行政诉讼。

本院认为，综合双方当事人的诉辩意见，本案争议的焦点问题是：1. 市国土局是否为适格被告。2. 上诉人应否对挂牌出让 TG-0403 号地块中 8359.1

平方米土地用途作更正登记。3. 被上诉人甲公司的第一项诉请是否超过法定时效。4. 甲公司就本案两诉请曾先后分别起诉，撤诉后再行起诉应否受理。

关于市国土局是否为适格被告的问题。本院认为，本案中，被上诉人所请求的是对业已作出国有土地使用权登记的其中一项，即土地用途项的登记予以更正，根据《土地登记办法》的规定，土地更正登记是土地登记的一种情况，应受该办法的规范。该《办法》第三条规定："土地登记实行属地登记""申请人应当依照本办法向所在地的县级以上人民政府国土资源行政主管部门提出登记申请"，该《办法》第五十八条规定："国土资源行政主管部门发现土地登记薄记载的事项确有错误的，应当报经人民政府批准后进行更正登记。"根据以上规定，上诉人具有土地更正登记的法定职责。拟更正登记时要报经人民政府批准只是行政机关内部操作程序，不能因此否认国土部门具有该项法定职责。故上诉人提出其不是适格被告的理由不成立。

关于上诉人应否对挂牌出让 TG-0403 号地块中 8359.1 平方米土地用途作更正登记问题。本院认为，该问题取决于 TG-0403 号地块公开挂牌出让时对外公布的土地用途是何用途，以及土地出让合同中对该事项的约定。根据本案查明的事实，TG-0403 号地块出让时对外公布的土地用途是"开发用地为商住综合用地，冷藏车间维持现状"，土地出让合同中约定为"出让宗地的用途为商住综合用地，冷藏车间维持现状"。由于双方当事人对上述土地用途之表述存在不同理解，萍乡市规划局作为用地规划设计的权威机关，就该问题作出了专门答复，明确出让地块用地性质为商住综合用地，包含了冷藏车间，并指出"冷藏车间维持现状"是指暂时维持其使用功能。因此，甲公司要求上诉人对"萍国用〔2006〕第 43750 号"土地证（土地使用权面积 8359.1 平方米）地类更正为商住综合用地，具有正当理由，上诉人应予以更正。甲公司作为土地受让方按约支付了全部价款，上诉人"答复二"称如若变更土地用途则甲公司应补交土地出让金，缺乏事实依据和法律依据，且有违诚实信用原则。

关于被上诉人甲公司的第一项诉请是否超过法定时效的问题。本院认为，根据本案查明的事实，甲公司曾书面要求上诉人对"萍国用〔2006〕第 43750

号"土地证地类登记由"工业"更正为"商住综合",属于要求上诉人履行法定职责(而非要求确认 2006 年土地登记行为违法)。针对甲公司的上述要求,上诉人于 2012 年 4 月 23 日向萍乡市人民政府呈文明示不同意更正,2013 年 2 月 21 日向甲公司作出书面答复称补交土地出让金后才可变更(即若甲公司不补交则上诉人将不予变更)。甲公司为此先后于 2012 年 5 月、2013 年 7 月向萍乡市安源区人民法院起诉提出了该诉请,根据《中华人民共和国行政诉讼法》及其司法解释关于行政诉讼时效的规定,甲公司的起诉并未超过法定时效。

关于甲公司就本案两诉请曾先后分别起诉,撤诉后再行起诉应否受理的问题。本院认为,从甲公司 2012 年起的一系列的诉讼过程来看,甲公司第一次起诉是 2012 年 5 月,其要求上诉人对"萍国用〔2006〕第 43750 号"土地证的地类登记由"工业"更正为"商住综合",其针对的是上诉人不作为;第二次起诉是 2013 年 3 月,系基于上诉人 2013 年 2 月 21 日作出"补交土地出让金后才可变更地类用途登记"的答复后,对该答复不服而要求撤销该答复,其针对的是该答复;第三次起诉即本案诉讼,系因甲公司认为"仅撤销答复"不能达到对涉案土地的用途予以更正登记的目的,而在前次诉请的基础上增加一项诉请,属于对诉请的扩充。因上诉人已向甲公司作出了答复,在此情况下本案第一项诉讼请求不再是诉上诉人不作为,第二项诉讼请求虽在前次诉讼中已提出过,但在前次诉讼撤诉时甲公司已表明其真实意思不是放弃该诉权,而是要增加一项诉请以实现更正登记之目的。故本案的诉讼请求均不属于《最高人民法院关于执行〈中华人民共和国行政诉讼法〉若干问题的解释》第三十六条"人民法院裁定准予撤诉后,原告以同一事实和理由重新起诉的,人民法院不予受理"的情形,属于有正当理由再行起诉。据此,一审法院受理本案正确。

综上所述,上诉人的上诉理由不成立,其主张不能支持。一审判决主要事实清楚,审判程序合法,适用法律正确,依法应予维持。依照《中华人民共和国行政诉讼法》第六十一条第(一)项之规定,判决如下:

驳回上诉,维持原判。

二审案件受理费 50 元，由上诉人萍乡市国土资源局负担。

本判决为终审判决。

审判长　朱某某

审判员　李某某

审判员　邹某某

二〇一四年八月十五日

书记员　陈　某

附录7　某股份有限公司、某商品混凝土有限公司城乡建设行政管理：
房屋登记管理（房屋登记）二审行政判决书

辽宁省锦州市中级人民法院

行 政 判 决 书

〔2019〕辽 07 行终 164 号

上诉人（原审第三人）×银行股份有限公司，住所地：辽宁省辽阳市民主路×号。

法定代表人徐某某，该银行董事长。

委托代理人王某某，该公司职员。

委托代理人杜某某，×银行法律事务部职员。

被上诉人（原审原告）北镇市某商品混凝土有限公司，住所地：辽宁省北镇市沟帮子镇六委×号。

法定代表人柳某，该公司经理。

委托代理人柳某某，该公司工作人员。

委托代理人李律师，辽宁一理律师事务所律师。

被上诉人（原审被告）北镇市某房地产管理处，住所地：北镇市沟帮子×区。

法定代表人肖某，该处处长。

委托代理人孙某某，该单位工作人员。

被上诉人胡某某（原审第三人），女，1985 年 10 月 19 日出生，满族，无业（原×公司工作人员），住辽宁省。

被上诉人（原审第三人）辽宁锦州某经济开发区管理委员会，住所地：辽宁省北镇市沟帮子区。

法定代表人蒋某，该单位主任。

委托代理人李律师，辽宁德营律师事务所律师。

被上诉人（原审第三人）辽宁某股份有限公司（甲公司），住所地：辽宁省北镇市沟帮子✕区三家子村。

法定代表人朱某某，该公司董事长。

委托代理人宋律师，辽宁德营律师事务所律师。

被上诉人（原审第三人）北镇市某房地产开发有限公司（乙公司），住所地：辽宁省锦州市凌河区安富里✕号。

法定代表人李某某，该公司总经理。

上诉人✕银行股份有限公司与被上诉人北镇市某商品混凝土有限公司、北镇市某房地产管理处、胡某某、辽宁某经济开发区管理委员会、辽宁某农业科技股份有限公司（甲公司）、北镇市某房地产开发有限公司房屋行政登记一案，不服辽宁省北镇市人民法院〔2018〕辽0782行初25号行政判决，向本院提起上诉。本院依法组成合议庭审理了本案。本案现已审理终结。

一审法院经审理查明，2013年10月14日，第三人甲公司董事长朱某某派工作人员张某某（现已离职）到被告处办理本案和涉案的另外30个门市房的产权证，张某某用公司职员胡某某（现已离职）的身份证复印件到被告处进行办理。被告依据第三人胡某某与乙公司之间的认购协议，为第三人胡某某办理房屋产权证，产权证号：北镇市房权证富国社区字第✕✕号，载明：房屋所有权人胡某某，房屋座落沟帮子镇富国社区✕✕号门市，建筑面积197.64平方米。并同时办理了涉案的其他30个房屋产权证。另查明，朱某某在询问笔录中称，沟帮子开发区政府欠甲公司取暖费、政策返款大约1600万元，2013年10月份，✕银行贷款到期，沟帮子开发区政府领导同意将本案和涉案的另外30个门市房作抵押为甲公司办理银行贷款，解决资金困难。并称第三人胡某某对办理本案和涉案的另外30间门市房的产权证不知情，也没有购买本案和涉案的另外30间门市房，胡某某本人没去，胡某某的身份证复印件在公司有备案，公司财务总监张某某用胡某某的身份证复印件去被告处办理房照用作办贷款。

一审法院认为，根据中华人民共和国建设部令第168号《房屋登记办法》第四条规定，房屋登记，由房屋所在地的房屋登记机构办理。据此本案被告具有办理房屋登记的法定职权。本案被告为第三人胡某某办理的本案和涉案的另外30个门市房的产权证的事实依据是本案及涉案的另外30份认购协议书,在原审庭审中胡某某的代理人称是甲公司借用胡某某的身份证办理了房产证,胡某某不知情,整个过程是甲公司和沟帮子开发区政府的关系。甲公司董事长朱某某称,沟帮子开发区政府领导同意将本案及涉案的另外30个门市房作抵押,为甲公司办理银行贷款。并称第三人胡某某对办理涉案房屋产权证不知情,胡某某本人没去,胡某某的身份证复印件在公司有备案,公司财务总监张某某用胡某某的身份证复印件去被告处办理房照用作办贷款,第三人胡某某也没有购买本案和涉案的另外30个门市房。由此判断第三人胡某某关于本案和涉案的另外30份认购协议是不真实的,故被告为胡某某办理本案和涉案的另外30个门市房屋产权证没有事实依据。根据中华人民共和国建设部令第168号《房屋登记办法》第三十条规定:因合法建造房屋申请房屋所有权初始登记的,应当提交下列材料:(一)登记申请书;(二)申请人身份证明;(三)建设用地使用权证明;(四)建设工程符合规划的证明;(五)房屋已竣工的证明;(六)房屋测绘报告;(七)其他必要材料。第三十二条规定发生下列情形之一的,当事人应当在有关法律文件生效或者事实发生后申请房屋所有权转移登记:(一)买卖。第三十三条规定申请房屋所有权转移登记,应当提交下列材料:(一)登记申请书;(二)申请人身份证明;(三)房屋所有权证书或者房地产权证书;(四)证明房屋所有权发生转移的材料;(五)其他必要材料。本案中,被告主张本案和涉案的另外30个门市房是初始登记,原告主张是转移登记,不论是初始登记还是转移登记,按照上述法律规定,申请登记的房屋必须有建设用地使用权证明;建设工程符合规划的证明;房屋已竣工的证明;房屋测绘报告。或者有房屋所有权证书、房地产权证书等必备要件。本案被告向本院提供的证据材料中,没有提交上述法律要件,因被告在办理本案和涉案的另外30个门市房产权证过程中没有尽到审查义务,被告在庭审时亦承认没有严格把关,违反法定程序为第三人胡某某办理了本案和涉案的另外30间门市房产权证。

关于第三人×银行主张本案和涉案的另外30个门市房屋抵押权属于善意

取得的问题，从×银行提交的报告所附的照片可见，上述房屋属于在建工程，从其门窗、墙皮等外观，一般人均能感知该房屋不可能经过验收而获得验收合格证，也不可能办理房屋所有权证，作为×银行应对该房屋所有权证是否真实、是否合法进行必要审查。另对于×银行办理抵押相关手续时，所用到的预评报告，该报告中明确记载"估价对象现处于闲置状态，部分房屋建筑物尚未完成建筑。本预先估算报告仅为委托方初步拟办理抵押贷款涉及的房产价值提供参考，不得用作其他用途。估算结果不是正式评估结论，本简报不得作为正式报告使用，具体内容应详见正式估价报告"。×银行对于该报告中待抵押房屋状况的不确定性应进一步核实，而×银行直接以此报告作为办理抵押的依据，未尽到必要的审查注意义务。综上，×银行不构成善意取得。第三人甲公司提出该公司已经进入破产程序，因本案和涉案的另外30个门市房登记在第三人胡某某名下，且第三人甲公司承认该房屋不是破产财产，所以本案不受破产案件影响。关于朱某某、第三人胡某某所述，沟帮子开发区欠甲公司取暖费、政策返款，将本案及涉案的另外30个门市房作抵押为甲公司办理银行贷款，解决资金困难的问题，欠款和以房抵债是否属实不属于本案行政诉讼审理范围。

综上，被告北镇市某房地产管理处作出具体行政行为主要证据不足，违反法定程序。依照中华人民共和国建设部令第168号《房屋登记办法》第三十条、第三十二条第一项、第三十三条、《中华人民共和国行政诉讼法》第五十八条、第七十条第（一）项、第（三）项，并经本院审判委员会讨论决定，判决撤销北镇市某房地产管理处于2013年10月14日为第三人胡某某颁发的房屋所有权证，房屋所有权证号：北镇市房权证富国社区字第××号。案件受理费50元，由被告北镇市某房地产管理处负担。

宣判后，上诉人×银行股份有限公司不服，向本院提出上诉称，原审法院认定事实不清，适用法律不当，具体如下：被上诉人辽宁五峰农业科技股份有限公司（下称"甲公司"）向上诉人×银行股份有限公司（下称"×银行"）申请贷款，上诉人与甲公司于2014年12月27日签订了2014年（辽阳同信）字0177号流动资金借款合同和2014年（辽阳同信抵）字0177号抵押

合同，以被上诉人胡某某名下房产做抵押并依法办理了抵押登记，抵押金额
1500 万元，在办理了合法的抵押登记手续后，✕银行向甲公司发放了贷款。
在贷款办理过程中，首先，上诉人与甲公司及胡某某签订的合同是双方真实意
思表示，并经有权签字人签字盖章，具备法律效力。其次，抵押登记过程中，
上诉人严格按照《物权法》《担保法》和《中华人民共和国城市房地产管理办
法》的相关规定进行，而且被上诉人北镇市某房地产管理处受理并依法颁发了
他项权证，具有公信力，上诉人依法取得他项权利。根据《中华人民共和国物
权法》第一百零六条的规定，受让人受让不动产时是善意的，受让人取得该不
动产的所有权；当事人善意取得其他物权的，与善意取得的所有权具有同样的
法律后果。抵押权系设立在所有权之外的受法律保护的其他物权之一。根据
《房屋登记办法》第八十一条规定，司法机关、行政机关、仲裁委员会发生法
律效力的文件证明当事人以隐瞒真实情况、提交虚假材料等非法手段获取房屋
登记的，房屋登记机构可以撤销原房屋登记，收回房屋权属证书、登记证明或
者公告作废，但房屋权利为他人善意取得的除外。在抵押人属于善意取得的情
况下，其对房屋的抵押权应受法律保护，抵押权的善意取得构成房屋登记机关
撤销房屋抵押登记的法定阻却事由。1.✕银行在申请办理抵押登记时上述房屋
一直登记在胡某某个人名下。房产证均具有公示效力，✕银行基于对上述房屋
登记的合理信赖，完全有理由相信胡某某有权抵押该房产，故其符合"善意"
要件。并且银行进行了相应的审查，且不存在重大过失，应当认定为善意第三
人。2.✕银行已发放贷款 1500 万元，根据贷款合同完成了支付抵押权对价的
义务。该房屋抵押所担保的是✕银行出借的 1500 万元借款及其利息，当债务
人不履行债务、抵押物变现时，应优先偿还原告的借款及利息，故其符合"合
理对价"取得的要件。3.该房屋抵押已经房产局予以登记并向原告颁发了
《房屋他项权证》，故其符合"已经登记"要件。因此，根据《中华人民共和
国物权法》第一百零六条、《房屋登记办法》第八十一条规定，本案符合不动
产物权善意取得的构成要件，✕银行已经善意取得涉案房屋的抵押权。当事人
以隐瞒真实情况、提交虚假材料等非法手段获取房屋登记的，并不能排除不动
产物权善意取得制度的适用，恰恰相反，保护善意第三人利益，彰显物权登记

的公示公信效力，这正是物权法确立该项制度的意义所在。根据上述规定，案涉房屋登记本应判决撤销，但如撤销房屋登记将直接影响抵押登记的效力，影响抵押权的实现，所以应判决确认案涉房屋的房屋登记行为违法，保留房屋登记的效力，同时驳回撤销原房屋登记行为的诉讼请求。综上，本案涉及的抵押权登记真实、合法、有效。上诉人×银行恳请上级法院撤销原审判决，依法改判，支持上诉人×银行的上诉请求，维护上诉人×银行的合法权益。

被上诉人北镇市某商品混凝土有限公司辩称，一、根据《担保法解释》第三十九条，本案主合同是借新还旧，但在抵押合同中没有注明是借新还旧，也就是上述解释的以新贷偿还旧贷，没有证据证明胡某某知道或应当知道这笔贷款是用于借新还旧。所以，合同抵押是无效的，保证人无须承担保证责任，抵押人的保证责任适用于上述法律规定，有最高法的判例。二、上诉人不是善意取得，上诉人对抵押物没有按照《商业银行法》第三十六条，《贷款通则》第二十七条以及《中国银行业监督管理委员会流动资金贷款管理暂行办法》第十三条进行严格的审查，本案涉及的抵押物本身就是一个烂尾楼，上诉人明知是烂尾楼为了规避旧贷款中没有抵押保证属于信用贷款，存在较大风险。所以为了自己的利益减低旧贷款的风险，而明知是烂尾楼不应接受抵押登记，而仍予以办理，有重大过错。另一重大过错是房产登记权属证明上，明确缺失有关信息，房照本身很多信息缺失，作为商业银行职业审查贷款的相关人员应当具备的常识能够识别上述权属证明不真实。在此情况下仍然为自己的利益办理抵押登记。在审查抵押登记的过程中，对于持该房照的所有人胡某某如果尽到足够的审查义务，则不难发现胡某某没有上述权利。胡某某是一个 30 左右岁的年轻人，没有来源能够掌握 31 户房产的经济来源，同时作为五峰米业的董事长秘书，在正常的贷款审查过程中，上诉人的有关业务人员不可能不知道其身份，所以我们认为×银行明知五峰米业在利用胡某某首先办理假房照，然后办理假抵押登记，以完成其借新还旧、降低风险，甚至逃避过去旧贷款中的银行工作人员的失职。因此，上诉人存在重大过失，不是善意取得。

其他被上诉人均未答辩。

本院经审理查明的事实与一审判决认定的事实基本一致，本院予以确认。

本院认为，被上诉人北镇市某房地产管理处于 2013 年 10 月 14 日为第三人胡某某颁发的房屋所有权证行为的合法性，应该适用当时的法律，即《房屋登记办法》。

关于被诉的房屋登记行为的合法性问题。第一，房屋登记行为的基础法律关系即：上诉人胡某某与案外人乙公司之间的认购协议非认购双方真实意思表示。经查，被上诉人甲公司董事长朱某某派工作人员张某某（现已离职）用公司职员胡某某（现已离职）的身份证复印件到被上诉人北镇市某房地产管理处办理涉案的 31 间门市房的房屋所有权证。在一审庭审中，上诉人胡某某的代理人称是甲公司借用胡某某的身份证复印件办理的房屋所有权证，胡某某不知情。第二，房屋登记程序违反《房屋登记办法》。根据《房屋登记办法》第三十条规定：因合法建造房屋申请房屋所有权初始登记的，应当提交下列材料：（一）登记申请书；（二）申请人身份证明；（三）建设用地使用权证明；（四）建设工程符合规划的证明；（五）房屋已竣工的证明；（六）房屋测绘报告；（七）其他必要材料。经查，涉案房屋没有经过初始登记，而是通过伪造认购协议直接进行转移登记。根据《房屋登记办法》第三十二条第一项规定："发生下列情形之一的，当事人应当在有关法律文件生效或者事实发生后申请房屋所有权转移登记：（一）买卖。"第三十三条规定："申请房屋所有权转移登记，应当提交下列材料：（一）登记申请书；（二）申请人身份证明；（三）房屋所有权证书或者房地产权证书；（四）证明房屋所有权发生转移的材料；（五）其他必要材料。"经查，被上诉人北镇市某房地产管理处在为涉案房屋办理转移登记时没有尽到审查义务，在缺乏建设用地使用权证明；建设工程符合规划的证明；房屋已竣工的证明；房屋测绘报告。缺乏房屋所有权证书或房地产权证书等必备要件的情况下办理登记程序违法。另有生效的刑事判决作为程序违法的佐证程序违法的事实，辽宁省北镇市人民法院〔2016〕辽 0782 刑初 111 号生效的刑事判决书认定，"2013 年 10 月，被告人于某源在任北镇市某房地产管理处处长期间，受时任北镇市沟帮子镇党委书记王某的授意，在明知上述 31 户门市房不符合法律规定的情况下，安排时任北镇市第二房产管理处副处长的被告人郑某峰、时任北镇市第二房产管理处科长的被告人毕某丽，将北镇市沟帮子镇××小区 31 户门市房办理房地产过户登记。"综上，根据中华人民共和国行政诉讼法》第七十条第（一）、（三）项的规定，涉案的 31 间门市房的房屋所有权证应予撤销。

关于善意取得的问题。根据《最高人民法院关于审理房屋登记案件若干问题的规定》第十一条第三款之规定，被诉房屋登记行为违法，但判决撤销将给公共利益造成重大损失或者房屋已为第三人善意取得的，判决确认被诉行为违法，不撤销登记行为。本案中，×银行股份有限公司的抵押权是否存在善意取得是本案的焦点问题。《中华人民共和国物权法》第一百零六条规定无处分权人将不动产或者动产转让给受让人的，所有权人有权追回；除法律另有规定外，符合下列情形的，受让人取得该不动产或者动产的所有权：（一）受让人受让该不动产或者动产时是善意的；（二）以合理的价格转让；（三）转让的不动产或者动产依照法律规定应当登记的已经登记，不需要登记的已经交付给受让人。受让人依照前款规定取得不动产或者动产的所有权的，原所有权人有权向无处分权人请求赔偿损失。当事人善意取得其他物权的，参照前两款规定。本案中，上诉人×银行与被上诉人甲公司于 2014 年 12 月 27 日签订了〔2014〕（辽阳同信）字 0177 号流动资金借款合同和〔2014〕（辽阳同信抵）字 0177 号抵押合同，以被上诉人胡某某名下房产做抵押并依法办理了抵押登记，抵押金额 1500 万元，在办理了抵押登记手续后，上诉人×银行向被上诉人甲公司发放了贷款。关于×银行善意取得的要件构成问题，其满足第（二）、（三）项条件。关于第（一）项是否满足善意条件，根据《最高人民法院关于适用若干问题的解释（一）》第十五条规定，受让人受让不动产或者动产时，不知道转让人无处分权，且无重大过失的，应当认定受让人为善意。首先，关于抵押权人是否应对产权证作实质性审查的问题。本院认为，产权证所记载的内容是否真实、准确，系由国家行政机关依法定程序审查后作出确认，该行政行为一旦作出，即具有物权公示公信的效力，非依法定程序不得撤销。无论其记载的内容是否与实际相符，相对人均有理由相信该产权证的真实性。与产权证上的权利人进行交易的第三人，其所取得的权利仍受法律保护。其次，我国法律、行政法规并未规定抵押权人在接受抵押时负有对抵押物的产权证做实质性审查的义务。尤其明确的是✕银行股份有限公司接受抵押时，胡某某的产权问题并不存在争议，✕银行股份有限公司基于对产权证记载内容的信任而接受抵押，其主观上并无过错。同时，北镇市某商品混凝土有限公司所提交的数份证据均不能证明✕银行股份有限公司在接受抵押时明知涉案房屋属北镇市某商品混凝土有限公司所有，亦不能证明✕银行股份有限公司与辽宁五峰农业科技股份有限公司恶意串通，共同以欺诈的方式去办理房屋产权证，故不能认定✕银行股份有限公司接受抵押时存在过错。

综上，被上诉人北镇市某房地产管理处作出房屋登记行为主要证据不足，违反法定程序，应予撤销，但房屋已为上诉人✕银行股份有限公司善意取得抵押权，故应判决确认被诉行为违法，不撤销登记行为。原审法院适用法律错误，应予纠正。依照《中华人民共和国行政诉讼法》第八十九条第一款第(三)项的规定，判决如下：

一、撤销辽宁省北镇市人民法院〔2018〕辽0782行初25号行政判决；

二、确认被上诉人北镇市某房地产管理处为第三人胡某某颁发的房屋所有权证（房屋所有权证号：北镇市房权证富国社区字第✕✕号）行为违法。

一、二审案件受理费各50元，共计100元，由被上诉人北镇市某房地产管理处负担。

本判决为终审判决。

审判长　张某某

审判员　张某某

审判员　李　某

审判员　闻　某

审判员　王某某

二〇一九年十二月三十日

书记员　张　某

附录 8 王某某、甲县人民政府一审行政判决书

浙江省丽水市中级人民法院
行 政 判 决 书

〔2019〕浙 11 行初 117 号

原告王某某，男，1974 年 3 月 22 日出生，汉族，住甲县。

委托代理人张律师，北京美泰律师事务所律师。

委托代理人周律师，北京美泰律师事务所实习律师。

被告甲县人民政府，住所地甲县鹤城街道鹤城中路×号。

法定代表人周某某，县长。

委托代理人林某，县司法局干部。

原告王某某诉被告甲县人民政府不履行法定职责一案，本院于 2019 年 9 月 29 日立案后，依法向被告送达了起诉状副本、应诉及举证通知书。本院依法组成合议庭，于 2019 年 12 月 19 日公开开庭审理了本案。原告王某某及其委托代理人张律师、周律师，被告甲县人民政府的委托代理人林某到庭参加诉讼。被告甲县人民政府负责人因公务安排未能出庭，庭前已向本院提交书面说明。本案现已审理终结。

原告诉称：原告是甲县乙镇沙埠村村民，一直关注沙埠村的发展建设。近期听闻沙埠村拖欠政府巨款的消息，欲知悉沙埠村的村内行政事务和村内财产事务的真实情况，于 2019 年 6 月 17 日向沙埠村民委员会提交了多份村务公开申请，内容为：因甲县乙镇沙埠村青田三达仪表厂等 18 个项目而征收沙埠村集体土地：（1）征地补偿安置协议。（2）征地补偿款到账证明。（3）征地补偿款分配使用方案的村民代表会议决议及代表签名。（4）征地补偿款分配支出的村民签名登记文件。（5）每户青苗和地上附着物补偿费的亩数、种植物种类、补偿标准、补偿总额和支付明细文件。沙埠村村民委员会值班工作人员以村委会主任刘良平不在为由拒绝接收。2019 年 6 月 20 日，乙镇沙埠村村

民委员会终于签收了村务公开申请书，但至今未依法公开村务信息。原告无奈向被告申请要求查处沙埠村村民委员会的违法行为。2019年7月17日，原告将请求查处沙埠村村民委员会不依法公开村务的申请书通过邮政EMS邮寄给被告，被告至今仍未履行其法定职责。依据《中华人民共和国村民委员会组织法》第三十一条规定，村民委员会不及时公布应当公布的事项或者公布的事项不真实的，村民有权向乡、民族乡、镇的人民政府或者县级人民政府及其有关主管部门反映，有关人民政府或者主管部门应当负责调查核实，责令依法公布；经查证确有违法行为的，有关人员应当依法承担责任。被告作为村民委员会不履行村务公开行为查处的法定主管机关，有职责对沙埠村村民委员会违法行为调查核实，责令依法公布村务信息，但其未履行相关职责。综上，请求：1. 确认被告对原告2019年7月17日的申请不履行调查核实、责令改正的行政行为违法。2. 判令被告限期责令乙镇沙埠村村民委员会限期依法公开原告申请公开的乙镇沙埠村集体土地征收的相关文件（详见《村务公开申请表》的内容）。

原告向本院提交以下证据：1. 户口簿，待证原告系乙镇沙埠村集体经济组织成员，有申请村务公开的权利。2.《甲县乙镇沙埠村村务信息公开申请表》36份及邮寄单、查询单，待证原告前后两次就18个征收项目的相关信息申请沙埠村村委会村务公开，村委会已签收的事实。3.《请求查处沙埠村村民委员会不依法公开村务的申请书》及邮寄单、查询单，待证原告向被告邮寄请求查处沙埠村村委会不依法公开村务信息的申请，被告收到但至今不作为的事实。

被告辩称：一、被告已按相关法律法规履行调查核实职责。原告于2019年7月17日向被告邮寄《请求查处沙埠村村民委员会不依法公开村务的申请书》，被告收到后经审查，于2019年7月21日函告沙埠村委所在的乙镇人民政府，要求对原告申请的事项予以核实，并将核实情况上报被告。乙镇人民政府于2019年8月8日在沙埠村党群中心向沙埠村党支部书记郭存光、沙埠村村民委员会主任刘良平进行询问并将调查核实情况反馈给被告。二、村委会已及时对原告要求公开的村务信息予以公开。依照《中华人民共和国村民委员会组织法》第三十条规定，村委会有及时公开村务信息的法定义务。经查，乙镇沙埠村村委会在履职过程中已按要求履职，不存在未履职的情形。2019 年 10 月 23 日，被告已将书面核实情况邮寄反馈给原告。综上，被告已履行调查核实职责，乙镇沙埠村村委会已履行村务公开义务，不存在责令其公开村务的情形，请求驳回原告的诉讼请求。

被告向本院提交以下证据：1. 被告给乙镇人民政府发送的《函》以及沙埠村村民委员会出具的《证明》，待证被告收到申请书后要求乙镇人民政府调查核实的事实。2. 调查笔录，待证乙镇人民政府进行调查核实的事实。3.《乙镇人民政府关于沙埠村村民王某某反映沙埠村村民委员会不依法公开村务调查情况的报告》，待证乙镇人民政府调查完毕后向被告汇报的事实。4. 告知书及快递底单，待证被告向原告邮寄核实结果的事实。

经庭审质证，原告对被告提交的证据质证认为，证据 1 真实性认可。关于《函》，被告未提交转送文件，无法证明何时向乙镇人民政府出具该函，原告有理由怀疑被告是为了应诉而制作相关文件，且被告委托乙镇人民政府调查核实，应当要求乙镇人民政府提交调查核实的证据材料，并对形成的调查结果进行审核，才能向原告进行反馈。关于《证明》，沙埠村村委会并未提交证据证明已及时主动公开原告所申请的信息，且村委会不仅应当主动公开村务，同时还应针对村民的申请提供村务查询。沙埠村村委会针对村委公开申请应当告知乙镇人民政府和被告，原告有权到什么地方查询什么事项，应当告知原告查询权利，该证明无法确认沙埠村村委会已履行村务公开职责。证据 2 谈话笔录中明确表明，沙埠村村委会并没有向原告公开所申请的村务信息，也未表明何时曾主动进行过村务公开。证据 3 调查报告的真实性认可，对内容有异议，乙镇人民政府并未开展具体调查，无法证明沙埠村村委会已在村务公开栏详细公开了原告所申请的事项，根据谈话笔录来看，村干部表示近年来土地征收的信息均已在村务公开栏进行了公示，所以未依据原告的申请提供相关资料，而在村务公开栏进行公开并不能免除向原告提供查询档案的相关职责。证据 4 原告并没有收到，被告未提交原告已收到回复的证据。被告对原告提交的证据质证认为，证据 1、2 真实性无异议，但与本案没有关联性，信息公开申请表及邮寄单、查询单证明原告向沙埠村村委会提交申请，是原告向被告申请查处的前置条件，被告并未没参与前置过程，本案系原告针对被告的不作为提起的诉讼。证据3真实性无异议，申请确已收到，被告收到申请后已履行调查核实的义务，已经作为，原告主张被告不作为不能成立。

　　本院对上述证据认证如下：被告提交的证据1，被告给乙镇人民政府发送的《函》符合证据三性，能够证明被告要求乙镇人民政府就沙埠村村委会是否依法履行村务公开进行调查核实的事实，本院予以采信；沙埠村村民委员会出具的《证明》不符合证据三性，本院不予采信，沙埠村村委会在没有提供村务公开档案材料的情况下，无法自证其已履行村务公开职责。证据2、3符合证据三性，能够证明沙埠村村委会未依据原告申请公开村务的事实，本院予以采信。证据4系被告在本案诉讼中将调查结论告知原告的行为，并非履职行为本身，且内容与证据2、3反映的事实不符，本院不予采信。原告提交的证据符合证据三性，其中证据1能够证明原告身份，证据2系原告申请被告调查核实的起因，与本案具有关联性，证据3能够证明原告向被告提出调查核实申请的事实，本院予以采信。

　　经审理查明，原告王某某系甲县乙镇沙埠村村民，于2019年6月17日、6月21日两次向沙埠村村民委员会提交《甲县乙镇沙埠村村务信息公开申请表》，请求获取18个沙埠村集体所有土地征收项目的相关材料：1.征地补偿安置协议。2.征地补偿款到账证明。3.征地补偿款分配使用方案的村民代表会议决议及代表签名。4.征地补偿款分配支出的村民签名登记文件。5.每户青苗和地上附着物补偿费的亩数、种植物种类、补偿标准、补偿总额和支付明细文件。2019年7月17日，原告因沙埠村村民委员会未予答复向被告甲县人民政府提交《请求查处沙埠村村民委员会不依法公开村务的申请书》。被告于2019年7月21日向沙埠村所在的乙镇人民政府发函，要求对原告申请的事项予以核实，并将核实情况上报被告。乙镇人民政府工作人员于2019年8月8日对沙埠村党支部书记郭存光、沙埠村村民委员会主任刘良平进行询问并制作谈话笔录，郭存光、刘良平称，知道原告提出村务信息公开申请，但未向原告公开申请指向的材料。同日，乙镇人民政府向被告提交《关于沙埠村村民王某某反映沙埠村村民委员会不依法公开村务调查情况的报告》称：近年来该村土地征收涉及公开的相关资料均已在村内村务公开栏进行了公示，所以当场未提供相关资料。2019 年 9 月 29 日，原告向本院提起本案诉讼，请求确认被告不履行调查核实、责令改正的行政行为违法，并判令被告限期责令乙镇沙埠村村民委员公开原告申请公开的村务。

本院认为，本案系原告王某某不服被告甲县人民政府在法定期限内未就其提交的《请求查处沙埠村村民委员会不依法公开村务的申请书》履行调查核实、责令改正职责而提起的诉讼，争议焦点在于被告是否存在不履行法定职责的情形。《中华人民共和国行政诉讼法》第四十七条第一款规定，公民、法人或者其他组织申请行政机关履行保护人身权、财产权等合法权益的法定职责，行政机关在接到申请之日起两个月内不履行的，公民、法人或者其他组织可以向人民法院提起诉讼。法律、法规对行政机关履行职责的期限另有规定的，从其规定。《中华人民共和国村民委员会组织法》第三十条规定，村民委员会实行村务公开制度。村民委员会应当及时公布下列事项，接受村民的监督：（一）本法第二十三条、第二十四条规定的由村民会议、村民代表会议讨论决定的事项及其实施情况；（二）国家计划生育政策的落实情况；（三）政府拨付和接受社会捐赠的救灾救助、补贴补助等资金、物资的管理使用情况；（四）村民委员会协助人民政府开展工作的情况；（五）涉及本村村民利益，村民普遍关心的其他事项。前款规定事项中，一般事项至少每季度公布一次；集体财务往来比较多的，财务收支情况应当每月公布一次；涉及村民利益重大事项应当随时公布。村民委员会应当保证所公布事项的真实性，并接受村民的查询。第三十一条规定，村民委员会不及时公布应当公布的事项或者公布的事项不真实的，村民有权向乡、民族乡、镇的人民政府或者县级人民政府及其有关主管部门反映，有关人民政府或者主管部门应当负责调查核实，责令依法公布；经查证确有违法行为的，有关人员应当依法承担责任。根据查明的事实，原告向被告提出查处申请的时间为 2019 年 7 月 17 日，被告在接到申请之日起两个月内虽已要求乙镇人民政府调查并上报情况，但在乙镇人民政府没有证据佐证即上报沙埠村村民委员会已依法主动公开村务的情况下，未履行调查核实职责，且在调查材料显示沙埠村村民委员会没有依原告申请公开村务的情况下，未履行责令公布职责。在不履行法定职责的案件中，判断行政机关是否存在不作为不能以其形式上是否实施了某个行为为标准，而应当以其实质上是否对法定职责作出响应为依据。本案中，被告委托乙镇人民政府调查相关情况，但对于上报材料不作任何审查，所作结论不符合客观事实，实质上并未履行《中华人民共和国村民委员会组织法》第三十一条规定的调查核实、责令公布职责。在本案诉讼中，被告书面告知原告调查结论，该行为不能等同于履职行为本身，不适用《最高人民法院关于适用〈中华人民共和国行政诉讼法〉的解释》第八十一条第四款的规定。

综上，依照《中华人民共和国行政诉讼法》第六十九条、第七十二条的规定，判决如下：

一、责令被告甲县人民政府针对原告王某某 2019 年 7 月 17 日提交的《请求查处沙埠村村民委员会不依法公开村务的申请书》于本判决生效之日起六十日内依法履行调查核实、责令公布的职责；

二、驳回原告王某某的其他诉讼请求。

案件受理费 50 元，由被告甲县人民政府负担。

如不服本判决，可在判决书送达之日起十五日内向本院递交上诉状，并按对方当事人的人数提出副本，上诉于浙江省高级人民法院。上诉人应向浙江省高级人民法院预交上诉案件受理费 50 元，在上诉期满后七日内仍未交纳的，按自动撤回上诉处理（浙江省高级人民法院户名：浙江省财政厅非税收入结算分户，账号：×××××××，开户银行：农业银行×××支行）。

审　判　长　朱某某

审　判　员　黄　某

人民陪审员　沈某某

二〇二〇年二月二十一日

代书记员　叶　某

附录9　深圳市某科技有限公司与广东省教育厅、某软件有限公司其他一审行政判决书

广东省广州市中级人民法院
行 政 判 决 书

〔2014〕穗中法行初字第 149 号

原告：深圳市某科技有限公司（以下简称"甲公司"）。

法定代表人：彭某，职务：董事长。

委托代理人：刘某某，该公司职员。

委托代理人：魏律师，北京大成律师事务所律师。

被告：广东省教育厅，所在地：广州市。

法定代表人：罗某某，职务：厅长。

委托代理人：王律师，广东太平洋联合律师事务所律师。

委托代理人：郑某，该厅工作人员。

第三人：某软件有限公司（以下简称"乙公司"）。住所地：北京市×区。

法定代表人：刁某某，职务：董事长。

委托代理人：富律师，北京市君合（广州）律师事务所律师。

委托代理人：荣律师，北京市君合（广州）律师事务所律师助理。

原告甲公司不服被告广东省教育厅侵犯公平竞争权一案，于 2014 年 4 月 29 日向本院提起本案诉讼。2014 年 5 月 15 日本院对该案受理后，依法组成合议庭，于 2014 年 6 月 26 日公开开庭审理了本案。原告的委托代理人刘某某、魏律师，被告的委托代理人王律师、郑某，第三人的委托代理人富律师、荣律师到庭参加诉讼。本案现已审理终结。

原告甲公司向本院提起诉讼称，被告广东省教育厅以《工程造价基本技能赛项规程》为由，滥用行政权力限定或变相限定参赛者购买、使用其指定的乙

公司独家软件和相应设备，涉嫌违反公开、公平和公正的法定程序，该指定行为不具有任何法律依据，严重扭曲工程造价相关产品行业的市场竞争秩序，违反了《中华人民共和国反垄断法》第三十二条、第三十六条、第三十七条和《中华人民共和国反不正当竞争法》第七条的规定，侵害了原告的公平竞争权利。同时，被告广东省教育厅指定使用乙公司独家软件和相应设备缺乏法律依据，未履行合法程序。一、被告指定使用乙公司独家软件和相应设备没有履行合法程序，法律依据不足。首先，教育部"国赛"规程中指定使用乙公司软件及相应设备本身就是严重违法行为；其次，教育部"国赛"规程中并没有强制要求省赛选拔赛必须使用广联达公司软件和相应设备；再次，全国其他兄弟省区允许使用甲公司软件的做法也表明被告按照教育部要求的说法仅是借口而已，本质上仍是被告指定所致。不少省区在省赛时是允许使用多家软件的。例如，四川省即允许参赛院校自行选择甲公司、乙公司软件。目前31所报名参赛院校，有26所选择甲公司，5所选择乙公司，也证明选择使用甲公司软件才符合众多参赛院校的意愿。多项证据表明，被告是先内部指定乙公司，然后走所谓的"专家组"程序，程序违法。二、采用多家公司软件及相应设备，无论是在技术上和实际操作上都具有可行性，并能促进竞争、提高产品质量和服务质量。（1）甲公司具有经受过多年全国性大赛检验的竞赛平台软件系统，该系统自动化程度、透明度都较高、且具有能支持多家企业算量计价软件竞赛的开放性，从技术层面为大赛成功提供了有力的保障。此外，甲公司为大赛提供了具有可操作性的《多家企业合作参与大赛方案》，从操作层面为大赛成功提供了保障。（2）软件应用技能竞赛不同于一般的硬件应用技能竞赛，由于国家对建设工程量及造价计算都有明确的标准和规范要求，企业所开发出来的软件只有符合国家相关规范才能使用，使得符合国家标准规范的各企业软件所计算出的结果具有可比性。多家企业软件参与大赛，并不影响大赛结果的评判，而且还为学校师生增加了自主选择权，从而更有利于学生教育。（3）多家企业合作的模式，能促使企业为学校提供更好的技术服务、培训等支持工作，有利于培养学生的社会适应性和提高学生解决问题的能力。三、省区赛项比赛软件允许使用多家软件符合很多参赛院校的利益，多家院校表达了比赛软件使用甲公司软件的强烈意愿。（1）作为政府主导的技术大赛，在选用比赛软件时，更应采取中立和公正的原则，允许参赛者使用多家软件更符合公平、公正的比赛宗旨和精神，以免出现扭曲该软件行业市场竞争的情况。（2）比赛指定使用独家软件不仅不利于参赛者公平竞争，而且还额外增加参赛院校负担，打击学校及学生参赛的积极性。（3）多家院校或单位表达了比赛软件使用斯维尔软件的强烈意愿。如肇庆工商职业技术学院、广东广播电视大学工程技术系等均表示此种意愿。四、省赛区使用独家软件也严重违背比赛的原则、目的和宗旨。指定比赛使用独家软件本身就严重违反公平和公正原则。该指定行为不仅使平时教学没有使用指定软件的参赛方额外支付购买参赛软件和培训的金钱成本和时间成本，而且使参赛选手在短时间内也难以达到非常熟练的程度，难以与平时使用指定软件的参赛方在同等条件进行公平竞争。指定使用独家软件显然严重违反"公平、公正和公开"的比赛原则。五、滥用行政权力指定使用独家软件是一种严重违法行为，涉嫌违反《中华人民共和国反垄断法》和《中华人民共和国反不正当竞争法》的相关规定，排除、限制了工程造价软件相关产品市场领域的市场竞争，不仅会扭曲工程造价软件行业的正常市场竞争秩序，并将为该行业的竞争带来灾难性的后果，最终殃及相关产品市场的消费者福利。被告属于拥有行政权力的行政机关部门或具有公共事务管理职能的组织，但其滥用行政权力排除、限制竞争，不能以遵循教育部并不符合法律规定的做法为理由实施上述行为。在乙公司利用其被指定使用软件优势条件下，已有个别高职院校因此指定品牌购买广联达软件。广东省政府采购网《广东科学技术职业学院工程造价与结构设计综合实训室采购项目公开招标公告》（下称"《公开招标公告》"）及招标文件已利用设定不合理的条件变相指定购买乙公司软件及相应系统。甲公司已对此提出了书面异议。故请求人民法院：（1）确认在省级赛区"工程造价基本技能比赛"中，被告滥用行政权力指定或变相指定使用广联达公司独家软件和相应设备的具体行政行为违法。（2）责令被告和乙公司立即停止违法行为。（3）由被告和乙公司承担原告因调查、制止被告及乙公司违法行为的合理开支捌仟玖佰元整。（4）本案诉讼费全部由被告和乙公司承担。

　　被告广东省教育厅答辩称，一、广东省选拔赛的各项规定是以教育部文件作为依据的。被告审核通过 2014 年全国职业院校技能大赛（高职组）广东选拔赛工程造价基本技能赛项组委会报送的通知、赛项技术规范和赛项竞赛规程等文件，有教育部文件和 2013—2015 年全国职业院校技能大赛执委会办公室公布的《2014 年全国职业院校技能大赛"工程造价基本技能"赛项规程》等上级业务部门、全国比赛选拔指导单位的通知规定作为政策依据。从原告提交的异议书中也表明原告知道教育部大赛办指定使用独家企业的硬件和软件。作为 2014 年全国职业院校技能大赛的选拔赛，广东省选拔赛选用与"国赛"相同的软件，是为了更好地与"国赛"相对接，使得参赛选手尽快适应竞赛规则，有利于选手的发挥。二、广东省选拔赛工程造价基本技能赛项选用乙公司软件并未损害部分院校及软件行业其他公司的利益。技能比赛只是一次由各高职院校自愿参加的比赛，并未干涉学校日常教学使用软件的选择权。经我省高职教育建筑与房地产类专业指导委员会的调查，目前全省有建筑类相关专业 30 所高职院校中有 14 所学校也同时使用原告的软件。从数据中可以看出，虽然广东省选拔赛选用了广联达软件，但是仍有不少院校也在使用原告的软件，且获得广东省选拔赛第二、三名的参赛队伍就来自正在使用原告软件的学校。由此可见，比赛选用乙公司软件并未打击学校及学生的参赛积极性，也未影响到软件行业的市场竞争。三、关于行政诉讼范围的问题。2014 年全国职业院校技能大赛（高职组）广东选拔赛工程造价基本技能赛项组委会报送并经被告审核通过的《关于举办 2014 年全国职业院校技能大赛高职组广东省选拔赛工程造价基本技能赛项的通知》、《"2014 年全国职业院校技能大赛"高职组广东省选拔赛"工程造价基本技能"赛项技术规范》和《"2014 年全国职业院校技能大赛"高职组广东省选拔赛"工程造价基本技能"赛项竞赛规程》是内部文件通知，根据《中华人民共和国行政诉讼法》第十二条和《最高人民法院关于执行〈中华人民共和国行政诉讼法〉若干问题的解释》第四十四条的规定，应驳回原告的起诉。五、关于被告资格的问题。《关于举办 2014 年全国职业院校技能大赛高职组广东省选拔赛工程造价基本技能赛项的通知》《"2014 年全国职业院校技能大赛"高职组广东省选拔赛"工程造价基本技能"赛项技术规范》和《"2014 年全国职业院校技能大赛"高职组广东省选拔赛"工程造价基本技能"赛项竞赛规程》的落款全部是"2014 年全国职业院校技能大赛（高职组）广东选拔赛工程造价基本技能赛项组委会"，原告以我厅为被告起诉属告错对象。故请求人民法院驳回原告的起诉或全部诉讼请求。

第三人乙公司答辩称，一、无论国赛还是省赛，均由相应的大赛组委会编制赛项技术规范和竞赛规程，广东省教育厅并非本案适格被告。全国职业教育院校技能大赛（"国赛"），是由教育部联合天津市人民政府、多个国务院部委及相关协会共同举办的全国性比赛。根据《教育部关于成立 2013—2015 年全国职业院校技能大赛组织委员会和执行委员会的通知》（教职成函〔2013〕2 号），大赛组织委员会和执行委员会是国赛的领导组织机构。为选拔参加国赛的选手，被告决定举办 2014 年全国职业院校技能大赛高职组广东省选拔赛（"省赛"），由广东省选拔赛组织委员会（以下简称"省赛组委会"）统筹负责省级赛事。由于省赛共设置 38 个赛项 49 个分赛项，案涉工程造价基本技能赛项为其中之一，省赛组委会颁布了《关于举办 2014 年全国职业院校技能大赛高职组广东省选拔赛工程造价基本技能赛项的通知》。该《赛项通知》明确了竞赛内容之一为软件算量，即应用广联达土建算量软件、钢筋抽样软件计算指定图纸、指定范围的清单工程量。无论是国赛，还是省赛，赛事的最高决策领导机构均为赛事组委会，确定乙公司土建算量软件为比赛用软件的《赛项通知》也是由省赛组委会颁布，与被告无关。最高人民法院《关于执行〈中华人民共和国行政诉讼法〉若干问题的解释》第十九条规定，向人民法院提起诉讼的，应当以在对外发生法律效力的文书上署名的机关为被告。因此，本案适格被告应为赛事组委会。二、赛事组委会选定赛事操作平台软件的行为属于赛事组织行为，对相对人权利义务不产生实际影响，不属于人民法院行政诉讼受案范围。赛事组委颁布赛事规程并非公共管理行为，也不具有强制性，本案显然不属于行政诉讼受案范围。首先，赛事组委会选定赛事操作平台软件的行为，属于赛事组织的内部行为，不属于公共管理行为。本案中，赛事组委会告知参赛者组织方将采用某一公司软件，其实是公布内部赛事组织事项，未设定参赛者为或者不为某一行为的义务，不是外部管理行为。其次，赛事组委会确定使用乙公司软件，并未限定参赛者必须购买或者使用乙公司软件，不具有强制性。具体而言，乙公司为本次比赛免费提供广联达土建算量软件，赛事协办方提供比赛场地和硬件，参赛者无需自行再购买任何软件参赛。可见，赛事组委会公布赛事适用软件的行为，既不是强制参赛者购买指定品牌的行为，也未给参赛者施加其他场合也必须使用广联达软件的不利影响。因此，案涉赛事中的相关活动不是具体行政行为，不属于人民法院行政诉讼案件的受案范围。

三、赛事组委会确定使用何种软件与原告没有法律上的利害关系，甲公司无权以原告身份提起本案诉讼。首先，比赛使用软件实际上是比赛协办方广州城建职业学院早已在教学中安装的广联达软件，本次比赛不会影响本案原告与乙公司任何一方的市场份额或者销售业绩。其次，赛事组委会仅仅是确定赛事平台使用的软件，未限制参赛者日常工作、学习使用软件，不涉及本案原告与乙公司的市场竞争问题。再次，即便参赛者或者潜在消费者日后选择购买乙公司软件，也是市场主体自主选择的行为，与本次比赛无关。本案原告对未来市场份额将受到影响的判断并没有任何证据佐证，本案原告未因此次比赛受到任何"实际已产生"的不利影响。可见，本案原告既非被强制要求免费提供软件的经营者，也非被强制出局的竞争者，更不是被勒令使用指定产品的消费者，其与赛事组委会确定使用广联达软件一事，不存在任何法律上的利害关系，亦未受到现实不利影响。甲公司无权以原告身份提起诉讼，应驳回其起诉。四、省赛组委会选用第三人赞助的软件作为竞赛平台和竞赛软件，不构成《中华人民共和国反垄断法》第三十二条、第三十六条和第三十七条规制的行政垄断行为，也不构成《中华人民共和国反不正当竞争法》第七条所规制的政府滥用行政权力行为。原告诉称被告违反前述法律规定，是不成立的。1. 如上所述，案涉赛项技术规范和竞赛规程均由省赛组委会制定与发布，被告并未参与赛事组织活动，更不涉及滥用行政职权的问题。2. 国赛组委会作为国赛的领导和决策机构，其组织和管理 2014 年国赛，系依照国赛执委会所发布的《2014 年全国职业院校技能大赛制度汇编》（"2014 国赛制度"）而进行，该 2014 国赛制度包括但不限于《2014 年全国职业院校技能大赛企业合作管理办法》（"大赛企业合作办法"）。根据该大赛企业合作办法，大赛执委会可根据不同的行业情况采取全面征集、定向征集、直接商洽的方式确定大赛合作企业，其中全面征集是指"在大赛指定的互联网发布平台公开征集企业合作意向"。第三人正是在国赛官网上看到国赛执委会于2014年1月24日发布的《关于开展2014年全国职业院校技能大赛合作企业征集工作的通知》（"征集通知"），才于2014年2月14日按照该征集通知要求向国赛组委会提交了《2014年全国职业院校技能大赛企业合作意向书申报文件》，并按国赛组委会要求进行了答辩。第三人承诺向国赛提供赞助费100万元/年，并免费为全国总决赛和地方选拔赛提供最新版本的专业软件（包括钢筋算量软件GGJ2013、图形算量软件GCL2013、安装算量软件GQI2013、清单计价软件GBQ4.0、广联达智能考试系统GIAC-ITS、比赛所需其他造价类软硬件器材），并承诺免费为备赛院校提供与全国总决赛一致的竞赛软件。由于高职组G-098"工程造价软件应用"为住房和城乡建设职业教育教学指导委员会申办的新增赛项，国赛执委会于2014年2月25日通知第三人"采用公开竞争的形式决定竞赛平台"，并通知第三人于2014年2月27日13：30—14：30进行公开遴选答辩。原告与上海鲁班软件有限公司亦参加了该次公开遴选答辩。2014年4月3日，第三人按照国赛组委会办公室的要求，签署了国赛组委会办公室提供格式条款的《全国职业院校技能大赛企业合作协议书》。2014年4月8日，国赛组委会办公室向第三人核发了认定第三人"为2014年国赛器材供应商，为高职组-工程造价基本技能赛项提供工程造价竞赛平台、软件、技术支持"的证书。所以国赛选定第三人为合作伙伴和器材供应商完全是经公开、公平、公正遴选而作出的决定，原告称国赛选择使用第三人软件及相应设备严重违法是完全不成立的。3.省赛组委会作为省赛的领导和决策机构，对于省赛的组织与管理具有决定权。在国赛企业合作办法允许根据不同的行业情况采取全面征集、定向征集、直接商洽的方式确定大赛合作企业，且国赛已经确定选用第三人软件为竞赛软件的情况下，省赛为更好地对接国赛，使用国赛已经确定的竞赛软件，属省赛组委会的赛事组织权限范畴，也符合国赛企业合作办法规定的大赛执委会可根据不同的行业情况采取全面征集、定向征集、直接商洽的方式确定大赛合作企业的基本原则，不构成所谓任何性质权力的滥用。4.《中华人民共和国反垄断法》第三十二条所规制的行政机关滥用行政权力，限定或者变相限定单位或者个人经营、购买、使用其指定的经营者提供的商品的行政垄断行为，以及《反不正当竞争法》第七条规制的滥用行政权力，限定他人购买其指定的经营者的商品，限制其他经营者正当的经营活动的行政行为，均表现为指定他人购买指定经营者商品的行为。而本案中，第一，如上所述，省赛组委会选用第三人软件，并非基于行政职权，而是基于组委会按照大赛制度而享有的赛事组织权；第二，省赛组委会系为其自身举办的赛事而选用软件，并未指定任何参赛者购买第三人软件；第三，广东选拔赛工程造价基本技能赛项组委会下发的《关于2014年全国职业院校技能大赛高职组广东省选拔赛工程造价基本技能赛项的补充通知》，向参赛院校就竞赛软件平台的选定及技术问题征询意见，但没有任何院校提出任何意见或异议。因此，组委会充分尊重参赛院校的意愿，不存在限定或变相限定的行为；第四，组委会对参赛院校日常使用的软件也根本不存在任何限定行为；第五，无论国赛还是省赛，第三人均系免费赞助软件，即使是参赛院校，以参赛院校自主选择第三人软件为赛前培训软件为前提，第三人也系免费提供软件和技术支持，没有收取任何费用，赛后参赛院校也均将第三人免费提供的软件予以返还；第六，《中华人民共和国反垄断法》第二条规定，中华人民共和国境内经济活动中的垄断行为，适用本法。国赛和省赛均是为贯彻国家教育发展规划的非营利性教育科研活动，不属于经济活动，参赛院校不属于消费者，其在竞赛过程中无偿使用软件的行为并不属于《中华人民共和国反垄断法》所规制的范围；第七，对于广某软件，在参赛过程中，参赛院校既无经营，也无购买的行为，就其使用行为也无需向广某支付任何经济对价，其利益没有受到任何损害。因此，原告指控被告存在指定购买的行政垄断行为，根本不符合事实。5.《中华人民共和国反垄断法》第三十六条所规制的行政垄断行为，系指行政机关和法律、法规授权的具有管理公共事务职能的组织滥用行政权力，强制经营者从事本法规定的垄断行为。本案中，被告不存在就省赛活动强制任何经营者从事该法规定的垄断行为（达成垄断协议或者滥用市场支配地位或者实施经营者集中）的情形。原告指控被告存在《中华人民共和国反垄断法》第三十六条所规制的行政垄断行为是不成立的。6.《中华人民共和国反垄断法》第三十七条规定所规制的行政垄断行为，系指行政机关滥用行政权力，制定含有排除、限制竞争内容的规定的行为。本案中，一方面，赛事规程等文件均由省赛组委会发布，被告没有制定任何含有排除、限制竞争内容的规定，省赛组委会所发布的赛事通知和赛事规程，也仅适用于本次比赛，并不具备普遍效力，不构成制定规定的行为；另一方面，省赛组委会也仅在赛事通知和赛事规程中告知参赛选手竞赛软件品牌和版本，并没有指定或限制参赛院校或选手在日常学习、工作、赛事准备中自主选择软件品牌或版本，没有排除或限制任何品牌软件的市场竞争。故请求人民法院驳回原告的起诉。

经审理查明，2013 年 1 月 17 日，教育部下发教职成函〔2013〕2 号《教育部关于成立 2013—2015 年全国职业院校技能大赛组织委员会和执行委员会的知》，决定成立 2013—2015 年全国职业院校技能大赛组织委员会（以下简称"组委会"）和执行委员会（以下简称"执委会"），组委会是 2013—2015 年全国职业院校技能大赛的领导机构，大赛执委会办公室（下称"大赛办"）设在教育部职业教育与成人教育司。

2014 年 2 月 15 日，大赛办公布《2014 年全国职业院校技能大赛赛项规程编制要求的通知》，该通知公布了 2014 年全国职业院校技能大赛赛程实施的具体方案和政策规定，并要求在本次大赛中拟设赛项的申办单位组织专门团队，按照本要求精心编制赛项规程，于 2014 年 3 月 15 日前报执委会。大赛办其后公布了《2014 年全国职业院校技能大赛"工程造价基本技能"赛项规程》，该规程第六条第 8 项规定："竞赛所需的硬件、软件和辅助工具统一由提供赞助的软件公司提供"。第九条第（一）项规定："技术平台……（1）服务器一台，部署广某网络考试系统使用……（二）软件要求：（1）广某土建算量软件 GCL2013。（2）广某钢筋算量软件 GGJ2013。（3）广某安装算量软件 GQI2013……"

2014 年 3 月 11 日，被告广东省教育厅下发粤教高函〔2014〕22 号《广东省教育厅关于开展 2014 年全国职业院校技能大赛高职组广东省选拔赛的通知》，成立由被告、行业企业、高职院校组成的"2014 年全国职业院校技能大赛"高职组广东省选拔赛组织委员会（以下简称"广东选拔赛组委会"），统筹负责本次比赛，组委会下设秘书处负责具体相关事宜。该通知还明确工程造价基本技能为其中的比赛项目之一。

2014 年 4 月 2 日，被告发布《2014 年全国职业院校技能大赛高职组广东省选拔赛实施细则》。该细则明确规定 2014 年全国职业院校技能大赛高职组广东省选拔赛各赛项要组织成立赛项专家组，赛项专家组的主要工作任务是在承办院校的配合、支持下，制定《赛项规程》和《赛项技术规范》。上述细则还明确各赛项实施方案及举办各赛项的通知等文件电子版由各承办院校统一上传竞赛平台，经被告在竞赛平台审核通过后在竞赛平台发布。举办各赛项的通知经被告同意后，由各承办院校发布，通知落款为 2014 年全国职业院校技能大赛高职组广东选拔赛×××赛项组委会。

2014 年全国职业院校技能大赛高职组广东省选拔赛工程造价基本技能赛项组委会（以下简称"广东省选拔赛工程造价基本技能赛项组委会"）经报送被告审核通过后发出《关于举办 2014 年全国职业院校技能大赛高职组广东省选拔赛工程造价基本技能赛项的通知》。该通知明确将于 2014 年 4 月 26 日举办 2014 年全国职业院校技能大赛高职组广东省选拔赛工程造价基本技能项目竞赛，该项目竞赛由被告主办，广州城建职业学院承办，邀请某软件有限公司协办。上述通知第一条规定："一、参赛对象与竞赛内容……（3）软件算量：应用广联达土建算量软件、钢筋抽样软件计算指定图纸、指定范围的清单工程量"。同年 4 月 8 日，广东省选拔赛工程造价基本技能赛项组委会经被告审核通过后发布《"2014 年全国职业院校技能大赛"高职组广东省选拔赛"工程造价基本技能"赛项技术规范》和《"2014 年全国职业院校技能大赛"高职组广东省选拔赛"工程造价基本技能"赛项竞赛规程》。上述赛项技术规范第三条规定："技术平台……（二）软件要求：1. 广联达土建算量软件 GCL2013。2. 广联达钢筋算量软件 GGJ2013……"上述赛项竞赛规程亦要求在工程造价基本技能赛项中使用广联达的认证系统、广联达土建算量软件 GCL2013 和广联达钢筋算量软件 GGJ2013。

原告甲公司认为被告在 2014 年全国职业院校技能大赛高职组广东省选拔赛工程造价基本技能赛项指定使用第三人广联达软件的行为违法，在多次向被告提出异议无果的情况下遂提起本案诉讼。

另查明，原告在庭审时表示因涉案的赛项已经结束，故将其第二项诉讼请求予以撤回；将第一项诉讼请求变更为：确认在省级赛区"工程造价基本技能比赛"中，被告滥用行政权力指定或变相指定使用乙公司独家软件的具体行政行为违法；将第三项诉讼请求变更为：由被告和乙公司承担原告因调查、制止被告及广联达公司违法行为的合理开支 10800 元。

还查明，据原告提供的四川省 2014 年高等职业院校技能大赛工程造价技能赛竞赛规程显示，该省规定在工程造价技能赛竞赛可选用原告和第三人的软件。据第三人提供的江苏省及福建省组织 2014 年高等职业院校技能大赛工程造价技能赛竞赛规程显示，上述两省规定在该赛项中使用原告的软件。

以上事实有教职成函〔2013〕2 号《教育部关于成立 2013-2015 年全国职业院校技能大赛组织委员会和执行委员会的通知》《2014 年全国职业院校技能大赛赛项规程编制要求的通知》《2014 年全国职业院校技能大赛"工程造价基本技能"赛项规程》、粤教高函〔2014〕22 号《广东省教育厅关于开展 2014 年全国职业院校技能大赛高职组广东省选拔赛的通知》《2014 年全国职业院校技能大赛高职组广东省选拔赛实施细则》《关于举办 2014 年全国职业院校技能大赛高职组广东省选拔赛工程造价基本技能赛项的通知》《"2014 年全国职业院校技能大赛"高职组广东省选拔赛"工程造价基本技能"赛项技术规范》及《"2014 年全国职业院校技能大赛"高职组广东省选拔赛"工程造价基本技能"赛项竞赛规程》等证据材料以及当事人的当庭陈述等证据予以证实。

本院认为，《最高人民法院关于执行〈中华人民共和国行政诉讼法〉若干问题的解释》第一条规定："公民、法人或者其他组织对具有国家行政职权的机关和组织及其工作人员的行政行为不服，依法提起诉讼的，属于人民法院行政诉讼的受案范围。……"本案中，广东省选拔赛工程造价基本技能赛项组委会制定了赛项技术规范和竞赛规程，要求在涉案的工程造价基本技能赛项中独家使用第三人某软件有限公司的相关软件。涉案的工程造价基本技能赛项系由被告广东省教育厅主办，且上述赛项技术规范和竞赛规程在经被告审核通过后才予以公布，故在涉案的工程造价基本技能赛项中指定独家使用第三人相关软件的行为系被告行使行政职权的行政行为。原告深圳市某科技有限公司认为被告上述行政行为侵犯其公平竞争权提起的本案诉讼，属于上述司法解释规定的行政诉讼受案范围。

《最高人民法院关于执行〈中华人民共和国行政诉讼法〉若干问题的解释》第十二条规定："与具体行政行为有法律上利害关系的公民、法人或者其他组织对该行为不服的，可以依法提起行政诉讼。"第十三条规定："有下列情形之一的，公民、法人或者其他组织可以依法提起行政诉讼：（一）被诉的具体行政行为涉及其相邻权或者公平竞争权的；……"本案中，根据相关的证据显示，原告亦具有为涉案的工程造价基本技能赛项提供相应软件支持的能力。被告指定在涉案的赛项中独家使用第三人相关软件，可能侵害到原告的公平竞争权，因此原告与被告指定在涉案的赛项中独家使用第三人相关软件的行为之间存在法律上的利害关系，根据上述司法解释的规定，原告具有提起本案诉讼的主体资格。

《中华人民共和国反垄断法》第八条规定："行政机关和法律、法规授权的具有管理公共事务职能的组织不得滥用行政权力，排除、限制竞争。"第三十二条规定："行政机关和法律、法规授权的具有管理公共事务职能的组织不得滥用行政权力，限定或者变相限定单位或者个人经营、购买、使用其指定的经营者提供的商品。"上述法律规定的行政机关滥用行政权力排除、限制竞争行为应具备三个要件，一是主体为行政机关和法律、法规授权的具有管理公共事务职能的组织；二是行政机关及相关组织有限定或者变相限定单位或者个人经营、购买、使用其指定的经营者提供商品的行为；三是行政机关及相关组织在实施上述行为过程中滥用行政权力。本案中，作为行政机关的被告在涉案的赛项技术规范和竞赛规程中明确指定涉案的赛项独家使用第三人的相关软件，该行政行为已符合上述法律规定的行政机关排除、限制竞争行为的前两个要件。根据《中华人民共和国行政诉讼法》第三十二条："被告对作出的具体行政行为负有举证责任，应当提供作出该具体行政行为的证据和所依据的规范性文件"的规定，被告应对上述行政行为的合法性负举证责任，但被告提供的证据不能证明其在涉案的赛项中指定独家使用第三人的相关软件经正当程序，系合理使用行政权力，应承担举证不能的责任。所以被诉的行政行为符合上述法律关于行政机关滥用行政权力排除、限制竞争行为的规定。鉴于涉案的赛项已经结束，被告指定在涉案的赛项中独家使用第三人相关软件的行为已不具有可撤销的内容，故本院确认违法。关于被告认为其依据教育部下发的通知要求在涉案的赛项中独家使用第三人相关软件合法有据之主张能否成立的问题。本案中，教育部下发的相关国赛通知中虽然明确要求在国赛中使用第三人相关软件，但上述通知并未强制要求各省选拔赛应独家使用第三人相关软件，其他省组织的选拔赛亦存在不要求独家使用第三人相关软件的情形，故被告上述主张理据不足，本院不予支持。

《中华人民共和国国家赔偿法（2012 修正）》第三十六条规定："侵犯公民、法人和其他组织的财产权造成损害的，按照下列规定处理：……（八）对财产权造成其他损害的，按照直接损失给予赔偿。"《最高人民法院关于审理行政赔偿案件若干问题的规定》第三十三条："被告的具体行政行为违法但尚未对原告合法权益造成损害的，或者原告的请求没有事实根据或法律根据的，人民法院应当判决驳回原告的赔偿请求。"本案中，原告因调查、制止被诉行政行为所产生的相关费用，并非因该行政行为违法直接造成原告的损失，根据上述法律及司法解释的规定，对原告要求赔偿其调查、制止被诉行政行为相关费用的诉讼请求本院予以驳回。

综上所述，原告要求确认被告指定在涉案赛项中独家使用第三人相关软件行为违法的诉请理据充分，本院予以支持。但原告要求予以相应赔偿的诉请法律依据不足，本院予以驳回。根据《最高人民法院关于执行〈中华人民共和国行政诉讼法〉若干问题的解释》第五十七条第二款第（二）项、《最高人民法院关于审理行政赔偿案件若干问题的规定》第三十三条的规定，判决如下：

一、确认被告广东省教育厅指定在 2014 年全国职业院校技能大赛高职组广东省选拔赛工程造价基本技能赛项中独家使用第三人某软件有限公司相关软件的行为违法；

二、驳回原告深圳市甲科技有限公司的赔偿请求。

一审案件诉讼费 50 元，由被告广东省教育厅负担。

如不服本判决，可在判决书送达之日起十五日内，向本院递交上诉状，并按对方当事人的人数递交上诉状副本，上诉于广东省高级人民法院。

审　判　长　朱　某

代理审判员　姚　某

人民陪审员　姚某某

二〇一五年二月××日

书　记　员　周某某

附录10 天门市乙镇人民政府一审行政判决书

湖北省天门市人民法院
行 政 判 决 书

〔2017〕鄂 9006 行初 7 号

公益诉讼起诉人甲人民检察院院，住所地：天门市竞陵办事处钟惺大道×号。

法定代表人刘某某，该院检察长。

被告天门市乙镇人民政府，住所地：天门市乙镇人民路×号。

法定代表人吴某某，该镇镇长。

委托代理人胡律师，湖北法卒律师事务所律师。

公益诉讼起诉人甲人民检察院院诉被告天门市乙镇人民政府违法行使职权、不履行生态环境管理法定职责，于 2017 年 6 月 29 日向本院提起行政公益诉讼。本院于同日立案受理后，依法向被告天门市乙镇人民政府送达了起诉状副本及应诉通知书，并依法组成合议庭，于同年 12 月 22 日公开开庭审理了本案。公益诉讼起诉人甲人民检察院院指派检察员李某芳、李某出庭，被告天门市乙镇人民政府的法定代表人吴某某及委托代理人胡律师到庭参加诉讼。本案经湖北省高级人民法院批准延长审理期限三个月。现已审理终结。

公益诉讼起诉人诉称：2005 年 4 月，被告在未办理用地审批、环境评价等法定手续的情况下，与天门市乙镇乙村村民委员会签订了《关于垃圾场征用土地的协议》，租用该村 5.1 亩农用地建垃圾填埋场，用于乙镇区生活垃圾的填埋。该垃圾填埋场于同年 4 月投入运行，至 2016 年 10 月停止；经天门市环境保护局现场勘查和调查，该垃圾填埋场在运行过程中，未按照规范建设防渗工程等相关污染防治设施，对周边环境造成了严重污染。2017 年 3 月 6 日，公益诉讼起诉人向被告发出检察建议，要求其履行相关行政职能，纠正违法行为并采取补救措施，修复区域生态环境，恢复农用地功能。同年 3 月 22 日，被告回称已进行治理。同年 4 月 12 日，公益诉讼起诉人对被告整改情况进行核实，发现被告虽然采取了一定的整改措施，但该垃圾填埋场表层覆土不到 1 米、覆土下仍存有大量垃圾。经湖北省环境科学研究院检测，该垃圾填埋场周边地下水样中铬、铅超标严重，渗滤液中含有重金属、COD、氨氮、磷等污染物；同时，相关专家认为，现存垃圾将会对周边水体和汉江造成长期生态污染，建议将垃圾全部清挖、抽取垃圾渗滤液、原址回填土壤绿化。公益诉讼起诉人认为，根据《中华人民共和国环境保护法》第三十三条、第三十七条、第五十一条之规定，城乡生活垃圾处理工作是各级人民政府的城市管理职责之一，建设、运行生活垃圾填埋场是各级人民政府处理生活垃圾工作的行政行为；被告在无规划审批、土地利用审批、环境评价及工程竣工验收审批等手续的情况下，违法建设、运行该垃圾填埋场，且未依法建设防渗工程、垃圾渗滤液疏导、收集和处理系统、雨水分流系统、地下水导排和监测设施等必要配套环境保护设施，属行政行为违法；该垃圾填埋场造成了周边环境的污染，侵害了社会公共利益；被告在收到公益诉讼起诉人的检察建议后，虽然对该垃圾填埋场做了覆土处理，但未完全进行治理，导致对周边环境持续造成污染，社会公共利益仍处于受侵害状态。为了督促被告依法履行法定职责，促进行政机关依法行政，保护生态环境安全，维护国家和社会公共利益，现根据《全国人民代表大会常务委员会关于授权最高人民检察院在部分地区开展公益诉讼试点工作的决定》《人民检察院提起公益诉讼试点工作实施办法》第四十一条之规定，向人民法院提起行政公益诉讼，请求依法判令：1. 确认被告建立、运行该垃圾填埋场，造成周边环境污染的行政行为违法。2. 判令被告继续履行对关停后的该垃圾填埋场环境进行综合整治的职责，消除污染，修复生态。

公益诉讼起诉人为证明其诉讼请求，在证据交换前向本院提交了以下证据、依据：

第一组证据、依据：依据 3 份、书证 2 份。

1.《全国人民代表大会常务委员会关于授权最高人民检察院在部分地区开展公益诉讼试点工作的决定》；

2. 最高人民检察院《关于印发〈检察机关提起公益诉讼试点方案〉的

通知》；

3.《关于开展检察机关提起公益诉讼试点工作的通知》；

4. 湖北省人民检察院《关于〈关于提请批准甲人民检察院院对乙镇政府提起行政公益诉讼案的请示〉的批复》；

5.《立案决定书》。

该组证据、依据拟证明：公益诉讼起诉人提起行政公益诉讼有依据，该案提起诉讼符合法定程序。

第二组证据：书证 3 份。

1. 被告的《统一社会信用代码证书》；

2. 中共天门市委组织部《关于吴某某同志职务任免的通知》；

3.《市委办公室、市政府办公室关于印发乡镇综合配套改革三个配套文件的通知》。

该组证据拟证明：被告的相关信息及法定职责。

第三组证据：书证 5 份，照片 3 张、证人证言 6 份。

1.《关于垃圾场征用土地的协议》2 份；

2.《中共乙镇委员会、乙镇人民政府关于调整镇四家领导分工的通知》；

3. 乙镇党委会议纪要；

4.《关于商请环保部门对垃圾填埋场进行检测的函》；

5.《市环保局关于乙镇垃圾填埋场环境问题的复函》；

6. 该垃圾填埋场的现场照片 3 张；

7. 公益诉讼起诉人对证人石某、唐某 1、唐某 2、丁某、段某、王才科制作的《调查笔录》及相关身份信息。

该组证据拟证明：被告违法兴建该垃圾填埋场。

第四组证据：书证 2 份。

1.《检察建议书》；

2.《送达回证》。

该组证据拟证明：公益诉讼起诉人起诉前向被告发出检察建议。

第五组证据：书证 5 份、照片 2 张、视频资料 1 份。

1. 《乙镇人民政府关于镇区露天垃圾填埋场处理情况回复的函》；

2. 《乙镇人民政府关于镇区垃圾填埋场整改情况的说明》；

3. 该垃圾填埋场经整改后的现场照片 2 张；

4. 2017 年 4 月 11 日的《委托鉴定（评估）函》、湖北省环境科学研究院的《检验检测机构资质认定证书》、《检测报告》；

5. 2017 年 5 月 23 日的《委托鉴定（评估）函》、专家康建雄、胡将军的身份证及其出具的《关于天门市乙镇区垃圾填埋场污染潜在生态风险的评估意见》、湖北省环境保护厅出具的《情况说明》；

6. 现场录音录像及文字说明。

该组证据拟证明：被告收到检察建议后未履行职责，导致国家和社会公共利益仍处于受侵害的状态。

被告辩称：1. 被告不具有环境保护的法定监管职责，被告主体不适格。根据《中华人民共和国地方各级人大和地方各级人民政府组织法》第五十九条第（五）项、第六十一条和《中华人民共和国环境保护法》第十条、第四十九条及《省人民政府关于全面推进乡镇生活污水治理工作的意见》之规定，县级以上人民政府及其环境保护主管部门是负有环境保护职责的行政机关，镇政府不具有该项职责。2. 公益诉讼起诉人要求确认被告建立、运行该垃圾填埋场的行政行为违法无法律依据。被告建立、运行该垃圾填埋场，是为了处理生活垃圾，改善居民生活环境，符合《中华人民共和国环境保护法》第三十七条的规定；该垃圾填埋场不是建筑工程，不需要办理系列审批手续；是否应该建立、运行该垃圾填埋场，与建设的是否合格，二者概念不同。3. 公益诉讼起诉人无充足的证据证明存在该垃圾填埋场造成周边环境污染的事实。4. 被告治理该垃圾填埋场的行为不是履行行政管理职责的行为，不具有行政诉讼法意义上的可诉性。被告的行为应该由其他行政机关来监督、管理，而不是自己管理自己；被告自行整改的行为不属于履行监督、管理行政职责的范围，而是承担法律义务。故请求人民法院驳回公益诉讼起诉人的全部诉讼请求。

被告为支持其辩称，在证据交换前向本院提交了以下证据：

证据 1. 《省人民政府关于全面推进乡镇生活污水治理工作的意见》，拟证明：湖北省人民政府要求在 2018 年底前，全省乡镇生活污水处理设施建设项目要全面建成投产。

证据 2.《天门市发展和改革委员会关于天门市乡镇生活污水治理工程项目建议书的批复》及附表，拟证明：该委员会同意在被告等 20 个乡镇建立污水处理厂。

证据 3.《乙镇污水处理厂控制性详细规划图》《乙镇污水处理厂征地红线图》，拟证明：天门市规划部门已同意在被告处建立污水处理厂，其选址基本覆盖了该垃圾填埋场；可以采取以建代治的方式，消除垃圾填埋带来的渗漏隐患。

经庭前交换证据，双方当事人对如下证据、依据无异议：

公益诉讼起诉人提交的第一组证据、依据中的依据 1、2、3 和证据 5；第二组证据中的证据 1、3；第三组证据中的证据 1、4、7；第四组证据；第五组证据中的证据 1、2 和证据 4 中的《检验检测机构资质认定证书》及证据 5 中的《委托（鉴定）评估函》、专家康建雄、胡将军的身份证。

经庭审质证，被告对公益诉讼起诉人提交的第一组证据、依据中的证据 4 有异议，认为该批复不是公益诉讼起诉人提起行政公益诉讼的依据。对第二组证据中的证据 2 有异议，认为与被告的主体资格无关。对第三组证据中的证据 2 有异议，认为与公益诉讼起诉人的证明目的无关；对证据 3、4 无异议；对证据 5 有异议，认为该证据适用的技术规范于 2013 年才颁布，且是对垃圾处理工程的要求，而该垃圾填埋场建于 2005 年，不是垃圾处理工程；对证据 6 有异议，认为无被告方人员或证人签名。对第五组证据中的证据 3 有异议，认为无被告方人员或证人签名；对证据 4 中的《委托（鉴定）评估函》无异议，对《检测报告》有异议，认为证据形式不齐全，取样程序不合法，无明确的评估结论，为无效证据；对证据 5 中的《情况说明》未提出异议，对评估意见有异议，认为专家未出庭接受质询；对证据 6 无异议。公益诉讼起诉人对被告提交的证据 1、2、3 有异议，认为该证据只能证明被告拟在该垃圾填埋场处建立污水处理厂进行的准备工作，至于何时开始兴建，采取以建代治的方案是否能消除该垃圾填埋场带来的渗漏隐患，都不能加以证明。

本院对上述证据、依据认证如下：

（一）经庭前交换证据，对双方当事人无异议的证据、依据，其可作本案证据使用和依据适用；上述证据、依据，能证明公益诉讼起诉人和被告的主体资格及公益诉讼起诉人对被告建立、运行该垃圾填埋场和履行法定职责情况的立案、调查等事实。

（二）对公益诉讼起诉人提交的第一组证据中的证据 4，本院认为：根据最高人民检察院《关于严格公益诉讼案件审批、加强报备相关工作的通知》"各试点检察院决定向人民法院提起诉讼的，层报省级检察院审查批准……"之规定，本案公益诉讼起诉人层报湖北省人民检察院审查批准后提起行政公益诉讼，符合上述规定，故对被告的异议不予采信；该证据与本案被诉行为有关，可作本案证据使用，能证明公益诉讼起诉人提起行政公益诉讼程序合法。对第二组证据中的证据 2，系被告法定代表人的姓名、职务，与本案被诉行为有关，可作本案证据使用，能证明被告的基本情况。对第三组证据中的证据 2，系关于中共乙镇委员会、乙镇人民政府调整镇四家领导分工的通知，与本案被诉行为无关，被告的异议成立，该证据不能作为本案证据使用；对证据 3，因被告无异议，且与本案被诉行为有关，可作本案证据使用，能证明被告于 2005 年建立垃圾填埋场的事实；对证据 5，系天门市环境保护局关于本市各乡镇建设垃圾填埋场的情况、审批手续、技术规范的回复，与本案被诉行为有关，可作本案证据使用，能证明被告在建设该垃圾填埋场时未建设防治污染的配套设施，也未经环境保护行政主管部门审批环境影响报告书、验收防治污染的设施等情况；因该垃圾填埋场建于 2005 年，应适用 2004 年的《生活垃圾卫生填埋技术规范》，被告提出不应适用 2013 年规范的异议成立，但其认为建设该垃圾填埋场不属于垃圾处理工程的异议不成立；对证据 6 和第五组证据中的证据 3，尽管证据形式不齐全，但被告对该垃圾填埋场现场的真实性未否认，该证据与本案被诉行为有关，可作本案证据使用，能证明公益诉讼起诉人拍摄该垃圾填埋场时的现场情形。对第五组证据证据 4 中的《委托（鉴定）评估函》和证据 5 中的《情况说明》，因被告未提出异议，且与本案被诉行为有关，可作本案证据使用；对《检测报告》和评估意见，本院认为：根据

《人民检察院提起公益诉讼试点工作实施办法》第三十三条"人民检察院可以采取以下方式调查核实有关行政机关违法行使职权或者不作为的相关证据及有关情况：（四）咨询专业人员、相关部门或者行业协会等对专门问题的意见；（五）委托鉴定、评估、审计"之规定，本案公益诉讼起诉人委托湖北省环境科学研究院对该垃圾填埋场进行检测、专家出具评估意见，符合上述规定，该二份证据与本案被诉行为有关，可作本案证据使用，能证明该垃圾填埋场污染潜在生态风险。对证据6，因被告无异议，且与本案被诉行为有关，可作本案证据使用，能证明湖北省环境科学研究院于2017年4月13日在该垃圾填埋场进行取样的情况。

（三）对被告提交的证据1、2、3，因与本案被诉行为有关，可作本案证据使用，能证明被告准备以建代治，在该垃圾填埋场处建立污水处理厂的事实。

经审理查明：2005年4月12日，被告为处理乙镇区生活垃圾，建立垃圾填埋场，与天门市乙镇乙村村民委员会签订了《关于垃圾场征用土地的协议》，协议约定：甲方（被告）租用该村5.1亩土地……；甲方停止使用垃圾填埋场时，在垃圾上覆盖0.5米的土壤……。协议签订后，该垃圾填埋场于同年4月建立并投入运行，至2016年10月停止。2017年2月17日，公益诉讼起诉人发现被告建立、运行该垃圾填埋场可能损害国家利益和社会公共利益，遂立案审查，认为被告在未办理用地审批、环境评价等法定手续，未依法建设防渗工程、垃圾渗滤液疏导、收集和处理系统、雨水分流系统、地下水导排和监测设施等必要配套环境保护设施的情况下，建立、运行该垃圾填埋场，给周边环境造成污染，侵害了社会公共利益，同年3月7日向被告送达了《检察建议书》，建议其纠正违法行为并采取环境补救措施，修复区域生态环境，保证被占用的农用地恢复应有功能。被告在收到该《检察建议书》后，将已进行的垃圾清运、消毒和覆土1米以下处理的整改情况及后续的打算回复公益诉讼起诉人。同年4月11日，公益诉讼起诉人委托湖北省环境科学研究院对该垃圾填埋场给周边环境造成污染情况进行检测，出具《检测报告》，后又委托专家对环境污染情况进行评估。同年5月27日，专家出具《关于天门市乙镇区垃圾填埋场污染潜在生态风险的评估意见》，认为：该垃圾填埋场渗滤液中含有重金属、COD、氨氮、磷等污染物，对周边土壤和地下水造成长期污染……垃圾渗滤液通过排水沟最终排放到汉江水体，可能会对汉江造成污染；建议采取全部清理转移的方法，垃圾全部清挖、抽取垃圾渗滤液、原址回填土壤绿化。经公益诉讼起诉人逐级上报，同年 6 月 2 日，湖北省人民检察院作出《关于〈关于提请批准甲人民检察院院对乙镇政府提起行政公益诉讼案的请示〉的批复》。同年 6 月 29 日，公益诉讼起诉人为了"督促被告依法履行法定职责，促进行政机关依法行政，保护生态环境安全，维护国家和社会公共利益"，向本院提起行政公益诉讼。

另查明，2017 年 6 月 19 日，天门市发展和改革委员会作出《关于天门市乡镇生活污水治理工程项目建议书的批复》，该项目的建设地点包括天门市乙镇的 4.15 亩土地。同年 11 月 13 日，天门市城市规划设计院作出天门市乙镇污水处理厂的规划图和征地红线图，净征地面积 4.96 亩，代征道路面积 0.55 亩，该征地在该垃圾填埋场范围内。

本案争议焦点：1. 被告是否具有环境保护的法定职责。2. 被告建立、运行该垃圾填埋场的行为是否属于行使职权的行为，是否违法。3. 该垃圾填埋场是否给周边环境造成污染。4. 是否应当判令被告继续履行对该垃圾填埋场进行综合整治的职责。

本院认为：1. 被告自 2005 年 4 月开始建立该垃圾填埋场，运行至 2016 年 10 月，根据《中华人民共和国地方各级人大和地方各级人民政府组织法》第六十一条"乡、民族乡、镇的人民政府行使下列职权：（二）执行本行政区域内的经济和社会发展计划、预算，管理本行政区域内的经济、教育、科学、文化、卫生、体育事业和财政、民政、公安、司法行政、计划生育等行政工作"和原 1989 年《中华人民共和国环境保护法》（以下简称：1989《环境保护法》）第十六条"地方各级人民政府，应当对本行政区域的环境质量负责，采取措施改善环境质量"及《中华人民共和国环境保护法》第六条第二款"地方各级人民政府应当对本行政区域的环境质量负责"、第三十三条第一款"各级人民政府应当加强对农业环境的保护，促进农业环境保护新技术的使用，加强对农业污染源的监测预警，统筹有关部门采取措施，防治土壤污染……"、第三十七条"地方各级人民政府应当采取措施，组织对生活废弃物的分类处置、回收利用"、第五十一条"各级人民政府应当统筹城乡建设污水处理设施及配套管网，固体废物的收集、运输和处置等环境卫生设施，危险废物集中处置设施、场所以及其他环境保护公共设施，并保障其正常运行"之规定，被告作为一级政府，具有环境保护的法定职责；被告辩称根据《中华人民共和国地方各级人大和地方各级人民政府组织法》第五十九条"县级以上的地方各级人民政府行使下列职权：（五）执行国民经济和社会发展计划、预算，管理本行政区域内的经济、教育、科学、文化、卫生、体育事业、环境和资源保护、城乡建设事业和财政、民政、公安、民族事务、司法行政、监察、计划生育等行政工作"和《中华人民共和国环境保护法》第十条"国务院环境保护主管部门，对全国环境保护工作实施统一监督管理；县级以上地方人民政府环境保护主管部门，对本行政区域环境保护工作实施统一监督管理。县级以上人民政府有关部门和军队环境保护部门，依照有关法律的规定对资源保护和污染防治等环境保护工作实施监督管理"、第四十九条第四款"县级人民政府负责组织农村生活废弃物的处置工作"及湖北省人民政府作出的《省人民政府关于全面推进乡镇生活污水治理工作的意见》"（三）创新建设和运营模式。各县（市、区）人民政府作为责任主体"之规定，认为只有县级以上人民政府及其环境保护主管部门是负有环境保护职责的行政机关，而被告无环境保护的职责的辩称意见因其理解法律不全而不能成立。

2. 根据 1989《环境保护法》第十六条及《中华人民共和国环境保护法》第三十七条之规定，本案被告为处理镇区生活垃圾，改善居民生活环境而建立、运行该垃圾填埋场，是一种履行职权的行为，但其应依法履行此类职权；根据 1989《环境保护法》第二十六条第一款"建设项目中防治污染的设施，必须与主体工程同时设计、同时施工、同时投产使用。防治污染的设施必须经原审批环境影响报告书的环境保护行政主管部门验收合格后，该建设项目方可投入生产或者使用"之规定，本案被告在建立、运行该垃圾填埋场时，未建设防治污染的配套设施，也未经环境保护行政主管部门审批环境影响报告书、验收防治污染的设施，在履行职权过程中存在违法行为；因本案是环境行政公益诉讼案件，被告的用地行为是否合法不是本案审理的范围。被告辩称该垃圾填埋场不是建筑工程，不需要办理系列审批手续的意见不能成立；被告提出的是否应该建立、运行该垃圾填埋场，与该垃圾填埋场是否合格，二者是不同概念的意见，本院结合公益诉讼起诉人提出的此项诉讼请求，认为被告的此意见成立，因为被告建立、运行该垃圾填埋场与被告在行使此职权过程中是否存在违法行为有区别，法院只能对被告在行使此职权过程中存在的违法行为进行确认，而不能否认其职权；"造成周边环境污染"是一种后果，不是确认是否违法的内容。故本案应确认被告在行使建立、运行该垃圾填埋场的职权过程中未依法行政的行为违法。

3. 公益诉讼起诉人提交的《检测报告》只载明了各项数据，无鉴定意见；专家出具的评估意见，也只载明了存在潜在生态风险可能；其它照片、询问笔录也不能证明已实际造成污染及程度大小；故本院认为应确定为"该垃圾填埋场存在潜在污染风险"。

4. 被告治理该垃圾填埋场是其违法后应承担的一种法律义务，其应在未完全履行时继续履行整治义务；同时，"消除污染，修复生态"是民事公益诉讼的一种请求。为促使被告继续治理，消除潜在的污染风险，结合案件实际，应判令被告采取继续对该垃圾填埋场进行综合整治的补救措施。

综上所述，本院根据《中华人民共和国行政诉讼法》第七十四条第二款第（一）项、第七十六条、《最高人民法院、最高人民检察院关于检察公益诉讼案件适用法律若干问题的解释》第二十五条第一款第（一）项之规定，判决如下：

一、确认被告天门市乙镇人民政府在行使建立、运行乙镇垃圾填埋场的职权过程中未依法行政的行为违法；

二、责令被告天门市乙镇人民政府采取继续对乙镇垃圾填埋场进行综合整治的补救措施。

案件受理费50元，由被告天门市乙镇人民政府负担。

如不服本判决，可在收到判决书之日起十五日内，向本院递交上诉状，并按对方当事人的人数或者代表人数提出副本，上诉于湖北省汉江中级人民法院。

审　判　长　马某某

审　判　员　刘某某

人民陪审员　周某某

二〇一八年三月十九日

书　记　员　王某某

附录 11　金某某与青岛市甲区国土资源和房屋管理局
不履行法定职责二审行政判决书

山东省青岛市中级人民法院
行 政 判 决 书

〔2015〕青行终字第 267 号

上诉人（原审原告）金某某。

委托代理人张律师，山东华政律师事务所律师。

被上诉人（原审被告）青岛市甲区国土资源和房屋管理局。

法定代表人杨某，职务局长。

委托代理人李某某，该局工作人员。

委托代理人李律师，山东柏瑞律师事务所律师。

上诉人金某某因诉被上诉人青岛市甲区国土资源和房屋管理局（以下简称甲区国土局）履行法定职责一案，不服山东省青岛市甲区人民法院〔2015〕黄行初字第 36 号行政判决，在法定期限内提起上诉。本院受理后，依法组成合议庭，于 2015 年 9 月 9 日在本院第十五审判庭公开开庭审理了本案。上诉人金某某的委托代理人张律师，被上诉人甲区国土局的委托代理人李某某、李律师到庭参加诉讼。本案现已审理终结。

原审法院查明：原告金某某与被继承人蒋某某系夫妻关系。被继承人蒋某某因病于 2010 年 8 月 22 日死亡。庭审中，原告提交律师见证书一份，并称系蒋某某在律师见证下所立遗嘱。该遗嘱的主要内容："为了防止百年以后，本人的亲属对本人的遗产发生争执，特委托山东琴安律师事务所为本人代书遗嘱。望本人的亲属各自遵守，勿生争执。本人现郑重声明：自愿将本人单独所有的位于青岛经济技术开发区庐山路 77 号 1 栋 601 室房屋（房产证号：青房地权市字第××号）一栋由其妻子金某某继承，该房屋产权归金某某一人所有，其他任何人无继承权，不得争执。立遗嘱人：蒋某某，2010 年 8 月 16

日。"后原告金某某与其女儿蒋锋仙因继承纠纷诉至本院，本院于 2014 年 4 月 8 日作出〔2014〕黄民初字第 1507 号民事调解书，该调解书中原告金某某与被告蒋锋仙达成如下协议："被告对鲁琴安见字 2010012 号律师见证书的真实性及遗嘱内容的真实性无异议。"2014 年 4 月份，原告持律师见证书、遗嘱、民事调解书等材料到被告甲区国土局申请对涉案房屋转移登记，被告向原告出具了《不予受理通知书》并告知其应补交的材料。

原审法院认为，《山东省实施房屋登记办法细则》第二十五条规定："当事人因遗赠、继承等原因申请转移登记的，受遗赠证明、继承证明等应当公证。"司法部、建设部《关于房产登记管理中加强公证的联合通知》第二条规定："遗嘱人为处分房产而设立的遗嘱，应当办理公证。遗嘱人死亡后，遗嘱受益人须持公证机关出具的'遗嘱公证书'和'遗嘱继承公证书'或'接受遗赠公证书'，以及房产所有权证、契证到房地产管理机关办理房产所有权转移登记手续。"《青岛市国土资源和房屋管理局房地产登记规则》第三十四条规定："下列事项应当办理公证：（一）因继承、受遗赠申请房地产登记的，有关事实或者合同应当公证；……"

本案中，原告主张被告不予变更房屋产权登记手续构成行政不作为的事实与法律依据不成立，理由是：1. 按照上述法律、法规、规章及有关规范性文件的规定，当事人因遗赠、继承等原因申请房产转移登记的，受遗赠证明、继承证明等应当公证。原告未提供合法的公证文书，被告已向其出具了不予受理通知书并告知其补正材料。2. 原审法院民事调解书只确认了被告蒋某某对鲁某某见字 2010012 号律师见证书的真实性及遗嘱内容的真实性无异议，未对该遗嘱是否是蒋某某本人真实意思表示进行确认。且庭审中原告只提供了本人的亲属关系证明，未提供被继承人蒋某某的亲属关系证明，故原告提供的申请材料不符合上述法律规定，对其诉讼请求不予支持。

综上，根据《最高人民法院关于执行〈中华人民共和国行政诉讼法〉若干问题的解释》第五十六条第（四）项之规定，判决驳回原告金某某的诉讼请求。本案案件受理费 50 元，由原告负担。

上诉人金某某不服原审判决，上诉称：一、上诉人在一审的诉讼请求是要求一审法院裁判被上诉人办理涉案房屋的产权登记变更手续及承担诉讼费用。一审法院认为被上诉人出具《不予受理通知书》并告知上诉人应补交的材料，就履行了被上诉人的职责，不构成行政不作为。完全混淆了上诉人的一审诉讼请求与被上诉人出具《不予受理通知书》并告知上诉人应补交的材料两个不同事实，属于认定事实不清。二、《关于房产登记管理中加强公证的联合通知》及《青岛市房地产登记规则》对于因遗嘱继承房屋申请登记设置的必须公证的前提条件明显超越了现行《物权法》、《继承法》及《房屋登记办法》等规定。《物权法》确立了不动产统一登记制度，并强调不动产登记具体办法由法律、行政法规规定。根据《物权法》第二十九条规定，房屋登记部门对于当事人持有合法遗嘱申请房屋产权登记的，属于行政确权行为。《房屋登记办法》第三十三条规定，对遗嘱继承房屋产权仅要求提交受遗赠证明或继承证明，并无强制要求继承人或遗嘱受益人须持公证机关出具的遗嘱公证书才能办理房屋登记。该行为与现行法律法规相抵触。三、《最高人民法院公报案例》2014 年第 4 期刊登的指导案例-陈爱华诉南京市江宁区住房和城乡建设局不许兴房屋登记法定职责案，在类似案件中法院对房屋登记部门依据司法部、原建设局的《联合通知》的规定要求必须出示遗嘱公证书才能办理房屋转移登记的行为认定违法，也表明了我国最高司法审判机关的司法态度。综上，请二审法院依法撤销原审法院判决，改判被上诉人为上诉人办理涉案房屋的产权登记变更手续。

被上诉人甲区国土局辩称，被上诉人作出不予登记的行为并无不当，程序合法。一审判决认定事实清楚，证据确凿，适用法律正确。请二审法院依法驳回上诉人的诉讼请求。

上诉人对一审法院查明的事实无异议。经审查，本院确认一审法院查明的事实成立。

本院认为，《中华人民共和国行政诉讼法》第六十三条规定："人民法院审理行政案件，以法律和行政法规、地方性法规为依据。地方性法规适用于本行政区域内发生的行政案件。人民法院审理行政案件，参照规章。"《中华人民共和国物权法》第十条规定："国家对不动产实行统一登记制度。统一登记的范围、登记机构和登记办法，由法律、行政法规规定。"国务院《房屋登记办法》第三十二条规定："发生下列情形之一的，当事人应当在有关法律文件生效或者事实发生后申请房屋所有权转移登记……（三）赠与……"没有规定要求遗嘱受益人须持公证机关出具的遗嘱公证书才能办理房屋转移登记。行政机关行使行政职能时必须符合法律规定，行使法律赋予的行政权力，不能在有关法律法规规定之外创设新的权力来限制或剥夺行政相对人的合法权利。因此，被上诉人以上诉人没有提交遗嘱公证书，申请登记材料不齐全为由，作出不予受理通知书的具体行政行为违法，依法应当予以撤销。原审法院作出驳回上诉人的诉讼请求，属于适用法律错误，应予以纠正。依照《中华人民共和国行政诉讼法》第八十九条第一款第（二）项、第七十条第（二）项之规定，判决如下：

一、撤销山东省青岛市甲区人民法院〔2015〕黄行初字第36号行政判决；

二、撤销青岛市甲区国土资源和房屋管理局于2014年11月20日针对金某某作出的不予受理通知书。

一、二审案件受理费100元，由被上诉人青岛市甲区国土资源和房屋管理局负担。

本判决为终审判决。

审　判　长　蒋某某

代理审判员　林　某

代理审判员　刘某某

二〇一五年十月十三日

书　记　员　王　某

书　记　员　刘　某

附录12 长春甲高新技术产业开发区人民检察院诉长春甲高新技术产业开发区乙街道办事处怠于履行环保、卫生行政管理法定职责一审行政判决书

长春甲高新技术产业开发区人民法院
行 政 判 决 书

〔2017〕吉 0194 行初 9 号

公益诉讼人：长春甲高新技术产业开发区人民检察院。所在地：长春甲高新技术产业开发区红梅街×号。

法定代表人：杨某某，该院检察长。

委托代理人：李某某，该院检察官。

委托代理人：马某，该院检察官。

被告：长春甲高新技术产业开发区乙街道办事处。所在地：长春甲高新技术产业开发区锦竹路×号。

负责人：杨某某，主任。

委托代理人：谢某，系该街道办事处党工委副书记。

委托代理人：赵某某，系该街道办事处工作人员。

公益诉讼人长春甲高新技术产业开发区人民检察院（以下简称甲检察院）诉被告长春甲高新技术产业开发区乙街道办事处（以下简称乙街道办）怠于履行环保、卫生行政管理法定职责一案，本院受理后，依法组成合议庭，并公开开庭进行了审理。公益诉讼人甲检察院的委托代理人李某某、马某，被告乙街道办的委托代理人谢某、赵某某到庭参加诉讼。本案现已审理终结。

公益诉讼人甲检察院诉称：自 2015 年以来位于乙街道办辖区内御翠园二期北侧、飞虹路以南的土地上（用地性质为公园绿地）堆放大量的生活垃圾及建筑垃圾无人清理，该处垃圾系就地堆放，未作防渗漏处理，未作填埋处理，未作无害化处理，无任何防护措施。由于垃圾常年堆放，严重破坏公园绿

地致使无法发挥应有功能，且每至夏季散发难闻气味，蚊虫肆虐，给当地居民生活造成恶劣影响，严重破坏周边生态环境，致使国家和社会公共利益处于受侵害状态。甲检察院于 2017 年 4 月 19 日向乙街道办送达了长净检行公建〔2017〕2 号检察建议书，建议其依法履行职责，立即对垃圾场进行整改，恢复被破坏的生态环境。乙街道办虽回函，并对原有垃圾堆表土简单覆盖，但未进行彻底清理，周边生态环境始终未得到恢复，国家和公共利益仍处于受侵害状态。经委托测绘，垃圾堆占地面积 2375.10 平方米，堆放量共计 11815.70 立方米，并经专家出具鉴别意见，认定堆放的垃圾产生的滤液可能对地表水及地下水造成污染，故甲检察院依法提起行政公益诉讼，请求判令：1. 确认被告乙街道办不依法履行环境卫生管理职责行为违法。2. 判令被告乙街道办立即履行环境卫生管理职责，恢复原有的生态环境。

公益诉讼人甲检察院为证明其主张向本院提交了以下证据材料：第一组为法律法规及规范性文件依据，《中华人民共和国环保法》第六条第二款，《吉林省城市市容和环境卫生管理条例》第三条第二款，长春甲高新技术产业开发区管委会制定的《乙街道办事处部门职责》，证明乙街道办负有对辖区内环境卫生进行监管的职责。第二组证据包括：1. 长净检行公建〔2017〕2 号检察建议书及送达回证。2. 乙街道办回函及其提供的吉林农业大学办理的实验基地坑土回填证明。3. 御翠园长春物业管理处的情况反映、证明。4.《关于长春甲高新技术产业开发区御翠园长春西区北侧飞虹路以南堆存物鉴别意见》。5.《长春甲高新技术产业开发区乙街道垃圾土方量项目测绘报告》。6. 现场照片。以上证据证明：1. 公益诉讼诉前程序已经完成。2. 案涉区域仍存在环境污染，对社会公共利益有损害。乙街道办对上述证据的真实性及证明问题均无异议。

被告乙街道办辩称：起诉状所述区域垃圾渣土系多年囤积问题，因所在位置与吉林农业大学实验基地接壤，并没有划清垃圾堆放具体的地点范围与负责清理的部门，被告也未曾认真追究处理，一直认为是吉林农业大学的渣土回填地。在公益诉讼人送达检察建议函后，立即召开了班子会议，对清理工作进行研究和部署，进一步强化措施，确保早日完成清理工作。被告多次牵头财政局、土地收储中心、城市建设管理委员会、吉林农业大学到实地进行踏查，制定了清理方案，明晰了责任。并向长春甲高新技术产业开发区管理委员会申请清运经费，聘请相关企业清理垃圾，自 2017 年 8 月 14 日开始，共清理垃圾486 车，清理工作仍在持续，周边生态环境正在逐步恢复，同时建立了围挡，以杜绝再出现倾倒垃圾现象。另外，被告与采取办事处、社区和保洁公司三级管理制度，日常垃圾清理工作有保洁公司具体负责，办事处和社区指派专人负责日常监督管理。今后被告将进一步加强对生态环境的保护，更好的维护社会公共利益。

被告乙街道办在法定举证期限内向本院提交了如下证据：1. 长净乙办〔2017〕19 号文件，《关于申请追加垃圾处理清运经费的请示》。2.《乙街道办事处御翠园北侧垃圾清理方案》。3. 与吉林省隆阳运输有限公司签订的《垃圾清运承包协议》。4. 垃圾清理的图片 5 张，和记黄埔北侧垃圾清理前后照片对比 5 张，共计 10 张。证明被告于 2017 年 8 月 1 日向长春甲高新技术产业开发区管理委员会申请垃圾处理及清运经费后，制定了办事处的垃圾清理方案，并且与吉林省隆阳运输有限公司签订了《垃圾清运承包协议》，签订协议后立即对案涉垃圾渣土进行清理，已清理了一部分，后续将分期进行清理，争取环境卫生达到整改标准。公益诉讼人对上述证据的真实性及证明问题均无异议。

庭审中诉讼各方出示的证据真实有效，来源合法，且与本案相关，本院予以确认并作为定案依据。

经审理查明：2017 年 4 月，甲检察院在工作中发现乙街道办辖区御翠园长春二期北侧、飞虹路南侧、长春中信鸿泰置业有限公司地块西侧、擎天树街东侧规划用地性质为公园绿地土地上，堆放了大量建筑垃圾、生活垃圾无人清理，经向御翠园长春管理处核实，该情形已存在近三年。故甲检察院于 2017年 4 月 19 日向乙街道办送达了长净检行公建〔2017〕2 号《检察建议书》，建议乙街道办"依法履行职责，立即对垃圾场进行整改，恢复被破坏的生态环境"。乙街道办于 2017 年 5 月 18 日函复甲检察院两点处理意见："1. 由该渣土点管理人立即进行清理。2. 今后一定加大管理力度，杜绝此类事件在此地再次发生。"但在甲检察院后期回访中发现，原有垃圾堆存物仅经表土简单覆盖，未能得到彻底清理，生态环境仍处于被破坏状态，故经甲检察院委托相应机构进行测绘，认定堆存物占地面积 2375.10 平方米、土方量 11815.70 立方米、标高 268.00 米。甲检察院还聘请环保专家进行鉴别，认定"垃圾堆存处未见防渗等污染防治措施，垃圾产生的渗滤液可能对地表水及地下水造成污染，散发的含有硫、氨等恶臭气体污染环境空气"。现甲检察院提起行政公益诉讼，请求判如所请。

另查明，案涉区域堆存物系附近居民随意倾倒生活垃圾、建筑垃圾形成。在本案开庭之前，乙街道办已采取相应整治措施，组织人员清运垃圾，但现仍未整治完毕。

本院认为，根据《中华人民共和国行政诉讼法》第二十五条第四款的规定，甲检察院有权对生态环境保护领域负有行政管理职责的行政机关怠于履职或不依法履职提起行政公益诉讼。根据《中华人民共和国环境保护法》第六条和第三十七条规定："地方各级人民政府应当对本行政区域的环境质量负责"，"应当采取措施组织对生活废弃物分类处置、回收利用"，以及《吉林省城市市容和环境卫生管理条例》第三条第二款规定："县级以上地方人民政府其他有关部门以及建制镇人民政府、街道办事处，应当在各自职责范围内依法做好与城市市容和环境卫生管理有关的工作"，故乙街道办对辖区内环境保护及垃圾清理具有法定的行政管理职责。但在乙街道办辖区内御翠园长春二期北侧、飞虹路以南堆放的大量建筑垃圾和生活垃圾，已危及地表水、地下水水质，并造成周边空气污染，且已持续三年之久，乙街道办未能依法、及时履职，应确认违法。在甲检察院提出检察建议后至本案审理过程中，乙街道办已组织人员清运垃圾，并增设人员进行日常巡查、清理，本院对该积极整治行为予以肯定。但上述区域内堆放的建筑垃圾和生活垃圾现仍未清理完毕，公共利益仍持续受到危害，乙街道办应当继续履职，确保案涉区域环境卫生达到要求，故本院对甲检察院的诉讼请求予以支持。综上所述，为保护生态环境，维护国家和社会公共利益，依照《中华人民共和国行政诉讼法》第七十二条、第七十四条第二款第（一）项之规定，判决如下：

一、确认被告长春甲高新技术产业开发区乙街道办事处未及时履行对辖区内环境卫生管理职责的行为违法；

二、责令被告长春甲高新技术产业开发区乙街道办事处依法对案涉区域继续履行环境卫生管理职责，采取有效措施确保达到环保要求。

如不服本判决，可在判决书送达之日起十五日内向本院递交上诉状，并按对方当事人的人数提出副本，上诉于吉林省长春市中级人民法院。

审　判　长　郭　某

代理审判员　翟某某

人民陪审员　李某某

二〇一七年十月十二日

书　记　员　金某某

附录13　罗某某与重庆市甲苗族土家族自治县地方海事处政府信息公开二审行政判决书

重庆市第四中级人民法院
行　政　判　决　书

〔2015〕渝四中法行终字第00050号

上诉人（一审原告）：罗某某，男，汉族，1968年2月23日出生，住重庆市甲苗族土家族自治县。

委托代理人：王律师，重庆中渡律师事务所律师。

被上诉人（一审被告）：重庆市甲苗族土家族自治县地方海事处。住所地：重庆市甲自治县汉葭街道文庙社区×号。

法定代表人：向某某，该处主任。

委托代理人：张某，该处主任助理。

委托代理人：刘律师，重庆才学律师事务所律师。

上诉人罗某某因诉被上诉人重庆市甲苗族土家族自治县地方海事处（以下简称甲县地方海事处）政府信息公开一案，不服甲苗族土家族自治县人民法院（以下简称甲县法院）作出的〔2015〕彭法行初字第00039号行政判决，向本院提起上诉。本院依法组成合议庭，公开开庭审理了本案。上诉人罗某某的委托代理人王律师，被上诉人甲县地方海事处的委托代理人张某、刘律师到庭参加诉讼。本案现已审理终结。

一审判决认定事实如下：罗某某是兴运2号船的船主，在乌江流域从事航运、采砂等业务。2014年11月17日，罗某某通过邮政特快专递向甲县地方海事处邮寄书面政府信息公开申请书，具体申请的内容为：1. 公开甲苗族土家族自治县港航管理处（以下简称甲县港航处）、海事处的设立、主要职责、内设机构和人员编制的文件。2. 公开下列事故的海事调查报告等所有事故材料：鑫源306号在2008年5月1日、2010年7月11日的2起安全事故，鑫源308

号在 2008 年 5 月 13 日、2008 年 7 月 1 日的 2 起安全事故，兴运 2 号在 2008 年 5 月 18 日、2008 年 9 月 30 日的 2 起安全事故，长鸿 2 号在 2008 年 6 月 18 日、2008 年 8 月 6 日的 2 起安全事故，高谷 5 号在 2008 年 9 月 11 日、2009 年 5 月 1 日的 2 起安全事故，高谷 6 号在 2008 年 8 月 19 日的安全事故，高谷 8 号在 2009 年 5 月 12 日的安全事故，高谷 16 号在 2009 年 7 月 30 日的安全事故，高谷 18 号在 2009 年 2 月 1 日的安全事故，高谷 19 号在 2009 年 6 月 30 日的安全事故，高谷 28 号在 2009 年 5 月 1 日的安全事故，荣华号在 2008 年 9 月 1 日的安全事故。”甲县地方海事处于 2014 年 11 月 19 日签收后，未在法定期限内对罗某某进行答复，罗某某于 2015 年 1 月 8 日向甲县法院提起行政诉讼。2015 年 1 月 23 日，甲县地方海事处作出〔2015〕彭海处告字第 006 号《政府信息告知书》，载明的主要内容有两项：一是对申请公开的甲县地方海事处的内设机构名称等信息告知罗某某获取的方式和途径；二是对申请公开的海事调查报告等所有事故材料经查该政府信息不存在。甲县法院于 2015 年 3 月 31 日对该案作出〔2015〕彭法行初字第 00008 号行政判决，判决确认甲县地方海事处在收到罗某某的政府信息公开申请后未在法定期限内进行答复的行为违法。2015 年 4 月 22 日，罗某某以甲县地方海事处作出的〔2015〕彭海处告字第 006 号《政府信息告知书》不符合法律规定，且与事实不符为由，提起行政诉讼。在庭审中，罗某某明确其诉讼请求，请求撤销甲县地方海事处作出的〔2015〕彭海处告字第 006 号《政府信息告知书》；甲县地方海事处向罗某某公开海事调查报告等涉及兴运 2 号船的所有事故材料。

庭审中，罗某某陈述发生事故后已向甲县地方海事处电话报告，甲县地方海事处陈述就罗某某诉称的海损事故，罗某某未向甲县地方海事处报告，也未提交海事调查报告书，罗某某亦无事实方面的证据证明曾发生海损事故，且甲县地方海事处已对档案室的所有海损事故卷宗进行查询，确无罗某某诉称的海事调查报告等所有事故材料。

一审法院认为：根据《中华人民共和国政府信息公开条例》的规定，甲县地方海事处作为行政机关，具有受理并处理向其提出的政府信息公开申请的法定职责。《最高人民法院关于审理政府信息公开行政案件若干问题的规定》

第五条第五款规定，"被告主张政府信息不存在，原告能够提供该政府信息系由被告制作或者保存的相关线索的，可以申请人民法院调取证据"。但在本案中，罗某某并未提供其申请公开的政府信息由甲县地方海事处制作或保存的相关线索。罗某某提供的《乌江甲水电站断航碍航问题调查评估报告》中第33页甲水上交通事故汇总表，只是一个统计表，并不能直接证明海事调查报告等所有事故材料存在以及由甲县地方海事处制作或保存，罗某某亦未提交其他证据证明其申请公开的海事调查报告等信息由甲县地方海事处制作或保存，甲县地方海事处对罗某某的政府信息公开申请已经履行了法定告知义务。根据《最高人民法院关于审理政府信息公开行政案件若干问题的规定》第十二条之规定，"有下列情形之一，被告已经履行法定告知或者说明理由义务的，人民法院应当判决驳回原告的诉讼请求：（一）不属于政府信息、政府信息不存在、依法属于不予公开范围或者依法不属于被告公开的"。故罗某某的诉讼请求不能成立，依法应予驳回。综上，依照《中华人民共和国政府信息公开条例》第二十一条第（三）项、《中华人民共和国行政诉讼法》第六十九条、《最高人民法院关于审理政府信息公开行政案件若干问题的规定》第十二条第（一）项的规定，判决驳回罗某某的诉讼请求。案件受理费50元，由罗某某负担。

上诉人罗某某上诉称：罗某某提供的《乌江甲水电站断航碍航问题调查评估报告》中明确载明《甲水上交通事故汇总表》据甲县港航管理处提供，而甲县港航处与甲县地方海事处为一套班子两块牌子，即《甲水上交通事故汇总表》来源于甲县地方海事处。该表虽为统计表，但是由甲县地方海事处统计而来，甲县地方海事处必然有统计的原始依据，但甲县地方海事处未能就统计的原始依据和过程进行说明。甲县地方海事处当庭认可其有值班电话记录、救援等记录，每月和年度都要进行事故统计，却一直辩称没有罗某某诉称的事故资料，但又没有举证证明，故甲县地方海事处应当承担举证不能的责任。一审判决认定《甲水上交通事故汇总表》仅是一个统计表，但该表来源于《乌江甲水电站断航碍航问题调查评估报告》，而该报告系重庆市发改委、重庆市交委委托重庆江河工程咨询中心有限公司、重庆西科水运工程咨询中心并经市港航局、甲县地方海事处等参与形成，相关证人和单位清楚评估报告相关资料的来源，一审法院却违法不准许出庭，请二审法院依法予以纠正，通知证人出庭，并对相关单位和人员进行调查取证。综上，罗某某所有的船舶发生事故是客观事实，且罗某某已经提供明确线索，甲县地方海事处作为甲唯一的船舶管理机构，对罗某某申请公开的安全事故清楚，保存有相关资料却不予公开，明显违法，故一审法院事实认定错误，适用法律错误，判决错误，特向贵院提起上诉，请求判决撤销甲县法院于 2015 年 6 月 5 日作出的〔2015〕彭法行初字第 00039 号行政判决，依法改判撤销甲县地方海事处作出的〔2015〕彭海处告字第 006 号《政府信息告知书》，并改判甲县地方海事处立即向罗某某公开申请公开安全事故的所有政府信息；判决本案一、二审诉讼费由甲县地方海事处承担。

被上诉人甲县地方海事处答辩称：罗某某在行政诉状中诉称的所列事实没有根据，理由不能成立。甲县地方海事处已将罗某某申请的事项以〔2015〕彭海处告字第 006 号《政府信息告知书》邮寄给罗某某的特别委托代理人，已经履行了告知义务。一审法院作出的判决事实清楚，证据充分，程序合法，适用法律正确，请求判决驳回罗某某的上诉请求，维持原判。

一审中，上诉人罗某某向一审法院提交了以下证据：

1. 政府信息公开申请书；

2.《乌江甲水电站断航碍航问题调查评估报告》；

3.《甲县地方海事处关于 6 月 6 日鸿福 618 等船舶搁浅事故的情况汇报》；

4.《甲县地方海事处关于近两年因乌江甲万足电站不定时蓄水造成船舶搁浅事故的情况报告》；

5.《重庆市发展和改革委员会关于委托开展乌江甲电站断航碍航问题调查评估的函（渝发改能函〔2009〕562 号）》；

6.《关于开展乌江甲水电站断航碍航补偿有关工作的通知（渝发改交〔2011〕665 号）》；

7. 乌江甲电站断航碍航补偿方案及船舶第二次公示说明；

8. 乌江甲水电站断航碍航船舶补偿第三次公示说明；

9. 〔2011〕渝北法行初字第 00393-1 号行政裁定书；

10. 《甲苗族土家族自治县机构编制委员会关于对县港航管理机构编制进行调整的通知（甲编发〔2008〕11 号）》；

11. 〔2015〕彭法行初字第 00008 号行政判决书；

12. 〔2014〕彭法民初字第 00543 号民事判决书。

经一审庭审质证，甲县地方海事处对罗某某提交的证据质证如下：证 1 有异议，认为该证据形式不合法，主体不明确，内容有不可操作性以及地址不详。证 2—9、11—12 的真实性、合法性无异议，但对其关联性有异议，不能证明甲县地方海事处档案中存在罗某某申请公开的政府信息的内容，不能达到罗某某的证明目的。证 10 无异议。

一审中，被上诉人甲县地方海事处在法定期限内向一审法院提交了如下证据：

第一组证据：1. 组织机构代码；2. 法定代表人身份证明；3. 授权委托书；4. 律师函。证明甲县地方海事处具有主体资格及代理人身份情况。

第二组证据：5. 〔2015〕彭海处告字第 006 号《政府信息告知书》及邮政特快专递单。证明甲县地方海事处已根据罗某某的申请回复了其请求事项，并邮寄送达给罗某某特别委托代理人的事实，甲县地方海事处已履行了法定职责。6. 〔2015〕彭法行初字第 00008 号行政判决书。证明罗某某的特别委托代理人于 2015 年 1 月 29 日收到〔2015〕彭海处告字第 006 号《政府信息告知书》。7. 2015 年 2 月 4 日行政审判笔录。证明罗某某诉称的政府信息甲县地方海事处不存在。8. 甲编发〔2008〕11 号文件。证明甲县港航管理处与甲县地方海事处是一班人马，两块牌子。9. 甲苗族土家族自治县交通委员会网政务公开栏目网页。证明甲县地方海事处的编制文件早已在甲苗族土家族自治县交通委员会网政务公开栏目公开的事实。

法律依据：10.《政府信息公开条例》第六条、第二十一条，《交通运输部施行〈政府信息公开条例〉办法》（交办发〔2008〕13 号）第七条,《全国海事系统政府信息公开指导意见》第四条、第五条,《最高人民法院关于审理政府信息公开行政案件若干问题的规定》（法释〔2011〕17 号）第二条第(四)项和第十二条第(一)项规定。11.《中华人民共和国内河交通事故调查处理规定》第七条、第八条、第九条、第十六条、第二十九条、第三十三条、第三十四条,《水上交通事故调查处理简易程序规定》第四条。

经一审庭审质证,罗某某对甲县地方海事处提交的证据质证如下:证 1—4 无异议。证 5—6 真实性无异议。证 7 真实性无异议,但是不能达到甲县地方海事处想要证明的目的。证 8 无异议,证明了甲县地方海事处和港航处是一套班子,两块牌子,甲县港航处知道的事情甲县地方海事处也是知晓的。证 9 不予认可。证 10、11 真实性无异议。

一审法院根据举证、质证情况,对罗某某、甲县地方海事处提交的证据作如下认证:

1. 罗某某举示的证据:证 1 证明罗某某向甲县地方海事处提出申请的事实,予以确认。证 2—9、11—12 真实性、合法性,甲县地方海事处无异议,予以确认,但该系列证据不能证明罗某某申请公开的政府信息由甲县地方海事处制作或保存,对其关联性不予确认。证 10 甲县地方海事处无异议,予以确认。

2. 甲县地方海事处举示的证据:证 1—4 证明其主体身份,予以确认。证 5 系甲县地方海事处作出的告知书,证明行政行为的存在。证 6—7 真实性、合法性予以确认。证 8 罗某某无异议,予以确认。证 9 与本案无关联,不予采信。

罗某某、甲县地方海事处一审时提交的证据,一审法院均已随案移送到本院。经本院审查认为:罗某某举示的证 2、证 4—5、证 11—12 与本案有关联,能够证明本案待证事实,本院予以采信。罗某某提供的其余证据及甲县地方海事处提供的证据,一审法院认证正确,符合证据规则,本院予以确认。

二审查明的事实与一审查明的事实一致,本院予以确认。本院另查明,

2015 年 9 月 18 日，甲县地方海事处作出〔2015〕彭海处撤字第 005 号《撤销决定书》，以查找资料程序存在瑕疵为由，决定撤销其作出的〔2015〕彭海处告字第 006 号《政府信息告知书》。罗某某仍坚持本案诉讼。

本院认为，根据《中华人民共和国政府信息公开条例》第十三条规定，"除本条例第九条、第十条、第十一条、第十二条规定的行政机关主动公开的政府信息外，公民、法人或者其他组织还可以根据自身生产、生活、科研等特殊需要，向国务院部门、地方各级人民政府及县级以上地方人民政府部门申请获取相关政府信息。"甲县地方海事处作为行政机关，负有对罗某某提出的政府信息公开申请作出答复和提供政府信息的法定职责。本案的争议焦点是甲县地方海事处作出的〔2015〕彭海处告字第 006 号《政府信息告知书》是否合法。

根据《中华人民共和国政府信息公开条例》第二条规定，"本条例所称政府信息，是指行政机关在履行职责过程中制作或者获取的，以一定形式记录、保存的信息"。本案中，罗某某申请公开甲县港航处、海事处的设立、主要职责、内设机构和人员编制的文件的信息，属于甲县地方海事处在履行职责过程中制作或者获取的，以一定形式记录、保存的信息，当属政府信息。在一审审理期间，甲县地方海事处已为罗某某提供了甲编发〔2008〕11 号《甲苗族土家族自治县机构编制委员会关于对县港航管理机构编制进行调整的通知》的复制件，该通知已明确载明了甲县港航处、海事处的机构性质、人员编制、主要职责、内设机构等事项，罗某某已知晓，本院予以确认。

罗某某申请公开涉及兴运 2 号船等船舶发生事故的海事调查报告等所有事故材料的信息，根据《中华人民共和国内河交通事故调查处理规定》的相关规定，船舶在内河发生事故的调查处理属于海事管理机构的职责，其在事故调查处理过程中制作或者获取的，以一定形式记录、保存的信息属于政府信息。甲县地方海事处作为甲县的海事管理机构，负有对甲县行政区域内发生的内河交通事故进行立案调查处理的职责，其在事故调查处理过程中制作或者获取的，以一定形式记录、保存的信息属于政府信息。根据《中华人民共和国政信息公开条例》第二十一条规定，"对申请公开的政府信息，行政机关根据下列情况分别作出答复：（一）属于公开范围的，应当告知申请人获取该政府信息的方式和途径"。第二十六条规定，"行政机关依申请公开政府信息，应当按照申请人要求的形式予以提供；无法按照申请人要求的形式提供的，可以通过安排申请人查阅相关资料、提供复制件或者其他适当形式提供"。本案中，罗某某提交了兴运 2 号船于 2008 年 5 月 18 日在甲高谷长滩子发生整船搁浅事故以及于 2008 年 9 月 30 日在甲高谷煤炭沟发生沉没事故的相关线索，而甲县地方海事处作出的〔2015〕彭海处告字第 006 号《政府信息告知书》第二项告知罗某某申请公开的该项政府信息不存在，仅有甲县地方海事处的自述，没有提供印证证据证明其尽到了查询、翻阅和搜索的义务。且在一审庭审中，双方也未书面申请法院提交调取该政府信息，故甲县地方海事处作出的〔2015〕彭海处告字第 006 号《政府信息告知书》违法，应当予以撤销。在本案二审审理期间，甲县地方海事处主动撤销了其作出的〔2015〕彭海处告字第 006 号《政府信息告知书》。罗某某仍坚持诉讼。根据《中华人民共和国行政诉讼法》第七十四条第二款第（二）项规定，"行政行为有下列情形之一，不需要撤销或者判决履行的，人民法院判决确认违法：（二）被告改变原违法行政行为，原告仍要求确认原行政行为违法的"。本院确认甲县地方海事处作出的本诉政府信息告知行为违法。

综上，一审法院适用法律错误，依法予以撤销，因甲县地方海事处已主动撤销本诉行政行为，本案作为新证据改判。甲县地方海事处作出的本诉行政行为违法。上诉人罗某某请求撤销一审判决的上诉请求成立，予以支持。依照《中华人民共和国行政诉讼法》第七十四条第二款第（二）项、第八十九条第一款第（二）项之规定，判决如下：

一、撤销甲苗族土家族自治县人民法院作出的〔2015〕彭法行初字第00039 号行政判决；

二、确认甲苗族土家族自治县地方海事处于 2015 年 1 月 23 日作出的〔2015〕彭海处告字第 006 号《政府信息告知书》这一行政行为违法。

三、二审案件受理费各 50 元，由被上诉人甲苗族土家族自治县地方海事处负担。

本判决为终审判决。

审　判　长　张某某

代理审判员　蒲某某

代理审判员　王　某

二〇一五年九月十八日

书　记　员　王某某

GPS 定位勘验，结果云音公司在 2989 平方米范围内种植了部分雪松及柏树幼苗。尚有 1514.6 平方米未采取任何恢复措施，森林资源和生态环境仍处于受侵害状态。

公益诉讼人认为，根据《中华人民共和国森林法（修正）》第十条、第十三条、《云南省生态公益林管理办法》第二条规定，公益林的建设、保护和管理由各级人民政府投入为主，目的是更加有效地发挥森林生态功能的可持续发展，公益林的采伐更新应严格控制，禁止以生产为主要目的的采伐、抚育和改造活动。

综上，为督促甲县林业局依法履行职责，教育和引导公民自觉守法，促进行政机关依法行政，进而保护森林资源和生态环境、维护国家和社会公共利益，根据《全国人民代表大会常务委员会关于授权最高人民检察院在部分地区开展公益诉讼试点工作的规定》《人民检察院提起公益诉讼试点工作实施办法》第四十一条的规定，向本院提起行政公益诉讼，请依法判决：1. 确认甲县林业局未依法全面履行职责的行为违法。2. 判令甲县林业局依法继续履行职责。

公益诉讼人甲县人民检察院于 2017 年 5 月 15 日向本院提供的证据：第一部分证据：1.《全国人民代表大会常务委员会关于授权最高人民检察院在部分地区开展公益诉讼试点工作的决定》《人民检察院提起公益诉讼试点工作实施办法》公告及《人民检察院提起公益诉讼试点工作实施办法》。2. 甲县林业局统一社会信用代码证、甲县人民政府办公室关于印发甲县林业局主要职责内设机构和人员编制规定的通知、资源林政股工作职责。第一部分证据证明：一是甲县人民检察院具备提起公益诉讼的主体资格。二是甲县林业作为林业主管部门，承办林业行政处罚和其他林权管理事项。负有维护、监管辖区森林资源的职责并具备独立的法人主体资格。对云音公司非法占用林地恢复原状的监管属于甲县林业局的职责范围。

第二部分证据：1. 甲县林业局对云音公司项目负责人宝某某擅自改变林地用途涉案林地现场的勘验、检查笔录，鉴定意见书。2. 甲县林业局于 2016 年 3 月 29 日对云音公司项目负责人宝某某作出的洱林罚决字〔2016〕第 207

号林业行政处罚决定书。3. 甲县林业局于2016年3月29日对云音公司项目负责人宝某某作出的询问笔录、云音公司授权委托宝某某的法人授权委托书。4. 公益诉讼人于2016年11月拍摄的甲县林业局对云音公司项目负责人宝某某在甲县牛街乡生态林地内擅自改变林地用途的现场照片。第二部分证据证明甲县林业局对云音公司项目负责人宝某某在修建生活营地施工中，未经林业主管部门批准擅自改变生态公益林地用途3127.5平方米，损害国家和社会公共利益的违法行为作出罚款37530.00元及责令其在2016年9月30日前恢复原状。但是至2016年11月行政处罚决定中的法定恢复期限已过，被告仍未采取任何行之有效的措施督促恢复被毁林地原状，存在怠于履职的情形。

第三部分证据：1. 洱检行建〔2016〕05号检察建议书。2. 甲县林业局签收的检察建议送达回证。3. 甲县林业局回复函。证明甲县人民检察院于2016年11月17日针对云音公司项目负责人宝某某擅自改变生态公益林地用途，未在行政处罚决定中已经发生法律效力的法定恢复期限内恢复原状，向甲县林业局发出洱检行建〔2016〕05号检察建议书，建议甲县林业局规范执法，认真落实行政处罚决定，采取有效措施，恢复森林植被。甲县林业局于当日签收了该检察建议书并于2016年12月5日对我院作出将规范执法，认真落实行政处罚决定，采取有效措施，恢复被毁林地植被的回复函。

第四部分证据：1. 甲县人民检察院干警于2017年3月6日对宝某某（云音公司生活营地施工负责人），3月17日对杨某某（云音公司法定代表人），作出的询问笔录。2. 甲县人民检察院干警于2016年12月21日、2017年2月23日、3月6日、3月14日、5月8日拍摄的云音公司项目负责人宝某某擅自改变生态公益林地用途的现场照片，共五份26张。3. 现场勘查笔录、指认笔录、现场勘验意见书。第四部分证据证明甲县人民检察院发出检察建议后，甲县林业局仍未依法全面、正确履职，被毁公益林地至起诉时仍未得到有效恢复，国家和社会公共利益仍处于受侵害的状态。

第五部分证据：1. 甲县人民检察院干警于2016年6月13日、22日拍摄的甲县林业局采取了积极措施部分履行职责的现场照片。2. 甲县人民检察院干警于2017年6月13日、22日拍摄的被毁林地现场留存的原有植被与起诉后

⚖ 附　　录

栽种植被对比图现场照片。第五部分证据证明公益诉讼人起诉后，被告采取了
积极措施部分履行了职责，为生态环境的恢复作了一定的工作。但是现场与恢
复原状还是存在一定的差距。此外，在涉案损毁林地上栽种树苗只是完成恢复
生态环境的第一步，树木能否成活，被破坏的林地能否恢复其生态功能并不确
定，还需要后续的补植、抚育、看管等一系列的工作，甲县林业局仍需继续履
行对森林资源的监管职责，恢复被毁林地的原状。

公益事实人提交的证据，经当庭质证，被告对第一部分证据、第二部分第
1、2、3 号证据、第三部分、第五部分证据的三性无异议。本院予以采纳。

被告对第二部分第 4 号证据、第四部分证据的三性无异议，但对证明方向
有异议。认为不能证明甲县林业局未履行职责的情况。被告已经履行职责，被
告共十二次督促责令云音公司恢复植被，至 6 月 12 日，所有违章建筑已拆除，
林地已被恢复，现不存在国家和社会利益仍然受损害。第五部分证据的照片不
能证明与周围环境差距较大。经审查，本院认为，公益诉讼人提交的第二部分
第 4 号证据、第四部分证据，符合证据三性，予以确认，但证明方向将结合其
他证据综合予以认定。

被告甲县林业局辩称，请求驳回公益诉讼人的全部诉讼请求。一、被告甲
县林业局的行政行为不具有违法性。1. 行政行为符合法定程序。被告在办理
行政案件过程中的调查、听证、审查和决定、送达、执行程序合法。2. 行政
行为适用法律正确。云音公司甲县牛街乡西甸饰面石材用大理石矿项目负责人
宝某某擅自改变土地用途。2016 年 3 月 29 日，被告依法作出洱林罚决书
〔2016〕第 207 号林业行政处罚决定书后，宝某某于 2016 年 4 月 11 日交清了
罚款 37530.00 元。对行政处罚第 2 条：责令在 2016 年 9 月 30 日前恢复原状。
云音公司（宝某某）在被告的监督指导下，撤除生活区房屋 24 间，投入挖掘
机 2 台、装载机 1 台、自卸翻斗车 3 辆，整地 3127.5 平方米，覆土 2120 平方
米，种植雪松 503 棵、播种草籽 20 斤。云音公司（宝某某）于 1017 年 6 月 12
日已履行完毕，原被破坏林地面积已全部恢复。二、被告已依法履行法定职
责。被告责令责令云音在 2016 年 9 月 30 日前恢复原状，但因甲县政府于 2017
年 4 月 19 日上报给大理州林业局"关于牛街乡西甸饰面石材用大理石矿二期

建设项目的设置意见"，以及各部门的相关文件、意见，给行政执法带来一定的影响和阻力。被告在主观上积极开展执法工作，没有怠于履行法定职责。从2016年9月9日至2017年3月16日，被告对甲县牛街乡西甸饰面石材用大理石矿项目口头和书面通知12次，其中记录4次，书面通知2次，特别是接到甲县人民检察院检察建议书后，被告高度重视，积极开展工作，派出强有力的行政执法队伍，驻守现场直至全部履行完毕，恢复原状。综上，被告的行政行为不具有违法性，请依法驳回公益诉讼人的全部诉讼请求。

被告甲县林业局于2017年3月10日向本院提供了作出被诉具体行政行为的证据：第一组行政处罚证据：1. 统一社会信用代码证书和法定代表人身份证明各一份，证明被告及法定代表人的身份情况。2. 使用林地鉴定意见书、现场位置示意图和勘验、检查笔录，证明2016年3月24日林业局对云音公司牛街乡西甸饰面石材用大理石矿项目负责人宝某某非法占用林地面积为3127.5平方米。3. 林业行政处罚先行告知书和林业行政处罚听证权利告知书，证明2016年3月25日林业局告知项目负责人宝某某要对其实施行政处罚，告知其依法有权有陈述、申辩、申请听证的权利，宝某某同意处罚决定书并在2016年3月29日对其处罚。4. 询问笔录和林业行政处罚决定书，证明2016年3月29日林业局对云音公司西甸石场负责人宝某某进行询问笔录，其愿意接受行政处罚，当天林业局作出洱林罚决字〔2016〕第207号林业行政处罚决定书。5. 林业行政处罚文书送达回证，证明2016年3月25日林业局向宝某某送达林业行政处罚先行告知书和听证权利告知书，2016年3月29日对其送达行政处罚决定书，以上材料均由宝某某亲自接收并签字确认。6. 缴纳罚款收据，证明2016年4月11日云音公司西甸石场负责人宝某某按行政处罚决定书已缴纳罚款37530元。

第二组证据行政处罚监管：7. 2016年9月9日、11月29日、12月15日、12月21日的巡查记录，证明被告于上述时间分四次巡查并责令、督促云音公司西甸石场负责人宝某某对植被进行恢复原状。8. 2016年11月18日整改通知，证明2016年11月18日林业局发现云音公司西甸石场负责人宝某某占用林地行为已被处罚，并缴纳罚款37530元，但未恢复原状；责令其在接到通知之日起 3 个月内恢复违法林地植被。9. 2017 年 3 月 16 日整改通知，证明 2017 年 3 月 16 日林业局发现云音公司西甸石场负责人宝某某临时占用林地未恢复林业生产条件，违法占用的林地部分未恢复原状，责任其接到本通知之日起停止一切加工生产活动，要求对违法占用林地上的临时建筑物自行拆除并恢复植被。以上证据证明林业局在作出行政处罚后，在监管方面做了一定的工作。

第三组证据，行政处罚执行现场照片：10. 非法占用林地现场照片 4 张，证明云音公司西甸石场负责人宝某某非法占用林地及建盖违章建筑的现场情况。11. 对需要恢复植被区域现地丈量照片 6 张，证明被告对云音公司西甸石场负责人宝某某需要恢复植被的入地区域进行实地丈量的现场情况。12. 拆除违章建筑物现场照片 4 张，证明林业局行政执法人员对云音公司西甸石场负责人宝某某的违章建筑物进行拆除的现场情况。13. 恢复植被施工现场照片 4 张，证明林业局对云音公司西甸石场负责人宝某某的违法占用林地区域进行恢复植被的现场施工情况。14. 植被恢复后的照片 18 张，证明林业公司西甸石场负责人宝某某违法占用林地区域进行恢复植被、林地已被全部恢复的现场情况。15. 恢复前、后对比照片 6 张，证明林业局对云音公司西甸石场负责人宝某某的违法占用林地区域进行恢复植被前和恢复植被后的现场情况对比，该违法占用林地区域已全部恢复。16. 恢复后的现场光碟一盘，证明林业局对云音公司西甸石场负责人宝某某的违法占用林地区域进行行政处罚、拆除违章建筑、恢复植被情况的书面材料及视频资料。

被告提交的证据，经庭审质证，公益诉讼人对被告提交证据的三性无异议，但对证明方向有异议。认为行政处罚决定书第二项处罚内容未执行完毕，至本案起诉至法院后，被告才采取有效的措施，拆除了违建房屋，虽栽上了很多树苗，但与周围的植被仍然存在一定的差距，需要长期管护，希望被告在以后的工作中也能督促云音公司积极进行管护，使得被毁林地恢复原状。经审查，本院认为，被告提交上述证据的目的，是为了证明被告依法对云音公司西甸石场负责人宝某某的违法占用林地区域进行行政处罚，公益诉讼人提起诉讼后，被告积极履职整改，督促行政相对人拆除违章建筑、恢复植被的情况。对被告提交证据的证明目的，本院予以采纳。

　　根据上述有效证据及双方当事人一致陈述，本院查明的事实如下，宝某某系云音公司（以下简称云音公司）甲县牛街乡西甸饰面石材用大理石矿项目负责人。2015 年 11 月起，宝某某受云音公司及其法定代表杨某某的委托，未经县级以上人民政府林业主管部门审核同意，在甲县牛街乡生态公益林区 59 林班 8 小班修建云音公司生活营地。2016 年 3 月 24 日经甲县林业局林业行政执法人员和技术人员现场调查核实，云音公司擅自改变土地用途，面积达 3127.5 平方米，森林类别为生态公益林、省级公益林。2016 年 3 月 29 日，甲县林业局认为云音公司的行为违反了《中华人民共和国森林法实施条例》的规定，已构成违法。根据《中华人民共和国森林法实施条例》第四十三条的规定，作出洱林罚决书〔2016〕第 207 号林业行政处罚决定书。对项目负责人宝某某作出如下行政处罚：1. 擅自改变林地用途每平方米 12.00 元，合计罚款 37530.00 元；2. 责令在 2016 年 9 月 30 日前恢复原状。林业行政处罚决定书送达被处罚人宝某某后，云音公司认为，虽然被处罚人是宝某某，但林业行政处罚决定书是针对公司作出的，云音公司认可该处罚决定。被处罚人宝某某、云音公司在法定期限内未申请行政复议也未提起行政诉讼。2016 年 4 月 11 日，云音公司交清了罚款 37530.00 元。但 2016 年 9 月 30 日，林业行政处罚决定书规定的法定履行期限届满后，云音公司仍未将非法改变用途的林地全部恢复原状。2016 年 11 月 16 日，公益诉讼人甲县人民检察院向被告甲县林业局发出检察建议书，建议："甲县林业局应当依法规范执法，积极履行保护森林资源的职责，对宝某某不履行行政处罚决定和造成的损害后果，应依法进行处理，使国家森林资源得到有效保护。"2016 年 12 月 5 日，被告复函："2016 年 11 月 2 日，云音公司提出申请补办生活营地占用林地审批手续，恢复部分植被，种植雪松 200 株，简易房未拆除。如该公司未按时补办生活营地占用林地审批手续，被告将向人民法院申请强制执行。"本案在审理过程中，被告采取一系列相应的整改补救措施，积极纠正违法行政行为，依法履行监管职责，派出行政执法队伍驻守在整改现场，督促云音公司对非法改变用途的林地全面进行恢复。截至 2017 年 6 月 12 日，云音公司拆除生活区全部危建房屋 24 间，投入挖掘机、装载机、自卸翻斗车，对非法改变用途的林地进行整地 3127.5

平方米，覆土 2120 平方米，种植雪松 503 棵等恢复工作。

本院认为，公益诉讼人提起本案诉讼符合《全国人民代表大会常务委员会关于授权最高人民检察院在部分地区开展公益诉讼试点工作的决定》、最高人民检察院《人民检察院提起公益诉讼试点工作实施办法》和最高人民法院《人民法院审理人民检察院提起公益诉讼案件试点工作实施办法》的规定。《中华人民共和国森林法》第十条规定："国务院林业主管部门主管全国林业工作。县级以上地方人民政府林业主管部门，主管本地区的林业工作。乡级人民政府设专职或者兼职人员负责林业工作。"第十三条规定："各级林业主管部门依照本法规定，对森林资源的保护、利用、更新，实行管理和监督。"根据上述规定，被告甲县林业局作为县级林业主管部门，负责承担全县森林资源保护监督管理的职责，受理及查处毁林开荒及擅自改变林地用途的违法违规案件。

一、关于被处罚对象的问题？宝某某受云音公司的委托，作为公司生活营地修建的项目负责人，在负责生活营地修建过程中非法占用公益林，擅自改变林地用途的行为违法，其违法的法律后果，应由被代理人云音公司承担。被告虽仅对项目负责人宝某某进行行政处罚，但云音公司知晓并认可该行政处罚决定，且实际履行了缴纳罚款、撤除生活区房屋，投入机械设备进行整地、覆土、种植雪松的恢复工作。被告所作的行政处罚对象虽有不当，但根据本案实际，对云音公司在生活营地修建过程中非法占用公益林，擅自改变林地用途行为的处罚，无实质影响。

二、关于被告是否存在未依法全面履行职责的违法行为的问题？根据相关法律法规的规定，被告负有依职权积极履行对林业生态环境的保护和监管职责。被告对云音公司擅自改变林地用途的违法行为作出了行政处罚，但处罚决定书第二项规定的履行期限届满后，云音公司仍未全部恢复林地原状，对此，被告应依法继续履行监管职责。但被告既不采取有效措施拆除违法建筑物、恢复林地植被，也未向人民法院申请强制执行，致使行政处罚决定书得不到有效执行，国家和社会公共利益一直处于受侵害状态，该怠于履行监管职责的行为存在违法。故公益诉讼人请求确认被告未依法全面履行职责的行为违法的诉讼请求，符合法律规定，本院予以支持。

三、关于被告是否需要继续履行法定职责的问题？公益诉讼人起诉到本院后，被告采取了一系列的整改补救措施，督促行政相对人撤除了生活区全部违建房屋、对涉案林地进行整地、覆土、种植雪松的恢复工作，也全额缴清罚款。但被毁林地恢复原状尚需一定时日，被告作为对森林资源的保护、利用和更新实行监督、管理的行政主管部门，应承担被毁林地后续生态修复工作的监督、管理的法定职责。被告应当继续履行上述法定职责，通过持续有效的监管，促使被毁林地得到有效恢复。因此，公益诉讼人请求判令被告依法继续履行职责的诉讼请求成立，本院予以支持。据此，依照《中华人民共和国行政诉讼法》第七十二条、第七十四条第二款第一项，根据《全国人民代表大会常务委员会关于授权最高人民检察院在部分地区开展公益诉讼试点工作的决定》、最高人民检察院《人民检察院提起公益诉讼试点工作实施办法》和最高人民法院《人民法院审理人民检察院提起公益诉讼案件试点工作实施办法》之规定，判决如下：

一、被告甲县林业局未依法全面履行法定职责的行为违法；

二、责令被告甲县林业局继续履行法定职责。

案件受理费 50 元，由被告甲县林业局负担。

如不服本判决，可在判决书送达之日起十五日内，向本院递交上诉状，并按对方当事人的人数递交上诉状副本，上诉于云南省大理白族自治州中级人民法院。

审　判　长　赵　某

审　判　员　杨某某

人民审判员　李某某

二〇一七年九月十二日

书　记　员　杨　某

附录15　杨某某、甲市国土资源局资源行政管理：
土地行政管理（二审）行政判决书

〔2017〕皖 01 行终 180 号

上诉人（原审原告）杨某某，女，1955 年 11 月 21 日出生，汉族，住安徽省合肥市×区。

委托代理人万律师，安徽徽航律师事务所律师。

委托代理人××，安徽徽航律师事务所律师。

被上诉人（原审被告）甲市国土资源局，住所地：安徽省合肥市政务文化新区怀宁路×号，组织机构代码×××××。

法定代表人储某某，该局局长。

委托代理人陈某，甲市不动产登记中心瑶海分中心副主任。

委托代理人储律师，安徽众城高昕律师事务所律师。

上诉人杨某某与被上诉人甲市国土资源局不履行行政登记法定职责案，不服安徽省甲市瑶海区人民法院〔2016〕皖 0102 行初 38 号行政判决，向本院提起上诉。本院依法组成合议庭进行审理，于 2017 年 5 月 22 日公开开庭审理本案，上诉人杨某某及其委托代理人万律师、被上诉人甲市国土资源局委托代理人储律师、陈某到庭参加诉讼。本案现已审理终结。

原审法院审理查明：房某某与原告系母女关系，坐落于甲市瑶海区铜陵路交口楼 306 号房屋为房某某生前所有。2002 年 9 月 10 日房某某在甲市东市区公证处立下遗嘱，内容为在房某某去世后，上述房屋产权由房某某的女儿杨某某一人继承。房某某于 2009 年 4 月 15 日因病去世。2016 年 5 月 20 日，原告向被告提出书面申请要求被告依法为其办理上述房屋转移登记，被告于 2016 年 5 月 23 日书面回复原告，称：根据 1991 年《司法部、建设部关于房产登记管理中加强公证的联合通知》（司公通字〔1991〕117 号）文件规定：继承房产，应当持公证机关出具的"继承权公证书"和房产所有权证、契证到房地产管理机关办理房产所有权转移登记手续。依据上述规定，请你持公证机关出具的继承权公证书、房产所有权证、申请书、申请人身份证明向我中心申请房屋登记。原告认为《房屋登记办法》并未要求遗嘱受益人需持公证机关出具的"继承权公证书"才能办理房屋转移登记。遂诉讼来院，请求判如所请。一审庭审中，原告自述其还有一个姐姐，系其母亲房某某抱养的。

原判认为原告向被告提出申请之时，司法部、建设部《关于房产登记管理中加强公证的联合通知》仍然有效，在原告并未提供全部继承人的真实情况的情况下，被告依据此通知第二条的规定对原告的答复并无不妥。同时，被告的答复也符合《房屋登记办法》第三十三条和国土资源部《不动产登记操作规范（试行）》1. 1. 1. 2 之规定。综上，原判依据《中华人民共和国行政诉讼法》第六十九条的规定，判决驳回原告杨某某的诉讼请求。

杨某某不服一审判决，向本院提出上诉。

上诉人的上诉请求：1. 撤销甲市瑶海区人民法院〔2016〕皖 0102 行初 38 号行政判决。2. 确认被上诉人拒绝为上诉人办理房屋转移登记的行政行为违法。3. 责令被上诉人履行对上诉人办理甲市瑶海区铜陵路交口楼 306 号（甲市房权证东字第××号）房屋所有权转移登记的法定职责。4. 本案一审、二审诉讼费用均由被上诉人承担。

上诉人的上诉理由为：一、一审法院适用法律错误。理由是：1. 根据《最高人民法院关于审理房屋登记案件若干问题的规定》第九条：被告对被诉房屋登记行为的合法性负举证责任。本案中，被上诉人对上诉人作出回复函所依据《司法部、建设部关于房产登记管理中加强公证的联合通知》，该联合通知是司法部和建设部联合发布的政府性规范性文件，不属于法律、行政法规、地方性法规或者规章的范畴，其规范的内容不得与《物权法》《继承法》《房屋登记办法》等法律法规相抵触。《房屋登记办法》第九条规定，房屋登记机构应当依照法律、法规和本办法规定，确定申请房屋登记需要提交的材料，并将申请登记材料目录公示。该办法第三十三条同时规定了申请房屋所有权转移登记所应当提交的材料，其中并无规定，要求遗嘱继承人须持公证机关出具的"遗嘱继承权公证书"才能办理房屋所有权转移登记。2. 根据《最高人民法院关于适用〈中华人民共和国行政诉讼法〉若干问题的解释》第二十一条：规范性文件不合法的，人民法院不作为认定行政行为合法的依据，并在裁判理由中予以阐明。而《司法部、建设部关于房产登记管理中加强公证的联合通知》属于规章以下的规范性文件，因其内容与上位法存在冲突，一审法院应当不予适用，且该联合通知于 2016 年 7 月 5 日已经被司法部明文废止。3. 一审法院引用《不动产登记操作规范（试行）》1.1.1.2 规定：受理登记前应由全部法定继承人或受遗赠人共同到不动产所在地的不动产登记机构进行继承材料查验。却忽视了该《不动产登记操作规范（试行）》1.1.1 的规定，该条规定为：因继承、受遗赠取得不动产申请登记的，申请人提交经公证的材料或者生效的法律文书的，按《条例》《实施细则》的相关规定办理登记。申请人不提交经公证的材料或者生效的法律文书，可以按照下列程序办理。二、2016 年 5 月 20 日上诉人到被上诉人所属的甲市不动产登记中心瑶海分中心书面申请办理涉案房屋所有权转移登记时，已经将上诉人姐姐的姓名和联系方式提供给甲市不动产登记中心瑶海分中心主任胡浩，且胡浩主任已当场将此信息记录下来，甲市不动产登记中心瑶海分中心具体有没有跟上诉人的姐姐去核实相关情况，上诉人不清楚。三、一审中，上诉人提供"陈爱华诉南京市江宁区住房和城乡建设局不履行房屋登记法定职责案"的案例，该案例刊登在《中华人民共和国最高人民法院公报》2014 年第 8 期第 40—42 页。该案判令继承权公证为非必经程序。该案例代表最高人民法院的主流观点，对全国的法院审判工作具有指导意义。综上所述，在无法律、法规及规章依据的情况下，被上诉人不应向上诉人增设先行公证的义务而减轻自身审查职责。被上诉人在有关法律法规规定之外创设新的权力来限制或剥夺行政相对人的合法权利，与我国现行的《继承法》《物权法》《公证法》等多部法律相抵触。请求二审法院依法撤销一审判决，支持上诉人的上诉请求。

甲市国土资源局答辩意见：上诉人本人向瑶海中心提出咨询准备办理继承过户我们是很慎重的，当时出具了书面证明，不能一个人申请办理，杨某某还有一个姐姐，虽然现在公证不是办理继承登记的一个必经手段，但是全体继承人到场，审查继承人的范围是一个必须的过程，在我们没有查清全体继承人的意愿之前我们没有办法办理登记。我们给杨某某回复的时候是去年五月，当时有一个司法部和建设部联合通知还没有废止，第二条强调要履行公证手续，现行政策公证不是必经程序。

本院二审查明的事实与原审判决相同，对原审判决认定的事实，本院予以确认。

本院认为：一、关于涉案房屋转移申请的问题。2002 年 9 月 10 日，上诉人母亲房某某立遗嘱，在其去世后，将其位于甲市瑶海区铜陵路交口楼 306 号房屋由杨某某一人继承。2009 年房某某去世后，杨某某一直居住在上述房屋内，期间并无证据证明有其他继承人向其主张房屋的所有权。直至 2016 年 5 月 20 日，上诉人杨某某向被上诉人书面申请办理上述房屋转移登记，并被告知须提供继承权公证，或者在没有继承权公证的情况下须让所有继承人前往不动产登记中心进行调查核实之后，才产生了本案被上诉人所谓的权属争议，即因房某某另一继承人的不予配合导致本案上诉人杨某某无法办理继承权公证，亦无法让该继承人前往不动产登记中心进行调查核实，最终导致本案上诉人杨某某的转移登记申请悬而不决。二、关于一审判决的法律适用问题。被上诉人答复上诉人所依据的是《司法部、建设部关于房产登记管理中加强公证的联合通知》，该文件是由司法部和建设部联合发布的政府性规范文件，不属于法律、行政法规、地方性法规或规章的范畴，其规范的内容不得与《中华人民共和国物权法》《中华人民共和国继承法》《房屋登记办法》等法律法规相抵触，不得在上述法律、法规未规定的情况下增加申请人的审批事项或者环节。根据《房屋登记办法》第九条规定，房屋登记机构应当依照法律、法规和本办法规定，确定申请房屋登记需要提交的材料；同时该办法第三十三条规定申请材料包括继承证明及其他必要材料，但并未要求遗嘱继承人必须持公证机关出具的遗嘱继承权公证书，亦未要求所有继承人到场。被上诉人要求所有继承人到场所依据的是《不动产登记操作规范（试行）》，但实际上该规范是在被上诉人答复之后才出台的新的操作规范，且即便按照该规范，其规定因继承、受遗赠取得不动产申请登记的，申请人提交经公证的材料或者生效的法律文书的，也应当按《不动产登记条例》和《不动产登记条例实施细则》的相关规定办理登记，而《不动产登记条例》和《不动产登记条例实施细则》并未提到所谓的继承权公证。且只有在申请人不提交经公证的材料或者生效的法律文书之时，才需要所有的继承人到场，而本案杨某某已经向被上诉人提供了合法有效的遗嘱公证，故其并不符合该条规定的需要所有继承人到场的情形。综上，被上诉人依据《司法部、建设部关于房产登记管理中加强公证的联合通知》要求上诉人必须就继承权进行公证，甚至要求所有继承人到场查验的做法，实为相对人创设了新的义务，违反了有关法律法规的规定，也与现行相关规定不相符合。一审判决依据《不动产登记操作规范（试行）》的规定认为需要所有继承人到场调查的观点显属理解错误。

综上，一审判决认定事实清楚，程序合法，但适用法律错误。依据《中华人民共和国行政诉讼法》第八十九条第一款第（二）项之规定，判决如下：

一、撤销安徽省甲市瑶海区人民法院〔2016〕皖 0102 行初 38 号判决；

二、责令被上诉人甲市国土资源局在本判决生效之日起 30 日内履行对上诉人杨某某申请办理坐落于甲市瑶海区铜陵路交口楼 306 号房屋所有权转移登记的法定职责。

一、二审案件诉讼费用各 50 元由被上诉人甲市国土资源局负担。

本判决为终审判决。

审　判　长　李某

代理审判员　潘某

代理审判员　张某

二〇一七年五月二十二日

书　记　员　邓某

附录 16　艾某某、陈某某滥用职权罪、国有公司、企业、事业单位人员滥用职权罪等一审刑事判决书

湖北省神农架林区人民法院
刑 事 判 决 书

〔2019〕鄂 9021 刑初 49 号

公诉机关神农架林区人民检察院。

被告人艾某某。因涉嫌职务犯罪，于 2019 年 6 月 27 日经湖北省监察委员会批准被神农架林区监察委员会采取留置措施；因涉嫌犯滥用职权罪、挪用公款罪、国有公司人员滥用职权罪，于 2019 年 9 月 29 日被神农架林区公安局刑事拘留；因涉嫌犯滥用职权罪、挪用公款罪、国有公司人员滥用职权罪、故意销毁会计凭证、会计账簿罪于 2019 年 10 月 12 日经神农架林区人民检察院批准于同日被神农架林区公安局执行逮捕。现羁押于神农架林区看守所。

辩护人刘某某，湖北三立律师事务所律师。

辩护人陈某某，湖北三立律师事务所律师。

被告人陈某某。因涉嫌犯故意销毁会计凭证、会计账簿罪，于 2019 年 9 月 24 日被神农架林区公安局取保候审；因涉嫌犯滥用职权罪、挪用公款罪、国有公司人员滥用职权罪、故意销毁会计凭证、会计账簿罪，于 2019 年 9 月 30 日被神农架林区人民检察院取保候审，同年 11 月 25 日被本院取保候审。

神农架林区人民检察院以神检一部刑诉〔2019〕16 号起诉书指控被告人艾某某、陈某某犯滥用职权罪、国有公司人员滥用职权罪、挪用公款罪、故意销毁会计凭证、会计账簿罪，于 2019 年 11 月 21 日向本院提起公诉，本院依法适用简易程序，组成合议庭，公开开庭审理了本案。神农架林区人民检察院指派检察员王晓军出庭支持公诉，被告人艾某某及其辩护人刘某某、陈某某，被告人陈某某到庭参加诉讼。现已审理终结。

公诉机关指控：

一、滥用职权罪

为解决有线电视未通达地区的农户看电视问题，原湖北省新闻出版广电局于 2014 年 12 月 2 日印发《湖北省广播电视直播卫星户户通工程建设实施方案》（以下简称《"户户通"实施方案》），规定各级政府是本级"户户通"工作的责任主体，各地广电行政管理部门或政府指定广电机构为"户户通"工作的实施主体。2015 年 5 月，神农架林区人民政府召开专题调研会，议定将原由广电行政主管部门组织实施的"户户通"项目交由林区广电网络公司具体实施。随后，原神农架林区广播电影电视局以人民币 222 元/套的价格共计购进"户户通"设备 5600 套，交与林区广电网络公司负责发放、安装。

2016 年 4 月 4 日，被告人艾某某和陈某某违反《"户户通"实施方案》要求，利用职务之便，私自将 2800 套"户户通"设备以人民币 110 元/套的价格转卖给私营老板陈一峰，获得现金人民币 30.8 万元。

二、国有公司人员滥用职权罪

2017 年上半年，被告人艾某某、陈某某与武汉信德网络技术工程有限公司丹江口市分公司（以下简称"信德丹江口分公司"）负责人常某、项目经理王某商定，由林区广电网络公司与信德丹江口分公司签订虚假施工合同，将项目施工费支付给信德丹江口分公司以后，信德丹江口分公司再以现金的形式将费用返还给林区广电网络公司。截至案发，林区广电网络公司通过上述方式向信德丹江口分公司共计支付人民币 143.506418 万元，信德丹江口分公司扣除税金人民币 4.258 万元后已返回人民币 98.942 万元（包括支付给李斌的人民币 6.642 万元），尚有人民币 40.306418 万元未返回。

2018 年，被告人艾某某、陈某某安排公司职工先后同神农架汇金商贸有限公司、十堰张湾区公园路华某科技经营部、神农架林区松柏镇玉麒麟环保墙布销售中心，以签订虚假合同、虚开发票的形式套取资金，扣除税金人民币 0.3 万元后返回现金人民币 14.143 万元。

具体分述如下：

（1）2017 年 4 月，林区广电网络公司通过与信德丹江口分公司先后签订虚假的梨子坪网络改造施工合同、2016 年村村通工程建设施工合同，套取项目资金 25 万元。同年 6 月，信德丹江口分公司扣除税金 2.7 万元后返现 22.3 万元给林区广电网络公司。

（2）2017 年 6 月，林区广电网络公司通过与信德丹江口分公司签订虚假的郑万线 2 号搅拌站线路转迁施工合同，套取项目资金 20 万元。同年 12 月，信德丹江口分公司返现 20 万元给林区广电网络公司。

（3）2018 年 2 月，林区广电网络公司通过安排中铁一局集团第五工程有限公司与信德丹江口分公司签订虚假的（郑万高铁神农架段）线路迁改建设施工合同，套取项目资金 50 万元。2019 年 1 月，信德丹江口分公司分两次将 50 万元返现给林区广电网络公司。

（4）2019 年 1 月，林区广电网络公司通过与信德丹江口分公司签订虚假的网络工程项目建设施工合同（项目名称：楚天公司西南环线建设（神农架境内））、长途传输网络维护工程施工合同，套取施工劳务费 40.306418 万元。截至案发，该笔资金仍在信德丹江口分公司银行账户，还未返现。

（5）2018 年 7 月，林区广电网络公司通过与信德丹江口分公司签订虚假的水毁抢险施工合同，套取资金 8.2 万元。同月，信德丹江口分公司扣除税金后将 6.642 万元转至林区广电网络公司职工李斌的个人银行账户，后被告人陈某某将其中 6.6 万元借支用于发放奖金。

（6）2018 年 1 月，经被告人艾某某、陈某某等人商量，通过神农架汇金商贸有限公司虚开发票，套取现金 2.378 万元。

（7）2018 年 9 月，林区广电网络公司通过与十堰张湾区公园路华某科技经营部签订虚假的采购合同并开具发票，套取资金 10.8 万元。华某科技负责人朱某东扣除税金后，将 10.5 万元返现给林区广电网络公司职工张俊。

（8）2018 年 12 月，林区广电网络公司与神农架林区松柏镇玉麒麟环保墙布销售中心签订虚假的机顶盒维修合同，套取现金 1.265 万元。

经林区广电网络公司党支部会议决定，将上述套取的现金先后以 2017 年终奖金、2018 年中补贴、2018 年终奖金的形式发放给公司职工，合计 100.6 万元。

三、挪用公款罪

2019年3月12日，被告人艾某某因在武汉购房缺钱，遂向被告人陈某某借钱。被告人陈某某提出将2018年年终奖金结余的10万元现金借给艾某某。被告人艾某某同意后，将10万元现金拿回家交给其妻王兴莲，该款被用于被告人艾某某家庭购房。

四、故意销毁会计凭证、会计账簿罪

2015年6月19日，被告人艾某某、陈某某为解决林区广电网络公司一些不好处理的账目及公司福利，以王辉的名义成立了神农架神辉电子科技有限公司（以下简称"神辉公司"），公司实际管理运营人为艾某某和陈某某。2019年6月上旬，被告人艾某某听闻神农架林区在调查神辉公司的财务账目，认为神辉公司已不再经营，会计凭证、会计账簿留着无用，遂安排被告人陈某某将凭证、账簿销毁。被告人陈某某前往神辉公司办公室，将档案柜中四个装有会计凭证、会计账簿的盒子拿走，丢弃至神农架林区神农一品小区门口的铁皮垃圾箱内。经核实，被销毁的会计凭证、会计账簿账面金额共计305.149706万元。

2019年6月16日，被告人艾某某到神农架林区投案自首，主动交代其与被告人陈某某私自转卖2800套"户户通"设备的犯罪事实。

被告人陈某某到案后主动交代了国有公司人员滥用职权、挪用公款、故意销毁会计凭证、会计账簿的犯罪事实。

2019年10月25日，神农架林区依法收缴陈一峰转卖"户户通"设备非法所得11.2万元、被告人艾某某违规领取的奖金8.5万元和挪用的10万元、被告人陈某某违规领取的奖金5.5万元。

公诉机关认为，被告人艾某某担任林区广电网络公司党支部书记、总经理期间，被告人陈某某担任林区广电网络公司总经理助理、副总经理期间，在受林区政府委托实施"户户通"工程建设中，滥用职权，致使公共财产遭受损失人民币31.36万元，其行为触犯了《中华人民共和国刑法》第三百九十七条第一款，犯罪事实清楚，证据确实、充分，应当以滥用职权罪追究其刑事责任；被告人艾某某、陈某某作为国有控股公司的管理人员，通过签订虚假施工合同、虚开发票的方式套取资金，并以奖金、补贴的名义发放给公司职工人民币 100.6 万元，且套取资金中扣除的税金累计人民币 4.558 万元，致使国家利益遭受重大损失，其行为触犯了《中华人民共和国刑法》第一百六十八条第一款，犯罪事实清楚，证据确实、充分，应当以国有公司人员滥用职权罪追究其刑事责任；被告人艾某某挪用公款人民币 10 万元用于个人购房，被告人陈某某挪用公款人民币 10 万元，超过三个月未还，其行为触犯了《中华人民共和国刑法》第三百八十四条第一款，犯罪事实清楚，证据确实、充分，应当以挪用公款罪追究其刑事责任；被告人艾某某、陈某某违反法律法规，故意销毁公司会计凭证、会计账簿，账面金额共计人民币 305.149706 万元，情节严重，其行为触犯了《中华人民共和国刑法》第一百六十二条之一第一款，犯罪事实清楚，证据确实、充分，应当以故意销毁会计凭证、会计账簿罪追究其刑事责任。并建议对被告人艾某某判处有期徒刑二年至三年，并处罚金人民币二万元；建议对被告人陈某某判处有期徒刑一年至一年六个月，适用非监禁刑，并处罚金人民币二万元。公诉机关提交了书证、证人证言及被告人供述等证据证实。同时提交了神农架林区司法局出具的审前社会调查评估意见书。

被告人艾某某对指控的事实、罪名及量刑建议没有异议，同意适用简易程序，且签字具结，在开庭审理过程中亦无异议。

被告人艾某某的辩护人对指控的事实、罪名及量刑建议没有异议，但提出如下辩护意见：1. 被告人艾某某对滥用职权罪具有自首情节，依法可以从轻或者减轻处罚。2. 被告人艾某某对国有公司人员滥用职权罪、挪用公款罪、故意销毁会计凭证、会计账簿罪具有坦白情节，依法可以从轻处罚。3. 被告人艾某某到案后积极退缴违规领取的奖金和挪用的公款，可以从轻处罚。4. 被告人艾某某自愿认罪认罚，依法可以从宽处理。

被告人陈某某对指控的事实、罪名及量刑建议没有异议，同意适用简易程序，且签字具结，在开庭审理过程中亦无异议。

经审理查明的事实、证据与公诉机关的指控一致。

本院认为，被告人艾某某担任林区广电网络公司党支部书记、总经理期间，被告人陈某某担任林区广电网络公司总经理助理、副总经理期间，在受林区政府委托实施"户户通"工程建设中，滥用职权，致使公共财产遭受损失人民币 31.36 万元，其行为均已构成滥用职权罪；被告人艾某某、陈某某作为国有控股公司的管理人员，通过签订虚假施工合同、虚开发票的方式套取资金，并以奖金、补贴的名义发放给公司职工人民币 100.6 万元，且套取资金中扣除的税金累计人民币 4.558 万元，致使国家利益遭受重大损失，其行为均已构成国有公司人员滥用职权罪；被告人艾某某、陈某某挪用公款人民币 10 万元超过三个月未还，其行为均已构成挪用公款罪；被告人艾某某、陈某某违反法律法规，故意销毁公司会计凭证、会计账簿，账面金额共计人民币 305.149706 万元，情节严重，其行为均已构成故意销毁会计凭证、会计账簿罪，且二人的行为构成共同犯罪。公诉机关指控的罪名成立，本院予以支持。在共同犯罪中，被告人艾某某起主要作用，系主犯；被告人陈某某起次要作用，系从犯，依法应当从轻或者减轻处罚。被告人艾某某、陈某某犯滥用职权罪、国有公司人员滥用职权罪、挪用公款罪、故意销毁会计凭证、会计账簿罪，均应依法惩处，并数罪并罚。被告人艾某某主动投案自首，如实供述其滥用职权犯罪事实，系自首，依法可以从轻或者减轻处罚；被告人艾某某到案后如实供述其国有公司人员滥用职权、挪用公款、故意销毁会计凭证、会计账簿的犯罪事实，系坦白，依法可以从轻处罚；被告人艾某某到案后积极退缴违规领取的奖金和挪用的公款，酌情予以从轻处罚；被告人艾某某认罪认罚，依法可以从宽处理，对其辩护人据此提出的辩护意见予以采纳。被告人陈某某到案后如实供述其滥用职权犯罪事实，系坦白，依法可以从轻处罚；被告人陈某某到案后主动交代纪委监委尚未掌握的国有公司人员滥用职权、挪用公款、故意销毁会计凭证的犯罪事实，系自首，依法可以从轻或者减轻处罚；被告人陈某某案发后积极退缴违规领取的奖金，酌情予以从轻处罚；被告人陈某某认罪认罚，依法可以从宽处理。公诉机关量刑建议适当，本院予以采纳。据此，依照《中华人民共和国刑法》第一百六十二条之一第一款、第一百六十八条第一款、第三百八十四条第一款、第三百九十七条第一款、第二十五条、第二十七条、第六十九条、第六十七条第一款、第三款、第七十二条第一款、第三款、第七十三条第二款、第三款、第五十二条、第五十三条、《最高人民法院、最高人民检察院关于办理贪污贿赂刑事案件适用法律若干问题的解释》第六条、

《最高人民法院、最高人民检察院关于办理渎职刑事案件适用法律若干问题的解释（一）》第一条及《中华人民共和国刑事诉讼法》第二百零一条之规定，判决如下：

一、被告人艾某某犯滥用职权罪，判处有期徒刑六个月；犯国有公司人员滥用职权罪，判处有期徒刑七个月；犯挪用公款罪判处有期徒刑六个月；犯故意销毁会计凭证、会计账簿罪，判处有期徒刑七个月，并处罚金人民币二万元；决定执行有期徒刑二年，并处罚金人民币二万元。

（刑期从判决执行之日起计算。判决执行以前先行羁押的，羁押一日折抵刑期一日，即自2019年6月27日起至2021年6月26日止。罚金自本判决生效后十日内缴清。）

被告人陈某某犯滥用职权罪，判处有期徒刑六个月；犯国有公司人员滥用职权罪，判处有期徒刑六个月；犯挪用公款罪判处拘役五个月；犯故意销毁会计凭证、会计账簿罪，判处有期徒刑六个月，并处罚金人民币二万元；决定执行有期徒刑一年，缓刑一年六个月，并处罚金人民币二万元。

（缓刑考验期限，从判决确定之日起计算。罚金自本判决生效后十日内缴清。）

如不服本判决，可在接到判决书的第二日起十日内，通过本院或者直接向湖北省宜昌市中级人民法院提出上诉，书面上诉的，应当提交上诉状正本一份，副本二份。

审判长 甘 某

审判员 刘某某

审判员 张某某

二〇一九年十二月三十日

书记员 胡 某

附录 17   T 市生态环境局等与倪某再审审查与审判监督行政裁定书

北京市高级人民法院
行 政 裁 定 书

〔2019〕京行申 1679 号

再审申请人（一审原告、二审上诉人）T 市生态环境局，住所地 T 市××区××路××号。

法定代表人温某某，局长。

委托代理人司某某，T 市生态环境局工作人员。

委托代理人郑某某，T 市金诺律师事务所律师。

再审被申请人（一审被告、二审被上诉人）倪某某，男，196×年××月××日出生，汉族，住 T 市××区。

一审第三人普××（T 市）轮胎有限公司，住所地 T 市××区。

法定代表人藤某某，总经理。

委托代理人郝某，×××（T 市）律师事务所律师。

委托代理人高某，×××（T 市）律师事务所律师。

再审申请人 T 市生态环境局（以下简称生态环境局）因环保行政管理一案，不服 T 市铁路运输法院（以下简称一审法院）作出的〔2017〕津××××行初×号行政判决，以及北京市第四中级人民法院（以下简称二审法院）作出的〔2019〕京××行终×号行政判决，向本院申请再审。本院依法组成合议庭对本案进行了审查，现已审查终结。

经审理查明，1997 年 1 月，倪某某入职 T 市锦×轮胎有限公司工作，2000 年普××（T 市）轮胎有限公司（以下简称普××公司）收购 T 市锦×轮胎有限公司。2004 年起倪某某在普××公司压延车间大压延导开岗位工作，该工作岗位系放射性工作。2014 年 3 月，倪某某被诊断为多发性骨髓瘤。2015 年 2 月 10 日，倪某某至生态环境局进行举报要求：1. 出示购置、安装

PT 机未规定到环保部门备案的法律文件。2. 2009 年接受单位委托对普××公司进行监测，哪部法律规定接收委托监测时不需要单位出示辐射安全许可证。3. 对普××公司无辐射安全许可证使用 PT 机 10 年，要求查处。2015 年 2 月 26 日，生态环境局对倪某反映的上述三个问题予以答复，答复内容中包括"对普××公司 2004 至 2014 年期间无证使用射线装置的行为基本属实，下一步将依法进行调查处理，并将情况及时告知。"2015 年 6 月 7 日，倪某某向生态环境局申请公开对普××公司十年无《辐射安全许可证》的处罚结果。2015 年 6 月 17 日，生态环境局以 183 号政府环境信息公开告知书答复，内容为："2015 年 4 月对普××公司安装并使用射线装置项目未依法办理竣工环境保护验收手续进行了处罚（×市环罚字〔2015〕×号）。关于对该公司的处罚情况已经在网站公示。在此之前，普××公司使用射线装置未有处罚信息。"2016 年 5 月 18 日，倪某某向生态环境局申请公开从 2004 年至 2013 年底对普××公司 PT 机的日常监查记录。2016 年 6 月 6 日，生态环境局以 108 号政府环境信息公开告知书予以答复，内容为"经查证，没有 2004 年至 2013 年底对普××公司 PT 机的日常监查记录，无相关政府信息"。2015 年，倪某某还向 T 市北辰区安全生产监督管理局进行过举报，该局予以了回复，内容包括"《辐射安全许可证》由环保部门发放，应由相关部门管辖"。此外，倪某某曾分别向 T 市××区人民法院、T 市××区人民法院提出过劳动合同纠纷诉讼，上述法院在判决书中均确认了倪某某自 2004 年在普××公司放射性岗位工作的事实。另查明，普××公司于 2004 年 3 月购入电子加速器（又称 PT 机）一台，于 2004 年 9 月购入 X-ray 射线检测系统及 X 射线行传感照相机各一台。这 3 台设备于 2004 年 10 月开始调试安装投入使用。普××公司委托 T 市辐射环境管理所对 PT 机、X 射线探伤机周围辐射环境进行监测。2009 年 2 月 17 日，T 市辐射环境管理所出具监测报告一份。2009 年 4 月 2 日，普××公司向生态环境局提出报批 PT 机、X-ray 检测系统项目环境影响报告表的请示。2009 年 6 月 11 日，生态环境局出具了《关于普××公司 PT 机、X 射线检测系统核技术应用项目环境影响报告表的批复》。2016 年，普××公司两次因运行中的燃油锅炉排放二氧化硫和氮氧化物超过 T 市规定的排放标准，而被 T 市北辰区环境保护局给予行政处罚。

倪某某不服上述行政处罚，向一审法院提起行政诉讼，请求依法确认生态环境局未对普××公司放射性同位素、射线装置的安全和防护工作履行法定监督管理职责的行为违法并承担案件受理费。一审法院经审理，判决生态环境局自 2009 年至 2013 年年底未对普××公司射线装置的安全和防护工作履行法定监督管理职责的行为违法；驳回倪某其他诉讼请求。生态环境局不服一审判决，上诉至二审法院。

二审法院另查明，2009 年 1 月，普××公司向生态环境局递交环评报告，2009 年 4 月 2 日提出申请，2009 年 6 月 11 日获得生态环境局的批复。2012 年 2 月，普××公司购入 1 台 X 射线检测机。2014 年 1 月取得环评批复，2014 年 3 月，普××公司就其所购入的 4 台射线设备提交办理辐射许可证申请。2014 年 6 月 20 日，生态环境局向普××公司颁发津环辐证〔00639〕《辐射安全许可证》。一审期间"T 市环境保护局"名称变更为"T 市生态环境局"。

二审法院认为本案有以下三个争议焦点问题：一、倪某某是否具有诉讼主体资格；二、倪某某起诉是否超过起诉期限；三、生态环境局是否具有法定职责以及是否存在未依法履行职责的情形。第一，关于倪某某是否具有诉讼主体资格的问题。二审法院认为，根据《中华人民共和国行政诉讼法》第二条第一款规定，公民、法人或者其他组织认为行政机关和行政机关工作人员的行政行为侵犯其合法权益，有权依照本法向人民法院提起诉讼。由于行政行为既包括作为，也包括不作为，故行政行为侵犯公民合法权益，既可以由行政机关积极作为引起，也可以由行政机关消极不作为引起。本案中，普××公司的放射性装置在未经验收、未取得辐射安全许可的情况下即投入使用，倪某某在普××公司放射性岗位工作多年并在此期间被诊断为多发性骨髓瘤。生态环境局作为具有监督管理职责的机关，没有相应期间的日常监查记录等证据证明其已履行监管职责。在此情况下，倪某某认为因生态环境局不履行监管职责使自己的合法权益遭受侵害，其有权提起行政诉讼，具有诉讼主体资格。第二，关于倪某某起诉是否超过起诉期限的问题。二审法院认为，根据《最高人民法院关于适用〈中华人民共和国行政诉讼法〉的解释》第六十六条规定，公民、法人或者其他组织依照行政诉讼法第四十七条第一款的规定，对行政机关不履行法定职责提起诉讼的，应当在行政机关履行法定职责期限届满之日起六个月内提出。《放射性同位素与射线装置安全和防护条例》（2005 年）第四十六条第一款规定，县级以上人民政府环境保护主管部门和其他有关部门应当按照各自职责对生产、销售、使用放射性同位素和射线装置的单位进行监督检查。本案中，生态环境局作为县级以上人民政府环境保护主管部门，对使用射线装置的单位具有监管职责。普××公司自 2004 年安装使用射线装置直至 2014 年才取得 4 台射线装置的辐射安全许可证，在此 10 年期间有 3 台射线装置始终处于使用过程中。倪某在 2014 年患病后，开始关注普××公司使用射线装置的情况，并采取各种方式到生态环境局要求取得相关信息，并申请信息公开等，说明普××公司违法行为一直存在，相应环保部门的监督管理职责也一直存续，没有届满时间段的强制规定。故倪某本次诉讼未超过起诉期限。第三，关于生态环境局是否具有法定职责以及是否存在未依法履行职责情形的问题。二审法院认为，根据《放射性同位素与射线装置安全和防护条例》（2005 年）第四十六条第一款的规定，县级以上人民政府环境保护主管部门和其他有关部门应当按照各自职责对生产、销售、使用放射性同位素和射线装置的单位进行监督检查。本案中，普××公司于 2004 年将 3 台射线装置安装投入使用，2009 年 1月递交环评报告，2009 年 6 月生态环境局予以批复，内容包括"使用上述射线装置必须依法取得《辐射安全许可证》""要求企业每年 1 月 31 日前向市环保行政主管部门报送安全和防护状况年度评估报告。"并"请 T 市辐射环境管理所负责该辐射应用项目实施过程中辐射环境保护的监督检查工作。"在上述报告出具前，生态环境局所属的 T 市辐射环境管理所到现场对普××公司的射线装置进行了监测并出具监测报告。根据上述事实并结合相关法律规定，生态环境局作为市级环保部门，属于县级以上环境保护主管部门，同时作为普××公司环境影响评价文件的审批部门，其具有相应的监督检查职责，其亦未举证证明不同层级环境保护主管部门的具体分工，故不能排除其监管职责。作为对使用射线装置的单位具有监管职责的部门，生态环境局在 2009 年普××公司申请射线装置环境影响报告的行政许可时，就应当知道该企业有安装使用射线装置的计划，对该企业应该更加予以关注、加强监管。而生态环境局未及时发现该企业射线装置未经验收使用的事实，监督管理上存在疏漏。对于2009年之前普××公司使用射线装置的情况，企业没有任何的申报行为，没有任何相关人员举报或信访的情况，也没有证据证实生态环境局知道或者应当知道的情形，故不存在违法不作为的情况。2014年1月，普××公司取得了生态环境局所作的环评批复；2014年6月20日，生态环境局向普××公司颁发《辐射安全许可证》，可以认为在2014年生态环境局履行了相应的检查管理责任。故自2009年至2013年底，生态环境局存在对普××公司使用放射装置的情况关注不够、监管不足、未履行相应的法定监督管理职责的情形。

综上，二审法院认为一审法院认定事实清楚，适用法律法规正确，程序合法，应予维持。生态环境局的上诉理由不能成立，对其上诉请求予以驳回。依据《中华人民共和国行政诉讼法》第八十九条第一款第一项规定，判决驳回上诉，维持一审判决。

生态环境局向本院提起再审申请，请求本院撤销一、二审法院判决。主要理由如下：第一，一、二审法院未查明案件基本事实，主要证据不足。一、二审法院未查明被申请人个人权益受损的事实，未对第三人提交的关键性证据予以认定，错误认定被申请人合法权益遭受侵害与申请人不履行职责之间具有因果关联。第二，一、二审法院违背立法本义，错误认定申请人具有监管责任。第三，一、二审法院违法认定行政诉讼未超过起诉期限。被申请人提起一审诉讼显已超过法定期限，一审法院应当裁定驳回起诉。

普××公司向本院述称，被申请人倪某某所患疾病与第三人工作环境无关；生态环境局对普××公司进行了监管，履行了监管责任。请求本院依法支持再审申请人的诉讼请求。

本院认为，根据《中华人民共和国行政诉讼法》第二条第一款规定，公民、法人或者其他组织认为行政机关和行政机关工作人员的行政行为侵犯其合法权益，有权依照本法向人民法院提起诉讼。行政行为既包括作为，也包括不作为，故行政行为侵犯公民合法权益，既可以由行政机关积极作为引起，也可以由行政机关消极不作为引起。本案中，基于普××公司的放射性装置在未经验收、未取得辐射安全许可的情况下即投入使用，因倪某某在该公司放射性岗位工作多年并在此期间被诊断为多发性骨髓瘤。鉴于生态环境局作为具有监督管理职责的机关，在涉案相应期间，没有日常监查记录等证据，未尽其履行监管之职责。故倪某某认为因生态环境局不履行监管职责使其合法权益遭受侵害而有权提起行政诉讼，一、二审法院认为倪某具有诉讼主体资格，并无不当，本院应予支持。

根据《最高人民法院关于适用〈中华人民共和国行政诉讼法〉的解释》第六十六条规定，公民、法人或者其他组织依照行政诉讼法第四十七条第一款的规定，对行政机关不履行法定职责提起诉讼的，应当在行政机关履行法定职责期限届满之日起六个月内提出。《放射性同位素与射线装置安全和防护条例》（2005年）第四十六条第一款规定，县级以上人民政府环境保护主管部门和其他有关部门应当按照各自职责对生产、销售、使用放射性同位素和射线装置的单位进行监督检查。本案中，生态环境局作为县级以上人民政府环境保护主管部门，对使用射线装置的单位具有监管职责。普××公司自2004年安装使用射线装置直至2014年才取得4台射线装置的辐射安全许可证，在此10年期间有3台射线装置始终处于使用过程中。倪某某在2014年患病后开始关注普××公司使用射线装置的情况，并采取各种方式到生态环境局要求取得相关信息，并申请信息公开等，说明普××公司违法行为一直存在，相应环保部门的监督管理职责也一直存续，没有届满时间段的强制规定。故一、二审法院认定倪某本次诉讼未超过起诉期限是正确的。

根据《放射性同位素与射线装置安全和防护条例》（2005年）第四十六条第一款的规定，县级以上人民政府环境保护主管部门和其他有关部门应当按照各自职责对生产、销售、使用放射性同位素和射线装置的单位进行监督检查。本案中，普××公司于2004年将3台射线装置安装投入使用，2009年1月递交环评报告，2009年6月生态环境局予以批复，内容包括"使用上述射线装置必须依法取得《辐射安全许可证》""要求企业每年1月31日前向市环保行政主管部门报送安全和防护状况年度评估报告"。并"请T市辐射环境管理所负责该辐射应用项目实施过程中辐射环境保护的监督检查工作"。在上述报告出具前，生态环境局所属的 T 市辐射环境管理所到现场对普××公司的射线装置进行了监测并出具监测报告。据此并结合相关法律规定，生态环境局作为市级环保部门，且作为普××公司环境影响评价文件的审批部门，其具有相应的监督检查职责。作为对使用射线装置的单位具有监管职责的部门，生态环境局在 2009 年普××公司申请射线装置环境影响报告的行政许可时，应知道该企业有安装使用射线装置的计划，对该企业应该更加予以关注、加强监管。而生态环境局未及时发现该企业射线装置未经验收使用的事实，监督管理上存在疏漏。鉴于 2009 年之前普××公司使用射线装置的情况，企业没有任何的申报行为，没有任何相关人员举报或信访的情况，也没有证据证实生态环境局知道或者应当知道的情形，故不存在违法不作为的情况。但 2014 年 1 月，普××公司取得了生态环境局所作的环评批复；2014 年 6 月 20 日，生态环境局向普××公司颁发《辐射安全许可证》，可认为在 2014 年生态环境局履行了相应的检查管理责任。故自 2009 年至 2013 年底，生态环境局存在对普××公司使用放射装置的情况关注不够、监管不足、未履行相应的法定监督管理职责的情形。

综上，生态环境局的再审申请理由不能成立，其再审申请不符合《中华人民共和国行政诉讼法》第九十一条的规定，依照《最高人民法院关于适用〈中华人民共和国行政诉讼法〉的解释》第一百一十六条第二款规定，裁定如下：

驳回 T 市生态环境局的再审申请。

审　判　长　赵某某

审　判　员　支某某

审　判　员　刘某某

二○二○年×月×日

法官助理　唐某某

书　记　员　周某某

附录 18　S 县水利局、杨某水利行政管理（水利）二审行政判决书

H省 Z 市中级人民法院
行 政 判 决 书

〔2018〕湘 08 行终 33 号

上诉人（原审被告）S 县水利局，住所地：H 省 S 县×镇××路××号。

法定代表人谷某某，局长。

委托代理人廖某某，男，197×年××月××日出生，××族，系 S 县水利局工作人员，住 H 省 S 县。

委托代理人陈英才，H 省昌隆律师事务所律师。

被上诉人（原审原告）杨某，男，196×年××月××日出生，土家族，住 H 省 S 县。

委托代理人杨元勇，男，198×年××月××日出生，×族，系杨某之子。住 H 省 S 县。

委托代理人蒋训民，H 省××律师事务所律师。

上诉人 S 县水利局因与被上诉人杨某行政协议及行政赔偿一案，不服 H 省 S 县人民法院〔2017〕×××行初××号行政判决，向本院提起上诉。本院依法组成合议庭，对本案进行了审理，现已审理终结。

原审判决查明：被告 S 县水利局依据 2013 年 2 月 16 日 H 省水利厅关于对《S 县××河等河道砂石开采权有偿出让方案》的批复及 9 月 25 日 S 县人民政府关于县内河道采砂权有偿出让的批复，于 2013 年 9 月 30 日，委托拍卖机构发布拍卖公告对 Z 市市 S 县××河干流、南、中、北源等河流河道砂石开采权进行公开拍卖。其中标段二为××河电站库区，可采区起于电站大坝上游 500 米，止于电站库区李家冲，采区长度 5.72 千米，采砂机具类型及控制数量为挖砂船 3 艘。拍卖公告设定的竞买报名条件为："1. 竞买人须为具备完全民事行为能力的自然人，依法核准登记的中华人民共和国企业法人或其他组织，且

近 2 年内没有违法采砂记录。2. 竞买人可独立或联合报名参加竞买"，对于办理采砂许可证的条件未予公示告知。原告杨某在报名时间内申请对标段二参与竞买，提交了"竞买申请登记表"。2013 年 10 月 23 日，拍卖机构向原告杨某发放"竞买资格确认书"原告于当日参加拍卖会。之后原告杨某以 100 万元出价成交竞得标段二，与被告 S 县水利局签订"拍卖成交确认书"，并向拍卖机构缴纳拍卖佣金 5 万元。2013 年 12 月 23 日，原告杨某向被告缴清成交价款与其签订《出让合同》，出让年限为 3 年即从 2013 年 12 月 23 日至 2016 年 12 月 22 日。《出让合同》第十条约定："受让人在合同签订后及时按照《H 省河道采砂许可证发放管理试行办法》的规定向水行政管理部门提交办理《河道采砂许可证》的申请。禁止伪造、涂改、买卖、出租、出借或者以其他方式转让河道采砂许可证；河道采砂许可证实行年度登记管理，具体事项按《H 省河道采砂许可证发放管理试行办法》办理。"第二十二条规定："受让人按合同约定支付出让成交价款的，出让人必须依法给受让人办理《河道采砂许可证》，由于出让人未按规定办理《河道采砂许可证》而影响受让人对本合同项下砂石开采权的，每延期一日，出让人应当按受让人已经支付的出让成交价款的 0.3% 向受让人给付违约金。"签订合同前，被告未就办理采砂许可证所需的材料向原告进行告知，也未对原告是否符合申请河道采砂许可证条件进行审查。在双方签订的合同中，被告未将申请办理河道采砂许可证所需要提交的材料列明。合同签订后，被告 S 县水利局于 2015 年 5 月 5 日给原告杨某送达桑水通字〔2015〕7 号关于办理《河道采砂许可证》的通知，并列明需要提交的相关资料，通知中载明的河道为"郁水银屋场河段"。2015 年 9 月 14 日，原告杨某向 S 县水利局提交出面申请，要求被告发放河道采砂许可证。因原告没有按照要求向被告提交采砂船舶检验证书等资料被告 S 县水利局于 2015 年 9 月 23 日作出答复告知不能办理《河道采砂许可证》，要求原告将相关资料提交齐全后再作出书面决定。原告杨某在被告答复的送达回证上签字注明除海事证没有以外，其他资料均已提交。双方因履行合同发生争议后，至今未协商解决。原告为履行合同于 2014 年修建六耳塔至老狮洞公路一条，造采砂船两套（四艘），经司法鉴定，所建道路评估原值为 20.72 万元，采砂船评估原值为

80 万元，净值为 40.8 万元。原告为办理砂场先后向 H 省 S 县农村商业银行股份有限公司龙潭坪支行贷款两笔，一笔 50 万元，贷款期间为 2013 年 10 月 1 日至 2017 年 2 月 27 日；另一笔 50 万元，贷款时间为 2014 年 3 月 3 日，至今未还。两笔贷款共计 100 万元，月利率为 10.25‰。另查明，被告出让的××河电站库区河段属 1996 年经国务院批准成立的 H 省 Z 市××国家级自然保护区范围。该河道采砂权有偿出让行为未经××自然保护区管理处及相关主管部门的批准。

原审判决认为：保护环境是国家的基本国策，一切单位和个人都有保护环境的义务。《中华人民共和国自然保护区条例》第二十六条规定："禁止在自然保护区内进行砍伐、放牧、狩猎、捕捞、采药、开垦、烧荒、开矿、采石、挖沙等活动；但是，法律、行政法规另有规定的除外。"《中华人民共和国矿产资源法》第二十条规定，"非经国务院授权的有关主管部门同意，不得在下例地区开采矿产资源：……（五）国家划定的自然保护区……"，《最高人民法院关于审理矿业权纠纷案件适用法律若干问题的解释》第十八条规定"当事人约定在自然保护区、风景名胜区、重点生态功能区、生态环境敏感区和脆弱区等区域内勘察开采矿产资源，违反法律、行政法规的强制性规定或者损害环境公共利益的，人民法院应依法认定合同无效。"被告作为水利行政管理部门，在实施河道采砂管理行为时应执行环保法律法规，不能违反法律法规的禁止性规定来约定在自然保护区等区域内开采矿产资源。Z 市××国家级自然保护区于 1996 年获批设立，2016 年国家农业部对自然保护区功能区进行调整，但保护区的范围并未变更。本案争议行政协议项下的采砂河段在实施拍卖和签订出让协议时已是国家级自然保护区范围，属于禁止采砂区域，××自然保护区管理处在发现被告的拍卖行为后，按照职责要求终止拍卖，被告在未取得自然保护区主管部门明确批准的情况下不能继续实施出让行为。《中华人民共和国行政诉讼法》第三十四条规定，被告对作出的行政行为负有举证责任，应当提供作出该行为的证据和所依据的规范性文件。庭审证据表明，该河道采砂权有偿出让行为未经国务院授权的有关主管部门同意，被告违反上述禁止性规定，实施拍卖出让，所签订的《出让合同》无效。法律、行政法规的禁止性规定属于当然的效力性强制规定，被告主张为管理性强制规定的意见不予采纳。

依据《中华人民共和国行政许可法》第十二条第二项的规定，国家对有限自然资源开发利用施行行政许可制度，《中华人民共和国矿产资源法》《H省矿产资源管理条例》对开采砂石资源的审批做出了明确规定。《中华人民共和国行政许可法》第五十三条第一款规定"实施本法第十二条第二项所列事项的行政许可的，行政机关应当通过招标、拍卖等公平竞争的方式作出决定。"依据上述法律规定，实施河道砂石开采依法属于行政许可事项，而组织河道砂石开采权拍卖、签订出让协议是实施行政许可的具体程序，应受行政许可相关法律法规调整。《中华人民共和国行政许可法》第五十三条第三款规定，"行政机关按照招标、拍卖程序确定中标人、买受人后，应当作出准予行政许可的决定，并依法向中标人、买受人颁发行政许可证件"。原、被告签订的《出让合同》第二十二条约定，"受让人按合同约定支付出让成交价款的，出让人必须依法给受让人办理《河道采砂许可证》"。按照上述法律规定及合同约定，被告在组织拍卖确定中标人后，应与买受人订立出让协议并颁发河道采砂许可证。《中华人民共和国行政许可法》第三十条规定行政机关对实施行政许可的条件、需要提交的材料等应在办公场所公示。河道砂石开采权有偿受让申请人的条件及申请时应提交的资料《H省河道砂石开采权有偿出让管理办法》第七条、第九条有明确规定，被告在实施拍卖时应对相关要求进行公示，使竞买人在对许可证颁发条件有充分了解的情况下参与竞拍、订立出让合同。但该次竞拍前，被告未按照《H省河道砂石开采权有偿出让管理办法》的相关要求对河道采砂许可申请的条件进行公示，仅规定了较为简单的竞买报名条件，签订《出让合同》时也未对申请条件予以明示和审查，使原、被告在签订《出让合同》后对采砂许可证的颁发产生误解，双方发生争议。最终原告因不能提交完整申请材料、不符合颁证条件而未取得采砂许可证，《出让合同》没有实际履行与被告在实施行政许可过程中未尽到公示告知职责有一定的关系。

被告实施的出让行为无效且未向原告颁发河道采砂许可证，原告即不具备合法采砂资质，即使在竞得河段实施了采砂行为，亦是违法行为，不能视为是对《出让合同》的履行。被告的上述违法行为致使行政协议未能实际履行，造成的经济损失客观存在，被告应承担赔偿责任。对原告主张的各项赔偿请求，做如下认定：《出让合同》未能实际履行，被告获得的出让款 100 万元无取得依据，应予返还；原告支付的拍卖佣金 50000 元为订立合同过程中已实际造成的损失，予以认定。原告主张 100 万元出让款为依法获批的金融机构借款，有借据等材料证实，对该笔贷款利息损失应予认定，两笔借款利息分别为 198337.5 元（2013 年 12 月 23 日至 2017 年 2 月 27 日期间，500000 元×10.25‰×1161 天÷30 天）、252833.33 元（2014 年 3 月 3 日至 2018 年 3 月 23 日期间，500000 元×10.25‰×1480 天÷30 天），共计 451170.83 元。按照《H省河道砂石开采权有偿出让管理办法》第七条、第九条的规定，制备采砂船为取得河道采砂许可证的先行条件，故原告为取得采砂许可证积极制造采砂船存在合理性，对其损失本院予以认可。因原告的两艘采砂船尚有一定的价值，依据司法评估对其损失认定为 392000 元（评估原值 800000 元-评估净值 408000 元）。原告主张修建六耳塔至老狮洞道路的事实，有当地基层组织证实客观存在，该项支出具有合理性，经现场核实原告修建道路为专属通道，于原告无其他利用价值，故对该项损失予以认可，依据司法评估意见其损失金额认定为 207200 元（评估原值）。司法鉴定费用损失 20000 元有票据证实，予以认可。原告主张的购买挖机、装载机的损失并非订立合同阶段所必然必须支出的费用，原告就办证事宜与被告产生重大分歧，在未取得合法采砂许可证的情况下应谨慎投入避免扩大损失，故对两项损失不予支持。原告要求对佣金、修路及采砂船造价利息进行赔偿的主张没有法律依据，不予支持。上述佣金、出让金利息、采砂船、修路、司法鉴定损失合计 1120370.83 元。

原告以被告违约提起诉讼要求解除行政协议，本院在审理过程中查明其主张的行政行为的效力与本院根据案件事实做出的认定不一致，经本院释明后，原告变更诉讼请求符合法律规定，可以一并审理。

综上，依照《中华人民共和国行政许可法》第三十条、第五十三条，《中华人民共和国矿产资源法》第二十条，《中华人民共和国自然保护区条例》第二十六条，《中华人民共和国行政诉讼法》第三十四条、第三十八条第二款，

第七十五条、第七十六条、第一百零一条，《中华人民共和国民事诉讼法》第一百四十条，《最高人民法院关于适用〈中华人民共和国行政诉讼法〉的解释》第七十条、第九十五条、第九十九条第（四）项，《最高人民法院关于适用〈中华人民共和国民事诉讼法〉的解释》第二百五十一条，《最高人民法院关于审理矿业权纠纷案件适用法律若干问题的解释》第十八条的规定，判决为：一、确认原告杨某与被告 S 县水利局签订的《Z 市 S 县××河电站库区河道砂石开采权出让合同》无效。二、被告 S 县水利局于本判决生效之日起 15 日内向原告杨某返还出让款 1000000 元；三、被告 S 县水利局于本判决生效之日起 15 日内赔偿原告杨某各项经济损失 1120370.83 元。四、驳回原告杨某其他诉讼请求。案件受理费 16470 元，由被告 S 县水利局负担。

S 县水利局不服该判决，上诉称：一、一审法院判决违反法定程序，应予纠正。该案原经二审裁定发回重审，重审期间，被上诉人直接变更诉讼请求无法律依据，对被上诉人要求确认行政出让合同违法和无效，同时提出损失赔偿请求的审判行为违反法定程序，应予纠正。诉讼中上诉人请求追加 S 县人民政府和 H 省水利厅为案件当事人被一审法院裁定驳回没有法定依据，严重损害了上诉人的诉权。二、一审判决认定事实矛盾和错误，严重偏离了客观事实。被上诉人按照合同进行采砂行为，行政机关没有对被上诉人采取禁止行为，一审法院认定"被上诉人采砂行为属非法采砂"超越了法定职权；上诉人的行政出让行为经过 H 省水利厅和 S 县人民政府的批复同意，符合《中华人民共和国自然保护区条例》第 26 条和《中华人民共和国矿产资源法》第 20 条的规定，行政出让合同是合法的、有效的；一审认定 Z 市××自然保护区管理处出具的函告具有法律效力是错误的，同时认定项目所处保护区功能区划河段位置示意图无任何公示依据佐证，1996 年保护区上报该规划时根本没有河段规划位置图，保护区管理单位也没有作任何公示和区县人民政府衔接，只是为了得到上级的项目款和经费，直到砂石出让批复时都没有任何详细规划。一审认定被上诉人为履行出让合同修建六耳塔至老司洞公路价值 20.72 万元不符合客观事实。一审认定被上诉人的采砂船评估价值为 80 万元和净值为 40.83 万元无合法依据。一审采纳鉴定机构的鉴定结果有失偏袒，违背客观事实。一审认定被上诉人在 2014 年到农村信用社的借款 100 万元及利息属于拍卖成交款，认定为损失无合法依据。三、行政出让合同的审理不属于《自然保护区条例》调整范畴。本案涉及的行政出让合同已经市县人民政府、省水利厅批复同意，从相关证据和案件事实来看，出让行为不损害国家利益和社会公共利益，不存在导致出让合同无效的法定情形。《中华人民共和国自然保护区条例》的调整对象是对行政相对人的行为作出调整，并非对行政机关的本身行政行为进行调整，而本案审理的是行政机关的行政出让行为。且该条例属于管理性条文，不属于效力性规定，对行政机关本身的行政行为无调整效力。《中华人民共和国合同法》第 52 条及最高人民法院关于适用《合同法》若干问题的解释〈二〉第 14 条：合同法第 52 条第（五）项规定的"强制性规定"是指效力性强制性规定，从自然保护区条例整体条文来看，均为管理性条例，且对行政相对人的行为作出了明确规定，但对行政机关的行政出让行为未作任何效力性规定。四、被上诉人主张上诉人没有为其颁发"采砂许可证"是行政出让合同有效违约，应承担违约责任，该诉讼的前置要件不成立。"采砂许可"与"行政出让合同"是两个不同的行政行为，被上诉人在主张行政出让合同有效违约之前，对"采砂许可"行政行为没有依法提起该行政行为是否合法之诉。一个行政诉讼案件，不可能同时解决两个行政行为的合法性，被上诉人要求在行政出让合同中审查和确认"采砂许可"是违约的先决条件没有法律依据，因此，被上诉人主张行政出让合同有效违约的条件不成立，应依法予以驳回。

综上，上诉人的行政出让行为经过了 S 县人民政府和 H 省水利厅的批复同意，不违反《中华人民共和国自然保护区条例》第 26 条和《中华人民共和国矿产资源法》第 20 条的规定。一审判决违反法定程序，被上诉人直接变更诉讼请求和请求赔偿不符合法定程序，无法律依据；一审判决认定事实错误和矛盾，上诉人与被上诉人的行政出让合同已得到全面履行；一审认定被上诉人采砂属非法行为超越职权，认定合同无效属于适用法律错误。至此，上诉人依法提出上诉，请二审法院依法撤销一审判决，改判驳回被上诉人的诉讼请求。

被上诉人杨某没有提交书面答辩状。在二审审理中组织双方当事人询问时，陈述称：1. 一审法院程序合法。原来的诉求是解除原被告签订的合同，一审开庭时，经过法院的释明，被上诉人将诉讼请求进行了适当变更。诉讼请求四是对诉讼请求三的细化，没有增加诉讼请求。2. 一审法院认定事实清楚，证据确凿，符合客观事实。3. 行政出让合同的审理同样受自然保护区条例调整范围的约束。原审法院依职权调取证据的 2016 年国务院附件没有否定 2006 年的条例，Z 市××自然保护区的范围一直没有改变。4. 被上诉人认为合同是无效违约的理由不成立，合同的效力应由法院依职权审理后判定。原审法院依职权调取的证据 4 终止拍卖的函告可以证明 Z 市××国家级自然保护区管理处对上诉人进行了告知。被上诉人贷款产生的利息实际存在，一审认定公路是被上诉人杨某修建的事实清楚，有第三方作出鉴定结论的足以认定。

当事人一审提交并质证的证据已随案移送本院，经审查，可以作为认定本案事实的根据。二审认定的事实与一审认定的事实一致。

另查明：上诉人 S 县水利局于 2013 年 6 月 14 日委托相关拍卖公司对外发布该批次河道砂石开采权有偿出让标段公开拍卖公告，Z 市××国家级自然保护区管理处于 2013 年 6 月 17 日以上诉人 S 县水利局拟拍卖河道标段属 H 省 Z 市××国家级自然保护区位于核心区、缓冲区，其公开拍卖砂石开采权严重违反《中华人民共和国自然保护区条例》第二十六条的规定，应当终止本次违法拍卖行为。2013 年 7 月 2 日，S 县人民政府向 H 省畜牧水产局上报《关于请求同意 S 县河道采砂权拍卖工作的请示》，请求同意如期进行河道采砂权拍卖工作。但没有得到相关部门的答复，2013 年 9 月 25 日，上诉人 S 县人民政府根据 S 县水利局的请示，以桑政函〔2013〕239 号批复同意。2013 年 9 月 30 日，上诉人 S 县水利局委托相关拍卖公司再次发布拍卖公告启动公开拍卖程序。

为此，H 省 Z 市××国家级自然保护区管理处于 2017 年 8 月 30 日，以××保函〔2017〕75 号向 S 县人民法院出具《关于 S 县××河电站库区河段采砂项目涉保护区情况的复函》，回复如下：一、根据你院提供的项目坐标经保护区卫星图定位，该坐标范围河段属保护区核心区（项目所处保护区功能区划河段位置示意图见附件 2）。二、澧水河道采砂权有偿出让的行为，未经我处及上级主管部门的批准。我处于 2013 年 6 月 17 日以××保函〔2013〕06 号

《关于终止澧水三源及酉水河段砂石开采权拍卖的函告》，告知 S 县水利局等部门在自然保护区河段采砂行为涉嫌违法，要求终止对相关河段采砂权的拍卖。三附件及送达回证均附在复函之后。

为：本案争议的焦点是上诉人 S 县水利局通过行政审批及挂牌出让拍卖程序，与被上诉人杨某签订的《Z 市市 S 县××河电站库区河段河道砂石开采权出让合同》（以下简称《出让合同》）等行政行为是否依法应当认定"重大且明显违法"及双方在签订《出让合同》被确认无效后因此造成被上诉人直接经济损失是否给予行政赔偿的问题。其一，关于上诉人 S 县水利局通过公开拍卖河道砂石开采权行为是否应当遵守《中华人民共和国自然保护区条例》第二十六条："禁止在自然保护区范围内进行砍伐、采石、挖沙等活动"及《中华人民共和国矿产资源法》第二十条："非经国务院授权的有关主管部门同意"，"不得在国家划定的自然保护区开采矿产资源"的规定，该公开拍卖行为是否应当确认无效的问题。本案中，上诉人 S 县水利局虽然经过 H 省水利厅相关文件批复澧水三源及酉水河段（含电站库区标段）河道砂石开采权有偿出让，但是，H 省 Z 市××国家级自然保护区管理处作为 Z 市××国家级自然保护区的××保护主管部门，以××保函〔2013〕06 号函告上诉人 S 县水利局终止公开拍卖采砂出让行为，并告知相关提起行政复议或行政诉讼的权利。S 县人民政府请示省畜牧水产局请求如期开展拍卖出让采砂权，但是没有证据得到相关部门的同意。被上诉人杨某参与上诉人 S 县水利局委托相关拍卖公司组织的公开拍卖竞价成功，2013 年 10 月 23 日，上诉人 S 县水利局与被上诉人杨某签订《拍卖成交确认书》，杨某按期交纳该电站库区标段河道砂石开采权成交价 100 万元，拍卖佣金 5 万元。同日，上诉人 S 县水利局与被上诉人杨某签订《出让合同》。签订合同后，S 县水利局一直未按合同约定为杨某办理《河道采砂许可证》。上诉人 S 县水利局通过公开拍卖与被上诉人杨某签订《出让合同》所载明有偿出让 H 省 Z 市××国家级自然保护区核心区河道砂石开采权的行为明显违反《中华人民共和国自然保护区条例》第二十六条、《中华人民共和国矿产资源法》第二十条、《中华人民共和国合同法》第五十二条的规定，参照《最高人民法院关于审理矿业权纠纷案件适用法律若干问题的解释》第十八条的规定，属于人民法院行政诉讼审理的行政行为的受理范围，符合《中华人民共和国行政诉讼法》第七十五条"没有依据等重大且明显违法情形"的规定，人民法院应当判决确认无效。因此，原审判决确认上诉人S县水利局以公开拍卖Z市××国家级自然保护区水域河道砂开采权所签订的《出让合同》无效并无不当。上诉人S县水利局以经过省水利厅等相关部门批准同意公开拍卖砂石开采权，不应适用上述法律法规的规定，应当免除其依法行政的法定职责，不应认定"重大且明显违法"的理由没有事实依据和法律依据，本院不予支持。其二，关于行政赔偿的数额计算问题。《中华人民共和国国家赔偿法》第二条规定"国家机关和国家机关工作人员行使职权，有本法规定的侵犯公民、法人和其他组织合法权益的情形，造成损害的，受害人有依照本法取得国家赔偿的权利。"《中华人民共和国行政诉讼法》第七十六条规定"人民法院判决确认违法或者无效的。给原告造成损失的，依法判决被告承担赔偿责任。"本案中，被上诉人杨某因与上诉人S县水利局签订的《出让合同》被依法确认无效后，又因在实际履行中因未办理开采河道采砂许可证，致使被上诉人杨某不能正常开采经营所造成的损失。应当依照《中华人民共和国国家赔偿法》第三十六条第（八）项"对财产权造成其他损害的，按照直接损失给予赔偿。"的规定，本案行政赔偿数额以其实际投入造成的损失额为限。原审判决已就双方签订的《出让合同》交纳的成交价款100万元因《出让合同》无效应当予以返还和5万元佣金属于订立合同造成实际损失应予认定，并无不当。本案中，被上诉人杨某为此履约交纳成交价款以银行借款利息计算应予认定，原审判决以杨某在金融机构借款的利息补偿其因砂石开采不能正常进行而占用资金利息的计算并无不当。对于杨某为开采砂石修建公路和两艘采砂船的损失，已经过司法鉴定评估的损失额，原审法院已作出认定，本院应予支持。同时，上诉人提出并没有禁止被上诉人杨某开采砂石且有实际开采砂石的行为应当折扣冲减损失的理由因没有提供相关证据，本院亦不予支持。同时，上诉人S县水利局提出被上诉人杨某为此出资修建公路和两艘采砂船的损失不能作为行政赔偿依据不充分的理由均没有提供必要的证据，本院亦不予支持。本案原经本院发回重审，对于原审法院在重新审理程序中被上诉人增加诉讼请求的问题，原审法院在一审程序中已经释明，不属于改变诉讼请求的问题，符合相关法律规定。

综上，原审判决认定事实清楚，审判程序合法，原审判决适用其他法律法规正确，判决结果恰当。但本案中没有适用《中华人民共和国国家赔偿法》的相关规定，属于漏引法律条款，应予纠正。据此，依照《中华人民共和国行政诉讼法》第八十九条第一款（一）项的规定，判决如下：

驳回上诉，维持原判。

二审案件受理费 16470 元由上诉人 S 县水利局负担。

本判决为终审判决。

审 判 长　钟　某

审 判 员　阳　某

审 判 员　尹某某

二〇一八年××月××日

法官助理　范　某

书 记 员　某　某

后　记

本丛书中的《法治政府要论——基本原理》《法治政府要论——组织法治》《法治政府要论——程序法治》《法治政府要论——行为法治》《法治政府要论——救济法治》是在武汉大学人文社会科学首批次"70后"学者科研项目资助计划"服务型政府研究团队"（2009）系列研究成果的基础上，修改补充而成。在这近10年的漫长过程中，我所指导的研究生参与了书稿的修改、补充、校对等工作，在此，特别感谢他们所作的贡献；感谢武汉大学人文社会科学院的课题资助，感谢时任院长肖永平教授对课题的支持；感谢团队成员的精诚合作。

《法治政府要论——责任法治》是在中国法学会2010年度部级课题《行政责任法研究》（CLS-B1007）最终成果基础上，经反复修改补充所形成的。在此，感谢中国法学会的课题资助，感谢课题组成员的精诚合作，感谢丁安然、童丽两位博士生的参与。

另外，特别感谢钱静博士在出版基金申报中所提供的宝贵支持；感谢美丽的胡荣编辑细致的编辑工作和武汉大学出版社对本丛书的支持；感谢国家出版基金的资助。

尽管成书历时漫长，但书中缺漏和不足仍让我心怀忐忑。恳切希望得到学界同仁批评指正。

江国华

2020年5月1日